Emil Frommel

# Aus dem Leben des Dr. Aloys Henhöfer, weiland römischen Priesters, späteren evangelischen Pfarrer. zu Spöck und Stafforth.

## Ein Beitrag zur Geschichte des religiösen Lebens in der evang. Landeskirche Badens seit den letzten 40 Jahren

Emil Frommel

**Aus dem Leben des Dr. Aloys Henhöfer, weiland römischen Priesters, späteren evangelischen Pfarrer. zu Spöck und Stafforth. Ein Beitrag zur Geschichte des religiösen Lebens in der evang. Landeskirche Badens seit den letzten 40 Jahren**

ISBN/EAN: 9783741158698

Hergestellt in Europa, USA, Kanada, Australien, Japan

Cover: Foto ©Andreas Hilbeck / pixelio.de

Manufactured and distributed by brebook publishing software
(www.brebook.com)

Emil Frommel

**Aus dem Leben des Dr. Aloys Henhöfer, weiland römischen Priesters, späteren evangelischen Pfarrer. zu Spöck und Stafforth. Ein Beitrag zur Geschichte des religiösen Lebens in der evang. Landeskirche Badens seit den letzten 40 Jahren**

# Aus dem Leben

des

# Dr. Aloys Henhöfer,

weiland

römischen Priesters, späteren evangelischen Pfarrers
zu Spöck und Staffort.

## Ein Beitrag

zur Geschichte des religiösen Lebens in der evang. Landeskirche
Badens seit den letzten 40 Jahren.

Von

Emil Frommel,
früherem evangelischem Stadtpfarrer zu Carlsruhe,
jetzigem Pfarrer in Barmen.

Mit dem Portrait Henhöfers.

Carlsruhe.
Druck und Verlag von Friedrich Gutsch.
1865.

Seinen Amtsbrüdern

in der evangelischen Landeskirche Badens,

Den evangelischen Gemeinden Henhöfers:

Mühlhausen an der Würm,
Graben,
Spöck und
Stafforth,

Dem evangelischen Christenvolke in Baden

beim Scheiden gewidmet

Carlsruhe, im März 1865.

vom Verfasser.

# Vorrede.

Das Leben eines Andern zu schreiben ist eine schwere Sache. Kann doch kaum Einer sein eigenes beschreiben, wie denn erst das eines Andern! Mehr oder minder ist jeder Mensch eine unberechenbare Größe, deren Entwicklung sich nicht an den Fingern herdemonstriren läßt. Viele Worte und Thaten hängen mit dem innersten Kern der Persönlichkeit oft nur sehr lose zusammen und zu anderen Zeiten ist ein Mensch auch ein andrer. Wie viel und wann von Oben, von Unten, von Rechts und Links auf ein Menschenkind eingewirkt ward, wer will's nachwägen und nachzählen?

Mit diesen Gedanken bin ich an die Abfassung dieses Buches gegangen. Ich habe auch darum nur sagen können: „Aus dem Leben des Dr. Henhöfer," denn es bleibt noch viel übrig davon zu sagen und das Beste wird er uns selbst droben erzählen. Drum ist das Buch ein Stückwerk wie all' unsere Bücher und all' unser Wissen von Gott und uns und Andern. Ich habe diese Arbeit nicht gesucht, sie ist mir von der Wittwe und den Freunden, denen der Nachlaß anvertraut war, aufgetragen worden. Das hat mir von vornherein Muth gemacht und ich bin fröhlich daran gegangen. Denn es ist etwas Köstliches in ein Menschenleben hineinschauen zu dürfen und damit zugleich in eine ganze Reihe von Menschenleben, Menschengedanken, von Menschenleid und Freude.

Daß ich den Mann lieb gehabt, aus dessen Leben ich schrieb, wird man dem Buche anmerken und Etliche werden's tadeln. Das stört mich nicht. Wenn ich ihn nicht lieb gehabt, hätte ich nicht über ihn geschrieben. Denn die Liebe ist der Schlüssel zum Verständniß des Andern, wie zum Erkennen Gottes. Und lieb habe ich den alten Papa Henhöfer gehabt von der Zeit an, wo ich als Kind ihn über Tisch im Hause sah und mich wunderte über den Mann, der aussah wie ein Bauer und doch redete wie ein Knecht und Prophet Gottes voll himmlischer Weisheit. Die Tage kann ich nicht vergessen, wo ich mit der sel. Mutter des Morgens in der Frühe mit vielen Andern durch den Stafforther Wald nach Spöck ging und ihn dort predigen und Christenlehre halten hörte. Und wie Vielen, so ist's auch mir gegangen: wer ihn einmal gehört, hat's nicht vergessen. In eben solch bleibender und gesegneter Erinnerung sind mir die Tage, die ich als Vicar unter seinem Dache wohnen durfte. Hier ging mir erst der volle Blick in seine Persönlichkeit auf. Dennoch ist mir die Arbeit nicht leicht geworden, und ich darf wohl sagen, ich habe sie mir auch nicht leicht gemacht. Gerade über das innerste Leben war wenig Material vorhanden. Von Briefen Henhöfers fanden sich wenige vor; die eingehendsten über Inneres, die an Herrn von Gemmingen, waren sämmtlich getilgt. Dagegen war eine große Menge von Briefen an Henhöfer vorhanden, aus denen Lage und Stimmung mittelbar hervorging. Was ich sonst alles von Akten, Briefen und mündlichen Berichten verwendet habe, wird der Leser am geeigneten Orte selbst angezeigt finden. Dazu kam aber noch ein Anderes.

Henhöfers Leben und Name ist zu eng mit der Entwicklung des christlichen Lebens der letzten vierzig Jahre in unserer badischen Kirche verflochten, als daß nicht seine Lebensbeschreibung zugleich ein Stück badischer Kirchengeschichte würde. Der von seiner Kirche ausgeschlossene römische Priester, von ihr als ein dürrer Zweig verworfen, wird als ein Reis in die evangelische Kirche gesenkt, das viele Frucht in ihr bringt. Ein gewaltiger Prediger der Gerechtigkeit aus dem Glauben allein, ein Mann aus dem Volk und für das Volk wie Wenige — so steht er in der Geschichte unserer Kirche, mit Schwert und Kelle bauend, da. Ich konnte darum am rothen Faden seines Lebens zugleich ein Stück Entwicklungsgeschichte des kirchlichen Lebens in Baden anspinnen, das Manchem vielleicht gerade jetzt von Interesse sein dürfte.

In dem Buche habe ich absichtlich alle Polemik vermieden; mag sie sich jeder selbst daraus bilden, wenn er Lust dazu hat. Mir war's vielmehr eine Erquickung, hineinzuschauen in die Tage erster Liebe, und meine Aufgabe, mich und Andere zu erinnern an eine in mancher Beziehung noch viel schwerere Zeit, aus der der Herr auch geholfen. So wird es von selbst ein Trostbuch werden.

Ich habe hauptsächlich für unser Christenvolk geschrieben und darum mich der Verständlichkeit befleißigt; habe die Vergangenheit darstellen wollen und darum die noch Lebenden möglichst wenig berührt. Der Leser wird's also verstehen, wenn er unter Andern auch von den Dingen des häuslichen Lebens nur wenig hört.

Für Vervollständigung und Berichtigung bin ich herzlich dankbar und bitte alle Leser darum.

Zum Schluß habe ich noch den herzlichsten Dank zu sagen dem hohen Oberkirchenrath für den Einblick in die Akten, dem Herrn Oberkirchenrath Mühlhäußer in Wilferdingen, den Pfarrern: Ilmmern in Graben, Decan

Mann in Eppingen, Schmitthenner in Mühlhausen, Decan Sachs in Deutschneureuth, Menton in Friedrichsthal, Stadtpfarrer Zimmermann in Carlsruhe, Pastor Arnold in Barmen und Vicar Haager in Mundingen für ihre freundliche Unterstützung in meiner Arbeit.

Nun will ich das Buch dem Herrn der Kirche übergeben, zu dessen Ehre es geschrieben ist, daß Er es Seines Segens würdige.

Der Herr gebe Seiner Kirche in Baden allezeit Zeugen, die wie Henhöfer im lautern Bekenntniß des Glaubens stehen und mit dem brennenden Eifer um Sein Haus die Demuth und Liebe verbinden, wie er sie hatte, und die allezeit zu bessern vermag.

Barmen, den 1. März 1865.

Der Verfasser.

# Inhalt.

# 1. Kapitel.

Geburt. Jugend. Erste Eindrücke. Studienzeit.

Wer einmal in's schöne malerische Albthal will, nach dem Frauenalber oder Herrenalber Kloster, oder in letzterem seine müden Glieder stärken in frischem Quellwasser und in den dunkeln Schwarzwaldbergen sich ergehen, hat nicht weit hinüber nach Völkersbach, einem ehemals evangelischen Dorf von etlichen hundert Seelen. Noch im Jahr 1680 findet sich ein evangelischer Pfarrer dort, aber die Jesuiten fegten gründlich den letzten Rest evangelischen Wesens aus. Das Dorf war wieder ein gut katholischer Ort geworden. Dort wurde Henhöfer den 11. Juli 1789 geboren. Seine Eltern waren der Bauer Hans Martin Henhöfer und dessen Frau Theresia geborne Axtmann. Seine Taufpathen, die ihm auch den Namen Aloysius gaben, waren Herr Joseph Lehr, der damalige Pfarrer des Orts, und Ignatius Schneider, ein Bauer von da. Die Eltern waren nach Salomos Bitte „nicht reich, aber auch nicht arm," wie Henhöfer selbst im kurzen Lebensabriß sagt. Ueber den Vater ist uns nur berichtet, daß er ein schlichter, gottesfürchtiger Mann war, in religiösen Dingen allem übertriebenen Wesen abhold, was wohl mehr aus seinem nüchternen Naturwesen herkam, als aus besserer innerer Erkenntniß, die ihm abging. Dagegen aber war die Mutter Theresia ein tiefes, religiöses Gemüth, eine gut katholische, gläubige Seele. In ihrer Jugend war das Dorfmädchen durch eine Mission der Jesuiten mächtig innerlich bewegt worden; ihre Andacht und Eifer, ihre guten Antworten fielen den Bälern der Gesellschaft auf, so daß sie ihr den Namen „der Königin" beilegten. Es fehlte nicht viel, sie wäre damals, wär's nach ihrem Willen gegangen, in's Frauenalber Kloster gegangen und Nonne geworden. Aber der Herr wollte sie zu etwas Anderem gebrauchen, sie sollte ihm noch in besonderer Weise in seinem Reiche dienen.

Den 15. Mai 1775 verheirathete sie sich an den Bauern Hans Martin Henhöfer. Ihren „geistlichen" Sinn nahm sie aber auch hinüber in die Ehe. Sie ging nicht nur jeden Tag zur Messe, sondern vor Allem hätte sie gern einen „geistlichen" Sohn haben mögen, „denn einen Geistlichen unter ihren Kindern zu haben hielt sie für die ganze Familie für ein großes Glück, indem sie glaubte, alle Verdienste desselben, besonders die der Messe, gingen auf alle Glieder der Familie über." Drei Kinder waren schon auf der Welt, zwei Knaben und ein Mädchen — aber mit dem „geistlichwerden" wollte es nicht gehen, denn der Vater machte Anspruch auf sie und vielleicht schien es auch der Mutter, als seien sie doch nicht dazu genaturt. Als sie der Herr darum wieder mit einem Kinde segnete, das ein gut Theil jünger war als die andern, fing sie's früher an und gelobte ihn dem Herrn vor der Geburt. „Von Mutterleibe an," sagte darum der Sohn „wurde ich von meiner Mutter dem geistlichen Stande gewidmet." Vielleicht wählte sie auch darum den Ortspfarrer zum Taufpathen ihres Aloys. Sie war in ihrer Art eine rechte Hanna, die ihren Samuel frühzeitig zum Tempel brachte. Sobald der Kleine herangewachsen war, nahm sie ihn täglich mit zur Messe; derweilen sie in der Bank kniete, diente ihr Aloys im Chorhemdchen am Altare mit Rauchfaß und Cingulum dem Priester. Wollte er ein oder das andere Mal nicht mit, so schaute sie übel darein und er bekam von ihrer sonderlichen Liebe nichts zu spüren. Alle Freitage ging's über die Waldhöhe nach Moosbrunn, einem Wallfahrtsort, oder zum gnadenreichen Bild nach Bickesheim, mehrmals auch nach dem 50 Stunden weiten Wallbürn. Wurde es auch dem Hans Martin Henhöfer manchmal des Guten zu viel, daß er einmal verdrießlich sagte: „Willst du nicht auch noch nach Jerusalem?" so wollte sie es nicht fehlen lassen an irgend einer Gerechtigkeit, und gewiß wäre die Völkersbacherin auch nach Jerusalem gepilgert, wär's anders gegangen und hätte ihren Aloys mitgenommen. Sie war auch die Hauspriesterin daheim. Alle Sonntag Abend, oft auch

Samstags, wurde knieend der Rosenkranz gebetet, und als er fertig war „da wußte meine Mutter noch so viele Heilige, deren Jedem noch ein „Ave Maria" zugeschickt wurde, daß es oft nicht ausgehen wollte." Gieng's in den Wald oder über den Berg, da konnte sie erst recht mit ihrem „geistlichen" Sohn reden; sie erzählte ihm die Geschichten der Heiligen und ihre Verdienste, von ihren Leiden und ihrer Herrlichkeit droben, so daß des Kindes Wunsch ein Missionar zu werden, immer lebendiger wurde. Kam ein Bildstöcklein am Kreuzweg, oder an einem alten Buchenbaum ein Heiligenbild, oder schlug drüben vom Ort her die Stunde, wurde Halt gemacht und gebetet. „Sie war eine fromme Beterin" rühmt ihr Sohn. Und das ist doch etwas Großes, was man von einer Mutter sagen kann. Cornelii, des heidnischen Hauptmanns Gebet fiel nicht auf die Erde, noch auch das der Theresia Henhöfer für ihren Aloys. Oft hörte ich den spätern Pfarrer in der Kirche die Mütter zum Beten zu vermahnen für ihre Kinder und sagen „wie die Monica gethan hat für ihren Augustinus." Ob er nicht oft und viel seiner Mutter dabei gedacht? So viel ist gewiß, wir haben, wie so manchen treuen Zeugen Gottes, auch Henhöfer, nächst dem Herrn, den Gebeten seiner Mutter zu verdanken, wenn gleich sie in ganz anderem, weit herrlicherem Sinne erhört wurden, als sie sich's gedacht. Henhöfer ist zeitlebens mit rührender Liebe an ihr gehangen. Der Vater Henhöfers war schon den 7. September 1823 heimgegangen; seit dem Tode desselben war sie, am 24. März 1824, zu ihrem Aloys gezogen, ihre letzten Tage bei ihm zuzubringen. Er, den sie von Jugend auf begleitet, sollte auch sie zum Tode begleiten, und der Segen des geistlichen Sohnes auf sie zurück fließen. Als sie am 6. Oktober 1833 entschlief, schrieb Henhöfer an seinen ehemaligen Vicar Hager den nachstehenden schlichten und rührenden Brief:

Lieber Hager!

Mit betrübtem Herzen zeige ich Ihnen durch Gelegenheit kurz an, daß heute Mittag, $1/2$ 12 Uhr meine liebe Mutter aus der Zeit gegangen ist. Noch Dienstag war sie, obwohl schon krank, bei uns am Tisch. Doch ist sie nicht ohne Leiden aufgelöst worden. Ich war nicht bei ihrem Tode; sie starb nämlich zur nämlichen Zeit, als ich in Stafforth nach der Predigt für sie betete. Heimgekommen hörte ich die traurige Nachricht, wie wohl ich sehr ihren Heimgang wünschte, ihrer Leiden wegen. Kaum war ich da, kam Gregor in einem Sprung, sie hatte ihm heute Nacht gerufen mit den Worten: „Gregor komm bis 12 Uhr nach Spöck, ich bin selig, bedanke dich für mich beim Herrn.“ Darauf stand er auf, zauderte aber, weil er es nicht recht glauben wollte, und kam so um eine halbe Stunde zu spät. Sie ist recht gläubig gestorben, wovon viele Zeugnisse da sind. Auch Ihrer hat sie noch gedacht, und gestern das Lied gesprochen: In Jesu will ich bleiben rc., welches Sie voriges Jahr zum Abschied mit ihr gesungen hätten. Bis Dienstag früh 10 Uhr gedenken wir sie zu beerdigen. Ledderhose wird sie begraben, der seit acht Tagen hier ist. Beten Sie für mich, ich bin sehr gedemüthigt und betrübt. Ich hatte meine Mutter gar lieb. Sagen Sie es auch mit herzlichem Gruße in Steinegg.

Spöck, den 6. Oktober 1833. Ihr

Henhöfer.

Sie war selig heimgegangen. Wunderbar, daß sie gerade ihrem Sohne Gregor gerufen, der der Wahrheit, scheint es, noch ferne stand. Freund Gemmingen schreibt über den Heimgang der Mutter Henhöfers:

„Ich preise Gottes Güte, daß Er die liebe selige Mutter mit einem so köstlichen Kinderglauben noch gestärkt hat, welcher eben doch wann es an's Sterben geht die Perle in der Perle bleibt, trotz allen hohen gleißenden Worten, wenn sie auch Päpste, Prälaten oder berühmte Doctores als Gegner zierlich und fein, oder grob und hart geben sollten. Das Kind nimmt und hat es. Amen. Was weiter Außergewöhnliches mit Gregor geschah, ist mir besonders dankenswerth für Sie, mein theurer Lehrer, denn es gibt in Beziehung auf den Seelenzustand der geliebten Mutter sowohl, als für die ewige unerschütterliche Wahrheit des lieben Bibelwortes einen solchen süßen festen Trost, daß man das Treiben der Feinde aller Gattung ruhiger tragen und das Wort vom Kreuz, vom Glauben an den Gekreuzigten, und von der Liebe zu Ihm wieder viel freudiger, und entschiedener predigen kann. Ist's nicht so? lieber theurer Freund! Ich glaube gewiß, ganz gewiß, daß von jetzt an eine neue Mittheilung des Geistes Gottes, und der Kraft von oben Sie in ihrem Amte recht fühlbar unterstützen, und eben darum ihr Wirken auch wird gesegnet sein auf's Neue. Auch in Bezug auf ihre Verwandten, und die ganze katholische Kirche ist mir das, was Gregor hören durfte von hohem Werth, denn es schlägt alle die vielen Lügen mit einer obern Meisterhand gar kräftig zusammen.

Da jener Vorgang doch viele Kinder Gottes erfreuen und stärken würde, so wünschte ich von Ihnen die Erlaubniß zu erhalten, denselben zur Mittheilung und Bekanntmachung im Kreise vertrauter Freunde weiter geben zu dürfen, wozu ich mir aber alsdann noch von Ihnen eine genaue Erzählung jenes Vorganges ausbitten würde, um ja kein unwahres Wort zu sagen."

Näheres konnte ich nicht über den Vorgang erfahren. Bruder Gregor verblieb in der katholischen Kirche.

So liegen sie denn jetzt beide nicht weit von einander im Kirchhofe zu Spöck, die geistliche Mutter und ihr geistlicher Sohn.

Wir kehren zurück zur Jugendgeschichte.

In dem Kinde wuchs der Trieb, von der Mutter gepflegt, von Tag zu Tag mehr, Missionar zu werden. Bücher zu lesen war seine Freude. So hörte er, daß Jemand ein großes dickes Buch, eine Bibel habe, (wahrscheinlich noch aus der evangelischen Zeit), er macht sich auf, kann sie kaum tragen und liest und liest. Aber die alttestamentlichen Geschichten verstand er nicht, und einen Philippus hatte er auch nicht im Hause. Wie es aber dazu kommen sollte, daß er „geistlich" werden sollte, wußte weder die Mutter noch der Sohn. „Sie glaubte es aber und betete darum." Da stirbt der Taufpathe, der alte Pfarrer Lehr, der sich scheints nicht sonderlich um sein Pathenkind gekümmert hatte, und ein junger kräftiger Mann, der Pfarrer Joseph Anton Beyerle von Weilerstadt gebürtig, bisher grundherrlich Gemmingen'scher Pfarrer in Mühlhausen, kam an seine Stelle. Er ahnte nicht, daß er in seiner Dorfschule, ja bald an seinem Herzen und in seinem Hause den künftigen ersten evangelischen Pfarrer für seine eigene frühere Gemeinde Mühlhausen erziehen sollte. In der Schule fiel ihm bald, wie einst seine Mutter den Jesuiten, der aufgeweckte Knabe auf. Er stimmte mit der Mutter überein, und gab ihm die ersten lateinischen Stunden. „Er blieb mein Vater und Freund, bis in Mühlhausen die große Veränderung in der Religion vorging," schreibt Henhöfer. Beyerle erscheint als ein durchaus edler Mensch, der nirgends das Seine sucht, als ein treuer Priester und ein in seiner Weise gläubiger Mann, der in seiner Todesnacht befahl, „nichts von ihm und seiner Person am Grab zu sagen, sondern dem Herrn die Ehre zu geben." (Brief des kath. Pfarrers Streil an Henhöfer, 26. Jan. 1826). Wie für Henhöfer hatte er auch für Andere ein offenes Herz und eine offene Hand. Selbst nach dem Vorgang in Mühlhausen bewahrte er ihm die alte Liebe und wenn er auch, wie wir später mehr hören werden, nicht einverstanden ist mit seinem geistlichen Sohne, immer leuchtet aus den Briefen die unwandelbarste Liebe und Treue. Es ist, bei allen Vorwürfen, dennoch rührend, wenn der alternde Mann dem jungen Priester schreibt nach jenen Vorgängen:

„Was Deine Sache betrifft, lieber Aloys, besonders wie ich sie durch Deinen eigenen Vater und Deinen Bruder, also nicht blos vom Hörensagen, selbst vernommen, mißfällt mir äußerst; nicht nur sie, sondern auch ich mußte mit ihnen weinen; schreibe nun meine Thränen meinem Alter, oder allenfalls unserer Unwissenheit zu, wie Du willst. Aus Eigensinn und Rechthaberei schlägst Du Wunden, und pressest Thränen; aber was ist vorzusehen, was anders, als daß Du Dir die empfindsamste Wunde selbst versetzest und mit sammt Deiner Begeisterung in ein Jammerthal kommen wirst? denn Du wirst nicht Protestant, nicht reformirt, und katholisch bist Du nicht mehr; wie, lieber Aloys, willst Du denn ein neuer Secten-Stifter werden? O, öffne doch in wahrer, christlicher Demuth Deine Augen, und gedenke doch Deines Priester- und Pfarr-Eides, und daß wir als Priester und katholische Seelsorger in reinen kirchlichen und Glaubenssachen unsern geistlichen Obern, und nicht Landesfürsten und Ministern, nach Gottes Ordnung unterthan sind.

Täglich, Lieber, besonders seitdem Du mich um mein Gebet angingst, dachte ich am Altar Deiner, und werde auch nicht aufhören, den Barmherzigen anzuflehen. Ja, für Dich will ich beten, wie Christus für Petrus gebetet hat; ob Du nun auf das Gebet für noch Lebende noch einen Werth legst, weiß ich nicht; aber mein Wort halte ich, bis mir der Tod die Augen schließt und dann hofft von seinen Freunden und Bekannten noch ein Memento

Iffezheim, den 31. Juli 1822. Dein

Dich aufrichtig und zärtlichst liebender Freund

Beyerle, Pf.

Das hat er auch treulich gehalten. Als Beyerle am 10. Dezember 1825 nach schweren Leiden heimgegangen war, schrieb sein nächster Amtsnachbar und Freund, der katholische Pfarrer Streil in Muggensturm dem bereits evangelisch Gewordenen, folgende letzte Botschaft von ihm:

Euer Wohlerwürden

zeige ich kraft Auftrags an, daß mein bester Freund und Ihr respectiver zweiter Vater, der fromme Priester und thätige Seelsorger, Herr Jos. Ant. Beyerle, Pfarrer in Iffezheim, mit der Beruhigung, welche der große Völkerlehrer 2. Thim. 4, Vers 6, 7 u. 8 ausgesprochen hat, sich bis zum letzten Lebensaugenblick vollkommen bewußt, am 10. d. M., Morgens 6 Uhr in meiner Gegenwart das Zeitliche, 59 Jahre 5 Monate alt, gesegnet hat. Ich entledige mich dieses mir anvertrauten Auftrages, den er mir mit schon gebrochenem Auge, und fast letzten verständlichen Worten gab, und mit einigen auf seine kalten Wangen herabfließenden Thränen gleichsam versiegelte, wobei sein gutes, brechendes Herz sich merklich bewegt und gehoben zeigte, und bin

Euer Wohlerwürden

alter unveränderlicher Freund

Streil.

Muggensturm, den 12. (als am Beerdigungstage des lieben Mannes) im Dezember 1825.

So hatte er zugleich in seinem Lehrer ein würdiges Vorbild für seinen künftigen Beruf, eine Sache, deren Werth nicht hoch genug anzuschlagen ist. Denn Kinder sind fein und zart und fassen leicht, wenn sie an der Person irre werden, auch gegen das Amt, das die Person führt, einen Argwohn. So weit der Pfarrer es selbst vermochte, unterrichtete er seinen Zögling in den nöthigen Fächern. Nach der Confirmation, Ostern 1802, mußte der 13jährige Knabe das Haus verlassen und ging nach Rastatt in die Schule der Piaristen-Brüderschaft. Als später diese Schule in ein Großherzogliches Lyceum verwandelt und nach Baden-Baden verpflanzt wurde zog er dahin und blieb bis 1811 daselbst. Ueber seine Schulzeit wissen wir wenig. Ein anonymer katholischer Gegner, der unter dem Titel: „Aloys Henhöfer, ehemals katholischen Pfarrers in Mühlhausen an der Würm im Badischen, religiöse Schwärmereien und Schicksale," eine Schmähschrift herausgab*), gibt folgendes Zeugniß, das freilich den eigenen Verfasser selbst am besten schlägt (Seite 3): „Henhöfer ist ein bornirter Kopf; das sagten mir Mehrere, die ihn genau und von den Jahren seiner Studien her kennen. Aus seinem gemeinen Alltagsgesichte, aus seinen feuerlosen Augen (!) würde Lavater ohne Zweifel auf etwas mehr, als nur auf Beschränktheit des Kopfes geschlossen haben. Schon als Gymnasialschüler offenbarte er Singularismus (Einseitigkeit und absonderliches Wesen) in seinem ganzen Wesen; in dem philosophischen Curse zeigte er große Mittelmäßigkeit. Er ließ es zwar nicht an Applikation (Fleiß und Aufmerksamkeit) ermangeln, diese war aber nur auf singuläre Meinungen gerichtet."

Man sieht nur zu wohl die Absicht ein, in welcher dies Urtheil geschrieben; es galt Henhöfer als einen dummen, einfältigen Schwärmer hinzustellen, und dazu mußte auch seine Jugendzeit herhalten. Gesetzt aber auch es wäre dem so, so ist es eine Erfahrung bewährter Schulmänner, daß viele Kinder, die auf der Schule die sogenannten „hellsten Köpfe" waren, später sich gar nicht als solche bewährt, während viele Hunderte, denen man in der Schule alles Talent, alle Gaben absprach und zu einem Handwerk rieth, die statt der Prämien am Ende des Jahres ihr Thränenbrod aßen auf den Schulbänken, ausgezeichnete Leute geworden sind. Ferner läßt aber auch der Zug zum Singularismus nicht gerade auf Bornirtheit schließen; es ist oft im Gegentheil aus Kindern, die etwas Apartes hatten und von der Mitjugend darum angefochten und verspottet wurden, etwas Ausgezeichnetes geworden.

Da es an dem nöthigen Unterhalte für den Knaben fehlte, so mußte er „herumessen", d. h. er hatte Kosttage bei einzelnen mildthätigen Familien. Aber bald sorgte für den herumessenden Schüler sein treuer Gott und er wurde Hauslehrer in der Familie des ersten Beamten, des Geheimerath Spinner. Die Sache hatte leider nicht lange Dauer; ein Sohn zog als Offizier in den Krieg und fiel in einer Schlacht, der andere starb zu Hause und Henhöfer war so arm wie zuvor; er half sich durch Privatunterricht die letzte Zeit noch durch.

Im Jahr 1811 auf Michaeli bezog er die Universität Frei-

*) Gmünd, Ritter'sche Buchhandlung 1823.

burg. Schon vor seinem Abgang dahin, war wieder für ihn gesorgt. Der Geheime Hofrath Engelberger in Freiburg hatte ihn aufgefordert, als Hauslehrer für seinen jüngsten Sohn zu ihm zu kommen, zudem erhielt er aus dem „Marzeller Heiligen“ ein Stipendium von jährlich 150 Gulden, das ihm später aber, als er evangelisch geworden war, wieder abgezogen wurde. Auch von seinem theologischen Studium weiß jener obige Gegner nicht viel Rühmliches zu sagen, wenn er Seite 4 fortfährt: „Ebenso trieb er es mit dem theologischen Studium. An der Dogmatik fand er keinen Geschmack. Nur Paradoxien (sonderbare Meinungen) zogen ihn an; dabei waren seine Fortschritte so gering, daß seine Lehrer keine günstige Meinung von ihm schöpfen konnten, daher erstaunte Einer derselben, als er jüngst hörte, wie dieses mittelmäßige Subject auf einmal zum Glaubensreformator sich aufschwinge. Der in seinem Gemüthe liegende Hang zum Mysticismus regte sich frühe und er pflegte denselben durch die Lectüre mystischer Bücher.“

Hier ist wieder Wahres und Falsches beieinander. Es mag wahr sein, daß Henhöfer nach seiner ganzen Anlage mehr ein Mensch unmittelbarer Anschauung, mehr des Gemüths, als des kritischen Verstandes an der spitzfindigen katholischen Dogmatik und Polemik wenig Geschmack und keine Nahrung für seinen kindlichen Glauben fand. Die Dogmatik, die seine Mutter unter dem Bildstöcklein am Kreuzweg mit ihm einst getrieben, war ihm wahrscheinlich mehr werth, als die der Professoren. Darum las er die Schriften der Mystiker, wie Joh. Tauler, Thomas a Kempis, die er hoch hielt bis in seine letzten Tage. Gerade das aber beweist einen tief innern Wahrheitstrieb. Flachköpfe lesen bekanntlich keine Mystiker.

Es ist uns gar nicht darum zu thun Henhöfer als einen besonders und glänzend begabten Menschen darzustellen, das hat er selbst am allerwenigsten von sich gehalten — seine Begabung lag in etwas ganz anderm, als in dem, was in der Welt Effekt macht. Aber etwas hatte er, was man selten findet: „Er war arm im Geist“ und das erklärt Augustinus: „Fortunati qui non magnum habent spiritum, non inflatum spiritum“, d. h. „Selig sind die (in ihren eigenen Augen) keinen großen Geist, keinen aufgeblasenen Geist haben.“ —

Auch die Studienzeit ging vorüber und im Jahr 1814 wurde

er examinirt, erhielt unter dem 24. September den Tafeltitel und wurde damit als künftiger Geistlicher aufgenommen. Er zog in's Seminar nach Meersburg. Unter dem 16. Dezember empfing er dort durch den Fürst Primas von Frankfurt, den Herrn von Dalberg, als Bischof von Constanz, die vier unteren Weihen. Eine Nachricht erzählt, daß, wie einst der Cardinallegat über Luther, „die deutsche Bestie mit ihren tief liegenden Augen" sich beklagt hatte, auch der Bischof, Henhöfer scharf ansehend, gesagt habe: „Gebt auf Den Acht, der bleibt Euch nicht." Bald darnach wurde Henhöfer krank; die starke Seeluft und die strenge Kost und namentlich, wie er öfter später erzählte, das schnelle Essen (eine Gewohnheit, die er bis an's Ende behielt), hatte seine keineswegs starke Gesundheit erschüttert und so ging er zu seinem früheren Freund und Wohlthäter Beyerle, der jetzt in Iffezheim stand. Nachdem er sich gekräftigt, erhielt er durch besondere Vergünstigung die drei oberen Weihungen den 19—21. Mai 1815 durch den Fürsten von Hohenlohe in Constanz. Dort in Meersburg primizirte er auch (las die erste Messe), und ging zurück nach Freiburg. So war denn der „geistliche Sohn", wie ihn die Mutter sich erbeten, fertig. Er hatte ausstudirt, war geweiht und hatte die erste Messe gelesen, was fehlte noch?

Mit einem kindlichen Glauben von der Mutter her, den Spott und Rohheit seiner Mitgenossen auf Universität und Seminar ihm nicht hatten rauben können, (er wußte Vieles von seinen Commilitonen zu erzählen, das nicht gerade sauber klingt); mit einem brennenden Eifer für sein Amt, gepaart zugleich mit einem mehr nach innerem Leben ringenden Gemüthe, so stand er in Freiburg wartend auf einen Ruf, der ihm auch bald zu Theil wurde. Der Ruf kam — er wurde entscheidend für sein Leben, für Zeit und Ewigkeit.

## 2. Kapitel.

Der grundherrliche Hofmeister. Der neue Pfarrer von Mühlhausen. Hofmeister Fink. Die ernste unvergeßliche Stunde.

Es ahnte Henhöfer nicht, von welcher Bedeutung untenstehender Brief sein werde. Pfarrer Beyerle und dessen Freund Pfarrer Streit, beide einst grundherrlich von Gemmingen'sche Pfarrer zu Mühlhausen, hatten, als Henhöfer noch in Meersburg war, Schritte gethan, ihn an die erledigte Stelle eines Hofmeisters bei dem Freiherrn Julius von Gemmingen-Hagenschieß auf Schloß Steinegg zu bringen. Es hatte sich dieser katholische Nebenzweig der alten Familie Derer von Gemmingen aus Oestreich wieder nach Baden gewandt und die Herrschaft Mühlhausen sammt Tiefenbronn und Neuhausen, den Hagenschieß und Schloß Steinegg erworben. Zur Erziehung der Gemmingen'schen Kinder und zugleich zur geistlichen Aushülfe in dem Orte Neuhausen sollte ein junger Geistlicher berufen werden. Unterm 20. Mai 1815 schrieb Herr von Gemmingen an Henhöfer. Es ist dieser erste Brief der Anfang einer reichen Correspondenz, die für sich allein werth wäre gedruckt zu werden.

Steinegg, den 30. Mai 1815.

Schätzbarster Herr Henhöfer!

Meine Frau Schwägerin schrieb, sie hätte das Vergnügen gehabt, Ihre Bekanntschaft zu machen, und mit Ihnen über den Gegenstand zu sprechen, der mir als Vater so sehr am Herzen liegt. Ich trete mit Vertrauen in nähere Berührung mit Ihnen. Die Empfehlungen des Herrn Kirchenraths Brunner, die Aeußerungen der würdigen Herren Streit und Beyerle, und dann auch die Briefe meiner Schwägerin lassen mich hoffen, Ihnen meine Kinder anvertrauen zu dürfen. Ohne anmaßend zu sein, hab' ich auf Anrathen des Herrn Kirchenraths Brunner bereits bei dem kathol. Kirchendepartement angefragt, ob Sie mir als Lehrer meiner Kinder überlassen werden könnten.

Ich ersuche Sie, hierüber nichts übel auszulegen, weil ich selbst noch nichts Näheres mit Ihnen eingeleitet habe; es ist nur um Zeit zu ersparen, und würde Sie auf keinen Fall binden.

Sie wünschen, wie ich höre, besonders über dies in Sicherheit zu kommen, daß Ihnen die Jahre, welche Sie als Hofmeister meinen Kindern widmen, in dem Seelsorgerrang bemerkt werden; dieses soll ein Hauptpunkt der Verwendung bei dem Kirchendepartement von mir sein, so bald ich von Ihnen weiß, daß Sie geneigt sind, meinen guten Kindern ein zweiter Vater zu werden; es würde in diesem Fall gut sein, wenn Sie selbst sich auch deßhalb verwendeten; ich zweifle dann nicht an gutem Erfolg. — Um über den Gegenstand der Erziehung selbst Etwas zu sagen, so wünsche ich nebst deutscher und lateinischer Sprache, Geographie, Geschichte, auch Schönschreiben, Rechnen, und den reinen Unterricht der Religion und Moral. So hoffe ich sollen die niedern Schulen bis zur Physik durchgegangen werden können, um zu höhern Schulen auf öffentlichen Lehrstellen vorbereitet worden zu sein. Ich verlange durchaus keine glänzende Erziehung; meine Kinder sollen nur in den nöthigen Wissenschaften unterrichtet, und dann besonders moralisch gute, rechtliche Menschen werden, die leider heutzutage so selten sind.

Ich hoffe, mein lieber Herr Henhöfer, wenn Sie das Vertrauen zu meinem Hause fassen, es Sie nicht gereuen wird; Sie dürfen von meiner Frau und mir überzeugt sein, daß wir gewiß das wichtige Amt eines Erziehers gehörig zu würdigen wissen; es war in meiner Eltern Haus nicht anders. Mein verstorbener Bruder und ich hatten das Glück, einen sehr braven Mann als Hofmeister zu haben; er blieb über 20 Jahre in unserm Hause, und war der Freund meiner Eltern, wie auch von uns Kindern. — Meinen Kindern will und kann ich keine Lobrede halten; aber wenn ich den der Jugend eigenen Leichtsinn ausnehme, so hoffe ich, werden sie den Mann gewiß herzlich lieben, der ihnen Führer ist, und ihnen so viele Mühe und Geduld schenkt. Herr Schumann, ihr erster Lehrer, hatte nicht ganz die Eigenschaft, sich die Liebe seiner Zöglinge eigen zu machen, und doch zerflossen sie fast in Thränen als er schied. — So viel sei als Einleitung einstweilen nur gesagt: ich hoffe wir lernen uns näher kennen; einer herzlichen, freundlichen Aufnahme dürfen Sie sich gewiß versichert halten.

Ich zeichne mit aller Achtung

ergebenster

Julius v. Gemmingen.

Es wurde festgestellt, daß Henhöfer die von Gemmingen'schen Kinder (es waren deren 6) im Schreiben der deutschen Sprache, im Lateinischen, der Geometrie und bürgerlichen Baukunst, der Geographie und der Religion unterrichten sollte, sie beaufsichtigen, im Nebenzimmer neben den Knaben schlafen. Dabei sollte dann der Hofmeister alle Sonn- und Festtage dem Pfarrer in Neuhausen in Predigt und Messe, in festlichen Zeiten auch im Beichtstuhl aushelfen; alle 14 Tage in Hamberg und Steinegg Christenlehre halten. Dafür wurde nebst freier Wohnung mit allen Bedürfnissen 12 Louisdor stipulirt, für das Aushelfen in Neuhausen jährlich 100 fl. So lang der Hausgeistliche, Pater Cölestin, noch lebe, könne Henhöfer nach Belieben im Schloß Steinegg Messe lesen, nach dessen Tode solle er sie sonntäglich in Steinegg halten. Geschlossen war die Uebereinkunft mit dem Versprechen, den Hofmeister bei der Besetzung einer Gemmingen'schen Pfarrei zu bedenken. Henhöfer ging auf die Vorschläge ein und zog am 12. Juli 1815 auf seine Stelle nach Schloß Steinegg. Es scheint, daß bald sich das Verhältniß zu dem Gutsherrn und den Kindern aufs freundlichste gestaltete. Schon im Dezember desselben Jahres wird zum Christkindchen dem Hauslehrer, „um ihm das Haus angenehm zu machen und als Beweis der Zufriedenheit" der Gehalt von 12 auf 20 Louisdor erhöht und bereits das letzte Quartal darnach berechnet. (Brief Gemmingens vom 26. Oktober 1815.) Der Herr hatte Henhöfer immer die Sorgen schon abgenommen, ehe sie bei ihm kommen wollten und seine besondere Freundlichkeit erfahren lassen. Es waren das Abschlagszahlungen auf eine Zeit des Darbens hin, wo es einmal galt, nicht zu schauen, sondern zu glauben. So ging es denn im Hofmeistersleben bis zum Jahr 1817. Gewiß ist diese Vorschule bedeutsam für ihn gewesen. Der spätere Henhöfer war gerade im Unterrichten ein Meister und seine Predigt zeichnete sich durch ihre Lehrhaftigkeit und Deutlichkeit, die jedes Kind fassen konnte, aus. Aber der Herr wollte aus ihm keinen Hofmeister machen. Den 28. November 1817 starb Pfarrer Geiger von Mühlhausen. Herr v. Gemmingen bot die Pfarrei seinem Hauslehrer an; am 30. März 1818 wurde Henhöfer ernannt und zog an Ostern nach Mühlhausen.

„Mühlhausen war verwahrlost und galt im „Gebiet" für eine der verdorbensten Gemeinden. Mein Vorfahrer, fromm für sich, unerfahren in der Welt, konnte auch selbst beim besten Willen nicht mehr thun seines Alters wegen. Mein sehnlichster Wunsch war beim Antritt dieser neuen Pfarrei, die Gemeinde zu heben und den Ort wieder in bessern Ruf zu bringen. Dahin ging all mein Arbeiten und hierzu benutzte ich alle mir bekannten Mittel. Mein Vorfahrer war äußerst gut und nachgiebig. Mancher Fehler schlich sich dadurch ein, oder wurde gehegt." (Vergl. Glaubensbekenntniß 2. Auflage, Seite I. und II.)

Gewiß ist dieses Urtheil über den Vorfahrer mild, das über die Gemeinde aber nicht übertrieben. Hören wir dagegen, wie der spätere katholische Pfarrer von Mühlhausen und Dekan Fidelis Jäck, der Hauptgegner Henhöfers, in seiner „Rechtfertigungsschrift" vom März 1824 über die obenbezeichnete Schilderung Henhöfers herfällt. (Seite 6 und 7.)

„Henhöfer fängt an mit einer schmählichen Lüge auf die gute Mühlhauser Gemeinde, um seiner Eitelkeit einen Altar zu bauen, worauf er sich selbst Weihrauch streuen will. Mühlhausen, sagt er, war 1818 verwahrlost, und eine der verdorbensten Gemeinden" — das heißt: Ich, scilicet Aloysius Henhöfer, habe in anderthalb Jahren sie zur besten frömmsten Gemeinde gebildet (!) Leonhard Geiger, seit 1798 Pfarrer, verwaltete mit herzlicher Frömmigkeit und religiösem Eifer sein Hirtenamt. — — Er starb geliebt von seiner Gemeinde, die er, so oft er von ihr sprach, nie anders als eine „charmante Gemeinde" nannte, geschätzt und hochgeehrt. „Mein Vorfahrer konnte wenig thun," sagt Henhöfer. Redlicher frommer Geiger, um deinen Nachfolger brillant zu machen, muß deine zwanzigjährige Amtsführung in Schatten gestellt werden. — — „„Messe hören, sagt Henhöfer, Rosenkranz beten, Wallfahrten gehen, waren eure ganze Religion."" — Arbeitsam also euern mühevollen Stand erfüllen, für euern Haushalt sorgen bei menschlichen Schwächen, (!!) auch mannigfaltig Gutes wirken und thun, bei vieler Armuth und Drangsalen der Zeiten an Abenden der Sonn- und Feiertage durch schuldlose Spiele (!) und chorreichen Liedergesang Euch ermuntern, um auf kommende Werktage zu euern Mühseligkeiten zu stärken, unter euch, und mit dem Nachbar friedlich leben, war Nichts, nicht Religion, weil ihr nicht davon schwatztet und euer redliches (!) stilles Treiben und Thun nicht mit Schrifttexten verbrämtet!"

So schildert Pfarrer Jäck diese „charmante" Gemeinde, zu

deren Lob übrigens selbst der verstorbene Pfarrer Geiger hinzuzusetzen für nöthig fand „aber 's Stehlen können sie nicht lassen.“ Wir wissen aber wie es um die gutsherrlichen Gemeinden nach den langen Kriegen stand, namentlich um eine Gemeinde, die, wie Mühlhausen, an der Grenze zwischen Baden und Würtemberg lag. Stehlen, Schmuggeln, Jagd- und Forstfrevel, zerstörtes Familienleben und schlechte Kinderzucht, Spiel und große Armuth bezeichnen die Gemeinde. Selbst die Schilderung des obigen Herrn läßt nur zu deutlich durchblicken, „daß es mit den charmanten“ Leuten nicht weit her war.

Da Henhöfer ein offenes Auge für diese Schäden hatte, so suchte er vornämlich durch strenge Moral und Gesetzespredigt die Leute zu bessern. Henhöfer theilt die hervorstechende Eigenschaft mit vielen seiner ehemaligen Amtsbrüder, daß er eine große Menschenkenntniß hatte; selbst auf dem Land geboren, kannte er die Sünden des Landvolks genau, und wußte bis ins Innerste hinein den Leuten den Gesetzesspiegel vorzuhalten, wie es heutzutage noch begabte Jesuiten meisterlich verstehen. Von Sonntag zu Sonntag wurden die Predigten schärfer. „Ich dachte, wenn man die Leute fleißig und ernstlich an ihre Pflichten erinnere, so werde es schon besser werden und wußte nicht, was der Apostel sagt, daß nicht Leben und Gerechtigkeit aus dem Gesetze käme, sondern daß die Sünde durch das Gesetz erkannt würde. Gal. 3, 11. 21. Römer 3, 20. Wenn der Landmann alle Tage mit seinem Pflug an seinen Acker fährt und das Unkraut ausreutet, so trägt er darum noch nicht Korn, und wenn der Gärtner einem wilden Baume immer zuruft: trage zahme Frucht, so geschieht es doch nicht. Säen und zweigen ist vorerst nöthig. So macht auch das Gesetz allein keinen Menschen selig, es läßt ihn ohne Kraft, zeigt ihm nur, was er sein sollte und nicht ist. Hätte Moses dem Menschen helfen können, so wäre Christus nicht nöthig gewesen.“ Gal. 2. 21. Glaubensbek. S. II.)

Die Predigten schlugen auch an; die Leute wurden ernster; um des scharfen Pfarrers willen wurde manche Sünde auch gelassen, oder wenigstens im Geheimen gethan. Aber wenn die scharfe Predigt gehalten und der Pfarrer wieder einsam auf seiner Stube war, da ward er traurig bis ins tiefste Herz hinein. „Sind denn die Leute jetzt wirklich besser geworden? Wenn auch die Werke besser sind, sind die Herzen besser? Kann das, was du thust, nicht ebenso gut ein strenger Vogt oder Amtmann hinbringen, braucht man dazu den Pfarrer? und wenn du fort bist, wirds nicht wieder werden wie's vorher gewesen ist?" So zogs in dem Mühlhauser Pfarrer in Gedanken auf und nieder. Aber bald gings auch mit den Moralpredigten nicht mehr. Auch die strengsten wollten nicht mehr verfangen. Man schlägt die Leute eben nicht blos weich, man schlägt sie auch hart. Oder wie Henhöfer sich selbst ausdrückt: „Es ging wie in einer Mühle, wo man Anfangs durch das Geräusch erschreckt und am Schlaf gehindert wird, bald aber so sanft schläft als im stillen Zimmer."

Ich schalte hier etliche Predigten Henhöfers aus jener Zeit ein. Da sie zum Theil unvollständig geschrieben sind, so wird man das Bruchstückweise wohl zu entschuldigen wissen; zugleich wird man weder den gesetzlichen Geist, noch auch das Ringen nach Tieferem in ihnen vermissen.

## Predigt auf Mariä Geburt 1818.

### Vom doppelten Menschen.

Wir feiern heute das Fest der Geburt Mariens, der Mutter unsers Herrn und Heilandes Jesu Christi. Maria ist uns aus doppelten Gründen verehrungswürdig; in ihr finden wir dargestellt das Leben eines Christen und zwar schöner als in irgend einem Heiligen; sie glänzt durch ihre Demuth, ist reich an Liebe für Gott und ihren göttlichen Sohn, Jesus Christus, und erhaben durch ihre Reinheit in Herz, Sinn und Wandel; sie ist uns aber auch zweitens verehrungswürdig, als die Mutter unseres Heilandes Jesu Christi, durch welchen uns Friede und Freude zufloß. Wir ehren in der Mutter den Sohn; so viel von Maria. Ihr heutiges Geburtsfest führt mich hin auf die innerliche Geburt des Menschen; ich sage demnach: Jeder Mensch, jeder Christ trägt in sich zwei Geburten, eine alte und eine neue; jeder Christ ist ein doppelter Mensch, ein alter und ein neuer; in jedem Menschen ist ein doppelter Mensch, ein natürlicher und ein übernatürlicher. Hierüber vernehmet mich weiter:

In einem jeden einzelnen Menschen lebt und hauset ein doppelter Mensch, der natürliche und der übernatürliche, und es ist von großer Wichtigkeit, diesen doppelten Menschen im Menschen in uns kennen zu lernen. Der natürliche Mensch ist der verdorbene, böse, fleischliche Mensch, der Sohn der Sünde, des Satans; der übernatürliche Mensch ist der gerechte, fromme, das Kind, der Mann nach dem Herzen Gottes. Der natürliche Mensch ist eigenliebig, will nur, was ihm wohlgefällt, handelt nach seinem eigenen Willen und Sinne; der übernatürliche vergißt sich selbst, liebt nur Gott und seine Nebenmenschen, verleugnet sich und seinen Willen, und stirbt sich täglich. Der natürliche Mensch ist geizig, hinterlistig, habsüchtig, betrügerisch, versteckt und wandelt immer auf verbotenem Wege; der übernatürliche Mensch ist freigebig, mitleidsvoll und geht den geraden Weg nach dem Himmel fort. Der natürliche Mensch will nicht daran, sich abzusterben, scheut allen Druck, alles Leiden, ist träg, liebt Bequemlichkeit und scheut Arbeit; der übernatürliche Mensch nimmt Leiden mit Geduld und Ergebenheit an, ist fleißig aus Liebe für Gott, ist enthaltsam, nüchtern, keusch; der natürliche Mensch hat sich zum Gott, Phil. 3. 19, der übernatürliche den Vater im Himmel. So unterscheidet sich der natürliche und übernatürliche Mensch, und dieser natürliche Mensch ist in jedem Menschen; der übernatürliche ist Eigenthum Gottes, und soll Eigenthum eines jeden Menschen werden.

Der natürliche Mensch ist stolz und sucht nur eigene Ehre; wie die Pharisäer; aber auch bei uns ist dies der Fall; von zweien, die in Händel sind, will Jedes vom Andern zuerst gegrüßt sein, und so gehen sie ungegrüßt aneinander vorüber; von zwei in Feindschaft lebenden, wenn sie sich versöhnen sollen, will Keiner zuerst die Hand geben; dies ist der natürliche, der stolze, alte Mensch, die alte Geburt, jedem Menschen angeboren, stammt aus dem Willen des Fleisches Joh. 1, 13; 3, 6. Der übernatürliche Mensch ist demüthig, verlangt keine Ehre, Joh. 8, 50; er grüßt zuerst, gibt die Hand zuerst. Dies liegt nun nicht in unsrer Natur; es kostet uns viele Mühe und Ueberwindung, und sind es dennoch nicht im Stand; durch besondere Gnade kann's geschehen, welche uns durch Gebet auf unbekanntem Wege und unsichtbaren Canal ins Herz kommt, durch den heiligen Geist und Gottes Wort; daher aus Gott geboren. 1. Petr. 1, 23; Joh. 1, 13. Maria und alle Heiligen sind aus Gott geboren, Joh. 3, 5. 6. Der natürliche Mensch gibt Almosen, um gesehen zu werden, Math. 23, 5;

er thut Gutes, um das Lob und die Achtung der Menschen zu erhalten oder nicht zu verlieren. Math. 12. 41. So ist es auch bei uns; dieses ist der natürliche Mensch; der übernatürliche will kein Lob; die Wittwe am Gotteskasten hat gewiß nicht daran gedacht. Der natürliche Mensch ist schnell zornig über jede Rede, wie in Joh. 8. 47, 48; und so ist es auch bei uns: eine einzige unachtsame Rede macht uns in Zorn und Fluchen ausbrechen, erzeugt Händel, Haß und Feindschaft; man meidet die Häuser, sucht zu schaden, schimpft hinter dem Rücken; dies ist der natürliche Mensch; der übernatürliche dagegen ist geduldig: der natürliche Mensch ist geizig und will Alles für sich haben, ist hart gegen Arme, gegen Dienstboten, weist sie von der Thüre zurück, sieht auf jeden Bissen, den sie essen und gönnt es ihnen nicht; der übernatürliche ist uneigennützig, mitleidig, barmherzig, gibt Jedem gerne, was ihm gebührt und gönnt es ihm. Der natürliche Mensch ist träge, bequem, Matth. 24. 25: der übernatürliche ist fleißig, benutzt seine Kräfte und seine Zeit wohl, Matth. 25. 20; der natürliche Mensch hat Furcht und scheuet sich vor Kreuz und Leiden, Math. 26. 56; 16. 22; der übernatürliche ist ein Bild von Christo, schickt sich mit Geduld und Ergebung ins Leiden, und läßt sich's unter der Hand Gottes zum Besten dienen; der natürliche alte Mensch ist nur der verdorbene, stolze, geizige, fleischliche Mensch, der Sünde Sohn: den übernatürlichen beschreibt Thomas à Kempis III. S. 54.

Lasset uns nun den alten Menschen ausziehen mit seinen Werken, der nur denket was menschlich ist, und nicht was göttlich ist; denn göttlich denken das ist Christenthum. Hiezu ermahnet uns Paulus, Col. 3, 1—17. Amen.

## Predigt auf den 3. Sonntag nach Pfingsten 1819.

Text Lucas 15: Vom verlorenen Schaf.

In unserm heutigen Evangelium erzählt der Heiland das schöne Gleichniß vom verlorenen Schafe. Ein Hirte, spricht er, hatte hundert Schafe, und von denen ging ihm eines verloren; sogleich machte er sich auf, verläßt die neun und neunzig, die in Sicherheit sind und läuft dem hundertsten nach, sucht, bis er es gefunden hat und läßt sich keine Mühe gereuen: und hat er es gefunden, so trägt er es mit Freuden auf seinen Schultern heim. Das Evangelium enthält sehr viel Schönes; ich will also seinen Inhalt erklären.

Was versteht man unter dem Worte „Schafe" und welches sind die „Schafe"? Der heilige Kirchenvater Ambrosius gibt uns hierüber Aufschluß. Die Schafe in unserm heutigen Evangelium, sagt er, sind nicht bloß die Menschen, sondern die unzähligen Heerden der Engel und Erzengel, der Mächte und Herrschaften, der Cherubinen und Seraphinen; alle diese zusammen, die kein Mensch zählen kann, machen die Heerde Gottes aus. Von diesen Schafen, die theils im Himmel sind, wie die Engel &c. ging nun eines verloren; es waren die Menschen. Wir sind aus denen hundert Schafen, die aus Engeln &c. bestehen, das verlorene Schaf. Der Hirt, dem jedes Schaf gleich lieb war, verließ die neun und neunzig, das sind die Engel, die in Sicherheit waren, und lief dem verlorenen, das ist uns Menschen, nach; dieser Hirt ist Christus; denn er verließ den Himmel und alle Einwohner des Himmels, und wurde Mensch, uns Verlorene zu suchen und selig zu machen.

Warum aber heißen wir die verlorenen Schafe und warum sind wir verloren gegangen? Unsre heilige Schrift gibt uns darüber Erklärung im 1. Buch Moses im 1. u. 3. Kapitel. Nachdem Gott, heißt es da, die ganze Welt erschaffen hatte, sprach er zuletzt: „Nun lasset uns Menschen machen" &c. und so wurde der Mensch in Unschuld geschaffen und ins Paradies gesetzt; damals war er noch kein verlorenes Schaaf; denn er gehörte dem Herrn ganz an und Gott ging mit ihm so vertraut um, wie mit den Engeln im Himmel, er war ohne Stolz &c. Aber nicht lange blieb Adam so; der Teufel oder die Schlange kam, reizte ihn zum Stolz &c., und indem Adam dem Teufel nachgab, in die Sünde willigte und vom Apfel aß, so ging er dem Herrn und Gott verloren, und von Stund an war er das verlorene Schaaf; jetzt gehörte er nimmer Gott sondern dem Teufel an, denn er hatte die Eigenschaften des Teufels in sich aufgenommen, und war jetzt voll Stolz &c.; denn der Teufel ist ein stolzer, habsüchtiger und wollüstiger Herr, und herrschte nun ganz in ihm. Aber nicht nur Adam ist das verlorene Schaf, sondern auch wir sind es; denn weil wir von Adam abstammen, so erhielten wir auch die Sünde von Adam. Zu den verlorenen Schafen in unserm heutigen Evangelium gehört also jeder, an dem der Teufel noch seine Macht ausübt.

Wer also noch stolz ist, sich schämt der geringern Menschen, und denkt, was würden die Leute sagen, wenn ich mit solchen Menschen umginge, und also den Spott der Leute fürchtet; wer die Wahrheit noch nicht ertragen kann, gerne Recht hat, ist auch noch ein verlorenes Schaaf; er gehört noch nicht Gott, sondern dem Teufel an; denn Gott ist ein demüthiger Herr; der Teufel aber ist ein stolzes Thier. Ach Gott, wie Viele von uns sind verlorne Schafe! Sie gehören noch nicht dem Herrn; sie streiten noch nicht gegen den Stolz; sie fürchten noch den Spott der Leute und Verachtung; sie möchten noch gelten bei der Welt, aber wer bei der Welt gilt, der gilt bei Gott nichts, Jal. 4, 4.: sie möchtens gern mit der Welt und mit Gott halten. Aber man kann nicht zwei Herren dienen. O Eitelkeit! das soll euer Zeichen sein, daß ihr Gott angehört, wenn euch die Welt Gottes wegen hasset: lasset euch durch den Spott der Welt nicht irre machen; die hier spotten, werden gewiß einst verspottet. — Wehe euch, ihr Satten; sie sind die verlorenen Schafe, die nimmer gerettet werden! Und ihr, die ihr so spottet der Guten, ihr Diener des Teufels, die er hier aussendet, um den guten Samen zu verderben und Unkraut säet, wisset ihr nicht, was die heilige Schrift über euch sagt? „Wehe dem Menschen, der Aergerniß gibt!" Glaubet ihr keine Ewigkeit? die Seele, die ihr zu Grunde richtet, wird von euch gefordert! Wenn ihr gerne dem Teufel dienet, so verführet doch Andre nicht! Glaubet ihr, wenn ihr auf das Krankenbett kommet, sei es schon gut, wenn ihr saget: „Gott sei mir Sünder gnädig!" Sind damit die Verführten gerettet?

Christus kam vom Himmel, um die verlorenen Schafe zu retten und starb selbst am Kreuze; auf seinen Schultern trug er sie heim; wisset ihr, was die Schultern sind? Es sind die zwei Arme des Kreuzes. Wir aber, liebe Freunde und bessere Menschen, lassen wir uns nicht verführen; wir müssen anders anfangen; das ganze alte Christenthum muß von Grund aus zerstört, und ein neues aufgebaut werden! Laßt euch nicht irre führen durch falsche Propheten in unsrer Gemeinde; denn durch sie wirkt jetzt der Teufel; sie bekommen ihren Lohn; nicht durch Gebete bloß kommt man in den Himmel; falsch ist die Meinung, als könnte man nicht verloren gehen; Alles dies ist falsch; nur reine Herzen kommen in den Himmel; aber der Herr läßt es euch nun sagen: er sucht euch; laßt euch suchen, lauft ihm nicht davon; denkt, welche Freude Christus, den Heiligen, allen Engeln im Himmel, und euch selbst damit bereitet wird!

Verlorene Schafe sind die, an denen der Teufel seine Macht noch ausübt durch Geiz, Fleischeslust, Augenlust, Hoffart 2c.

Wer also nicht sich Mühe gibt, vom Irdischen los zu werden; Wittwen und Waisen drücket, Wucher mit Armen treibt, gern 10, 20 Prozent hätte, Diebstähle verübt, in Schleichhändel sich einläßt, ist ein verlorenes Schaf. Wer sich dem Kummer überläßt wegen dem Verlust irdischen Gutes; (o würde er jammern über den Verlust Gottes, wie über den Verlust des Geldes) wer Arme ohne Hilfe abweist, ist ein verlorenes Schaf. Ach Gott, wie viele sind es noch! Unsre Reichen wollen vom Christenthum nichts wissen; sie müßten sonst ihren Geiz aufgeben, wohlthätig werden, Arme unterstützen, ihre Herzen vom Mammon trennen, und ihren Stolz auf ihren Reichthum lassen; es ist eher möglich, daß ein Kameel durch ein Nadelöhr gehe; denn daß ein solcher ins Reich Gottes gehe! Sie haben alle Entschuldigungen, die ihnen aber der Teufel eingibt; sie müßten für ihre Kinder sorgen 2c. Alles läuft nach dem Zeitlichen, aber Wenige nach Gott. Demüthige deinen Stolz, thörichter Mensch! Ein armer Christus ist Allen zum Aergerniß, wie den Juden. Daher, wenn heute unser Heiland käme, wie ehemals, wir wären ärger als die Juden und Heiden; schon sein Wort ist einem zuwider, wie vielmehr Er selber! Unser ganzes Christenthum besteht im Plappern, wie bei den Pharisäern. Ach wir elenden Menschen, wie treibt uns doch der Teufel umher; aber laßt uns seine Bande zerreißen und Christus und dem Himmel Freude machen, daß er uns auf seinen Schultern, als gefundene Schäflein heimtragen könne.

Verlorene Schafe sind die, welche der Teufel in seinen Stricken durch Fleischeslust gefangen hält. Wer also noch die Freuden des Körpers und des Fleisches suchet; mit allen seinen Gedanken darnach hänget; wer der Wollust der Welt nachlauft und davon trunken ist, ist ein verlorenes Schaf. Wer dem Trunk, dem Wohlleben, Trägheit ergeben ist, ist ein verlorenes Schaf; und wie viele würden es sein oder werden, wenn sie Vermögen und Gelegenheit dazu hätten?

Aber, liebe Pfarrkinder, denkt nur, wie mühsam uns unser Heiland gesucht hat; er litt Kreuz und Tod und Alles um unsertwillen, und das wäre an uns vergebens, wir wollten wieder entlaufen? Das Blut Jesu Christi, des obersten Hirten wird von uns verlangt und gefordert werden. Sehet, wie viele Mühe Gott anwendet, um uns zur Herde und in den Schafstall zu bringen; aber alle diese Mühe und sein Wort wird von uns gefordert. Laden wir uns keine so große Verantwortung am Tage des Gerichtes auf, der Herr ist nahe! Lasset die Menschen, die vom Teufel in Sold genommen sind, reden, was sie wollen; stört euch nicht daran, und wenn es auch Reiche wären. Vor Gott gibt es keine Reiche; sie sind doch nur Diener des Teufels; achtet den Spott der Welt nicht; freuet euch vielmehr, dessen gewürdigt zu werden; wenn es nur um des wahren Christenthums willen geschieht; freuet euch; die Welt kann euch nicht schaden; fahret fort im Guten; denn über einen Sünder, der sich finden läßt, und der Buße thut, ist Freude im Himmel. Amen.

## Predigt auf den 5. Fastensonntag 1819.

In meiner letzten Sonntagspredigt habe ich aus der heiligen Schrift dargethan, daß der Mensch Vergebung seiner Sünden von Gott wieder erhalten kann, indem Gott selbst sagt: Ich will nicht den Tod des Sünders ꝛc. Ich habe aber auch gezeigt, was von unsrer Seite geschehen muß; denn so gut zwar Gott ist, so ist er doch nur für den gut, der Güte will; nicht, wer blos Herr, Herr sagt, wird Vergebung erhalten. Dabei habe ich auch aufmerksam gemacht auf die Fehler, die bei unsrer Beichte gewöhnlich vorgehen. Ich will heute also nur kurz zeigen, wie unser Leben nach der Beichte und wie unsre Buße beschaffen sein muß, wenn wir uns wahrer Verzeihung unsrer Sünden von Gott getrösten wollen. Vernehmet mich in Andacht darüber.

Die meisten Menschen glauben Alles gethan und sich gereinigt zu haben, wenn sie ihre Sünden erzählt haben und losgesprochen werden; es ist ja recht nach dem Buchstaben des Gebotes; aber der Buchstabe tödtet. Wahre Buße muß sich auch nachher noch erhalten. Ein ganzes Leben hindurch haben fromme Männer ihre Sünden beweint, wie David z. B.; daher, liebe Pfarrkinder, bereuet und beweinet nicht nur an solchen Tagen eure Sünde, sondern bleibet bußfertig euer Leben lang; denn wenn eure Buße aufhört, so fangen eure Sünden wieder an. Ein andrer Fehler liegt in Dem, daß man dann wieder weggeht und wieder in die Sünde zurückfällt. Das Streiten ist noch nicht verstanden, und darüber will ich nun etwas ausführlicher reden.

In unserm Innern liegen Leidenschaften; sie sind unser Erbtheil von Adam, die Erbsünde, die 7 Haupt- und Todsünden. Man heißt sie deswegen so, weil meistens alle Sünden darauf zurückzuführen sind, und auch von dem Beichtenden darauf zurückgeführt werden sollten. Der Grund der Fluchsünde ist Zorn, Stolz; der der Feindschaftsünde Neid, Hoffart ꝛc. Wasser sieht man bei der Quelle, wenn es abgegraben werden soll; so die Sünde. In unserm Innern liegen also Leidenschaften; ich will zwar nicht den Schluß von mir auf Andre machen, obgleich ein Mensch ist wie der andre; aber wenn ich im Leben der frömmsten Männer lese, so finde ich, daß sie Leidenschaften haben und bekennen, daß sie damit zu kämpfen haben; daher können wir den Schluß machen, daß Jene, die da glauben, es seien keine Leidenschaften in ihnen, sich selbst noch nicht kennen. Wenn unsre Beichte nun von Gilligkeit sein, Frucht bringen soll, so muß ich den Kampf mit diesen Leidenschaften anfangen, und wenn ich nun sage, wir müssen kämpfen und streiten, so ist's nicht gemeint mit andern Menschen, sondern mit sich selbst, mit seinen Leidenschaften. Du hast bisher in Händel gelebt mit deinen Hausleuten, Nachbarn, und klagst dich in der Beichte darüber an; Vergebung will Gott dir geben, aber er sagt auch: „Gehe hin und sündige hinfort nicht mehr!" Deine Händel sind aus dem Zorn entstanden; wenn du wahre Vergebung der Sünden erhalten haben willst, so mußt du auch vergeben, und deinem Zorn entgegentreten, das heißt mit sich streiten und kämpfen. Entschuldige dich nicht, Andre hätten dich dazu gereizt, die Entschuldigung ist nichts; denn daß du nicht schiltst, wenn du nicht beleidigt wirst, ist natürlich, sonst wäre man ein Narr; aber das Christenthum verlangt, daß du streitest gegen dich, folglich mußt du beleidigt werden können; Streit wird immer sein; ohne beleidigt, ohne aufgeregt zu werden, geht es im Leben nicht ab.

Ja, sagst du, soll man denn Alles leiden, so könnte man zuletzt Holz auf Einem machen; leide Alles, was dir nicht schadet hier; es ist dir dort zum Segen. Nun entstehen die meisten Händel wegen Geschwätz; schadet dir das? bist du deswegen bei Gott weniger? Dein Zorn reizt dich, aber du sollst dagegen streiten.

Wer nicht streitet, ist kein Christ; denn Christus hat gestritten, und wir sind seine Jünger. Das wollen Viele gar nicht begreifen: aber im Kampf und Streit besteht das Christenthum; deswegen heißt auch unsre Kirche „streitende Kirche"; dies ist des Christen Tagewerk. Wer das nicht thut nach seiner Beicht, von dem ist wahr: „der Hund frißt wieder, was er gespieen hat." Es kostet freilich Mühe, und kann nicht wegen Menschen, sondern Gottes wegen geschehen und wegen unsrer Seligkeit. Daß das Christenthum ein Streit ist, sehen wir im Beispiel vom heiligen Pachomius.

Du mußt gegen den Geiz kämpfen, der dich nicht gerne Almosen geben läßt; thue deine Hand weit auf, sei freigebig; kleide die Nackten, speise die Hungrigen, nimm dich des Elenden an und laß dabei die Linke nicht wissen, was die Rechte thut; kämpfe gegen die Unkeuschheit; laß sie nicht zu Worten, nicht zu Werken kommen und warte nicht, bis die böse Neigung von selbst vergeht, sonst hat die böse Neigung dich und du nicht die böse Neigung verlassen; werde nüchtern und mäßig, uneigennützig, aufrichtig, wahrhaftig.

Dies Kämpfen wird so sehr vergessen, und ist doch ohne das kein Sieg, kein Christenthum; sehen wir den Heiland bei der Versuchung; er hat widerstanden und gesiegt. Was hast denn du nun schon für deine Seligkeit, für den Himmel gestritten, gelitten, gethan? Willst du blos mit Beten und Kirchgehen in den Himmel?

Wenn du gegen dich streitest, so soll es aus Liebe zu Gott und dem Nächsten geschehen, wie wir's an Jesus sehen; er wurde verspottet, geschlagen &c.; wir hätten dasselbe dagegen gethan; aber Christus nicht; er will das nicht; Petrus hieb dem Malchus das Ohr ab; Jesus sagt: „Stecke dein Schwert in die Scheide" und heilt das Ohr wieder an. — Wer also wahre Verzeihung seiner Sünden erhalten will, der streitet gegen seine Leidenschaften; wir Alle haben zu streiten; denn wir Alle haben Leidenschaften und bald ist diese, bald jene vorherrschend; aber verzage nicht, bete und kämpfe; der gute Soldat steht fest; es ist freilich schwer zu überwinden, und geht nicht so schnell; aber nur treu und fest und es wird immer besser gehen; dem ausharrenden Streiter wird Sündenvergebung zum Lohne. Amen.

## Predigt auf Mariä Empfängniß 1818.

Text: Luc. 1. 26—38.

Ich habe in meiner letzten Predigt vom Stolze der Welt und von unsrer Eigenliebe geredet, und gezeigt wie jeder damit angesteckt sei; das ist die Erbsünde, der Teufel in der Schlange, die den Adam verführte, und immer geschäftig ist auch uns zu ververführen. Daher: „Wer stehe, der sehe wohl zu, daß er nicht falle!" Engel sind gefallen; Adam ist gefallen: werden wir weniger fallen?

Ich habe auch gesagt, wie gefahrvoll diese Sünde sei; sie entzieht dem Menschen Alles, zuerst Religion, Glaube, den heiligen Geist; endlich stürzt sie in Unglück, zeitlich und ewig; wir haben Beispiele an den gefallenen Engeln, an Adam, Nebukadnezar, Salomo rc., ich erinnre an die Juden unsrer Zeit, an den Unglauben unsrer Tage, an so manches gefallene Mädchen, an unsre eigenen Sünden, Hochmuth und Stolz wird gedemüthigt.

Stolz ist das erste, größte Laster, der Teufel im Menschen. So wie aber Stolz das erste und größte Laster, so ist Demuth die erste und schönste Tugend, die Demuth, die in unsrer Zeit so entstellet und entwürdigt ist und wird. Ohne Demuth ist kein Heil, keine Weisheit, kein Glaube, keine Hoffnung, keine Religion, kein Gott, keine Frömmigkeit; Alles ist Nichts ohne Demuth; davon, von der Demuth, wollen wir heute an Maria Empfängnißfest um so mehr reden, da sie demüthig war; sie sagte dem Engel nichts als: „Ich bin des Herrn Magd" rc. Vater im Himmel gib mir, meinen Zuhörern, groß und klein, jung und alt, wahre Demuth und sie werden mich heute und dich überall und immer verstehen.

Demuth ist die größte Tugend; ohne sie ist keine andre möglich; alles ist Stolz ohne sie; ohne sie sind keine guten Werke möglich; ohne sie verliert das Gute, das wir thun, seinen Werth, oder hat nie einen.

Worin besteht diese Demuth, die so vielen Werth hat, in der alle Tugenden erst Tugenden sind, die den Himmel uns aufschließt, Gottes Geist herabzieht, in der die Gabe des heiligen Geistes liegt? Sie ruht auf dem Gefühl unsrer Niedrigkeit, Ohnmacht, Schwäche, Unwürdigkeit, Abhängigkeit im Zeitlichen und Ewigen von Gott. Mit Nichts treibt der Teufel mehr sein Spiel, als damit, um sie von der Erde zu verdrängen und sich als Gott im Menschen aufzustellen und anbeten zu lassen. Der Mensch soll sich selbst achten, seine Würde nicht wegwerfen, was heißt dies? Solche Selbstachtung ist anders, als Stolz; worin besteht diese Würde?

Die Demuth vergleicht sich nicht mit andern Menschen; dies ist Stolz; sie erkennt nur das Gute und Gottes Bild in ihnen. Sehet es an Maria, Johannes, Jesus, welcher spricht: „Ich bin sanftmüthig und von Herzen demüthig." Die wahre Demuth sieht auf sich, und fühlt ihre Schwäche, und das bewirkt eben Demuth.

Warum sind wir nicht demüthig? was sind wir denn? heute gesund, morgen krank; heute lebend, morgen todt; heute reich, morgen arm; heute hoch, morgen niedrig, heute bei gesundem Verstand, morgen unsres Verstandes, unsrer Sinne beraubt; heute geehrt von Menschen, morgen verachtet; heute hier, morgen dort; heute in dem, morgen im andern Stande; keine Stunde sind wir sicher. Was sind wir doch vor dem Ewigen? Nichts, gar Nichts! heute haben wir Haus, Hab und Gut, morgen ist's durch Flammen verzehrt; heute haben wir Etwas, morgen sind wir ausgewiesen. Nichts, gar nichts sind wir! Er ist's, der uns hält, trägt, wärmet, Alles gibt, durch Ihn sind, leben und weben wir, und sind doch nicht demüthig! Er gibt Sonnenschein und Regen, Fruchtbarkeit, Luft zum Athmen, Kraft in unsern Körper! Was ist der Mensch, der stolze Mensch, ohne Gott, oder im Vergleich zu Gott, und ist doch nicht demüthig und so viel Stolz in seinem Herzen? Was sind die Großen der Erde? Würmer und Staub! Auf dem Krankenbett und Schragen sinkt ihre Herrlichkeit und ihr Stolz zusammen; sie erregen unsre Aufmerksamkeit, ziehen uns hin zu sich, weil Stolz uns blendet, und wir auch gern vornehm und groß wären; aber was sind sie selbst? O stolzer Mensch, lerne die Niedrigkeit erkennen, und demüthige dich! „O Gott, was ist der Mensch, daß du sein gedenkest, und das Menschenkind, daß du dich seiner annimmst?"

So elend ist der Mensch dem Körper und dem Irdischen nach; aber schauen wir auch seine Seele und vergleichen sie mit Gott, wie sie vor Ihm ist. Aber, ehe wir anfangen, sinken wir in den Staub, und rufen: „Herr, wir haben gesündigt vor dir, sei uns gnädig!" Was sind wir anders als Sünder, nicht würdig, unser Auge zu erheben, sondern werth, plötzlich von seinem Angesicht vertilgt zu werden. In Sünde geboren, ist Sünde unser ganzes Leben.

Gehen wir unsre Gedanken, unsre Worte, unsre Werke durch, so müssen wir ausrufen: „Gehe nicht in's Gericht mit deinem Knechte; denn vor dir ist kein Lebendiger gerecht!" Was sind wir? O, Herr kehre nicht bei uns ein, wir sind's nicht würdig! Je mehr ich über mich nachdenke, je mehr finde ich Sünden, und die Tage, die ich Gott ganz glaubte gewidmet zu haben, ach sie sind verloren, größtentheils; so jetzt und täglich mehr. Was sind unsre Gebete; voll Zerstreuung; wie wenig geschehen sie mit Aufmerksamkeit! Was wir beten, war es zur Ehre Gottes, und Gottes würdig? O Mensch, o Sünder, warum bist du nicht demüthig? Was ist unser Kirchengehen? Es geschieht aus Gewohnheit, aus Furcht, mit Widerwillen; wie wenig, wie Nichts ist es vor Gott? Und wir sind stolz? Warum enthalten wir uns von Sünden? Um nicht in die Gerechtigkeit weltlicher Richter zu fallen. Warum stehlen wir nicht? Aus Furcht vor Menschen, und wenn es viel ist, aus Furcht vor der Hölle; welche Tugend ist das? O, wie elend ist es um unser Gutsein, was endlich mit all unsrer Tugend, mit all dem Guten, was wir thun? Warum arbeiten wir? Um zu genießen, um reich zu werden, warum geben wir Almosen? Um von den Menschen gesehen und gerühmt zu werden. O, stolzer Mensch, was ist's mit deinem Stolz; wo ist deine Würde? Nichts, nichts sind wir! O, lerne demüthig sein; ja, lerne demüthig sein! Du bist ganz und in Allem von Gott abhängig und kannst ohne Gott nicht Gutes thun! Sehen wir's denn nicht; ist nicht unser ganzes Herz verdorben? Wer kann sagen, er thue etwas Gutes? Unser Wille ist bös, und wenn Etwas Gutes geschieht, so muß Gott es sein; Er muß uns Wollen und Gedeihen geben; Er sendet in des Demüthigen Herz seinen heiligen Geist; aber nur in des Demüthigen Herz, und dadurch vermögen wir tugendhaft zu leben. So hängen wir denn im Zeitlichen und Ewigen von Gott ab; durch Ihn leben wir körperlich und geistig, und — sind doch stolz? O, lasset uns demüthig sein! Sehet, wie wenig, wie nichts wir sind vor dem Ewigen! Sünder, und nichts als Sünder. Wir sind erzeugt in Missethat, wie David sagt: „In Sünde empfing mich meine Mutter"; und „Meine Sünden gehen über mein Haupt; wie eine schwere Last sind sie mir zu schwer geworden." Ps. 33. Lasset uns demüthig sein, und unsern Stolz hinheften an's Kreuz Christi! Du aber Herr züchtige, demüthige uns, schicke uns, was Du willst, Krankheit, Uebel des Leibes, Hunger rc. nur laß uns nicht in Sünden sterben; entziehe nur deine Gnade uns Sündern nicht; und diese Gnade Gottes des heiligen Geistes, die Du den Demüthigen verheißest, sei mit uns Allen in Ewigkeit! Amen.

## Frohnleichnam 1819.

Text: Joh. 6.

Da wir nun heute durch Witterung gehindert sind, dieses Fest durch eine feierliche Procession zu begehen, so will ich dafür eine kleine Anrede zur Erbauung an meine Gemeinde halten, der Inhalt meiner Anrede soll unser heutiges Evangelium werden; es liegt hoher und tiefer Geist darin. „Ich bin das Brod des Lebens. Wer dieses Brod isset, sagt Jesus, wird nimmermehr sterben." Joh. 6. 50. Ueber diesen Ausspruch Jesu: „Ich bin das Brod" rc. soll meine heutige Predigt sein.

Der Mensch besteht aus zwei Theilen: Leib und Seele; jeder Theil, wenn er leben, wachsen und stark sein soll, will und muß seine Nahrung haben. Ohne Nahrung stirbt unser Leib; ohne Nahrung stirbt auch unsre Seele. Des Leibes Hauptnahrung ist Brod: der Seele Hauptnahrung ist auch Brod, aber ein lebendiges Brod, ein Brod, das vom Himmel kommt. Christus ist dieses Brod, wie unser heutiges Evangelium uns lehrt. Wenn die Seele Christus nicht im Herzen hat, so ist sie todt und bleibt im Tod.

Christus ist Liebe und Demuth; das ist Brod für unsre Seele. Wenn sie von diesem Brode hat, so hat sie Leben; denn er sagt: „Wer von diesem Brode isset, der wird ewig leben." Wer Liebe für alle Menschen aufnimmt, wer Demuth hat, hat von diesem Brode gegessen; er wird ewig leben. Wer aber dieses Brod, Christus, seine Liebe, Demuth nicht aufnimmt, irrt euch nicht, der wird nicht ewig leben. Wer stolz, geizig, lieblos ist und bleibt, hat nicht von diesem Brod gegessen, er wird nicht ewig leben.

Dieses Brod wird uns in der heil. Communion dargereicht, das ist Christus; Christus ist hier; nicht blos geistig, sondern wesentlich, seiner Gott- und Menschheit nach, wie Er einst auf der Erde lebte; diese, seine Gegenwart, sowie seine Einsetzung der hl. Communion feiern wir heute. Wenn du also zur hl. Communion kommst, so empfängst du Christus ganz sakramentlich, das heißt mit

Fleisch und Blut und darinnen auch seine Gottheit; du empfängst also mit ihm die höchste Liebe, die Liebe, die gestorben, die göttlich ist. Aber wenn in deiner Seele noch Unreines ist, so kann er sich nicht mit dir vereinigen; er möchte wohl, aber er kann nicht. Wenn du voll Haß, Zorn, Neid, Stolz bist, und zur Communion kommst, ist es nicht möglich, daß Christus sich mit deiner Seele vereinige; denn wie reimet sich Christus und Belial zusammen? O, zittere davor; ja, es wäre weit besser, du kämest gar nicht; du issest nicht das Leben, sondern den Tod, den ewigen Tod; du hast dich nicht geprüft und dein Herz nicht gereinigt; ein äußeres Sündenbekenntniß allein macht das Herz noch nicht rein; der heutige Tag ist ein schöner Festtag; aber wenn du das lebendige Wort in ein reines Herz aufnimmst, so ist er noch schöner.

Christus ist die Demuth und will in ein demüthiges Herz einkehren; wenn du aber voll Stolz, Haß und Neid bist, so hast du dich nicht bereitet, bist unaufrichtig und deine Communion nützt dir nichts; sie ist falsch, Schein und Betrug; aber Christus wird einst die Entheiligung strafen. Gott sagt in seinem Worte, daß man das Heiligthum nicht vor die Hunde werfen soll; solche Menschen sollte man von der Communion zurückhalten. Du mußt ganz leer von dir sein und hungrig nach Christi Demuth; wenn das nicht der Fall ist, so zittere vor deinem einstigen Richter; wir feiern einen schönen Tag; aber schöner ist der, an welchem du das lebendige Brod, Christus in dich aufnimmst.

In der heil. Communion ist Christus sakramentlich, wie er auf der Welt einst lebte; deswegen ist der heutige Tag so wichtig; wir feiern das Andenken der ersten Einsetzung. Darum komme mit einem recht verlangenden, vom Irdischen entleerten Herzen, wenn du gesegnet sein willst; wenn du aber am Irdischen hängst, nicht schlafen kannst wegen einem kleinen Verlust; wenn du immer sorgst (du sollst aber gar nicht sorgen); wenn du keinem Menschen Almosen gibst und es dir ein Kreuz ist, wenn dich Jemand anspricht; wenn du Keinem borgst und immer verhungern willst: du Geiziger, so wird Christi Blut von dir gefordert; du spottest des Erlösers, bist von den Juden einer, die ihn ans Kreuz schlugen; Christi Fleisch nützt dir nichts.

Du solltest, wie Christus, ein immer thätiger Arbeiter im Christenthum, an dir selbst und andern sein; wenn du aber voll Trägheit und Weichlichkeit bist, aus Welt- und Sündenliebe, aus Gewohnheit und Empfindlichkeit jede kleine Ueberwindung scheuest und den Spott der Leute nicht ertragen magst, so nützt dir Christi Fleisch und Leben in der heil. Communion nichts. Wer aber die heilige Communion würdig empfängt, das heißt: wer sein Herz von allen Geschwüren der Sünde gereinigt hat, der erhält Viel; Verzeihung, Abwaschung aller Sünden, wahres Brod für seine Seele; Leben, ein neues Leben; in der Buße hat er versprochen, sich leer zu machen von sich selbst; jetzt kehrt das Leben selbst bei ihm ein; er erhält Stärke, Geduld in Kreuz, Krankheit; er erhält die Sicherheit seiner einstigen, seligen Auferstehung, weil Christus in ihm ist.

Wer sich aber nicht ausreinigt, nicht bloß durch Bekenntniß seiner Sünden, sondern durch inneres Ausschneiden der Leidenschaften, dem helfen alle Communionen nichts; da ist das Versehen auf dem Krankenbett für nichts; er könnte es bleiben lassen, und dies wäre vielleicht besser.

Lasset uns also dadurch den heutigen Tag feiern, daß wir jetzt versprechen uns Mühe zu geben, mit unsern innern Leidenschaften fertig zu werden, allen Stolz ꝛc. abzulegen, daß wir uns indessen würdig machen, bis wir wieder zur heiligen Communion gehen, Christus würdig, ihn recht als Erlöser und nicht als Richter zu empfangen; o, dann wird Ueberfluß an Gnade auf uns kommen, Stärke und ewiges Leben. Amen.

## Predigt auf hl. Johannes, Apostel und Evangelisten am letzten Tag des Jahres. 1818.

Text: „Friede, Friede, und doch ist nicht Friede! Jer. 8, 11.

Die Kirche feiert heute das Fest des hl. Johannes, Apostels, des nämlichen, der auch das Evangelium schrieb. Unter allen Jüngern war dieser Jesu am liebsten, Lieblingsjünger und bei Tisch lag er an seinem Herzen. Ihm empfahl Jesus noch vom Kreuz herab seine Mutter; er war bei der Verklärung Christi auf dem Berge dabei, und war am Oelberg beim Todeskampf Christi dabei. Ihn schickte auch Jesus mit dem Petrus voran, um das Osterlamm zu bereiten; überall sehen wir, daß Jesus besondere Liebe und Zuneigung zu ihm hatte. Er wurde über 100 Jahre alt, und starb, der Einzige unter allen Aposteln, eines natürlichen Todes; obgleich er von Domitian zu Rom in Oel gesotten wurde, jedoch ohne beschädigt zu werden. Nicht umsonst scheint ihn der Herr so lieb gehabt zu haben, denn er scheint auch nach allen seinen Schriften sehr liebenswürdig gewesen zu sein, und spricht seinen Christen nur immer zu: „Kinder, liebet einander!“ Auch liegt in allen seinen Abbildungen in seinem Gesicht unendlich viel Liebe, und ein hoher, edler Friede. Er scheint so recht mit sich und allen Schickungen Gottes zufrieden gewesen zu sein. Ich will nun heute untersuchen, wodurch auch in uns're Herzen dieser liebevolle Friede und Zufriedenheit, wie bei Johannes, kommen kann.

Wollen wir Ruhe und Friede in unsre Herzen, Einigkeit in uns und Zufriedenheit mit der Welt bekommen, so ist für's Erste nothwendig, einen festen Glauben an Gottes Vorsehung und Liebe zu haben. Wohl sagt Jeder aus uns: „ich glaube an Gott!“ Aber was ist sein Glaube, als ein leeres Wort, wie im Leben so Tausende, und so wenig mit Ueberzeugung gesprochen werden. Er spricht nach, was er gehört, aber in seinem Herzen ist kein Glaube, kein lebendiger Glaube; an den Früchten sollt ihr's erkennen. Wenn du den Glauben meinest zu haben, warum so ungeduldig im Leiden? Wissen wir denn nicht, daß Alles von Gott kommt? Wo ist da Glaube, wenn man ungeduldig wird über dem, was Gott schickt? Wenn du lebendigen Glauben hast, warum bist du unzufrieden mit deiner Armuth? Wenn du Glauben an Gott hast, warum so kleinmüthig bei deinen Schicksalen? O, wenn der Glaube an Gott nicht fest ist, so hat man keine Ruhe. Wir wollen in Demuth bitten um diesen lebendigen Glauben, denn wir können ihn uns nicht geben; mit diesem Glauben kehrt Friede und Ruhe in unserm Herzen ein, was denn auch auf unserm Gesichte zu lesen ist, wie beim Johannes. Das Kind bei der Mutter hat in der größten Gefahr keine Angst; es verläßt sich auf die Mutter, und so dürfen wir, als Kinder Gottes, uns auf Gott, unsern Vater, verlassen. Wir werden dann geduldig sein im Leiden; warum? Der Glaube an Gott sagt, daß es von Ihm komme, und warum denn grämen um Etwas, was Gott geschickt, der es zum Besten meint? Es ist Friede und Ruhe in unsern Herzen. Wir klagen nicht über Armuth, nicht über Kreuz; wir werden zufrieden sein in Krankheit; warum? Weil wir im lebendigen Glauben gleichgültig werden gegen äußere

Schicksale. O, es ist schön, was Jesus in der heiligen Schrift sagt: „Kein Haar fällt von eurem Haupte, ohne den Willen des Vaters.“ Wir werden nicht über Schulden klagen, wenn wir nicht selbst Ursache davon sind; nicht klagen über Menschen, die uns schimpfen, die uns verfolgen; warum? Sie können uns kein Haar krümmen, ohne Gottes Willen. Wenn Große in der Welt, Fürsten oder Beamte uns drücken, so kommt's von Gott; Er leitet und theilt Alles aus; die Menschen sind nur seine Werkzeuge, und durch nichts Aeußeres mag unser Friede gestört werden. Wollt ihr diese Ruhe, so glaubet, betet im lebendigen Glauben.

Wollen wir Ruhe und Frieden, so müssen wir Gott lieben. Was ist aber Gott? Gott ist die Wahrheit; liebe also die Wahrheit, und du liebst Gott und es ist Friede in dir. Wenn du aber lügst, falsche Eide schwörst, so ist die Wahrheit nicht in dir; du liebst nicht Gott, sondern den Teufel, und hast nimmermehr Friede. Gott ist die Gerechtigkeit; sei auch du gerecht, und du liebst Gott und wirst Friede haben. Wenn du aber stiehlst, betrügst, übervortheilst, Unrecht sprichst und thust, Schulden machst oder Wucher an Armen treibst, Wittwen und Waisen drückst, so ist die Gerechtigkeit nicht in dir; du liebst nicht Gott, sondern den Teufel und hast keinen Freiden. Gott ist die Keuschheit und Heiligkeit. Wenn du nun in deinem Innern ganz angefüllt bist mit Bildern der Wollust; wenn das Thier noch ganz in dir lebt, und du nie den Kampf dagegen auch nur anfängst; wenn du dem fleischlichen Willen nicht abstirbst, der dein Inneres verunreinigt, wenn du andres Geschlecht nur zur Sünde ansiehst, oder gar dich in körperlicher Wollust ergehst: so ist die Keuschheit nicht in dir, und darum auch kein Friede. Gott ist Geduld; wenn du aber in Ungeduld und Zorn auffährst, fluchst, so ist keine Geduld in dir; du liebst Gott nicht, der die Geduld ist und dir Geduld geben könnte. Gott ist Barmherzigkeit, Liebe; wenn du aber in Haß und Feindschaft lebst, Unfriede nährst, nicht vergibst, so liebst du Gott nicht, hast keine Liebe, keine Barmherzigkeit, und darum auch keinen Frieden. Alles Gute ist in Gott; liebe das Gute und du liebst Gott und hast Frieden, göttlichen Frieden, nicht, wie die Welt ihn gibt.

Wollen wir Ruhe und Frieden, so müssen wir nur Gott suchen; auch das ist unumgänglich nothwendig, und vielleicht haben viele besseren Menschen gerade deswegen keinen Frieden, weil sie

Gott nicht suchen. Was heißt aber Gott suchen? Nicht bei vergänglichen Gütern dieser Erde stehen bleiben, sondern nach unvergänglichem, ewigen, nach dem höchsten Gute, nach Gott trachten. Hierin sind wir leider größtentheils auf Irrwegen. Was wir suchen, wornach wir uns sehnen, wenn wir's beim Licht betrachten, sind irdische, vergängliche Güter. Wir haben unsre Bestimmung leider verkehrt; wir leben, als lebten wir für die Erde, und nicht für die Ewigkeit. Früh Morgens steh'n wir auf, und nach kurzem Ankleiden, was suchen wir? Suchen wir Gott? Nein, ein zeitliches Geschäft, das vorher schon unsre Gedanken in Anspruch nahm, suchen wir hervor; und wenn wir auch zu Gott beten, so geschieht's großentheils, ohne an Ihn zu denken, mit Zerstreuung. Gewohnheit ist's, die uns die paar Vaterunser abzwingt, nicht Eifer, nicht Liebe zu Gott; daher kann auch kein Friede in's Herz kommen. Durchgehen wir den ganzen Tag; ist's Gott hauptsächlich gewesen, den wir gesucht haben, oder zeitliche Güter? Wir kommen zur Kirche; aber wen suchen wir hier? Gott? Warum sind wir denn mit unsern Gedanken anderswo? Warum ohne Theilnahme? Warum hört man Predigt? Die Meisten nur, um zu sagen, er hat schön oder nicht schön geredet. Heißt das „Gott suchen"? Wenn wir Gott suchen, warum läuft unser Blick in der Kirche umher und auf andre Menschen? Heißt das „Gott" suchen, oder nicht vielmehr Menschen, schöne Kleider, oder gar noch was Schlechteres! Warum kein Friede in unserem Herzen? Antwortet Euch selbst. Zu Hause, was suchen wir? Eitle Ehre, Lob der Menschen, Befriedigung unsres Stolzes; ist's da ein Wunder, daß kein Friede da ist? Was weiter? Vergnügen, Lustbarkeiten, Vermögen, Reichthum; der Arme will reich sein, der Reiche will noch mehr haben; sie suchen Alle, aber Alle verkehrt, und Keines findet Ruhe; denn nichts Zeitliches kann Ruhe geben; sie suchen Ruhe auf verkehrtem Wege, Ruhe, wo kein Sterblicher sie noch gefunden. Treten wir in die Stube eines Armen ein; was kommt uns entgegen, als ein Klaggeschrei über Elend und Armuth, als Unzufriedenheit über das, was Gott ihnen gab. Ach, sie suchen und finden nicht; es heißt von ihnen, was Paulus Röm. 11, 7 sagt: „Was Israel sucht, das findet es nicht." Sie suchen Zufriedenheit, und sehen nicht ein, daß es keine außer in Gott gibt. Viele suchen, aber nicht Gott, ja nicht einmal unschädliche zeitliche Güter, sondern das Böse; so vergeht der Tag, und nun kommt die Nacht und Finsterniß; sie ist für sie, denn sie sind Kinder der Nacht und der Finsterniß; da suchen sie die Ausführung ihrer schlechten Pläne, Diebstahl, Bosheit, Hurerei und schändliche Dinge. O, wie ist doch die Welt so thöricht! Frieden und Ruhe, Glückseligkeit auf Erden suchen wir und suchen sie leider auf ganz falschem Wege. O, nicht das Zeitliche gibt uns Zufriedenheit! Frage den Reichen und Großen, wann er glücklich gewesen! Und warum sind wir als Kinder so glücklich gewesen? Weil uns damals noch genügte an einem einfachen, unschuldigen Wandel vor Gott: weil Gott in uns war und jetzt ungezügelte, thierische Leidenschaften, Hang und Treiben und Jagen nach dem Zeitlichen. Freunde, gehen wir doch weg vom thörichten Wege der Welt; suchen wir Zufriedenheit da, wo sie es nur gibt, im festen Glauben an Gott und in der Liebe zu ihm; lasset uns ihn von ganzem Herzen und nur ihn suchen. Amen.

## Predigt auf Maria Himmelfahrt 1819.

Text: Lucas 10, 38—42. „Maria hat den besten Theil erwählt" 2c.

Unser lieber Heiland gibt in unserm heutigen Evangelium der Martha einen Verweis, daß sie so kummervoll für irdische Dinge, für häusliche Geschäfte besorgt sei und indeß das Wort der Wahrheit, das ihre Schwester Maria aus seinem Munde vernehme, und das einzig zur Ruhe des Herzens und zur Seligkeit führe, vernachlässige. „Martha, Martha", sprach er zu ihr, „Du kümmerst Dich um Vieles; nur Eines ist Noth! Maria hat das gute Theil erwählt!"

„Nur Eines ist Noth", das sei der Inhalt uns'rer jetzigen Betrachtung.

„Nur Eines ist Noth", so spricht Jesus, die ewige Wahrheit, in unserm heutigen Evangelium. Und was ist dieses Eine anders, als wahres Christenthum, wodurch uns're Seele wieder zum wahren, reinen Ebenbild Gottes hergestellt wird, das wir leider durch die Erbsünde und durch uns're eigenen Sünden so oft verloren haben? Ja täglich beinahe verunreinigen und beflecken? Wahres Christenthum, das unsre Seele wieder zu Gott und in Gott einführt, ist Noth; ist uns, ist in unsern Zeiten so sehr Noth! Und von diesem wahren Christenthum, wodurch wir alle gebessert werden wollen, damit wir einst Erben des Himmels werden können, ist meine

Absicht, auch in der Zukunft mit euch zu reden, wenn Gott mir Unwürdigen seine Gnade nicht entzieht und Gesundheit und Leben verleiht.

„Eins ist Noth“; ist uns, ist in unseren Zeiten so sehr Noth, wahres Christenthum, das in Demuth des Herzens besteht, und durch Bescheidenheit, Gehorsam, Geduld, Verleugnung des eigenen Willens sich äußert. Wer nur immer nach eitler Ehre trachtet: wer dem Lobe der Welt so sehr nachjaget, wer nur immer die Freundschaft der Menschen wünscht, und gerne in Achtung der Menschen stände: nein, der kennt das Eine Nothwendige noch nicht, er kennt wahres Christenthum noch nicht; er ist auf falschem Wege.

In der Demuth, und nicht im Stolze, liegt Christenthum; in der Demuth, und nicht im Stolze wird Gott gefunden! Demuth ist das Eine, Nothwendige! Wer sie nicht hat, hat Gottes Bild nicht in sich; denn Gott selbst ist die Demuth. Wer sie nicht sucht, wird Gottes Bild nie werden, und wer Gottes Bild nicht ist, oder wird, kann nie Erbe seiner Seligkeit sein. Wer sich immer noch für besser hält, als andre Menschen; für vornehmer als andre; für geschickter, weiser, als andre; für frömmer, als andre; (ach, Nichts, gar Nichts, ist der Mensch, wenn Gott in dem Augenblicke uns seine Gnade entzieht, so sind wir Sünder, die alten Sünder, und wenn unsre Vorsätze noch so fest wären) der kennet das Eine, Nothwendige, noch nicht! Wer gerne immer seinem eigenen Willen folgt, und keinem Menschen unterthan sein will, der kennet das Eine Nothwendige nicht! Wer so leicht beleidigt ist, so schnell auffährt, und in Zank und Fluch ausbricht; wer Händel, Haß und Feindschaft liebt, und Uneinigkeit stiftet und Uneinigkeit unterhält, Menschen verachtet und Menschen meidet, Brüder vervortheilt und richtet, der kennet das Eine, Nothwendige noch nicht.

Leider geht unser meistes Streben nur dahin, von Menschen geachtet und von Menschen geehrt zu werden. Lob, Ansehen, Achtung in den Augen der Menschen möchten wir uns gerne erwerben, daher suchen wir Ehrenstellen, daher suchen wir Auszeichnung! Aber was nützt uns alle menschliche Ehre, wenn Gott uns nicht ehrt? Was alle menschliche Achtung, wenn Gott uns nicht achtet? Sie ist uns das Nothwendige, das Eine! Und was schadet uns aller Tadel, wenn Gott uns ehrt? Je mehr aber der Mensch die Ehre der Welt sucht, um so mehr kommt er in die Verachtung Gottes!

Wisset ihr nicht, daß der Welt Freundschaft Gottes Feindschaft ist? Glücklich der, den Gott ehrt! Nur eines ist Noth! Es ist dies die Lostrennung unsers Herzens von den Gütern dieser Erde, woran wir leider mehr hängen, als wir billig sollten. Dieses ist wahres Christenthum; dieses ist Noth; dies ist das Eine, wovon Jesus im heutigen Evangelium spricht.

Wer aber noch so kummervoll um die Dinge dieser Welt und um einen zeitlichen Verlust seufzet; wer um häusliche Dinge noch so sehr besorgt ist, daß er dabei die ewigen vernachlässigt, wie Jesus der Martha heute vorwirft; wer nicht mit Vertrauen sich den Vaterführungen Gottes hingibt; wer über Kreuz und Leiden unzufrieden wird, und Menschen, oder gar Gott Vorwürfe machen möchte, der kennet das Eine, Nothwendige noch nicht!

Wer mit allem, was er hat, immer noch nicht zufrieden ist, und immer weiter und mehr wünschet; wer aus lauter Interessirlichkeit seinen Nebenmenschen beneidet, des Armen vergißt, den Nothleidenden bei Seite setzt, Wittwen und Waisen nicht besieht, Kranke schmachten läßt, und nach Reichthum trachtet auf unrechtem Wege, der kennet das Eine, Nothwendige noch nicht!

Aber wir Menschen befördern und nähren meist den Trieb nach irdischen Dingen, statt ihn zu untergraben und zu tödten! O, die Unverständigen! Was nützt es dem Menschen, wenn er die ganze Welt gewönne, und nähme doch Schaden an seiner Seele? Oder was kann der Mensch geben, damit er seine Seele wieder löse? Was nützt irdischer Reichthum, wenn arm vor Gott; und je reicher der Mensch auf dieser Welt zu werden sucht, um so ärmer wird er vor Gott! Die da reich werden wollen, fallen in Versuchung und Stricke und viele thörichte und schädliche Lüste, welche versenken den Menschen in Verderben und Verdammniß; denn der Geiz ist die Wurzel alles Uebels!

Nur Eins ist Noth! Es ist dies die Abtödtung des Fleisches, das da gelüstet wider den Geist; wer dieses nicht sucht, der verlangt nicht das beste, ewige Theil, das Himmelreich! Demuth, Liebe, Abtödtung des Fleisches ist das Eine, Nothwendige, was Christus uns gelehrt, und in seinem Beispiele gezeigt hat, und was uns hier zu Ebenbildern Gottes und dereinst zu Erben des Himmels machen kann.

Dieses Eine, diese Tugenden hatte Maria; sie war demüthig, Gott ergeben ihrem Sohne zum Kreuze nach ohne Murren und

Klagen, weder gegen Gott, noch gegen Menschen; sie war losgetrennt; sie besaß nichts Irdisches, und war doch zufrieden; abgetödtet, die reinste Jungfrau, Jungfrau aller Jungfrauen!

Daher hat sie auch Gott so hoch erhöhet, und sie, gleich ihrem Sohne, mit Leib und Seele zu sich in den Himmel aufgenommen. Nur Eins ist Noth! Suchen wir dies Eine und wir haben Alles gefunden; in dem Einen liegt Gott, in Gott liegt Alles!

Alles Andre vergeht; Ehre und Ansehen hören einst auf; Reichthum verschwindet; die Freuden der Welt sind nicht mehr; die besten Freunde werden uns oft durch den Tod, oder andre Führungen Gottes entrissen! Gott bleibt ewig; immer einer; immer der Nämliche; gütig, wenn wir ihn lieben, barmherzig, wenn wir als reuevolle Sünder zu ihm zurückkehren. Amen.

## Predigt auf den 3. Sonntag nach Ostern, am Fest des heiligen Alexanders, Kirchenpatrons, 1819.

Text: „Ja, wir wissen, daß denen, die Gott lieben, Alles zum Besten dient, denen nämlich, die nach Gottes Rathschluß berufen sind" rc.
Röm. 8, 28.

Wir feiern auf den heutigen Tag zugleich das Fest des heiligen Alexanders, Patrons allhiesiger Kirche. Dieser fromme und heilige Mann, und Geistliche war Bischof zu Rom oder Papst, stand der Christenheit 10 Jahre und etliche Monate vor und bekehrte einen großen Theil des römischen Adels zum Christenthum. Dies erregte ihm Feinde; der damalige Kaiser Adrianus selbst wurde deswegen sein Feind; er wurde in den Kerker geworfen, und nach vielen ausgestandenen Martern endlich mit 2 andern Geistlichen und Priestern, dem Elventius und Theodulus als Märtyrer hingerichtet. So starb Alexander den schönen Tod für's Christenthum. Ich sage den schönen Tod, denn nicht jedes Menschen Tod ist schön, und jedes Menschen Austritt aus dieser Welt erfreulich. Nur schön und erfreulich ist der Tod jenes Menschen, der wie Alexander den Weg zum Himmel antritt, um dort zu ernten, was er hier gesäet. Allein nicht Alles, was stirbt, geht dem Himmel zu; vielleicht sind es nur die wenigsten Menschen. Da ein Richter jenseits wohnet, so empfahet jeder nur, was er verdient nach seinen Werken; den Himmel, der den Himmel verdienet, die Hölle, der die Hölle verdienet, und im den Reinigungsort wandert der, der das Leben zwar in sich trägt, aber noch nicht reif ist für den Himmel. Ich will also hier untersuchen, welche Menschen werden in die Hölle, welche in das Fegfeuer, welche in den Himmel gehen. Es ist schrecklich, zu denken, daß Menschen, die zum Himmel bestimmt und erschaffen, dies, ihr Ziel nicht erreichen, ja nicht nur nicht erreichen, sondern auf eine Ewigkeit, für alle Ewigkeiten von Gott ausgeschlossen, dem schrecklichen Platz, der Verdammniß hingegeben werden sollen, und doch so ist es; so sagt der Heiland selbst: „Viele sind berufen ꝛc." Ach leider, wenn wir die Sache richtig überlegen, so müssen wir selbst das Urtheil fällen, und eingestehen, es gehen einst und gehen täglich mehr Menschen der Hölle, als dem Himmel zu. O, sehen wir doch nur auf das Leben der Menschen; ist denn das ein Leben, das einst zu Gott führen kann? Schmal ist der Weg und enge die Pforte, welche zum ewigen Leben führet. Der Hölle zu werden und müssen einst alle jene gehen, die den Kampf mit ihren Leidenschaften nicht kämpfen, die den alten Adam nicht aus sich herausnehmen, und Christum anziehen, die Gottes Bild nicht in sich wieder herzustellen suchen. Liebe Brüder und Freunde, ich wünsche, daß ihr wohl Acht habet; denn noch sind unter uns so viele, die gerade auf diesem Wege sind; und ach, es kann mir, als ihrem Seelsorger, nicht gleichgiltig sein, ob ihre Seelen gerettet werden oder zu Grunde gehen. Ach, ich wünschte, daß alle Menschen einst Gott sehen möchten von Angesicht zu Angesicht. Die Erbsünde im Menschen muß wieder ausgetilgt, der alte Adam ausgezogen werden; das ist die ganze Aufgabe, die wir in unserm Leben zu leisten, das ist alles, was wir für den Himmel zu thun haben, wer aber auch dies nicht thut, wird den Himmel nie sehen, kann ihn nie sehen. Das Christenthum ist so einfach; es ist wunderbar, wie die Welt sich so sehr hat davon entfernen können.

Adam hat eine dreifache Sünde begangen, hat dreifache Sünde auf uns übergetragen, und diese dreifache Sünde muß wieder von uns durch Glauben, durch Christus, Gottes Gnade herausgenommen werden. Von Adam ererbten wir Stolz, Augenlust, Fleischeslust, und dies muß ausgetilgt werden. Nur einzig dies ist die wahre Religion, und alles Andre ohne dies nur Schein und Heuchelei; dagegen muß unser Herz demüthig, gehorsam, von dem Irdischen losgetrennt, im Kreuz ergeben, geduldig im Leiden, von den Gelüsten des Fleisches frei werden. Dies nennt man auch die zweite Geburt des Menschen oder die neue Geburt, wiedergeboren zu werden; die erste Geburt ist die natürliche, von Adam, von welchem wir Hoffarth des Lebens, Augenlust und Fleischeslust haben.

Wer nun nicht daran arbeitet, daß er diese drei Leidenschaften und Stammbäume alles Uebels wieder aus sich herausbringe, und dafür Christi Demuth, Armuth und Ergebenheit in körperlichen Leiden anziehe, der wird in Ewigkeit nicht das Himmelreich sehen.

Christlicher Freund, oder zum Christenthum eingeweihter, getaufter Freund, wenn du also fortfährst in deinem Stolz und glaubst, du seiest schon gut, du hättest schon das wahre Christenthum, du hättest schon das Ziel erreicht, wo doch Paulus unser Wissen nur Stückwerk nennt; du bist blind und wirst in Deiner Blindheit keinen Himmel finden. Wenn du dich dem Zorn überlässest, und gar nie entgegenkämpfst, oder gar glaubst, es sei eine Unmöglichkeit, und daher ruhig die Hände in den Schooß legest, du kannst nie das Himmelreich sehen.

Hör nur deinen Heiland: „Es sei denn, daß Jemand von Neuem geboren werde, kann er das Reich Gottes nicht sehen." Es muß in deinem Leben ein Zeitpunkt sein, wo du ganz anders zu leben angefangen hast! du hast ja noch die alte Geburt! Nehmet es doch wohl zu Herzen; es sind noch so viele, die nicht arbeiten und kämpfen, daß sie in's Himmelreich kommen! Ihr Ende ist Verderben!

Wenn du dein rohes, unfreundliches Wesen gegen die Deinigen, dein Fluchen und Schelten nicht ablegst, ja nicht einmal dagegen arbeitest und dir Gewalt anthust, so wirst du das Himmelreich in Ewigkeit nicht sehen! In dir lebt ja noch der alte Adam, der thierische Mensch, und du sollst ein neuer Adam werden, werden wie Adam vor dem Sündenfall; denn, wie ich letzthin sagte, nach dem Sündenfall konnte Adam Gottes Angesicht nicht mehr sehen; in dir ist noch die alte Geburt und du sollst doch neu geboren sein! Höre was der Heiland sagt: „Wer nicht wiedergeboren ist, kann das Reich Gottes nicht sehen." Es muß in deinem Leben ein Zeitpunkt sein, wo du ein neues Leben angefangen hast. Ich möchte, daß dies wohl verstanden und sehr beherzigt würde, denn ich möchte einst meine Pfarrkinder alle dem Vater im Himmel zuführen, und nur dies ist der einzig mögliche Weg, wie ich es überzeugt bin.

Wenn du dein Herz nicht vom Zeitlichen wegwendest, wenn

es dir zu viel ist, wenn du umsonst einem Armen nur eine Suppe geben sollest, da du doch könntest, wenn du bloß an diesem Zeitlichen hängest, da wirst und kannst du es sehen, wenn ein Unglück dir zustößt, bist du da ruhig und empfiehlst dich Gott? Wenn, sage ich, dein Herz blos am Zeitlichen hängt, oder, wenn du zwei Herren, Gott und der Welt, dienen willst: so wirst du in Ewigkeit keinen Himmel sehen. Es ist wahrlich, wie ich auch täglich mehr einsehe, wie der Heiland sagt: „Es ist leichter, daß ein Kameel durch ein Nadelöhr gehe, denn daß ein Reicher in's Himmelreich komme.“ Hundert Entschuldigungen findet das Herz und, leider, auch das Betragen unsrer Welt; allein die Welt kann nicht Leiterin zum Himmel sein, sondern Jesu Wort. „Gehe hin, verkaufe was du hast, und gib's den Armen rc.“ Wenn du blos dem Angenehmen des Körpers, der Wollust nachjagst, und nicht entgegen streitest, deswegen weil Christus gestritten und durch's Gebet blos alles gut machen willst; so wirst du in Ewigkeit nicht das Himmelreich sehen. Ich wollte, Jeder möchte sich davon überzeugen, daß das der einzige Weg ist, auf dem wir zum Himmel gelangen können. Nichts nützt hier alles Beten, hört's doch ihr Alten und Jungen, die ihr die Religion eures ganzen Lebens blos in's Gebet setzet, und wenn man euch fragt, ob ihr denn auch durch Christus ein Mal euern Zorn, eure Anhänglichkeit an die Welt überwunden habt, mit gutem Gewissen nicht „Ja“ sagen könnet; Nichts nützt Gebet, Kirchen- und Kapellen gehen; Nichts nützt unser „Herr, Herr sagen“, wie noch so viele Stellen der heiligen Schrift bezeugen. Es wäre mir leid, wenn auch nur Eines zurückgehalten würde, gewiß, dem ist's auch nicht um seine Besserung Ernst; ich möchte, daß ihr noch fleißiger betetet, denn ich kenne aus eigener Erfahrung die Kraft des Gebets, doch dies Entgegenarbeiten ist die wahre Religion, das wahre Christenthum. Ohne das nützt Nichts unser Beichten, uns're Communionen; wie viel darauf zu halten ist, habe ich am letzten Sonntag gezeigt. Aber du und Christus sind weit verschieden! Du willst Krieg, Christus Frieden; du willst Händel und Feindschaft, Christus Einigkeit und Versöhnung; du willst Erhöhung, Christus Demuth; du Reichthum, Christus Armuth; du Freude der Welt, Christus Leiden des Körpers! Was hat der Gerechte mit dem Ungerechten, mit dem Laster gemein? Wie kann sich das Licht, Christus mit der Finsterniß vereinigen? Wie stimmt

Christus mit Belial? 2 Cor. 6, 15. Du, als Braut Christi, hast eigenen Willen und solltest keinen haben, sondern Christi Willen annehmen. Wo ist da Einigkeit in der Ehe, wenn die Frau anders will, als der Mann und der Mann nicht, was Christus? Wo ist Einigkeit mit Christo, wenn du anders willst und anders lebst, als er? Deine Kommunion wird nur das Maaß deiner Sünden voll machen, nur zur Verdammniß dir gereichen! „Wer nicht wiedergeboren ist, kann das Reich Gottes nicht sehen"; solche gehen alle der Hölle zu und das ist die Mehrzahl. Das Himmelreich hingegen werden Die erben, gleich nach ihrem Tode, ohne Zwischenaufenthalt, welche den alten Adam getödtet, und Christus angezogen haben. Es liegt viel in diesen Worten; denn der alte Adam muß getödtet, die fleischliche Geburt ganz erstorben sein; kein Unreines geht in den Himmel. Es kann dies nur durch ernste, jahrelange Uebung geschehen. So lange du noch viel arbeiten und kämpfen mußt, und oft noch unterliegst, im Kampf mit den Leidenschaften, so lange ist der alte Mensch noch nicht todt; er lebt noch und du bist noch nicht reif, geradezu in den Himmel einzugehen. Die Sünde muß getödtet sein und in dir muß Haß leben gegen die Sünde; sie muß getödtet sein durch Christus. Es gibt wirklich Menschen, die durch Gebet, durch Christus und in der Vereinigung mit Ihm, durch ihren Glauben, in jahrelanger Uebung es so weit gebracht haben, daß die Sünde ihnen verhaßt wurde, daß somit kein Stolz, kein Dienst der Augenlust und der Fleischeslust mehr in ihnen war; wohl als Anlage waren diese Sünden noch da, aber ganz todt; solche sind die reife Frucht; sie stehen im Spätjahre ihres Lebens, reif zur Ernte; in ihnen ist Christus ganz ausgeboren; sie bestehen als Märtyrer die Feuerprobe; ihre Zahl ist wenig; denn viele sind berufen; aber wenige sind auserwählt. Amen!

---

Soweit die Predigten aus jener Zeit. Dreiviertel Jahr gings in dieser Gesetzesarbeit fort. Da kommt an Henhöfers Stelle als Hofmeister in das Haus des Herrn von Gemmingen ein junger Mann, Namens Fink. Er war ein Schüler des Professors und nachmaligen Bischofs Sailer in Landshut, der einer der edelsten Erscheinungen in der katholischen Kirche der damaligen Zeit war, ein Mann, zu dessen Freunden unter Anderen ein

Martin Boos gehörte. Fink, den Henhöfer schon in Freiburg kannte, hatte von Landshut einen ganz anderen Sinn mitgebracht, er war ein Anderer geworden, als den ihn Henhöfer in Freiburg kannte. Eine tiefe innere Unruhe war in dem Manne, ein Suchen, Ringen und Kämpfen nach Wahrheit und Licht. Seine Reden machten auf Henhöfer, der selbst sich in innerer Noth befand, einen gewaltigen Eindruck. Es wurde ihm klar, daß das Uebel tiefer liege und darum alle seine Gesetzespredigten nicht wirkten, und die Unruhe Finks schlug hinüber und weckte und mehrte sie noch in Henhöfer. Fink hielt es nicht lange aus in Steinegg; ihn zog es wieder zu seinem Lehrer. Der ihm die Unruhe gegeben, sollte sie ihm auch wieder nehmen. Wir hören von ihm wenig mehr, er verschwindet aus der Geschichte Henhöfers, in die er so mächtig eingegriffen hatte. Aber Henhöfer kann ihn nicht vergessen. Die wenigen Monate Zusammenseins waren entscheidend gewesen. Eine Saite war angeschlagen worden, die fortlönte, auch wenn die Hand nicht mehr da war, die sie schlug; Henhöfer sollte den Kampf allein bestehen. Ein Mensch sollte ihn wohl hineinstellen, mit dem Herrn aber sollte er ihn auskämpfen. Henhöfer will mit nach Landshut, aber das Pfarramt hält ihn, er kann und darf nicht und Fink zieht allein. „Ich war nun ganz auf mich gestellt und mußte meine Hülfe allein in Gottes Wort und Gebet suchen." Da steht nun der gebrochene, tiefunruhige Mann allein, rings um Niemand, der ihn versteht, dem er sich offenbaren kann; dahin fahrend auf den tiefen Wassern der Anfechtung, ohne Compaß und Senkblei wie Noahs Arche, nur mit dem Fenster nach Oben zu den Bergen Gottes. Doch nein nicht ohne Compaß — Fink hatte ihm gerathen die Schrift zu lesen und an sie sich einzig zu halten. „Und mein Gebet und Seufzen wurde erhört. Viel, viel hatte Gottes Gnade um diese Zeit im Stillen gethan an meinem Herzen, Gottes Wort wurde mir lebendig wie ein zweischneidig Schwert, das Mark und Bein durchdrang. Ein neuer Eifer, ganz anders anzufangen, ganz anders zu werden, belebte mein Inneres. Gerne hätte ich damals, und zwar seither oft mein ganzes Leben zurückgenommen und nur noch einmal wünschte ich mir den Eifer. Von dieser Zeit an wurde auch die heilige Schrift meine tägliche Lektüre, ich lernte viel auswendig und las und verglich immer gelehrter und frommer Männer Auslegung und Erklärung." (Glsbdef. IV.)

So sagte er auch in einem von ihm geführten Tagebuche „von Sonntag zu Sonntag wurde ich mehr zum Leben geführt. Mit vielem Eifer und Segen predigte ich nun Gottes Wort und von allen Seiten her kamen katholische und evangelische Zuhörer. Ein ganz neues Leben erwachte in Mühlhausen und in der Umgegend. Es war dies die fröhlichste Zeit meines Christen- ja meines Erdenlebens, hätte ich jene erste Liebe wieder!“

„Von jetzt an wurden meine Predigten ganz anders, statt Moral- wurden es Bußpredigten. Diese blieben nicht ungesegnet an meiner Gemeinde, denn viele Leute wachten auf und fragten mit Ernst was sie thun sollten, um selig zu werden.“ (Aus dem letzten Lebenslauf.)

Wie er aber die Schrift las, so sollte sie auch die Gemeinde lesen und forschen wie die Gemeinde zu Beroe, ob sichs also hielt. Von welchem Segen das war, zeigte sich später, wo es galt ohne Henhöfer aus Gottes Wort den Versuchungen zum Abfall von der anerkannten Wahrheit zu widerstehen. Er theilte das neue Testament nach Van Eß's Uebersetzung reichlich um geringen Preis an die Gemeinden aus. (Wir werden später sehen, wie sich van Eß zu der ganzen Bewegung stellte.) „Wie wenig,“ sagt Henhöfer, „die heilige Schrift in dieser Gegend bekannt war, läßt sich daraus abnehmen, daß ehrliche Leute nachher frei gestanden, sie hätten geglaubt, die heilige Schrift wäre ein Buch, wenigstens so groß wie ein Dorf oder eine kleine Stadt, ja viele wollten lange nachher nicht glauben, als sie zum ersten Mal die Bibel des alten und neuen Testaments sahen und zur Hand bekamen, daß dies das ganze Buch sei. Die ganze Religion in dieser Gegend war nichts als Messehören, Rosenkranz beten, Kapellen und Wallfahrten gehen und ein ehrbar bürgerlich Leben führen, das freilich noch durch manche Beicht, durch manches gute Werk ausgebessert werden mußte. Wer dies fleißig hielt und mitmachte, der war ein frommer Christ und guter Katholik. Was gepredigt warde waren keine Schwärmereien, denn wir hatten festen Grund und Boden, Gottes, nicht Menschenworte; die heilige Schrift, die Erklärung der Väter; und von allen jenen Lehren, die wir nicht nothwendig zur Seligkeit fanden, als vom 1000jährigen Reich, Wiederbringung aller Dinge ꝛc. machten wir keinen Gebrauch, es war rein nichts anderes, als die Lehre von Selbsterkenntniß, von Buße und Glauben und neuem Leben, oder wie es der Apostel nennt: „Glaube, der in der Liebe thätig ist.“ Diese Lehre wurde zwar mit Wärme, aber einfach in gemeiner, dem Volk verständlicher Sprache vorgetragen und sie wirkte mehr als manche gekünstelte und mit der ganzen Declamationskunst vorgetragene Rede.“ (Aus dem Glaubensbekenntniß V.) Als ein Zeugniß seiner Umwandlung schalte ich aus einer Reihe von Predigten, die Henhöfer vom 21. Sonntag nach Pfingsten bis 1. Advent 1819 hielt, deren zwei ein.

## Predigt auf den 23. Sonntag nach Pfingsten 1819.

### Vom Glauben.

Text: Ev. Matthäi 9, 22.

Unser heutiges Evangelium zeigt uns wieder die Wichtigkeit des Glaubens. Zwei Wunder geschahen, — das Weib wurde von ihrem Blutflusse geheilt, das Mädchen vom Tode erweckt, beide durch den Glauben, ja durch den Glauben des Vaters, nicht einmal durch eigenen wurde das Mädchen erweckt. Wir sehen also, wie viel der Glaube vermöge. Ich habe in meiner letzten Predigt gezeigt, was es heiße, aus dem Glauben handeln, und dabei bemerkt, daß nur die Handlungen aus dem Glauben Werth haben, Hebr. 11, 6. Ich fahre also hier fort und sage: Aus dem Glauben an Christum kommt uns Gerechtigkeit vor Gott. Vernehmet mich darüber.

Vorerst müssen wir wissen, worin denn die Gerechtigkeit vor Gott besteht. — Es gibt eine doppelte Gerechtigkeit, eine Gerechtigkeit vor der Welt, eine Gerechtigkeit vor Gott. Die Gerechtigkeit vor der Welt besteht darin, daß wir mit derselben wegen den Fehlern, die wir begangen haben, wieder ausgesöhnt und eins sind. Dies kann nur geschehen dadurch, daß wir unsre Strafe entweder am Körper selbst aushalten, oder durch Geld sie bezahlen, oder durch Vermittlung und gute Freunde Nachlassung uns bewirken, oft auch werden wir durch die Länge der Zeit und durch Vergessenheit ausgesöhnt, oft hilft uns selbst eine schickliche Lüge aus der Noth. Die Gerechtigkeit vor Gott besteht ebenfalls darin, daß wir wegen unsern Sünden, die wir durch Uebertretung seiner heiligen Gebote begangen haben, mit ihm wieder ausgesöhnt und eins sind. Die Aussöhnung mit Gott hat den Menschen von jeher im Heidenthume, unter den Juden und bei den Christen viele Mühe gemacht und sie sind auf Vielerlei, selten auf die Wahrheit gekommen, weil sie die Gottheit aussöhnen wollten, wie man Menschen versöhnt, weil sie sich eine eigene Gerechtigkeit bildeten, die dann vor Gott gelten, ein eigenes Kleid flicken wollten, mit dem sie ins Himmelreich eingingen, kurz, weil sie selbst durch ihre Vernunft den Weg finden, und nicht ihn mit dem Glauben ergreifen, mit dem Stolz die Straße zum Himmel und die enge Thür durchwandern, und nicht in ihr Nichts und in die Demuth und durch die Demuth in die Gottheit eingehen wollten.

Zwei Wege aber nur sind möglich, um zur Gerechtigkeit zu gelangen, entweder sucht der Mensch seine Gerechtigkeit 1) durch Werke oder 2) er sucht sie durch den Glauben. Der erste Weg ist falsch, der zweite ist der wahre.

Die die Barmherzigkeit durch Werke suchen, die kennen entweder Gottes unendliche Gerechtigkeit noch nicht oder sie haben in ihrem inneren Grund einen verborgenen großen Stolz, den sie nicht ablegen wollen, wie ich bald zeigen werde. Solche Menschen thun aber viele äußerlich gute Werke. Sie beten oft und lange, beten Rosenkränze und Litaneien, oder lassen beten, sie gehen fleißig zur Kirche, versäumen keine heilige Messe, weder an Werktagen noch an Sonntagen, sie laufen den Kapellen und selbsterfundenen Andachten nach, sie opfern Kerzen und lassen Messen lesen, sie haben eigene Gebete, zu denen sie viel Vertrauen haben, sie laufen nach Ablässen, ziehen den Bruderschaften und Wallfahrten nach, suchen da viele heiligen Messen auf einmal zu hören, sie beichten und communiciren an solchen Orten, weil sie es für kräftiger halten. Sie beichten und communiciren auch oft zu Hause, halten auf gewisse Tage dabei und glauben, in den Tagen liege es; sie beichten mit vieler Mühe, mit vieler Anstrengung, fürchten immer, sie hätten etwas vergessen, wiederholen in vielen Beichten das nämliche, nur auf andere Art, weil sie dafürhalten, der Pfarrer habe es nicht recht verstanden oder sie hätten es nicht recht gesagt; sie thun oft Generalbeichten, theils um Verdienste sich zu erwerben und ihre Sünden zu bedecken, theils auch aus innerlicher Unruhe; wo sie von einem guten Geistlichen hören, da laufen sie hin, und ihr erstes ist Beicht, (die ersten Christen ließen Niemand zu den heil. Sakramenten, er war denn vorerst wohl im Glauben unterrichtet und zeigte Glauben) sie kommuniciren oft, mit vieler Unruhe, nur aber darüber, daß keine Sünde möge ausgeblieben sein, sie machen Gelübde und Versprechen auf Wallfahrten; noch mehr, sie haben in ihrem Rückhalt gewisse Heilige, entweder die Mutter Gottes oder den hl. Joseph oder sonst andere Heilige, auf die sie sich verlassen, zu denen sie denn auch täglich beten, Gebete beten, nach denen ihnen das Himmelreich nicht fehlen sollte, sie fasten und sind sehr gewissenhaft an gewissen Tagen, auch wenn es erlaubt wäre kein Fleisch zu essen. Sie geben Almosen und lassen kein Dürftiges an ihren Thüren vorüber gehen, sie kleiden Arme, sie speisen Hungrige &c., kurz, sie thun alles mögliche, um für ihre Sünden, für die Sünden ihrer Jugend und ihrer späteren Jahre genug zu thun. Aber was nützt's? kaum ist alles geschehen, so werden sie wieder unruhig, sie sehen den Tod, fürchten den Teufel und die Hölle und werden unausstehliche Kranke. Woran liegt jetzt da der Fehler, sind denn die Dinge unrecht, die ich da erzählt habe? Keineswegs, im Gegentheil sie sind größtentheils zu empfehlen. Aber warum kommen sie denn nicht zu ihrer Ruhe? Weil sie keine Vergebung der Sünden durch alle diese Dinge haben und nie erlangen. Aber warum erlangen sie keine Sündenvergebung dadurch? Weil sie durch Werke gerecht werden wollen und nicht durch Glauben. Sie haben aber doch auch Glauben, sie glauben ja an Beicht, Kommunion, Ablässe, Heilige &c.? Ja den Glauben haben sie, aber der Mensch wird nur gerecht durch den Glauben an Christus Ap.-G. 4, 12. und dieser lebendige Glaube fehlt ihnen, daher kommen sie nie zur Ruhe.

Statt an Heilige, heißen sie jetzt wie sie wollen, statt an Beicht, Kommunion, Ablässe und viele andere Dinge zu glauben, durch welche all' uns nicht Sündenvergebung wird, und nie werden kann, sollten sie an Christum, unsern einzigen Mittler und Versöhner glauben. Heilige verehrt man, und Christus wird auf die Seite gesetzt vor lauter Heiligendienst, da doch kein Heiliger für uns gestorben, kein Engel, sondern nur Christus, wie es doch ausdrücklich heißt Act. 4, 11, 12. Die mich bisher gehört haben und verstehen, die wissen wohl, daß ich die Verehrung der Heiligen nicht verwerfe, sondern nur daß die Verehrung Christi, der das Haupt aller Heiligen ist, und durch den sie einzig zur Heiligkeit gelangt sind, und ohne den auch wir nicht hingelangen werden, und der in unsern Zeiten so kurz abgefertigt wird, daß, sage ich, die Verehrung von Christus und der Glaube an ihn, den Christus verlangt und die Apostel predigten, wieder allgemeiner und unser Hauptglaube und Verehrung würde. Statt an Menschen zu glauben, und dafür zu halten, dieser oder jener Geistliche werde mir Ruhe ins angstvolle Gewissen bringen, oder wie es bei unsern Krankenbetten geschieht, daß man glaubt, es könne Keiner in den Himmel kommen, wenn nicht der Geistliche dabei seine Seele hinhebt, sollte man an Christus glauben, der einzig Ruhe dem geängstigten Herzen und das ewige Licht der scheidenden Seele geben kann. Liebe Pfarrkinder, ich sage dies nicht, als ginge ich nicht gern an das Kranken- und Sterbebette, sondern ich sage dieß deswegen, daß ihr statt an Menschen, an Christus glaubt, da kein Mensch für euch gestorben ist, sondern Christus; ich sage das deswegen, weil ich weiß, daß manche sich nur an mich bekehrt haben und nur glauben selig zu sterben, wenn ich dabei sei. Ich möchte euch auch ohne mich sterben lehren. Statt an geweihte Dinge und Weihwasser und gewisse Gebete zu glauben, und dafür zu halten, diese könnten dem Menschen helfen, und wenn man den Kranken nicht fleißig mit Weihwasser besprenge, so komme er nicht in den Himmel, oder wenn man nicht Weihwasser genug auf die Gräber trage, so könne es den Todten noch schaden, sollte man an Christus glauben, und durch ihn seine Seligkeit hoffen und erwarten. Vor lauter Nebenglauben hat sich der schöne, heilige, katholische, apostolische, alleinseligmachende Glaube an Christus verloren, ohne den doch Niemand zur Seligkeit kommt. Nebendinge hat man zur Hauptsache und die Hauptsache zur Nebensache gemacht. Du aber Kranker, statt an Beichte und Kommunion und Ablässe zu glauben und dafür zu halten, damit würden unsere Sünden ausgelöscht, solltest an Christus glauben, durch welchen Glauben die heiligen Sakramente für mich erst Kraft und Wirkung erhalten. Was nützt es, wenn vor meinem Keller ein Faß voll Wein steht, und mein Faß ist leer, und ich lasse das volle Faß stehen, und richte keinen Kanal vom vollen zum leeren Faß? der Kanal aber ist der Glaube, das volle Faß ist Christus, mein Glaube muß also an Christus gebunden sein und dann werde ich voll. Büßer, glaube nicht an Beichte, sondern glaube an Christum, glaube fest und glaube lebendig und du wirst durch die Beichte Vergebung deiner Sünden, d. i. die Gerechtigkeit vor Gott erhalten. Statt zu glauben, wir können durch Beten, Fasten, Opfer, Wallfahrten, Almosengeben, unsere Sünden tilgen, und uns Gerechtigkeit erwerben, sollten wir an Christus glauben, durch den allein und nur durch den allein, und nicht durch unsere Verdienste, und nicht durch unsere Werke wir Vergebung und Gerechtigkeit erlangen, Ps. 16, 20. Gott verlangt keine Opfer, Gott verlangt keine Bezahlung, er braucht der Opfer und unseres Geldes nicht. Es gibt ein Opfer, und dieses einzige Opfer ist und war und bleibt genug für die Sünden aller Welt. Gott ist gütiger, Gott ist barmherziger als wir selbst wissen, als die Selbstgerechten erfahren werden; umsonst und aus Gnade, nicht durch Verdienst, durch den Glauben will er uns gerecht und selig machen. Wer Sündenvergebung, Ruhe für seine Seele, Trost im Leben, Hoffnung im Tode, und Seligkeit jenseits will, der fliehe zu Christus, der uns ruft: Kommt alle zu mir, die ihr mühselig und beladen, mit Sünden beladen seid und ich will euch erquicken. Unsere Hoffnung also, wenn wir Sündenvergebung wollen, muß sich gründen und einzig gründen, auf den Glauben an Christus, und auf keinen andern Glauben, nicht auf Heilige, nicht auf Engel und nicht auf Menschen, nicht auf die Mutter Gottes, noch andere Heilige, nicht auf Beicht, nicht auf Pfarrer, nicht auf Bischof und nicht auf Papst, weil kein Engel, kein Heiliger, nicht Maria, kein Mensch, sondern einzig Christus für uns gestorben ist. Unsere Hoffnung muß sich gründen auf die Geburt, das Leben und das bittere Leiden und Sterben Jesu Christi, auf sein Gebet im Garten, auf seinen Todesschweiß, auf seine Gefangennehmung, Mißhandlung rc., auf seine Demuth, Tod und Auferstehen. Für wen litt er denn das? Nicht für sich, sondern für uns, für die, welche glauben: auf das bittere Leiden und Sterben Jesu Christi sage ich, muß sich unsere Sündenvergebung und unsere Hoffnung gründen, und nicht auf unsere Werke, nicht auf unsre Verdienste, nicht auf Beten, und wenn du dein Leben lang betest, so kannst du die Sünden nicht auslöhnen, und auf Fasten, Almosen geben rc., sondern einzig auf Jesus, den Anfang und Vollender unseres Glaubens. Das ist die einzig wahre, reine, heil. apostolische christliche Lehre. Durch diesen Glauben erhielt David Verzeihung seines Ehebruchs, und nicht durch Werke, und nicht durch den Glauben an heil. Vorväter, daher betete er: Erbarme dich Gott nach deiner großen Barmherzigkeit und nach der Menge deiner Erbarmungen lösche meine Sünden aus. Ps. 50. Nach der großen Barmherzigkeit spricht er, und nicht nach meinen Verdiensten, und unsere heutigen Christen, wollen durch ihre Verdienste gerecht und selig werden, sie wollen ihre Sünden wegwaschen mit Weihwasser, zudecken mit Almosen, auslöschen mit Beichten, Ablässen und Communion, mit guten Werken wollen sie alles gut machen. Aber David sagt schon im prophetischen Geiste voraus: „Opfer verlangst du nicht, sondern ein demüthig und zerknirschtes Herz." Durch den Glauben an Christus mußte alles selig werden von Anfang der Zeiten; auch die Juden, und keiner wurde ohne den Glauben gerecht und selig. Was sind ihre Opfer anders und wozu sind sie anders, als zur Erinnerung an das Opfer, das Christus am Kreuze vollbringen werde, um immer und allezeit diesen Glauben und keinen andern lebendig in ihren Herzen zu erhalten. Durch diesen Glauben müssen auch wir alle selig werden und durch keinen andern, der Act. 4, 12. Was ist unsere heilige Messe anders, als ebenfalls eine Erinnerung, eine lebendige Vorstellung an jenes Opfer, welches Christus am Kreuze vollbracht hat, ja jenes Opfer, damit es uns nie aus dem Sinn komme, damit es ein Tag dem andern sage, daß nur durch Christus und nur durch Christus und einzig durch ihn und sein heiliges Opfer am Kreuze Sündenvergebung und Gerechtigkeit sei. Ach ja, Jesus muß es vorgesehen haben, daß die Menschen bald seinen Glauben verlassen würden, daß sie zu allem ihre Zuflucht, nur nicht zu ihm nehmen würden, da doch nur Heil für Israel in ihm ist. Daher setzte er dieses heilige, bis ans Ende der Welt bestehende Opfer ein, um uns immer und ewig daran zu erinnern. O ehret dieses heilige Opfer, ihr alle die ihr durch Glauben an Christus gerecht und selig werden wollt. Es ist uns ja nur als Erinnerung schon so wichtig und ehrwürdig. Aber unsere heutigen Christen bei der täglichen Erinnerung, daß Christus das Lamm, geschlachtet für unsere Sünden sei, bei der täglichen Anwohnung dieses heiligen Opfers, vergaßen sie dies Opfer und suchten Zuflucht und Heil außer Christus, in Heiligen, in ihren Werken. Sie wollen ihre Sünden wegbeichten, wegbeten, wegweinen, wegfasten, wegfallfahrten, wegbrennen mit Wachskerzen, sagt ein katholischer Geistlicher. Durch Glauben an Christus und an niemand anders, und auch nicht durch Werke erlangte Maria Magdalena Verzeihung bei den Füßen Jesu; daher sagt Jesus: „Sie hat viel geliebt, daher werden ihr viele Sünden vergeben." Der wahre Glaube und die Liebe ist unzertrennlich, wie der Leib und die Seele. Durch Glauben und nicht durch Werke erhielt der 38jährige Gichtbrüchige (Joh. 5) nicht nur seine Gesundheit, sondern selbst Verzeihung seiner Sünden.

Durch Glauben und nicht durch Werke wurde der Schächer am Kreuze gerechtfertigt; Werke konnte er keine mehr thun und keine aufweisen. Alles, alles muß seine Gerechtigkeit aus dem Glauben an Christus und nur an Christus und an niemand anders, da sonst Niemand für uns gestorben ist, und nur durch sein Verdienst und nicht durch eigene Werke erhalten. Ich habe dafür eine unendliche Anzahl von Schriftstellen, ich will sie aber auf das nächste Mal verschieben, wo ich auch die Einwürfe, die allenfalls vorzüglich von den Selbstgerechten und den Werkheiligen gegen diese Lehre gemacht werden könnten, auflösen werde. Nur noch eine Frage: Warum wird denn der Mensch nur durch den Glauben und nicht durch Werke selig? Ich könnte mich zwar hier auf jene Predigt berufen, die dem Glauben voranging, und worin ich gezeigt habe, daß die Werke an sich nichts seien und nur den Stempel: Werth erhielten, ich will aber doch die Frage hier selbst, nach jenen Grundsätzen beantworten.

Unsere bisherigen Grundsätze waren, wer ins Reich Gottes eingehen will, der muß demüthig und vorzüglich demüthig, losgebunden und abgebunden sein, und die werden ewig fest bleiben. — Aller Werkheiligkeit liegt Stolz zum Grunde. Solche Menschen möchten den Himmel nicht umsonst annehmen, sie möchten ein halbes Recht durch ihre Werke dazu bekommen, da wir doch gar kein Recht dazu haben und uns keines dazu verdienen können und wenn wir unser ganzes Vermögen hingeben. Nur weil Christus nach Gottes barmherzigen und unerforschlichen Rathschlusse so gütig war für uns, als die unwürdigsten und verworfensten Sünder zu sterben, haben wir aus Gnade wieder Theil durch den Glauben an ihn, an seine Seligkeit. O die Liebe Gottes und Christi ist unergründlich und unerforschlich. Solche Menschen möchten sich nicht gerne verdemüthigen, was aus noch folgenden Predigten über den Glauben immer noch deutlicher werden wird, sie möchten gerne auch noch etwas sein, da sie doch nichts werden, und ihre ganze Unwürdigkeit erkennen sollten. Sie sind Menschen gleich, die bei irdischen Herren Abbitte thun und Verzeihung ihrer Fehler bitten sollen, sie mögen sich nicht gerne herunterstimmen, mögen sich nicht gerne erniedrigen, sie halten es wider und unter ihrer Würde, daher laufen sie bei andern umher, suchen Vermittlung, geben denen gute Worte, machen Geschenke und suchen so die Sachen wieder einzuleiten und ohne eigene Verdemüthigung in Ordnung zu bringen. So machen es unsere werkheiligen Christen, sie laufen den Heiligen nach, opfern ihnen Wachskerzen, lieber als sie sich selbst verdemüthigen und zur Abbitte ans Kreuz gehen, und das mögen sie nicht, denn sie müßten sich verdemüthigen, ihre Fehler und ihre Reue in Gegenwart von Zeugen eingestehen, daher suchen sie vorzubeugen durch Geschenke und Schmiralien, die sie dem Herrn machen, durch Gefälligkeiten die sie ihm erweisen, damit es etwa auf sich beruhen bleibe und die Gerechtigkeit durch Geld zum Schweigen gebracht werde, damit sie doch schon vorgebaut hätten und sich nicht so sehr verdemüthigen müßten, im Fall es doch zur Abbitte kommen sollte. So machen es unsere werkheiligen Christen, sie machen Gott Geschenke, sie suchen ihn durch Gebet, Fasten, Almosen etwas zu bestechen und für sich zu gewinnen, damit, wenn es zur Abbitte kommt, es doch nicht gar so erniedrigend für sie geschehen möge, indem doch Gott auch so viel Höflichkeit haben wird, daß er sich ihrer Werke, die sie ihm zu Gefallen gethan haben, erinnere. So geht man denn auch hin zur Beicht und bittet ab, doch nicht so sehr unter der Würde, indem man doch auch weiß, was man für Gott gethan hat. Daher kommt es denn auch oft, daß solche Menschen bei ihren Beichten, wenn ihnen der Geistliche etwas zu nahe tritt, ihn über seine Unwissenheit belehren, und ihre Werke, die sie Gott zu lieb gethan haben, unaufgefordert vorbringen. — Wir sehen also schon, wo es allen diesen Werkheiligen fehlt und warum der Mensch nicht durch Werke gerecht werden kann. Demuth ist die Eingangsthür in's Himmelreich. Ganz anders aber ist's beim Glauben an Christus, falls anders dieser Glaube richtiger Art ist. Der Mensch hat hier vorerst die Größe seiner Sünden kennen gelernt, er sieht sich als den verworfensten elendesten Sünder an, er weiß sich gar nicht mehr zu helfen, findet nirgend mehr Ruhe, er fühlt die Größe und Schwere seiner Sünden, sie drücken ihn ganz zu Boden, er sieht auch, daß er und kein Mensch im Stand ist, dieselben wieder gut zu machen, indeß der Werkheilige seine Sünden aber nicht für so groß hält, daß er nicht daran abtragen könnte, und in dieser Angst seines Gewissens geht er zu Christus und spricht: Herr, Herr, sei mir armen Sünder gnädig, es ist ihm nicht Anstoß, daß Christus selbst so sehr erniedrigt am Kreuze hat sterben müssen, zu eben diesem Kreuze kniet er sich nieder und hier an diesem Kreuze, bei dem der daran hangt, der der Welt Aergerniß und Anstoß ist, hier bei diesem Kreuze, das Thorheit der Welt ist, sucht er mit wahrem Glauben und festem Vertrauen, mit inniger Liebe seine Sündenvergebung und läßt nicht von Christus, bis er sie erlangt hat, er weichet nicht, bis er gesegnet ist. Sein Glaube kommt aus der Demuth und ist lautere Demuth. Er hat sein ganzes Sündenleid eingesehen, dazu kommt der Werkheilige nie, er entschuldigt immer aus Schwachheit, sowie bei weltlicher Abbitte vor eigenem stolzen Menschen: ich habs nicht so gemeint. Jener verdammt sich selbst und findet nichts Entschuldigungswerthes an sich. Aus seinem Sündenelend also und aus der Demuth kommt sein Glaube, daher gehet er gerechtfertigt nach Hause, gerechtfertiget von dem Beichtstuhle und aus der Kirche, dieser andere aber nicht und für ihn paßt was Johannes 3, 7 sagt: „Schlangenbrut." Sie wollten sich nämlich auch von ihm taufen lassen und glaubten wie die andern gerechtfertigt zu werden, so glauben diese Selbstgerechten und Werkheiligen durch Beicht dasselbe. Aber hier heißt es auch: Schlangenbrut. Gott gebe uns allen wahren Glauben an und durch Jesum Christum. Amen.

## Predigt auf den 25. und letzten Sonntag nach Pfingsten 1819.
### Vom Glauben.

Text: Ev. Matthäi 24, 24.

Furchtbar ist die Geschichte, welche uns Jesus im heutigen Evangelium beschreibt. Es bezieht sich aber diese Begebenheit theils auf die Zerstörung Jerusalems, die geschehen ist und zwar so und noch fürchterlicher als sie hier beschrieben ist, theils auf den einstigen Untergang der Welt, der geschehen wird und wovon Jerusalem nur das Vorbild war. Die Zeit, wann dieses geschehen soll, ist nicht geoffenbaret, und es fehlen also alle diejenigen sehr, die entweder aus der Offenbarung Johannis oder aus andern Weissagungen das Ende der Welt auf Jahr und Tag hin ausrechnen und prophezeien wollen. Es sind dies Düfteleien, womit der Mensch seine Zeit verdirbt und die zu nichts nützen, oft aber groß schaden. Wachet, sagt der Heiland. Wachsam also und auf unserer Hut zu sein, damit der Tag uns nicht unerwartet wie ein Dieb überfalle, das ist unsere Sache, das ist das Verlangen des Herrn, das nützt uns zur guten Vorbereitung auf diesen Tag hin. Es sind in unserer Zeit Viele aufgetreten und haben den Untergang der Welt geweissagt und auf den Tag hin bestimmt und viele Schwachen verführt, glaubet ihnen nicht. Wenn aber Jemand euch sagte, wir Menschen sind durchaus verdorben, oder wie der Prophet Jesaias 1, 2—6 sagt: wenn er euch sagt, wofern das Christenvolk nicht bald seine Wege ändert, Buße thut über seine Sünden, von seinem Irrthum zurückkehrt und sich zum Herrn d. i. zu Christus bekehrt, der uns einzig zum Heile gemacht ist 1. Cor. 1, 30, so wird der Herr sein Volk heimsuchen und es so lange strafen mit Unterdrückung, Mangel, Krieg und Krankheit, bis es in Asche Buße thut und zur wahren Lehre Christi wieder zurückkehrt, und an Gott und Christus sich wieder hält, wenn euch Jemand dieses sagt, liebe Pfarrkinder, dem glaubet, er hat nicht unrecht in unsere gegenwärtige Welt hineingesehen. Doch was müssen wir thun, um unsere Seelen zu retten zur Zeit der Noth, es mag Gott uns dann heimsuchen mit Untergang der Welt oder mit andern zeitlichen Strafen, um festzustehen, wenn auch der Erdkreis einfällt und der Herr wirklich zum Gerichte käme? Noa glaubte Gott und rettete sich aus der Sündfluth; durch Glauben werden auch wir uns vor jeder künftigen Sündfluth und Strafe Gottes retten, durch Glauben, lebendigen Glauben an Christus. Ich setze also hier meine Predigt über Glauben fort. Vernehmet mich:

Durch Glauben an Christus also, liebe Pfarrkinder, werden wir uns sicher stellen zur Zeit der Noth, nicht zwar daß wir dadurch von allen körperlichen Leiden befreit bleiben, wenn Verhängnisse über unsere Zeit und Strafgerichte Gottes einbrechen, das ist des wahren Christen geringster Kummer, sondern durch Glauben an Christus werden wir unsere Seele retten, ihr das Heil, das wahre Heil erwerben, und das ist des Christen größte Angelegenheit. Denn dem gläubigen Menschen ist Christus ein Zufluchtsort, eine wahre Freistätte, wo kein Richter mehr zu richten das Recht hat. Wie Verbrecher ehemals, wenn sie zu verdienten Strafen gezogen werden sollten, in Kirchen eine Freistätte fanden, wo niemand sie ergreifen, niemand ihnen Leids thun durfte, so finden Sünder, wenn sie zu Christus fliehen, und wenn Gott selbst strafen wollte, in Christo einen Zufluchtsort und eine Freistätte, wo niemand, selbst Gott nicht ihnen Leids thun darf. Die Gewohnheit, Verbrecher, wenn sie noch Zeit und Gelegenheit hatten, in eine Kirche zu fliehen, so lange freizulassen, als sie in dieser Kirche waren, stammt aus einer christlichen Zeit, wo man alles im Christenthum so gerne versinnlichte und freundlich darstellte, und wollte dem Sünder sagen: Sieh Sünder, wie dieser Verbrecher Zuflucht vor seiner Strafe in dieser Kirche suchte, so suche du Zuflucht bei Christus, wie dieser Verbrecher, vielleicht zum Tode bestimmt, Rettung vor Strafe in dieser Kirche fand, so wirst du, zum ewigen Tode bestimmt, Rettung bei Christus finden, wie diesem Verbrecher von aller weltlichen Macht nichts geschehen darf, so lange er in dieser Kirche ist, so darf auch dir, selbst von Gottes Macht nichts geschehen, so lange du bei Christus bist. Christus also, liebe Pfarrkinder, höret es alle, ist dem Sünder eine wahre Freistätte, ein wahrer Zufluchtsort, wo ihm nichts geschehen darf, selbst von Gott nicht, so lange er bei Christus, seinem Zufluchtsorte, bleibt. Denn für den Sünder, der zu Christus flieht, hat Christus bezahlt; für den Sünder, der sich an Christus hält, für den steht Christus; Christus für uns, Christus für uns, liebe Pfarrkinder, das heißt: Er hat an seinem Leibe getragen die Strafe, die wir hätten tragen sollen, Er hat alle unsere Missethat auf sich genommen, Er hat uns mit dem Vater versöhnt und den Schuldbrief unserer Sünden ans Kreuz geheftet. So darf keine Seele, die ihrer Sünden wegen unruhig geworden ist, der Verzeihung wegen unruhig werden; freundlich und liebevoll ruft uns eine Stimme zu: Kommet her zu mir 2c., mein Joch ist süß 2c., Ich bin das Lamm 2c., und diese freundliche Stimme ist die Stimme unseres Erlösers, des Lammes, das geschlachtet wurde.

Christus für uns. Er ist der wahre Volksvertreter, der Repräsentant des ganzen gefallenen Menschengeschlechts, der Landstand, gewählt von Gott zur Versöhnung für sündige Menschen, das Sühnopfer der Gerechtigkeit Röm. 3, 26, uns gegeben 1. Cor. 1, 30. O wer an ihn glaubt, wird nicht zu Schanden werden. 1. Petr. 2, 6.

Christus für uns. Er stand an unser aller Stelle vor 1800 Jahren, damals als sein Leiden anfing, in den letzten trauervollen Tagen seines Lebens, in jener Trauerzeit, von der er selbst sagt Luc. 12, 50.

Christus für uns. Für uns ging er hin an den Oelberg; für uns fiel er dort auf seine Knie nieder, gebeugt von der Menge unserer Sünden und Missethaten lag er dort auf seinem Angesicht zur Erde, in Staub niedergedrückt, unserer Sünden wegen ist ihm so bange geworden, damit es uns nimmer bang werden soll unserer Sünden wegen, die wie Berge sich über sein Haupt empörten und centnerschwer auf seine Seele fielen, wurde er betrübt bis in den Tod, damit wir Hoffnung haben könnten; unserer Sünden, der Sünden einer ganzen Welt wegen, für die er nach Gottes ewigem Rathschlusse genugthun wollte, und die alle vom ersten bis letzten Menschen wie auf einmal vor ihm standen und auf seine Seele eindrangen, fiel der Schweiß, der Angstschweiß wie Blutstropfen von seinem heiligen Angesicht. Er stand an unserer Stelle, an jedes einzelnen Menschen Stelle, auch an unserer Stelle, liebe Pfarrkinder, stand er, auch uns vertrat er, auch unsere Sünden wurden von Gott auf ihn gelegt und lagen schwer auf ihm. Das hätte jeder Einzelne von uns durchmachen sollen, was Er durchgemacht hat, das hätte jeder Einzelne mit dem Gehorsam, mit der Willigkeit leiden sollen, was und wie er gelitten hat. Christus für uns, für uns machte er den harten Bußkampf am Oelberg durch. Er sollte und wollte Genugthuung leisten der Gerechtigkeit Gottes für alle Sünden der Welt ohne Nachsicht, nach aller Gerechtigkeit Gottes. So sagt die Schrift. Israel mußte durch Recht erlöst werden. Wer nun an Christus glaubt, an Christus, der für uns stand, wird gerecht.

Christus für uns. Er wurde von Judas verrathen, von Petrus verleugnet, von den Jüngern verlassen, gefänglich eingezogen, vor Gericht umhergeschleppt, von Herodes verspottet, endlich gar zum Tode verurtheilt, als Verbrecher, als Gotteslästerer zum Tode verurtheilt, zum Tod am Kreuz. Merket wohl, das litt er nicht für sich, nicht wie in unserer Zeit die Verläugner und Feinde von Christus vorgeben, allein zur Bestätigung seiner Lehre, nein zur Tilgung unserer Sünden, damit wir mit Gott versöhnt würden. Das litt er nicht für sich, sage ich, er war ja unschuldig, wir waren die Schuldigen, wir waren die Gotteslästerer durch Wort und That. Adam wollte sich zu Gott machen, sich anmaßen was ihm nicht gebührte, wir machen uns zu Gott, indem wir alle Ehre nur uns zurechnen, er war Gott und nicht Lästerer von Gott. Er stand also an unserer Stelle und litt, was wir hätten leiden sollen, litt für unsere Sünden. Wir durften leer ausgehen, nur Zuschauer sein, und sollen jetzt nur Theilnehmer werden. Uns hatte gebührt verrathen, verleugnet, verlassen zu werden und dies alles von unsern besten Freunden, uns hätte gebührt für unsere Sünden gefänglich eingezogen, vor Gericht verhört und umhergezogen, verspottet und verurtheilt zu werden. Er aber stellte sich hin für uns.

Christus für uns. Nach seiner Verurtheilung wurde er den muthwilligen Soldaten und Gerichtsdienern preisgegeben, sie trieben ihr Gespött mit ihm, verbanden ihm die Augen, gaben ihm Faustschläge und Backenstreiche und sprachen höhnend, weil er denn ein Prophet sei oder gar der Sohn Gottes, so möge Er sagen, welcher von ihnen Ihn geschlagen hätte, weissage uns Christus, wer hat dich geschlagen. Sie spieen ihm ins Angesicht. Angespieen zu werden, das ist der größte Schimpf, die größte Verachtung, die man jemand anthun kann. Alles das geschah Christo. Merket, wohl, liebe Pfarrkinder, nicht seinetwegen, nicht seiner Lehre wegen, sondern unserer Sünden wegen, die wollte er auslöschen, für die sollte er bezahlen, für die sollte und wollte er der strengsten Gerechtigkeit, der göttlichen Gerechtigkeit genugthun, ohne Nachsicht, ohne Schenkung. Das und noch weit mehr hätten wir verdient, wir waren ja die Sünder, Er der Unschuldige. Wir hatten verdient geschlagen, verspottet, verhöhnt, angespieen zu werden, für unsern, für Adams Stolz. Aber o der Barmherzigkeit Gottes und Jesus Christo. Er kam, ließ uns nichts Leids geschehen, stellte sich zwischen den Vater und uns in die Mitte, nahm uns unter seine Flügel, litt an eigenem heiligen Leibe, was uns hätte geschehen sollen.

Christus für uns. Vor seinem Tode noch wurde er gegeißelt, mit einer Dornenkrone gekrönt, mit einem Purpurmantel umhängt, mit einem Rohr als Scepter in der Hand, alles dies, weil er gesagt hatte, Er sei ein König, zur Verachtung, zum Spott. Merket wohl, liebe Pfarrkinder, das litt er nicht für sich, nicht wie die Feinde Jesu sagen, seiner Lehre, sondern unserer Sünden wegen, um uns mit dem Vater im Himmel auszusöhnen und zwar ganz, nicht halb, nach aller Gerechtigkeit. Es wurde ihm nichts geschenkt und Er verlangte nichts geschenkt, es blieb auch nichts mehr zu leiden übrig, wie unsere Selbstgerechte meinen, es war eine vollkommene, vollgültige Erlösung. Er trank den Kelch bis auf die Hefe, d. h. bis der letzte Heller für unsere Sünden bezahlt war. Merket wohl, sag' ich, das litt Er nicht für sich, nicht seinetwegen wurde Er als König verspottet, mit dem Purpurmantel umgeben. Er war ja König, König Himmels und der Erde, König aller Köuige, der Herr und Herrscher Leibes und der Seele; das litt er für uns, weil Adam gerne König des Himmels geworden wäre, weil wir nur immer gern aufwärts möchten, und Königsstolz in uns tragen. Das litt er für uns, sage ich, für uns wurde Er als König verspottet, 2. Cor. 5. 19, 21, damit wir als Fürsten und Könige des Himmels einst geehrt werden, für uns trug er den Purpurmantel, damit wir das Kleid der Gerechtigkeit von Ihm anziehen dürften, für uns trug Er das Rohr als Scepter, damit wir einstens herrschen mögen im Himmel. Er stand ganz an unsrer Stelle und litt was wir zu leiden gehabt hätten und erwarb was wir uns nie hätten erwerben können, Gerechtigkeit und Seligkeit, denn doppelt ist die Kraft des Leidens, wie der Fall Adams doppelt: für Sünde und Tod: Gerechtigkeit und Leben. Röm. 4, 5.

Christus für uns ging er den schweren Gang nach Golgatha mit dem Kreuz auf den Schultern, für uns ward er angenagelt ans Kreuz, aufgerichtet mit dem Kreuze, für uns hing er die 3 Leidensstunden da zwischen Himmel und Erde, ward verspottet, ward trostlos, klagt über Durst, wird mit Essig getränkt, und stirbt endlich so den schändlichsten, den Verbrechertod, o merket es doch alle wohl, für uns, nicht für sich stirbt Er; nicht wie die Feinde Jesu vorgeben, blos für seine Lehre, nein für unsere Sünden, für unsre Missethaten war Ers Opfer, merket es doch wohl, er stirbt für uns, nicht für sich, Er war ja unschuldig und hatte nie etwas Böses gethan, was selbst sein Richter, ein Pilatus, Ihm bezeugt. Er stellte sich an unsre Stelle, so hätten wir zu leiden, so zu sterben verdient, wir Alle, jeder aus uns, keiner ausgenommen, und wie Er ins Grab gelegt wurde, so hätten wir verdient, nach solch einem schimpflichen aber gerechten Tode ins Grab gelegt zu werden, aber nicht zum Auferstehen wie Christus, sondern zum ewigen Tode. Aber o der Güte und Barmherzigkeit Gottes und unsers Erlösers Jesu Christi! Er trat aus Liebe, aus freiem Willen und nach dem Willen des Vaters in die Welt ein, wurde unser Vertreter, der Landstand eines ganzen gefallenen Menschengeschlechts, Er nahm all unsere Sünden auf sich, keine ausgenommen, von der größten bis zur kleinsten, und keine Sünde irgend eines Menschen, vom Kind wie vom Manne, vom Mann wie von Frau, vom Jüngling wie vom Mädchen, von Geistlich wie von Weltlich, vom ersten Menschen bis zum letzten, vom Aermsten bis zum Reichsten, von den Juden wie von den Heiden, von den Christen wie von den Türken, von den Katholiken wie von den Lutheranern. Er nahm all unsre Sünden auf sich, Sünden, die geschehen sind von der Schöpfung der Welt an, bis jetzt und bis zum Ende der Welt, unsere Sünden, die wir begangen haben, wirklich begehen und noch begehen werden. Er war das Lamm, das Lamm Gottes, das für alle geschlachtet worden ist, nicht zum Fortsündigen, sondern zur Vergebung der wirklichen Sünden. Christus für uns, für uns und an unsrer Stelle litt Er, was Er, damit wir frei wären, das hätten wir Alles zur wohlverdienten Strafe selbst durchmachen sollen. Aber Er erbarmte sich unser, Er ließ uns frei ausgehen, und nahm Alles auf seinen Rücken. Ja noch mehr, Er unterlag dem Kreuz, damit wir durch Ihn im Kreuze feststünden, Er war trostlos und rief: Mein Gott, warum hast du mich verlassen, damit wir im Tod einst eine Stütze an Ihm hätten. Er starb den schmerzlichsten Tod, damit wir einst einen ruhigen Todestag haben möchten, Er wurde zu Grab gelegt und stand wieder auf, damit auch wir einst in Ihm auferstehen mögen. Doppelt ist die Kraft des Leidens, wie die Sünde Adams doppelt war; dort Sünde und Tod, hier Erlösung und Leben, Gerechtigkeit und ewiges Leben. Christus für uns, das will Er uns alles geben, alles umsonst, nur glauben sollen wir, glauben an Ihn, an Jesum Christum, den Gekreuzigten, den für unsere Sünden und Missethaten Gekreuzigten, Röm. 4, 5.

Aus dieser nun so schönen, trostvollen, wahrhaftigen und heiligen Lehre vom Kreuze, womit, wie ich hoffe, alle, alle meine Pfarrkinder und alle meine Zuhörer übereinstimmen, will ich nun Folgerungen ziehen, die vielleicht manchem Ohr nicht so wohl gefallen, aber dennoch wahr sind.

Wenn denn Christus für uns ist, wenn Er unser Vertreter und Sündentilger ist und war, wenn Er für Alle Sünden gelitten und den Vater nach voller Gerechtigkeit versöhnt hat, so sind diejenigen Menschen irrig, so kennen die Christus ihren Erlöser und sein ganzes verdienstvolles Leiden noch nicht, die da glauben, sie müßten um Nachlassung und Verzeihung ihrer Sünden und um den Himmel zu erlangen auch etwas thun, sie müßten ihre Sünden wegbeten, wegbeichten, wegwaschen mit Weihwasser, zudecken mit Almosen, mit Wallfahrten und Ablässe. Hat denn Christus nicht genug gethan, hat er denn nicht alle Sünden auf sich genommen, die Sünden, die wir begangen haben, wirklich begehen und noch begehen werden? Haben wir denn das nicht aus dem Vorhergehenden gesehen, ist denn das nicht die Lehre der heiligen Schrift, die Lehre unsrer katholischen Kirche, daß Christus unsere Sünden auf sich genommen, für uns und nicht für sich gelitten, für uns, und nicht für sich gestorben ist? Sagt nicht der Apostel Paulus, Röm. 3, 24: Wenn wir beten, beichten, Almosengeben, Fasten rc. müssen, um Sündenvergebung, so ist unsere Erlösung nicht umsonst, nicht unverdient, wir müssen sie ja durch unser Kirchgehen, Beten rc. verdienen. So hätte Christus zu Hause bleiben können und nicht nöthig gehabt auf die Welt zu kommen. Das sagt uns der Apostel Gal. 2, 21. So verfallen wir in den Irrthum derer, die sagen, Jesus sei für seine Lehre gestorben. Oder müssen wir vielleicht durch unser Beten rc. nur etwas beitragen, daß uns unsere Sünden verziehen werden, so wäre aber das Leiden Christi nicht vollgültig, so fehlte noch etwas zur Erlösung, was Christus nicht gethan, das wir noch durch unser Beten rc. ersetzen müßten. Da wäre also falsch Heb. 10, 14, die ganze Lehre unsrer Kirche wäre falsch, der ganze Brief an die Römer 9, 16. voller Lügen. Nein, liebe Pfarrkinder, wir haben nichts, gar nichts zu thun, um von unsern Sünden frei zu werden, als an Christus zu glauben, und zwar an Christus, den Gekreuzigten, den für unsere Sünden Gekreuzigten, Röm. 4, 5. und 3, 30. Er hat schon genug gethan hinlänglich, überflüssig genug gethan, der Vater im Himmel hat eine vollkommene Versöhnung durch Ihn erhalten. Wofür hat er denn Blut geschwitzt, wofür ist er gegeißelt rc.? Für uns, nicht für sich. So haben wir also auch nichts mehr zu thun, als was Er verlangt, nämlich zu glauben, und ich weiß nicht, ob diejenigen, die glauben, sie müßten für ihre Sünden selbst genug thun oder nur etwas beitragen, eher Sünde als Tugend üben, sie entkräftigen ja das Leiden Jesu Christi, werfen die ganze Religion über den Haufen. Wir sind umsonst erlöst. Deswegen ist dies das Gnadenreich, deswegen sagt unser Heiland: „Mein Joch ist süß." Alle aber, die da glauben, sie müssen sich gerecht und selig beten, gerecht und selig beichten und kommuniciren rc. rc. bilden sich eine eigene Gerechtigkeit, ein eigenes Kleid, mit dem sie zum Himmel eingehen wollen, sie wollen das Kleid Jesu Christi auch nicht und das taugt nicht, und nimmt dem Menschen alle Ruhe. Alle diejenigen, die da glauben, sie müßten auch etwas thun oder Werke üben, um von ihren Sünden frei zu werden oder um in Himmel zu kommen und selig zu werden, die glauben, sie müssen sich gerecht und selig machen, die gehen den Vernunft- und nicht den Glaubensweg, die leiden Schiffbruch am Glauben oder haben schon gelitten, sie trauen unserem Heiland nicht ganz, ob Er und ob Er ganz genug gethan; sagt doch der Apostel Röm. 3, 28: Wir dürfen nur zu Christus kommen, an Ihn glauben, und was Er uns erworben hat, durch den Glauben uns aneignen. Mehr wird von uns nicht verlangt, das Gesetz ist aufgehoben, gesetzliche Werke gelten nichts. Ein einziger Blutstropfen löscht alle unsere Sünden aus, und wenn sie noch so groß wären, so lautet das Gnadengesetz, und alle Handlungen und gesetzlichen Werke können nicht eine Sünde auslöschen, so sagt Jesus Math. 16, 26. Ich habe schon manche Arme, Kranke, Leidende sagen hören, ich will gerne meine Armuth, Krankheit und meine Schmerzen leiden, ich habe auch viel gesündigt, damit mir Gott meine Sünden verzeiht. Sie haben es in ihrer Einfalt gesagt, aber es ist ein Beweis, daß sie Christus ihren Erlöser nicht kennen, vom Glauben an Ihn und von seinen Leiden nichts wissen, außer daß etwas geschehen ist, aber nicht warum es geschehen ist. Sie bilden sich eine eigene Gerechtigkeit. Was soll es heißen, ich will meine Schmerzen leiden, damit mir Gott meine Sünden verzeiht? was anders, als ich will durch meine Schmerzen abverdienen, was ich an Gott gesündigt habe. Ach wie wenig kennt man doch Christus, immer will man gerecht und selig durch eigen Verdienst, durch gesetzliche Werke werden. Hat denn Christus nicht für dich gelitten, ist Er denn nicht für dich gestorben, ist Er denn nicht für dich gekreuzigt worden, hat Er denn nicht deine Sünden alle an seinem eigenen Leib getragen. Warum willst denn du noch abverdienen, traust du denn deinem Heilande nicht, oder meinst du, Er habe nicht hinlänglich genug gethan, daß du auch noch etwas thun müßest? Aber es ist schwer, dies zu glauben, ja, denn glauben ist nicht Jedermanns Ding. Aber einzig durch Glauben wird der Mensch gerecht und selig, wir brauchen keine Werke und sollen keine Werke haben, um dadurch gerecht und selig zu werden. Nur glauben müssen wir. Der Glaube muß vor, der so sehr von den Werken verdrängt und auf die Seite gesetzt ist. Hebr. 11, 6.

Daß aber der Mensch nur durch Glauben gerecht und selig

wird, und nicht durch Beten ꝛc., oder die 10 Gebote Gottes, das sehen wir aus hundert Stellen der heiligen Schrift. Niemand wurde von Jesus geheilt, er hatte denn Glauben Joh. 6, 5. Jesus sagte zu Niemand, du mußt das oder jenes thun, wenn du willst geheilt werden, sondern er fragte: Hast du Glauben ꝛc., dir geschehe nach deinem Glauben. Wenn wir etwas thun müßten, um gerecht und selig zu werden, so hätte Jesus der Maria Magdalena nicht so schnell ihre Sünden vergeben können, sondern er hätte sagen müssen, du mußt beten ꝛc., so aber sagt er nicht, sondern sie hat viel geliebt ꝛc. Wenn wir etwas thun müßten, so hätte er ganz anders zu dem Gichtbrüchigen sagen müssen. Denkt an den Schächer, denkt daran, was der Apostel Paulus zum Kerkermeister sagt: Glaube ꝛc. Wenn wir etwas thun müßten, so käme kein Sünder, der sich erst auf dem Todesbett bekehrt in Himmel, er könnte nichts mehr thun, und doch ist das Kreuz zur Rettung aufgepflanzt, bis zum letzten Odemzug, und wie der Teufel umhergeht, so auch Christus um zu retten, damit wir im letzten Augenblick noch mögen selig werden. Es wird von Gott nichts verlangt, als Glauben Röm. 4, 5—10. Sonst wäre unsere Sündenvergebung verdient und nicht Gnade, Röm. 3, 24, die heilige Schrift unwahr und Christus hätte zu Hause bleiben können. Viele Menschen, die einen kränklichen oder elenden Körper, oder viel Kreuz mit Kindern ꝛc. haben, die hätten ein Vorrecht zum Himmel, denn sie müßten so Vieles leiden, und ihn so sauer verdienen, aber auch das ist eigene Gerechtigkeit; der größte Sünder kann so gut in den Himmel kommen wie sie, wenn er Christus kennen lernt und an Christus glaubt, und wenn sie nicht an Christus glauben und meinen, sie können den Himmel durch ihre Leiden verdienen, so kommen sie nicht hinein. Wer den Himmel nicht umsonst will und aus Gnade, sondern aus Lohn, der kriegt ihn nicht, er müßte denn das ganze Gesetz erfüllen. Die letzten werden die ersten sein. Aber diese Lehre klingt sonderbar und stimmt schlecht zusammen mit dem, was wir bisher sagten; vorher so streng und jetzt so leicht, vorher der Weg zum Himmel so schmal und jetzt so breit, so breit, daß man mit Heuwagen hinein könnte. Vorher konnte kaum der beste Mensch selig werden und in Himmel kommen, jetzt kommt alles durcheinander hinein: Hurer, Ehebrecher, Mörder, Räuber und Tugendhafte, wenn sie nur glauben. Das thut nichts zur Sache. Vorher habe ich Gesetz gepredigt, und jetzt will ich Gnade predigen; meine Pfarrkinder verlangen ja Gnade, das Gesetz war ihnen ja zu streng. Vorher Christus als Weg, jetzt als Leben. Wenn nicht alles in Himmel sollte, so wäre Christus nicht gekommen, hätte auch nicht nöthig gehabt, so viel zu leiden, und wenn wir gleich Christus jetzt als Heiland haben, so wollen wir ihn doch als Weg nicht vergessen. Uebrigens seid unbekümmert, wir sind nicht auf Irrwegen, auch habe ich meine vorigen Grundsätze nicht abgelegt, aber ich erachte es jetzt an der Zeit zu sein, Glauben und Gnade zu predigen. Wie wir Christus in Abbildung sehen, wenn er getroffen ist, sanft, mild und ernst, so werden wir ihn jetzt im Christenthum kennen lernen, sanft, mild und ernst. — Wer aber glaubt, ich mache allen Lastern Thür und Thor auf, der warte in Ruhe nur so lange zu, bis ich auch sagen werde, was dies für ein Glauben ist, von dem ich rede. Der Schluß meiner Predigten über den Glauben wird ganz anders lehren. Indessen gestehe ich selbst, daß diese Predigt irre führen könnte, wenn nicht andere folgten, doch wird, so Gott will, nach 8 Tagen die Sache sich schon anders darstellen, und ich wünsche, daß Jeder, der diese Predigt gehört hat, auch die künftige höre. Wer aus einem alten elenden Gebäude ein neues bauen will, muß das Alte niederreißen; das glaube ich, wird jetzt geschehen sein, und ich hoffe von nun an, mit den alten Steinen auf einem festen Grundstein, ein lebendiges Gebäude aufzubauen, 1. Joh. 2, 5. Uebrigens bleibt wahr, ewig wahr, was ich sagte, daß wir nichts thun können, sollen und dürfen für unsere Erlösung, als glauben. Christus ist für uns. Gott gebe uns allen seine Gnade, daß wirs glauben mögen durch Jesum Christum, der gelobt sei in Ewigkeit. Amen.

---

Diese Predigten lauten anders als die ersten. Schon hört man den spätern Henhöfer darin. Ich ließ auch die manchfachen Wiederholungen absichtlich stehen, weil sie mit zur Eigenthümlichkeit Henhöfers gehören.

So etwas war aber weder im katholischen Mühlhausen noch auch in der protestantischen, meist im Unglauben versunkenen Gegend gehört worden. Es entstand eine große Bewegung von der beide, Katholiken wie Evangelische, ergriffen wurden. Von tageweiten Orten kamen Leute, den gewaltigen und doch so schlichten römischen Priester zu hören, der nicht nur von Gesetz und von Buße, sondern nun auch von der Gnade und Rechtfertigung durch den Glauben zu predigen begann. Daß Henhöfer von der Predigt der Buße, die doch immer nur Johannesarbeit und noch keine Christuspredigt ist, fortschritt zur Predigt von der freien Gnade, war etlichen Freunden zu danken, die ihm das Buch von Boos „Christus für uns und in uns" in die Hände gaben; „wodurch ich," sagt Henhöfer, „weiter geführt und mehr zum Evangelium gebracht wurde. Von jetzt an predigte ich mit ebensoviel Eifer das Wort von der freien Gnade Gottes in Christo." Und was keine noch so strenge Moralpredigt bewirken konnte, das gelang der Predigt von der Gnade, die vom bußfertigen und gläubigen Herzen ergriffen wird. Henhöfer durfte erfahren, was ein anderer origineller Zeuge Gottes sagte: „daß man mit einem Löffel Honig mehr Fliegen fange als mit einem ganzen Faß voll Essig." Denn „nicht fruchtlos", sagt Henhöfer, „auch im Wandel (abgesehen davon, daß unter Jung und Alt Leute waren, die gute Rechenschaft ihres Glaubens ablegen konnten) blieb diese Lehre. Rührende und erbauliche Beispiele könnten erzählt werden. Ich will nur im Allgemeinen reden. Manche Haushaltungen, die in jahrelangem Unfrieden gelebt hatten, wurden friedlich; Feindschaften hörten auf, Entzweiungen des Morgens waren am Abend geschlichtet, Ehestreitigkeiten, deren es Anfangs nicht wenige gab, verschwanden, vom Stehlen, dessen man die Gemeinde so sehr beschuldigte, hörte man nichts mehr, selbst mancher Hausstand wurde gehoben durch den Frieden, den Gottes Wort ihm gab und in der ganzen Zeit meines Aufenthalts kam nie ein Eid vor." Glaubensbekenntniß S. VII.

Die meisten Zeugen jener Zeit sind heimgegangen, Ihrer Etliche leben noch; aber frisch und lebendig steht ihnen das Bild des feurigen jungen Priesters vor der Seele. Eine alte Frau, die Henhöfer oft gehört und von einem Geistlichen nach 30 Jahren gefragt ward, wie Henhöfer denn zu damaliger Zeit gepredigt habe, antwortete: „Sagen, wie es gewesen, das kann ich nicht mehr, nur so viel weiß ich, er hat meinem alten Menschen den Brustkasten eingeschlagen." Leute gingen 10—12 Stunden weit, oft die ganze

Nacht durch, um früh Morgens noch in der Kirche zu sein, wenn Henhöfer predigte.

Ebenso ist es interessant, von katholischer Seite ein Zeugniß über Henhöfers damaliges Wirken zu hören. Jener alte Gegner Henhöfers schreibt im oben angeführten Buche Seite 5:

„Henhöfer meinte es herzlich gut; er fand bei seinem Völklein (!) manche schiefe Begriffe, selbst auch abergläubische Dinge. Diesem Uebelstande arbeitete er mit Recht entgegen. Er hätte viel Gutes stiften können, wenn er in den gehörigen Schranken geblieben wäre. Mangel an gründlichen Kenntnissen der theologischen Disziplinen (!!) war es, was ihn diese Schranke nicht erkennen ließ; zu warmer Eifer für das Gute und Rechte führte ihn über die Gränzen hinaus, es fehlte seinem Eifer an richtiger Einsicht. Solche Genie's bleiben nicht auf halbem Wege stehen. Henhöfer hat die Gabe einer natürlichen, aus warmem Herzen strömenden Beredsamkeit. Solche Beredsamkeit spricht das Herz an. Und sie sprach das Herz seines Pfarrvolkes um so sicherer an, da diese Leute durch häufigen Umgang mit Pietisten (!) schon empfänglich genug waren. Er predigte anderthalb Stunden, und noch länger, wenn die Lunge nicht ihren Dienst versagte. Er pflegt zu extemporiren; wobei er sich nothwendig drei bis viermal wiederholt. Mit Schrifttexten, die ihm gar sehr zu Gebote stehen, wirft er um sich, ob sie passen oder nicht. Die Texte sprudeln aus dem innern Geiste und dem innern Geiste der Zuhörer wird die Verdauung überlassen.

„Man hört nichts als immer vom „Lichte, innern Tempelbau, Wiedergeburt, aus Gott gefallen, in Gott zurückführen, innern Christus, Erleuchtung, Licht von oben, unsichtbarer Kirche. Diese Lieblingsreden der Pietisten lockten sie von nahe und ferne herbei, um den ächt evangelischen Prediger zu hören. Von mehreren Stunden kamen ganze Schaaren; da die Kirche sie nicht fassen konnte, stiegen die Leute auf Leitern zu den Kirchenfenstern hinauf. Um dem Unfug des Gedränges vorzubeugen, mußte endlich die Polizei einschreiten. Seine nachmittägen Christenlehren bestanden lediglich in einer Recapitulation der Vormittags von der Kanzel herabschwadronirten Predigten. Protestanten beantworteten seine katechetischen Fragen wie Katholiken. Als einmal ein Schulkind auf die Frage: „Was ist Christenthum?" nicht gleich zu antworten wußte, trat ein protestantisches

Weib aus dem Würtembergischen mit der Antwort hervor: „Christus in uns und Christus für uns.“ — —

So viel ist aus Henhöfers und anderer Zeugen Mund uns aufbewahrt über seinen innern Lebensgang und Führung und seine Bekehrung zu Christo und seiner freien Gnade. Freilich gelüstete uns noch mehr zu hören und zu schauen, von dem was seine Seele in jener Zeit bewegte. Aber das Beste soll und darf auch vor der Welt verborgen bleiben. Ists ja doch um die Bekehrung eines Menschen ein geheimnißvolles Werk. Still im dunkeln Mutterschoße wächst das Kind bis es zur Welt geboren wird unter mancherlei Traurigkeit, die dann vergessen wird um der Freude willen, daß der Mensch geboren; und still wächst draußen im Erdenschooße der Saame, der die Hülle sprengt und verwesen muß, damit er Frucht bringe, und er keimt im scheinbaren Winterschlafe unter Schnee und Eis, bis der Lenz gezogen kommt und schüchtern die Gräslein sich herauswagen. Der tiefste und letzte Anfang war bei beiden verborgen. Es geht der Wind, deß Sausen man hört, aber von dem man nicht weiß, von wannen er kömmt und wohin er fährt. Daß es an gewaltigen Kämpfen, an traurigen Stunden nicht gefehlt, das hat der selige Knecht Gottes mehr denn einmal gesagt.

Wir erkennen aber nur aus der bisherigen Führung, daß es bei ihm nicht sprunghaft, sondern, wie er oft später in einem Lieblingsausdruck sagte: „wachsthümlich“ ging, von Licht zu Licht, aus Glauben in Glauben, aus dem Gesetz ins Evangelium. Und hierin gemahnt sein Lebensgang, ohne damit irgendwie die beiden einander zu vergleichen, sein Kampf durchzudringen zur freien Gnade Gottes an den Lebensgang Luthers, der unter unsäglichen Kämpfen in der Klosterzelle, unter den Erfahrungen im Beichtstuhl und in der Gemeinde und am eigenen Herzen, durchdrang, und das Wort der Welt wiedergab: „der Gerechte wird aus dem Glauben leben.“

Zugleich gibt diese Zeit den Schlüssel zu Henhöfers ganzem späterem Wirken. Alles was er predigt ist nicht erlernt, sondern innerlich durchlebt und erfahren; seine Predigten sind mit seinem Herzblute geschrieben bis auf die letzte. Er und seine Gemeinde wuchsen mit einander, er durch sie und sie mit ihm, mit jeder Predigt kamen beide mehr aus dem Gesetz heraus und ins

Evangelium hinein. Er stand immer ganz innerhalb der großen Sache, die er predigte, nie so über ihr, als ob er von ihr losgelöst wäre. Er gab das Wort von der lautern Gnade rein und unverfälscht; aber mit ihr zugleich immer mit starkem unvergeßlichem Eindruck sich selbst, den ehemals römischen Priester, der sich herausgerungen, herausgebetet hatte aus aller Werkerei. Seine Predigt weiß nur das Eine, aber das auch gewiß und unumstößlich: das Eine, das er unter tausend Wehen und Kämpfen in Mühlhausen erlebt: „Allein durch den Glauben." Das war sein Singularismus, das war seine großartige Einseitigkeit, seine Stärke und seine Schwäche zugleich — die nichts wußte und auch nichts wissen wollte von allem Andern; die allen lauernden Fragen das Wort des geheilten Blinden entgegenhielt: „Eins weiß ich nur: daß er mir die Augen aufgethan hat," und das Wort Pauli: „Mir ist Erbarmung widerfahren."

Im römischen Pfarrer zu Mühlhausen liegt der Schlüssel zum Verständniß des evangelischen Pfarrers zu Graben und Spöck. Wer aber unter dem geistlichen Geschlecht dieser Tage Ohren hat zu hören, der höre!

# 3. Kapitel.

## Der Sturm bricht los. Geistliches und weltliches Gericht.

„Wenn Einen die Welt,“ sagt Luther, „einen Ketzer, Verführer und Lügner, Aufrührer schilt, das ist ein gutes Zeichen, daß es ein rechtschaffener Mann ist, und seinem Herrn Christo ähnlich; denn Er mußte eben das sein und mit den Mördern gerichtet und gekreuzigt werden. Was läge mir daran, wenn ich ein Prediger wäre, daß mich die Welt einen Teufel heiße, wenn ich weiß, daß mich Gott seinen Engel heißet? Die Welt heiße mich einen Verführer, so lange sie will; indeß heißet mich Gott seinen treuen Diener und Hausknecht; die Engel heißen mich ihren Gesellen, die Gläubigen heißen mich ihren Heiland, die Unwissenden heißen mich ihr Licht, und Gott spricht Ja dazu, es sei also, die Engel auch sammt allen Creaturen. Ei, wie hübsch hat mich die Welt sammt dem Teufel getäuschet mit ihrem Lästern und Schmähen! Ei, wie groß hat sie an mir gewonnen! Wie großen Schaden hat sie mir gethan! Die liebe Traute! — Die Welt kann wohl leiden alle Predigt, nur Christuspredigt nicht. Das macht, wenn derselbe kommt, und wo er ist, da predigt derselbe also, daß er allein Recht haben will. Er predigt, daß die Weisen Narren und die Heiligen Sünder und die Reichen verloren sind. Darüber werden sie thöricht und toll. Das ist nun der Christen Trost, sonderlich der Prediger, daß sie gewiß sein sollen und sich deß versehen, wie sie Christum führen und predigen, daß sie Verfolgung leiden müssen. Da wird nichts Anderes daraus, und ein recht gut Zeichen ist, daß die Predigt christlich ist, wo sie verfolgt wird, sonderlich von den großen, heiligen, gelehrten und klugen Leuten. Wiederum nicht rechtschaffen ist, wo sie von der Welt gelobet und geehret wird.“

Diese Erfahrung Luthers mußte Henhöfer auch machen.

Daß es nicht so im schönen Frühling fort gehen könne, nicht von einem Sieg zum andern, daß sich der Teufel nicht seine Festungen ohne Gegenwehr zerstören lasse — das war voraus zu sehen. Es mußte ihm gehen, wie seinen andern gleich erweckten Brüdern in der katholischen Kirche: Fenneberg, Sailer und Martin Boos. Seine Feinde waren dieselben, wenn sie auch gleichwohl aus den verschiedensten Gründen zusammenhielten. Herodes und Pilatus waren einander bekanntlich spinnenfeind, da es aber gegen Jesum ging, wurden sie auf denselbigen Tag eins.

Wir dürfen einmal nicht vergessen, daß der Unglaube, wie in der evangelischen Kirche, so auch in der römischen sichern Fuß gefaßt. Ja man kann sagen, daß der römische Unglaube namentlich mit Spott und Hohn gegen alles Heilige zu Felde zog, wie z. B. Voltaire und die Encyclopädisten und auch unter der Volksmasse seinen großen Anhang hatte, während er in der evangelischen Kirche mehr auf den Cathedern und den Kanzeln, mehr bei den sogenannten Gebildeten einherging. So bestand innerhalb der katholischen Kirche der Orden (die Gesellschaft) der Illuminaten, der im Jahre 1776 gestiftet, über 2000 Mitglieder in Deutschland zählte. Sein Zweck war das Volk aufzuklären und ihm zum „Vernunftreich" und wahren Toleranz zu verhelfen. Es war in diesem Orden besonders eine heftige Verbitterung gegen Alles was nach Kirche und Pietismus irgendwie schmeckte. Ihnen mußten besonders Leute, die wie die obgenannten und Henhöfer, die von innerem Licht, von lebendigem Glauben, von Wiedergeburt redeten, ein Dorn im Auge sein. Das Alles galt ihnen als heillose Schwärmerei. Dieser Orden hatte nun auch, trotz seines Verbots, seine Mitglieder besonders unter den hohen Staatsbeamten, und auch in der damaligen katholischen Kirchensektion. Von dieser Seite her stand für Henhöfer nichts Gutes zu erwarten. Man weiß ja, wie die Toleranz- und Duldsamkeitsprediger aus der Rolle fallen, sobald man nicht ihrer Ansicht ist.

Die anderen Feinde aber waren, wie Sailer sich ausdrückt, (Fennebergs Leben S. 80) „scholastisch gebildete Christen, die das, was das Volk buchstäblich kennt und mechanisch nachspricht, im Begriff denken, in Disputationen beweisen können, aber insofern sie selbst ohne Erfahrung, ohne inneres Leben, ohne eigentliche Anschauung des Göttlichen geblieben sind, werden sie, was das Volk „neuen Glauben" nennt, entweder Schwärmerei oder Ketzerei nennen, denn sie kennen Christum nur im Begriff der Schule, aber nicht im Leben des Geistes. Zum Andern wohlmeinende mechanische Christen, die ihren Katechismus auswendig gelernt und nie zum klaren Bewußtsein dessen, was sie im Grunde glauben, durchgedrungen sind. Sie tragen die Schale des Bekenntnisses andächtig umher und haben den Kern der Wahrheit noch nie recht verkostet. Ihnen ist unser Wort und Leben „neu", sie sagen, das ist „ein neuer Glaube." Zum Dritten Versunkene, die an nichts Höheres glauben, als was sie genießen und aus dem Genusse begreifen. Die werden also, um ihren Unglauben und ihre Lasterhaftigkeit mit einem schönen Feigenblatt zu decken, Alle, die von einem lebendigen Glauben an einen lebendigen Gott reden, als Unsinnige verschreien, die leicht politische Unruhen anzetteln können, die man also einsperren und wo nicht bürgerlich todt, doch bürgerlich unschädlich machen müsse. Zum Vierten Priester und Räthe des Bischofs, die eine persönliche Abneigung in ihrem Herzen pflegen. Diese ergreifen jede Mücke und steigern sie zum Elephanten, jeden Schatten eines Fehltritts und wittern ein Verbrechen, nehmen die lächerlichsten Gerüchte für baare Münze und vergrößern mit Hülfe des argen Wahnes, was sie hören oder lesen." —

Soweit der katholische gläubige Bischof über seine Gegner — die wesentlich dieselben wie die Henhöfers waren. Wir haben absichtlich einen katholischen Zeugen jener Zeit reden lassen, damit man uns nicht vorwerfe, wir hätten etwa die katholischen Zustände zu dunkel gemalt. War es doch soweit gekommen, daß dem Martin Boos von seinem Bischof verboten ward, vom „lebendigen Glauben" zu reden.

Wir lassen Henhöfer selbst über den weitern Verlauf reden. „Die Lehre vom Kreuz war Vielen eine Thorheit, (schreibt er Glaubensbekenntniß Seite VII.) und Vielen ein Aergerniß. Christus wurde gepredigt zur Auferstehung und zum Fall, und in Mühlhausen wurden Vieler Herzen offenbar. Das Christenthum rumorte. Es gab Leute, die außer dem todten Namen nichts von Christus wollten. Alle Tage in die Messe gehen, und alle Sonntag in's Amt, und in die Kapellen, deren noch zwei in Mühlhausen im Gang sind, Heilige anrufen, Rosenkranz beten, Ablaß gewinnen, jährlich ein- und zweimal ins Weckenthal nach Rothenburg oder nach Wallbürn wallfahrten, das war ihr Christenthum, das die Gerechtigkeit, mit der sie vor Gott bestehen wollten. Von

Christus, der Geist ist, wollten sie nichts. Zwar der im Tabernakel gefiel ihnen wohl; Christus aber im Herzen, war ihnen ärgerliche, gefährliche Schwärmerei. Jener beunruhigte sie nicht, wurde nicht jeden Sonntag herausgelassen, und verlangte dann weiter nichts, als Knieebeugen, Kreuzmachen, Brustklopfen; dieser wollte eine Anbetung im Geiste und Wahrheit. Um sie zur richtigen Erkenntniß ihres Heils zu bringen, und für Gottes Reich zu gewinnen, machte ich ihnen begreiflich, daß alles dieses nichts nütze, wo Christus nicht mit dem Herzen gewonnen werde, daß der Apostel alles für Schaden halte gegen die alles übertreffende Erkenntniß Christi Jesu, seines Herrn, Phil. 3, 7, ich machte ihnen begreiflich, daß das Reich Gottes in uns, nicht außer uns sein müsse, und daß alle Ceremonien, äußerliche Uebungen und Gebräuche nur dazu da wären, um Gottes Reich in uns herzustellen, um Glauben und thätige Liebe im Menschen zu erwirken oder zu beleben. Ich belehrte sie, daß das heilige Blut und der Herr Gott in Mühlhausen so nahe als in Walldürn, so gnädig und wunderbar als dort sei, und daß man in der Mühlhauser Kirche durch eine gründliche Bekehrung und den Glauben an unsern Herrn Jesum Christum so gut Vergebung seiner Sünden erlangen und Ablaß gewinnen könne, als zu Rothenburg im Weckenthal, im Waghäusel oder in Walldürn, und daß, wenn keine Buße, kein Glaube da sei, und kein neues Leben erfolge, alles Beichten und Communiciren, alles Wallfahrten und Ablaß gewinnen fruchtlos und vergeblich sei. Diese Lehren wiederholte ich nun so oft mir Gottes Wort dazu Gelegenheit gab, und je nachdem ich es für noth fand. Damit war aber die Gerechtigkeit dieser Leute eingerissen, der Heiligenschimmer, den sie bisher in den Augen des Volks ihres vielen Beichtens, Wallfahrtens, Messehörens wegen hatten, fiel zusammen, und sie sollten sich noch überdieß einer harten, langwierigen Arbeit unterwerfen, der Verbesserung ihres Herzens. Nun gings hinter's Schellen, denn lieber hätten sie Berge abgegraben, als dieses gethan. Man schrie, ich hätte die katholische Religion, und noch überdieß in Gegenwart der Protestanten, verachtet; die Beicht und das Abendmahl, den allerhöchsten Glauben der Väter verworfen, sie seien katholisch und wollten katholisch bleiben, von dem neuen Glauben und der lutherischen Lehre wollten sie nichts. Doch das nahm mir den Muth noch nicht, ich wußte, daß es so kommen mußte, und fuhr fort, das eine, was noth thut, voran, das andere, wenn es auch gleich bisher voranstand, rückwärts zu setzen, Hauptsach als Hauptsach, und Nebensach als Nebensach zu betrachten, und bald überzeugte sich der größte Theil davon. Wenn sich andere nicht überzeugen wollten, so liegt die Schuld nicht daran, daß sie mich nicht verstanden, denn Gottlob, die Gabe der Deutlichkeit fehlt mir nicht, sondern daran, daß sie mich nicht verstehen wollten, viele waren wohl überzeugt, aber sie wollten und konnten nicht.

Wie nun auf der einen Seite diese kirchlichen Menschen standen, die durch Menschensatzungen und äußerlichen Gottesdienst selig werden wollen, so gab es auf der andern Seite wieder Leute, die zwar auf alle diese Nebendinge keinen Werth legten, auch sich selbst nicht viel darum kümmerten, doch aber nicht Christum anziehen wollten, als die einzige vor Gott gültige Gerechtigkeit, sondern die glaubten, durch die Erfüllung der Gebote Gottes, durch das Gesetz der Liebe, durch einen ehrbaren bürgerlichen Wandel, kurz durch ihr eigen Verdienst und Gerechtigkeit selig zu werden; wenn gleich auch ihre Gerechtigkeit war, wie die aller Menschen, ein beflecktes Kleid, Jes. 64, 6, und man ihnen über der Erfüllung der Gebote Gottes auch zurufen konnte, wie Jesus dem Pharisäer: Thue das, so wirst du leben. Ihnen war Christus eine Thorheit. Diese beiden Theile eiferten und schrieen nun, jeder nach seiner Art, wider den lutherischen Christus, wider die lutherische Lehre, als wenn Glauben und thätige Liebe nur lutherisch und nicht auch katholisch wäre; wider die heilige Schrift, als das Buch aller Ketzereien und wider alles, was auf Bekehrung und Herzensbesserung abzielte, und wollten durchaus beim Alten, d. i. bei Rosenkränzen, Heiligenanrufen und Kapellengehen bleiben. Hielt man ihnen die heilige Schrift entgegen, so hieß es, das Papier ist geduldig, es läßt sich viel schreiben und drucken, wer wird aber so leben können! „Wenn dieß so wäre, wo würden unsere Vorfahren sein; wir bleiben, wie wir sind.“ An Schimpf und Spott über diejenigen, die von Gottes Wort überzeugt waren, und dieser Lehre Beifall schenkten, ließen sie es dann auch nicht fehlen. Bald nannten sie sie Pietisten, bald Separatisten, und was sie sonst noch an Schimpf auftreiben konnten. Freilich ist sich nicht zu wundern, wenn gemeine Leute so etwas thun, sie kennen ja von Gott und seiner Verehrung meist weiter nichts, als was sie täglich vor Augen sehen und geübt werden, aber wenn Theologen, die gelehrt sein wollen, mit dem Pöbel so schreien, dann sieht's freilich traurig im Lande aus. Doch mit all diesem Geschrei ist noch nichts gethan, auch schadet es der guten Sache wenig, sie hat einen höhern Schirmherrn, und Christus herrscht mitten unter seinen Feinden; aber wissen möchte ich denn doch, von diesen gelehrten Herrn, welches die Grundsätze des Pietismus sind, um zu prüfen, ob es in Mühlhausen Pietisten gibt. Etwa Glaube, der in Liebe thätig ist? Wahrscheinlich, denn das wurde in Mühlhausen gelehrt, dann wäre aber gut, wenn die ganze Welt voll Pietisten wäre.

Ungeachtet nun Mühlhausen zwei Partheien hatte, eine katholische und eine lutherische (so nannten die guten Katholiken schimpfweise diejenigen, die sich an's Evangelium hielten, und mit ihnen nicht die Hauptsache in dem äußerlichen Gottesdienste finden wollten), so herrschte dennoch überall Ruhe und Ordnung, und zwar darum, weil jene nicht wieder schalten, die gescholten wurden. Dieses und nicht der gute Geist der Katholiken hat die Ruhe bisher erhalten, und wird sie auch ferner noch erhalten. Doch muß ich es auch hier noch zum Lobe vieler Widrigen sagen, daß sie durch die Predigten größtentheils Alle, wenn nicht christlicher, doch gesetzlicher wurden, und daß auch viele nach und nach die Wahrheit einsehen lernten, so daß am Schlusse nur noch wenige waren, die der Lehre nicht Beifall gaben. Einem Vicariate zu Bruchsal kann dies nicht unbekannt sein, da es bald nach meiner Entfernung und Einberufung eine beinahe von allen Bürgern Mühlhausens unterschriebene Bittschrift erhielt, ihren Pfarrer ihnen wieder zu geben. Hätte man von gehöriger Seite Gottes Wort nur ein wenig unterstützt, statt unterdrückt und gehemmt, so wäre Mühlhausen eines der friedlichsten und ruhigsten Orte des Landes geworden. Selbst seine Feinde mußten und müssen ihm das Zeugniß heute noch geben, und ein schöner Beleg der Wahrheit meiner Aussage ist auch dieses, daß, wie mich der dortige Orts-Vorstand oft freudig versicherte, außer Schuldsachen, wenig oder keine bürgerliche Klagen mehr vorkamen. Man lebte unter sich einig und zufrieden, freute und ermunterte sich an Gottes Wort.

Allein Mühlhausen war vielen Menschen, war besonders der Geistlichkeit ein Dorn im Auge. Das Evangelium von Jesu Christo, die Deutlichkeit und Wärme des Vortrags hatte aus vielen Orten der Nachbarschaft Leute von allen Konfessionen herbeigezogen. Dieß gab den Neidern Veranlassung und Gelegenheit, meinen Katholicismus verdächtig zu machen. Nach vielen Klagen, Verantwortungen und Orakelsprüchen wurde endlich durch das Stürmen des Decanats ein Zollgardist (!) abgefertigt, der jedesmal am Sonntag die Lutheraner von der Kirche abweisen sollte. Aus Auftrag des Vicariats hatte ich die Leute ebenfalls darum ersucht. Allein, was man verbietet, das wird gewöhnlich ärger, die Leute kamen mehr, der amtliche Befehl gerieth nach und nach auch wieder in's Stocken, und so ließ man sie jedesmal ein, wenn das Amt vorüber war. Doch minderte sich der Zulauf in Mühlhausen später etwas, da mir der Auftrag wurde, in der großen Kirche zu Tiefenbronn, einem Nachbarorte, von 14 zu 14 Tagen zu predigen. Nun theilte man sich ab, und die meisten Fremden fanden sich hier ein. Allein da das Evangelium auch hier Anhang gewann, und der todte Gottesdienst, Ceremonien, Messen, Rosenkränze ꝛc. nicht mehr in ihrem alten Werthe bleiben wollten, so dauerte die Ruhe nicht mehr lange. Man suchte in allem Ernste dieser Neuerung zu steuern, und was man sucht, das findet man. Die nächste Veranlassung dazu gab folgender Vorfall. Ein junger Mensch aus der Gemeinde Mühlhausen wurde krank. Seine Mutter machte mir davon eine Anzeige mit dem Ersuchen, ihn einmal anzusehen, und wenn ich die Krankheit für bedeutend finde, ihn zu versehen. Ich that es zwei Tage hintereinander, fand aber den jungen Menschen weder gefährlich noch geneigt, sich versehen zu lassen. Darum unterließ ich es, sprach aber mit ihm von dem, was ich für seinen Seelenzustand für gut und noth hielt. Der dritte Tag war ein Sonntag, gerade wo ich in Tiefenbronn Kirche zu halten hatte. An diesem Tage wurde die Krankheit etwas bedeutender, und da er sich mitten aus dem Schweiße dem Bette entzog, das Zimmer öffnete und in die Zugluft hinstand, auch sonst wenig Ordnung hielt, so ward er Abends eine Leiche. Ungefähr 5 — 10 Minuten vor seinem Ende kam ich im Hause des Kranken an. Er war nicht mehr bei sich, und man sah, daß es in wenig Augenblicken ausgehen werde. Die Mutter und einige Verwandte verlangten, ich sollte Weihwasser über ihn herschütten und Kreuze machen. Da ich sah, daß dies alles in reichlichem Maaße bereits geschehen, und hier der Aberglaube noch recht zu Hause war, so machte ich ihnen nur kurz begreiflich, daß diese

Dinge dem Kranken, der nichts mehr um sich wisse, nichts nützen können, und forderte die Menge der Anwesenden auf, im Stillen für den Kranken mir nachzubeten. Und so geschah es. Allein am folgenden Tag schrieen die Mutter und die Verwandten des Verstorbenen: ich sei nicht mehr katholisch, ich hätte dem Kranken kein Weihwasser gegeben. Auch der Umstand wurde vorgesucht und zur Sprache gebracht, daß ich ihm die letzte Oelung nicht ertheilt habe, obgleich Zeit und Zustand des Kranken es nicht mehr erlaubten. Ich suchte daher bei der Beerdigung des jungen Menschen, sowohl zur Belehrung als zum Trost der Leidtragenden, in der Leichenrede die alte Wahrheit zu wiederholen, daß nur der Glaube an Christum, der sich durch thätige Liebe beweise, den Menschen selig mache, und nicht Weihwasser und äußerliches Versehenwerden, und zeigte dabei, daß Sacramente und Ceremonien nur Mittel seien, diesen Glauben anzufachen und zu stärken. Allein das Geschrei legte sich nur wenige Tage, und nur darum, um sich dann doppelt zu erheben. Nun war auch die Leichenrede nicht katholisch. Ich sah bald, daß die Sache unterlegt war, und daß ich es mit Höheren zu thun hätte. Ich theilte also die Leichenrede zweien meiner Amtsbrüder in Freundschaft mit, um sie eines Bessern zu überzeugen. Der Eine fand sie ganz katholisch und durchaus unanstößig; der Andere ganz lutherisch und katholischen Ohren ärgerlich. Er schickte mir eine große Kritik, eine derbe Lection, und die Anzeige, daß er diese, obgleich in Freundschaft mitgetheilte, Leichenrede dennoch Amtshalber dem bischöflichen Vicariate zugeschickt und den ganzen Vorfall berichtet habe. (!!)

Gerade dieser Mann war es, der zwar früher öfters mein Vertheidiger war, seit aber seine Leute so häufig nach Mühlhausen kamen, am meisten meine Entfernung wünschte. Ich darf und will es auch gerne von ihm glauben, daß er nach seiner Einsicht und nach seinen Grundsätzen wirklich dafür hielt, ich sei nicht mehr ganz katholisch. Er beschuldigte mich noch überdieß, ich hätte den jungen Menschen nicht versehen wollen, weil er den lutherischen Glauben nicht gehabt habe. Wenn es nun auch gleich falsch ist, daß ich ihn aus dem Grunde nicht habe versehen wollen, so ist doch dieses wahr, daß er den lutherischen Glauben nicht hatte, denn mit einer Messe am Sonntage war er wohl zufrieden; statt zur Predigt zu gehen, saß er oft in's Wirthshaus, schimpfte, schalt, fluchte, stiftete Händel und Uneinigkeit so viel und wo er konnte, so daß ihn selbst seine eigene Mutter öfter bei mir verklagte; und kurz vor seinem Tode erlaubte er sich noch die schändlichsten Ausdrücke gegen die heilige Schrift, welches man aber alles nachher damit zu entschuldigen und zu vertheidigen wußte, daß er die Lutherische gemeint habe. Doch dieß alles hätte mich nicht abgehalten, weder ihn zu besuchen, noch zu versehen, denn ich weiß, daß der Mensch fallen, ich weiß aber, daß er auch wieder aufstehen kann, besonders wenn ihn eine freundliche Hand aufnimmt; und ich hatte Hoffnung, diese frohe Erfahrung auch bei diesem jungen Menschen zu machen; allein ich vermuthete keine Gefahr.

Da aber meine Entfernung bewirkt werden sollte, so nahm man gerne jede Lüge an, und half ihr noch auf, gleichviel, von wem sie kam. Nicht blos in Mühlhausen, im ganzen Gebiete war es bekannt, von welchem Charakter diejenigen Menschen sind und waren, die sich als Gegner des Evangeliums erklärt hatten, und dennoch öffnete er ihnen mit Freuden sein Haus, und alles was sie sagten, so albern es auch oft sein mochte, wurde angenommen, gewendet, verdreht, bis es sich endlich zu einer Klage schickte. Selbst in Bruchsal scheute man sich mit solchen Anklägern, gegen welche sich die Stimme des ganzen Orts laut erhoben hatte, öffentlich aufzutreten, und nie wurden ihre Namen genannt." 1. Tim. 5, 19.

Soweit Henhöfer. Gerade dieser letzte Vorfall mit dem Jüngling gab die Veranlassung zur Klage. Namentlich waren es auch die Pfarrer der Umgegend, die neidisch waren, daß Henhöfers Kirche voll und die ihre leer blieb, (so war's auch bei Boos in Gallneukirchen) und sich hinter die Gemeindeglieder steckten. Einer unter ihnen hatte Henhöfer offen genug sagen lassen, warum er ihm seine Vögel wegfange — worauf Henhöfer ihm sagen ließ: „Wenn er seine Vögel recht füttere, so kämen sie gewiß nicht nach Mühlhausen."

Endlich kam die erste Klage zur Verantwortung von dem Vicariat, das damals zu Bruchsal war. Es war am 11. September 1819. Einen Kläger nannte man ihm nicht. „Die Anklagen drehten sich namentlich um die Zusammenkünfte gleichgesinnter Leute an Sonntagen zu Gottes Wort, um den großen Zulauf fremder Leute und zum Theil auch um meine Rechtgläubigkeit." Worin spezieller noch, gerade was das Letzte betrifft, die Anklage bestanden, habe ich nicht ersehen können. Aller Wahrscheinlichkeit nach wohl, daß Henhöfer die bloß äußerliche Frömmigkeit angegriffen hatte. Es blieb noch bei schriftlichen Verantwortungen, die sich von Zeit zu Zeit wiederholten. Aus dem mehrangeführten Buche (Schwärmereien ꝛc.) entnehmen wir aber die Beschwerdepunkte aus dem Jahr 1820. „Einige Beschwerden gegen den Pfarrer Henhöfer, theils von seinen Pfarrangehörigen, theils von den mittelbaren geistlichen Behörden selbst.“ Sie lauten:

## Vom Jahre 1820.

„Ihr Pfarrer habe bisher eine Lehre, sowohl in der Predigt, als in dem nachmittägigen Unterricht verbreitet, welche ganz von dem katholischen Glauben, in dem sie erzogen wurden, abweiche. Er behauptete:

1. daß ehemals weder ein sichtbares Haupt der Kirche war;

2. noch die Verehrung der Heiligen etwas nütze;

3. sie als Katholiken werden von seinen Anhängern verspottet und verlacht. Auch sage Henhöfer in ungebührlichen Ausdrücken, daß nicht das Schmieren einen Bischof ausmache, sondern der heilige Geist, welcher in ihm wohnen müsse.“

Man sieht es diesen Sätzen gleich an, daß sie aus dem Zusammenhang gerissen sind und in dieser Fassung allerdings katholischen Ohren ärgerlich sein mußten. Nach einer Nachricht jenes Anonymus Seite 8, scheint Henhöfer eingerufen worden zu sein, ob vor das Decanat oder Vicariat ist nicht gesagt.

„Er stellte Alles in Abrede, was ihm zur Last gelegt war. Man gab gern dem Gedanken Raum, daß er in seinen aufgefallenen sonderbaren Aeußerungen mißverstanden worden sei; so wurde er mit zweckmäßigen Ermahnungen und Warnungen wieder in seine Pfarrei entlassen. Er sollte unter Anderem seine Predigten schriftlich ausarbeiten und zur Einsicht einschicken.“

Wie sehr aber besonders der Neid und die Treulosigkeit seiner Nachbarpriester im Geheimen gegen ihn arbeitete, und Henhöfer darum nie wußte, wer ihm all die Anklagen zuzog, dafür mag der Brief des Decan Mersy an den Geh. Rath Rothensee in Bruchsal sprechen, der ein Meisterstück menschlicher Bosheit ist. (Aus den Akten der Pfarrei Mühlhausen, überschrieben: „Der Kampf mit dem Drachen“.)

Hochwürdigster
Hochgeehrtester Herr Geheimer Rath!

Euer Hochwürden Hochwohlgeboren erhalten in der Anlage 2 Briefe von Pfarrer Henhöfer, der seiner religiösen Glaubensmeinung wegen dermalen vor dem Hochwürdigen Vicariat stehet, und über angeschuldigte Abweichungen Rechenschaft geben muß. So sehr ich als Pfarrer in Ersingen sowohl, als auch als Decan in mancherlei Conflikte mit Henhöfer gerathen war, so würde ich dennoch Bedenken tragen, diese Briefe ohne höhere Aufforderung gegen den Verfasser derselben zu gebrauchen, wenn nicht einestheils meine Pflicht als Seelsorger der hiesigen Gemeinde, für die Reinigkeit des Glaubens zu wachen, mich dazu dränge, anderntheils das Zureden eines mir schätzbaren Freundes, des Herrn Dechantes Streit, mich dazu bewogen. Belieben Ew. die Gelegenheit zu vernehmen, wie ich zu diesen Aeußerungen Henhöfers gekommen bin, und wenn Hochdieselbe zur Untersuchung und Zurechtweisung Henhöfers davon einigen Gebrauch machen können, so denke ich dürfte sich die Ueberlieferung dieser Briefe von meiner Seite allerdings rechtfertigen lassen.

Im Sommer 1820 war ich zuerst gegen Henhöfer aufgetreten, indem ich ihn damals ungescheut für einen Pietisten und Separatisten in einer Schrift an das Ministerium erklärte. Dieses verordnete verschiedene Maßregeln gegen Henhöfers Benehmen und das Halten der besonderen Andachtsstunden. Daß meine Aeußerung nicht aus der Luft gegriffen war, liegt nun leider klar vor Augen. Ich sagte damals dem Herrn Decan Lechner vorher, daß es so kommen werde, wie es nun gekommen ist. Henhöfer beschwerte sich über meine Schrift und mich in einem Schreiben, das ich ihm mit Ernst und Nachdruck, aber auch wahrhaft freundschaftlich und vielleicht nur zu freundschaftlich beantwortete. Er antwortete mit bitterm Spott und Stolz; und über einen Punkt auf eine Art, die mir sein ganzes Innere eröffnete und mich in dem Urtheil bestärkte, daß er ein pietistischer Separatist sei, von dessen Besserung wenig zu hoffen. Später folgte eine Rüge meines Benehmens in dem schwäbischen Volksfreund, der in meiner Pfarrei absichtlich verbreitet und mir von 4 oder 5 Orten nacheinander zugesendet und eingehändigt wurde. Ich schwieg stille dazu und Henhöfer betheuerte mir später, in allem gegen mich Gedruckten keine Schuld zu haben.

Da ich aber den Unfug in Mühlhausen täglich wachsen und

auch in meiner Pfarrei sich täglich mehr ausbreiten sah, so daß an Sonntagen oft 30—40 Personen jedes Alters und Geschlechts nach Mühlhausen wallten, sich auch in der Stille ein separatistischer Klubb bildete, ohne daß ich Einhalt thun konnte, so beschloß ich einen andern Weg einzuschlagen, dem Unwesen wenigstens in meiner Gemeinde nach und nach zu steuern, der mir auch bei den meisten hiesigen Anhängern Henhöfers gelungen ist. Ich beschloß nämlich, quocunque modo, mich Henhöfer zu nähern, seine Grundsätze kennen zu lernen, um so denselben besser und bestimmter entgegen arbeiten zu können. Die Schrift von Sailer: aus Henneberg's Leben, leistete mir gute Dienste dabei, indem die Erweckungsgeschichte in derselben mir Veranlassung und Fingerzeig gab, wie ich Henhöfer beikommen könne. Er näherte sich mir bald, in der Hoffnung einen Proselilen zu machen, und schenkte mir nach und nach sein Vertrauen. Ich sagte ihm beim Beginn unserer Correspondenz, daß ich, um das Ziel unseres Strebens nicht zu verlieren, von einem Grundsatz ausgehen wolle, und stellte dazu den Satz auf: Die Kirche ist in ihrer Lehre unfehlbar; und ging dabei auf die andern so über, daß ich dann daraus seine (Henhöfers) Ansicht weder bekämpfte noch bestätigte. Ueber diesen Lehrsatz griff ich ihn vornämlich an; und diesem Angriff verdankt der Brief A. sein Dasein. Ich gab ihm darauf keine Antwort, weil ich bereits genug wußte und den Mann so kennen gelernt hatte, daß ich die weitere Hoffnung aufgab, ihn auf andere Gesinnungen zu bringen. Bei meiner Visitation am 8. Mai 1821, wo ich bei ihm übernachtete und bis 12 Uhr Nachts mich mit ihm unterredete, mehr hörend als selbst sprechend, lernte ich ihn vollends kennen und entschied mich, die Correspondenz nach und nach eingehen zu lassen. Mein Visitationsbericht gab Gelegenheit, daß das Ministerium ihm abermals zu Leibe ging; bei dieser neuen Fehde, in welche ich so verwickelt wurde, schrieb er mir nochmals; ich ging ihm nochmals mit seiner Lehre von der Kirche zu Leib, worauf der Brief B. von ihm folgte, der letzte unserer Correspondenz. Euer Hochwürden werden aus derselben seine Grundsätze über die Kirche ersehen, und die Schrift: „Geist des Lebens, und der Lehre Jesu im neuen Testament," die er mir im Anfang meiner geglaubten Bekehrung zusendete, und welche ich mir sogleich von ihm bestellen und übermachen ließ, könnte diese noch deutlicher zeigen. Henhöfer hat diese Bibelerläuterung, deren Verfasser der berüchtigte (!) Goßner ist, selbst verbreitet oder verbreiten lassen. Hier war sie einmal; jetzt aber nicht mehr. Sie stehet zur beliebigen Einsicht, wie seine übrigen Briefe, die ich habe, zu Diensten. Daß Henhöfer mit Goßner und Lindl wenigstens mittelbar in Verbindung stand, ist gewiß. Ebenso gestand er mir in seinem ersten Schreiben von 1820, daß er in Kornthal, einer evangelisch-pietistischen Gemeinde im Württembergischen, einige Stunden von Mühlhausen, gepredigt habe. (O Wolf im Schafpelz, wie kannst du lügen! v. G.) Ich habe mir seit 1½ Jahr alle Mühe gegeben, seinen in meiner Gemeinde hin und wieder verbreiteten Grundsätzen entgegenzuarbeiten. Großentheils ist es mir auch gelungen die Eindrücke zu verwischen, und einige energische Erklärungen auf der Kanzel, verbunden mit einem fortlaufenden Unterricht über jene Glaubenslehren, auf welche Henhöfer vorzüglich hinarbeitete, öffnete den meisten Irregeleiteten die Augen, so daß in der letzten Zeit nur noch Wenige, und selten nach Mühlhausen wallten. Doch sind noch immer einige Separatisten hier, welche zwar die Kirche und meine Predigen besuchen, allein der Vornehmste — hier heißt er von andern — der Bischof, hat schon einigemal gesagt: Er gehe lieber nach Ispringen in die evangelische Kirche als hier, besonders wenn keine Predigt wäre.

Sollte nun Pfarrer Henhöfer wieder nach Mühlhausen zurückkommen, so würde zuverlässig alles wieder erwachen, und sein Sieg wäre vollständig. Dann hätte er, wie die Leute sagen, das Vicariat examinirt und den Herren die Köpfe zurecht gesetzt.

Ich lebe in der Ueberzeugung, daß Ew. Hochwürden es mir nicht übel nehmen, noch mir als Wohldienerei, oder gar als eine Art von Anmaßung auslegen werden, daß ich mir die Freiheit nahm, Sie auf diese Punkte einigermaßen aufmerksam gemacht zu haben; ich habe keine andere Absicht dabei, als daß die durch Henhöfer gestörte Ordnung wieder möge hergestellt und der Kirche, wie unsrer geistlichen Obrigkeit die Ehre wieder gegeben werde, welche ihr entzogen worden ist.

Geruhen Euer Hochwürden die Hochachtung und Verehrung zu genehmigen, mit welcher ich die Ehre habe mich zu unterzeichnen als

Ersingen, den 3. Juni 1822.

Euer Hochwürden Hochwohlgeboren

gehorsamster Diener

Mersy, Decan.

## Nachschrift von Gemmingen.

Lucas 20, 20 stehet: „Und sie hielten auf ihn und sandten Laurer aus, die sich stellen sollten, als wären sie fromm, auf daß sie ihn in der Rede fingen, damit sie ihn überantworten könnten der Obrigkeit und Gewalt des Landpflegers.“ Wie geht diese Art der Behandlung doch auch bei allen seinen treuen Dienern in Erfüllung. Wehe euch, ihr Heuchler — sagt der Herr so oft. Um den jesuitischen Charakter des Herrn Decan Mersy noch näher kennen zu lernen, will ich eine seiner Aeußerungen anfügen, welche er mir eben bei jener Visitation am 8. Mai 1821 machte. Wir sprachen über Tisch — wo Mersy mein Gast war — vieles über Henhöfer und die Bewegung, welche seine lebendigen Vorträge hervorbrachten. — Als wir nun im Begriff waren, zur Ruhe zu gehen, sagte Herr Mersy noch ganz zutraulich zu mir: Ich versichere Sie, mich reuet jedes Wort, welches ich gegen Henhöfer gerichtet habe, denn nun erst habe ich ihn ganz kennen gelernt.

Julius.

Daß Henhöfer in Anklage gekommen und zur Verantwortung gezogen worden war, ging wie ein Lauffeuer nicht blos durch die Gemeinde, sondern über die Gemeinde hinaus besonders nach Würtemberg. Seine Sache wurde die Sache aller leidenden und angefochtenen Christen in dieser Welt. An Trostbriefen, auch evangelischer Freunde, fehlte es nicht. Wir theilen deren welche mit.

Kornthal, den 18. Juni 1820.

Geliebter Bruder in dem Herrn!

Ihre brüderliche Zuschrift hat mich sehr erfreuet. Aus dieser Quelle, wenn Jesus Christus das Fundament unsers Glaubens allein ist, dachte ich, fließt die ächte Religions- oder Glaubens-Vereinigung und zwar ohne allen Zwang. Der Herr stärke Sie mit seiner Gotteskraft; wenn man aber den Bel zu Babel nicht anbetet, so muß man sich gefaßt halten, auch in den Löwengraben geworfen zu werden; doch auch da kann der Herr erhalten. Er hat gesagt, kein Sperling falle vom Dach ohne den Willen Gottes, Matth. 10. Wir sollen uns nicht fürchten V. 29, die Furcht vor der Hölle solle die Menschenfurcht vertreiben; warum aber sollen wir an die Sperlinge uns erinnern in diesen Umständen? Antwort: Storchen und Schwalben stehen unter dem Schutz menschlicher Meinungen, Tauben unter dem Schutz ihrer Besitzer, andere Vögel unter dem Schutz des Forstamtes, aber die Spatzen oder Sperlinge genießen so gar keines menschlichen Schutzes, daß die Obrigkeit sogar verlangt, die Spatzenköpfe zu liefern und ein Prämium darauf setzt — und doch erhält Gott diese Vögelein. Wenn es also, will der Heiland sagen, so weit kommt, daß man Euch vogelfrei erklärt, daß ein Preis auf euern Kopf gesetzt wird und ihr den Sperlingen gleich geachtet werdet, so fürchtet euch nicht v. 29—31. So lange Ihnen der Herr eine solche geöffnete Thür schenket in M. — vgl. Offenb. 3, V. 50 — bleiben sie auf ihrem Posten.

Dem Herrn Enßlin in St. werde ich Nachricht geben von dem Inhalt Ihres Schreibens.

So bald meine Umstände es gestatten, werde ich Sie, Deo volente besuchen.

Wirken Sie, so lange es Tag ist; die Nacht folgt gewiß auf den Tag!

Lassen Sie die Bibel, Arndt's und Steinhoffers Schriften Ihre einige Lectüre sein, auch Bengels Gnomon!

Treten Sie in Verbindung mit Ihrem Collegen, Herrn Pfarrer Grausbeck in Melchingen oder Pfullingen.

Der Herr segne Sie und die Brüder, die mit Ihnen vereinigt sind. Er gebe Ihnen Beharrlichkeit, sein Evangelium zu verkündigen.

Meinen ehrerbietigen Respekt Ihrer gnädigen Herrschaft! Im Gebet und brüderlicher Liebe mit einander vereint

Plura coram! Ihr
es sind wieder gute erfreuliche im Herrn verbundener
Nachrichten von Lindl W. Friederich.
angekommen. Herzliche Grüße von uns allen!

Es war wohl auch die Folge jener Untersuchung, daß Henhöfer die Auswärtigen bat in ihrer Gemeinde zu bleiben um keinen weitern Anstoß zu geben. Wie sehr das die Leute bekümmerte, entnehmen wir aus dem Briefe Hofackers von Merklingen d. d. 1. August 1820.

Euer Hochwürden!

— Durch mehrere dero gehaltenen Predigten wurde ich auf's innigste gerührt und ich preisete die göttliche Gnade, welche dieselben mit Weisheit und Kraft des heiligen Geistes ausgerüstet, aber diese Gabe ist Ihnen deswegen nicht allein gegeben, um solche bloß ihren Amtskindern mitzutheilen, sondern wir rechnen auch auf deren Anspruch und deswegen bekümmert es mich tief, daß Sie am Sonntag die Aeußerung thaten, daß es Ihnen sehr lieb wäre, wenn jeder in seiner Gemeinde bliebe. Menschen, welche Gott durchs Wasser der Trübsal geführt, und sich der Leitung Gottes und seines heiligen Geistes übergeben, befinden sich bei Ihnen am Sonntag und der folgenden Woche in einem Seelenfrieden. Wie kommen Sie aber dazu, uns solchen nicht zu gönnen? Gott hat mehreren die Einsicht gegeben, den Unterschied der Prediger zu beurtheilen, und ich bin überzeugt, daß Dieselben noch mehr wissen, weil Dieselben solche ins Gebet einschließen.

Um diese Liebe will ich Euer Hochwürden bitten, uns Ausländer der Anhörung Dero Predigten doch außerhalb der Kirche anwohnen zu dürfen. —

Meine gehorsamste Freiheit bitte ich ab.

Mit größtem Respekt verharre

Merklingen 1. August 1820. Euer Hochwürden

gehorsamster

Georg Fr. Hoffacker.

Vielleicht der Anklage müde und in der Meinung, die Sache ließe sich auf andere Weise völlig mit Entfernung seiner Person abbrechen, gab man Henhöfer einen goldenen Schlüssel in die Hand, der ihm aus Mühlhausen zur Pforte hinaushelfen sollte. Er wurde plötzlich ohne sein Wissen und Wollen am 8. März 1821 auf die Pfarrei Büchenau versetzt. Es war das eine gute einträgliche Pfründe, eine halbe Stunde von seiner späteren evang. Pfarrei gelegen. Wie eigen mußte ihm später sein, wenn er von dort aus den Kirchthurm von Büchenau sah! „Dort hat man mich zur Ruhe bringen wollen," sagte er später oft. Allerdings würde das seinem Leben wohl eine andere Richtung gegeben haben. Aber der Herr hatte anders über ihn verfügt. Die Gemeinde, und an ihrer Spitze der Grundherr, Herr von Gemmingen, verwendeten sich bei dem damaligen Großherzog Ludwig für sein Bleiben. So kam Henhöfers Sache und Name auch vor die weltliche Obrigkeit und Großherzog Ludwig, der, was er einmal gesehen und gehört hatte, nicht wieder vergaß, vergaß auch den verfolgten Pfarrer von Mühlhausen nicht.

Da dieser Angriff fehlgeschlagen war, so erneuten sich die Anklagen und Verantwortungen. Die Anklagepunkte, über die sich Henhöfer am 14. November 1821 vertheidigen mußte, betrafen außer dem, daß das Neue Testament, übersetzt von L. van Eß, von ihm ausgetheilt worden war. Vornemlich waren es laut Bericht jenes eingeweihten Geistlichen folgende Punkte:

### Vom Jahre 1821.

4) Schon über zwei Jahre haben wir großen Anstand genommen an unsers Herrn Pfarrers Henhöfer Predigten, den größten aber vor einem Jahre, den Sonntag nach Johanni; da predigte er: seit der Kaiser die Hand in die Kirch geschlagen, sei der Teufel eingeführt worden, man kann ihn nicht mehr hinausbringen.

5) Die Weltweisen und die Kirchenlehrer haben mit einander gestritten, welches eine lösliche oder Todsünde sei. O! daß dieser Aberglaube nicht in unsere Kirche gekommen wäre! Ist nicht eins, ob dich ein Strohhalm oder Eichbaum todtschlägt?

6) Nicht der sei Bischof, der vom Papst gesalbt, sondern der vom heiligen Geiste; nicht der sei Priester, der vom Bischof, sondern vom heiligen Geist gesalbt, dieses sei Schmiererei und Salberei; vor Alters sei ein hohes Haupt gesalbt worden, so Vieles, Vieles zu verwalten gehabt.

7) Es sei eins, ob wir sieben oder zwei Sakramente haben.

8) Man brauche nicht priesterliche Kleider, man könne in dem Wetterkittel Messe lesen.

9) Es seien drei wahre Kirchen, die katholische, die lutherische und die reformirte, sie haben die Meß wie wir, und das Abendmahl wie wir. In der Christenlehre fragte er, welche die wahre Kirche sei, drei wahre Kirchen, sie haben die Meß wie wir, das Abendmahl wie wir, sie habens im Glauben.

10) Es sei ein groß Geschrei auf Wallfahrten, da und dort seien Mirakel und Wunder geschehen, dieß ist alles nichts, der Teufel kann auch Mirakel thun.

11) Den Sonntag nach Maria Heimsuchung in der Christenlehre schüttelt er den Stol über die Kanzel hinaus, er greift an seinem eigenen Leib herum, die Leute sagen, die Priester seien geweiht, aber es sei Aberglauben; von da kommt er an die priesterlichen Kleider, es sei ein geistliches Schattenwerk, so wie sie die Fürsten gekleidet, und den Stolz in der katholischen Kirche eingeführt.

12) Aus dem Ave Maria (Rosenkranzbeten) macht er ein Spatzengeschrei, und sagt, der eine schreit Zwillich, der andere Schütt Schütt. Den Rosenkranz hat er schon längst verworfen, er sei für die finstere Welt, er gehöre nicht her.

13) Am heiligen Fronleichnamstage, da that er wider solche die Predigt, welche nicht Pietisten sein, wir thäten Christus verwerfen, wir werfen das Wort Gottes hinweg, wir glauben nicht an Christus, nur an Ceremonien und Heilige, durch Ceremonien und Sympathie wollen wir selig werden.

14) Wenn wir in unsere Kirche gut und freudig gehen, so kommen und gehen wir ungeduldig aus der Kirche oder Predigt, weil ohne Spott der katholischen Kirche keine oder wenig Predigten geendigt werden, er macht uns selbst abergläubig; er sagte, wenn wir so eine Schnapp-Meß gehört haben, so glauben wir, wir haben Alles. In einer Predigt sagte er: suchet Christus nicht in dem steinernen Gemäuer (im Tabernakel, in der Kirche) suchet ihn im Herzen; mithin macht er die Leute so leichtgläubig, ob sie die Kirche hören oder nicht, sie haben Christus im Herzen, o! wie viel Spott hat die katholische Kirche schon in etlichen Jahren in Mühlhausen gelitten, wie viel Spott ist schon über die katholischen Geistlichen ergangen, als Brod- und Gesetz-Prediger.

Auch diese Anklagen führten zu keinem weiteren Resultat. Die Anfeindungen und Verdächtigungen gingen fort und fort und wurden immer dringender. Doch endlich „dem Unfug" ein Ende zu machen, so kam denn auch im Jahre 1822 den 2. Januar wieder eine Vorlage zur Verantwortung, die sich um unten genannte Punkte drehte.

## Vom Jahre 1822.

15) Am Fest Mariä Verkündigung wurde abgehandelt in der Christenlehre, allwo mehrtheils Lutheraner als Katholiken zuhörten, von unserem Herrn Pfarrer Henhöfer nichts als von Spott und

Schimpf von der Heiligen-Verehrung und Rosenkranzbeten, was bei den Zuhörern ein Gelächter machte.

16) Fragt er ein Kind, wie vielmal als man die Mutter Gottes grüße im Rosenkranz, bekam er keine Antwort, sondern antwortete selbst: 5mal 10 macht 50, wie hoch ist das getrieben, wie verdrießlich würde es der Mutter Gottes sein, wenn man sie so oft grüßet, so gerade würde es einem weltlichen Herrn sein, wenn man ihn bis 50 mal begrüßen thäte, einmal bis zweimal kann er es anhören, ebenso ist es auch mit andern Heiligen-Verehrungen.

17) Ein Hirtenknabe hat viele Rosenkränz in Hut hineingebetet für die armen Seelen, bis ihm verleidet war, dann kehrte er den Hut um, und sagte: „Jetzt verrapset es mit einander." Wieder fragte er ein anderes, ob die Heiligen im Himmel nur für Katholiken wären? Nein, sondern für alle Religionen.

18) Auch wäre eine Mutter Gottes in einem Ort gestohlen worden, da wär ein großer Jammer entstanden, weil sie keine Mutter Gottes mehr haben. Wie wird es denen gehen, die keine Mutter Gottes verehren?

19) Die Predigten und Christenlehren seien von Anfang ganz gut, aber der Schluß davon ist nichts als Spott und Schimpf für unsere katholische Religion, allwo wir mit Schande bei so viel Protestanten verspottet werden. Allda in der Christenlehre ist oft ein Gelächter, als wenn es ein Comödienhaus wäre.

## Vom Jahre 1822.

20) Er tadelte auch insbesondere die lateinische Messe, weil das Volk nichts davon verstünde, wo es doch vielmehr seine Pflicht wäre, die Jugend zu belehren und zu unterrichten. Das Lateinische tadelte er mit der Aeußerung: der Priester, wenn er sich umkehrt, um Dominus vobiscum zu sagen, könne statt dessen auch sagen: der Teufel soll euch holen, oder etwas dgl. Ist dies nicht ärgerlich und äußerst abgeschmackt? Sollte uns über einen Priester so etwas nur einfallen können?

21) Den Diöcesan-Katechismus hat er auch ganz bei Seite gesetzt, und lehrt blos aus der Bibel.

22) Suchet Christus nicht in dem steinernen Gemäuer, suchet ihn in eurem Herzen, wie jene, so keine Sakramente haben, und keines anerkennen.

Scheint unser Pfarrer hier nicht die wahre Gegenwart Jesu Christi im Altars-Geheimniß zu läugnen?

23) Wir beklagen uns ferner über die wieder eingeführten Stunden in verschiedenen Häusern, wobei meist nur lutherische Bibeln, Bücher und Lieder gebraucht werden.

Durch diese Stunden mit solchen Büchern wird der wahrhafte Sektengeist und Separatismus genährt und verstärkt, indem jene der Verachtung Preis gegeben werden, die sie nicht besuchen, und nichts darauf halten; aus diesen Stunden muß endlich der Abfall von der katholischen Kirche erfolgen, oder ist vielleicht schon geschehen.

24) Beim Tischgebet ist das Ave Maria auch ausgemerzt worden.

25) Die Heiligenverehrung und Anrufung sucht er auf allerhand Weise verächtlich und lächerlich zu machen. Es sei ja besser und sicherer mit dem Herrn selbst zu sprechen als mit dem Knecht. Wir wissen es sehr wohl, daß die Verehrung und Anrufung der Heiligen keine strenge Nothwendigkeit ist, allein, da er uns durch solche Aeußerungen bei den Protestanten als Abergläubige herabzusetzen sucht, und sich selbst auf unsere Kosten so zu sagen bei ihnen Ruhm und Ehre verschaffen will, so beschweren wir uns mit Recht darüber.

26) Er scheint nach Allem sich den protestantischen Rechtfertigungsbegriff eigen gemacht zu haben, der Mensch, der Sünder hat nichts zu thun, als das Verdienst Jesu im Glauben zu ergreifen. Aus und durch den Glauben entstehe und komme die Liebe. Ist der Mensch einmal in der Liebe, so hat er keine Gesetze und Gebote mehr nöthig. Die Liebe lehre ihn Alles. „Liebe, und thue dann, was du willst," sagt er.

27) Er ist auf alles Aeußere in der Religion nicht gut zu sprechen. Rosenkranz, Weihwasser, Verehrung und Anrufung der Heiligen, selbst Beicht und Communion sind bei ihm für nichts.

28) Freilich wird er sich damit zu vertheidigen wissen, daß er nur gegen den Mißbrauch eifere, die Sache selbst nicht angreife; allein davon habe ich noch nichts gehört, daß er die gute und wahre Seite und den rechten Gebrauch herausgehoben hätte; dergleichen Rügen der äußerlichen Werke und sogenannten Werkheiligkeit brachte er dann immer in Beisein von protestantischen Zuhörern vor, welche

natürlich dadurch auf eine schiefe Beurtheilung der Katholiken und des Katholicismus verleitet werden.

29) Er soll dort ein Mädchen in der Katechese gefragt haben, was ist Christenthum? und als er keine Antwort erhielt, so fragte er ferner: ist das Gebot, du sollst nicht stehlen, Christenthum? und da das Mädchen, ja! antwortete, so erwiederte er, aber es gibt Heiden, die nicht stehlen, sind sie deßwegen Christen? da war die Antwort allerdings Nein! und so fragte er über mehrere einzelne Gebote: ob sie Christenthum seien? da nun aus allen diesen kein Christenthum herauskommen wollte, so fragte er, wer kann mir sagen, was Christenthum sei? Ich will es sagen, antwortete eine Frau: Christus für uns, und Christus in uns, das ist Christenthum! jetzt wußte man, was dasselbe sei! ob die Frau lutherisch oder katholisch war, kann ich nicht sagen, doch auch Protestanten dürfen antworten, wenn gefragt wird.

30) Endlich scheint es außer Zweifel, daß seine Ansichten von der heiligen Schrift und von der Kirche rein protestantisch seien. Er braucht keine mündliche Ueberlieferung, auch keine Kirche, die ihm den rechten Sinn an die Hand gibt, er ist sich selbst Kirche.

31) Auch soll er verboten haben: Gelobt sei Jesus Christus! zu sagen, und stellt alle Geistlichen als Pharisäer rc. hin.

32) Er brachte sogar den Johanniswein hinein, nur um alles Aeußerliche, wenn auch Zufällige, recht lächerlich zu machen, was ist in dem Wein, es ist nichts darin, ich kann nichts hinein thun rc.

33) Sein Hauptvergehen besteht ja wohl darin, daß er immerfort gegen alles Aeußere in der Religion deklamirt, immer, wie er sich selbst schon äußerte, mit Einreißen, Destruiren, beschäftigt ist, zwar verspricht er wieder aufzubauen, allein er kommt in seiner vermeintlichen Ueberzeugung, daß alles Aeußere in der Religion überflüssig, ja sogar schädlich sei, immer weiter, und so kommt er auch nie an's Aufbauen.

34) Kurz! sein Hauptirrthum besteht darin: die heilige Schrift ist Alles, Kirch und Tradition, Erblehre ist nichts; deßwegen ist er auch geneigt, mehrere Sakramente wegzuwerfen, wie die Protestanten. Doch er hat nicht einmal gleiche Achtung gegen alle Bücher der heiligen Schrift, die Briefe der Apostel gelten nicht so viel, als die Evangelien. Besonders mißfällt ihm der Brief des heiligen Jakobus, weil er von guten Werken spricht.

35) Daß in Tiefenbrunn und auch in Mühlhausen eine Gährung herrsche, die bald zu Thätlichkeiten führen muß, theils wegen beständigem Herabsetzen des Aeußerlichen in der Religion, theils wegen dem, daß die Protestanten in der Kirche so vorgezogen werden, als wenn die Wahrheit auf ihrer Seite wäre. Dieß ist die Ursache, daß auch die Protestanten so häufig zuströmen, welches die Katholiken erbittert. Henhöfers Ausfälle über die mechanischen und abergläubigen Katholiken scheinen ihm zur fixen Idee geworden zu sein.

36) Ganz besonders ist über den Katechismus zur Anzeige gekommen, daß Pfarrer Henhöfer schon über Jahr und Tag den Diöcesan-Katechismus in der Schule nicht gebrauche, sondern die Kinder bestimmte Bibelsprüche auswendig lernen lasse, und bei der Erklärung derselben nur auf den Katechismus hinweise.

37) Von der heiligen Messe und von der Communion hat er das Gleichniß gebraucht, wie wenn eine Mutter ihren Kindern einen Brei kocht, und denselben unter sie austheilt. Er selbst gab darüber folgende Erklärung: Ich habe die Communion als ein Essen vorgestellt, und von dieser Seite aus betrachtet, gezeigt, wie die Messe drei Theile habe. Zu diesem Essen brauche man zuerst Brod, das Zusammenbringen desselben habe man ehemals Opferung genannt, dann müsse es gesegnet werden, das ist die Wandlung, und jetzt folge der Genuß, Communio. Um dieses nun meinen Kindern begreiflich zu machen, habe ich Beispiele aus ihrem Leben aufgegriffen und gesagt: Wenn Jemand etwas essen wollte, als z. B. Brei, so müßte er zuerst haben Milch und Mehl, dann müßte er es mengen und kochen, und jetzt könnte er es essen.

Kann man sich ein roheres Gleichniß denken? und sollte man nicht glauben, ein Bauer vom Pflug sei der Erfinder davon?"

Endlich schritt die Behörde entscheidend ein und berief Henhöfer den 7. März 1822 nach Bruchsal ins Verhör. Er wurde kraft desselben von allen Funktionen seines Amtes suspendirt und sollte sich binnen 8 Tagen stellen (Henhöfer feierte noch die Ostern mit seiner Gemeinde). Seine Ankunft verzögerte sich noch bis zum 9. April, den Osterdienstag. Herr von Gemmingen, sein Gutsherr, begleitete ihn bis Carlsruhe und Henhöfer ging von da allein nach Bruchsal. Dort wurde ihm das Seminarium zum Wohnort angewiesen, angeblich um ihm die Kosten zu ersparen, in Wahrheit aber, um ihn unter genauer Aufsicht zu haben. „Sowohl ich als die Gemeinde hofften, daß in 8 Tagen alles würde entschieden sein, denn mir warf mein Herz nichts vor, und jeder ehrliche Mann sah das Unrecht ein. Allein ich war 8 Tage in Bruchsal ohne eigentlich zu wissen warum. Unterdessen kam auch der Ortsvorstand von Mühlhausen beinahe mit allen Unterschriften der Bürger, bezeugten meine Unschuld, stellten die Lage der Sache, den Ungrund und den Charakter der Gegner dar und baten um die Rückgabe Ihres Hirten, aber vergeblich!!" (Glaubensbekenntniß Seite XVII. u. XVIII.) Die Liebe der Gemeinde und der Freunde bewährte sich jetzt aufs herrlichste. Es war ein Leid, das Alle getroffen, unter dem Alle litten. Keine Woche verging, wo nicht Besuch aus Mühlhausen, Briefe von dort und auswärts kamen. Was da von Trost und Ermunterung zufloß, geht aus jenen empfangenen Briefen hervor, von denen wir etliche ganz und im Auszug geben.

Wie eifrig unter anderen zwischen Herrn v. Gemmingen und Henhöfer die Correspondenz ging, läßt sich abnehmen aus den Daten der verschiedenen Briefe. Gemmingen schrieb am 15. April, 11. Mai, 15. Mai, 22. Mai, 24. Mai, 8. Juni, 12. Juni, 20. Juni, 25. Juni.

Im ersten Brief schreibt v. Gemmingen, der damals in der I. Kammer zu Carlsruhe war:

Carlsruhe, den 15. April 1822.

Lieber Freund!

Ihr Brief hat mich doch einigermaßen beruhiget, indem er mir zeigte, daß Sie doch nicht unartig behandelt werden. Hat man freien Ausgang und Correspondenz, so kann der Geist doch sich mittheilen, Trost suchen, finden, und im nöthigsten Fall können Freunde doch handeln, wenn man weiß wo es fehlt. Der Herr lasse Sie doch auch erweckte Seelen finden, welche in seinem Namen Sie erheitern und stärken; an fleißigen, eifrigen Herzensgebeten wird es gewiß nicht fehlen, es wird manche von den vielen Seelen jetzt ihren Dank vor dem Herrn zollen, welche Sie zum bessern Leben weckten, und dieses kann nicht ohne Segen bleiben. Daß Sie einen starken und harten Strauß mit römischer Finsterniß bekommen werden ist unvermeidlich, wozu er führen wird, liegt in des Herrn Hand. — Sein Wille geschehe! — O daß es uns vergönnt wäre, seinen Willen stets recht nach seinem Sinne zu vollbringen, doch dieser Wunsch wird erst erfüllt werden, wenn das schwache sündhafte Fleisch vom beßern Geist sich scheidet. O daß doch dieses nicht gar zu ferne mehr sein möchte. Wie tief empfinde ich oft Pauli Worte, ja ich rufe von ganzer Seele mit ihm auch aus: „Ich wünschte aufgelöst und daheim zu sein beim Herrn." Doch bei all diesem Heimweh wollen wir uns nicht weichlich des Kampfes entziehen, sondern gern unserem Herrn das Kreuz nachtragen, das Er so geduldig uns vortrug, sein Wandel sei unser Wandel; sein Weg unser Weg, auf daß auch sein herrlicher Sieg unserer werde. — Sie waren verwundert, den Schulz von M. in B. zu sehen; ich hätte es ihnen wohl sagen können, denn die Leute fragten mich um Rath; ich wollte es aber geflissentlich nicht thun, damit Sie mit voller Wahrheit sagen können: Sie wüßten nichts davon; im Fall man glauben sollte, es wäre von ihnen selbst veranlaßt. — Meine Frau gab mir über den Erfolg beßere Nachricht als Sie. Sie schrieb mir, daß die Leute recht vergnügt heimgekommen wären, auch mit Rothensee nicht ganz unzufrieden waren. — Der Herr sei mit ihnen, lieber Freund, und stärke Sie wie uns alle im Guten. Leben Sie wohl und gedenken Sie auch im Gebet

ihres dankbaren Freundes
Julius.

### Emanuel Josenhans an Henhöfer in Bruchsal.

Stuttgart, den 20. April 1822.

In unserem Herrn und Heiland herzlich und ehrerbietigst geliebter Herr Pfarrer!

Mit inniger und wahrhaft herzlicher Theilnahme erfahre ich aus demselben die Bestätigung dessen, was man hier einige Tage früher sich schon sagte. Ich kann Ihnen versichern, daß diese traurige Nachricht alle hiesige christliche Freunde mit Mitleiden und Besorgniß erfüllte, aber eben darum eine dringende Aufforderung für alle wurde und noch ist, für Sie zu beten: daß Sie unser treuer Herr, um dessen Lehre und Bekenntniß Sie angefochten werden, nicht verlassen, sondern mit seiner mächtigen Gnade unterstütze, Ihnen einen unerschütterlichen Glauben und Muth schenken, und in ihrer gegenwärtigen Lage namentlich seine Verheißungen nach Math. am 10, v. 19—20 auch Sie erfahren lassen wolle.

ER wird Sie auch nicht verlassen, dessen bin ich gewiß und kann es für Sie glauben, und wenn sich die Sonne verbergen, und der Kleinglaube sich regen will, so nehmen Sie das 11. u. 12. Cap. des Ebräer-Briefes vor Ihnen; das ist auf Ihre Klage eingerichtet. Das Halten ob dem Wort, und der daraus erwachsene Glaube, hat diese Alle durchgebracht, und wird auch Sie durchbringen, und gewiß nicht stecken lassen.

Würdiget Sie der Herr um seines Namens willen etwas zu leiden, — zieht ER Sie in die Gemeinschaft seiner Leiden hinein — O, ER wird Sie dafür zu entschädigen wissen.

Erregt der Arge viele Gegner und Feinde und Verfolger, so hat Ihnen der Herr auch solche Freunde geschenkt, die Ihr Herz und Ihre Habe Ihnen anbieten. Wie hat sich ein Paulus in seinen Leiden an der Liebe der Gläubigen aufgerichtet und welch ein Trost war dieß nicht für ihn!

Nun die Gnade unseres Herrn Jesu Christi, die Liebe Gottes des Vaters, und die Gemeinschaft des heiligen Geistes sei mit Ihnen und

Ihrem auf Jesu Tod verbundenen
geringen Freund und Bruder
Emanuel Josenhans.

Stuttgart, den 1. Mai 1822.

In Jesu Christo herzlich geliebter, theuerster Freund und Bruder!

Mit welchen innigen Gefühlen von Mitleid und Freude ich Ihr Geliebtes vom 27. des Vorigen empfing und las, kann ich Ihnen mit Worten nicht ausdrücken. Höchst erfreut war ich, Nachrichten direct von Ihnen zu erhalten, und wenn herzliche Theilnahme mir schon Thränen der wahren Bruderliebe bei Lesung derselben in die Augen trieben, so war ich doch auf der andern Seite mit dankbarer Freude erfüllt, wenn ich aus dem Inhalte Ihres geliebten Briefes Ihre Ergebenheit, Ihr Benehmen gegen Ihre Richter, Ihren festen und beharrlichen Glauben und Vertrauen auf den Herrn, überhaupt Ihre Stimmung in diesen Ihren Umständen ersahe, und erfüllte mich aufs neue, daß Ihnen, der Herr mag es mit Ihnen machen wie ER will, die nöthige Geduld und Beharrlichkeit und Ausdauer unter dem Leiden um seines Namens willen darreichen wird. Der Friede Gottes, der über alle menschliche Vernunft geht, den auch die Welt nicht kennt und nicht geben kann, und welchen uns armen sündigen und sterblichen Menschen, der hochgelobte Sohn Gottes, unser Herr und Heiland, durch sein heilig Leben, Leiden, Bluten und Sterben und Auferstehung erworben hat, erhebe Ihr Gemüth und durchdringe Ihre ganze Seele, namentlich in den Stunden und Zeiten, wenn die Schwachheit des Fleisches sich regt.

Der Geist der Weisheit, der Gnade und des Gebets ruhe reichlich auf Ihnen. Und an Ihrem Herrn, der auch Sie erwählet und geliebet hat vor Grundlegung der Welt nach Eph. 1 haben Sie ja einen barmherzigen und treuen Hohenpriester, der auch diese Art von Leidensschule durchgeloffen, und der nun zur Rechten des Vaters sitzt, und dem Alle Gewalt im Himmel und auf Erden gegeben ist, und als König, wenn schon mitten unter seinen Feinden herrscht, dieser Ihr Herr, dessen Eigenthum und Knecht Sie sind, wird Ihnen durchhelfen, und Sie gewiß nicht ohne Licht, ohne Kraft lassen, und einen solchen Glauben schenken, wie seinem Knecht Paulo. Röm. 8, 2. Corinth. 12.

Ehe ich schließe, muß ich noch eine Frage an Sie machen: Sagen Sie mir doch offen, ob und wie ferne Sie in dürftigen Umständen sind, wie Sie in Ihrer Eingabe bemerkten. Bin ich nicht zu frei und unbescheiden, wenn ich über diese Ihre eigenen Worte eine offene und nähere Erklärung von Ihnen ausbitte? Beruhigen Sie mich hierüber, und theilen Sie Sich offen und brüderlich mit

Ihrem für Sie betenden und Sie herzlich liebenden

geringen Freund und Bruder

Emanuel Josenhans.

### Johann Friedrich Josenhans an Henhöfer.

Leonberg, den 6. Mai 1822.

Lieber, theurer Freund in Christo Jesu!

— Ihr Schicksal erregte herzliche Theilnahme, und Vieler Gebet und Fürbitte begleitete Sie an den Ort Ihrer Verantwortung, und dauert noch für Sie fort. Mögen Sie die Frucht davon bisher erfahren haben und noch ferner erfahren! Möge Ihnen aber vorzüglich die Alles vermögende Fürbitte unseres ewigen Hohepriesters, und der den Seinen verheißene Beistand Seines Geistes, wovon in den seit Ostern vorkommenden Evangelien so viel Tröstliches vorkommt, recht kräftig zu statten kommen, und da Sie nun seitdem

Andern das tröstliche Evangelium nicht mehr verkündigen durften und konnten, um so mehr seine Gotteskraft an Ihrem eigenen Herzen erfahren.

— Was soll ich aber Ihnen schreiben, was auch etwa Ihnen zum Trost sagen? Ach, unter Ihrer gegenwärtigen Lage, wo Ihnen das gesammte Wort Gottes so unentbehrlich wird, wo Sie die Bedürfnisse Ihres Herzens und Geistes zum Suchen in demselbigen so mächtig treiben werden, wird Ihnen der heilige Geist manch süßes Trostwort finden lassen, dessen Kraft Er auf Ihre müde Seele, dessen Balsam Er auf Ihr mattes Herze appliziren wird. Ich will Sie blos aufmerksam machen, auf den Haufen Zeugen, Ebräer 11, und auf den Anführer der Wolke von Zeugen der Wahrheit aus dem Neuen Testament, wovon uns die Geschichten der Apostel und derselben Briefe, die Kirchengeschichte der 19 Jahrhunderte Nachricht gibt, auf Jesum, den Anfänger und Vollender des Glaubens; — auf die Brüder, über die auch wirklich noch die nämlichen Leiden ergangen sind und noch ergehen; Sie erinnern an Den, der ein solches Widersprechen von den Sündern wider sich erduldet hat, und an alle die, so nachher in Seine Fußstapfen getreten sind, daß Sie in Ihrem Muthe nicht matt werden und ablassen. Freuen Sie sich, daß Sie gewürdiget werden, nicht nur an Jesum zu glauben, sondern auch um Seines Namens willen zu leiden. Jesus Christus auf dem Thron der göttlichen Majestät, einst als Gebundener in tiefster Schmach vor Kaiphas, Herodes und Pontius Pilatus stehend, sich über Seinem Bekenntniß zum Tode am Kreuze verurtheilen lassend, Stephanus, Paulus vor dem Sanhedrin und Nero, die übrigen Apostel und Jünger und Jüngerinnen des Herrn vor heidnischen Tribunalen, Huß vor der Kirchenversammlung und Luther auf dem Reichstag in Worms schwebe Ihnen vor den Augen des Gemüths, und lasse Sie ein gleiches gutes Bekenntniß ablegen, und dadurch Ihren Herrn und Heiland ehren! Wer Ihn ehret, den wird Sein himmlischer Vater auch ehren. Sein und Seines Vaters Geist wird Sie auch in alle Wahrheit leiten, Er wird Sie unterweisen, wie Sie sich in Ihrer gegenwärtigen Lage verhalten sollen, und Sie Seinen Weg wissen lassen; wobei Sie Seines Willens gewiß werden, und die Ruhe Ihres Herzens durch keine voreilige Selbsthülfe, aber auch durch keine Ihrer Ueberzeugung und der Wahrheit, die in Jesu Christo ist, Eintrag thuende Nachgiebigkeit gefährdet wird.

Schon oft ist mir in Roos Tagbuch, worin die im Hiller-schen Schatzkästlein befindlichen Texte beibehalten worden, die Abendbetrachtung am 11. Febr. wichtig und zum Segen geworden. Ich theile sie Ihnen wörtlich mit, vielleicht finden Sie auch etwas Brauchbares für Ihr Herz darin. Leiden Sie sich mit dem Evangelio nach der Kraft Gottes, der uns hat seelig gemacht und berufen mit einem heiligen Ruf nicht nach unsern Werken, sondern nach seinem Vorsatz und Gnade. Denn das ist je gewißlich wahr: sterben wir mit, so werden wir mit leben, dulden wir mit, so werden wir mit herrschen, verleugnen wir, so wird es uns auch verleugnen, glauben wir nicht, so bleibet Er treu, er kann sich selbst nicht läugnen. Der Herr stehe Ihnen bei und Sein heiliger Geist sei Ihr Advokat in Ihrer Verantwortung. Er stärke Sie und führe Ihre Sache aus zu Seiner Ehre, und zu Ihrem Heil.

Die Gnade unseres Herrn Jesu Christi sey mit Ihrem Geiste! Sie sind von uns allen herzlich gegrüßt, und dem Herrn empfohlen! und ich bin mit aufrichtiger Liebe

Ihr theilnehmender Freund

Joh. Fried. Josenhanß.

**Abendandacht am 11. Februar.**

„Stellet euch nicht dieser Welt gleich. Röm. 12. 2."

Eine schöne Erklärung dieses Spruchs sind die Worte des seel. Märtirers Johannes Huß, die in des seel. Riegers alten und neuen böhmischen Brüdern VII. Stück §. 187 angeführt sind. Huß schrieb nemlich in seinem Traktat von dem Greuel der fleischlichen Priester und Mönche c. 78: „Ich habe zu Gott dem Vater unsres Herrn Jesu Christi treulich gebeten, meine Bibel habe ich über sich in den Händen gegen Ihn aufgehoben, mit Mund und Herzen habe ich gerufen: o Gott, mein Herr und Meister meines Lebens, verlaß mich nicht. Uebergib mich nicht in den Sinn und Rath dieser Leute behüte mich, daß ich mich nicht selber klug dünke, noch diesen Leuten heuchle und in schwere Sünden falle; denn ich sage es frei vor Gott und Seinem Gesalbten — daß ich von meiner Kindheit an bis auf diesen Tag gleichsam zwischen Thür und Angel gestanden bin, und gezweifelt habe, was ich erwählen solle oder nicht, ob ich begierig und unbescheiden nach Ehre und Pfründen streben solle — oder ob ich vielmehr außer das Lager hinausgehen und die Armuth und Schmach Jesu Christi tragen solle; ob ich ein geruhiges und gemächliches Leben mit dem größten Haufen erwählen: oder der lauteren und heiligen evangelischen Wahrheit anhängen solle? Ob ich preisen solle, was alle preisen? rathen, was alle rathen? Entschuldigen, was alle entschuldigen?" die Schrift glossiren, wie dermalen fast alle große, berühmte, gelehrte, und mit dem Schein der Heiligkeit und Weisheit angezogene Männer sie glossiren? Oder ob ich vielmehr jene unfruchtbaren Werke der Finsterniß männlich anklagen, bestrafen, und mich einfältiglich an die lautere Wahrheit des göttlichen Worts halten solle, welches öffentlich den Sitten jetziger Leute widerspricht, und daß sie falsche Christen und Brüder seien, beweiset? — Ich bekenne noch einmal, daß ich bisher auf beiden Seiten gehinket habe, daß ich in einer Stunde, wenn ich die Artigkeit der Welt-Liebhaber gesehen, derselben Fleiß und Bemühung gelobet, und mich selber bestrafet habe, daß ich ihnen noch nicht nachgefolget sei. — Es geschahe aber, daß ich in einer Stunde wieder verwirret hinweg ging, und bereuete, daß ich sie gelobet hätte, wenn ich nemlich sahe, wie sie ihre Eitelkeit fortsetzen, und der Tugend und Wahrheit Jesu Christi mit Werken widersprachen, die sie erst mit Worten gelobet hatten."

In diesem Kampf stund der seel. Johannes Huß, und überwand darinnen durch die Kraft Jesu Christi unter großen Leiden: wer ist aber, der jetzo die Gleichförmigkeit mit der gegenwärtigen Welt so lauterlich verabscheue und so ernstlich fliehe? Welt ist nicht nur der grobe und ungeschliffene Haufen, welcher sich in schändlichen Lastern herumwälzt, sondern auch die ganze Menge derjenigen, welche gerecht sein wollen ohne Christo, und weise und tugendhaft ohne seinen Geist, und nach der feinen Weise ihrer Zeit der Augenlust, Fleischeslust, und dem hoffärtigen Leben nachhängen. Kurz zu sagen, Welt sind alle diejenigen, die da halten über dem Nichtigen, und ihre Gnade, das ist, die Gnade, welche sie bei Jesu Christo zum Seeligwerden finden könnten, verlassen. Dieser Welt soll ich mich nicht gleichstellen, sondern mich verändern und einen neuen der Welt entgegengesetzten Sinn zeigen und behaupten, so lieb mir das Wohlgefallen Gottes ist.

12. April 1862.

Lieber Herr Pfarrer!

— Ich für meine Person bin sehr beruhiget, daß die Hauptklagen vom Ministerium kommen, und nicht in Ihrer Lehre selbst gesucht, und als nicht katholisch angegriffen werden. Darf ich nun auch meine Erinnerung machen so wäre es diese, Sie lieber Herr Pfarrer recht dringend zu bitten, Sie möchten doch ja in ihrer Vertheidigung recht vorsichtig sein, und nicht weiter gehen als die Nothwendigkeit erfordert. Der Wahrheit können und dürfen Sie nichts vergeben, allein es läßt sich manches mit Schonung sagen, und ich möchte glauben es seie sogar Pflicht, die Schwachgläubigen nicht zu stoßen, sondern mit Nachsicht zu tragen. Denken wir zurück wie sehr wir auch an äußeren Dingen hielten, ehe wir das innere Christenthum kennen lernten; nur wenn Sie es so betrachten, werden Sie einsehen, wie nothwendig Vorsicht ist, und ich weiß es gewiß es, würde Ihrem Herzen sehr wehe thun, wenn Sie durch einen schnellen Schritt manchen Schwachen zurück schrecken, und immer weiter von Christus entfernen würden. Besonders glaube ich wäre das der Fall bei manchem kath. Geistlichen. Setzen Sie aber jetzt durch Klugheit und Zurückhalten durch, wieder auf Ihre Pfarrei zu kommen (und sollte es nur auf kurze Zeit sein), so bekommen auch Andere Muth, gegen das Aeußere zu wirken, und nur so ist es möglich auch für uns Katholiken zu wirken; wo wäre auch die Hilfe nöthiger als gerade da wo die Finsterniß so groß ist.

Ich konnte mich nicht enthalten das zu sagen, weil es auch die Bitte Ihrer Gutgesinnten in Mühlhausen ist; gerne gestehe ich Ihnen zu, daß es eines großen Kampfes bedarf, manchen schönen Versprechungen von Seiten der Lutheraner zu widerstehen, allein Sie wollen ja nur für Gottes Ehre arbeiten, Er wird Ihnen Muth und Kraft zu jedem Kampf geben, darum flehen Viele, Viele mit ihnen.

Von Ihren Widrigen haben sich mehrere geäußert, wenn Sie diesmal reussiren, so wollen sie auch glauben, und nicht länger streiten.

J. v. G.

Steinegg, den 12. April 1822.
Montag Nacht den 15.

Lieber Herr Pfarrer!

Herzlichen Dank für Ihren Brief, den mir heute die Schulzin selbst brachte. Alle Empfindungen wechselten in mir als ich ihn las, bald Freude, daß Sie doch wohl sind, bald die innigste Theilnahme an allem Unangenehmen das Sie hören und sehen müssen, und noch mehr, wahres Mitgefühl von manchen traurigen Empfindungen und

Seelenleiden, die Sie so in der Einsamkeit durchzumachen haben; doch Sie sind ja nicht allein, Ihnen gehört ein Kleinod, das der Herr nur denen gibt die ihn lieben. Seelig sind ja jene gepriesen die um des Herrn willen verfolgt werden, o wer möchte eine so theuer versprochene Seeligkeit, aus des Herrn Munde selbst, nicht recht hoch schätzen; ja dies muß Ihr Herz erfreuen, und Muth und Stärke in jedem Kampf geben; gewiß der Herr hilft, nur getrost seiner Stimme gefolgt, durch ihn muß doch alles zu Schanden werden, denn er ist in den Schwachen mächtig; je schwächer sie sich fühlen, je mehr wird er sein Wort ausführen.

Mit Ihrem Dank für die Kleinigkeit die Sie fanden, beschämen Sie mich wirklich; es kann ja nur eine kleine Hilfe sein, daß Sie keinen Mangel leiden sollen, weil ich wohl denken mußte, daß Sie wenig mitgenommen hatten; benützen Sie es doch ohne Scheu, und hat es Ihnen nur eine kleine Erleichterung verschafft, so ists Beruhigung für mich. Ach ich bin es, der Ihnen tausend tausend Dank schuldig. Ihre liebevolle Zurechtweisungen, zärtliche Theilnahme an allen meinen Leiden, den wohlmeinenden Rath in jedem Anliegen, und den Weg zu Christus, den Sie mich und meine Kinder mit rastlosem Eifer kennen lernten, ja alles dies, wie könnten wir Ihnen es genug danken! nein dies wird einst der Vater im Himmel lohnen; dort, dort wollen wir ihm vereint danken, daß er unseres Elendes sich erbarmte, und ihm ein freudiges Alleluja anstimmen.

Der Pfarrer predigte, aber wie Wenige verstunden den Frieden den uns der Heiland so schön darbietet; er setzte ihn in das Halten des Gesetzes. Ja dachte ich, da kommen wir wohl alle zu kurz; ich machte mir dafür meine eigene Gedanken und bat dabei den liebevollen Erlöser, er wolle uns allen den Frieden geben, besonders aber für Sie, lieber Herr Pfarrer, flehte ich dringend zu ihm, und gewiß er wird unser Gebet erhören, wenn er auch mit seiner Hilfe zögert, desto herrlicher wird sie am Ende sein.

Alles ist in Ordnung und Ruhe, die Uebelgesinnten sind freilich zum Theil öfters unartig, allein es kommt nicht weiter, ein jedes tragt mit Geduld, oder bringt durch ernste Worte wieder zum Schweigen; aber Alles, Alles wünscht ihren theuren Hirten wieder in ihre Mitte. Bald sollen Sie schon hier sein, bald mit dem Dekan kommen, kurz ein jedes Besseres denkt immer an Sie, und bittet zum Herrn um baldige Befreiung. Manches könnte jetzt noch nicht ertragen, wenn es hieße, daß Sie nicht mehr kommen; und was soll ich denn denken, oder sagen? Noch immer ist es mein einziger Wunsch, Sie möchten nur wieder auf einige Zeit in ihre Pfarrei eingesetzt werden, dann daran arbeiten, ihre Grundsätze in die Welt zu geben, jede Verhandlung öffentlich machen, um den Schritt den Sie durch einen Uebertritt thun würden, nicht wegen der Welt, aber doch in den Augen so mancher redlichen, aber schwachen Seelen zu rechtfertigen; läßt sich dies nicht thun, so suchen Sie wenigstens es dahin zu bringen, daß Sie die Katholiken ausstoßen, dies scheinen Sie doch sehr zu scheuen, weil es Ihnen mehr Recht zur Oeffentlichkeit gibt, ihre Gemeinde stimmt aber sehr mit meinem ersten Gedanken ein, und bittet nur noch auf kurze Zeit um Zurückhaltung; gerade dies wollten Sie dadurch beweisen, daß Sie nicht Aergernis gegeben, sondern nur das Beste bewirkt haben; ich kann nichts thun als beten: Herr dein Wille geschehe, und gib ihn allen Denen zu erkennen, die ihn so gerne erfüllen möchten! Gewiß, ich kann mir denken, welch harter Kampf es oft in Ihnen sein muß; doch kommt die Zeit die Entscheidung verlangt, wird eine Stimme sagen: so muß es sein, und alle Umstände zu leiten wissen, und sollte es wunderbar zugehen. Dies muß auch mein Trost sein, und gewiß ich bedarf einer festen Stütze, denn oft wird die Last zu schwer, wenn Vermuthung immer mehr Gewißheit wird, und jede Zeile die verbergen soll, nur tiefer in das Herz blicken läßt; o das thut wehe, traurig und mit Thränen frag ich dann den Herrn, was soll ich thun? aufs neue lege ich alles in seine Hände und nur so finde ich die nöthige Fassung wieder; ja das ist wohl auch ein Kampf, doch stärkt mich der Herr und Niemand ahnet, was im Herzen vorgeht.

Dienstag. Um Sie auch über den Erfolg der Mthlh. Schulvisitation zu beruhigen, habe ich Ihnen zu sagen, daß alles recht ruhig abgegangen. Dekan war ganz artig, und schien zufrieden, der Neuhauser machte mehrere Fragen über Religion, besonders wegen der Kirche, erhielt aber zur Antwort: dies sei die wahre Kirche, wo man am meisten in der Liebe stehe; er brummte einigemal was in den Bart, und somit sei es auch gut gewesen; die Kinder hätten gut und vorsichtig geantwortet, um Ihnen ja keinen Verdruß zuzuziehen.

Noch einmal leben Sie wohl, was Sie nachgeben können ist gewiß Gewinn, und sollte es zu nichts dienen als Ihre Feinde durch ihren Sieg zu Schanden zu machen. Doch der alles am besten ordnet wird auch hier das beste thun; nur bitte ich auf Ihre Gesundheit zu achten, zerstören sie den innern Kummer durch die große Liebe Christi! Auch hierin zu große Kleinmuth wäre ja Mangel an Glauben; seine Verdienste sind ja auch ihr Schmuck und Ehrenkleid! Warum dann so betrübt? Nein, freuen wollen wir uns, denn Großes hat er an uns gethan.

Der Herr sei mit Ihnen und stärke und tröste Sie.

Julius.

## Frau von Gemmingen an Henhöfer.

Steinegg, Freitag.

Lieber Herr Pfarrer!

Herzlich erfreuten mich ihre liebevolle Briefe, aber immer sicherer wird nur daraus zu ersehen, daß es sich endlich zu einem Ausgang mit Ihnen neigt, vor dem mir schon lange bangte. Nach ihrem letzten haben, oder wollen sie sich nach Carlsruhe wenden, damit bin ich zwar einverstanden; doch glaubte ich, sollten sie es mehr thun, damit Ihnen nach Recht gesprochen werde, als schon um einen Uebertritt zu erklären; mich dünkt daß wenn man Sie nicht nach Recht und Billigkeit behandelt, so blieb der Weg zum Großherzog für Sie und Ihre Leute noch immer offen, dies gewänne Zeit, und brächte manchen zur Besinnung, ob das Verfahren mit Ihnen recht oder unrecht wäre; und die Herrn würden sich doch hüten Sie noch weiter anzugreifen. Ach ich weiß nicht was ich sagen soll, beinah ist es mir auch Gewißheit daß bei uns Katholiken wenig zu thun sein wird; wenn es doch nur bei den Lutheranern besser wäre; ich kann hier nichts thun als beten: Ach Herr mache doch Du durch deinen Geist alles recht! wegen unserer Verfolgung ist mir nicht bange, und wüßte ich gewiß, daß Sie dann ruhig sein und wirken könnten, und dem Herrn recht viele Seelen zuführen würden, so möchte ich auch sagen, Sie sollten nicht zögern, doch immer steht mir noch im Sinn, daß unsere Katholiken dann keine Hoffnung mehr zu einer Rettung haben, und dies schmerzt mich doch zu sehr; deshalb bitte ich mit dem Ueberbringer noch einmal, nur ein wenig langsam zu Werk zu gehen, und wenn es sein kann es dahin zu bringen, daß Sie doch nur auf kurze Zeit zu uns kommen würden.

Jetzt wird Ihre Sache täglich wichtiger, ach manche Stunde denke ich mich in Ihre Lage, und bitte Gott für Sie um Erleuchtung; es scheint sie kommt, doch nicht so wie ich es gerne hätte, doch alles was der Herr thut ist wohl gethan, er stärke Sie, lieber Herr Pfarrer, um standhaft alles Unangenehme zu übertragen, und muthig seinen Weg zu gehen, ja er wird Ihnen zur Seite sein; wären doch auch alle Menschen überzeugt, daß Sie nicht nach Stolz oder Eigensinn handeln, sondern nach Gottes Eingabe, so wie ich es bin, o dann müßte recht viel Gutes daraus werden. — —

Ihre ergebene

v. G.

Die Arbeit, die Henhöfer während dieser Zeit zugetheilt war, bestand vornemlich in der schriftlichen Beantwortung jener 80 Klagpunkte. Aber schriftliches Antworten auf solche Entstellungen ist schwer und wieder und wieder kam seine Bitte, ihn doch im Orte selbst, Angesichts der Ankläger und seiner Gemeinde zu verhören. Aber umsonst. Henhöfer antwortete so gut es ging; die Schrift wurde entgegengenommen, aber er selbst nicht entlassen. Die Einsamkeit, die ihm nur durch Besuche treuer Gemeindeglieder versüßt wurde, die Unthätigkeit, zu der der feurige Mann verurtheilt war, dazu die Sorge um seine Gemeinde stimmten ihn tief herunter. Und doch, dünkt mich, ist diese Zeit für ihn sowohl als die Gemeinde heilsam gewesen. Es kommen auch Zeiten, wo der Herr seinen Zeugen Hände und Füße bindet, wo sie für ihn nur leiden dürfen. Ach die zwei schönsten Jahre, die Paulus um des elenden Felix willen, der hoffte von ihm Geld zu bekommen, im Gefängniß sein muß — ach die schönen zwei Jahre, was hätte er nicht Alles thun und schreiben können, so denkst du, — aber St. Paulus ist's zufrieden, sei du's auch. Man kann dem Herrn auch durch Feiern dienen. So war dies Bruchsaler Seminarium eine Vorschule der Leiden, eine Kinderschule gegen das, was noch kommen sollte. Bis jetzt war dem jungen Pfarrer Alles nach Wunsch gegangen, die Leute hatten ihn gehoben und getragen und waren zugeströmt und das thut auf die Länge der Zeit „kein gut". Es mußte mit ihm eine Welle hinunter.

Zwei Dinge waren es, die ihn vornemlich seit jener Zeit beschäftigten: der Gedanke an einen möglichen Uebertritt zur evangelischen Kirche und sodann die Abfassung einer Schrift, darin er seine Ansichten und Zweifel niederlegte. Wie sehr ihn das Erste bewegte, geht aus den Briefen der Frau von Gemmingen deutlich genug hervor. Sie ist es vornemlich, die ihm anräth, diesen Gedanken aufzugeben und zu warten und so lange in der katholischen Kirche zu bleiben, als sie ihn nicht ausstößt.

Frau von Gemmingen an Henhöfer.

Steinegg, den 30. April 1822.

Lieber Herr Pfarrer!

— Fassen Sie Muth, gewiß der Herr wird Ihnen noch seinen Willen zu erkennen geben, noch ist es keine Zeit zum Uebertritt; hart sind ihre Prüfungen, doch stehen Sie nicht allein, und über Kräfte sollen wir ja nicht versucht werden, dafür bürgt uns des Herrn Wort; mein Gedanke ist dieser, nachdem Sie zweimal Ihre Fragen beantwortet haben, so sollten Sie jetzt ernst darauf dringen, daß sich die Sache ihrer Entscheidung nahe, und sich die Herren aussprechen, ob Ihre Grundsätze katholisch seien oder nicht. Eine solche ernste Sprache fürchten sie gewiß, denn sie wollen kein Aufsehen machen, das lange Hinhalten ist Ihnen keine Kunst; wollen die Herren auch dann noch nicht, dünkt mich, sollte Ihnen eine Klage höheren Orts frei stehen — sollte ein Uebertritt von Ihnen durch Neckereien bewirkt werden, so kommt Ihnen immer vor der Welt mehr Schuld zu, als wenn unser katholisches Haupt Ihre Lehre angegriffen, wo Sie sich über Grundsätze vertheidigen können. Ueberlegen Sie es, lieber Herr Pfarrer; ich weiß, daß sie nur das Beste im Aug haben. Ein Schritt ist oft zu schnell gethan, langsamer bleibt Ihnen ja immer der Weg offen; bei all dem sind nun auch die Lutherischen so sehr zerfallen, daß unsere Katholiken, die nicht die alte Lutherische Lehre kennen, glauben müssen, auch Sie wollen sich, wie diese, von Allem freimachen, und nach eigenem Dünkel lehren. Später können Sie sich freilich rechtfertigen, allein dann sind schon Vorurtheile gegen Sie, die jeden bessern Eindruck unwirksam machen. —

v. G.

Frau von Gemmingen an Henhöfer.

Steinegg, den 6. Mai.

Lieber Herr Pfarrer!

Nach allem bleibt uns keine Hoffnung, Sie wieder als unsern Seelsorger in unserer Mitte zu sehen. Da Sie so entschlossen scheinen, von unserer Kirche weg zu gehen, und der wichtige Augenblick also eintreten soll, so fällt es Einem jeden so schwer, daß es Einem beinahe unmöglich scheint. Ich soll daher Sie, lieber Herr Pfarrer, noch einmal bitten, es wohl zu überdenken, ob es denn nicht möglich wäre der Wahrheit getreu zu bleiben, und doch durchzusetzen, daß Sie wieder nach Mühlhausen kommen könnten; nach Allem wäre der Vortheil für die gute Sache in Mühlhausen selbst gewiß groß, und mich dünkt auch für manchen Geistlichen könnte viel Gutes daraus entstehen, denn durch Ihren Schritt abgeschreckt, wird Manchem aller Muth fehlen das Aeußere nur im geringsten anzugreifen; — sollte aber der entscheidende Schritt schon gethan sein, so sind auch wir überzeugt, es seie nicht ohne Gottes Willen geschehen, und er werde weiter helfen; ist es aber noch nicht geschehen, so bedenken Sie, lieber Herr Pfarrer, daß nur durch längere Vorbereitung eine große Sache ausgeführt werden kann; sollte es Sie nicht doppelt freuen, durch mühevolles und geduldiges Ausharren, Nachgiebigkeit in Kleinigkeiten, den Sturz des katholischen Unwesens herbeigeführt zu haben, wenn Sie noch länger als Katholik wirken könnten; ich würde mir selbst der Sünde fürchten, Sie zu einem entscheidenden Schritte zu verleiten und zum Bleiben zu rathen, wenn Ihnen nicht noch immer von Mühlhausen aus der Ausweg bleiben sollte überzugehen; aber mit einer Verzögerung ist nichts verloren, kann aber viel gewonnen werden in und außer Ihrer Gemeinde. — Wie mir ist, kann ich nicht sagen, oft so schwer, als hätte ich für Alles allein zu sorgen, und fühle mich dabei so schwach als ein Kind, und ein andermal kann ich dem Heiland nicht genug danken, ich schütte alle Sorgen in seinen Schooß, bin dabei wohl nicht so innig vergnügt, doch ruhig ergeben, es komme wie es wolle, und so werde ich hin und her getrieben; mein meistes Geschäft ist für Sie zu beten. Alles, alles erinnert mich daran, eigne Unruh, Sorgen und Kummer, am meisten Unentschlossenheit in den kleinsten Dingen; ich bete dann um des Heilands weise Führung, um die Gabe die Geister zu prüfen, und die Kraft alles auszuführen was sein Wille ist; auch um Klugheit wie die Schlange, mit Einfalt verbunden; alles kommt mir in den Sinn, der liebe Gott versteht mich dann besser als ich mich selbst. Nun gute Nacht, die Glocke schlägt 11 Uhr, mögen Sie jetzt sanft ruhen, im Schlaf erquickt werden, dies wünscht mit herzlicher Liebe

Ihre in Christo verbundene Gemmingen.

N. S.

Schreiben Sie mir doch auch bald wieder, ich bitte darum. Es kommt mir oft eine Bangigkeit, als sollte grade jetzt die entscheidende Stunde sein, und über Alle das Urtheil gefällt werden; mich dünkt, eine Verwendung beim Großherzog wäre doch immer gut."

Henhöfer wird stiller, und hofft dennoch bleiben zu können, und richtig in der Lehre werde erfunden zu werden. Wie es aber in ihm wogte und kämpfte, davon geben die folgenden Briefe Beweis, deren schlichte Einfalt, Innigkeit und Entschiedenheit für sich selbst reden.

Frau von Gemmingen an Henhöfer.

Steinegg, den 14. Mai 1822.

Lieber Herr Pfarrer!

Große Beruhigung war mir Ihr Schreiben, und herzlich sei Ihnen für die Liebe gedankt, mit welcher sie meinen Brief aufnahmen, auch daß Sie nun langsamer und behutsamer gehen wollen; mehr wünschte ich nicht, nie möchte ich Sie von einem Schritte abhalten, den Sie für Ihre Pflicht halten; es that mir sehr weh zu sehen, daß Ihnen mein Brief Unruh und Kummer macht, grade das fürchtete ich, und konnte mich deshalb schwer entschließen, noch einmal über eine Sache zu reden, die Sie selbst schon oft überlegten, aber es schien mir Pflicht, und vielleicht ist auch Ihre Liebe zu Ihrer Gemeinde und uns deshalb so sehr in Ihr Herz gelegt, daß dadurch gemildert wird, was vielleicht unter dem Gefühl des Druckes zu heftig geäußert worden wäre; es wird nun mehr Zeit gewonnen, vielleicht nach kälterer Ueberlegung in Ihren Eingaben manches Wort weggelassen, welches der Wahrheit nichts vergibt, dem Gepräg der Liebe aber, (welches doch alles haben sollte, das von dem göttlichen Geiste geleitet, in die Feder geflossen,) doch in etwas entgegen sein könnte; gerade hiervon nur wünschte ich, lieber Herr Pfarrer, Sie zu warnen, weil sowohl dies Ihnen, wie der Sache Christi den größten Schaden bringt; täglich erfahre ich mehr, wie strenge ein jedes Wort der Christen getadelt und gerichtet wird, denn die Zahl Ihrer Feinde ist groß, und jeder kleine Fehler Anstoß, weil Sie die Welt nicht kennt.

Daß Sie nicht Lust hätten zum zweitenmal das nemliche wie jetzt in Bruchsal durchzumachen, glaube ich gerne, und möchte Ihnen keines von uns, weder Ihre Gemeinde noch ich zumuthen; unser Gedanke war nur so, wenn Sie es diesmal durch eine Nachgiebigkeit die nichts schaden kann, und durch Ertragung alles Unangenehmen um Christi willen, dahin bringen werden, Ihrer Gemeinde geschenkt zu werden, so sollte einstweilen bei den Katholiken so viel gewonnen werden, daß sich diese um Ihrer frühern Unterwürfigkeit willen nicht mehr so sehr stoßen, wenn Sie dann bei einer zweiten Verfolgung einen Schritt machen, den Sie jetzt noch meistentheils sehr hart beurtheilen würden und für Freiheitssinn, Stolz und Eigendünkel ansehen. Denn nur wer Sie kennt, Ihrer Grundsätze überzeugt ist, kann anders denken, und weiß welch harten Kampf Sie durchzumachen haben. Auf die Antwort von Hebel bin ich sehr begierig, er mag vielleicht noch besser denken, allein von den neuern Lutheranern hört man doch auch fürchterliche Grundsätze, und wie leicht werden Sie unter solche gezählt werden, oder, auch von diesen so verfolgt, daß es eine harte Lage für Sie wäre. Immer bin ich mehr dafür, daß vielleicht in kurzem ein allgemeiner Umsturz statt findet, bis dahin kann man ja in jeder Kirche dahin arbeiten, daß Christus allein recht erkannt, und geliebt werde, und wer weiß welcher Segen daraus entstehen könnte, wenn Sie ein Joch, das Ihnen freilich jetzt nicht mehr möglich zu tragen scheint, aus Liebe für den Heiland, vielleicht nur kurze Zeit tragen würden, damit dann mit Ihnen noch viele diese Bürde ablegen könnten; dieser Gedanke ist mir unendlich erfreulich; darin male ich mir so manches Bild aus, und denke auch oft, wie schwer unserm Heiland seine Menschheit die 33 Jahre über geworden, und wie geduldig er sie um unsertwillen trug, dann denk ich mir, in einem solchen Sinn, sollte dann auch Ihre Zögerung nicht Unrecht vor Gott sein können; in jedem Fall macht nun schon Ihre Untersuchung in Bruchsal großes Aufsehen, und was sie herausgeben könnten, würde mit Eifer gelesen werden.

Haben Sie einmal Gewißheit, so zögern Sie nicht mir die Wahrheit zu sagen, nur von Ihrer Hand es zu erfahren hoffe ich; schmerzlich wird die Wunde sein, die eine solche Nachricht schlagen würde, allein die Gewißheit daß Gottes Weisheit es so wollte, wäre mein Trost; ich würde wie ich jetzt schon thue, der Herr wolle mich stärken, täglich beten, und er wird es thun; und nichts könnte meine Liebe und Dankbarkeit für Sie hemmen, nein mit doppeltem Eifer würde ich für Sie zu Gott flehen, im Geist wären wir immer innig verbunden bis ins Grab, ja noch mehr in einer bessern Welt, dort soll mein Dank noch Ihnen entgegen kommen.

Leben Sie nun wohl, freudig in dem Herrn; dies der innige Wunsch ihrer dankbaren Gemmingen.

## Von Gemmingen an Henhöfer.

Karlsruhe, den 11. Mai 1822.

Lieber Herr Pfarrer!

Ich bin freilich zu schwach um Ihnen in Ihrem lang und reiflich bedachten, und auf guten Gründen beruhenden Entschluß etwas ändern zu können, aber manchmal ist das schlichte Wort eines geraden biedern Freundes doch auch schon von einigem Nutzen gewesen, sollte das meinige auch nur als Streusand auf die nasse Schrift gut sein, damit nicht alles verwischt wird, so dient es doch zu etwas.

Mir ist bei Ihrem Vorhaben hauptsächlich die Stellung der lutherischen Geistlichkeit und Gemeinde äußerst wichtig, und Ihrer recht reiflichen Beurtheilung wohl würdig. Lebten wackere Männer, wahre Christen, und Leute, die den Heiland lieb haben, auch nur einige hier im Consistorio, oder zerstreuet im Lande herum, die Ihnen zur Stütze dienen könnten, so wäre ich ohne Sorge; allein wahrhaft erweckte Leute werden wohl schwer zu finden sein, — hier ist mir einmal nichts davon bekannt, besonders von dem Amtsgrad, wodurch solche wohlthätig für Sie wirken könnten. Lassen Sie nun die Gemeinde, welche man Ihnen vielleicht giebt, aus unempfindlichen todten, und widrigen Menschen bestehen, so können solche Widersacher in Verbindung mit den Miethlingen, viel bewerkstelligen, und Ihnen das Leben verbittern. Ich weiß wohl, daß Sie keine Verfolgung und alle Lasten scheuen würden, könnten Sie mit Nutzen Gottes Wort verkünden, und in seinem Weinberg arbeiten; allein ob dieses Ihnen bei einer solchen sehr möglich erscheinenden Stellung thunlich ist, — kömmt darauf an. Ihr Hauptendzweck ist: mit Nutzen dem Herrn zu dienen, und seine Wege zu bereiten — gewiß der einzige und beste eines jeden Seelsorgers, den Sie schon treu erfüllt, und mit großem Segen verfolgt haben; wann aber nun dieses, durch einen Uebertritt nicht ganz gewiß, mit weit mehr Erfolg geschehen kann, wenn Sie blieben, so ist es doch wohl zu bedenken, und besonders das neue und fremde Terrain recht genau zu erforschen. Eine traurige Ueberzeugung nach diesem wichtigen Schritt, wäre eine gar zu harte Prüfung, und würde Ihr Gemüth zu sehr beugen. Wäre es so, wie ich es jetzt ansehe, so könnte man wohl der guten alten Mutter und allen Schwachen den großen Kummer ersparen, und vielleicht einen andern Ausweg finden. Wären wir im Würtembergischen, würde ich ganz anders sprechen, so aber sind wir badisch, was nicht wohl anders zu machen ist, ohne grelle Schritte, die jetzt wenigstens nicht zu ihrem Vortheil ausfallen könnten. Vieles wird Ihnen durch Hebels Antwort klar werden, lassen sie meine wohlgemeinte Worte inzwischen nicht zu einer neuen Unruh gesagt sein, es sind freundliche Winke aus freundlichen Herzen, die so dankbar erkennen wie durch Ihre treue Führung und Lehre sie zur bessern Erkenntniß der unbeschreiblichen Liebe Gottes und unseres lieben Erlösers gekommen sind; daher sollen sie auch nur sanfte wohlthätige Eindrücke verursachen. Das Wenige was ich gesagt, haben Sie wohl schon selbst genug bedacht; daher ist und bleibt eben der treue weiseste Führer, der mit ewiger Liebe die Seinen leitet und liebt, auch hier der beste Trost. Gestatten Sie mir jetzt im tausendsten Theil Ihnen zwar nur schwach und gering das Tröstliche mit innigem Dank zurückzugeben, was ich so reichlich von Ihnen empfing. O daß Ihnen doch jetzt der Heiland mit seinen göttlichen Gnadenheimsuchungen so liebevoll und stärkend ins Herz käme, wie wir Ihn durch Sie so oft erhielten. Wir — durch Sie Gestärkte, wollen treu die Kraft, die Gnade und jeden Segen für Sie erbitten, durch unsern lieben starken Mittler, Jesum Christum den für uns Gekreuzigten. Drum nicht so niedergeschlagen, nicht so betrübt — Bogazki sagt heute: Herr wie lange verbirgst du dich vor mir? Antwort: Ich habe dich einen kleinen Augenblick verlassen, aber mit großer Barmherzigkeit will ich dich sammeln.

So leben Sie nun wohl, und getrost in Dem, der am Ende doch alles gar herrlich hinaus führen, und wohl machen wird.

Ihr treuer Freund Julius.

### Von Gemmingen an Henhöfer.

Carlsruhe, Sonntags 2. Juni.

Lieber Freund!

Vielleicht ist es auch gut, daß alles noch reiflicher behandelt werden kann. Wir wollen redlich das Unsere thun, und nach einer oft wiederholten Bitte alles dem weisesten Lenker und besten Vater getrost überlassen. Ich wünsche für Mühlhausen besonders und dem Gebiet (und mit mir Brougier auch), daß Sie noch einige Zeit möchten daselbst als Pfarrer lehren können; es machen dieses Ihr Wiederkommen Viele daselbst zur Bedingung ihres Glaubens an Sie; daher ein Uebertritt allenfalls in Bruchsal schon, viele Schwache zu Boden werfen würde. Ach Gott, lenke doch Du alles zum Besten, und zu Deiner Ehre.

Leben Sie wohl lieber Freund, Gott stärke Sie, und helfe uns, Sie bald aus Ihrer betrübten Lage zu erlösen.

Ewig ihr dankbarer Julius.

Daß der Gedanke eines Uebertritts ihm nahetrat, wird Niemand verargen können, der sich Henhöfers Lage vergegenwärtigt. Hatte er es doch mit einer Behörde zu thun, bei der von vorneherein wenig guter Wille war gerecht zu entscheiden. Durch die Erklärung eines Austritts hätte er sich und seine Behörde aus der Verlegenheit ziehen können. Gerathener und mannhafter war's zu bleiben und sich ausschließen zu lassen als von selbst zu gehen. Und das hat er auch gethan.

Tiefer greifend war der andere Gedanke einer Rechtfertigungsschrift darin er seine Gedanken niederlegen wollte, die ihn bisher bewegt hatten und zugleich seine Zweifel an der katholischen Lehre, vornehmlich der Abendmahlslehre darzulegen. Bei näherer Ueberlegung aber trennte er beides und arbeitete jedes für sich bestehend aus, wovon er die zweite Abhandlung seiner Behörde übergab.

Die erste aber, die wie er selbst sagt, „eine kurze Theologie" enthält, bildet die Grundlage zu dem später so gesegnet wirkenden Büchlein: „Christliches Glaubensbekenntniß," von dem wir unten ausführlicher reden werden. Anfangs Mai sandte sie Henhöfer an Herrn von Gemmingen, um sie dem damaligen Prälaten Hebel zur Begutachtung mitzutheilen. Hebel sendet sie unterm 12. Mai zurück und verspricht mit Herrn von Gemmingen das Weitere zu besprechen und schließt den kurzen Begleitungsbrief an Henhöfer mit den Worten: „Ich bezeuge Ihnen meine aufrichtige Hochachtung und Theilnahme." Ueber die Schrift selbst schreibt Hebel Herrn von Gemmingen: „Ich enthalte mich billig Alles Urtheils über das Materielle in der Schrift des Herrn Pfarrers Henhöfer und bemerke nur folgendes." (Es sind einige Vergleichungen und Ausdrücke, die Hebel nicht ganz zutreffend und zu derb erscheinen.) Es mag freilich für den evang. Prälaten und besonders für Hebel insonderheit, nach seiner ganzen Richtung etwas Peinliches gewesen sein, von einem in Untersuchung stehenden katholischen Pfarrer um Begutachtung gefragt zu werden. Wußte man doch nicht was aus der Sache werden sollte und die Consistorialräthe jener bureaukratischen Zeit litten bekanntlich nicht an einem Ueberflusse von Muth. Dennoch läßt sich nicht leugnen, daß Hebel ein aufrichtiges Interesse an Henhöfer nahm und auch später ihm sein Wohlwollen bewahrte.

So war die Zeit der Einsamkeit nicht vergebens und man merkt jenem „Glaubensbekenntniß" die Stille an, in der es reifte. Es war kein in der Hitze hingeworfenes Flugblatt, das auch wieder vom Winde der Zeit verweht ward, sondern ein Wort, das unter Kämpfen und Thränen geboren war und darum auch Segen schaffte.

Mittlerweile aber war beinahe ein Vierteljahr verlaufen und keine Aussicht vorhanden, daß die Sache zu irgend einem Ende gehe. Im Gegentheil suchte man immer wieder Kleinigkeiten hervor, um den armen Mann aufs neue zu inquiriren. So sollte er sich unter Anderm erklären: Wer ihn ermächtigt habe, die „Todesangst-Bruderschaft" in Mühlhausen aufzuheben. Ein vorliegendes Concept der Antwort sagt darauf: „Ich erwiedere nur kurz, daß das Ganze eine Lüge sei. Die Bruderschaft war von jeher am 3. Sonntag im Monat, und so habe ich sie auch gehalten. Nun geschah es oft, daß was sonst nie geschah, ich vorher christliche Lehre hielt. Als nun diese Männer, die als Kläger auftraten, in die Kirche kamen und das Wort Gottes fanden, liefen sie davon und schrieen ich hielte keine Brüderschaft und richte Alles lutherisch ein. Allein wären sie nur nach der Lehre gekommen, so hätten sie dies gefunden." Am Schlusse sagt Henhöfer: „Indem ich nun diese Nachricht E. G. mittheile (da dies vielleicht der Grund ist, daß mir gestern nicht erlaubt worden ist, mich von hier zu entfernen), so wiederhole ich noch einmal meine gestrige Bitte, indem meine Gesundheit mich nöthigt diese Erlaubniß mir auszuwirken." —

Der lange Aufenthalt im Seminar, wo er außer einem schmutzigen Bett, einem Tisch und zwei hölzernen Stühlen nichts hatte, der Eckel und manches andere Unangenehme, die täglichen Gemüthsbewegungen hatten ihn krank gemacht. „Vom übrigen Verfahren will ich schweigen,“ sagt Henhöfer, „doch das werde ich sagen dürfen, daß ich zehnmal lieber vor einem weltlichen, als einmal vor diesem Gerichte und lieber zehnmal vor meinem Fürsten, als einmal vor einem gewissen Großinquisitor desselben erscheinen will.“ Henhöfer reichte seine Bitte ein und bat ihn zu Herrn von Gemmingen auf Steinegg bis zur Wiederherstellung seiner Gesundheit gehen zu lassen, da er sich hier in Bruchsal nicht pflegen könne, und ohnehin der Aufenthalt unnütz und mit Kosten verbunden sei. Seine Bitte wurde ihm abgeschlagen. Die weitere Antwort darauf aber war ein Beschluß vom 15. Mai, daß er in engeren Gewahrsam genommen und der Umgang und das Besuchtwerden von Freunden verboten werden sollte.

„Solche spanische Schritte,“ schreibt Herr von Gemmingen, „führen eher zum Ziel. Ich werde den Tag segnen, an welchem mir es einmal vergönnt würde, etwas Gutes für Sie zu thun. Denn meine unthätige Lage ist mir selbst längst eine Pein.“ Der treue Freund hielt Wort. Am Mittwoch vor dem 8. Juni ging Herr von Gemmingen in die Audienz, um den Großherzog zu bitten Henhöfer vor Mißhandlung zu schützen. Der Großherzog nahm die Bitte wohlwollend auf und gestattete, daß den folgenden Mittwoch eine Abordnung der Mühlhauser Gemeinde käme, um für Henhöfer zu bitten. „Es wird mir,“ schreibt der ritterliche Freund, „eine Freude und Ehre sein, die Mühlhauser zu begleiten und durch mein herzlich Zeugniß Ihnen, bester Freund, einen geringen Theil meines großen Dankes abzustatten, den ich so treu und warm im Herzen trage.“ Man meint den alten Grafen zu Anhalt zu hören, ehe er zum Reichstag nach Augsburg reitet, wie er manchen Ritt für den Kaiser gethan und nun auch einen für seinen Herrn wagen wolle. —

Aus dem Ministerium verlautete durch einen damaligen Sekretär, daß ein scharfer Befehl nach Bruchsal abgegangen war. Die Akten waren vom Großherzog gefordert worden, trotzdem daß das Generalvicariat vorschützte: die Sache werde dadurch verschleppt. Mehr noch als der Generalvicar Rolensee war Director Brunner gegen Henhöfer und hatte der Bruchsaler Stelle vorgeworfen: warum sie nach so bewandten Umständen nicht sogleich Henhöfer von allen geistlichen Funktionen suspendirt hätte. Herr von Gemmingen hatte bei dem Großherzog und dem Minister jene Schrift Henhöfers angeführt. „Allein sie glaubten beide, es wäre eine Geschichte Ihrer Untersuchung und Verfolgung. Als ich es aber berichtigte, fand man nicht viel Interesse an dem, was dem Menschen doch das Heiligste und Liebste sein soll."

Der nächste Mittwoch kam, und mit ihm die Mühlhauser Abordnung. Der Großherzog nahm sie sehr freundlich auf und versprach, sich darüber referiren lassen zu wollen. „Ich ließ," schreibt dann Herr von Gemmingen weiter, „ein Wort davon fallen, daß unsere geistliche Behörde Sie wohl noch so weit bringen könnte, daß Sie zur lutherischen Religion übergehen könnten. Das fiel ihm stark auf, er erwiederte: „Da seht Ihr's nun! würde ich mich jetzt seiner über den gehörigen Gang annehmen, so würden diese Herren sagen: dieser Ketzer ist daran Schuld!" Doch versprach er uns nochmals sein Möglichstes zu thun.

Dieser Gang blieb nicht unbeachtet. Zwei von den Häuptern des Oberkirchenraths standen in der Nähe des Schlosses und schlichen an der Deputation vorüber. „Es ist kein verstohlener Gang, schreibt G., den wir gethan — ich werde selbst in diesen Tagen zu Ihnen gehen. Ich traf dieses Camäleon (so nennt er den Einen) schon öfters, er war stets so freundlich und höflich als wollte er etwas von mir, nun will ich aber sein Stillschweigen brechen und hören wo er hinaus will."

Von Gemmingen machte sich auch auf und ging vor diese Herrn. Er schreibt von Einem: „dieser Fuchs stellt sich ganz hinter das Vicariat, schimpft und schändet darüber. Ein anderer Geistlicher sei schon 13 Monate in Bruchsal gefangen, bei Henhöfer könne es noch länger dauern, weil es Glaubenssache sei, wo sie immer neu anfangen und nie enden werden. Ich sprach ihm von diesem wahrscheinlichen Schritt (dem Austritt), wozu Sie das Vicariat treibe; „O, sagte er: sie haben schon mehr weggetrieben." Die neue Chicane Sie nicht nach Hause zu lassen, benimmt mir den Muth Ihnen noch ein Wort zu sagen, welches Sie noch länger an unsere Kirche binden soll. Thun Sie, was Gott Sie heißt, ich bin nicht mehr entgegen." (Brief G. vom 20. Juni.)

Da die Sache wieder beim Alten blieb, so wandte sich Henhöfer an den damaligen Minister von Berkheim. „Ich hoffe, schreibt G.: es soll nun nicht lange anstehen, daß Sie Erlaubniß haben, auf die Wartburg zu gehen. Der Herr wird diese Prüfungszeit enden, Er der jedem beistehet auch im herbsten Leiden und liebevoll jedes Kreuz tragen hilft, das ja doch Er auflegt, wird Ihnen treulich zur Seite stehen und Alles noch herrlich hinausführen." (Brief G. vom 25. Juni.)

Wenige Tage darauf erhielt Henhöfer Urlaub auf 8 Tage nach Steinegg und zwar wie das Vicariat sagte: „Oekonomischer Geschäfte" wegen. Mit welchem Gefühl läßt sich denken. Nach den bewilligten 8 Tagen aber stand es mit seiner Gesundheit eher schlimmer, denn besser. Er bat um Verlängerung; statt dessen kamen zwei Verfügungen, kraft deren er binnen dreimal 24 Stunden im Seminar sein sollte. Der Arzt aber widerrieth. Die Lage war entscheidungsvoll. So konnte es nicht bleiben. Henhöfer zeigte das Urtheil des Arztes an und legte zugleich jene Abhandlung über Abendmahl und Messe vor, die seine Zweifel über die Richtigkeit der Lehre von der Wandlung und der körperlichen Gegenwart Christi beim Abendmahl, der Anbetung der Hostie als eines Gottesdienstes, und endlich über die Messe als eigentliches Opfer enthielt. Leider ist dies interessante Aktenstück nicht mehr vorhanden. Unter Anderem ist folgender Satz auch darin enthalten: „Zwar glaube ich an eine heil. allgemeine Kirche und halte sie auch für unfehlbar; nur bedinge ich zu solchen unfehlbaren Aussprüchen der Kirche solche Concilien die aus wahren lebendigen Gliedern am Leibe Jesu bestehen müssen. Ich kann mich nicht überzeugen, daß der heilige Geist, der einzig unfehlbar ist, auch durch Leute, die ihn nicht haben mit Unfehlbarkeit ganze Beschlüsse abfassen könne. (Schwärmerei Seite 50.) Henhöfer übermachte es am 25. Juli 1822 dem bischöflichen Vicariate mit der Bitte ihn „entweder aus Gottes Wort zu widerlegen oder lieber aus katholischer Kirche auszuschließen."

Die Antwort von Seiten des General-Vicariats vom 16. October 1822 lautete:

„Dem bisherigen Pfarrer in Mühlhausen Aloysius Henhöfer ist mit Genehmigung des großh. Staatsministeriums, welche am 15. September d. J. erfolgte, zugehen zu lassen: Durch jene am 25. Juli d. J. ausgesprochene Ueberzeugung habe er sich von der katholischen Kirche selbst ausgeschlossen, mit solcher Ueberzeugung kann man nicht Mitglied der katholischen Kirche, noch weniger katholischer Religionslehrer und Seelsorger, noch Priester dieser Kirche sein; die bisher gehabte Pfarrcommende werde demnach anmit für zurückgenommen und die Pfarrei Mühlhausen für erledigt erklärt; es versteht sich von selbst, daß er irgend eine Priesterfunktion nicht mehr ausüben dürfe. Verlange er bessere Belehrung zur Prüfung und Widerlegung der Gründe seiner jetzigen Ueberzeugung, so könne er solche am zweckmäßigsten zu Freiburg bei den Lehrern der Theologie die er kenne und denen er bekannt sei, erhalten; diesen gründlichen und umfassenden Unterricht wünsche man ihm um so mehr, da er dessen in der Dogmatik, Exegese und Kirchengeschichte gar sehr bedürftig sei. Werde er dann eines Besseren belehrt, seine Meinung berichtigt und eine andere Ueberzeugung gewonnen haben, so werde das Ordinariat ihn mit offenen Armen aufnehmen und wieder für ein Mitglied der katholischen Kirche erkennen. Ziehe er eine Belehrung dahier über den Inhalt seiner obengedachten schriftlichen Erklärung zur Zeit vor, so sei man zu dem Versuche ganz bereit, und er habe sich zu dem Ende ohne Verzug und längstens binnen 8 Tagen dahier einzufinden, um zu vernehmen, wer mit dieser Belehrung beauftragt sei. Einen Schriftwechsel zum Behufe seiner Belehrung könne man nicht für zweckmäßig halten."

Henhöfer antwortete unterm 31. Oktober: „Es sei ihm der Antrag des Generalvicariats sehr erfreulich, sich entweder in Freiburg oder in Bruchsal eines bessern belehren zu lassen, wozu er Freiburg am geeignetsten finde."

Allein H. hat keine Antwort, keine Citation erhalten sich nach Freiburg zu stellen. So war und blieb er denn ausgeschlossen, dazu ein abgesetzter Pfarrer ohne Amt und Brod. Noch wußte er nicht wohin er sich wenden sollte.

Henhöfer sagt in einem spätern Lebenslauf: „Ich vergesse nicht die schlaflosen Nächte, die ich in Steinegg zugebracht habe, ob ich die Wahrheit frei bekennen sollte. Ich sah wohl, es galt meine Pfarrei und irdische Existenz. Aber ich wollte doch lieber mit der katholischen Kirche als mit Gott verstoßen. Jetzt hätte ich wahrscheinlich den festen Glauben nicht mehr. Schnell kam der Ausschluß und ich hatte jetzt Nichts mehr, als Gott und die Herzen, die er mir öffnen würde."

# 4. Kapitel.

Der abgesetzte und ausgeschlossene Priester und sein Glaubensbekenntniß. Bewegung in Mühlhausen und wie die Dinge weiter dort gingen. Henhöfers Austritt aus der katholischen Kirche und Eintritt in die evangelische.

Man zeigt in Steinegg noch ein Gartenhäuschen, an das sich manche Erinnerung und viel Segen knüpft. Es war der Ort, wo Henhöfer sein „Glaubensbekenntniß" schrieb. Selten hat ein so anspruchloses Buch so vielen Rumor gemacht und die manichfachsten Controversen hervorgerufen; selten ist ein einfaches Buch so von Hand zu Hand gegangen wie dieses und wie ein Heiligthum angesehen worden. Manchem ist es ein Führer zum Leben geworden und noch heutzutage nach 40 Jahren ist kaum eine christliche Familie in unserm Lande, die nicht das Buch hätte oder wenigstens davon wüßte. Jedenfalls ist es aber die bedeutsamste Schrift, die Henhöfer geschrieben und auf die wir darum näher eingehen müssen. In der Einsamkeit zu Bruchsal war sie stille gereift und zum Theil auch geschrieben worden. Aehnlich wie Boos hatte Henhöfer nicht daran gedacht aus der römischen Kirche zu scheiden, wenn gleich, wie wir sahen, der Gedanke an die Möglichkeit eines Uebertritts in Bruchsal an ihn herantrat. Er hoffte, wenn er öffentlich ein Zeugniß ablegte seiner Bedenken, seiner Meinungen, so könne es nicht fehlen, daß er widerlegt werde. „Ich gab mein Glaubensbekenntniß heraus immer in der Hoffnung, durch einen geschickten Widerleger überzeugend von der Wahrheit der katholischen Grundsätze belehrt und so mit dieser Kirche ausgesöhnt zu werden, denn ich war ungern getrennt von einer Kirche, die mich erzogen, und viel Gutes von ihr hatte und in der es der Arbeit und der hungernden Seelen so viele gibt. Gewiß hätte ich bei dem Gedanken eines Rücktrittes Ruhe in meinem Herzen gehabt und nicht besondere Strafen Gottes gefürchtet, da dies doch einmal meine aus Gottes Wort geschöpfte Ueberzeugung war." (Glaubensbekenntniß S. XXII.)

Da die Vorrede den damaligen Standpunkt Henhöfers treffend bezeichnet, so kann ich mir nicht versagen sie wörtlich hier folgen zu lassen:

## Vorrede.

Die Liebe zu meiner Gemeinde, von der ich seit längerer Zeit getrennt bin, die Aufmerksamkeit, die durch diese Trennung auch bei andern Menschen auf meine Lehre, als den Grund der Trennung entstand, die verschiedenen Urtheile, die durch wahre, falsche und schiefe Darstellung der Sache über mich und die Lehre gefällt wurden, der Anstoß, den die Schwachen daran nahmen, insbesondere der Wunsch, Gottes Reich so viel als möglich zu verbreiten, haben mich veranlaßt, während der Zeit meiner Abwesenheit von der Gemeinde eine kurze Abhandlung des Christenthums, so wie ich es durch Gottes Gnade erkannt, und in der Erfahrung bestätigt gefunden habe, niederzuschreiben, und durch den Druck der Oeffentlichkeit zu übergeben. Möge diese kleine Schrift meiner Gemeinde ein Ersatz für das mündliche Wort, meinen Freunden ein liebevolles Andenken, den Anfängern ein Wegweiser, den Schwachen eine Stärke, den Starken eine Ermunterung, den Spöttern eine Zurechtweisung, den Schlafenden eine Weckstimme, den Suchenden — kurz Allen eine Anweisung zur Seligkeit sein, die in Christo Jesu zu finden ist.

Dies ist mein Wunsch und mein Gebet, und dies möge D e r segnen, der zu jedem guten Werk das Gedeihen geben muß.

Ich habe aber den größten Theil dieser Schrift während der Zeit meines Aufenthalts in Bruchsal geschrieben. Denn nachdem ich bereits 3 — 4 Jahre in der Gemeinde Mühlhausen bei Pforzheim, Freiherrlich von Gemmingen'schen Gebiets, gearbeitet, und nicht ohne Segen gearbeitet hatte, wurde ich schnell von der Gemeinde ab und zur Untersuchung vor das bischöfliche Vicariat nach Bruchsal berufen.

Von dieser Sache aber, da sie noch nicht zu Ende ist, und ich hier blos vorhabe, die Grundsätze des Christenthums darzulegen, will ich ein andermal reden. Ich bemerke hier nur noch dieses, daß ich, so lange ich als Seelsorger in der Gemeinde Mühlhausen stand, nie etwas wider katholische Grundsätze vorgetragen, sondern nur innerliches Christenthum zu pflanzen bemüht gewesen war. Und habe ich auch bisweilen wider Ceremonien gesprochen, so geschah es nur deßwegen, um Leute, die sich dahinter flüchteten, und wegen ihrer Befolgung für gut hielten, von der Nichtigkeit dieser ihrer selbstgemachten Gerechtigkeit zu überzeugen, und auf etwas Besseres zu führen. Ich selbst aber habe sie alle beobachtet. Erst in Bruchsal fand ich Zeit und Gelegenheit, über manches nachzudenken, und so recht den geistlichen Tod, so wie auch den Grund desselben in katholischer Kirche zu beobachten. Von hierher stammt nun Alles, was nicht ganz mit der römisch katholischen Kirche übereinstimmen mag.

Ich wünsche nun schließlich nichts mehr, als daß diese kleine Schrift an den Herzen vieler Menschen gesegnet sein möge. Lies sie daher, mein lieber Leser, ohne Vorurtheil, mit Bedacht, im Gebet, und mit dem Wunsche etwas

Gutes aus ihr zu erlernen. Vielleicht wirst du dich überzeugen, daß ich es eben nicht so böse gemeint habe, als ich gerichtet werde; vielleicht lernst du selbst manche Wahrheit daraus erkennen, und dankest am Ende mit mir und mit noch viel hundert andern Dem, von dem in dieser Schrift gezeuget ist. Was dir nicht paßt, das lasse stehen, doch denke darüber nach, vielleicht taugt es dir ein andermal. Hast du aber etwas Besseres, so theile es mit. Mit Dank werde ich alles annehmen, was auf Gottes Wort sich gründet. Nur stelle nicht blos die Kirche entgegen, denn das ist gewöhnlich das Bollwerk der Dummheit, und der Dümmsten im Lande. Wer nicht selbst denken kann und mag, der schreit nur immer: Die Kirche sagt's; und die ist unfehlbar wie ehemals große Könige und Kaiser unüberwindlich. Der Christ soll seines Glaubens Rechenschaft geben können, 1. Petr. 3, 15. Insbesondere aber bitte und ermahne ich diejenigen, die bisher noch nie im Ernst über ihre Zukunft und das Leben jenseits des Grabes nachgedacht haben, doch auch einmal die wichtige Frage an ihr Herz zu stellen, so lange es noch heute heißt: Wie willst du selig werden, Apg. 16, 30. Ist man doch so sehr besorgt für alles Irdische, so ängstlich bekümmert für ein Leben von fünfzig und wenn es hoch kommt von achtzig Jahren; warum sollte man denn nicht auch einmal anfangen, für das Ewige, für ein Leben, das nie zu Ende gehen, nie aufhören wird, einige Sorgfalt anzuwenden. O der Gedanke an ein Jenseits, an ein Fortleben nach dem Tode, an eine große lange Ewigkeit, an einen Richter und an eine Vergeltung in der Ewigkeit sollte doch wohl im Stande sein, auch den rohesten sichersten Weltmenschen aus seinem Schlummer aufzuwecken, und zum Nachdenken über das zu bringen, was Noth, was schnell, heute noch für die lange Ewigkeit Noth thut. 2. Cor. 6, 2. — Liebe christliche Freunde! Verlasset euch nicht auf äußerliche gesetzliche und kirchliche Werke, auf Beten und Fasten, auf Almosengeben, Kirchgehen, Meßhören, Wallfahrten, Beichten und Communiciren, auf Brüderschaften, Ablässe oder Rosenkränze, der Mutter Gottes und den Heiligen zugeschickt; wer nicht wiedergeboren, d. i. in seinem Innern ein ganz neuer Mensch geworden ist, oder mit allem Ernste darnach strebet, sagt Jesus, der kann das Reich Gottes nicht sehen, Joh. 3. Dazu wird mehr erfordert als dies Alles, ja den Meisten schaden diese Dinge mehr als sie ihnen nützen. Vor lauter Aeußerlichem, vor lauter guten Werken, vergessen sie das Innerliche, die Bekehrung. Oder ist es nicht am Tage, daß die meisten Menschen, die so gewissenhaft in diesen Dingen sind, dennoch ein Leben voll Streit und Händel, Haß und Feindschaft, voll Ungerechtigkeit führen, und in ihrem Herzen also weder Glauben noch Liebe haben. Die Heuchler, Mücken seigen sie durch und Kameele verschlingen sie, Matth. 23, 24.

Verlasset euch aber auch nicht auf euren rechtschaffenen und ehrbar bürgerlichen Wandel, auf das Lob, das ihr oder andere euch geben, nicht gestohlen, betrogen, oder Ehe gebrochen zu haben, auf die Achtung und den Beifall, den ihr deßwegen bei euren Mitmenschen genießt. Ach, auch dieß mag einst im Tode nicht nützen und hinreichen. Gott sieht tiefer, sieht dorthinein, wo kein menschliches Aug hinsehen kann, er prüfet Herzen und Nieren, und findet auch da noch Fehler und Flecken, wo wir oder Andere nur Gutes zu finden glaubten. Vor Gott ist kein Sterblicher gerecht, Röm. 3, 10 — 18. 23. Indeß vielleicht auf Erden bei deinem Grabe deine Mitbrüder dich selig preisen, spricht vielleicht jenseits des Grabes eine höhere, des Weltenrichters Stimme zu deiner Seele: Man hat dich gewogen, und du bist zu leicht erfunden. Dan. 5, 27. O darum verlasse sich auch Niemand auf seinen ehrbar vor der Welt geführten Wandel. Was mir Gewinn war, spricht darüber der Apostel, habe ich um Christi willen für Schaden gehalten, ja und noch immer halte ich Alles für Schaden gegen die Alles übertreffende Erkenntniß Christi Jesu, meines Herrn, Phil. 3, 7 — 14. Besser ist's ein reumüthiger Sünder als ein stolzer Gerechter zu sein.

Setzet doch auch nicht zu viel Werth auf äußerliche Kirchen und Namen; nicht die katholische und nicht die protestantische Kirche, nicht der Name katholisch noch protestantisch kann euch selig machen. Jesus konnte es den Judas nicht, ob er ihn gleich von Mund zu Mund küßte, ob er gleich Apostel war und den Namen eines Jüngers Jesu trug. Was nützen Kirchen, wenn wir nicht Kirchen, was nützen Tempel, wenn wir nicht Gottes Tempel sind? 1. Cor. 3, 16. Doch dies ist die wahre Kirche, die durch Gottes reines, heil. Wort, und nach Jesu Vorschrift zur Wiedergeburt und zum neuen Leben uns führet. — Für diejenigen aber, die sich schon darum für glücklich und selig preisen, weil sie katholisch sind, und alle andere, die es nicht sind, richten oder verurtheilen, will ich nur eine kleine Vergleichung hier anstellen von dem, was die Schrift, und von dem, was die katholische Kirche lehrt, damit sie nachdenken, billiger werden, und nicht Alles was glänzt, für Gold halten mögen.

In der Schrift stehet, daß Christus allein unser Mittler und Fürsprecher bei Gott und der einzige Grund unsers Heils sei, 1. Tim. 2, 5. 1. Joh. 2, 1. Apg. 4, 11, 12. — in katholischer Kirche will man aber auch noch die Verdienste und die Fürsprache Mariens und der Heiligen Gottes dazu haben. Christus ist als zorniger Richter hingestellt, Maria hingegen steht als Vermittlerin an Christi Statt.

In der Schrift steht, daß Christus mit Einem Opfer die Geheiligten auf ewig vollendet habe, und daß es hinfort, da die Sünden dadurch vergeben sind, keines Opfers mehr bedürfe, Hebr. 9, 10. — in katholischer Kirche wird aber Christus täglich in der Messe auf's neue Gott geopfert.

In der Schrift steht, daß der Mensch umsonst und aus Gnaden selig werde durch den Glauben ohne alle Werke, Röm. 3, 24 — 26, 4, 5. Eph. 2, 8 — 10. — in katholischer Kirche wird aber die Hoffnung gepflanzt, sowohl auf eigene Werke, als auch auf das Verdienst der Heiligen, auf kirchliche Satzungen und Ablässe.

In der Schrift steht, daß Christus das Abendmahl unter zwei Gestalten eingesetzt, und zu halten befohlen habe, Matth. 26, 26—28. — in katholischer Kirche ist die Einsetzung Jesu geändert und den Laien der Kelch entzogen.

In der Schrift steht, daß mit dem gesegneten Brode und Wein der

Leib und das Blut Jesu verbunden und ausgetheilt werde; 1. Cor. 10, 16. — in katholischer Kirche wird eine Verwandlung desselben gelehrt.

In der Schrift steht, daß Jesus das Abendmahl zum Essen bestimmt und eingesetzt habe, Matth. 26, 26. — in katholischer Kirche wird es zum Segnen und Anbeten gebraucht.

In der Schrift steht, daß wer Gott anbeten will, ihn im Geist und in der Wahrheit anbeten soll, Joh. 4, 24. — in katholischer Kirche wird die Hostie angebetet.

In der Schrift steht, daß man sich keine Satzungen und Menschenvorschriften aufdringen lassen soll, als: Rühre nicht an, koste nicht, taste nicht an, Col. 2, 20. 21. — in katholischer Kirche darf man weder die Hostie, noch den Kelch, noch die Monstranz anrühren, und vor lauter Menschensatzungen sieht und achtet man kaum mehr Gottes Gebot, Marc. 7, 1 — 23.

In der Schrift steht, daß es Teufelslehre und Abfall vom Glauben sei, das Heirathen oder gewisse Speisen zu verbieten, 1. Tim. 4, 1—6. — in katholischer Kirche ist der Ehestand den Geistlichen, und das Fleischessen an gewissen Tagen verboten.

In der Schrift steht, daß der Gottesdienst in einer dem Volke verständlichen Sprache soll gehalten werden, 1. Cor. 14. — in katholischer Kirche wird die Messe, und noch vieles Andere in der dem Volke unverständlichen lateinischen Sprache gehandelt.

In der Schrift steht, daß die Kirche gebaut sei auf den Grund der Apostel und Propheten, so daß Jesus Christus selber der Schlußstein sei, Eph. 2, 20. — in katholischer Kirche wird sie auf einen Menschen, auf Petrus und seine Nachfolger gebaut. Nebst diesem bauen wieder einzelne Menschen und Brüderschaften verschieden; der auf Maria, ein Anderer auf Magdalena, ein Dritter auf Joseph &c., so daß Christus immer vor lauter andern Gründen und Grundsteinen auf der Seite steht.

In der Schrift steht, daß Jesus allen Rangstreit in seinem Reiche verboten und allen Vorrang untersagt habe, Matth. 20, 20—28. — in katholischer Kirche will auf Christi Lehre und Ordnung hin immer einer über den andern, der Pabst über Alles sein.

In der Schrift steht, daß die Geistlichen und Lehrer nicht Gebieter der Auserwählten, sondern Muster der Heerde werden und nicht über ihren Glauben herrschen sollen, 1. Petr. 5, 2. 2. Cor. 1, 23. — In katholischer Kirche wird der Glaube geboten, und der Mensch gehindert, sich eine bessere Ueberzeugung zu verschaffen. O wie viel ist in katholischer Kirche, was Gott nicht geordnet, wie viel ist anders, als es Gott geordnet hat. Ich will gar nichts reden von der Menge der Ablässe, der Messen ums Geld, zu allen Heiligen nach gewisser Zahl, auf bestimmte Tage, vom Heiligendienst, von besondern Andachten zu Heiligen, von Wallfarthen, Brüderschaften, Processionen, Kreuzküssen, Kräuter, Feuer, Palmen, Wein, Kerzen, Wachs, Salz, und Wasser-Weihe und vom Aberglauben, der damit getrieben, und dadurch unterhalten wird, von der Menge des äußerlichen Kirchengeräths und von den verschiedenen Kleidern und Farben, roth, weiß, grün, blau, schwarz &c. Wo steht eine Silbe davon in der Schrift, und wozu dient dies Alles, als daß der Mensch sich in diesen Dingen verliert, Christum, sich selbst und die Besserung seines Herzens vergißt. O darum setze Niemand so viel Werth auf äußerliche Kirchen und Namen, prüfet selbst, betet, leset, forschet in der Schrift, so wird Gottes heil. Geist euch erleuchten. So thaten es die ersten Christen, so thaten es die Beroenser, als Paulus und Silas ihnen das Evangelium predigten, Apg. 17, 11. Dazu weiset uns auch Jesus an, Joh. 5, 39. und er selbst erklärte den Jüngern auf dem Wege nach Emmaus die Schrift, Luc. 24, 27.

Setzet endlich auch nicht zu viel Vertrauen auf Geistliche, sondern achtet und sorget selbst für eure Seele und Seligkeit. Denn wenn es auch treue Hirten und Lehrer unter ihnen gibt, so gibt es doch auch der Miethlinge nicht wenige, wie dieses das alte und neue Testament uns bezeuget: Js. 56, 9—12. 57, 1. Mich. 3, 5—8. Ezech. 34. Zach. 11, 16, 17. Matth. 7, 15. Apg. 20, 29. 30. 2. Petr. 2, 1. Diese falschen Lehrer und Apostel suchen nun nicht die Schafe, sondern die Wolle, nicht die Menschen, sondern ihr Geld. Darum führen sie auch so oft von der Wahrheit des Evangeliums ab, und auf Menschensatzungen und Menschengebote hin, die sie mit dem Namen der Erblehre belegen. Was ist aber jene berühmte Erblehre größtentheils anders, als die Lehre, das Geld der armen Leute auf eine schickliche und anständige Art zu bekommen und zu erben. Dahinaus geht das meiste. Darum wird die Messe als Opfer, und ihr Nutzen für Lebende und Todte, ja selbst fürs Vieh zu allerlei Zwecken, zum Versöhnen, Bitten, Loben und Danken so sehr erhoben, damit die Menschen in einem oder dem andern Anliegen ihr Geld bringen und dieses so nützliche und einträgliche Opfer für sich dargebracht haben wollen. Das ist Erblehre. Darum wird das Fasten und das Enthalten von Fleischspeisen an gewissen Tagen nicht nur empfohlen, sondern auch als ein Gebot den Leuten auf die Schultern gelegt, damit reichere und schüchterne Seelen, die von dieser Wohlthat keinen Gebrauch machen können oder wollen, um eine gewisse Summe Geldes sich dispensiren lassen. Das ist Erblehre. Darum werden die Heiligen mit ihrer Fürbitte so hoch erhoben, und ihre Hilfe an gewisse Altäre, Bilder, Kapellen, Gnadenorte und Wallfahrten gebunden, damit die Menschen durch Messen um ihre Fürsprache werben, oder jene, die Gott nicht überall gleich nahe, gütig und mächtig glauben, an solche Orte hingehen, um dort ihr Geld anzubringen. Das ist Erblehre, freilich eine gute und nützliche Erblehre, die Millionen schon getragen hat, und die, wenn sie auch jetzt in diesen theuern und ungläubigen Zeiten minder ergiebig ist, doch immer die Hoffnung auf eine bessere Zukunft und fruchtbarere Jahre übrig läßt. Diese Erblehre ist ein hoher theurer Schatz der Kirche, und ist leider so alt oder noch älter als die christliche Religion. Phil. 2, 21. 3, 2. 1 Tim. 6, 5—10. Matth. 23, 14. Luc. 16, 13. 14. Von dieser Erblehre weiß aber freilich die Schrift nichts, da steht nichts vom Geld für Messen, für Ablässe, für Dispens vom Fasten u., sondern einzig von Christo dem Gekreuzigten, von seiner Liebe, Gnade und Erbarmung, von Buße, Glauben und dem neuen Leben; und wer darnach lebet, und strebet, dem spricht Jesus selbst Seligkeit zu, er bedarf des ungeschriebenen Wortes oder der Erblehre nicht. Darum setzet auch nicht zu viel Werth auf Geistliche, besonders auf solche, die diese Erblehre so sehr empfehlen; nicht alle suchen euch, viele nur das Eurige. Ach leider manche sehen diesen Stand nur als ein Handwerk an, womit sie ihr Brod verdienen. Forschet selbst in der Schrift, prüfet und glaubet nicht Alles, was man euch vorgiebt, 1. Thess. 5, 21. Ich wiederhole hier nur was Jesus selbst sagte: Hütet euch vor dem Sauerteige der Pharisäer und Schriftgelehrten Matth. 16, 6. 12. oder vor der unreinen mit Menschen- und Kirchengeboten angefüllten Lehre der Geistlichen. Denket selbst, prüfet selbst, glaubet nicht darum, weil es die Geistlichen sagen, sondern weil ihr in eurem Innern durch Gottes Wort und den heil. Geist überzeugt seid. Vertröstet euch aber auch nicht damit, daß ihr denket: was man nicht weiß, das macht uns nicht heiß, und führen uns unsere Geistlichen irre, so mögen sie es verantworten. Zwar werden sie einst am Tage des Gerichts dem Oberhirten Rechenschaft für eure Seelen abzulegen haben, aber auch ihr werdet nicht frei ausgehen, weil ihr euch nicht mehr um eure Seligkeit bekümmert, nicht besser nach Gottes Wort geforschet habt, da ihr doch so emsig und eifrig im Zeitlichen waret. Darum seid wachsam.

Der Herr aber, der uns Alle mit seinem theuern Blute zu seinem Eigenthum erkauft hat, wolle uns auch Alle zu seiner Erkenntniß, zum wahren und lebendigen Glauben und zu seiner Gemeinschaft bringen. Ach ja, Herr Jesu, dein Reich komme, komme bald zu uns Allen. Amen.

Geschrieben, Steinegg bei Pforzheim im Monat September 1822.

Henhöfer.

Henhöfer will nun das thätige Christenthum, das nicht groß und mannigfaltig, sondern kurz und einfach sei, so darstellen, daß es der gemeine Mann mit Kopf und Herz fassen könne.

Der Mensch und der Acker werden oft auch von Henhöfer miteinander verglichen. Wie der Mensch so der Acker. Wie der von Natur Disteln und Dornen trägt, so der Mensch von Natur Unkraut, d. h. Böses. Das ist die Folge der Sünde. Da Viele nun nicht diese Sünde erkennen, so wird gezeigt, wie Johannes sie in ihrer dreifachen Richtung schildert: Hoffarth des Lebens, Fleischeslust und Augenlust. 1. Joh. 2, 16. Unter diesen ist der Stolz am größten, tiefsten und verborgensten.

Da sieh den Stolz an: Er will Alles können und verstehen und zwar Alles besser als andere und kritisirt Alles. Greift man ihn an so wird er zornig und klagt über die undankbare Welt; da rühmt er's bei jeder Gelegenheit wie ihm Niemand was Schlechtes nachsagen könne und in seinem Leben nie vor Amt oder sonst einer Obrigkeit gewesen sei. Seine Fehler versteckt er, leugnet sie auch weg, aber über die Andern zuckt er die Achseln und weiß viel über sie. Da bildet er sich auf seine Herkunft, auf seinen Titel viel ein, schraubt sich über seinen Stand hinauf; dazu will er überall beliebt sein und ist nebenbei übertrieben höflich, Christ bei Christen, Welt bei der Welt, lobt und schilt, bekennt Christum und verleugnet ihn wieder, damit er ja nirgends anstößt. Er hat immer Recht und das letzte Wort und kann keinen Widerspruch vertragen und schilt und beißt, wie der Hund wenn er gebissen wird, da verlangt er Satisfaction, wenn man gegen ihn etwas sagt. Summa: Er will Gott sein, wie sein Stammvater Adam. Und das wollen Alle, und das ist die Erbsünde. „Darum o Mensch, schaue in dein Herz und lerne dich selbst kennen.“

Die zweite Sünde ist die Augenlust. Die Anhänglichkeit an die Güter des Lebens, Habsucht und Geiz. Da will der Mensch immer mehr haben, klagt immer und fängt Händel an, seine schönste Stunde ist, wenn er's Geld zählen kann, gönnt sich keine Ruhe bei Tag und Nacht, will Alles und gibt nichts her, ackert seinem Nächsten die Furchen ab, nimmt hohe Zinsen und macht große und viele Diäten. Kurz wie Adam im Paradiese alle Bäume wollte, den letzten nicht ausgenommen, so will auch er allen Reichthum der Welt wie sein Stammvater Adam. Und von dieser Sünde ist kein Mensch ausgenommen vom Größten bis zum Kleinsten, vom Fürst bis zum Bettler, vom Papste bis zum ärmsten Mönche. Das ist der Sündenfall. Darum o Mensch, schaue in dein Herz und lerne dich selbst kennen.

Die dritte Sünde ist die Fleischeslust. Da will der Mensch nur was seinem Fleische angenehm ist, langes Schlafen, weiche Betten, gut Essen und Trinken und treibt all die Dinge, die St. Paulus Eph. 4. nennt. Wie Adam im Paradiese nicht blos Herr sein, sondern auch den Apfel genießen wollte, ebenso trachtet der Mensch nach Sinnengenuß.

Diese drei Sünden liegen nun in jedem Menschen, nur bei dem Einen oder Andern mehr ausgebildet, das kommt nur auf die Eltern und die Erziehung an. Wer daher Einen Menschen kennt, der kennt Alle, wer sich kennt, der kennt die ganze Welt und hat den Schlüssel zu aller Menschen Herzen. Das ist nun das Menschenverderben in Satans Reich. So lange diese Sünden die Herrschaft haben, so lange gehört er in Satans Reich. Er ist kein

Kind Gottes, wenn er auch getauft ist und zum Abendmahl geht. Er gehört mit aller Beicht und Wallfahrt und Procession doch in Satans Reich. Matth. 7, 16 — 20. Luc. 13, 26 — 27. Röm. 3, 28—29. Gal. 5, 6. 1. Cor. 10, 1—11.

Ganz anders ist's mit dem Kinde Gottes — da ist Demuth statt Stolz, Lostrennung statt Anhänglichkeit und Geiz und Abtödtung und Kreuzigung statt Fleischeslust. Solche Gesinnung wird nun gezeigt am Heilande. Wie er ist, sollen auch wir sein und werden. Aber das kann man von selber nicht werden, so wenig der Acker von sich selbst gute Früchte tragen kann. Wie der Acker so muß und kann der Mensch gebessert werden. Soll das geschehen, so sind dazu 3 Stücke nöthig:

1. Etwas von Seiten des Sämanns und das ist der Same. Der Sämann muß nach der Frucht, die er haben will, den Samen geben, Korn, wenn er Korn, Haber, wenn er Haber ernten will.

2. Etwas von Seiten des Ackers und das ist das Aufnehmen. Der Acker muß den Samen aufnehmen und nicht auf der Oberfläche unvereinigt liegen lassen. Dazu ist aber das Umackern und das Wegräumen des Unkrauts nothwendig.

3. Etwas durch die Wirkung beider Theile, und das ist die neue Geburt. Durch die Vereinigung des Samens mit dem Acker ziehet das Samenkorn die Kraft des Ackers an sich, es bildet sich in der Erde eine neue Geburt; der Same schießt auf, die Erde trägt die Frucht, zuerst Gras, dann der Halm mit der Aehre und zuletzt das volle Getreide in der Aehre. Marc. 5, 27—28.

Wie beim Acker so beim Menschen. Der Mensch muß bebaut werden. Soll der Mensch gut werden, so brauchts etwas von Seiten Gottes, den Samen und das ist die Liebe. Diese Liebe besteht nun darin, daß Gott uns durch Christum, uns durch sein Leiden und Sterben und Auferstehen, von der Sünde und dem Tode erlöst und dem Teufel die Macht genommen hat. Joh. 3, 14—18. Röm. 4, 25. 1. Petri 1, 18—19. u. s. w.

Diese Liebe will Alle ohne Unterschied selig machen, die ist's, die nun auch den Menschen heiligt, die ihn salbt mit dem Oele des heiligen Geistes. Wer diese Liebe an seinem Herzen erfahren hat, der hat Religion, ist Kind Gottes, hat den Frieden Gottes und das himmlische Manna genossen. Um die Erkenntniß dieser gekreuzigten Liebe, als des rechten Namens Gottes, in welchem er sich geoffenbart, beten wir in der ersten Bitte des Vaterunser: „Geheiligt werde dein Name". Diese große Liebe sollen nun die Mitarbeiter Gottes säen und nichts anderes. Hier ein Beispiel.

„Vor noch nicht so langer Zeit kamen zwei Missionare auf eine Insel, um da die armen Heiden zum Christenthum zu bekehren. Sie predigten längere Zeit, und nicht ohne Eifer, stellten den Heiden bald ihre Sünden, bald die Gerechtigkeit, dann wieder Jesum als Muster und Vorbild, kurz Gesetz und Himmel und Hölle vor, aber vergebens. Niemand wollte sich zu dem gesetzlichen und strengen Herrn Jesus bekehren, und so mußten sie unverrichteter Dinge wieder weiters. Ihnen folgten zwei Andere, die die Sache auf eine andere und bessere Weise unternahmen, und glücklich ausführten. Sie stellten zwar auch, wie die ersten, ihren Zuhörern die Sünde in ihrer Größe, Gott in seiner Gerechtigkeit und Jesum als Vorbild und Muster dar; aber beim Gesetz allein blieben sie nicht stehen, sondern gingen nun auch weiter zum Evangelium, und zeigten ihnen, welche Liebe Gott dem verlornen Sündergeschlechte in seinem Sohne erwiesen, wie Jesus auch für sie sein Blut vergossen und am Kreuz den Tod gelitten habe, und wie bereit nun Gott sei, mit aller Liebe sie aufzunehmen und ihnen Vergebung aller ihrer Sünden durch den Glauben an unsern Herrn Jesum Christum angedeihen zu lassen. Diese Liebe rührte und bewegte das Herz der armen Heiden, und siehe da, was die ersten Missionare ewig nie bewirkt haben würden, das bewirkten in Kurzem die zweiten. Die Menschen wurden angezogen durch die Liebe Gottes und unsers Herrn Jesu Christi, beweinten ihre Sünden, nahmen Jesum als ihre Versöhnung an, ließen sich taufen auf seinen Namen, erfuhren die Kraft des Evangeliums an ihrem Herzen, und änderten ihr Leben. Aus diesem kurzen Beispiele sehen wir, wie viel auf das rechte Samenkorn ankomme. Die ersten predigten, die zweiten predigten, beide mit gleich viel Eifer, aber die ersten predigten blos Gesetz und Moral, Jesum als Vorbild, die zweiten predigten Gnade und Evangelium, Jesum als Sühnopfer. Liebe gewinnt die Herzen, die Liebe des Kreuzes zieht Sünder an, nnd macht neue Menschen aus ihnen. Joh. 12, 31. 1. Cor. 1, 18. 24. Röm. 1, 16. 1. Tim. 1, 15."

Die Predigt dieser Liebe, die keiner Floskeln bedarf, ist allein das rechte Samenkorn das ausgestreut werden soll.

Aber leider sind die Kanzeln leer von solcher Predigt. Schöne Worte und hochherfahrende Moralpredigten aus Satans Schule kann man hören. Durch Stolz und Ehrgeiz will man die Leute gut machen, das heißt doch mit Beelzebub Teufel austreiben und mit Satans Macht Gottes Reich aufrichten, d. h. ein „christlich Heidenthum" pflanzen. Darum sieht es so traurig aus in der Kirche. Kein heidnisch Volk kann der Kirche solche Wunden schlagen, als solche falsche Propheten. Da sollen die Wächter Zions helfen; weil das nicht geschieht, deßwegen verlangen die, die nicht nach Befehl schlafen wollen, nach Sekten und Trennung.

Was den zweiten Punkt angeht, so ist erforderlich das Aufnehmen des Samenkorns und das ist der Glaube. Dieser Glaube ist aber doppelter Art. Entweder der Kopfglaube oder der Herzensglaube. Der erste verwirft also die Liebe nicht, aber er wird nicht davon ergriffen. Es ist bei ihm auf den Weg oder auf Felsen gesät. Er glaubt das Evangelium, wie man eine kurzweilige Geschichte glaubt. Diesen Glauben kann man lernen in der Schule aus dem Katechismus, und kann ihn auch Schulglauben heißen; insofern er auch den Leuten blos äußerlich auf den Lippen liegt und kaum nur recht weiß um was es sich handelt, kann man ihn auch einen Maulglauben heißen. — So einen Kopf-, Schul- und Maulglauben haben die Meisten. Der Herzensglaube setzt den Kopfglauben allerdings als Wissen voraus. Aber es bleibt nicht dabei stehen. Es ist ohnehin keine Menschensache sondern Wirkung des heiligen Geistes und kann von keinem menschlichen Lehrer gelehrt werden. Er eignet sich diese Liebe völlig an, wie der Acker sich das Samenkorn völlig aneignet. So sind wir angeschaut als hätten wir alles vollbracht, was Christus für uns gethan hat. Das ist der wahre katholische oder allgemeine allein seligmachende Glaube. Erst nachdem man die Erlösung aus der Religion herausgethan, und das Christenthum zur Moral- und Vernunftreligion gemacht, d. h. nachdem man ein Schloß in die Luft gebaut und dem Menschen aber keine Flügel gegeben hatte ist man man dahin gekommen, den Glauben blos ein Beifallnicken zu nennen.

Dieser Glaube ist anfangs ein Kind und soll ein Mann werden. Aber er macht den wahren Christen aus; nicht Taufe, noch Beichte, noch Kirche, noch Abendmahl. Er ist nicht häufig. Wie es wahre und falsche Münzen gibt, gibt's auch wahre und falsche

Christen; er ist so verschieden in der Welt, daß man ihn pietistisch, mystisch, schwärmerisch, lutherisch heißt. Damit ist man am schnellsten fertig und gilt obendrein noch als ein aufgeklärter Kopf. Um diesen Glauben bitten wir nun in der zweiten Bitte „Dein Reich komme. Wie aber der Acker, damit er den Samen aufnehmen kann, erst mürbe gemacht sein muß, und das Unkraut verlieren, so muß auch der Mensch erst umgeackert, d. h. er muß zuerst bußfertig werden. Daher geht vor Christo Johannes einher. Matth. 3. Die Buße kommt aus dem Gesetz, welches uns die äußere und innere Sünden aufdeckt, anklagt, richtet und verurtheilt; dadurch wirkt es Verlangen nach Errettung. Gal. 3, 24. Doch ist die Buße nur Mittel zum Glauben, wie das Umackern zur Aufnahme. Wer immer Buße predigen will, und immer straft, der ist wie ein Mann, der immer darauf losackert und nichts einsät; höchstens kann er ein wenig Unkraut weggäten, aber den Acker nicht umändern. Daher kommt's, daß mancher eifrige Seelsorger zu keinem Segen kommt. Es ist eben leichter das Gesetz predigen als die Gnade. Das Gesetz besteht mit Stolz, die Gnade verlangt ein demüthiges und zerknirschtes Herz. Glauben ist die nothwendigste, innerliche Form des Christenthums.

Soll der Mensch gut werden und gute Früchte tragen, so ist nöthig:

3. etwas von beiden Theilen und das ist die neue Geburt, woraus die Früchte des Geistes hervorgehen. Wie sich nämlich beim Acker durch die Aufnahme der Same mit der Erde vereinigt und eine neue Geburt bildet, die dann emporkeimt und jene Früchte trägt, die eingesät worden sind, so vereinigt sich durch den Glauben die Liebe Gottes unseres Vaters — Jesus Christus — mit der menschlichen Seele, welche Vereinigung man ein Sakrament des Glaubens nennen könnte, da es Göttliches und Menschliches, Christum und die Seele miteinander verbindet und so den neuen Menschen bildet, der dann zunimmt und Früchte trägt. Liebe, Freude, Friede rc. wurde eingesät und darum kann auch nur sie geerntet werden, denn wie der Same, so die Ernte. Wenn z. B. ein Fürst einen seiner Diener, der ihm treu diente, begünstigte, und ihm besondere Auszeichnung zukommen ließe, so wäre dieß große Liebe und Gnade; wenn aber der Diener zum Verbrecher an seinem Herrn würde, nach Thron und Leben ihm strebte, und den Tod verdient hätte, und der Fürst würde ihn begnadigen, um ein theures Pfand

ihn auslösen, ja zum Miterben seines Reiches ihn einsetzen, so wäre dieß die größte Liebe und Gnade, die kein Mensch dem andern erweisen wird. Röm. 5, 8—9. Diese Liebe hat Gott aber gegen uns erwiesen, da kann denn ein Mensch, der diese Liebe angenommen und empfangen hat nicht anders, als daß er den wieder liebt, und mit guten Werken preist, der ihn zuerst geliebt. Das ist die wahre, christliche Moral, hervorgehend aus der Dogmatik des Herzens. Die reinste Vernunftlehre bringt diese Früchte nicht zu Stande und reicht nicht hin zu dem Worte: „die Liebe Christi dringet uns also.“ Freilich, wo diese Frucht nicht gesät wird, da kann sie auch nicht geerntet werden und hier liegt das Elend unserer Zeit. Die Kirche ist zu einem Theater geworden, wo man nur hingeht, um schöne Worte zu hören oder etwas Neues zu sehen. Mit lauter Moral in blumenreicher Sprache speist man die armen Menschen und will sie mit Stolz und Ehrgeiz zu guten Werken treiben. Das heißt aber dem Holzapfelbaum sagen, er soll Reneiten tragen, oder zum unbesäten Acker, er soll Korn bringen, weil's so schöner wäre. Nein, zweige zuerst und säe zuerst. Und um diese neue Geburt bitten wir täglich für uns mit der dritten Bitte: Dein Wille geschehe, wie im Himmel, also auch auf Erden. Das ist nun das wahre Christenthum. Die beste Pastoral ist die Liebe zu den Seelen, die so theuer erkauft sind. Der Lohn auf Erden dafür ist Verfolgung, jenseits aber unverwelkliche Krone. Darin sind auch nun alle christlichen Religionen einig, nur in den Mitteln scheiden sie sich. Wer danach lebt ist der wahre Christ, mag er heißen, wie er will, katholisch oder lutherisch sein und gehört zu Christi Kirche auf Erden. Daher können auch bei einem Geistlichen, der wahres Christenthum pflanzt und das Aeußerliche nur als Mittel dazu gebraucht, alle Religionen, Kirchen und Secten anstehen, falls sie Wahrheit suchen, ohne daß er einer andern Kirche als der seinigen angehört und ohne daß sich andere Confessionen von ihrer Kirche trennen. Sein Heil aber auf äußerliche Kirche setzen, das ist nicht nach der Religion Jesu, das heißt einen engherzigen Jesus predigen. Alle die Menschen, die wahrhaft wiedergeboren sind, machen die wahre Kirche aus, sie seien nun Katholiken oder Protestanten. Zu ihnen gehören auch die Todten, die in dem Herrn entschlafen sind. Man nennt deßhalb diese Kirche die innerliche, unsichtbare, weil das Band, die Liebe, etwas geistiges ist.

Diese Kirche ist einig, denn ihre Glieder haben einen Geist; sie ist heilig, denn ihre Glieder sind geheiligt und gereinigt und gerecht worden durch Jesum, sie ist allgemein „katholisch", denn allgemein gibt es Leute, die ihre Knie nicht vor Baal beugen; sie ist apostolisch, denn sie stammt von Christo und den Aposteln und erbaut auf den Sohn Gottes, den Felsen Petri. Außer dieser Kirche ist kein Heil. Oft ist sie sehr klein, oft gehören ihr ganze Gemeinden an. In ihr wohnt Gottes Geist und ihre Dauer ist in Ewigkeit.

Nun nachdem vom „innerlichen Christenthume" die Rede war, kommt Henhöfer auf die Mittel wodurch es gepflanzt und herangezogen wird.

Alle Mittel müssen dienen

1. die Liebe Gottes in Christo,
2. den Glauben,
3. die neue Geburt und das neue Leben

zu pflanzen. Das sind nun erstens Mittel, die Christus selbst eingesetzt hat: Wort Gottes, Sacrament und Gebet.

Das Wort Gottes. Es kann Gott wohl auch auf außerordentlichem Wege seine Liebe uns ins Herz bringen, wir sind aber an die ordentlichen Mittel gebunden und da ist das Wort Gottes das erste. Jac. 1, 18. Dies Wort bringt uns Jesum, seine Gerechtigkeit, Weisheit, Heiligkeit und Erlösung. Auch durch dies Wort kann daher der Mensch Vergebung und Kraft zum Leben empfangen, wie durch das Sacrament. „Das Fürstenwort allein und ohne äußerliche Zeichen gibt dem Verbrecher so gut Begnadigung, wie eine andere Art der Mittheilung."

Dies Wort ist schon die ewige Liebe und ist gleich dem Sohne Gottes der selber das ewige Wort ist. Statt den die Ohren kitzelnden Moralpredigten — die doch nur Anweisungen für Todte sind, wie sie gehen, laufen und dem Himmel zuspringen sollen — wäre also besser das Wort predigen, wodurch Leben in den Menschen kommt.

Dies Wort weckt den Glauben, weil es ein gnadenvolles ist. Das ist der rechte Löseschlüssel, der sowohl den Himmel als auch das Herz des Menschen weit aufschließt. Aber Gnadenwort muß es sein, keine Moral.

Dies Wort erzeugt das neue Leben und wirkt die Frucht des Geistes.

Das zweite Mittel ist das Sacrament.

Sacramente müssen enthalten die Liebe Gottes in Christo, das ist: die Gnade. Wer diese Liebe nicht kennt, verspeist leere Schaalen.

Die geheimnißvolle Verbindung der Liebe Gottes in Christo (oder des Wortes) mit dem äußerlichen Zeichen, macht das äußerliche Sacrament an sich aus; sowie die geheimnißvolle Vereinigung des Wortes mit meiner Seele durch den heiligen Geist das innere Sacrament des Glaubens ausmacht. Die Hauptsache ist's Wort. Wie der Wein die Hauptsache ist, wenn Wasser und Wein gemischt wird, und das Wasser nur seine Kraft vom Wein empfängt.

Sie müssen zum Glauben dienen. Was die Predigt auseinandersetzt, das bietet uns das Sacrament in Einem dar und zwar um unsers schwachen Glaubens willen. Beispiel: Ich wäre sehr arm und außer Stand nur die nothwendigsten Bedürfnisse und Kleider anzuschaffen (dies ist der geistliche Zustand des Menschen, der das Kleid der Gerechtigkeit verloren) — Mein Fürst, der dies erführe und mich sehr liebte schickte mir durch seinen Diener die nöthigen Dinge. Dies ist das Evangelium und die Gnade die der Herr seinen Dienern für uns anvertraut hat. Der Diener kommt und legt nun alles auseinander, zeigt und bietet mir es an als ein Geschenk vom Fürsten. Dies ist die Predigt. Ich könnte nun wohl zugreifen, denn es ist alles für mich, aber meine Armuth hat mich blöde und schüchtern gemacht und so getraue ich mir nicht recht. Dies ist der schwache Glaube. Daher legt der Diener nun Alles zusammen und übergibt es mir in Einem, und das ist also der Unterschied zwischen der Predigt und dem Sacrament. Dort liegt die Gnade im Wort, hier im äußerlichen Zeichen; dort zur Annahme angeboten, hier des schwachen Glaubens wegen auf feierliche Art mitgetheilt.

Durch das Sacrament soll bewirkt werden die neue Geburt und das neue Leben.

Wir bitten ja um solchen Segen in der Bitte: Vergib uns unsere Schulden ꝛc.

Sacramente sind zum innerlichen Christenthum nicht unumgänglich nöthig, denn durch das Wort Gottes wird der Mensch wiedergeboren. Wer durch die Predigt die Gnade aufgenommen und zum vollen Glauben gekommen ist, der bedarf nicht mehr des

Sacraments. Sie werden ja ertheilt um des schwachen Glaubens willen. Da wir nun Alle schwach und schüchtern sind, so sind uns die Sacramente nöthig. Aber auch der Starkglaubige soll sich nicht davon trennen, der Ordnung, des Schwachen, des Aergernisses wegen.

Die Sacramente sollen deutsch gegeben werden jedem in der Muttersprache.

Es kommt nicht darauf an, von welchem Geistlichen sie verwaltet werden, wie es beim Weine auch nicht darauf ankommt, ob man ihn von einem guten oder schlechten Wirth empfängt. Sacrament setzt Erkenntniß und Glauben voraus. (Doch macht die Kindertaufe eine Ausnahme, weil sie Aufnahme in den Bund ist.)

Sacramente nützen nichts bei Leuten, die den Verstand verloren haben, oder bei Kranken, die nicht bei sich sind.

Sacramente sollen keinen Unglaubigen ertheilt werden. Es gibt keine Neutralchristen. Entweder Glaube oder Unglaube.

Ueber ihre Zahl sollte man nicht streiten, da sie ja nur Mittel, nicht das wahre Christenthum selbst sind. Wir haben Vergebung und Kraft zum neuen Leben nöthig. Ob nun dies in zwei oder sieben Formen mitgetheilt wird, ist gleichviel, wenn wir nur zum Ziele kommen. Wenn Jemand in der Nacht von A. nach Z. reisen wollte, so wäre vor Allem nöthig, daß er den Weg gut wüßte, sonst könnte er an einen dritten Ort kommen. Nun ist es wohl auch gut, wenn er Latern und Fackeln hat, oder der Mond am Himmel steht. Doch sind dies nur Mittel, und an ihrer Zahl liegt nichts, der Weg, das Gehen ist die Hauptsache.

Uebrigens halte sich hierin jeder an seine Kirche, setze aber nicht die Hauptsache auf äußerliche Mittel und Zahl.

Am allerwenigsten hätte man sich über das Abendmahl streiten sollen, da es kein Mahl der Trennung, sondern der Vereinigung ist.

Das Abendmahl muß aber als Mittel zum innerlichen Christenthum enthalten:

1) Die Liebe Gottes, unsers Vaters, d. h. Jesum für uns ans Kreuz geschlagen. Dies nennt man das geistige Abendmahl. Das besteht in dem Empfangen der Liebe, womit er uns geliebt. Das kann man nicht mit dem Munde genießen. Bei der Kreuzigung hätten alle die communicirt, die glaubten, daß Jesus nicht bloßer Mensch, sondern wirklich der Sohn Gottes gewesen und nicht

für seine Lehre, sondern zur Tilgung unserer Schuld am Kreuze hange. So kommunizirte der Schächer; leiblich kommunizirt man, wenn man mit dem Munde die Speise genießt, die Jesus beim letzten Abendmahl eingesetzt hat.

Ueber dies geistliche Abendmahl sind alle Kirchen einig, über das leibliche streiten sie sich.

(Folgt nun eine Auseinandersetzung der verschiedenen Lehren vom Abendmahl, der reformirten, lutherischen und katholischen.)

Es muß dienen 2. zum Glauben. Dies geschieht dadurch, daß uns diese Liebe Gottes mitgetheilt, und zugleich die Erinnerung an den Tod Jesu nahe gebracht wird. (Das Passah des alten und neuen Bundes wird mit einander verglichen.) Hier erklärt sich auch Henhöfer gegen die Austheilung in einer Gestalt in der römischen Kirche. „Was Gott verbindet soll der Mensch nicht scheiden." Ebenso gut kann man auch das Brod nehmen und dann haben die Laien gar nichts. Am Abendmahlstag sollte man darum mit der Liebe Gottes in Christo sich beschäftigen und nicht mit dem Rosenkranz und Heiligenverehrung, da Christus, und nicht Maria für uns gestorben ist. Der Tod Jesu aber stärkt den Glauben, denn er sagt uns, daß Gott den Tod des Sünders nicht wolle. Auch ist's eine Stärkung für den Schwachgläubigen, wenn er hier aus allen Ständen Leute sieht, die in gleicher Armuth und gleichem Glauben stehen, daher Communion, und zwar der Gläubigen. In der Predigt kommen Unglaube, Aberglaube und Glauben zusammen. Hier sollten die kommen, die gläubig geworden sind. So haben wir auch noch die sichtbare Versieglung unserer Sündenvergebung durch das h. Abendmahl, wie Simeon den Heiland in den Armen, Thomas den Heiland mit Fingern betastet. Das Abendmahl ist gleichsam der mit Blut geschriebene Freiheitsbrief unserer Erlösung, das Unterpfand des ewigen Lebens.

So ist's auch stärkend zur Buße. Denn wenn wir den Tod Jesu im Abendmahl betrachten, so müssen wir fragen: wenn das am grünen Holz geschieht, was wird am dürren werden? Für dich, für deine Sünden heißt's!

Dadurch soll auch das neue Leben gestärkt werden: Liebe zu Gott, zu Jesu, zu allen Menschen — Demüthigung unsrer selbst; Barmherzigkeit, Geduld und Ergebung, Friede, Freude und Seligkeit. — —

Nun geht Henhöfer über zu einer Beleuchtung der äußerlichen Verehrung des Sacraments in der katholischen Kirche. In der Wandlung liegt der Grund des ganzen äußerlichen Gottesdienstes, die Quelle der meisten Ceremonien, aber auch des Elends und des Verfalls der katholischen Kirche. Darum das Kniebeugen und die Anbetung, die Aussetzung zur Verehrung und Einräucherung, Procession, die Ehrenwachen, das Schießen, die theuren Monstranzen, vornehme Kirchenkleidung — kurz alles, um den Gottesdienst sinnlich und äußerlich zu machen. Gegen diesen Tabernackels-(Sacramentshäuschens-) Christus und seine Verehrung läßt sich viel einwenden.

1. Die Schrift sagt, wenn sie euch sagen, Christus ist hier — auch im Tabernackel — so glaubt es nicht.

2. Die Schrift weiß nur von einer Verehrung Gottes im Geist, sie redet von einem „vernünftigen Gottesdienst." —

3. Hat Christus dies Mahl zum Essen und nicht zur Verehrung bestimmt. Nehmet und esset — nicht: tragt's herum. — Ist es nicht bei der Taufe so, daß das Wasser nur während derselben Kraft hat? Der Segen war in den Broten, womit die 5000 gespeist wurden, nur bei der Speisung. Auch sagt der Heiland nicht: Dies ist mein Leib, nehmet und esset — sondern nehmet und esset — dies ist mein Leib. Es wäre die Anbetung der Hostie nichts als Abgötterei, geringer noch als die des Monds und der Gestirne, wenn dies Brod auch außer dem Abendmahl noch zu Etwas dienen sollte.

4. Kann Jesus unmöglich diesen Tabernackels-Christus gewollt haben. Durch diesen äusserlichen Christus ging der innerliche verloren, durch diesen Christus im Tabernackel vergaß man den zur Rechten Gottes und vergaß des Gekreuzigten Liebe. Gottes Wort wurde gering geachtet und man lief zu äusserlichen Ceremonien. So wird auch der ganze Sinn des Menschen ein äusserlicher. Christus ist aussen, der Teufel drinnen, der Gottesdienst äusserlich, der Teufelsdienst innerlich.

Was nun die Messe betrifft, als unblutiges Opfer durch die Priester, so sagt Henhöfer:

1. Der Heiland hat am Abend des Mahles uns eine Zubereitung, nicht ein wirkliches Opfer gebracht: das geschah erst am Kreuz.

2. Ist sein Opfer ein einmaliges. Christus ist einmal geopfert, wegzunehmen Vieler Sünden. Hebr. 7., 26—27.

Er ging nicht in den Himmel (in das Allerheiligste) um mehrmals sich zu opfern, sondern einmal. Heb. 10., 10—14. 18.

3. Warum werden wir nirgend zum Opfern, sondern zum Glauben angetrieben? Nicht wir sollen ihm, sondern Christus will uns etwas geben.

4. Von Dankopfern ist wohl die Rede, von Verleugnung 2c., aber nicht von eigentlichen.

5. Auch redet die Schrift nicht von Opferpriestern im neuen Testament, sondern sie stellt die Priester des alten Testaments in Gegensatz gegen die des neuen Testaments. Diese sind Prediger. Nirgends stellt sich der Apostel als Meßpriester hin, der mit seinen Gehülfen vom Altar und Opfer zu leben hat.

6. Ist das Verdienst Christi ein ewiges, dann ist die Messe überflüssig; ist die Messe nothwendig, so ist Christi Verdienst nichts.

7. Macht die Messe den Menschen glauben, daß er durch äußerliche Mittel selig wird. Sollte einmal der gemeine Mann wissen, daß er umsonst und aus Gnaden selig werden kann, ohne einen Kreuzer Auslage, durch gründliche Bekehrung, gewiß, er gäbe keinen Kreuzer mehr für eine Messe aus, und nur zu bald würden alle Seelen- und Engelämter, Jahrtäge und Messen, der ganze Handel mit Christus aufhören.

Durch die Messe stieg der Priester Ansehen und sie bekamen einen Schein der Heiligkeit, mehr noch, es trug viel Geld ein. Das ist die geistliche Steuer, wie die Fürsten die weltliche ausschreiben. Dazu ist's um die Messe auch ein bequemes Ding. Es ist leichter eine stille Messe zu lesen als das Wort zu predigen.

„An Messe und Abendmahl liegt das größte Elend der katholischen Kirche." O möchte doch hier von Männern Abhülfe geschehen, denen das wahre Wohl der Menschheit, das Leben jener Seelen am Herzen liegt, die Christus durch sein Blut erkauft. Man entferne durch allgemeine Gesetze das Meßgeld und das Uebrige wird bald fallen."

Wir kommen zur Beichte.

Auch sie muß das Mittel zum innerlichen Christenthum enthalten.

a) Die Liebe Gottes, Vergebung der Sünden, woraus der Friede kommt.

Aeusserliches Zeichen von Christo eingesetzt hat die Beichte keines, denn Beichte und Reue können nicht das Zeichen sein. Allein da eine Mittheilung der Gnade geschieht, rechnet sie die katholische Kirche zu den Sacramenten. Aber man sollte sich darum nicht streiten, da man im Wesen eins ist.

Sie muß dienen zum Glauben. Dies geschieht durch das Zusagen der Vergebung an Christi statt.

Die Hauptsache aber ist zuerst die Erkenntniß der Sünde zu wecken. Es muß der Mensch seine Sünden bekennen. Darum ist die Beichte zunächst nur Mittel zur Busse, nicht zur Gnade. Darum soll man kein Gesetz daraus machen. Denn auch ohne alle Sünden vor dem Priester zu bekennen, kann man Gnade haben. Die Kirche soll keine Polizeianstalt sein, darum soll der Beichtvater kein Staatsbeamter sein, nicht zanken und schelten, sondern zur Busse führen und trösten. Das erfordert aber einen erweckten, keinen todten Geistlichen, denn ein Blinder wird den andern zur Grube führen.

Wir kommen zum Gebet. Das soll auch zu jenen drei Zwecken dienen.

Alle Gebete und Gesänge, die nicht die Liebe Gottes in Christo enthalten taugen darum nichts. Alle die sind unnütz, die Moral und Pflichtenlehre blos enthalten, auch alle die, die blos gewohnheitsmäßig heruntergebetet werden. Die besten Gebete sind die, die aus dem Gebetbuch des Herzens kommen.

Auch die sind unnütz, die in fremder Sprache geschehen, dahin rechne ich auch die Meßgebete. Dies kann nicht Glaube und Liebe wecken. „Man wird nicht Einen Menschen finden, der durch eine Messe belehrt und zum neuen Leben gekommen ist, dagegen Tausende die daran gestorben sind. Die Messe, so wie sie jetzt besteht, ist das Ruhekissen, worauf die Leute schlafen, der Jahrmarkt der Geistlichkeit, der Krempel in Gottes Tempel, das Schauspiel der Kirche, die Speise, woran Priester und Volk sich zu Tode ißt."

Ich komme zum Rosenkranz.

1. Sein Hauptfehler ist, daß er wenig von der Liebe Gottes enthält, sondern davon abführt.

2. Es kann ja nicht erbauen, einen 50 mal nach einander zu grüßen.

3. Werden die Leute dadurch stumpf und sinnlos.

„Rosenkranz beten heißt darum leer Stroh dreschen."

Wollte man dagegen einwenden „es seien dies „Steiper" oder Stützen des Volkes, die zwar der Gebildete nicht brauche, die man aber dem Volk nicht nehmen dürfe — wie kann etwas „Steiper" sein was tödtet? Warum soll der gemeine Mann, der ohnehin zurücksteht, auch im Christenthum zu kurz kommen? und mit Stroh vorlieb nehmen, während die Gebildeten „Manna" essen?" Siehe dagegen Matth. 11, 5, 1. Cor. 1, 17—29.

Das Evangelium und sonst Nichts ist der Steiper oder die Stütze des Volks, der Leist, worüber Alles geschlagen werden muß.

Hier schaltet Henhöfer die Lehre von den Heiligen ein; „um so mehr als da wirklich hierin von den Protestanten, die den Glauben des Volkes nicht unterscheiden von der Lehre der Kirche, den Katholiken oft unrecht gethan wird."

Heilig ist der, der von Sünden frei und der Tugend ergeben ist. Wer also Vergebung der Sünden im Blut Christi erlangt hat und den Weg der Gerechtigkeit wandelt, den nennt man heilig. So gibt es Heilige im Himmel und auf Erden.

Der Papst spricht nun solche Leute, wie oben gesagt, heilig. Aber er ist nicht unfehlbar. „Viele werden auf Erden heilig gesprochen, die dort im ewigen Feuer gebrannt werden," sagt Augustinus. Nur „Schriftheilige" kann und darf man verehren. Aber der Handel mit ihren Beinern und die Heiligsprechung trug viel Geld ein. Heilige sind uns ehrwürdig

a) wegen ihrer Tugenden, wie Maria;

b) wegen ihrer Verdienste um uns wie Marka, die Apostel;

c) wegen ihrer Theilnahme und Fürbitte für uns. Sie beten aber für Alle, ohne daß wir sie anrufen, weil sie den Geist Jesu haben. Sie werden innerlich verehrt, dadurch a) daß man ihre Lehre annimmt. Wer aber Jesum ehrt, ehrt damit auch schon alle Heiligen; b) daß man ihr Beispiel nachahmt, soweit es mit der Schrift stimmt; denn die Verleugnung Petri soll man nicht nachahmen, darum auch nicht so fabelhafte Dinge erzählen, daß die Leute bloß die Mäuler aufsperren. Sie werden äusserlich verehrt, durch allerhand Ceremonien, die man mit ihnen vornimmt, wobei aber viel Falsches unterläuft. Wenn man alle Nägel zusammenhätte, die als solche ausgegeben werden, womit Christus an das Kreuz genagelt worden sein soll, so könnte man die ganze ungarische Cavallerie damit beschlagen, sagt ein Schriftsteller. Diese äusserliche Verehrung ist nun ohne allen Nutzen. Da heißt es doch: Du sollst Gott deinen Herrn anbeten und ihm allein dienen. Darum sollte diese Heiligenverehrung, weil heidnisch, ganz abgeschafft werden. Es werden aber die Heiligen auch angerufen um ihre Fürbitte, denn sie selbst können nicht helfen. (Jesaja 63, 16.) So kann sich Einer, um seinen Sohn vom Militär los zu haben an den Ortsvorstand, an das Amt, an das Kreisgericht, an das Ministerium und dann an den Fürsten wenden — oder er geht gleich zum Fürsten in die Audienz. Das eine ist der Weg durch die Heiligen, das andere der ohne Heilige; welches ist der beste?

1. Gott kennt unsere Lage am besten.

2. An Ihn sind wir gewiesen.

3. Er liebt uns mehr als alle Heiligen. Wir haben ja Jesum als Fürsprecher bei dem Vater. Es geht eben bei Gott nicht menschlich zu wie in einem Hause, wo das Kind, das sich vor dem Zorn und Strafe des Vaters fürchtet, in den Mutterschoos flüchtet. Uebrigens wer will, der rufe an. Es kann auch ein Kind sich durch das Ministerium an seinen eigenen Vater wenden. Wir aber haben freien Zutritt. Falsch aber ist, wenn man von den Heiligen Dinge sagt, die den Herrn in den Hintergrund stellen: z. B. die Maria das Heil der Kranken, die Zuflucht der Sünder nennt, das Alles gilt doch nur von Christo. Falsch, wenn man sie um zeitliche Dinge anspricht; wenn man ihnen gleichsam ihr Amt im Himmel zuspricht, „wie z. B. St. Wendelin den Stall, St. Florian das Feuer, dem heiligen Nepomuck die Inspektion über die Brücken;" das sind allerdings wunderliche und neue Heilige.

Hieran reiht sich eine Betrachtung über die Ceremonien; soweit sie nicht von Christus weg, sondern zu ihm führen, läßt sie Henhöfer stehen, aber er fürchtet für das innerliche Christenthum, und daß man trotz alledem die Schaale für die Hauptsache, oder doch wenigstens auch für durchaus nothwendig halte. „So verspeist das Volk den Kern mit der Schaale, den Krebs mit der Decke, die Schnecke mit den Häusern. —

Will man sagen, der Mensch ist sinnlich, und bedarf darum sinnlicher Mittel, um zum Höhern geleitet zu werden, so hätte es

Christus auch gethan. Das kömmt mir aber vor, wie wenn man das Kind durch Spielsachen zum Denken, dem Trinker durch Trinken den Wein abgewöhnen und den Wassersüchtigen mit Wein kuriren wollte. Warum denn noch mehr Sinnliches? Je mehr Aeusserliches, desto weniger erlangt man Innerliches und umgekehrt. Da wäre Paulus auch lutherisch geworden, als er die Satzungen verließ. Daher kommt auch so viel Unglaube in die Leute, denn wenn sie an den Ceremonien scheu werden, schütten sie das Kind mit dem Bade aus, und erklären Alles für Pfaffentrug und Comödie.

Zwar kann durch prachtvolle Ceremonien auch hier und da ein Herz gerührt werden, das kann aber auch das Theater thun; belehrt wird niemand durch sie, wohl aber eingeschläfert. Freilich ist bei den Protestanten das theure Evangelium auch abhanden gekommen und ihnen nur eine kalte trockene Moral geblieben. Da gieng auch das Innere verloren. Da gebrauchen denn auch solche Protestanten noch ihre äusserlichen Werke, um ihre Seele zu beruhigen. Aber sie sind schneller erweckt als der Katholik, der tief und sanft in den Federn des äusserlichen Christenthums schläft. Dort steht der Soldat auf freiem Feld, hier hinter den Schanzen.

So führen die Ceremonien in Unglauben, Aberglauben und in den geistlichen Tod.

Sie erzeugen auch keine Liebe, im Gegentheil richten sie die Scheidewand zwischen Volk und Priester auf, darum weg mit ihnen, wie Hiskia die eherne Schlange in das Wasser warf.

Im Hinblick auf die Ceremonien sollte der Protestant beten: „Führe uns nicht in Versuchung“ und der Katholik: „Erlöse uns von dem Uebel.“ —

Nun redet Henhöfer noch vom geistlichen Amt und vom Lehrstand.

Das Amt des Geistlichen ist: die Liebe Gottes in Christo dem Gekreuzigten zu predigen, Sacrament zu verwalten und Gebet zu verrichten. Dazu muß er aber selbst glauben. Todte können Niemand lebendig predigen, Blinde Niemand führen. Der Unterschied zwischen einem erweckten und todten Prediger ist wie der zwischen einem Menschen, der von Rom aus Erfahrung und jener der aus der Beschreibung davon redet. Er hat sie zur Busse und zum neuen Leben zu führen: zur Geduld, Demuth und Keuschheit. Wozu er aber mahnt, das muß er selbst thun. Darum sollte auch der natur- und schriftwidrige Cölibat abgeschafft werden. Unter dem Vorwand Engel zu bilden hat man mehr Teufel als Engel gemacht. Doch ist es ein weiser Rath zu bestimmter Zeit ledig zu bleiben. 1. Cor. 7, 7.

So gibt es nun eine unsichtbare und eine sichtbare Kirche. In beiden kannte man anfangs nur einen Herrn. Alle waren gleich, wenn auch bestimmte Aemter waren. Aber es wurde anders, je äusserlicher die Kirche wurde, desto mehr Rangordnung und Streit. Gleich der weltlichen Obrigkeit, bildete sich eine geistliche aus. Die weltliche Obrigkeit hat nun zu wachen, daß die Lehre von Christo lauter und rein gelehrt werde — daß die Geistlichkeit eifrig im Dienst sei, geistliche Dinge geistlich zu richten und vor Zwang und Verfolgung zu schützen und Gewissensfreiheit zu geben. Sodann folgt eine Auseinandersetzung der katholischen Lehre vom Papst und den protestantischen Einwendungen dagegen, und schließt (Glaubensbekenntniß Seite 143):

Wenn nun die Protestanten für sich und ohne des Pabstes Bemühungen durch ihre Kirchenverfassung die reine Lehre Christo, und dadurch Einheit der Kirche ebenfalls zu erhalten, Glaube und Liebe zu pflanzen und zu befördern suchen, und dieß nach ihrer Kircheneinrichtung vielleicht noch mehr zu thun im Stande sind, als selbst die Katholiken, indem nicht Alles an Einen gehängt ist, sondern jede Kirche über die andere die Aufsicht führt, und bei Abweichung von der reinen Lehre, oder bei Einschleichung von Irrthümern und Mißbräuchen frei und ohne Furcht, von des Papstes mächtigem Arm ergriffen zu werden, dieselbe strafen und zurechtweisen kann, so ist ja das Amt des Pabstes ersetzt, und mit Vortheil ersetzt, und derselbe kann nun um so ungehinderter den verlornen Schafen vom Hause Israel nachlaufen.

Sind sie aber auf Irrwege gerathen — wie die Katholiken durch ihre vielen Ceremonien mit dem Aberglauben, so haben die Protestanten mit dem Unglauben zu kämpfen — oder sind sie auf dem Wege ermüdet und schläfrig geworden; so stehen einem Pabste, den die Liebe Christi dringet, alle Mittel und Wege offen und zu Gebot, die er das Recht hat, anzuwenden, und die verlornen Schafe wieder zurückzuführen, und — Wahrheit siegt.

Sollte aber der Pabst aus was immer für einem Grunde die Leute an sich ziehen wollen, statt sie zu Jesu hinzuweisen; so ist dieß wider Christi und der Apostel Lehre und Beispiel. „Ich muß abnehmen," spricht Johannes der Täufer, und Christus muß zunehmen Joh. 3, 30. — Paulus tadelt die Lehre der Gemeinde zu Korinth sehr, bei denen sich ebenfalls eine solche Herrschsucht mit dem Lehramte verbinden wollte, daß sie die Leute durch allerlei Mittel, besonders durch Beredsamkeit, an sich zu ziehen suchten, und dadurch Uneinigkeit und Trennung stifteten; statt daß sie Alles zu Jesu führen, und die innere geistige und unsichtbare Kirche zu erreichen suchen sollten, und heißt dieß ihr Benehmen Holz, Heu und Stroh auf Christus bauen, ja noch mehr den Tempel Gottes verderben. Wer aber, fährt er fort, den Tempel Gottes verdirbt, den wird Gott verderben. Der Gemeinde aber verweist er es in allem Ernst, daß sie sich zu solchen falschen Absichten ihrer Lehrer gebrauchen ließen, und selbst unter einander sprachen: ich halte es mit Kephas, ich mit Paulus; ich mit Apollo, oder wie es in unsern Tagen heißt: ich bin römisch-katholisch oder päbstlich, ich bin lutherisch; ich bin reformirt; da doch nicht Paulus für sie gekreuzigt und auch Niemand auf Paulus Namen getauft sey; er warnt sie, nicht auf Menschen zu sehen, besonders nicht auf jene, die sich so weise und unfehlbar dünken; und sagt endlich: daß Alles ihnen, Sie aber (Niemand außer) Christo, Christus aber Gott angehöre 1. Cor. 3., 1. Cor. 1, 10—16., so auch 2. Cor. 4, 5. Ein Pabst nun, der die Leute an sich ziehen wollte, statt sie von sich weg und auf Christum zu weisen, der wäre wider Christi und der Apostel Lehre, der wäre ein Wolf im Schafskleid, und der ist auf dem Weg, der Antichrist zu werden. 2. Thess. 2. Der Geistliche, der dazu beiträgt, ist Christi Diener nicht. Gal. 1, 10.

Damit nun aber weder der Papst, noch die Geistlichkeit irgend einer Confession sich anmaße, als gehöre das Reich Gottes ihnen, und als seien sie die Herren desselben; da sie doch nur Diener, nur Ausspender der Geheimnisse, nur Mitarbeiter Gottes sein sollen, durch die man zum Glauben gelangt; damit sie nicht dafür halten, als wäre die Kraft Herzen aufzuschließen, zu bekehren, zu binden und zu lösen, ihr Eigenthum, und werde von Einem dem Andern übertragen, könne blos von einem Geweihten dem Andern eingeweiht, von einem Geimpften dem Andern eingeimpft werden, obgleich sie oft in vielen Jahren mit all ihrem Bemühen nicht eine Seele auszuschließen im Stand sind; damit sie sich nicht selbst in den Tempel Gottes setzen und alle Ehre und allen Ruhm, der nur Christo angehört, sich selbst aneignen, kurz damit es Volk und Geistlichkeit nicht vergesse, daß alles an Gott, unserm Herrn, und an seinem heil. Geiste liege, und daß es Gott sei, der zu allem Guten das Gedeihen geben, das Werk anfangen und vollenden, das Wollen und Vollbringen wirken müsse; darum stehen die für Volk und Geistlichkeit so merkwürdigen Worte, das Morgen- und Abendgebet der Geistlichen am Schlusse des Vater Unsers: Denn Dein ist das Reich und die Kraft und die Herrlichkeit in Ewigkeit Amen.

Dieß sind nun in möglichster Kürze meine Ansichten über Religion und Kirche. Ich habe sie niedergeschrieben, nicht um Jemand zu kränken, sondern wo möglich Vielen nützlich zu werden. Dieß ist von ganzem Herzen mein Wunsch. Bin ich in dem einen oder andern irre, so wird eine Belehrung von Freundes Hand mir stets lieb und werth sein. Nur dadurch gewinnt die Wahrheit. Kein Hülfsmittel lag mir zur Seite, denn einzig meine Bibel. — Ich schließe nun mit dem herzlichsten Wunsche, daß doch auch diese kleine Schrift etwas beitragen möge zur Erkenntniß der Wahrheit, die da in Christo Jesu liegt, zur Verbreitung seines heil. Reiches auf Erden, und zum neuen Leben, zum Leben in Gott. Ueber alles glücklich aber würde ich mich schätzen, und reichlich belohnt für jene Zeit, in der ich diese Zeilen schrieb, und für so manche traurige Stunde, die ich darin verlebte, wenn ich hoffen und erfahren dürfte, daß auch nur Einer meiner Amtsbrüder durch diese Schrift zur lebendigen Erkenntniß des Evangeliums geführt, und für die Sache Jesu gewonnen worden wäre. O welch großer Gewinn wäre dieß für unsere Zeit, für so viel hundert und tausend Seelen, die wirklich nicht nach Brod, sondern nach dem lebendigen Worte Gottes hungern. Ich kann mir dieses Glück nicht denken, ohne tiefe Rührung meines Herzens. — Wäre ich nicht zu gering, und dürfte ich hoffen, daß diese Schrift vielleicht auch noch in die Hände von Fürsten und Großen der Erde fiele; so würde ich sie bei der Liebe Jesu Christi bitten, dieselbe nicht ganz unbeachtet auf die Seite zu legen, nicht blos ihrer eigenen Seel' und Seligkeit wegen — denn sie enthält Worte des ewigen Lebens, sondern auch der Zeitumstände wegen, in welchen wir gegenwärtig leben. Die Zeit scheint bereits herbeigekommen zu sein, in welcher die Völker anfangen, aus dem Schlafe zu erwachen und selbstdenkend zu werden, der Aberglaube schwindet dahin, und alle Mittel, womit die Völker bisher von einer finstern Macht berauscht wurden, werden vom Unglauben verzehrt; nach Freiheit sehnt sich Alles. Die Völker wieder in Blindheit und Aberglauben zurückzuführen, wäre Versündigung an Gott und an der Menschheit; im Unglauben sie zu lassen, eine für Fürst und Volk gleich gefährliche Sache. Das einzige Mittel zur wahren Freiheit und auf ruhigem und friedlichem Wege dahin zu gelangen; das einzige Mittel, Fürst und Volk nicht im Gegensatz, sondern mit himmlischen Banden wie Vater und Kinder verbunden zu sehen, ist Religion, ist wahres Christenthum, nicht Unglaube und nicht Aberglaube. Der Herr selbst hat vorgearbeitet, und arbeitet noch täglich durch die Zeitumstände, in denen wir leben, durch den Hunger nach Wahrheit, den er werden ließ, und durch die große Verbreitung seines heil. Wortes vermittelst der Bibel. Möchten die Fürsten, denen Gott Kraft und Macht gab, diesen Wink erkennen, und zu ihrem und ihrer Völker Heil benützen!

Du aber, o Jesu! segne dein Wort an aller Menschen Herzen und laß es nicht leer wieder zurückkommen!"

---

Das ist der Hauptinhalt der ersten Henhöfer'schen Schrift. Schon aus ihr erhellt der originelle, ursprüngliche und frische Geist, der in dem Manne weht. Das Ungekünstelte und Treffende mußte dem gemeinen Mann, sowohl als dem Gebildeten, wenn nur irgend Sinn für Wahrheit vorhanden, wohlthun. Sie fiel in eine Zeit der Dürre, aber zugleich auch in eine Zeit großer Sehnsucht und Hungers nach kräftiger Speise. Die Wirkung der Schrift war darum bei Freund und Feind eine außerordentliche. Von allen Seiten her kamen die Zuschriften; von Katholiken und Protestanten liegen vor mir solche aus fast allen Ländern Deutschlands und es gehörte die Demuth eines Henhöfer dazu nicht eitel zu werden. Gedanken bewegen oft eine Zeit, aber es ist Niemand, der sie ausspricht; sobald sie aber ausgesprochen werden, fallen ihnen die bereiteten Herzen zu.

Aus Lahr schrieb Joh. Heinrich Geiger:

Lahr, den 23. Dec. 1822.

Hochgeschätzter Freund der Wahrheit!

Der Herr, der Sie stärkte die Wahrheit zu schreiben und der Welt öffentlich hinzulegen, wird ferner Ihr Beistand sein auf dem Kippenvoll betretenen Wege. Sind Sie auch jetzt auf einige Zeit, sogar auf einige Jahre wirkungslos auf die Seite gesetzt, warten Sie ruhig den Wink der gütigen

Vorsehung Gottes ab, Er weiß alles herrlich hinaus zu führen, wenn wir überzeugt und durchdrungen von der Wahrheit beten: „Herr dein Wille geschehe.“ Sie kennen ja das innere Leben des Christen so genau, daß ich als Laie Ihnen nichts zu sagen vermag, was Sie nicht im Innersten schon erkannt hätten.

Der Herr segne, stärke und bewahre Sie und Alle, die seinen Namen kennen. Amen! Joh. Heinrich Geiger.

Lieber Freund und Bruder im Herrn!

Es freut mich, Ihnen zwei Tage nach vorstehend geschriebenem Brief meines lieben Vaters, anzeigen zu können, daß Gott mit Ihrem Büchlein ist, und viele Herzen bewegt, es zu kaufen, wozu vorgestern der Anschein noch so sichtbar sich zeigte. Erst gestern erhielt ich einen Brief von einer Freiburger Buchhandlung, der ich 1 Dutzend Exemplare in Commission gesendet hatte, mit dem Auftrag, ihr noch 2 Dutzend zu senden; auch habe ich sonst sie versendet. Auch hier herum wird es fleißig gesucht, auch von evangelischen und hier und da von katholischen Geistlichen.

Ihr
in Jesu Christo verbundener
J. H. Geiger, Sohn.

Aus Heidenheim schreibt ein Leidensgenosse:

Hochwürdiger, Verehrtester Herr Pfarrer!

Ihr treffliches Glaubensbekenntniß, wovon ich bereits 42 Exemplare an meine Glaubensgenossen nach München schickte, um das helle Licht, das aus dieser furchtlos freimüthigen Schrift, so kräftig einstimmend in die Ueberzeugung des dortigen Häufleins gläubiger Seelen leuchtet, auch zum Zeugnisse der Wahrheit aus fremdem Munde und Boden, in mein armes blindes Vaterland zu verpflanzen. — Ihr Glaubensbekenntniß macht Einem Muth, Sie um die christliche Liebe anzusprechen, die anliegende Geschichte meiner Vertreibung aus Bayern, Ihrer brüderlichen Prüfung zu würdigen, und mir dann wissen zu lassen, ob Sie den Druck derselben durch eine Ihnen bekannte Buchhandlung, bewerkstelligen, und die Correctur übernehmen können und wollen.

Obwohl nur ein Laie, fühle ich doch, um der Aehnlichkeit unserer Gesinnungen und Erfahrungen willen, ungemein nahe an Sie hingezogen, und freue mich, Sie als Bruder im Herrn angehen zu dürfen, um Ihre theilnehmende Fürbitte vor dem Throne des Lammes, das den Sieg erringen wird, wenn auch in allen Ländern ganze Heerden von Wölfen über die längst erkaufte Beute des Blutbräutigams herfallen!

Ihr
Mitgenosse im Leiden und in der Hoffnung
Fr. C. B. v. Heinleth.

Heidenheim an der Brenz, den 7. Dec. 1822.

Auch an schwärmerischen Ergüssen fehlt es nicht. So schickt unter Anderem eine Auguste Schneider am 1. Dezbr. 1822 ein Sendschreiben in der Form eines Gesichtes an Henhöfer, dem wir zur Bezeichnung des Geistes folgende Stellen entnehmen.

Auguste Schneider an Herrn Pfarrer Henhöfer:

Es kommt ein großer gewaltiger Engel! — Ich fühle das Wehen seiner Fittiche! — Er glänzet herrlich! — Er ist majestätischen Ansehens! Er hält in seiner Rechten eine prächtige Krone, ich kann aber nicht angeben aus was sie bestehet! — Sie schimmert nur von dem himmlischsten Glanze. In seiner Linken hat er eine ganze Menge Feuerblitze, sie sprühen fürchterlich umher, als schienen sie nur darauf zu warten, ausgesandt zu werden. Der Engel spricht mit majestätischem Ernste: „Sage deinem Bruder in Christo Jesu: er habe den Kampfplatz betreten, er seie berufen als ein Streiter Christo! Der Fürst der Welt seie gerüstet gegen ihn heranzutreten mit allen seinen Angehörigen, er werde ihn zu zermalmen suchen, er will ihn ganz verderben. Er giebt seinen Kindern die vielfachen Qualen ein, mit dem sie diesen deinen Bruder wollen von seinem Feldherrn abziehen. Auf der andern Seite, will er ihn versuchen, durch alle möglichen Versprechungen dieser Welt, wenn er von seinen Gesinnungen abgeht. Der Engel spricht: Er glaubt er seie stark und könne um den Namen Jesu alles ertragen, aber der Fürst der Hölle sinnt auf seine, listige Anschläge, ihn auf die Seite zu bringen, er soll sich rüsten mit den Waffen des Glaubens, er soll sie anziehen, denn er hat es nöthig. Ich bezeuge zwar, daß er ein starker Held des Glaubens bis jetzo gewesen ist, daß ihm das Licht geleuchtet hat, welches von Jesu Christo ausgeht, daß ihn der Geist Gottes geleitet hat in alle Wahrheit. Aber sogar die Auserwählten sind in Gefahr von dem Fürsten der Hölle versucht zu werden, wie viel weniger er, da er noch Mensch ist und noch sündliche Neigungen und Gedanken in ihm, wie in jedem Menschen, auch in dem Besten aufsteigen können. Er soll in seinen Handlungen, in allem seinem Thun, nur dem Geiste Gottes folgen, welcher ihn immer auf den rechten Weg führt, er soll bei jedem Wort das er spricht, erst fragen, ob er es also thun soll; — er soll in seinen Ausdrücken mild sein, um der Schwachen Willen. Er ist jetzt ein Streiter Christi, er ist herausgetreten mit dem Feinde zu kämpfen, desto ärger werden sich Verfolgungen auf Verfolgungen über seinem Haupte sammeln; denn die Kinder der Welt wähnen: er stehe allein; sie sagen: diesen Einzigen wollen wir bald unterdrückt haben; wie können dessen Meinungen bestehen, gegen so Viele? — sie werden seine Schriften verbieten als seien es Irrlehren, welche Hohen und Niedern die Köpfe verrücken und sie irre machen könnten. Sie sprechen: „diesem gefährlichen Menschen muß man keine Freiheit mehr lassen, denn er ist ein Rebell gegen die heilige Religion, er verdreht die heilige Schrift, wir müssen allen Menschen verbieten etwas von ihm anzuhören oder zu lesen.“ Aber dieses Alles soll ihm nicht bange machen, wenn er fortfährt das reine Evangelium zu erklären und zu vertheidigen, so wird troß der großen Menge Feinde die gegen ihm steht, wird er gesegnet werden von dem Herrn, von dem Allerhöchsten, dem ewigen Erbarmer, welcher Freude hat an denen, die ihn lieben, die sein Wort in aller Klarheit und Reinheit zu verbreiten suchen. — Also muthig, muthig, geliebter Bruder in Christo! ergreife den Schild des Glaubens; decke dich damit und er wird alles was gegen dich heranrückt, von diesem ehrnen Schilde wieder zurückprellen; es werden diese Pfeile diejenigen treffen und schmerzlich verwunden, die sie gegen dich ausgesandt haben. Seie getrost und unverzagt, kurz ist die Zeit dieses Erdenlebens, ewig die Herrlichkeit, die dann deiner wartet. Die Krone des Lebens winket dir, die Wunden unsers Heilandes rufen dir zu: tapfer zu sein. O, so unterliege nicht! denn wenn du überwindest, so wirst du zu den Auserwählten gestellt werden.

Der Engel spricht noch: Der Segen unsers Königs, dessen Diensten du dich geweihet hast, der seie mit dir! — der Herr wird dein Helfer, dein Erretter sein, in aller Noth! er führe dich, wenn es sein gnädiger Wille ist, aus den Händen deiner Feinde; er begleite dich auf deinem ganzen Lebensweg, der mit Dornen vielfach besäet ist; er lasse dich nicht fühlen, wenn diese Dornen dich scharf verwunden; er seie dein Rath, dein Trost, deine Hoffnung in allen deinen Unternehmungen; sein Friede seie mit dir; er stärke, er erhalte dich, bis du einst mit Freudigkeit ausrufen kannst: es ist vollbracht! und du den himmlischen Ruf des Heilandes vernehmen wirst: Du getreuer Knecht, gehe ein, zu deines Herrn Freude! Amen! —

Dagegen fehlt es auch nicht an offenem Urtheil von gläubiger evangelischer Seite über das Büchlein und seine Mängel. Es muß ja wohl bedacht werden, daß Henhöfer sich mit dieser ersten Schrift aus der römischen Kirche herausgearbeitet hat, daher ihr noch Manches anhängt, was der spätere Henhöfer selbst verbessert hat, namentlich in der Lehre von den Sacramenten. Insbesondere ist es Freund Josenhans, der ihm räth etliche Stellen auszumerzen und ihm das Lesen der augsburger Confession und die Schriften Luthers empfielt. (Brief vom 13. Aug. 1822.)

Auf der katholischen Seite regte sich aber der entschiedenste Widerspruch, was nicht anders zu erwarten war, denn daß das Büchlein nicht mehr katholische Lehren vortrug, mußte wohl am Tage liegen. Henhöfers alte Freunde, sein zweiter Vater, Pfarrer Beyerle, von dem wir früher gehört und Decan Streit in Muggensturm, schrieben ihm darüber.

### Pfarrer Beyerle an Henhöfer:

Lieber Aloys!

Auf dein christliches mir überschicktes Glaubensbekenntniß kann und will ich dir (aber zürne mir nicht, denn dein Höhnen, Lästern, Spotten und

Schimpfen vermögen nicht mich zu überzeugen) nur kurz einige von meinen Gedanken wohlmeinend äußern. Daß du nemlich von unserer Kirche nicht ausgeschlossen worden bist, (du hättest es vielleicht gewünscht, um deine allschallende Posaune an deinen Mund und Feder zu bekommen, das ist die Kirche zu thun heutzutage nicht mehr gemeint, sie duldet auch noch Judasse, indem sie die Hoffnung ihrer Rückkehr und Besserung hofft, aber es scheint, daß dir dieser Modus zu langsam ging,) und nur dies kann ich mir als den Grund denken, daß du dich selbst durch dein famoses Bekenntniß von der katholischen Kirche getrennt und ausgeschlossen hast, mir zeigt es aber sonnenklar, daß ich dich nun für den Mann halten darf, von dem ich dir letzthin in Wehmuth meines Herzens, und nun mit Fülle von Traurigkeit unter Thränen schreibe, daß du gemäß deines Charakters, den du pag. 2 schilderst, der neue Secten- und wie ihn Felders Magazin im Monat Januar und Februar v. J. nennt, Schwärmer-Stifter seiest, denn du hast nicht nur des Dr. Martin Luthers Roh- und Grobheiten, nicht nur sein Lästern und Schimpfen, sondern auch des Calvins Höhnisch, Spottendes und Bissiges gezeigt, und damit gepaart, ja alles was ihnen und nun dir die Bosheit und euer von der Liebe Gottes in unserm Herrn Jesu Christo, lotterleere Herzen eingeben konnten, hast du in eines zusammengemodelt, und dies stellst du als was Neues von dir, dem ganzen geistlichen Stande vor, mit dem du bald ohne Unterschied bubenmäßig verfährst. Wir freuen uns, daß die beiden Confessionen mit ihrer Vereinigung vergnügt und zufrieden sind, wir beneiden sie um Nichts, und wer von uns Lust hat mit ihnen zu halten, und wie sie zu glauben, den lassen wir im Frieden, mag er glauben nach seiner Ueberzeugung was er will und behalten mit ihnen die Liebe Gottes in Christo Jesu unserm Herrn bei, von welcher du in deiner Schrift so viel gesprochen, aber an deiner Feder als Werkzeug deines Herzens so wenig davon gefunden wird. Aloys! Es scheint du siehst uns Alle, bis auf eine kleine Ausnahme, als Idioten an, die das Wesentliche vom Unwesentlichen, das allgemein Kirchliche vom Zufälligen zu unterscheiden zu unwissend seien, und daß uns daher deine neue zusammengestoppelte Lehre, in welcher du mit Dogmen, wie ein Kind, wie du es brauchst, spielst, und auch ehrwürdige Sachen gleich einem alt zerlumpten Kleid behandelst, noch recht willkommen sein soll, o du betrügst dich, und wenn du Pabst, Bischof und uns Priestern somit unsern Glauben noch so verächtlich machst, und einem jeden Erden-Fürsten nebst einem Exemplar, auch noch die dringendste Lehre deines neu zu stiftenden Glaubens an's Herz legen solltest, so wirst du deine Absicht nicht erreichen, darum sind wir und halten wir, was du von Gal. 5, 11, geschrieben.

Lieber! einen Exegeten will ich an dir nicht machen, denn du wirst wahrscheinlich einen finden. Aber Aloys, kann ich nicht aus deiner Schrift eruiren, daß du Aufruhr predigst, und daß du den Sturz von Staats-Verfassung zur Absicht habest? Ueberlege ob ich zu viel in der Sache vermeine. Willst du nun je die Hoffnung mir lassen, daß du in Wahrheit unbefangen deine Geschichte geschlichtet wünschest, so sehe ich dies blos als ein Zeichen an, wenn du, wie du mir wegen Freiburg geschrieben hast, dich dahin begiebst, und alldort deine Sache mit Liebe und Gründen, und zwar vor deinen ehemaligen Professoren vorträgst, du hast ja nichts zu gefahren. Allein die Herren werden auch Nachgiebigkeit von dir erwarten, wenn du ihnen nicht genügend erwiedern kannst; solltest du aber deine Rechthaberei allein beibehalten, so wird es dann auch dort geschehen. Thue wie du mir geschrieben, du wolltest es versuchen, ob du gleich sehr zweifelst. Was ich dir hier schreibe, geschieht aus Drang meines Herzens, dem ich nicht widerstehen konnte. Um Gottes Beistand will und werde ich meinem Versprechen gemäß für dich bitten, und auch deinen heiligen Schutzengel, an den du doch noch glauben wirst, um seine Fürbitte bei Gott für dich anrufen, besinne dich des Besten, und lebe recht wohl, das wünscht

Dein

aufrichtiger Freund

Beyerle, Pfarrer.

Iffezheim, am St. Martin-Tag 1822, auch dieser Heilige bittet für dich; lasse es an deinem Vertrauen nicht fehlen.

PS. Da ich bei dir wegen Bruchsal verdächtig scheine, so will ich dich hiermit nur versichern, daß ich in 3 Jahr nicht dahin geschrieben, auch keinen Brief daher erhalten, habe aber in Baden von Bruchsaler und Karlsruher Herren viel erfahren.

Iffezheim, den 29. Nov. 1822.

Lieber Aloys!

Daß dir meine Ausdrücke über dein Glaubensbekenntniß hart gefallen, wundre ich mich gar nicht; du wirst doch nicht glauben, daß ich gefühllos geworden! Ich versichere dich, und du darfst es mir zutrauen, ich liebe meinen Stand und das, je älter ich werde, um so mehr, und meine Religion und Glauben über Alles; weiß anbei aber auch, daß wir noch Verschiedenes haben, welches mit der Religion und Glauben keineswegs verbunden, ja Verschiedenes, ohne welches wir dennoch gute römisch-katholische Christen sind; aber da wir Untergebene sind, was steht uns nach seiner Schriftlehre zu? Erlaubt wohl Jesu Lehre, das Volk so mißtrauisch gegen die Geistlichkeit zu machen? Dieselbe so verschmitzt und habsüchtig, und so unwissend zu schildern, wodurch das Volk, (besonders heut zu Tage) gleichsam noch mehr bewogen wird, uns ebenso, wie viele Andere und du, als einen Auswurf der Menschheit anzusehen? Allein Schimpfen und Schelten waren von jeher die Waffen der Reformatoren; fehlt es dir an Beweisen, ich will dir Bücher schicken. Hast wohl Theodulis Gastmahl und die kleine Pics, die Herrn von Hallers Uebertritt gegen das Schimpfen eines Paulus, und eines Superintendenten vertheidigt, gelesen? letzteres habe ich selbst; ich will dir aber auch dazu das erste noch schicken, wenn Du's verlangst; ein Paulus u. A. können vielleicht auch deine Männer sein, deren Urtheil dich noch mehr stärkt. Was ich dir der Dogmen rc. wegen schrieb, rechtfertigt dein Bekenntniß, dein Leugnen der Erblehre ist Unsinn; denn, ohne dieses kannst du kein geschriebenes Wort

Gottes beweisen, noch viel weniger, daß es noch echt sei; zudem gab wohl Jesus den Befehl, seine Lehre schriftlich zu fassen, und haben wohl die Apostel sich ein Mal vorgenommen, Alles zu schreiben? Schlage den Paulus, alle Heiligen auf: „Haltet die Satzungen rc." — Was du mir von Herrn Streit, eines Briefs wegen, schreibst, ist mir ganz unbekannt; aber daß er mit mir den wärmsten Antheil deinetwegen nimmt, kannst du leicht gedenken, zudem war er und ich Pfarrer im Gebiet; wie brandmarkt uns deine und deines Helfers in Sinolzheim Schrift bereits bei Mehreren, die unsre Pfarrkinder waren, wo ehemals Eintracht, Liebe und Folgsamkeit herrschte, und jetzt Trennung, Spaltung und Unfolgsamkeit zu Hause ist! Wehe dem, der nur der Rechthaberei wegen Spaltung verursacht! Siehe, lieber Aloys, dies ist abermal meines Herzens Sprache, welches für dich glüht, bis der Tod meine Augen schließt, und so lang wird es auch für dich am Altar täglich beten; bete auch mit mir, daß Gott das Seufzen deines Freundes Beyerle erhören möge.

### Decan Streit an Henhöfer:

Freund! Wozu bist du leider gekommen! —

Dein Glaubensbekenntniß habe ich auch gelesen, eine wahre Schmäh- und Schandschrift. Im Schelten bist du der zweite Luther, und hast bewiesen, daß du vor Gott und der Welt den Prozeß verlieren wirst; der Schimpfer zeigt, daß er schlechte Gründe für seine Sache hat, weil er hiezu seine Zuflucht nimmt. Schandschrift; du gibst der Welt an Tag, daß du kein Theolog und kein Exeget rc. bist, wofür du dich in deinem Machwerk predigst. Du mußt in Freiburg krank gewesen sein, da diese Wissenschaften vorgetragen wurden. Sich für Etwas ausgeben, was man bei Weitem nicht ist macht wenig Ehre.

Vernünftige wirst du nicht berücken, Schwache aber unverantwortlich ärgern, Matth. 18. 6. 7. — Deine Freunde und Wohlthäter dahier bedauern dich, daß du durch dein in der Zahl einer Legion in die Welt geschicktes, nicht abgedrungenes, Bekenntniß, dich so auffallend an den Pranger gestellt hast, und wollen es nicht begreifen, woher sich dein Wahn, du seist zum Reformator einer 1800 Jahre gegen alle Anfälle der Sectirer bestehenden Kirche berufen, datiren möge; du weißt es vielleicht selbst nicht; ich will dir's sine odio et ira brüderlich sagen: „Du hast schon hier sehr auffallend, ich will nicht sagen aus Stolz, sondern aus angebornem Hang für Rechthaberei bethätigt, daß du gar zu gern das Gegentheil gegen die Meinungen der Mehrzahl und Gegenparthie, wenn sie auch auf Absurditäten führte, ergriffen hast und große Freude an Extremen hattest. Dieses Mal hast du dich auf ein gewaltig Gefährliches verstiegen; du scheinst die Gefahr einzusehen, indem deine Sprache verräth, daß du dich nach Hilfe, Rettung (Belehrung) sehnest. Aber woher soll sie kommen, so lang du, wie Luther sprichst: „Wenn man mich überzeugt, gehe ich zurück; aber man wird mich nicht überzeugen, was man auch sagt. Contrarius illo. Freund, die nachtheilige Macht der fixen Ideen ist dir bekannt, auch das Nachtheilige, das sie für Freiheit und nüchterne Ueberlegung mit sich führen. Lege diese ab und denke einmal nur halb so anstrengend der Religion deiner Väter nach, und du wirst viel leichter dein Retter werden, als es dich Mühe und Selbstverleugnung kostete, dein Verführer (gestehe es nur) zu werden. Du brauchst keine andre Hilfe, als Gottes Gnade. — Freund, schlage nicht länger gegen den Stachel! Fehlen ist menschlich; das Bekenntniß des Fehlers macht Ehre, und gewährt Herzensruhe und Vergebung bei Gott durch Jesum. So ein großer Feind du dich gegen Heiligenverehrung aussprichst, so ehrest du doch die Worte eines heil. Augustinus; ehre auch dessen Beispiel durch Nachahmung, der sich nicht schämte seiner heiligen Kirche einen gehorsamen Sohn zu machen, und in ihr Jesum Christum zu verherrlichen. — Freund, vernachlässige die Gnade nicht, die dir durch die Handauflegung ist mitgetheilt worden! et conversus confirma fratres tuos! thust du das, so sollst du sogleich deinen bekannten Freund im Geiste, baldmöglich aber auch physisch in deinen Armen sehen, und sich mit dir über den gefundenen Groschen jubeln hören! Täusche dich nicht länger mit der trügerischen Sprache: „Ich handle aus Ueberzeugung!" Auch der Giftmischer und Selbstmörder spedirt sich und Andre aus Ueberzeugung aus der Welt. — Billigst du die Folgen solch einer Ueberzeugung? Die Beantwortung überläßt dir dein für dich täglich zu Gott betender, (daß der Herr das noch gering leuchtende Licht seiner Gnade dir erhalte und bald belebe) und nie, auch wenn du deinen Freunden die Freude der Rückkehr, gegen Verhoffen, nicht mehr machen solltest, dich vergessender bekannter, wahrer Freund.

Im November geschrieben 1822.

Auch die kath. Kirchenbehörde schwieg nicht. Sie richtete unter dem 23. November 1822 an die evangel. Kirchensektion nachstehenden Erlaß, der wohl ahnen läßt, was man mit Henhöfer vorhatte.

Ministerium des Innern.
**Katholische Kirchensection.**
Carlsruhe, den 23. November 1822.

Nr. 12,337. Von dem Murg- und Pfinzkreis-Directorium werden unterm 19. d. M. die dortigen Acten vorgelegt, die Fortdauer der schwärmerischen Umtriebe des gewesenen Pfarrers Henhöfer von Mühlhausen betr., der sich dermalen im Schlosse des Grundherrn von Gemmingen zu Steinegg aufhält.

Zugleich wird sub. Nr. 11,741 reproducirt das zu Tübingen gedruckte sogenannte christliche Glaubensbekenntniß Henhöfers.

Nr. 12,338. Erlaß des bischöflichen Vicariats in Bruchsal vom 13. d. in demselben Betreffe.

Beschluß.

Ist der Großh. Evangel. Kirchen-Ministerial-Section unter Anschluß der besagten Druckschrift rem. Salva und mit Berufung auf die allgemeine Kirchenzeitung (I. Jahrgang, 7. Heft, S. 463—466) zu eröffnen:

Nachdem geistlicher und weltlicher Seits seit Jahren alle Belehrungs-Mittel vergeblich angewendet worden, den Pfarrer Henhöfer zu Mühlhausen,

Amts Pforzheim, von seiner Religionsschwärmerei zurückzubringen, und nachdem er bei dem Vicariate zu Bruchsal ein von den reinen Grundsätzen des Katholicismus vielfältig abweichendes, dem nun gedruckten ähnliches Glaubensbekenntniß überreicht hatte, wodurch er sich von der katholischen Kirche selbst ausschloß, ward er endlich seiner Pfarrpfründe mit landesherrlicher Genehmigung entsetzt. Er fährt indessen fort, in dem Schlosse des Grundherrn von Gemmingen zu Steinegg, ganz nahe bei Mühlhausen, sein Wesen zu treiben, mit seinen sogenannten Erweckungen die umliegenden ganz katholischen Gemeinden zu beunruhigen, den katholischen Lehrbegriff und Cult lächerlich und verächtlich zu machen und die Pfarrer dieser Gemeinden auf unchristliche und schändliche Weise herabzuwürdigen. Sie sowohl, als die bischöfliche Behörde dringen nun mit allem Rechte auf die Entfernung des Schwärmers aus jener Gegend, dessen Umtriebe von der Art sind, daß sie über kurz oder lang, auch der gesellschaftlichen Ordnung und dem Staatswohle gefährlich werden müssen.

Ehe wir jedoch bei Sr. Königl. Hoheit das Nähere ehrerbietigst vorstellen, erlauben wir uns die zweifache Anfrage:

a. ob der gewesene katholische Pfarrer Henhöfer wirklich zur protestantischen Kirche übergetreten, und in dieselbe förmlich aufgenommen sei?

b. ob, und wie weit das gedruckte Glaubensbekenntniß desselben als das protestantische angesehen werden könne?

Wir bitten, die gefällige Rückäußerung möglichst zu beschleunigen.

Pfeiffer.

vdt. Tschammerhell.

Darauf schrieb die evangel. Kirchenbehörde in einer Weise zurück, die ihren Standpunkt klar genug bezeichnet.

Ministerium des Innern.

Evangelische Section.

Carlsruhe, den 30. November 1822.

Großherzogliche Katholische Ministerialsection theilt eine Druckschrift, genannt „christliches Glaubensbekenntniß“ von dem vormaligen Pfarrer Henhöfer in Mühlhausen mit einigen Nachschriften und Anfragen denselben betreffend, hierher mit.

Beschluß.

Wohldenselben unter Rücksendung des Kommunikats in Antwort zurück zu äußern:

Zu Frage 1. Von einem wirklichen Uebertritt des gedachten Pfarrers Henhöfer, und dessen förmlicher Aufnahme in die evangel. protest. Kirche, oder auch nur einem deßfallsigen Ansinnen desselben, ist dahier noch so wenig bekannt, als wir dasselbe wünschen. (!)

Zu Frage 2. Nähert sich derselbe wohl durch seine motivirte Lossagung von mehreren Dogmen und Institutionen der katholischen Kirche den Doctrinen der protest. Kirche hierüber, keineswegs aber durch seine mehrfältigen, heftigen und schmähenden Invektiven gegen jene kathol. Kirchenlehren dem Geist und Sinn des Protestantismus, welcher eine derartige Polemik durchaus nicht anerkennt.

Ueberdies bedürften seine, einem treuen und gründlichen Studium der diesseitigen Dogmen eben nicht enthobenen Ansichten, wenn es hier um deren Kritik zu thun wäre, noch vieler, bedeutender Berichtigung.

Und sie sind dabei zum Theil mit vieler Beflissenheit in die Farbe und Sprache gekleidet, welche dem sinnlichen Mysticismus und Schematismus des bekannten Ultrapietismus und dessen Tendenz zur Schwärmerei mit ihrer gewohnten Sectirerei so gut zusagen; dessen er auch kein Hehl zu haben scheint, da er Seite 124 unter allen Schwärmereien die „religiöse" für die unschädlichste!! hält.

Diese Richtung seines Geistes erkennt die protest. Kirche, welche ihr Heil anderswo, als im Halbdunkel frömmelnder Gefühle sucht, nicht als die ihrige, sondern sucht sich gegen das Eindringen derselben möglichst zu verwahren. (!!)

Es erfolgte aber Nichts auf diese beiden Erlasse.

Wir kehren wieder zurück zur Geschichte Henhöfers und seiner Gemeinde. Herr von Gemmingen behielt ihn zum großen Aerger seiner Feinde in seinem Hause. So war Steinegg wirklich zur Wartburg für ihn geworden in jedem Sinne. Als Henhöfer noch zu Bruchsal war, wurde der Gemeinde ein gut katholischer Verweser, Baumann, gegeben, der den bestimmten Auftrag hatte, die Gemeinde wieder aus der Irre zurückzuführen. Er suchte es dadurch zu thun, daß er in der strengsten Weise predigte, viel vom äußerlichen Christenthum sprach, von der Wandlung, die nur ein ordentlich geweihter katholischer Priester, nicht aber ein Abgefallener zu bewirken im Stande sei — von der beständigen Gegenwart des aus Brod entstandenen Christus im Tabernakel — „darauf war er so streng, daß er sogar Leute im Beichtstuhl fragte, ob sie glaubten, daß Christus im Tabernakel sei oder nicht, und auf diese Bejahung hin sie absolvirte." (Glaubensbekenntniß XXV). Alles, was er vom Pabste von alleinseligmachender Kirche sprach „es waren Schreckschüsse, die keine Wirkung mehr thun wollten. Daß er nicht auch manches Innerliche gesagt, das soll nicht geleugnet werden, ebenso wenig, daß er es nicht aus Heuchelei, sondern in guter Meinung mit vollem Ernste gethan."

Allein in Mühlhausen war man schon an Anderes gewöhnt; die Leute kannten die Schrift und beriefen sich ihm gegenüber auf klare deutliche Stellen. Er hielt ihnen die Kirche entgegen, aber so schlossen sie, die Kirche kann doch der Schrift nicht widersprechen.

Nach und nach fingen sie an die Kirchen anderer Geistlichen, gleichviel ob katholischer oder lutherischer zu besuchen, was den Pfarrverweser nur noch mehr erbitterte. Er legte den letzten Rückhalt ab und hielt Sonntag für Sonntag Streitpredigten mit Seitenhieben auf die Schriftgläubigen. Auch suchten die in der Kirche Aufgewiegelten Streit mit dem „evang. Theil", der aber in Geduld auswich. Zuletzt kam man der Sache auf den Grund: die h. Schrift sollte an dem Allem Schuld sein. Darum wurde vor ihr gewarnt und der Zollgardist beauftragt, nachzusehen in den Häusern, wo die Schrift gelesen würde und es zu verhindern. Das schlug vollends dem Fasse den Boden aus, zumal der Pfarrverweser noch an's Amt eine Klage einreichte, daß in seiner Nachbarschaft ein Mann mit seiner Familie die Bibel gelesen und ein Lied gesungen hätten, worin das Wort „Victoria" vorgekommen. Hören wir Henhöfer selbst:

„Von jetzt an wurde zum erstenmal geredet vom Austritt aus der katholischen Kirche, und wäre es damals geschehen, so wären wenigstens $^2/_3$ der Gemeinde übergetreten; allein, die Sache fand Hinderniß und Gegner, und einer der größten Gegner war ich selbst. Es war nie meine Absicht, weder selbst von dieser Kirche zu gehen noch Andere wegzuführen, sondern in dieser Kirche wollte ich wirken für Christum und sein Reich, für einen reinen von Mißbräuchen und Vorurtheilen befreiten in Liebe thätigen Glauben, weil ich für mich der Ueberzeugung war, daß dieß der ächte Sinn der katholischen Kirche wäre, und daher auch sein müßte. Auch sah ich wohl die Schwierigkeiten, die sich einem solchen Unternehmen in Weg stellen, die Verfolgungen, die es geben würde. Ich mißrieth also in allem Ernste diesen Schritt, verwies die Leute zur Geduld, zum Gebet, zum Glauben, daß Gott die Seinen nie verlassen, und auch diese Sache, so dunkel sie jetzt vor uns liege, noch herrlich hinausführen werde, und gab ihnen Hoffnung auf bessere Zeiten, unter einem vernünftigen Pfarrer. Dieß waren nun die geheimen Zusammenkünfte in Steinegg, worüber hernach so viel geschrieen wurde. Wie wenig mein Sinn war, Mühlhausen von der katholischen Kirche wegzuführen, beweist dieses: daß ich mich selbst an mehrere Orte um Geistliche wendete, die ich für tüchtige, der Sache gewachsene Männer hielt, und sie ermunterte, um diese erledigte Stelle und verwaiste Gemeinde anzuhalten. Ja selbst, nachdem sich die Gemeinde schon höhern Orts zum Uebertritt gemeldet hatte, und ich beauftragt war, ihr den allenfalls noch fehlenden Unterricht zu ertheilen, forderte ich Jeden wiederholt auf, sich selbst doch recht wohl zu prüfen, ob dieser Schritt das Werk seiner eigenen Ueberzeugung sein oder nicht, und im zweiten Falle, lieber bei der Kirche stehen zu bleiben, in der er stehe. Dieß müssen mir alle bezeugen, die diesen Unterricht mit angehört haben. Auch war ich selbst der Letzte, der in der Folge zum Uebertritt sich meldete, denn Kirchen wechseln heißt mir nicht Kappen tauschen.

Ob ich nun gleich auf den Plan so vieler Katholiken in Mühlhausen, sich von der katholischen Kirche zu trennen, anfangs nicht eingehen wollte, sondern ein ruhiges und stilles Zuwarten für besser hielt, bis vielleicht durch einen neuen Pfarrer der Sache Abhülfe geschähe, so wollte doch der Friede nicht mehr wiederkehren. Denn der Herr Pfarrverweser, verdrießlich, daß man ihm nicht blindlings glauben, nicht so viel Werth, als er wollte, auf den Pabst und die sichtbare römisch katholische Kirche setzen, und den Gott im Tabernackel bezweifeln wollte, wurde immer eifriger und hitziger, so daß er selbst den sogenannten Lutheranern ausbot. Auch lehrte er beinahe von nichts mehr als von diesen Dingen. Dadurch kam es endlich selbst in der Kirche zum Widerspruche.

Als er nämlich einst an einem Sonntag Nachmittag viel in die Länge und Breite von seinen katholischen Lehren, besonders vom Pabste und der römischen Kirche mit gewohntem Controverseifer gesprochen hatte, so schüttelte unwillkürlich und ohne sich dessen selbst recht bewußt zu sein, ein Mädchen aus der Christenlehrjugend den Kopf. Dieß bemerkte er, und in vollem Lauf und Eifer sprang er auf sie los. Ist dir das nicht recht, sagte er, was ich hier gelehrt habe? Das Mädchen stand auf und antwortete ohne Scheu, was sich wahrscheinlich dieser Herr nicht wird vermuthet haben: „Nein, Herr Pfarrverweser.“ „Warum nicht?“ fragte er weiter. Antwort: „weil ich noch nie gehört und in der Schrift gelesen habe, daß man durch den Pabst selig werde, sondern durch Christum, und Sie erklären uns nur immer vom Pabst.“ Frage: „Hast du etwas wider den Pabst?“ Antw. „Gar nichts, er ist mir ein lieber Mann, doch meine ich, er sollte beim Wort Gottes bleiben, und nichts davon und nichts dazu thun, weil es in der heiligen Schrift verboten ist.“ Gal. 1, 8. 9. Offenb. 22, 15. Fr. „Hat denn der Pabst davon und dazu gethan?“ Antw. „Ja.“ Fr. „Beweise dieses.“ Antw. „Das will ich." Nun fieng das Mädchen bei den Sakramenten an, zeigte, wie bei der Taufe so manche Zusätze geschehen, wodurch das, was Christus geordnet hat, immer mehr in Hintergrund komme, und sich der eigentliche Haltpunkt des Glaubens aus dem Gesicht verliere, und wollte dann auf das Abendmahl übergehen. Ein zweites Mädchen war indessen zu ihrer Unterstützung aufgestanden. Verweser: „Warum stehst du auf, ich habe dich ja nicht gefragt." Antw. „Ich weiß das wohl, allein bei unserm vorigen Hrn. Pfarrer durften wir aufstehen, wenn wir etwas wußten, und ich weiß auch etwas." Der Herr Pfarrverweser hörte den Kindern einige Augenblicke zu, plötzlich aber brach er im höchsten Unwillen ab, und schloß die ganze Christenlehre ohne Widerlegung, ohne Gebet und Gesang, blos mit den Worten: „Ich will euch zu einer andern Zeit rufen lassen." Noch aber sind sie nicht gerufen. Es war aber auch nicht mehr nöthig, denn bald kamen ihm nur zu viele Leute ungerufen, um Rechenschaft ihres Glaubens abzulegen. Sowohl die Lehren, die der Mann vortrug, als auch die Art und Weise, wie er und die römisch Katholischen sich benahmen, hatten in den Leuten die Ueberzeugung hervorgerufen, daß sie in dieser Kirche nicht mehr stehen bleiben könnten, und sie hielten den Austritt aus dieser Kirche sowohl für Pflicht gegen sich selbst als auch für Pflicht gegen ihre Kinder, damit nicht sie selbst nach und nach vielleicht wieder eingewiegt oder in der Folge ihre Kinder in jene grobe Finsterniß zurücksänken, in der sie einst lebten. Es wurde nun der Austritt beschlossen, und bald giengen vier Mann in dieser Absicht zu Hrn. Pfarrverweser, die ihn sowohl von ihrer Ueberzeugung als auch von ihrem Entschlusse in Kenntniß setzten.

Noch wußte ich von all' diesem nichts, denn gerade damals, als dieses vorgieng, war ich längere Zeit in Geschäften abwesend; ich war daher nicht wenig erstaunt, als ich bei meiner Rückkunft von dem Vorgange in der Kinderlehre, von dem erneuerten Vorhaben der Mühlhauser, aus katholischer Kirche auszutreten, und endlich gar von dem wirklichen Austritt dieser 4 Gemeinds-Glieder schriftlich und mündlich Nachricht erhielt. „Um Gottes Willen," sprach ich zu ihnen, „was fangt ihr an. Wenn ihr nun auch gleich die Wahrheit für euch habt, habt ihr denn auch überlegt, wie ihr es sonst ausführen wollt. Ihr seid ohne Pfarrer, ohne Schullehrer, ohne Kirche, ohne Schulhaus, ihr Alle seid arm und ausser Stand, auch nur das Geringste von allem diesem zu besorgen." — „Die Sache ist Gottes und nicht unser," war die Antwort. „Bleiben nur Sie bei uns, Gott wird weiter sorgen. Wie oft haben Sie uns zum Glauben ermuntert, haben nun auch Sie diesen Glauben. Hat Franke ohne Vermögen im Glauben ein Waisenhaus bauen können, so wird Gott auch uns geben und verabreichen lassen, was wir bedürfen. Es lebt noch der alte Gott, wir wollen ihn fleissig anrufen, er wird für uns und unsere Kinder sorgen, weiß er doch wohl, daß wir nichts wollen, als seine Ehre und unser und unserer Kinder Seligkeit." Ich war beschämt durch ihren Glauben, und wollte nun auch nichts mehr entgegen thun. Ist es von Gott, dachte ich, so wird es bestehen, wenn nicht, so wird es von selbst untergehen, und so empfahl ich täglich die Sache einem höhern Herrn. Es zu verhindern, wäre mir auch beim besten Willen in dieser Zeit nicht mehr wohl möglich gewesen, denn im Wahne, daß ich die Leute von der katholischen Kirche wegführen wolle, hatte man mich auf's Strengste bewacht, öfters, zur möglichsten Sicherstellung, auf meine Verbannung, bis zu den höchsten Stellen angetragen, und oft bis spät in die Nacht hielt der Zollgardist Wache, ob Niemand zu mir komme oder bei mir war. Eine Kirche muß aber ihrer Sache selbst wenig Gutes zutrauen, und großen Verdacht bei denkenden Leuten erregen, wenn sie, um ihre Leute zu erhalten, solche Maaßregeln ganz wider das Evangelium 2. Cor. 10, 4—6. ergreifen muß.

Ja nicht nur keine Mühlhauser, auch keine auswärtigen Fremden sollten mich besuchen. Ich war exkommunicirt, und so sollte Niemand Umgang mit mir haben. Als einst ein junger Mensch aus dem Hannöverischen gebürtig und in Stuttgart in Arbeit stehend, bekannt unter dem Namen „der Missionär", weil er Lust hatte, in's Missionshaus nach Basel aufgenommen zu werden, (der früher viel nach Mühlhausen in die Kirche kam, und bei allen Menschen seines friedlichen und stillen Wesens wegen beliebt war), über Mühlhausen her zu einem Besuche nach St. kam, so wurde sogleich die ganze Polizei in Thätigkeit gesetzt, und derselbe einem Verbrecher gleich zwischen Tag und Licht mit Mannschaft aus dem Schlosse herausgeholt, in der Nacht noch nach Tiefenbronn abgeführt, dort auf eine Wachtstube gesetzt, mit zwei Mann bewacht, und den andern Tag an's Amt ausgeliefert. So weit hatte man es getrieben. Wie gesagt, wenn ich auch gewollt hätte, so konnte ich doch zur

Verhinderung des Austrittes in dieser Zeit wenig oder nichts mehr thun.

Ich ließ also alles gehen, wie es gieng, und es gieng bald weiter. Gerade solche Auftritte, wie der mit dem jungen Menschen, beförderten die Sache. Gleich nach diesem Vorgang, als das unartige Benehmen in Mühlhausen ruchbar war, giengen abermals 6 Männer zum Herrn Pfarrverweser, und baten ihn, sie aus der Liste der Katholiken auszustreichen, denn, wenn diese Behandlungsweise an stillen, friedliebenden Menschen katholisch sei, so wollten sie nicht mehr katholisch sein. An diese schlossen sich die übrigen an, die Ueberzeugung vom Evangelium und Lust hatten, auszutreten. So gieng nun das Ganze aus der freien Ueberzeugung eines jeden Einzelnen hervor, ohne Zureden oder Versprechungen. Selbst Eltern stellten es ganz in die Willkühr ihrer Kinder, zu bleiben oder auszutreten; daher finden sich in Mühlhausen Fälle, wo Eltern übergetreten, einzelne Kinder in katholischer Kirche stehen geblieben sind; selbst im Hause des Freiherrn von Gemmingen kam dieser Fall mit dem drittältesten Sohne vor. Das änderte im bürgerlichen Leben, und in den Gesinnungen der Eltern gegen ihre Kinder nichts. Religion wählt jeder nach Ueberzeugung. Nicht so aber war es bei katholischen Eltern. Keines der Ihrigen durfte frei wählen, mit allem Möglichen wurde ihnen gedroht. Auch sahen sie dem Uebertritt der Uebrigen nicht gleichgültig zu. Sie schickten ihre Diener von Haus zu Haus, die werben, Drohungen und Versprechungen machen, zureden, bitten, und auf alle Art, nur nicht mit dem Evangelium, die Leute zur katholischen Kirche zurückführen sollen. Ja es sollen sich sogar Geistliche einzeln geäußert haben: sie sollten glauben, was sie wollten, nur katholisch bleiben. Allein die Leute verlangten Schriftbeweise, Schriftwiderlegungen, und da man darauf nicht eingehen wollte, so folgten sie ihrer Ueberzeugung.

Henhöfer selbst aber konnte sich nicht zum Uebertritt entschließen. Christliche Freunde widerriethen auf das Bestimmteste. So schreibt ein Freund:

Geliebter Bruder!

Mir deucht, daß Sie so lange Katholik bleiben sollen, als möglich — und ich setze hinzu, seie es auch nur wie Elias unter dem Wachholderstrauch. Denn zum Uebertritt könnte Sie in gegenwärtiger Lage nur die Sorge für Ihren künftigen Unterhalt treiben. Doch dafür — sorgt der Herr, der Ihnen den himmlischen Beruf gegeben hat, in der katholischen Kirche zu wirken und mit starker Stimme zu rufen. Kann dies nicht mehr auf der Kanzel geschehen, so muß man es sonst oder durch den Druck thun, damit dem armen blinden Volke die Augen aufgehen. Wirkung wird es jedoch unter Katholiken nur so lange haben, als Sie selbst katholisch bleiben, nach Ihrem Uebertritt verliert sich dieselbe gänzlich, weil man Ihrer Meinung und Predigt Nebenabsichten zuschreibt, so wenig es auch wahr ist. Ich glaube, daß in den Schwierigkeiten, die Ihnen die evangelische Landeskirche macht, schon ein Fingerzeig des Herrn liegt, daß Sie — wenigstens noch einige Zeit sehen und zuwarten. Gott wird Sie dabei versorgen! — Lieber Bruder! Die Sache ist groß, wichtig, und nicht Ihre eigene, sondern Gottes Namen anvertraute Sache. Hier gilt es Glauben und Treue. Wissen Sie denn, was in unserer vielfach bewegten Zeit Gott unter diesen Regungen vor hat? Es ist gewiß, daß die Zeit des Endes nahe ist und daß sich kein Kirchthum, weder das katholische, noch das protestantische, weiter halten kann, — sondern daß die reine Gotteswahrheit die Menschen frei machen wird. Bald — bald ist dieses Ziel da, in 10—14 Jahren gewiß! Nehmen Sie daher im Gebet es in Ueberlegung, und thun Sie, was der Geist Gottes sagt, der in Ihnen wohnt.

Von ganzem Herzen Ihr treuverbundener Bruder J.

Rückhaltsvoll schreibt Anna Schlatter-Bernet, die Freundin Sailer's und Boos's:

In Christo unvergeßlicher Bruder!

Nun, da mein lieber Jakob in Kornthal vielleicht Gelegenheit hat, dieß Blatt Ihnen zu geben, so kann sich mein Herz nicht länger enthalten, Sie wenigstens auf's innigste zu grüßen. Mein lieber Sohn Röhrig hat mir wohl versprochen, mir Ihr gedrucktes Glaubensbekenntniß zu schicken, ich habe es aber nicht erhalten, also nicht gelesen — allein nach dem, wie ich Sie kennen lernte, glaube ich dessen Hauptinhalte im neuen Testamente zu finden, und da finde ich auch die apostolische Anmerkung: „Alle die gottselig leben wollen, in Christo Jesu, die müssen Verfolgung leiden." Oft gedenke ich auch an die liebe Frau von Gemmingen, und ihre theure Familie und bitte Sie, meine hochachtenden Grüße derselben zu bringen. Dann fragte ich mich auch schon manchmal: was ist wohl aus der guten Lisbeth geworden, während dem Sturm? Und mein Gemüth begrüßt die liebe Seele, die mir in Ihrer ehemaligen Studierstube so eine erbauliche Predigt hielt.

Ihre

ärmste Miterlöste, Anna Schlatter-Bernet.

St. Gallen, den 28. Decbr. 1822.

Einen merkwürdigen Brief schickt Dr. Paulus in Heidelberg an den damaligen Fiskalatsdirektor Fein wegen H.:

Herrn Minist.-Rath Fein.

15. Nov. 1822.

So eben, verehrter Freund, höre ich, daß Ihr Freund, Hr. Pfarrer Henhöfer, dessen Glaubensbekenntniß auch ich mit großer Theilnahme gelesen habe und von dessen urchristlicher Religiösität ich große Wirkungen hoffe, schon jetzt aus seiner Kirche austreten wolle. Wenn dieses nicht schlechterdings unvermeidlich ist, so veranlassen Sie ihn doch, noch in der Stellung zu bleiben, in welche Ihn die Vorsehung gesetzt hat, gerade um auf solchem Standpunkt desto mehr zu wirken. Sobald er übergetreten ist, wirkt, was er schreibt, unter unsern kathol. Mitbrüdern nur soviel als überhaupt das, was ein Protestant für sie schreibt. Darin besteht eben die Kunst der Alleinkirche, daß sie Jeden, den sie zum Besserwerden auffordert, wohl hinaustreibt, aber ihre Zwangseinheit erhält, indem sie Jeden als Ketzer ausscheidet und von den Uebrigen absondert. Das treffliche Glaubensbekenntniß ist tausendmal treffender, wie es Alois abgelegt hat und ferner ablegt, der sich nicht von seiner Kirche ausscheiden zu wollen erklärt, bis er müsse. Sobald sich der Verfasser für einen Protestanten erklärt, so ist seine Glaubensbeschwörung nicht viel wirksamer, als — wenn sie zum Beispiel von mir herkäme. Man sagt: „was gehen uns die an, welche draußen sind? Er war, sagt man, im Geiste ein Ketzer. Gut, daß er nun als solcher dasteht. Er trieb, was nur ein Ketzer treiben kann." Viel anders urtheilen die Katholiken, wenn er darauf beharrt: Ich will zwar Katholik bleiben, nur aber als ein urchristlicher, apostolischer Katholik.

Ich höre, daß ein großer Theil der Gemeinde ihm beistimme. Nur alsdann, wenn diese mit überträte, würde ich sein Uebertreten für etwas äußerst Wirksames halten. Die Gemeinde behielte dann ihn, gerade ihn, zum Pfarrer. Und die 100 oder 1000 ebensodenkenden Brüder unter dem kathol. niedern Klerus würden einsehen, wie auch sie ohne Nachtheil für das Aeußere und mit großer Förderung ihres Ueberzeugungszwecks, das reinere Christenthum fortpflanzen können. Machen auch sie ihre Gemeinde empfänglich für das Urchristenthum, so bleibt alles zusammen, was zu einander paßt. Die Gemeinde und der Patron halten fest an dem apostolischen Pfarrer und der Katholicismus muß von unten herauf dem Urchristenthum gleich werden, wie es selbst zuerst auch nur von unten herauf werden konnte und geworden ist. Wird eine Gemeinde größtentheils evangelisch und will ihren Pfarrer als evangelisch-katholisch behalten, was könnten die Regierungen dagegen einwenden? Dies allein ist der jetzt mögliche Weg, das Besserwerden in den Kirchentümern wirklich zu machen.

Dixi. Ich bitte, thun Sie das Aeußerste, dieses große Beispiel wirklich zu machen. Meine herzl. Empfehlungen an den evangelisch-katholischen Freund, Hrn. Henhöfer.

Hochachtungsvoll und vorurtheilsfrei

Ihr

Paulus.

Nachdem sich die Zahl der Uebertretenden ziemlich gerundet hatte, beschlossen sie sich durch Herrn von Gemmingen, der damals noch beim Landtage war, an den Landesfürsten selbst zu wenden mit der Bitte um Aufnahme in die evangelische Kirche. „Es war für ihn kein kleiner Kampf, denn was sollte er thun, von gleicher Ueberzeugung und gleichem Glauben?" Bewegt war in von Gemmingens Gemüth die Sache, wie ein Brief vom 5. Dezember 1822 an seine Frau zeigt:

C. den 5. Oktober 1822.

Liebe Nany!

Das Neueste was wir fanden, ist, daß uns ein Termin gesetzt ist, an welchem wir fertig sein müssen, dieser ist den 31. Jänner, also doch etwas abgekürzt unsere Prüfungszeit; viele zweifeln an der Möglichkeit bis dahin es zu leisten. Der Großherzog war sehr gnädig, er nahm mich nach Beendigung der Jagd aus dem Haufen heraus bei Seite, und sagte: „Hören Sie, ich habe nun die Schrift gelesen, sie gefällt mir ausnehmend wohl, aber sie ist eben ganz evangelisch." — Dies lächerte mich, deshalb gab ich ihm schnell zur Antwort: „Gnädiger Herr, wollen wir, und müssen wir denn nicht alle evangelisch sein, wenn wir da droben gut aufgenommen werden wollen?" Da lachte er herzlich, gab mir recht, und setzte das Gespräch etwas fort, ich benützte den Augenblick um des lieben Pfarrers Anliegen vorzutragen, ob Er dann hoffen dürfte, nach einem öffentlichen Uebertritt eine Pfarrei zu erhalten von Ihm? Er antwortete: „Das will ich wohl thun, aber ob es gleich so auf den Rupf geschehen kann, das kann ich nicht versprechen." Julius.

Was aber weder Henhöfer noch die Gemeinde geahnt, geschah. Mit den eigenen Worten von Gemmingen's gebe ich die Sache.

Carlsruhe, den 19. Januar 1823.

Lieber im Herrn verbundener Freund!

„Des Herrn Wege sind eitel Güte und Wahrheit!" Ps. 25. 10.

Ach, was ist zwischen gestern und heute für ein Unterschied, und was habe ich der Gnade zu verdanken! Gestern war ich schwach und muthlos, und heute, ja heute ist mein Trompetentag! 4. Mos. 29. 1. Hochgelobt und ewig gepriesen sei die Gnade in Christo Jesu, und ein ewiges Halleluja soll mein ganzes Haus Ihm singen! Lassen Sie mich ruhig erzählen. Als ich gestern Abend Ihren Brief mit dem Einschluß der Mühlhauser erhielt, da ging es gewaltig in meinem Kopfe herum. Großer Gott, dachte ich, was wird mir schwachem Werkzeug für eine hochwichtige Sache zugemessen! Ich bin mir so vieler Untauglichkeit bewußt, und ich Wurm sollte die Sache des Herrn führen? — Als ich Alles zwei und drei Mal gelesen hatte, dachte ich, Ihnen heute zu schreiben, ich wollte es reiflich überlegen und dann das Weitere berichten; aber es kam ganz anders. Ja, ein Anderer, ein Mächtiger hatte gewiß schon für mich überlegt, als ich diesen Brief las! Kurz, ich konnte nicht ruhig schlafen, stand zeitlich auf, und nachdem ich viel schon mit gläubigem Vertrauen zu Gott gebetet hatte, ging ich in die Kirche; hier bat ich nochmals um des lieben Vaters weisen Führungszug. „Nicht auf den Höhen, nicht in Tempeln, sondern im Geist und Wahrheit soll man Gott anbeten," das lag mir gar treu in meinem Sinn, und in seinem Tempel gab ich mir alle Mühe um den Geist der Wahrheit. — Und, lieber Freund in Christo, lieber Herr Pfarrer, wie, ach wie herrlich wurde Er mir geschenkt! Ja, es bleibt dabei, der 19. Januar ist mein und der Meinigen Trompetentag! O, daß doch Alle, Alle, die mich kennen, die mich lieben, von ganzer Seele Gott loben und preisen möchten! Nun liegen die Worte am Schlusse Ihres Briefes gar deutlich vor mir, die ich gestern noch so schüchtern vernahm. Sie sagten nämlich: „der Herr stärke Sie, und gebe Ihnen Weisheit und Rath zu dem großen Geschäfte, das Sie für Ihn führen sollen!" Dieser Wunsch wurde gar herrlich erfüllt an mir Unwürdigem; Gott gab mir Stärke und seinen Rath gar gnädig, und obwohl meiner Schwäche zu diesem Werke gar wohl mir bewußt, dachte ich doch: hat Gott einen David erkohren, um den Goliath zu erschlagen, so kann Er auch die Kraft geben, für Sein Reich etwas Nützliches zu wirken. Jetzt wurde es immer deutlicher und lichter in mir, und es war, als ob es mir gesagt würde, was ich thun müsse, und die Sache der Mühlhauser wurde so auch meine Eigene. Ja, lieber Freund, der Sie uns den Weg zu Christo durch das ewig wahre Wort so treu gezeigt haben, empfangen Sie aus meinem dankbaren Herzen die frohe Kunde, und sagen Sie es gleich meinem guten, lieben Weib, welches Christum früher als ich in ihr Herz aufnahm, daß auch ich mit meinem ganzen Hause der römischen Kirche den Abschied gegeben. — Es ist 10 Uhr und schon habe ich dieses Bekenntniß vor meinem Fürsten, und wieder vor dem Minister von Berkheim frei und offen erklärt. — O, wie bin ich so freudig, daß diese still herangewachsene Frucht endlich mit der Gnade des Herrn reif geworden ist, und wie danke ich Gott dafür!

Nun lassen Sie mich vollends auserzählen. Ich ging denn gleich zum Großherzog; es war der Kriegsminister und der Leibmedikus bei Ihm. Auf meine Angabe, daß ich warten wolle, bis diese Herren fertig wären, oder um eine andere Stunde bitten wolle, nahm Er mich in ein inneres Zimmer, und ließ die Herren alle stehen. Obwohl ich mehr Zeit gewünscht hätte, als einem gegönnt ist, wenn man Minister wartend weiß, so faßte ich mich kurz und dringend, wobei ich Ihm sagte: „Ich glaube, es wird diese Sache einen schönen Edelstein in die Krone seiner Regierung geben!" Er schien dadurch, und durch mein freimüthiges Bekenntniß zum Evangelium gerührt zu sein, und versprach, alles Mögliche zu thun, besonders, wenn Er überzeugt sei, daß es reine Sache des Evangeliums und keine Verbrüderei, wie Er es nannte, ist. Hierdurch fällt freilich der Sinn für eine Brüdergemeinde nieder, welcher ohnehin vielmehr Anstand gefunden haben würde. Sind wir aber nun ein Mal eine wahrhaft evangelische Gemeinde, und Sie unser Hirt, so wird Gott das Weitere schon fügen. Ich habe seit ich hier bin so auffallende Beweise von Gottes großer Gnade, Langmuth und Liebe erfahren, daß mein Vertrauen gar mächtig gewachsen ist: in diesem will ich ruhen, und in Allem auf Seine Hilfe hoffen. — Vom Herrn ging ich denn zum Minister von Berkheim; — alle traf ich heute glücklicher Weise an; — dieser sah die Sache aus einem recht guten Lichte an; ich gab ihm, wie dem Großherzog, Kenntniß von dem Personalverhältniß im Consistorium, welches durch D. gegen Sie eingenommen ist. Nun erwartet der Großherzog durch ein Paar die Bitte in der Audienz; (es wäre Ihm nicht lieb, wenn mehrere kämen), sie könnte ungefähr dasselbe enthalten, was die Mühlhäuser mir gesagt haben; hauptsächlich, daß die Kirche paritätisch, und Sie unser Pfarrer würden. Ich würde Sie denn begleiten, und meine Erklärung mündlich wiederholen, so daß es dann in Acten aufgenommen, und zur beschleunigten Einleitung gelangen kann. Der Herr führe nun Seine Sache weiter, und gebe uns in Christo Jesu Kraft, Geduld und Demuth, die wir Alle in vollem Maße werden von Nöthen haben. Doch, wenn wir nur in Ihm bleiben, so wird Alles gut gehen, und getrost sehe ich einer schönen Zukunft entgegen. —

Bogatzki sagt ja heute auch: „Es ist noch Raum für dich; du sollst ganz sicher sein."

Der Herr erfreue Ihr und aller der Unsrigen Herz durch diesen Brief, wie Er so gnädig heute heimgesucht hat Sein unwürdiges Kind, aber Ihren herzlichen Freund, der dankbar sich nennt Julius.

Viel Tausend herzliche Grüße an mein gutes Weib, meine lieben Kinder, und Alle, die den Heiland lieb haben.

Welchen Eindruck dieser Brief auf Henhöfer gemacht, zeigt seine Antwort, die uns einen tiefen Blick in seinen Gemüthszustand thun läßt. Man fühlt wie unter schwerem Kampf das letzte Band, das ihn an seine Kirche trotz aller Abweichung fesselte, in dem ausgeschlossenen Priester reißt.

Steinegg, den 28. Januar 1823.

Lieber gnädiger Herr!

Gnade und Friede Ihnen von Gott unserm Vater und dem Herrn Jesu Christo!

Ich habe Ihren Brief vom 19. dieses erhalten, einen Brief, den nicht Sie, sondern den der Geist Gottes durch Sie geschrieben hat, und der es verdient zu seiner Zeit einst öffentlich bekannt zu werden. Es ist wohl dieser Brief und sein Inhalt der merkwürdigste, den Sie je in Ihrem Leben geschrieben haben, und darum soll er auch mir und Ihren Nachkommen als ein ewig denkwürdiges Familienstück aufbewahrt werden. Bemerkenswerth ist mir noch, daß gerade um diese Zeit auch Herrmann als der Stammhalter dieses Hauses vom nämlichen Geist der Liebe und Anbetung Gottes angefacht und beseelet wurde, wie er es in einem Schreiben an die Mutter ausdrückte. — Hören Sie nun auch, wie Ihr Brief ankam, und welchen Eindruck er auf uns gemacht hat. Es war Abends zwischen 5 — 6 Uhr als der Bote kam und die Post brachte; wir Alle saßen beisammen im Schlafzimmer um den Tisch herum, Jacob Kirschner war auch dabei. Ein Brief von Ihnen so unerwartet, so schnell — (ich dachte Sie im Ueberrhein) das fiel mir auf und da die Couverte, die auf der einen Seite geleimt war, nicht aufgehen wollte, so wurde ich noch gespannter. Endlich zog ich den Brief hervor, und las, und las bald stille für mich, bald wiederholte ich es für die Anwesenden laut. Um Gotteswillen, was soll da werden. Es ist ein Freudenbrief, das sah ich bald, wir Alle, Alle, die Sie kennen, sollen danken, Gott danken für ein frohes Ereigniß, für eine frohe Botschaft, die Sie uns mittheilen wollen, und doch wollte die Sache selbst so lange nicht kommen. Die Aufmerksamkeit Aller war auf das höchste gespannt, wie mir war, kann ich Ihnen nicht sagen. Aeußerlich lachte ich, aber willkürlich, innerlich schwebte mein Herz zwischen Furcht und Erwartung. Endlich kam ich zur entscheidenden Stelle: „Ja lieber Freund, der Sie uns den Weg zu Jesus Christus durch das ewige wahre Wort so treu gezeigt haben, empfangen Sie aus meinem dankbaren Herzen die frohe Kunde, und sagen Sie es gleich meinem guten Weibe, welche Christus früher als ich in ihr Herz aufnahm, daß auch ich mit meinem ganzen Hause der römischen Kirche den Abschied gegeben." Hier mußte ich halten, ich konnte nicht mehr weiter lesen, wir Alle waren betroffen; eines sah das andere an; die Mutter und Kinder wurden roth. Furcht und Freude wechselten in ihren Gesichtern, wie es bei solch unerwarteten Neuigkeiten geschieht; ich aber mag bleich gewesen sein, wie der Tod. Endlich las ich Ihren Brief aus, und zur Freude und zum Dank wendete sich Alles; nur in meinem Herzen war keine Ruhe. Der Geist der Gnade hatte mich verlassen, und der Unglaube mit seinen Gefährten kämpfte so mächtig in mir, daß ich mitten im strengsten Winter in Schweiß kam. Ich war mir selbst ein Räthsel, der größte Widerspruch. Von der Wahrheit der Sache überzeugt mit dem Wunsche daß doch Jedermann das Evangelium erkenne, annehmen, darnach handeln möchte, unzufrieden mit Allem, was in der kath. Kirche nicht damit übereinstimmt, im Begriffe selbst dieser Kirche durch einen äußerlichen Schritt für immer den Abschied zu geben, aber den gegebenen zu befestigen, wollte mir doch dieser Ihr Schritt in dem Augenblick mehr Last als Freude sein. Das erste was mich bei diesem großen Schritt drückte war mein Unvermögen, meine innerliche Unwürdigkeit, die mir durch Ihr geistvolles Schreiben noch mehr fühlbar geworden war. Ach wie kann durch dich untreues und unwürdiges Werkzeug der Herr so große Dinge thun; das ist ja kaum möglich, so dachte ich, und dieser Gedanke drückte mich ganz zu Boden. Dann fiel mir wieder bald Ihre, bald meine Verwandtschaft, Freunde, die Welt, die hiesige Lage, die ganze kath. Kirche mit ihren Verfolgungen, wovon wir jetzt schon so einen Vorgeschmack haben, die neue Einrichtung in Mühlhausen, und ich weiß nicht, was für Dinge noch ein. Dies Alles lag so schwer auf mir, daß ich es kaum tragen konnte. Nichts, gar nichts hatte ich vor dem Feinde gerettet, als diesen Gedanken, der weder Kraft noch Stärke mir geben konnte. Ich wurde bös auf mich selbst, auf meinen Unglauben, der mir alle Freude verdarb, indeß Andere innigst vergnügt, Thränen des Dankes über Ihren Brief weinten. — Doch der Herr, dem dieses ganze und große Werk angehört, und der es zu dieser Tiefe gebracht hat, tröstete und stärkte mich wieder. Und nun wünsche ich nichts mehr, als daß es vorangehe, bald daran gehe. Ich hoffe zu Gott, in dessen Namen wir das Werk angefangen haben ohne nur je diesen Ausgang zu ahnen, und auf dessen Namen wir es auch fortsetzen wollen: Er werde auf's neue sein Wort segnen an unserm und noch Vieler Herzen und es nicht leer zurückkehren lassen, und dieses hoffe ich um so mehr, da auffallend seine Hand dies Alles selbst, wider meinen Willen, so geleitet hat. So will ich denn alle Sorge auf Ihn werfen, und Ihm danken, tausendmal danken, für Alles, was Er an uns gethan, für Alles, was Er an Ihnen gethan, auch für die Standhaftigkeit, und den Muth, womit Er Sie ausgerüstet hat, furchtlos und treu seinen Namen öffentlich zu bekennen. Der Herr hat Großes an uns gethan; deß sind wir fröhlich, und noch Größeres wird Er thun; das hoffe ich gewiß. Wir wollen nur beten und Ihm vertrauen! Das Eis ist nun gebrochen, der erste und schwerste Schritt gethan; auch das Uebrige wird der Herr zu Stande bringen zur Ehre und zum Preis seines h. Namens. Ich bin überzeugt, sagt Paulus, daß Derjenige, der das gute Werk angefangen hat, es vollführen wird auf den Tag Jesu Christi hin. Oft habe ich gedacht, ob es denn nicht möglich wäre, in der katholischen Kirche zu bleiben, ohne die Wahrheit zu verleugnen, aber täglich überzeuge ich mich mehr vom Gegentheil. Gott hat kräftige Irrthümer über diese Kirche kommen lassen; darum weil sie die Liebe zur Wahrheit nicht angenommen hat zu ihrer Seligkeit. Eigengerechtigkeit ist der ganze Endzweck dieser Kirche; das heißt aber Christum und den Glauben verleugnet. Man hat dich gewogen, so wird einst der Richter zu allen Selbstgerechten sprechen, und du bist zu leicht erfunden worden. O, darum lieber, gnädiger, Herr, sei Christus unser Ein und Alles, seine Gerechtigkeit sei unser Hochzeits-Kleid, darein wollen wir uns einkleiden, damit uns schmücken, wenn wir einstens zum großen Hochzeitstage des Lammes gehen werden. Ja, Amen! Es geschehe! Gott erhalte uns nur sein liebes theures Evangelium, und gebe uns die Gnade, daß wir es rein und lauter auch auf unsere spätere Nachkommen vererben. Machen Sie den Aaron, und seien Sie Christi Fürsprecher auf Erden, wie Er der unsre dort im Himmel ist! Gott mit Ihnen! Ich bin

Ihr

im Herrn verbundener

Henhöfer.

Nun sah man zu Bruchsal und zu Freiburg ein, daß es unklug gehandelt war, einen solchen Mann wie den heißspornigen Pfarrverweser gesandt zu haben, der Uebel ärger gemacht hatte, und schickte einen andern in der Person des Decans Jäck von Kirchhofen. Es war dies ein freisinniger, gewandter Mann, der sich in seiner Art anderwärts gewiß Verdienste erworben hatte. Freilich kann man sich eines Lächelns nicht erwehren, wenn er in seiner Vertheidigungsschrift von sich sagt:

Pfarrer Henhöfer kennt den Pfarrer Jäck nicht! — Ihn kennt die große Pfarrgemeinde Waldkirch-Hauenstein, die Gemeinde Bellingen, die weitausgedehnte Pfarrei Bräunau, die mühevolle Pfarrgemeinde Gütenbach, die Stadt und Landgemeinde Tryberg, — die sechs Dörfer des Kirchspiels Kirchhofen, ihn kennen die Armen dieser Gemeinden. Ihn kannte der unsterbliche, erhabene Fürst Carl Friedrich, Großherzog von Baden, ihn kennt das hohe großh. Ministerium, die Directorien des Donau- und Dreysam-Kreises, ihn kennt die Bischöfliche Geistliche Regierung, die Landkapitel Neuenburg, Tryberg, Breisach, das lesende Publikum, aus der geistlichen Zeitschrift, aus dem Pastoralarchiv, Literatur-Zeitung für katholische Religionslehrer, dem Magazin für Baden, für heil. Handlungen, aus dem kleinen Gebetbuch, aus der Paraphras der Psalmen, aus den Uebersetzungen der kirchlichen Hymnen ꝛc. — All diese mögen zeugen, ob Jäck seit 1792 jemal das Fett einer Pfründe für sich genossen? Ob er jemal seiner Confession treulos geworden? Ob er jemal die ihm anvertrauten katholischen Gemeinden beunruhigte, zertrennte, und den Spaltungen preisgab?! — Ob er außer Kost, Kleidung und nöthig häuslichen Bedürfnissen, jemal das Vermögen seiner Kirche für sich mißbraucht, oder vergeudet habe? — Aermer auf dem, im Geruch einer fetten Pfründe stehenden Pfarrdienst, als ich es jemal war, biete ich meinem Fürsten diese reiche Pfründe wieder an. Wenn mein Fürst meines Dienstes mich unwürdig findet, so trete ich gerne zurück.

Ich würde sogar freiwillig zurücktreten, wenn mein inneres Gefühl einer Unwürdigkeit mich bezüchtigte.

Ein armer, weder auf Prunkehre, noch auf Luxusvermögen Anspruch machender Sterblicher, der Monate lang in Mühlhausen mit zwei Suppen und Wasser vorlieb nahm, bescheidet sich gern mit dem kärglichsten Schicksal, wenn er nur seinen frohen, freien, kindlichen Sinn erteilet und in sich bewahret, sollte es auch in einem Kerker sein. Der in Christus Freie, ist eben so frei im Kerker, als er es im Sitz der fettesten Pfründe wäre.

Der Eingang seiner Antrittsrede auf den 23. Februar 1823, den 2. Sonntag in den Fasten lautet:

Geliebte Pfarrangehörige!

Es wird euch auffallen, einen dem Greisenalter nahe stehenden Verweser, dasigen Seelsorger vor euch stehen zu sehen! — Wenn ich euch die Ursache meiner Bestimmung unter euch erkläre, so werdet ihr die ganze Sache von einer Seite aufnehmen, die euch zum Trost, und zur Beruhigung gereichen wird. Euere Höchste Landesherrliche und Bischöfliche Regierung, nehmen den sorgvollsten Antheil an dem Gemeindlichen Wohl eures Vaterorts. Durch den aufgeregten Drang nach Belehrung, in dem was dem Menschen noth ist, durch den daraus entstandenen Hunger nach dem Worte des Lebens, ist in euern Gemüthern eine ungewohnte neue Bewegung entstanden, die, wenn sie nicht mit zarter Schonung und Liebe behandelt wird, in stürmischer Unruhe die Herzen betäuben kann. Diese Schonung, diese Liebe, glaubten die Höchsten Behörden in dem Herzen eines in der Seelsorge lang erfahrenen Geistlichen zu finden. So erhielt ich den Ruf, die einstweilige Leitung dasiger Pfarrei zu übernehmen. Da ich keine größere Seligkeit kenne, als Jesus

Christus den Gekreuzigten zu verkünden, das wohlthätige Licht seiner Wahrheit zu verbreiten, zu der unversiegbaren Quelle seiner unendlichen Erbarmungen und Gnade, in den süßen Tröstungen seines Wortes und seiner Geheimnisse, die durstenden Seelen hinzuführen, so könnt ihr es Euch denken, liebe Pfarrgenossen, daß ich mit freudigem Herzen meine Heimath, die Bequemlichkeiten meines Haushalts, die geliebten Freunde, und die vielen mir so lieben Kinder meiner Seelsorge verließ, in der freudigen Hoffnung, Gotteshand habe mich in euere Mitte geführt, unruhig gewordene Herzen zu beruhigen, im Keime liegenden Zunder der Uneinigkeit und gemüthlicher Spaltung zu unterdrücken, brüderliche Liebe, freundschaftliches Wohlwollen, christliche Schonung, gegenseitige Nachsicht zu beleben, und so fromme Herzen zu vereinigen, die ja alle in Jesus, durch Jesus, und mit Jesus, nach einer Seligkeit des Lebens ringen. —

Nehmet mich, Geliebte! mit Güte und Zutrauen unter euch auf! — Meine Predigten und Unterweisungen werden nicht hochtrabend und gelehrt, nach weltlichem Beifall ringen; einfach und schmucklos, werde ich die Lehre unsers Heilandes euern Herzen anempfehlen, auf uns und den Zustand unsers Lebens anwenden. Und indem ich euch erbaue, mich selbst erbauen, indem ich euch an die Pflicht eines christlichen Wandels vor Gott erinnere, mich selbst dazu ermuntern, oder darin befestigen, damit wir:

a. Vereinigt auf dem Weg, welcher ist Jesus Christus voranschreiten; und

b. einer herrlichen Zukunft entgegen gehen, die einst an uns soll offenbar werden. Hiezu giebt uns das heilige Evangelium eine Anleitung, die wir nun betrachten wollen. Bereitet hiezu mit Gott euere Herzen! Ich fange an im Namen des Herrn Jesus Christus!

Dazu war es ein in seiner Art toleranter Mann, der in einem etwas wässrigen sentimentalen Gedicht das „Ideal seiner Kirche“ besingt:

Hier sammeln alle Völker sich,
Gott anzubeten brüderlich.
Wer da, wer dort geboren sei,
Ist hier dem Gottfreund einerlei.

* * *

Denn dieses Tempels Grundstein ist
Gott selbst, an den sich alles schließt.
Gott schrieb, als er sein Volk beschrieb:
Mein sind die Völker, und mir lieb.

* * *

So sammeln einstens alle sich,
In Gottes Wohnung brüderlich.
Dann tönt, wie froher Flötenklang,
Von Gott der einzige Gesang! —

Henhöfer zeichnet ihn in seiner Vorrede zum Glaubensbekenntniß Seite XLV–XLVIII:

„Er sprach wenig vom äußerlichen Christenthum, und behandelte auch alles Aeußerliche mit einer Art, daß man wohl sah, er setze keinen besondern Werth darein. Manches änderte er, anderes ließ er ganz weg, so daß wenn ich irgend der Art etwas gethan hätte, des Geschreis nun kein Ende sein würde.

Seine Predigten waren rein evangelisch, handelten von Christus, und dem in der Liebe thätigen Glauben; und da sie nun mit den meinigen und mit der Ueberzeugung der Leute übereinstimmten, so kamen sie ihm auch zur Kirche. Nebst den Sonntagen hielt er auch kleine Anreden über einen Text oder ein Kapitel der heiligen Schrift an den Werktagen, um den Leuten die lateinische Messe wieder schmackhafter zu machen, und sie mit der fremden Sprache auszusöhnen. Vom Pabste, von der alleinseligmachenden Kirche, von der Heiligenanrufung, vom Christus im Tabernakel redete er wenig, und äußerte selbst Meinungen dabei, die gar nicht katholisch waren. So leugnete er privatim, und wie ich hörte, auch öffentlich die wesentliche Verwandlung des Brodes und Weins beim Abendmahl, und erklärte, in Hinsicht der Anbetung der Hostie, daß man nicht das Brod, sondern nur Christum in dem Brode anbete, der ja überall nach seiner Verheißung zugegen sei, wo zwei oder drei in seinem Namen versammelt seien. Die Messe behandelte er mehr als Abendmahlsfeier und uneigentliches, denn als eigentliches Opfer, wie dies auch eine kurze Erklärung derselben in seiner Psalmen-Uebersetzung ausspricht. Vom Concilium Tridentinum wollte er wenig, vom Diöcesankatechismus gar nichts hören, überhaupt meinte er, daß diese Diöcese im Vergleich mit der Oberländer noch sehr im Schatten des Todes und der Finsterniß sitze. Fürwahr, wenn dieser Mann im Gemmingen'schen Gebiete Decan gewesen, und nur halb so frei gedacht und gehandelt hätte, so wäre all dieses bei weitem nicht geschehen. Er war auch der erste, der Mühlhausen das Zeugniß gab, daß die Leute sowohl in Erkenntniß, als auch in christlich-frommem Sinne gebildet seien, und der mehrmals bezeugte, daß er nebst aller Trennung dennoch wünschte, daß seine und viele Gemeinden des Landes diesen Sinn hätten. Auch meinte er, es sei in meiner Behandlung, und besonders damit gefehlt worden, daß man mich aus der katholischen Kirche ausgeschlossen habe.

Mehrere Menschen wurden durch dies Betragen wieder mit der Kirche ausgesöhnt; andere aber, und gerade die Umsichtigeren, und im Evangelium Erfahrensten wollten der ganzen Sache nichts zutrauen. Sie waren durch die bisherige Behandlung und den seitherigen Geist der katholischen Kirche zu sehr verschüchtert, und meinten auch aus den, wie beim vorigen Pfarrverweser auf's neue angefangenen Zusammenkünften mit den steifen Katholiken, und aus einzelnen Reden auf Hinterlist und Betrug schließen zu können. Der vorige Verweser, hieß es, hat mit Prügeln drein geworfen, dieser legt seidene Stricke; doch ist es nur darauf abgesehen, uns in diesem entscheidenden Augenblick zu fangen; ist einmal dieser günstige Zeitpunkt vorüber, so wird man uns schon sagen, was wir und unsere Kinder zu thun und zu glauben haben. In ihrem Verdachte, den sie einmal auf die ganze Sache geworfen haben, bestärkte sie noch dieses, daß man die Kinder in der Schule mehr vom Religiösen abzog, und sie dagegen mit Gesang, Geographie ꝛc. beschäftigte, selbst auf Unkosten der vorgeschriebenen nöthigen Gegenstände, denn sie sollen oft in zwei Monaten keine Schrift zu Haus mehr geschrieben haben.

Auch gefiel ihnen nicht, daß Herr Decan Jäck die kleinen Kinder so sehr an sich zog, und ihnen Kreuzer und Zucker austheilte. Sie hielten alles für einen fein angelegten Plan, Eltern und Kinder zu gewinnen, einzuschläfern, und so wieder mit der katholischen Kirche auszusöhnen. Diese Versöhnung war nun freilich auch der Zweck der Sendung des Herrn Decan; die Mittel wird man ihm überlassen haben. Alle Bemühungen dieses Mannes waren daher größtentheils fruchtlos und eitel, die Leute blieben bei ihrem Vorhaben und Entschlusse. Man fürchtete die alte Verfinsterung, die man noch täglich vor Augen sah, fürchtete neuere noch größere Verfolgungen. Ohnehin hatte auch die katholische Kirche, die sonst eine so bezaubernde Kraft für den Katholiken hat, durch diese beiden Hirten vollends all ihr Ansehen verloren, denn sie kamen nur, um einer den andern zu widerlegen; und jeder sagte: Die Kirche lehrt's. Es blieb also beim Uebertritt."

Man könnte freilich diese Zeichnung, wenn man die allerdings in ihrer Art meisterhafte Vertheidigungsschrift Jäcks liest, für etwas stark und übertrieben halten, denn man kann sich recht gut denken, wie Jemand ohne Heuchelei durch Nachgeben und Geduld eine so schwere Aufgabe zu lösen versuchte. Allein in seinem Schlußbericht bestätigt Jäck selbst was Henhöfer gesagt, und scheut sich nicht die an sich rein kirchliche Sache, in beliebter Weise politisch zu verdächtigen. (Siehe folgendes Kapitel.) — Allein er war zu spät gekommen und auch Henhöfer bat unter dem 7. März bei der evangel. Kirchenbehörde um Aufnahme in die evangelische Kirche. Seine Eingabe lautete:

Großherzogliches Hochpreisliches
Ministerium!

Gehorsamste Bitte des gewesenen Pfarrers Henhöfer von Mühlhausen, Freiherrlich von Gemmingen'schen Gebietes, um die Aufnahme in die evangelisch-protestantische Kirche.

Was Freiherr von Gemmingen unter dem 29. Januar in einer Eingabe an Seine Königliche Hoheit aussprach, und worum er damals in seinem und im Namen eines Theils der Gemeinde Mühlhausen bat, ist so ganz meine Ueberzeugung und Bitte, daß ich mich mit vollem Herzen daran anschließe. Ich habe mich nämlich durch ein vierjähriges, anhaltendes, mit Gebet verbundenes Forschen der heiligen Schrift, als dem ewig unfehlbaren Worte, der Quelle christlichen Glaubens, von Tag zu Tag mehr überzeugt, daß in katholischer Kirche so manche Satzungen sind, die in der heil. Schrift keinen Grund haben und dem wahren Christenthum mehr schädlich als nützlich sind. Ueberdies wurde ich noch in letzter Zeit auf Lehren hingeführt, die tief in's Wesen des Christenthums eingreifen, und nicht nur in der h. Schrift keinen Grund haben, sondern auch mit derselben in Widerspruch stehen. Als ich zum ersten Male diese für mich traurige und niederschlagende Entdeckung machte, so gab ich sogleich, ohne noch öffentlichen Gebrauch davon zu machen, einem bischöflichen Vikariate zu Bruchsal davon Nachricht, mit der Bitte, mich gefälligst aus dem Worte Gottes zu widerlegen, wenn ich irre, um nicht in Zukunft als Heuchler dazustehen. Allein statt dessen wurde mir die Pfarrei abgenommen, und ich aus kathol. Kirche ausgeschlossen; jedoch mit dem Vorbehalt der Wiederaufnahme, wenn ich mich in Freiburg, oder Bruchsal eines Bessern wolle belehren lassen. Ich schlug Freiburg als den passendsten Ort dazu vor, erhielt aber innerhalb 4 Monaten weder Antwort noch Weisung. Diese Zwischenzeit benutzte ich nun, um die Resultate meiner Forschungen immer mehr mit der heil. Schrift und zugleich auch mit dem zu vergleichen, was die Reformatoren der evangelischen Kirche in ihren symbolischen Büchern und anderen Schriften ausgesprochen hatten, und fand, daß diese meine durch Lesung der heil. Schrift gewonnene Ueberzeugung dem Worte Gottes und den Lehrsätzen der evangelischen Kirche ganz gemäß seien. Ich entschloß mich daher, meiner ehemaligen Gemeinde zu folgen, und zur evangel. protestantischen Kirche überzugehen, und bitte hiemit gehorsamst ein Hochpreisliches Ministerium wolle mich gnädigst in diese Kirche aufnehmen, und den Geistlichen des Landes zur ferneren Wirksamkeit beizählen.

Gewiß nicht zeitliche, noch irgend andere Nebenabsichten haben mich zu diesem Schritte verleitet, sondern blos meine Ueberzeugung, und die Uebereinstimmung der Lehrsätze der evangel. Kirche mit meiner Ueberzeugung. — Indem ich nun diese meine unterthänige Bitte zur baldigen Entscheidung gehorsamst vorlege, habe ich die Ehre hochachtungsvoll zu verharren

Eines Großherzoglichen Hochpreislichen Ministeriums

unterthänig gehorsamster

Carlsruhe, den 7. März 1823. Henhöfer.

Die Antwort vom 18. März 1823 lautete:

Ministerium des Innern.
Evangelische Kirchensection.

Carlsruhe, den 18. März 1823.

Vorstellung und Bitte des gewesenen Pfarrers Henhöfer von Mühlhausen um Aufnahme in die Evangel.-Protestantische Kirche und in die Zahl der evangel. Geistlichen des Landes.

Beschluß.

Demselben ist hierauf zu erwiedern:

daß bei den von ihm bereits öffentlich an den Tag gelegten erforderlichen Vorkenntnissen dazu die Aufnahme in die evangel. Kirche keinem Anstand unterliege; hinsichtlich der gebetenen Aufnahme unter die evangel. Landesgeistlichkeit aber erfordere, wenn man auch hiezu in seine hinlängliche Befähigung, seiner gedruckten Confessionsschrift zufolge in keinen Zweifel zu setzen Ursache habe, doch die Form, daß er sich zum Wenigsten einem theologischen Colloquium unterwerfe, zu dessen Vornahme man ihm also den 10. d. Mt., Vormittags 10 Uhr, in dem diesseitigen Sitzungszimmer bestimme und zu welchem er hienach eingeladen werde.

Am 6. April 1823, dem Sonntag Quasimodogeniti, wurde die junge Gemeinde durch Decan Sachs mit ihrem Gutsherrn und dem größten Theil seiner Familie und ihrem Pfarrer durch Decan Sachs aus Carlsruhe nach einer Ansprache auf Grund von 1. Corinther I, 30: „Von welchem ihr auch herkommt in Christo Jesu, welcher uns gemacht ist von Gott zur Weisheit, Gerechtigkeit und zur Heiligung und zur Erlösung“ in die evangel. vereinigte Kirche aufgenommen.

Damit endet die erste Periode der Lebensgeschichte Henhöfers. Es schließt eine Reihe großer innerer und äußerer Kämpfe mit sich und der römischen Kirche. Henhöfer war in die evangel. Kirche getreten um der Ruhe und des Friedens seiner Seele willen. Aber sein Gang war ein Gang aus Kampf in Kampf.

# 5. Kapitel.

Henhöfers Uebertritt und seine Bedeutung. Zustand der evang. Kirche. Weitere Entwicklung der Dinge. Henhöfer nach Graben. Durch Ehre und Schande. Anfechtungen und dunkle Stunden. Nach Spöck.

Der entscheidende Schritt war geschehen, und Henhöfer in die evang. Kirche aufgenommen. Ist auch das, was einem solchen Schritte vorangeht: die innerliche Scheidung und Entscheidung das Wichtigste, so ist gleichwohl doch nicht zu übersehen, daß auch die äussere Entscheidung, die That des Uebertrittes eine tiefe und weitgreifende Bedeutung hat. Welche Bedeutung aber gerade Henhöfers Uebertritt wie für ihn selbst, so auch für die ganze Kirche hatte in die er trat, geht erst wohl klar aus der Verfassung und dem Zustande hervor, in welcher sich damals das kirchliche Leben im Großherzogthum befand. Im Jahre 1821 war die Kirchenvereinigung, die Union der lutherischen und reformirten Kirche zu Stande gekommen. Die altbadischen Lande waren lutherisch, die neubadischen, die durch Napoleon dem Markgrafen Karl Friedrich zufielen, die Pfalz — gemischt, mit überwiegend reformirter Bevölkerung. Allein das Bewußtsein und Gedächtniß dessen, was man in der angestammten Confession hatte, was im Laufe der Jahrhunderte innerhalb der Confession, sowohl in der Pfalz als in der alten Markgrafschaft, erstritten und erlitten worden, war zum größten Theil verschwunden oder verdunkelt. Der gemeine Rationalismus hatte beide Kirchen ihres besten Gehaltes beraubt und nur das Schlimme des confessionellen Unterschieds war geblieben: daß sich Lutheraner und Reformirte, Angesichts der römischen Kirche, gegenseitig verunglimpften und der Lutheraner den Reformirten einen Spitzkopf, und der Letztere den Ersten einen Dickkopf schalt; daß man sich bei Simultankirchen vor dem Gottesdienst wohl auch prügelte um den Vorrang in der Kirche, und die reichen Reformirten die armen Lutherischen darben ließen; daß die Lutheraner die Hostie, und die Reformirten das Brod beim heiligen Abendmahl hatten, war bei der Vergleichgültigung des Bekenntnisses zum tiefsten Unterschied der beiden Abendmahlslehren geworden. Warum uns also trennen? so frug man. Sind denn die Unterschiede wirklich so wesentlich, daß man nicht in einer Kirche Gott im Geist und in der Wahrheit anbeten kann? Die Lutherischen mögen von ihren besondern äußerlichen Dingen absehen, und die Reformirten von den Ihren, und sie sind beisammen. In diesem Sinne konnte der §. 2 der Unionsurkunde entstehen.

Daraus erklärt sich auch, daß die Union in Baden wenig oder gar keinen Widerstand in den Gemeinden fand; den wenigen, blos um äußerlicher Dinge willen (wie um des Brodes statt der Hostie) renitirenden Gemeinden, gab man Freiheit. Wenn so geschichtlich feststeht, daß die Union in Baden als eine Lehrunion hauptsächlich durch die Indifferenzirung (Vergleichgültigung) der Bekenntnisse entstanden und möglich geworden, so soll damit nicht gesagt werden, daß dies der alleinige Grund war. Schon lange vorher waren in beiden Kirchen Versuche zu einer Union im positiven Sinne gemacht worden mit wechselndem Erfolg; Erlasse waren ausgegangen, die befahlen jeden harten Ausdruck „sonderlich gegen die Evangelisch-Reformirten mit christlicher Mäßigung zu vermeiden.“ S. Vierordt, Geschichte der evangel. Kirche in dem Großherzogthum Baden — II. Band. Seite 413—425. Es war ein Lieblingsgedanke, den der greise Karl Friedrich in sich trug, ein Fürst, der bei allen seinen Handlungen zeigte, wie sehr ihm die Pflege eines biblischen Christenthums am Herzen liege. Durch den damaligen Kirchenraths-direktor Brauer ließ er in diesem Sinne Schriften ausarbeiten (1803.) Karl Friedrich sah seinen Wunsch nicht mehr erfüllt. Als aber das Jubelfest der Reformation im Jahr 1817, dem durch die Freiheitskriege allenthalben erwachten religiösen Aufschwung und Gefühl einen bestimmteren kirchlichen Ausdruck gab und darnach das Land im Jahr 1818 eine konstitutionelle Staatsverfassung erhielt, wodurch die neuen Landestheile, mit Aufgeben ihrer früheren Verfassung unter Kurfürsten und Markgrafen, mit einander verbunden wurden, wachte der Gedanke wieder auf, ob man nicht eben durch solch eine Verfassung die neuen evangelischen Landestheile kirchlich verbinden könne. Aus einzelnen Gemeinden in Stadt und Land kam die Bitte um Vereinigung. So kam der Erlaß im Jahr 1819 von Großherzog Ludwig, der eine Anbahnung erlaubte, jedoch mit dem ausdrücklichen Bemerken, daß dabei „die mildeste, schonendste Behandlung redlicher Zweifel beobachtet und jeder Gewissenszwang auf das Sorgfältigste vermieden werde." So lag im Begehren nach Vereinigung zugleich auch ein gewisser politischer Zug der ganzen damaligen Zeit, bei dem das religiöse Bedürfniß freilich nur die zweite Stelle einnahm. Zugleich darf nicht vergessen werden, daß in der damaligen unirenden Synode freilich unter mancherlei rationalistischen Elementen doch auch tiefere Gemüther sich fanden, die mit allem Ernste und besonderer Liebe den Aufbau der Union im positiven Sinne anstrebten. Zudem aber hatte die Synode von 1821 einen kirchlichen Instinkt und eine Pietät für die ererbten kirchlichen Bekenntnisse und Institutionen. Die Union daher blos als ein Werk des Unglaubens und der Gleichgültigkeit und des geistlichen Todes darzustellen, ist ebenso ungeschichtlich als sie als ein Werk des Glaubens und der Blüthe des religiösen und kirchlichen Lebens zu preisen; vielmehr ist sie ein treues Spiegelbild der damaligen Zeit in ihren lichten und dunklen Farben.

Das tiefere religiöse Leben aber, das in den Kirchen und unter den Kanzeln seine Befriedigung nicht fand, hatte sich entweder scheu von der Kirche in kleine engere Kreise geflüchtet, oder in entschiedenen Gegensatz zur Kirche gestellt. In der Gestalt des Pietismus und des Separatismus erscheint vornemlich das positiv gläubige Leben in der badischen Kirche. Schon im 17., namentlich aber im 18. Jahrhundert wußte man von besondern Erbauungsstunden bei uns. (Siehe den Bericht des Inspektors und der Fratres der Klasse Sinsheim unter dem Pfarrer Brug 1749, in der Registratur der Pfarrei Reihen), ferner Beier, Pfarrers zu Sennfeld Leben 1777 und die Nachrichten über Pfarrer Hartmann in Diellingen 1780. In den 70er Jahren fand man Gemeinden, wo nach beendigtem Gottesdienst Abends die Leute sich sammelten und in der Bibel lasen und Lieder sangen. Im Jahr 1767 sagt Karl Friedrich in einem Erlaß, daß diese Stunden nachgeahmt werden sollten, „ohne Besorgniß eines etwa daher entstehenden Namens der Pietisten." Durch den überhand nehmenden Unglauben der 90er Jahre, durch die Drangsale und Noth der Jahre 1806—17 hatten sich Christen aller Konfessionen die Hand reichen lernen; wo nur Leben erwachte freute man sich daran, sei's nun in evangelischer oder katholischer Kirche. Fenneberg, Boos, Sailer, die katholischen Priester, standen im innigsten Verkehr mit der reformirten Anna Schlatter; der lutherische Perthes mit seinen reformirten Brüdern Passavant in Frankfurt und der katholischen Fürstin Gallitzin. So sammelte auch die bekannte Frau von Krüdener in unserm Lande kleine Kreise um sich, leider eben nicht aus den besten Elementen zusammengesetzt, so daß ihr der Aufenthalt in Baden verboten wurde. Auch in Karlsruhe hatte sich ein solcher Kreis um sie und Jung Stilling gebildet, der seine Andachtsstunden hielt und längere Zeit durch einen von England ausgesandten genferischen Prediger Ami Bost besorgt wurde. In Karlsruhe galten namentlich der damalige Fiskalatsdirektor Fein und Rath Ruf*) für das Haupt des dortigen christlichen Kreises. Aber auch in andern Orten, namentlich auf dem Kamme des Schwarzwaldes und gegen Pforzheim z. B. Kleinsteinbach, Singen — sammelten sich Leute zu besondern Erbauungsstunden. Von Württemberg erhielten die „Stunden" immer noch kräftige und gesunde Nahrung, weil sie von dort her mit Bengel'schem und Rieger'schem Geiste getränkt wurden. Immerhin aber verhielten sich diese Zusammenkünfte in den Schranken der kirchl. Ordnung, wenn auch da und dort über dem Grübeln über der Offenbarung St. Johannis manches Andere Nothwendige versäumt wurde. Aber ein Grundzug bezeichnet jene gläubigen Kreise durchgehends: Das vollständige Verzweifeln an der äussern Kirche und das Warten auf eine neue. Wohl brachen sie aus Pietät und Schonung nicht mit der bestehenden, aber sie war für sie bereits auf den Tod angesehen. Darum auch jener Rath an Henhöfer nicht auszutreten, der sich jetzt, da die Stunde näher kam, in stärkerer Weise und mit Begründung wiederholte. So schreiben Freunde:

Heidenheim an der Brenz, den 4. Febr. 1823

Verehrter Freund und Bruder im Herrn!

In der Hoffnung, daß diese Antwort auf Ihren theuren Brief vom 16. Jänner Sie wieder bei Ihrem verehrlichen Gönner, Herrn von Gemmingen, in Steinegg antreffen werde, bezeige ich Ihnen mit Gegenwärtigem meinen herzlichen Dank für Ihre freundschaftlichen Mittheilungen. Ihre traurigen Erfahrungen in Baden, zusammengehalten mit ähnlichen Erfahrungen Pfar-

*) „Die Versammlungen bei Direktor Fein und Rath Ruf sind unsers Wissens rein pietistisch und ultrafromm, ihre Mitglieder haben sich nicht von der Landeskirche getrennt" &c. (Bericht der evangel. Kirchensektion an das Ministerium des Innern.)

rer Lindls und anderer Wahrheitszeugen in Baiern, ferner Pfarrer Boos in Oesterreich und vorher auch in Baiern, Pfarrer Boßs in Frankreich und zuletzt in Hessen-Darmstadt, ferner des Hrn. Dr. de Valenti in Sachsen-Weimar, Professor Leander v. Eß in Marburg, dann mit den gewaltsamen Maßregeln gegen die Erbauungsversammlungen im Vogtland, ähnlich in Pommern, die nur durch die weise Vermittlung des edlen Kronprinzen von Preußen noch abgewendet wurden; desgleichen mit den Angriffen gegen die Missions- und Bibelvereine in der freien (?) Schweiz, mit den neuesten Verfügungen gegen die Privatzusammenkünfte, Missionssache und Brüdergemeinen in den russisch-deutschen Provinzen, so andere gleichförmige Bewegungen der Mächte der Finsterniß gegen die unaufhaltsam fortschreitende Gewalt des Lichtes in allen Ländern und Welttheilen sind wahrlich kräftige Beweise von dem Geiste unserer Zeit, von der Einigkeit der Synagoge des Satans mit den Gewaltigen dieser Welt in katholischen, lutherischen, reformirten oder altkirchlichen griechischen Formen, wie in den Kasten der Brama, Hindu und anderen Opferpriestern aller Art; sind wahrlich unverkennbare Beweise von der Eile des Drachen, seine Anhänger in aller Welt zu sammeln, und zu dem furchtbaren Kampfe mit den Anhängern des Lammes und Bekennern Christi in Wort und Wandel zu vereinigen; von der Macht, die dem Thiere verliehen ist, Krieg zu führen gegen jene, die das Zeugniß Jesu Christi haben und das Maalzeichen nicht annehmen; von den mächtigen Wirkungen des falschen Propheten in der römischen und protestirenden Kirche, kurz von der Nähe des Herrn, welchen wir, seitdem der hl. Seher Johannes davon zeugte, nun schon um 1800 Jahre, also ziemlich nahe gerückt sein dürften. — Gottlob, daß wir wissen, an wen wir glauben, und daß wir erfahren haben, daß Christus wahrhaftig der Heiland der Welt ist! Möge seine Gnade alle Gläubigen in den Tagen der Sichtung bewahren, und sie unter keiner Form, sondern nur in Ihm Heil suchen und finden lassen, ausser welchem kein Heil ist, sei jene, welche sie wolle! —

Denken Sie meiner auch ferner in Ihrer kräftigen Fürbitte vor dem Herrn, dessen Gnade und Friede Ihnen von Herzen wünscht

Ihr

geringster Freund und Mitbruder Fr. C. B. v. Heinleth.

Lahr, 24. Febr. 1823.

Geliebter Freund in Jesu Christo!

Mein lieber Vater hat mehrere Briefe an Sie geschrieben, auf deren Beantwortung wir Alle um deßwillen sehnlichst warten, weil über Ihre neue Gemeinde so viele Gerüchte gehen, daß wir sehr wünschten, von Ihnen selbst zu vernehmen, wie Ihre Sachen stehen und was Sie von weltlicher Obrigkeit zu erwarten haben. Es heißt der brave Hr. von Gemmingen habe mit den Ortsvorständen seiner 3 Dörfer den Großherzog in einer Audienz gebeten, eine katholisch-evangelische Gemeinde stiften zu dürfen, es sei Ihnen aber abgeschlagen worden. Sie hätten sich hierauf zur evangelischen Kirche gewendet.

Ist dieß geschehen? Wie und wann? Dieß sind Fragen, die von Käufern Ihres Büchleins sehr häufig an uns gestellt werden und die zu beantworten wir ausser Stand sind.

Eine sichtbare katholisch-evangelische Kirche zu stiften ist eigentlich auch das einzig Richtige, was Sie thun können; da unter Christen aller Confessionen schon lange eine solche unsichtbare besteht, gegründet auf das heilige Wort Gottes in Menschen, die erkannt haben die Gnade Gottes, die geschmeckt haben seine große Liebe, und die aus wahrer Gottesliebe der Heiligung nachjagen. Dem Herrn von Gemmingen sollte eigentlich gar nicht verwehrt werden können, irgend sich zu einer bestehenden oder nicht bestehenden Kirche zu bekennen, wenn nur Jesus Christus dabei der Grund ist, auf den sie gebaut ist, (und das ist er ja!) da die Landesverfassung Gewissensfreiheit ausspricht. Was ist aber das für eine Gewissensfreiheit, wenn ich nicht auch den äußern Gottesdienst mir sollte ungehindert wählen können? Nichts doch als ein Popanz! Will man es Ihnen verwehren, oder hat man es gar schon gethan, so ist dieß nur ein Beweis mehr, daß die Zeit der Zukunft Christi sehr nahe ist. Man wird vielleicht sagen: Wir haben uns erst (die Protestanten und Lutheraner) nach 300jährigem Zwiespalt nach vieler Mühe vereinigt und können nun nicht dulden, daß wieder neue Spaltungen entstehen und eine dritte evangelische Kirche gebildet werde. Ihr Narren! feget erst aus den alten Sauerteig, gebt unsern Predigern erst den Glauben, den Wandel in Heiligkeit und all jene schönen Tugenden, die das Herz und den Leib eines Priesters vor dem Herrn schmücken sollen. Oder könnet Ihr auch dem Geist Gottes befehlen, daß er nicht Platz nehme in empfänglichen Herzen, wachse, gedeihe und Früchte bringe wahrer Gottesfurcht? Seid Ihr so vom Eigendünkel, der ersten aller Erbsünden, besessen, daß Ihr meinet, alles mit Eurem Verstand ergründen, eben machen und endlich die Gesinnungen aller Menschen über einen Leist schlagen zu können? O Ihr Thoren und trägen Herzens, hebet erst an, an Euch selbst, beginnet das Werk an Euch selbst zuerst, und dann wird es bald besser werden.

Verzeihen Sie, verehrtester Freund, daß ich Sie also ermüde, Sachen zu lesen, die Ihnen nicht neu sind, und daß ich erst jetzt zur Hauptsache komme. Ihr Glaubensbekenntniß hat solchen Absatz gefunden, daß alle hundert Exemplare bereits längst verschlossen sind, und daß tagtäglich eine solche starke Nachfrage darnach ist, auch nach Freiburg, Straßburg, Frankfurt und andern Orten, begehrt werden, daß ich deshalb nach Heidelberg an Winter geschrieben, der, wie Sie mir meldeten die ganze erste Auflage übernommen hat. Nun höre ich so eben, daß in ganz Karlsruhe kein einziges Exemplar dieser Schrift mehr zu haben seie; ich vermuthe daher daß ich wohl keine von Heidelberg erhalten werde und frage bei Ihnen an: 1. ob Sie selbst mir noch mehrere schicken können oder 2., ob eine zweite Auflage bereits im Druck ist, oder 3., ob Sie mir nicht erlauben könnten, eine Auflage von 1000 bis 2000 Stück selbst zu veranstalten? Auf Gewinn sehe ich gar nicht. Ich würde das Exemplar einzeln für 12 kr. und in Parthien zu 8 kr. verkaufen. Ich meine, man muß gleich, weil die Sache noch neu ist damit eilen, auch so wohlfeil als möglich verkaufen, damit Jedermann im Stande ist, sich das Schriftchen anzuschaffen.

Wenn anders Ihre Geschäfte, die gehäuft sein müssen, es Ihnen erlauben, so bitte ich Sie um baldigste Antwort. Die Gnade und der Friede unsers Herrn Jesu Christi sei mit Ihnen, Ihrer Gemeinde und uns Allen.

Ihr

im Herrn verbundener

Joh. Heinrich Geiger, Sohn.

Barmen, den 23. April 1823.

Mein in Christo geliebter Freund und Bruder!

Nun komme ich auf Ihre eigne Angelegenheit, und die Ihrer neuen Gemeinde, und versichere Sie meiner und aller hiesigen Gläubigen, freudigen, herzlichen Theilnahme an dem gethanen wichtigen Schritte, nicht darum weil Sie mit den Gliedern Ihrer Gemeinde dem Aeußern nach unsere Glaubensgenossen geworden sind, — dieß wäre eine fleischliche, irdische Freude; sondern weil Sie zum Heil Ihrer und vieler anderer Seelen zur evangelischen Freiheit durchgedrungen sind, auch vor der Welt, und nunmehr ohne Zwang und Furcht, frei, den hungrigen Seelen das Brod des Lebens reichen, und mit dem lebendigen Wasser tränken können. — Wir reihten uns an so viele Ihrer Brüder und Schwestern an in Wünschen und Flehen um reiche Segnungen vom Herrn dem Erzhirten und Bischof unsrer Seelen, dem einzig wahrhaften und mächtigen Schutzherrn der Kirche Gottes, der die Macht hat über Alles im Himmel und auf Erden, und Sein Regiment führt trotz aller Feinde Wüthen. Er wird sich auch Ihrer und Ihrer, Ihnen selbst gesammelten und anvertrauten Heerde zum Preise Seines heil. Namens annehmen, und Sie nicht Waisen lassen, wenn Sie gleich dem Anfange nach eine kleine Zeit leiden müssen, unter Entbehrung und Mangel, und Anfeindung Ihrer anders gesinnten Nachbarn. —

Ich bleibe unverrückt

Ihr

in Liebe verbundener Freund

Fried. Röhrig.

Früher schon schreibt Freund Josenhans.

Stuttgart, 1822.

Weder ich noch die Brüder meiner Bekanntschaft binden die Seligkeit an irgend eine äussere Kirche, oder halten die unsre für die alleinseligmachende, ungeachtet wir es doch für keine gleichgültige Sache ansehen, in welcher man lebt, ungeachtet es uns nicht einerlei sein kann, nachdem einmal sogar unter den Erweckten unsrer Kirche verschiedene Abtheilungen vorhanden sind, zu welcher von diesen man sich hält. Wir freuen uns über jeden Sünder, der Buße thut, in dem der h. Geist Glauben an die im Evangelio verkündigte

Hülfe und Rettung in Jesu wirken konnte, der wiedergeboren wird, durch den Glauben an Jesum, ein Kind Gottes wird, und nun dem lebt, der für ihn starb, sei er in unsrer Kirche, oder in einer andern, sei er Jud, oder Heid oder Muselmann. Halten sie festen, ruhigen, überlegten Schritt; aber muthen Sie doch auch auf der andern Seite Ihren Richtern nicht zu viel zu, und verhüten Sie Verschuldungen, so weit Sie können. Möge der Herr, der am ersten christlichen Pfingsttage sich so wundervoll, so herrlich an seinen Jüngern und Freunden bewiesen hat, auch Ihrer segnend gedacht und Sie mit den Gaben seines heiligen Geistes erquickt haben zur getrosten Nachfolge in der Ihnen verordneten Glaubens- und Leidens-Bahn! Möge der h. Geist, der ein Geist der Herrlichkeit und Gottes ist, über Ihnen als einem um des Evangeliums willen Leidenden ruhen! Amen.

Indem ich Sie des herzlichsten Antheils von mir und den hiesigen Brüdern versichere, und Sie der Obhut des Herrn empfehle, und um Ihre fernere Liebe bitte, grüße ich Sie in Ihm und verbleibe

Ihr

verbundener geringer

Josenhans.

**Nachschrift von Häring.**

Die Ansichten und Empfindungen meines alten Freundes Josenhans sind auch ganz die meinigen. Beim einfältigen Ausblick auf den Herrn und dem Herzens-Verlangen, nur Seinen heiligen Willen zu treffen, wird er Sie gewiß nicht irren lassen, sondern leiten und führen und bewahren — und Sie auch bei dunkeln Gängen sehen lassen, daß er der Hirte ist, dessen Stecken und Stab trösten kann. Je kleiner, einfältiger, willenloser und je hingegebener in Sein Allesrechtmachen, desto göttlicher, desto verherrlichender für Ihn — desto seliger für uns. Er wird Ihnen nahe sein, und Gedanken und Schritte und Tritte und Alles so leiten, wie es Seine Weisheit und Gnade für's Beste findet. Es ist ihm unendlich mehr an uns gelegen, als wir fassen können.

Mit inniger Liebe

Ihr

Häring.

Lieber, theurer Herr Pfarrer!

Letzten Mittwoch Abend kamen wir in unserer Ordnung an den 12. bis 20. Vers des ersten Kapitels des Briefs Pauli an die Philipper, des seeligen Riegers Worte schienen mir auf Ihre jetzige Lage so passend und anwendbar, daß ich gleich den anwesenden Brüdern sagte: dieses wolle ich Ihnen doch mittheilen.

Ich thue es bei dieser Gelegenheit unter dem herzlichen Wunsche, daß Sie auch in diesen Worten eines bewährten Knechtes Jesu Christi Aufrichtung, Trost und Zuversicht finden mögen.

Die Gnade unsres Herrn sei mit Ihnen! Amen.

In herzlicher Liebe

Ihr

Josenhans.

Leonberg, den 18. Juli 1823.

Ich kann mir's nicht versagen, sie hier folgen zu lassen: Philipper, 1. Kap. 12—20 Vers: „Ich lasse euch aber wissen, lieben Brüder — es sei durch Leben und Tod."

Weil man durch eine verfälschte Nachricht von eines Arbeiters Gang und Werk viel Vertrauen niederschlagen kann, so wird's einem oft nöthig, mehr von sich zu sagen, als einem lieb ist. Weil es aber andern zum Heil geschieht, so muß man's thun. O wie manches hat schon einer Hinderniß für's Reich Gottes gleich gesehen, und wenn man's mit Glauben und Geduld angefaßt, Gott darunter getraut und die Geburtsstunde wacker durchgeschafft hat, so ist eine Förderung daraus entstanden.

Paulus war mit einer Kette an einen Kriegsknecht angeschlossen, der seiner hütete; und wenn das, wie zu vermuthen ist, abwechselte, so konnte bei der ganzen kaiserl. Leibwache Nachricht von Pauli Banden auskommen. Durch's geschmeidige Leiden aber kann man unter so vielen Liebhabern ihres eigenen Lebens oft mehr zum dienlichen Salz werden, als durch alles Lehren. Von angesehenen Weltmenschen breitet sich leicht ein Vorurtheil wider die Wahrheit aus; aber wenn sie der Wahrheit Zeugniß geben, so kann sich von ihnen aus, auch schneller eine gute Meinung für die Wahrheit ausbreiten.

Hatten Pauli Bande solchen Segen unter denen, die draußen waren, so konnten freilich Brüder, oder schon zur Gemeinschaft des Evangelii gebrachte Herzen noch genauer bemerken, wie es Gott mit diesem seinem Knecht schaffe, und sie konnten dadurch aus manchen kleinmüthigen Gedanken aufgerichtet werden. Unter Brüdern konnten aber auch schon damals falsche, oder doch heimtückische Brüder sein, die Christum um Haß und Haderswillen predigten, das ist, unter so viel tausend zu Christo bekehrten Juden, waren noch viele Eiferer für das Gesetz. Die waren nun sehr wider Paulum eingenommen, als von dem sie dachten, daß er nicht nur den Heiden die Thür zum Glauben zu weit aufthue, und sie ohne Gemeinschaft mit Israel zu Gott führe, sondern daß er auch die Juden lehre, vom Gesetz abfallen. Diese wollten sich denn auch das Ansehen geben, daß sie Christum predigten, aber inmittelst doch dem Paulo entgegen arbeiteten. Das gibt dann Anlaß zu allerlei Spaltungen. Und weil sie damit eine Predigt von Christo aufbringen wollen, dabei nicht so viel Verfolgung zu befahren war, so wanden sie Paulo Bande der Trübsal zu, daß er mehr als ein hitziger Kopf die Leute zu Jerusalem ohne Noth aufgehetzt habe.

Dem lieben Apostel war das freilich nicht ganz gleichgültig. Doch da die unlautern Absichten mehr Pauli eigene Person betrafen, so wollte er gerne darüber so empfindlich nicht sein, sondern Gott zutrauen, daß er die ihm darunter zugedachten Trübsale werde zu mäßigen wissen, und sich freuen, daß inmittelst doch Christi Namen durchdringe. Wie sich einer heutigen Tags freuen kann, daß jetzt das, worüber sich Luther, Arnd, Spener und ihre wackern Gehilfen noch so haben leiden müssen, nun doch zur öffentlichen Predigt durchgedrungen ist, wenn schon diese, so am ernstlichsten darüber halten, auch wieder ihre Leiden haben, wie ihre Väter.

Den verspürten Segen aber hat Paulus ihrer mit ihm kämpfenden Gebetskraft zugeschrieben, wie noch jetzt mancher spüren kann, was und wie für ihn gebetet wird. Uebrigens ging Pauli Freudigkeit nicht auf eine Gewißheit, daß ihn Gott wieder mit Ehren vom Kreuz herabnehmen werde, sondern vielmehr auf eine Zuversicht, daß er allenfalls auch mit freudigem Bekenntniß Christi daran sterben könnte.

---

Lahr, den 13. Jan. 1823.

Geliebter und geschätzter Freund in Jesu Christo!

Ihr liebe- und kummervolles Schreiben vom 10. d. will ich sogleich beantworten, und nach den kleinen geistlichen Gaben, die mir des Herren Gnade anvertraut hat, meine unvorgreifliche Meinung und Rath mittheilen. Sie wollen mit einem Theil ihrer Gemeinde die kathol. Kirche verlassen, und zu der evangel.-protest. Kirche übergehen; dem Aberglauben entfliehen und sich dem Unglauben in die Arme werfen. Nicht sage ich dies von Ihnen, auch nicht von Ihren Gemeindegliedern, so lange Sie ihr Lehrer sind, aber sobald Sie zur evangel.-protest. Kirche übergetreten sind, müssen Sie auch als Pfarrer angestellt werden, und da wird man Sie nicht zu Ihrer verlassenen Gemeinde thun, sondern derselben einen Heidelberger Paulianer geben, wo sie zu Zweifler gebildet und dadurch zum höchsten Unglauben übergehen werden. Ihre liebe Gemeindeglieder sind jetzt erweckte Christen und stark im Widerstand; erlangen sie äußere Ruhe, so schlafen sie ein. — Diese erste Erweckung ist nicht die vollendete Wiedergeburt. Bei jener glauben wir es mit Himmel und Hölle aufnehmen zu können, denn es erfüllt uns der heil. Geist mit Gottesfülle und seine Kraft kennt keine Furcht; wenn aber der Geist der Gnade sich, uns weiter zu führen, zurückzieht; wenn wir einen Schritt weiter in der Erkenntniß unsers im Innersten verborgenen Keims der Erbsünde thun sollen, wenn es dunkel um uns wird und nirgends Licht um uns ist und der Geist des Versuchers mit aller ihm von Gott zu unserer Prüfung zugelassenen Kraft auf unser Gemüth wirkt, dann fällt mancher Christ in Muthlosigkeit; der Weg ist ihm zu steil; die Dornen zu verworren. Zum Glück lassen dann die meisten Christen nicht nach mit Beten, Flehen und Ringen bis sie die erste Freudigkeit des Herzens wieder erlangt haben und sind durch ihr ganzes Leben zufrieden, wenn nur der äußere Mensch ertödtet ist. Sie erlangen zwar auch ihres Glaubens wegen ihre Kronen; aber unserm Vorgänger, dem wir gleich sein sollen, weil er auch uns in allem gleich war, der auch in allem gleich uns, nur ohne eigene Sünde, versucht war, haben wir noch nicht erreicht, und doch sollen und müssen wir ihn erreichen, wenn die ganze Absicht seines Kommens in's Fleisch, sein Tragen und Dulden, seine Leiden und sein Tod erreicht werden soll. Und nur eine solche Kirche wird und muß werden, wenn die Verheißungen Gottes erfüllt werden sollen. Die Menschen werden deshalb vom Morgen und Abend, vom Mittag und Mitternacht, aus allen Völkern, Sprachen und Zungen zusammen kommen und eine neue Kirche bilden; und nur zur Vorbereitung einer solchen Kirche, wozu keine von Händen erbaut nöthig ist, rathe ich und man kann es Ihnen nicht wehren, mit Ihren Gemeindegliedern Privatandachts-Stunden in einem Privathause zu halten, denn dies dürfen auch die Herrnhuter in Carlsruhe und anderwärts. Ihre Bedürfnisse als einzelner Mann sind nicht groß, und lange wird die Zeit nicht mehr sein, wo der Herr der über Land zog, zurück kommen wird; es sind ja dem gläubigen Christen schon Zeichen seines baldigen Kommens genug gegeben und werden sich in diesem Jahre noch Viele ergeben.

Der allmächtige Gott und Heiland Jesus Christus segne und stärke Sie und Ihre liebe Gemeinde, daß sie wachse und zunehme am innern Leben, und stark werde im Glauben, in der Liebe und der Hoffnung.

Ihr

treuer Freund im Herrn

Joh. Heinrich Geiger.

War das die Meinung der Freunde innerhalb der Kirche, so verhielt sich's anders mit den Separatisten, die im entschiedenen Gegensatz und Feindschaft zur Kirche standen. Erst seit dem Jahre 1807 finden sich Spuren von ihnen im Amte Bretten. Aermere Bauern wollten die Kinder nicht taufen noch confirmiren lassen und redeten viel vom „neuen Jerusalem," das sie in Baltimore gründen wollten. Um das Jahr 1818, 20 und 23 treffen wir sie in Weißenstein und Dietlingen, in Unteröwisheim, Gochsheim, Gondelsheim, Flehingen, Bahnbrücken, später auch in Rheinbischofsheim und Wilferdingen. Ihr Haß war vornemlich gegen die Geistlichen und die Sacramente gerichtet. Sie tauften ihre Kinder entweder selbst oder ließen sie ungetauft; so erklärt ein Unteröwisheimer Bauer die Kirche für ein H—haus; die Mutter eines Kindes zu Weißenstein läßt ihr neugeborenes Kind ohne Pflege sterben; erklärt es, weil in der eingesegneten Ehe geboren, für eine H—brut, versagt ihm die Mutterbrust. Als das Kind stirbt, bricht sie in ein schreckliches Wort aus und gibt ihren Geist auf. Bei ihrer Kirche, zu der der Mann zu gehen gezwungen ward, verrichtet derselbe am Grabe, während der Pfarrer betet, seine Nothdurft und verläßt mit einer Menge, in Werktagskleidern erschienener Separatisten, unter Gelächter den Kirchhof. So das Decanat Stein, das übrigens am schärfsten gegen Pietisten und Separatisten eingeschritten wissen wollte und unermüdlich in seinen Anklagen war, vom 26. Februar 1823 (Separatismus-Akten). Sie redeten Jedermann mit „du" an, darum sie auch die „Dutzer" hießen und hatten überhaupt wenig Respect vor göttlicher und menschlicher Ordnung. Später gingen sie in weißen Kleidern umher, knieten auf der Straße und im Felde plötzlich nieder um zu beten und wichen dann Niemanden aus, verkündeten den Weltuntergang in nächster Zeit rc., kurz: Ministerium, Amt, Geistlichkeit hatte mit ihnen ihre liebe Noth. Dennoch wurde gegen sie weislich verfahren. Der Großherzog erließ ein Schreiben, wodurch den Gondelsheimer Separatisten die mit 15 fl. über jeden verhängte Strafe aufgehoben wird „indem er es nicht für zweckmäßig erachte, die Separatisten mit einer gegen religiöse Schwärmerei immer vergeblich kämpfenden Strenge zu behandeln.“ Die Geistlichen wollten besonders scharf eingeschritten wissen und doch trugen sie an diesem separatistischen Treiben eine nicht geringe Schuld. Der ungeistliche Wandel so Vieler, die Geistliche hießen, hatte Manchen aus der Kirche getrieben, der an einen solchen Schritt sonst nicht gedacht hätte. Noch erinnern sich Leute der Zeit, da man Geistliche jagen, tanzen, Karte spielen und kegeln sehen konnte, sogar an Sonntagen; kaum oft die Zeit habend den Jagdrock mit dem Kirchenrock zu vertauschen; dazu die faden und geschmacklosen Moralpredigten, oder die noch schlimmeren Kartoffel- und Heupredigten, wo man mehr in einer landwirthschaftlichen Versammlung zu sein glaubte als in einer Kirche — was Wunder wenn zuletzt die Schafe sich zerstreuten und von den Wölfen zerrissen wurden? Es ist sehr zu verwundern, daß nicht mehr des Jammers wurde.

Auch die Separatisten machten sich an Henhöfer. Hier war, wie sie dachten ein Mann — ausgeschlossen von seiner Kirche, ohne Kirche — ganz gemacht ihr Haupt und Führer zu werden. Sie kamen an ihn mit mancherlei Versuchung, aber Henhöfer war viel zu tief in der göttlichen Wahrheit gegründet und zu nüchternen Geistes, als daß er mit ihnen hätte gemeinschaftliche Sache machen können. Daß er für die Irrenden ein Herz hatte und sie nicht von sich stieß, zog ihm Verdacht und Anklage zu, mit ihnen in genauer Verbindung zu stehen, (Bericht des Pfarrer Fischer in Dietlingen vom 11. Juli 1823.) (Separatismus-Akten).

Fassen wir nun das Obengesagte Alles zusammen, so ergibt sich, daß Henhöfer mit seinem Eintritt in die evang. Kirche und zwar in eine so gestaltete, einen sehr bedeutsamen und folgenschweren Schritt gethan. Er mußte sich sagen, daß er von einem Kampfe in den andern gehe, aus römischem Aberglauben gegen protestant. Unglauben, daß es Funken und Feuer sprühen werde. Damit aber, daß er sich der Kirche anschloß, sagte er sich förmlich und feierlich von allen Separatisten los, und gab den Pietisten zu verstehen, daß nur im treuen Anschluß an die historisch gewordene Kirche, das kleine Häuflein Licht und Salz werden könne, sonst aber in sich selbst zerfallen müsse bei allem persönlichen religiösen Leben. Henhöfer ist meines Erachtens durch den Eintritt in die evangel. Kirche in mancherlei Leibesgefahr gegangen, aber zugleich einer viel größern Seelengefahr entgangen. Ein Verbleiben in der römischen Kirche mit evangel. Grundsätzen, hätte, wie bei Boos und Sailer, zu einem Rückgang geführt, und ohne gewisse Unlauterkeit nicht wohl bestehen können und mit seinem Tode wäre das Häuflein zerfallen. Ein Separatistenhaupt zu werden, hätte ihn zu Grunde gerichtet; und wenn er, ohne einer bestimmten Confession anzugehören, nur bei dem kleinen Häuflein Erweckter geblieben (wozu ihm alle Anerbietungen gemacht wurden) — wo wäre die Entfaltung seiner reichen Gaben, seine gewaltige Anregung auf die Massen geblieben? Durch seinen Uebertritt in die evangel. Kirche konnte er das in ihr geweckte religiöse Leben verwerthen. Daß in unserm Lande das Sekten- und Separatistenwesen nicht aufkommen konnte und der gläubig gewordene Theil, so weit er unter seiner Leitung stand, gesund und zum Segen der Kirche sich entwickelte, ist vornehmlich sein Verdienst. Die Kirche erhielt an ihm einen gewappneten Streiter gegen alle Irrlehre, die zerstreuten gläubigen Christen einen Leiter und nüchternen Meister, die Separatisten aber einen entschiedenen Gegner. Daß solches aber geschah: „das geschah vom Herrn und ist ein Wunder vor unsern Augen."

War dies die nächste innere Bedeutung seines Schrittes und des seiner Gemeinde, so verfehlte die ganze Sache nicht, ein gewaltiges Aufsehen in der evangelischen und katholischen Welt bis weithin zu machen. So Etwas war seit der Vertreibung der Salzburger nicht mehr erlebt worden und Viele glaubten an die Zeiten der Reformation gemahnt zu werden. Einzelne Uebertritte von einer Confession zur andern waren hin und wieder vorgekommen, aber daß ein katholischer Priester fast ausschließlich nur durch das Lesen der Schrift mit einem Theil seiner Gemeinde evangelisch ward, das war in jener confessionell-gleichgültigen Zeit unerhört. Als darum die junge Gemeinde, nachdem ihr der Antheil an der Kirche und dem Kirchengut versagt worden, bedacht war eine eigene Kirche zu bauen und einen Pfarrer zu besolden und sie deßhalb einen Aufruf an die Glaubensgenossen erließ, strömten reiche Gaben mit zum Theil herrlichen Briefen hoher und geringer Personen aus allen Gegenden Deutschlands, der Schweiz und Hollands und auch aus der katholischen Kirche zu. Eine Predigtsammlung wurde veranstaltet zum Zweck der Unterstützung der Gemeinde, zu der die bedeutendsten Prediger der verschiedensten Richtungen beitrugen. Könige und Fürsten nahmen sich der Sache an. In dem evangelischen Pfarrarchiv zu Mühlhausen ist eine Correspondenz von beinahe 200 Briefen aufbewahrt, unter der sich Namen wie Luise, Großherzogin von Sachsen, Friedrich Wilhelm III. und der Kronprinz von Preussen, Graf Auersberg in Wien, Graf Recke von Vollmarstein, Graf zu Dohna, Generalsuperintendent Röhr in Weimar, Anna und Cleopha Schlatter, Zeller in Beuggen, Leander van Eß, Professor Bleek, Pauli in Lübeck, von Bülow in Frankfurt, Schubert in München, Lindl in Barmen u. A. finden, ein redendes Zeugniß, welchen Eindruck die Sache machte. Sie war auf aller Lippen der Freunde wie auch der Gegner und wurde in Kirchenzeitungen nach rechts und links angegriffen und vertheidigt. Von einer besondern Vertheidigungsschrift werden wir weiter unten hören. An ihrem kleinen Theile aber hat die Sache allenthalben die Gemüther wieder für evangelisches Leben interessirt, das vorhandene gestärkt und das Bewußtsein inniger Zusammengehörigkeit der zerstreuten Glieder erhöht. Daher datirt sich auch der weite Verkehr, in welchem Henhöfer persönlich und brieflich mit so vielen ausgezeichneten Leuten stand.

Aber vor und während dieser Zeit war Henhöfer auf seiner „Wartburg“ nicht unthätig; brauchte er auch die Bibel nicht mehr zu übersetzen, auslegen durfte er sie doch. In der Schloßkapelle zu Steinegg, die allerdings sehr klein war, predigte er Sonntags und in der Woche. Das waren die viel geschmähten und gefürchteten „Zusammenkünfte in Steinegg.“ Der Zudrang war außerordentlich, von allen Seiten strömten die Leute zu. Hören wir noch einen betagten Augen- und Ohrenzeugen aus jener Zeit. „Ich war zu Kleinsteinbach als Geselle bei meinem Meister Brickel, einem Schreiner, der Henhöfern seine Erweckung dankte und mit ihm sehr innig stand. Er nahm mich mit, in der Nacht brachen wir auf, die 5 Stunden weit nach Mühlhausen zu gehen. Ich selbst hatte meine innere Unruhe, die ich von drunten am Rhein mitgebracht, weggeworfen und wollte in die Welt hineinleben, und dachte nicht daran, daß ich dort hören sollte, was ich noch nicht gehört. Als wir hinkamen, war der ganze Schloßhof gefüllt, in die Kirche zu kommen war keine Möglichkeit. Mein Meister führte mich durch die Gänge des Schlosses, damit ich durch die Sakristei käme und doch etwas hörte. So stand ich in der übervollen Kapelle gerade unter der Kanzel. Als ich gar den Mann kommen sah, mußte ich mich fast des Lachens erwehren — „was wird der wissen", dachte ich. Aber als er anfing, da verging mir alles, er deckte so mir mein Herz auf, daß ich nicht wußte wohin schauen; dann predigte er so gewaltig von der Liebe Gottes in Christo, daß es mir ging wie Vielen in jener Zeit — „der Baum fiel auf einen Streich." Da war ein katholischer Vogt auch gekommen, der hatte sich's vorgenommen die Predigt Wort für Wort zu schreiben und dann bei Amt und Geistlichen anzuzeigen, aber schon bald hörte das Schreiben auf; die schweren Thränen hingen ihm in den Augen und als die Predigt zu Ende war, ging er hinein in die Sakristei und bat auf die herzlichste Weise um Vergebung. — Ein Säufer und Spieler hatte sich wenig Wochen später mit uns aufgemacht ihn zu hören — es war um ihn geschehen. Mit Thränen der Buße kam er nach Hause und bat Alle um Vergebung, so daß seine Frau ihn anstarrte — und ihn mit Schimpfworten überschüttete, weil er ein Betbruder geworden sei. Der Mann aber blieb ruhig und ward ein stiller gläubiger Mensch." Es ging eine Geistesmacht und Kraft in dem Kirchlein, die wunderbar die Leute faßte. Freilich war es natürlich, daß sich der Aerger der Geistlichen und der katholisch Gebliebenen steigerte und sie um allen Preis Henhöfer fort haben wollten. In der Kapelle war noch ein steinernes Bild der Maria, eine „schwarze Mutter Gottes", die sollte nicht mehr in der entweihten Kirche bleiben. In der Nacht stieg ein Mann durch das Fenster und holte sie heraus und trug auf dem Rücken in der hellen Mondnacht das schwere Kleinod hinunter nach Mühlhausen. Herr von Gemmingen sah dem guten Mann zu und ließ ihn ziehen. Aber fort sollte Henhöfer. Schon vor der Zeit des Uebertritts hatte, während Henhöfer auf die Antwort wartete, von Seiten des Ordinariats der damalige Pfarrverweser Baumann eine Eingabe an das Oberamt gemacht folgenden Inhalts:

Großherzogliches Ober-Amt!

(Herrn Baron von Gemmingen zur bald gefälligsten Erläuterung.

Pforzheim, den 1. Sept. 1822.

Großherzogliches Oberamt.)

Geziemende Vorstellung des Pfarrverwesers Baumann zu Mühlhausen und Tiefenbronn, die religiösen Zusammenkünfte bei Pfarrer Henhöfer im Schlosse zu Steinegg betreffend.

In der verehrlichen Verfügung des Großherzoglichen Oberamts vom 11. Juni l. J., wodurch unter b. alle heimliche Zusammenkünfte, Versammlungen, einzelne Partheien, streng in der Gemeinde Mühlhausen untersagt sind, und die Dawiderhandelnden streng und unnachsichtlich bestraft werden sollen, wird zugleich das Pfarramt aufgefordert Anzeige zu machen, wenn dagegen gehandelt werden sollte.

Seit der Publikation erwähnter verehrlichen Verfügung wurden mir namentlich nur zwei dergleichen heimliche Zusammenkünfte in Mühlhausen angezeigt. Beide wurden an Einem Sonntage im Juli, eine Morgens, die andere Abends oder vielmehr Nachts gehalten. Die Morgens war im Hause des dasigen Bürgers und Schneidermeisters Scharvogel — unter Leitung des berüchtigten Schreiners Brougier, des Haupturhebers dieses traurigen Wirrwarrs in dieser Gemeinde. Außer mehreren Mühlhäusern waren auch gegen 18 oder 20 Evangelische aus dem Württembergischen zugegen. Die Abends oder vielmehr Nachts war im Hause des Vogts Kunb — ohne Licht. —

Als ich nun gleich unter der Hand erfahren habe, daß die getreuen Anhänger des Pfarrers Henhöfer, besonders so lange der Haupt-Erleuchtete und Schriftgelehrte Brougier wieder im Ort war, noch manchmal heimliche Zusammenkünfte hatten, so hatte doch schon im Ganzen mehr erwähnte Oberamtliche Verfügung guten Erfolg, und sie würde ganz gewiß ihren wohlthätigen Zweck im ganzen Umfange erreichen, wenn nicht der Vogt Kunb — der eifrigste und stärkste Anhänger des Herrn Pfarrer Henhöfer und seiner Lehre wäre. —

Indem sich nun die Anhänger des Herrn Pfarrers Henhöfers zu scheuen scheinen in Mühlhausen ihre Zusammenkünfte fortzusetzen, so gehen sie um so keder in die Stunden des Pfarrers Henhöfer, die er seit seinem Aufenthalt im Schlosse zu Steinegg sehr fleißig hält. — Besonders an Sonntagen, da setzt dieser Herr sein verderbliches Unwesen fort, weßhalb er doch von seiner Pfarrei förmlich abgerufen wurde; unterhält so nicht nur den Zunder der Zwietracht und des Hasses in der Gemeinde zu Mühlhausen, sondern bringt ihn noch in volle Gluth und Flammen. Ohne allen Zweifel ist sein Aufenthalt in der Nähe von Mühlhausen weit gefährlicher und nachtheiliger, als wenn er noch als wirklicher Pfarrer im Orte Mühlhausen wäre.

Besonders stark waren die Zusammenkünfte bei Pfarrer Henhöfer im Schlosse zu Steinegg am letzten und vorletzten Sonntage. Zahlreich strömten ihm die Mühlhäuser zu; zahlreicher als ihrem Pfarrgottesdienste in Mühlhausen, den sie seit Henhöfers Abwesenheit auffallend nachlässig besuchen. —

Auch bei zehn Tiefenbronner-Henhöferianer waren am letzten Sonntage in der Stunde bei Herrn Pfarrer Henhöfer in Steinegg im Grundherrlichen v. Gemmingenschen Schlosse.

Da mir beide Orte Mühlhausen und Tiefenbronn zur seelsorglichen Verwaltung übertragen sind, so kann ich diesem unheilstiftenden Unfuge in Steinegg durchaus nicht still zusehen. — Im Gegentheile halte ich es mir zur strengen Pflicht, davon Einem Großherzoglichen Oberamte gewissenhafte Anzeige zu machen, und Wohldasselbe um ungesäumte schnelle und kräftige Einschreitung gegen diese gesetzwidrigen religiösen Zusammenkünfte in Mühlhausen, und jetzt insbesondere im Schlosse zu Steinegg geziemend und nachdrücklich zu ersuchen.

Was in Mühlhausen als gesetzwidrig verboten ist, wird wohl in Steinegg als gesetzwidrig nicht geduldet werden können. — Am besten für das ganze Gebiet wäre es, wenn Herr Pfarrer Henhöfer ganz aus dem Gebiete weg, und zwar weil weg (!!) gewiesen würde, sonst gibt es keine Ruhe. — Wenigstens erlaube ich mir ein Großherzogliches Oberamt geziemend zu ersuchen,

„dem Pfarrer Henhöfer das Stundenhalten auf das strengste „zu untersagen, sowie den Mühlhäusern und Tiefenbronnern „auf das strengste die Zusammenkünfte bei demselben verbieten „zu lassen."

Ohne Großherzoglichem Oberamte im Mindesten Etwas in Ergreifung geeigneter Maaßregeln gegen diese verbotenen Versammlungen vorgreifen zu wollen, hielt ich unmaßgeblich für's sicherste, die Klubb einmal ausheben zu lassen, denn so würde es diesen Menschen unmöglich gemacht, ihr Heil im Läugnen zu suchen, und das würde gewiß am besten wirken. —

Vorläufig will ich auch die Anzeige machen, daß sich am letzten Marien-Feste (Maria Himmelfahrt) mehrere Henhöferianer selbst in der Kirche zu Mühlhausen erkühnt haben, über meine Predigt zum Aergerniß der Katholiken zu föppeln und zu spötteln.

Unterlassen diese Menschen dieses ungeziemende ärgerliche Betragen nicht, so sind Scandale bald nicht mehr in der Kirche zu verhüten. — Wenn irgend ein solcher Auftritt zwischen den Katholiken und Henhöferianern in der Kirche vorfällt, so kann ich zum Voraus versichern, daß ich nicht daran Schuld bin, denn ich ermahne nach Kräften zur Duldsamkeit.

Mülhausen, am 27. August 1822.

Baumann, Pfarrverweser.

Die Antwort Gemmingens lautete:

(Concept einer Antwort,
auf die mir durch das großherzogl.
Oberamt Pforzheim mitgetheilte Beschwerde des Herrn Pfarrverwesers
Baumann.

Steinegg, den 12. Sept. 1822.)

Auf die Vorstellung des Herrn Pfarrverweser Baumann vom 27. v. M., welche mir aber erst gestern von dem Hochlöblichen Oberamt brevi manu zur Erläuterung zugesendet wurde, habe ich die Ehre sogleich das Nöthigste zu erwiedern.

Vor allem bemerke ich, daß weder mir, noch Herrn Henhöfer die verehrliche Verfügung des großherzogl. Oberamts vom 11. Juni. l. J. bekannt ist, worauf Herr Baumann im Eingang sich bezieht. Diese muß in unserer Abwesenheit, als er in Bruchsal, und ich in Karlsruhe war, nach Mühlhausen gekommen sein. Dem sei aber wie ihm wolle, so haben die Besuche, welche Herr Pfarrer Henhöfer in meinem Haus von seinen Freunden erhält, durchaus nicht die Beschaffenheit, welche ihnen Herr Baumann unterlegt. Es nimmt mich allerdings wunder, wie Herr Baumann sich erlauben mag zu sagen:

„Er könne diesem Unheil stiftenden Unfug in Steinegg „durchaus nicht stille zusehen, sondern müsse im Gegentheil von Großh. Ober„amt die ungesäumte, schnelle und kräftige Einschreitung gegen diese gesetz„widrige religiöse Zusammenkünfte pflichtmäßig verlangen, indem wohl das, „was in Mühlhausen als gesetzwidrig verboten ist, auch in Steinegg als „gesetzwidrig nicht geduldet werden könne."

Ich bin daher als Hausvater und als Freund des Herrn Henhöfer doppelt verpflichtet die Wahrheit zu vertheidigen und einem hochlöbl. Oberamt eine Ansicht des ganzen Verhältnisses zu geben.

Wenn durch die erweckenden Predigten und lichtvollen Erklärungen der Evangelien des Herrn Henhöfer etwas Ungewöhnliches in unserer katholischen Gemeinde erschienen ist, wenn viele Seelen aus dem tödtlichen Schlaf erwachten, inneres Leben und Erkenntniß von dem bekamen, was einzig Noth ist, dankbar es in ihre Herzen aufnahmen, und stets begierig waren, immer mehr und mehr Heilswahrheiten zu vernehmen, so konnte dieses wohl nicht so stille hergehen, ohne daß die geistliche Behörde aufmerksam wurde, welche endlich — als der Aberglaube, die Lüge und die Verläumdung jedes Mittel sich erlaubt hatten, diesen Mann zu verkleinern — Ihn nach Bruchsal berief, nicht nur allein um ihn zu hören, sondern gleich das Hervorgerufene, und durch ihn in's Leben getretene Gute, in dem Entstehen gewaltsam zu unterdrücken. Dieses für jeden eifrigen Christen so niederschlagende Ereigniß kam jedoch für Henhöfer, als für uns alle nicht unerwartet. „Haben sie mich verfolgt, so werden sie auch euch verfolgen," und wahrlich man sieht es recht deutlich bis auf den heutigen Tag, wie wahr unser lieber Heiland gesprochen hat.

Während nun Herr Pfarrer Henhöfer der Entscheidung seiner Angelegenheit von höherer Behörde täglich entgegen sieht, und unterdessen seinen Aufenthalt theils bei mir, theils bei andern guten Freunden genommen hat, bekömmt er ganz begreiflich Besuche von vielen Orten, worunter denn auch natürlich seine so nahe gelegenen Pfarrkinder, die ihn so dankbar lieben, nicht fehlen. Es wurde in solchen Besuchen freilich nicht von den Freuden der Welt, sondern vom Wort Gottes gesprochen, wie dieses bei eifrigen Christen nicht anders zu erwarten ist. Von einem förmlichen Stundenhalten (dieser dem Antichrist so lächerlichen, als unausstehlichen Sache) war durchaus keine Rede. Der Herr Decan Lechner von Neuhausen schrieb unter dem 27. v. M. an mich, in dieser nemlichen Angelegenheit, auf Veranlassung des Herrn Baumann, ich antwortete ungefähr das nemliche mit dem Bemerken, daß wenn zahlreichere Besuche bei Herrn Pfarrer Henhöfer ihm unangenehm wären, sich hierin auch nach seinem Wunsch benommen werden soll. Es kamen wirklich den nächsten Sonntag darauf sehr viele Mühlhauser zu mir, wovon kein Einziger ihn gesprochen hat. Der Endzweck dieser Leute war, mich um Rath zu fragen, denn sie wollten sämmtlich in der Audienz Sr. K. Hoheit den Großherzog bitten: den Herrn Henhöfer ihnen wieder als Pfarrer zu geben selbst im Fall eines Uebertritts. Ich hielte sie zurück, und ermahnte sie, vorerst die täglich zu erwartende Entscheidung von höherer Behörde abzuwarten, welches sie dann auch annahmen und ruhig nach Hause gingen. Seit dieser Zeit kamen nicht mehr viele Leute zu Herrn Henhöfer, die wenigen Besuche, welche er oder ich von christlichen Männern erhalte, gedenke ich aber keineswegs abzuweisen; so wie auch gewiß das Hochlöbliche Oberamt schwerlich zu denen, etwas stark nach spanischer Inquisition riechenden Vorschlägen, des ein wenig unbehutsamen Herrn Baumanns sich hergeben wird.

Das sind die religiösen Versammlungen, welche so unrichtig beurtheilt werden. Es ist in der That ein trauriger, auffallender Beweis vom antichristlichen Reich unserer Zeit, daß man allenthalben stille Versammlungen frommer Leute oft gewaltsam auseinander treibt, während die anstößigsten, sittenverderblichsten und ärgerlichsten Dinge öffentlich ungestört ihren Fortgang haben. Ich könnte davon ganz neue auffallende Belege unserer Gegend aufführen; warum giebt man denn diese nicht bei Amt an?

Herr Baumann soll mir doch beweisen, was dann für Unheil stiftender Unfug in meinem Hause statt hat? Die Unterredungen Herrn Henhöfers mit uns, oder andern Freunden, die uns dann und wann besuchen, haben die reinste Absicht, und doch spricht Herr Baumann von Unterhalten des Hasses, und der Zwietracht, von Gluth und Flammen in der Gemeinde Mühlhausen. Er soll einmal unpartheiisch beide Partieen prüfen, wenn er es im Stande ist, und dann sehen, welche eines bessern Gehaltes ist, die welche für, oder welche gegen Herrn Henhöfer ist. Es ist durchaus keine Empfehlung für Ihn, daß er den finstersten, abergläubischsten und zum Theil den boshaftesten Subjecten Gehör gibt, glaubt, und sie noch unterstützt. Wenn er sich über nachlässigen Besuch seiner Predigt beschwert, so prüfe er sich erst selbst, ob die Schuld nicht vielleicht an ihm liegt. Henhöfer hat sich nie darüber beklagt. Wer das Evangelium getreu erklärt, Christum den Gekreuzigten und seine Liebe für uns predigt, mit einem selbst erfahrenen Herzen; Wer Geist und inneres Leben in seine Worte legt, der wird immer genug Zuhörer haben. Paulus sagt: 2. Tim. 1—3. „Behalte das Vorbild der gesunden Lehre, die du von mir gehört, in Glaube und in Liebe" und ferner: Gal. 1, 8. „Wenn auch wir, oder ein Engel des Himmels euch ein anderes Evangelium predigt, als wir euch gepredigt haben, der sei verflucht." — Es wird so häufig der Fehler gemacht, in welchen auch Herr

Baumann gefallen ist, daß man glaubt, die Leute hängen alle an dem *Menschen* Henhöfer. *Der Geist seiner Lehre ist es*, der die Seelen bindet, wer diese einmal recht gefaßt hat, der wird ihm auch treu bewahren durch alle Stürme, welche Verleumder, Finsterlinge und Ungläubige gegen ihn erregen, und so wird er auch hier noch segensvoll fortblühen, wenn schon dem Mann ein anderer Wirkungskreis angewiesen ist, der hier es zuerst wagte, die Wahrheit furchtlos und freimüthig zu verkünden. Warum will doch Herr Baumann den Herrn Pfarrer Henhöfer so gerne weit von uns verbannen? Warum nennt er diejenigen, die seinen Unterricht im wahren Christenthum freudig annehmen, *Henhöferianer*, und nicht Christen, nach dem Hauptsinn der ächten Lehre? Will Herr Baumann gegen Herrn Henhöfer kämpfen, so gebrauche er doch lieber die 2. Corinther 10. 4. („denn die Waffen womit wir kämpfen sind nicht fleischlich, sondern göttlich stark, Festungswerke zu zerstören, wir zernichten Trugschlüsse") vorgeschriebene geistliche Waffen, als die weltliche Macht, und suche sich alles zu verschaffen, für sein eigenes Beste, was dem Bischof zu Laodicea gerathen wurde. „Offenb. 3. 18. Ich rathe dir: kaufe bei mir im Feuer erprobtes Gold, damit du reich werdest, und weiße Kleider damit du dich bedecken könnest, und die Schande deiner Blöße nicht offenbar werde; und Salbe, um deine Augen damit zu salben, damit du sehend werdest!" *v. Gemmingen.*

Die Angabe des Pfarrverwesers über jene Verfügung war laut Schreiben des Oberamts vom 21. Sept. 1822 unwahr. — Allein am 13. Sept. sagt eine neue Klagschrift von Pfarrer Lechner in Neuhausen: „Henhöfer müsse fort, es werde dort ein Sektengeist, Separatismus, ein Geist der Unordnung, der Widerspenstigkeit, auch *in Hinsicht der Staatsanstalten* erweckt." Das letztere war das rechte Zündwort, womit man sich half. „Nothwendig wird es von Tag zu Tag mehr, daß Henhöfer durch höhere Verfügung aus der *ganzen* Gegend entfernt werden muß." Herr von Gemmingen schreibt an diesen Herrn unter dem 31. August:

Euer Hochwürden

Besonders Hochgeehrter Herr Decan!

Auf das unter dem 27. dieses an mich erlassene Schreiben, welches mir aber erst gestern Nachts spät eingehändigt wurde, habe ich die Ehre zu erwiedern:

Wenn man es anstößig finden will, daß Herr Pfarrer Henhöfer mit den guten Freunden die ihn besuchen von Christenthum spricht, so wird er sich auch darin nach ihrem Wunsch zu benehmen wissen. Haben Sie doch keine Sorge, daß die Bewohner des Gebiets durch seine Grundsätze beschädigt werden, wollte Gott! sie hätten alle Christum so im Herzen wie er ihn gepredigt hat.

Ich beziehe mich hier auf meine Antwort von gestern die unter einem folgt.

Nur bitte ich, nicht so weit gehen zu wollen, daß wenn Leute zu mir kommen, denen Christus lieb geworden ist, und wir uns aus einem guten Buch, und durch christliche Gespräche erbauen, Sie dieses verhindern wollen. Euer Hochwürden dürfen nicht fürchten, daß dadurch sogenannte Stunden entstehen, die Ihnen verhaßt zu sein scheinen, denn es nehmen blos dann und wann, ein oder mehrere gute Christen Abends an einer Betrachtung Theil, die ich mit den Meinigen zu lesen pflege.

Diese stille Hausandacht, welche jeder Familie zu wünschen wäre, würde ich mir auf keinen Fall nehmen lassen. Ich danke Gott, daß er in meinem Hause ein Licht angezündet hat, verlöschen will ich es mit seiner Gnade nicht mehr lassen.

Ich beziehe mich auf meine frühere Bitte vom 28. Juli, doch ja nichts zu unternehmen, welches mich zu einem auffallenden Schritt zwingen würde.

Mit bekannter Achtung verbleibend

Euer Hochwürden

aufrichtiger J. von Gemmingen.

So ersuchte später Decan Jäck Henhöfern in aller Artigkeit, aus den Grenzen zu gehen, aber er wich nicht. Da wandte man sich denn an die kath. Kirchensection, um, mit der evangelischen in Verbindung, ihn wegzubekommen. Die höchst interessanten Aktenstücke, namentlich auch der evangel. Kirchensection, die ihre Legitimität auf so eigenthümliche Weise wahrt und nun die Sache Henhöfers vertheidigen muß, theilen wir mit:

Großherzogliches Badisches Hochpreisliches
Ministerium des Innern.

**Katholische Kirchensection.**

Gehorsamster Bericht des Decan Jäck, seine Mission für Mühlhausen, Amts Pforzheim, betreffend.

Die durch den Henhöfer bewirkte Spaltung in den religiösen Meinungen seines Pfarrvolks sehe aus dem Gesichtspunkte an, aus welchem Hochpreisliches Ministerium unterm 16. Februar 1813, Nr. 110 die Spaltung politischer Meinungen der Geistlichkeit zur Maßnahme pastoralen Benehmens darstellte.

„Durch den mit allen Künsten der Popularität unter das Volk gestreuten Samen des Mißvergnügens mit der bestehenden Verfassung und den Institutionen des Staatshaushaltes, durch die erkünstelte Anleitung, das Volk deraisoniren zu lernen, sei der versteckte Plan verbunden, das Volk vom Fürsten und seinen Regierungen zu trennen, um hierdurch einen anarchischen Zustand zu bewirken, der sich eigne, tiefere Plane zur Reife zu bringen."

So sehe ich den durch zahllos gewordene religiöse Erweckungsinstitute, Bibel-, Tractatgesellschaften ꝛc. in die Gemüther der Gläubigen eingestreuten

Samen der Unzufriedenheit mit den bestehenden und sanctionirten kirchlichen Regierungen, die von den Coryphäen einer After-Mystic gegebenen Anleitungen über kirchliche Lehr-Systeme zu deraisoniren, für gelegte Minen geheimer Pläne an, die Gemüther im Glauben zu entzweien, eine religiöse Anarchie zu bezwecken und in derselben andere gemeinschädliche Pläne zu verwirklichen.

Wenn Handhabung der Legitimität im Politischen als Grundpfeiler der Staaten-Consistenz beachtet wird, so muß Handhabung der Legitimität im Kirchlichen als Grundpfeiler der Christusreligion angesehen werden. Das Volk von dem legitimen Kirchensystem nach Willkür des Eigendünkels und der Privat-Ansicht unbeachtet ableiten lassen, heißt die Explosion einer Mine beschleunigen.

Nach diesen Ansichten wendete ich meine Aufmerksamkeit auf den Character dasiger Pfarrgemeinde.

In einer zahlreichen Gesellschaft dasiger Bürger von divergirenden religiösen Meinungen sah ich einen muntern, freundschaftlichen Ton herrschen, der mir ein gutes Vorurtheil für die Bürger selbst einflößte. —

Die populären, vielleicht auch trivialen Sarcasmen ihres gewesenen Pfarrers über religiöse Geheimnißlehren, über Nebendinge, die sich dem Volke angehängt hatten, wollen der Eitelkeit der denkenden oder denkenwollenden Landleute (schmeicheln, denn) der Einfalt der Väter entwachsen, klüger als die Henne zu sein, schmeichelt dem Küchlein zu sehr, als daß es nicht wie ein Recensent gaxen sollte; die lebhaften Rabottaten des Pfarrers von innerem Christus, innerer Vernichtung, neuer Creatur, Glaube, der alle Werke verbannt, Liebe im Glauben afficirten in mystischen Schwingungen die dunkeln Gefühle der Liebensdürftigen zu sehr, als daß sie sich nicht wohlbehaglich daran wiegen sollten. (Der Styl ist hier im Original sehr unklar; durch obige Einschaltung wird der Satz wenigstens verständlich.)

In diesen Menschlichkeiten glaubte ich ein zwar verlobtes aber reges Geistesleben und Gemüthlichkeiten zu finden, die in den Schulkindern widerstrahlten. So wurde mein gefaßtes, gutes Vorurtheil für dieses Völklein gehoben. Mit herzlicher Theilnahme ertheilte ich am zweiten Fasten-Sonntage den Unterricht in der Vor- und Nachmittagspredigt und in der Katechese. Das Volk theilte meine Theilnahme. Tagtäglich trug ich die Fastenperikopen vor mit homiletischer Erklärung. Die Neuheit der Person und der Sache blieb nicht ohne Wirkung, besonders, da ich täglich die Schule besuchte und die zu Entlassenden noch privat nach meiner Art unterrichtete. Die Kinder fanden sich angesprochen und geschmeichelt; durch sie vermehrte sich in den Familien das gute Vorurtheil auch für mich.

Ich simpler Mensch! glaubte, ich dürfe nun mit dieser arglosen Unbefangenheit fortfahren, und in kurzer Zeit würden alle Gemüther wieder für die legitime kirchliche Form des väterlichen Glaubens sich entscheiden. (!!)

Allein! — die Kinder der Welt sind in ihrer Art klüger, als die Kinder des Lichts; als Henhöfer diese Stimmung gewahrte, so setzte er seine Auserwählten in allseitige Bewegung.

Die Versammlungen hier und in Steinegg wurden ernster und geheimnißwoller; auf den 27. Februar wurden alle Erweckten nach Steinegg beschieden. Nach den mystischen Vorbereitungen wurde die schon geschriebene Uebertritts-Erklärung vorgelegt, sich bestimmt zu erklären, ob sie zum Uebertritt in die Evangelische Confession sich entschließen wollen?

Bis zum 28. mußte die unwiderrufliche Unterschrift erfolgen. So unerwartet ihnen der Antrag vorkam, von der Henhöfer'schen Confession nun zur Evangelischen unbedingt überzutreten, so fanden sich doch etliche und zwanzig Unterschriften durch die Autorität der Grundherrschaft und ihres ehevorigen Pfarrers hingezogen.

Ich selbst wurde auf diesen 28. Hornung von der Grundherrschaft von Gemmingen zu Gast geladen.

Während dem mir das Ab- und Zulaufen der refstirenden Subscribenten nicht unvermerkt blieb, hatte Henhöfer ein so großes Zutrauen auf meine Einfachheit beschlichen, daß er ganz cordial mich versichert, seitdem er in Steinegg sei habe er mit keinem Mühlhäuser mehr gesprochen, und er mische sich auch gar nicht in ihre religiösen Angelegenheiten.

Eine kurze Weile darauf aber bedeutete er mir, daß er (nos poma notamus) die Grundherrschaft, die Eltern und Kinder, sowie die Mühlhäuser zu diesem religiösen Sinne gebildet habe, und daß Niemand, als nur er ihren Sinn wieder lenken und wenden könnte. „Man lasse mich nur einige Wochen wieder Pfarrer in Mühlhausen sein, so sollen alle wieder katholisch werden; aber man hat mich wider meinen Willen dahin gebracht, wo ich jetzt bin; weder ich, noch die von mir Gebildeten treten mehr zurück; die Sache durch Jemand Anders ändern wollen ist nutzloses Bemühen!!"

Als ich nach Mühlhausen zurückkam, war die Nachricht schon im ganzen Dorfe verbreitet, daß sich mit der Grundherrschaft von Gemmingen, und Pfarrer Henhöfer, etlich und zwanzig Bürger unterschrieben haben, übertreten zu wollen zur Evangelischen Confession.

Somit wurde mein Erscheinen in Mühlhausen die unbeabsichtigte Ursache, die Lossagung von ihrem angebornen Kirchenglauben zu beschleunigen.

Da ich bei dem katholischen Antheil eine tiefe Bestürzung wahrnahm, so glaubte ich ihrer Beruhigung es schuldig zu sein, am dritten Fastensonntag ihnen ein Wort des Trostes zu sagen. „Seid ohne Sorge für den Bestand der Kirche unsers Heilandes; Er ist der Bewaffnete und Starke, der seine Kirche bewahrt; anfallen kann man sie wohl, von ihr sich trennen können einzelne Glieder; — sie besiegen, ihr Eigenthum, des heiligen Geistes Beistand ihr nehmen, das kann keines Menschlichen Gewalt."

Diese Deutung auf die geschehene Trennung machte die mit einer bis daher gezeigten Neutralität zufrieden gewesenen Neuerweckten auf mich ungehalten.

Ich bin ihnen nun auch ein alter Baalsdiener, der unter milden Worten dem irdischen Brod räuchert und Anbetung huldigt. Nachdem nun diese religiöse Angelegenheit dahier eine solche Wendung genommen hat, so kann ich meine Mission als beendet ansehen.

Jene welche sich zum Uebertritt erklärt haben, werden entschieden dabei bleiben; die übrigen werden ebenso entschieden die Religion ihrer Väter beibehalten, wenn nicht dem Pfarrer Henhöfer sein mystischer Einfluß auf diese Gemeinde will vorbehalten werden.

Was ich nun hier noch weiter thun könnte, das kann ein anderer Geistlicher auch, besonders, wenn er als Pfarrer hierher ernannt würde, ebenso wohl thun.

Wenn man mich darum wieder heimwärts wollte ziehen lassen, so würde ich es als eine besondere hohe Gunst mit ehrfurchtsvollem Dank erkennen.

Mühlhausen an der Würm, den 5. Merz 1823.

Jäck.

Ministerium des Innern.
**Katholische Kirchensection.**
Carlsruhe, den 8. Merz 1823.

Nr. 2449. Bericht des Dekan Jäck, dermalen zu Mühlhausen, vom 5. d. den Zustand dieser Pfarrei und die fortdauernden Umtriebe des gewesenen Pfarrers Henhöfer betreffend.

B e s c h l u ß.

Ist demselben zu rescribiren: unter den einberichteten Verhältnissen, und bis der Henhöfer aus der Nähe von Mühlhausen und Steinegg entfernt sein werde, worauf man unterm heutigen höchsten Orts abermal anträgt, die Vorstellungen der bischöflichen Behörde dringendst unterstützend; müsse man recht sehr wünschen, daß der Dekan Jäck die ihm anvertraute Pfarrverwaltung noch fortsetze, dessen humanes, einsichtsvolles, und pastoralkluges Benehmen die allgemeine Achtung verdient, und erworben hat. Man wird auf die baldige definitive Wiederbesetzung der Pfarrei Mülhausen allen Bedacht nehmen. Was übrigens die Einwohner betrifft, welche sich mit der Grundherrlichen von Gemmingen'schen Familie und dem Henhöfer für den Uebertritt zur protestantischen Confession erklärt haben, so war es nie die diesseitige Absicht, wie die Acten zeigen, und ist es auch jetzt nicht, ihre Gewissensfreiheit hierin auf irgend eine Weise zu stören; man hat nur immer, wie man nach den Landesgesetzen verpflichtet war, nicht zugeben wollen, und darf es noch nicht, daß der Henhöfer eine eigene Secte stifte, weder den Katholicismus noch den Protestantismus bekennend, und da dieser unruhige Mann seiner Schwärmerei keine Grenzen setzt, so kann man eben so wenig gleichgültig zusehen, daß er, als wäre er dazu autorisirt, die Proselitenwerberei immer weiter treibe und dadurch die ihrem väterlichen Glauben noch anhängenden katholischen Unterthanen beunruhige und verwirre, was im umgekehrten Falle die evangelische Kirchensection gleichfalls nicht zugeben würde und dürfte.

2. Ist dieses, unter Anschluß des Dekan Jäck'schen, in vieler Hinsicht merkwürdigen Berichtes, dem Großh. Staats-Ministerium gehorsamst zu eröffnen, und mit Bezug auf die bereits öfters wiederholten Vorstellungen weiter devotest zu bemerken:

Obgleich wir offiziell von dem Uebertritt eines Theils der Gemeinde von Mühlhausen zur protestantischen Confession unter der Anführung ihres vormaligen katholischen Pfarrers und in Gesellschaft der von Gemmingen'schen Familie zu Steinegg, noch nichts wissen, so läßt uns doch der vorliegende Bericht daran keineswegs zweifeln und wir haben für nöthig gefunden, dem Dekan Jäck unsere desfallsigen Ansichten zu seinem eigenen Benehmen, der ohnehin bieder und freisinnig ist, mitzutheilen. Es sollen aber dem Vernehmen nach die Uebergetretenen auch das nach dem badischen Edicte untersagte Simultaneum in der katholischen Kirche zu Mühlhausen und einen Theil des katholischen Kirchen- und Schulgutes daselbst ansprechen, ja der Grundherr von Gemmingen soll so weit gegangen sein, den gewesenen katholischen Pfarrer Henhöfer von Mühlhausen nunmehr als protestantischen Pfarrer für die dortige neue evangelische Gemeinde Eurer Königl. Hoheit zu präsentiren. Wenn nun die zwei ersten Forderungen, ohne Zweifel als ganz widergesetzlich von der Hand gewiesen werden, so vertrauen wir mit eben der derobesten Zuversicht, daß auch die dritte, nämlich die anmaßliche Präsentation des Henhöfers auf Mühlhausen, wo er kaum als katholischer Pfarrer abgetreten, kein Gehör finden werde.

Zu was man sich zu diesem exaltirten Kopfe fortwährend zu versehen hätte, geht nur zu klar aus mehr erwähntem Berichte, und aus seinem bisherigen Betragen, wie aus seinem gedruckten sogenannten christlichen Glaubensbekenntniß hervor, in welchem die Großh. evangelische Kirchensection den Geist Christi und des Christenthums eben so wenig gefunden hat, als wir.

Es ist sicher nicht der Wille Eurer Königl. Hoheit und der staatsweisen und gnädigsten Gesinnung gegen höchstdero so zahlreichen, getreuen katholischen Unterthanen nicht angemessen, dieselben durch einen katholischen Exgeistlichen, dessen Fanatismus bisher genugsam kund geworden, fortwährend in unangenehme und selbst staatsgefährliche Bewegung setzen zu lassen, und auf solche Weise die ihnen, wie ihm garantirte Gewissensfreiheit, und die ruhige Uebung ihres Glaubens zu beeinträchtigen.

Wir gönnen ihm jede andere und bessere Versorgung; nur hielten wir uns verpflichtet, Eurer Königl. Hoheit die bisherigen Bemerkungen, die ebenso begründet, als wohlgemeint sind, ehrerbietigst vorzulegen.

Ministerium des Innern.
**Evangelische Kirchensection.**
Carlsruhe, den 22. März 1823.

Nr. 1514.

Dem Großh. Ministerium des Innern, Kathol. Kirchensection, haben wir die Ehre auf den gefälligen Erlaß vom 20. d. M. den Uebertritt mehrerer Gemeindeglieder zu Mühlhausen zu der evangel. Kirche betr. zu erwiedern:

Es ist einer kath. Kirchensection selbst bekannt, daß Alles, was in Mühlhausen in kirchlicher Hinsicht geschehen ist, ohne alle und jede Veranlassung des diesseitigen Religionstheils sowohl, als der evangel. Kirchengewalt sich ereignet hat, daß man von allen Vorgängen daselbst, die sich seit ungefähr drei Jahren daselbst zugetragen haben, keine Kenntniß genommen, ja die Wahrheit zu sagen, nicht einmal vollständige Kunde gehabt, und auch keine zu erhalten gesucht hat, bis unvermuthet der Freiherr von Gemmingen mit einem Theil der Gemeindeglieder in Mühlhausen um die Aufnahme in die evangel. Kirche sich gemeldet haben, eine Bitte, welche man nach der Art, wie sie angebracht war, und nach den Absichten, die ihr zum Grund lagen, so weit solche vor menschlichen Augen beurtheilt werden können, weder abweisen konnte, noch durfte. Ebenso wie man dieses Ereigniß nicht veranlaßt und herbeigeführt hat, wird man von diesseits weder eine Maßregel ergreifen, noch anrathen, die den Rechten, dem Ansehen und der Würde des kathol. Religionstheils, wie solche nach den allgemeinen noch geltenden Staatskirchen-Grundgesetzen, und der besondern Landes- und Kirchenverfassung gesichert sind, einen gesetzwidrigen Abbruch oder Nachtheil verursachen könnten.

Bis auf diesen Augenblick ist noch über Nichts eine definitive Entschließung gefaßt und verkündet, als über das, was auf den kirchlichen Uebergang derer, die überzugehen geneigt sind und auf deren Aufnahme Bezug hat. Ueber den uns mitgetheilten Bericht des kathol. Pfarrverwesers, dessen Inhalt als in vieler Beziehung merkwürdig angegeben wird, haben wir, so weit er das Kirchliche berührt, womit wir uns allein beschäftigen, und die Politik denen überlassen, die dazu berufen sind, nur das zu bemerken; daß wir die im Eingang aufgestellten Grundsätze nicht anerkennen, indem durch solche, folgerichtig angewendet, nicht nur über die vor Jahrhunderten stattgefundenen, sondern auch über jede Reformation, worunter wir nicht den Uebergang von einer Religion zur andern, sondern von einem vielleicht veralteten zu einem andern vielleicht von Menschensatzungen gereinigten, kirchlichen Lehrbegriff, außer diesem aber auch jene anfänglich unbeachteten, kein Aufsehen erregenden glücklichen Versuche, der Glaubensverbesserung verstehen, durch welche von bestehenden und von der widerspenstigen Vernunft nicht begreifbaren Lehrsätzen, zwar die, solche im allgemeinen bezeichnenden, Worte beibehalten, diesen aber andre, der Vernunft mehr zu sagende, angeblich in der ersten Kirche ursprünglich herrschenden, gewesenen Begriffe untergeschoben werden; (was übrigens früh oder spät, sobald der mit Kraft und Muth ausgerüstete Mann erscheint, *nothwendig* zu einer öffentlichen und allgemeinen Reformation führen muß) wir sagen, daß durch die in dem Bericht aufgestellten *Grundsätze über alle und jede und somit auch über die letztgedachte Reformation das Verdammungsurtheil ausgesprochen wird*, was wir als richtig weder annehmen können, noch dürfen. (!)

Endlich lehrt die Geschichte, daß die Reformation von der Zeit an, als sie gesetzliches Bürgerrecht erhalten, nie staatsgefährlich geworden ist, indem *nie ein protestantisches Land sich im Revolutionszustand befunden hat.*

Ministerium des Innern.
**Katholische Kirchensection.**

Carlsruhe, den 29. März 1823.

Nr. 3270. Erlaß der Großh. Evangel. Kirchensection vom 22. d., den Uebertritt mehrer Gemeindeglieder von Mühlhausen zur protestantischen Kirche, und den gewesenen kath. Pfarrer Henhöfer betreffend.

Beschluß.

Ist hierauf zu erwidern: „Wir sind sehr erstaunt, daß unser Komunikat vom 20. d., obgleich in den bestimmtesten Ausdrücken abgefaßt ganz mißverstanden worden ist. Es war darin durchaus keine Rede von Untersuchung der Gründe, welche den fraglichen Uebertritt veranlaßt haben mögen, noch viel weniger von Abweisung der Uebergetretenen: dem dortseitigen verehrlichen Directorium sind unsere desfallsigen an das Großh. Staatsministerium mehrmals abgegebenen Erklärungen bekannt. Indem wir die Thatsache des geschehenen Uebertritts unterstellten, glaubten wir uns nur zu der Anfrage berechtigt, wie es für die Zukunft mit den Kirchlichen- und Schul-Verhältnissen, nach Ansicht der Großh. evangel. Kirchensection zu halten sei, und ob man die Absicht habe, wie noch immer verlautet, den kathol. Expfarrer Henhöfer als protest. Pfarrer für die neue evangel. (Gemeinde und) Pfarrei anzustellen? was die Großh. Kirchensection hierauf im Allgemeinen geantwortet, und was wir von wohlderselben nicht anders erwarten durften, dient uns zwar zu einiger Beruhigung, besonders über den letzten Punkt, aber nicht zur Aufklärung über den erstern? Und da es doch nach dortseitiger Aeußerung scheint, daß bereits wegen des kirchlichen Uebergangs der Mühlhauser Gemeindeglieder und deren Aufnahme definitive Entschließung gefaßt sei, ohne deren Kenntniß wir außer Stand wären, die in Frage gestellten Kirchen- und Schulverhältnisse gehörig zu ordnen: so können wir nicht umhin, unser Ansinnen um baldgefällige Mittheilung des eben bemelten Definitivum in soweit es darauf Bezug hat, andurch zu wiederholen. Ungern betreten wir jetzt das Feld der Polemik, auf welches uns der verehrliche Erlaß unvermuthet führt. Wir haben in dem Decan Jäck'schen Berichte, das ihm unterlegte Verdammungsurtheil über die Reformation des 16. Jahrhunders, und nun gar über jede andere, nicht finden können. Der gelehrte und biedere Decan Jäck ist bekanntlich selbst ein eifriger Beförderer aller von Zeit zu Zeit auch im Kirchlichen nöthig werdenden Verbesserungen. Man darf nur aufmerksam und uneingenommen den Eingang seines gewiß merkwürdigen Berichts lesen und es ergibt sich offenbar, daß er weit entfernt ist, eine von ihm sogenannte kirchliche Legitimität nur für die kathol. Kirche in Anspruch zu nehmen. Er sieht sie als den Grundpfeiler der Christusreligion, folglich der protestantischen, wie der katholischen Kirche zukommend, an. Er spricht deutlich nur gegen die in unsern Tagen zahllos gewordenen Secten der Erweckten, der Pietisten, Mystiker, Separatisten und anderer Schwärmer, deren Tendenz nicht löblich und heilbringend sein muß, da überall scharfe Mandate gegen sie erlassen werden. Daß Henhöfer seit drei Jahren solch strafbaren Secten-Unfug trieb, ist notorisch und bezeugen die bei dem Kreisdirectorium, bei dem Vicariat, und bei uns erwachsenen höchsten Orts vorliegenden Acten, bezeugt sogar sein gedrucktes Glaubensbekenntniß, dessen Geist der Großh.

evangelische Kirchen-Section selbst in dem Erlasse vom 30. Nov. v. J. nicht für den Geist des Protestantismus erkannte, und den kein Unbefangener für den Geist des reinen Christenthums erkennen wird. Da sein Conventikel-Unwesen nicht länger anging, möchte er zwar jetzt der Welt gerne weiß machen (gegen die Notorität der Acten-Zeugniß), daß er weiter nichts, als seine und seiner Anhänger Aufnahme in die evangelische Kirche verlangt habe, woran wir ihn und seinen Anhang nie hindern wollten, was wir aber, so viel an uns ist, zu verhindern verpflichtet sind: ist die Fortdauer seiner Proselitenmacherei, mitten unter katholischen Gemeinden; daher wir denn, wie die bischöfliche Behörde, der durch die Gesetze begründeten Hoffnung leben, ihn, je eher, desto besser, aus jener Gegend entfernt zu sehen. Daß die evangelische Kirchenbehörde selbst kräftig dazu mitwirke, haben wir aus Hochachtung für Wohldieselbe nie bezweifelt (!!) Schließlich erlauben wir uns zu dem, was der verehrliche Erlaß über eine bevorstehende neue öffentliche und allgemeine Reformation gesagt hat, noch Einiges zu bemerken. Es ist sonderbar genug, daß die Katholiken, auch die Wohlunterrichteten, erst von den Protestanten erfahren sollen, worin der wahre Katholicismus bestehe, und worin nicht; den kennen zu lernen, sie selbst der Mühe nicht werth halten, und darum ihn in ihren Schriften gewöhnlich so sehr entstellen! Aber noch sonderbarer ist's, daß man glaubt, es könne im Katholicismus die durchgreifende von den allgemeinen Conzilien längst vorbereitete, und von der Zeit, die alles Mangelhafte aufhebt, allmählig herbeizuführende Verbesserung nicht anders, als durch den Uebergang zum Protestantismus erfolgen! Wir glauben daran nicht, und eben so wenig, daß etwa — Henhöfer der mit Muth und Kraft ausgerüstete Mann sein soll, der das neue Reformationswerk ausführen werde; „wir haben," versichert ein berühmter, protestantischer Schriftsteller, — „keine neuen Reformationen, wohl aber allmählige Annäherung und Aussöhnung der Kirchenparteien unter sich zu erwarten. Das ist zu wünschen und diese Prophezihung wird auch gewiß in Erfüllung gehen, wenn die Religions-Schwärmerei und Proselitenmacherei überall keinen Beifall mehr finden.

Pfeiffer.

vdt. Simmler.

Derweilen war Henhöfer unter dem 22. März nach bestandenem Colloqium unter die evangelischen Candidaten aufgenommen und am 11. April in Pforzheim ordinirt worden. Immer hoffte die junge Gemeinde noch, ihren Führer auch zum Hirten und Pfarrer zu bekommen. Aber die katholische Kirchensection ruhte nicht, sie erließ wieder ein Schreiben, worin sie anfrug, ob man wirklich gedenke, Henhöfer zum Pfarrer anzustellen, „woran man hierorts nicht glaube," natürlich nur um die Sache zur Entscheidung zu bringen. Hatte sich die evangelische Kirchenbehörde schon durch ihr Urtheil über Henhöfer, das ihr bei jeder Gelegenheit vorgehalten ward, eine Blöße gegeben, so ging sie hier aus Furcht in den Geruch des Pietismus zu kommen, einen wahren Pilatushandel ein, und that der jungen Gemeinde den schwersten Schlag, indem sie ihr ihren geistlichen Vater wegnahm. Wie anders wäre es zu Mühlhausen geworden, wäre er dort geblieben!

Man wollte lieber die junge Gemeinde als den Frieden mit der katholischen Kirche opfern. Henhöfer wurde auf Pfingstmontag nach Rüppurr geladen, einem Dorfe in der Nähe von Karlsruhe, wo er Angesichts seines Landesherrn und der evangelischen Kirchensection predigen sollte. Henhöfer kam und predigte über den Pfingstmontags-Text: „Also hat Gott die Welt geliebet," so eindringlich und ernst, daß trotzdem der Staatsrath Winter sich über diesen „schroffen Pietisten" beklagte, der Großherzog sagte: „Nun habe ich wieder seit 20 Jahren eine evangelische Predigt gehört." Auch Prälat Hebel schreibt von dieser Predigt, daß ihm in derselben besonders die Stelle, wo die Liebe Gottes zu den Sündern verglichen wurde mit der Liebe einer Mutter zu ihrem kranken Kinde, einen Eindruck gemacht habe. Auf diese Predigt hin wurde Henhöfer für 1. Juli 1823 auf die erledigte Pfarrei Graben versetzt.

---

Graben ist eines jener Haardtdörfer, deren geistlicher Vater Henhöfer später werden sollte, an der Rheinstraße gelegen, ein ziemlich großer und wohlhabender Ort. Zwar hatte der Vorgänger treue Johannesarbeit gethan, aber von geistlichem Leben war wenig zu spüren. Auf Jakobi des Jahres 1823, den 26. Juli Mittags halb ein Uhr, kam Henhöfer mit Herrn von Gemmingen in einem Chaischen ganz stille und unbeachtet dahin gefahren. Im Orte war das Gerücht schon verbreitet worden: „Ihr kriegt einen katholischen Pfarrer"; Andere aber hatten gesagt: „Es wäre der zweite Apostel Paulus". Mit großer Spannung gingen die Grabener dem nächsten Tag, als dem Sonntag entgegen, um zu sehen, was das magere, blasse Männlein mit den seidenen Strümpfen und Schnallenschuhen und dem langen Rocke denn „könne". Aber des Sonntag Morgens trauten sie kaum ihren Augen, als aus dem

Wald und den Feldwegen her Schaaren gezogen kamen und die noch geschlossene Kirche umstanden. Es waren Leute aus Mühlhausen, aus Pforzheim, aus dem Würtembergischen bis von Stuttgart her, die in der Nacht aufgebrochen waren, um den Pfarrer zu hören. An sie hatten sich Landleute aus andern Gemeinden angeschlossen, die mit dem Zuge gingen und mitliefen, ohne je von Henhöfer gehört zu haben und als man sie frug, zur Antwort gaben: „sie hätten eben gedacht, wo so Viele hingingen, wollten sie auch mit, zudem sei ihnen gesagt worden, daß zu Graben ein „arger" Pfarrer wäre." Henhöfer betete zuerst, leise anfangend, aber immer lauter werdend, beim „Amen" des Gebets glaubte die Gemeinde, der Gottesdienst sei nun schon am Ende, er sagte ihnen aber, die Predigt käme erst, es sei vielleicht doch Mancher da, der heute noch kein Vaterunser gebetet hätte. Nun predigte er über 2. Corinther V., 19--21.

„Gott war in Christo ꝛc. ꝛc."

Hier war er in seinem Element und die Rede von der freien Gnade ging gewaltig in dem Grabener Kirchlein, das solches noch nicht gehört hatte. Die Leute schauten stumm und verwundert bald sich, bald den magern und blassen Pfarrer an. Der landesherrliche Decan Sachs aber, der nach der Predigt Henhöfern einzuführen hatte, vermahnte ihn nach dieser Predigt, „den Leuten das Seligwerden nicht zu leicht zu machen". Bei der Visitation, die am selben Tage stattfand, erklärten die Kirchenvorsteher auf die Frage: „ob bei ihnen Versammlungen oder Pietisten wären"? „Nein, bei Ihnen sei Alles einig!"

Aber mit dieser Einigkeit sollte es nicht lange dauern. Zu den Verläumdungen und fortwährenden Anklagen der katholischen Kirche kamen die neuen aus der Gemeinde und der Umgegend. „In Graben besuchten mich zu Hause und in der Kirche viele Leute. Aber auch in der evangelischen Kirche gab es viele Kämpfe, die mir um so auffallender waren, je weniger ich sie erwartet hatte. Kaum glaubte ich mich in dieser Kirche halten zu können" schreibt Henhöfer in seinem Lebenslauf. In Graben und in der Umgegend gab's Rumor. Daß die Leute aus ihren Gemeinden gingen zum frischen lautern Wort und reichgedeckten Tische in Graben, wer konnte es hindern und verargen? Dazu brachten die Leute aus der originellen Predigt in Graben manche Dinge mit nach Hause, die den

Ohren der Nachbarpfarrer, die sämmtlich Rationalisten waren, ärgerlich klangen. So ließ einer derselben öfters Sonntags das Lied singen „Weicht, unselge Spötter", womit er besonders Henhöfer meinte. Einen fulminanten Bericht sandte ein Decan ein, als aus einer Gemeinde, die etwa 8 Stunden weit von Graben entfernt war, sich ein 15jähriges Mädchen dahin aufmachte, um dort Predigt und Abendmahl zu empfangen, weil, wie sie sagte, „Henhöfer zu Jesu" führe. Das Decanat wurde damals noch von der Kirchenbehörde zu größerer Schonung und Milde aufgefordert.

Als sich die Anklagen mehrten und zuletzt auch zum Landesfürsten drangen, so machte sich Großherzog Ludwig, der nichts auf Hörensagen gab, noch einmal auf, um den verfolgten Pfarrer selbst zu hören. Es war am 28. September 1823, daß der Fürst in Begleitung seines Adjutanten ganz unerwartet in Graben anfuhr und befahl, sogleich zur Kirche zu läuten. Henhöfer predigte gewaltig an jenem Sonntag. Er schreibt im Tagebuch: „der Großherzog in der Kirche. Die Predigt hatte Geist." Als er herauskam sagte der Fürst zu dem damaligen Posthalter, den er bereits umgewandelt fand: „das geht Einem durch's Herz". Von Gemmingen, der kurze Zeit darauf mit dem Großherzog sprach, schreibt über die Predigt und die damalige Lage:

Steinegg, den 17. Septbr. 1823.

Lieber Freund in Christo!

— — — Der Großherzog fieng darauf selbsten gleich an, mir zu erzählen, wie er in Graben gewesen sei und ihm die Predigt wohlgefallen habe. Ich fand aus seinen Urtheilen und Aeußerungen, daß er nebst einer Liebe zum Evangelium doch noch besondere Ansichten von einer Predigt, und von vielen christlichen Anstalten habe. So sagte er z. B.: Gelehrt predigt er nicht — (nemlich Sie.) Das kann man nicht sagen, aber seine Worte gehen an's Herz. Es ist dieses eine schöne Definition von ihm, denn was soll eine gelehrte Predigt ihrer Gemeinde nützen, die sie nicht verstünde; gehen die Worte des ewigen Lebens aber an's Herz, so wird selbes ergriffen, erweicht, tüchtig gemacht sich selbst zu erkennen, und den guten Samen dann aufzunehmen, welcher in der erbarmenden Liebe Gottes in Christo Jesu ausgesäet wird. Dann nur wird eine Ernte zu hoffen sein, welche man durch eine durch hohe Gelehrsamkeit unverständlich gemachte Predigt nimmermehr bezwecken wird. — Ferner sagte Er mir von einem Gleichniß, welches Sie gebraucht hätten, wie durch die Missionäre jetzt das Wort Gottes so reichlich verbreitet und von so vielen Völkern freudig angenommen würde. Unbegreiflich war mir es, daß ihm dieses fast anstößig war, Er redete von der Basler Missionsunterrichtsanstalt so, daß ich sah, er habe wenig Kenntnisse von ihrer Einrichtung, von ihrem Zweck, und von den herrlichen Wirkungen des ganzen Missionwesens im Allgemeinen. Dieses zu berichtigen dürfte übrigens nach meiner Ansicht doch nicht schwer fallen, wann günstige Gelegenheit eine längere Unterredung gestattete, und der liebe Gott durch ein wohlthätiges Kreuz das Herz empfänglicher für den himmlisch süßen Trost der evangelischen Freudenbotschaft gemacht hätte. Ich schreibe ihnen dieses, lieber theurer Freund, aus Antrieb eines besonderen Gefühls, welches mich freudig hoffen läßt, daß Ihnen gewiß noch Stunden geschenkt werden, wo Sie höchst wohlthätig auf das Herz unseres Fürsten wirken können. Bedarf Er einmal vielleicht in einem kranken Zustand den süßen Trost und der großen Kraft des lieben Evangeliums, wer weiß, ob er sich nicht nach dem Mann sehnt, der ohne hindernde Gelehrsamkeit so verständlich schon an sein Herz geredet hat. Wer weiß, wie Gott noch seinen Sinn gnädig lenkt, daß auch Er ein großes Zeugniß von der unwiderstehlichen Kraft des Wortes von dem gekreuzigten Christus ablegen muß, zum herrlichen Beispiel für viele Andere. — Von dem Benehmen der evangelischen Herren Kirchenräthe ꝛc. in Karlsruhe sprach ich zwar etwas weniges, die Zeit erlaubte es nicht anders, da viele Herren im Vorzimmer waren. Er schien eben keinen großen Werth darauf zu legen, weßwegen ich sehr wünschte, Sie könnten einmal länger mit Ihm reden; bei der Revüe, wo der Krieger wildes Getümmel ihn umgibt, mag wohl kein günstiger Augenblick für die Friedensbotschaft sein. Aber auf Karlsruhe müssen Sie bald gehen, und mit Katz, Sachs ꝛc. sprechen, ich habe mich überzeugt, daß dieses nöthig und gewiß nützlich ist; ich fand bei Katz hin und wieder falsche Gerüchte über Sie, die im Grunde unbedeutend sind, die ich selbst ziemlich schon widerlegen konnte, und welche durch eine einzige Unterredung gewiß größtentheils gehoben würden. Thun Sie es mir und allen welche Sie lieben, ja sich selbst zu Gefallen, und gehen Sie recht bald nach K., ein freundlicher Besuch ebnet oft gar viel aus, wie im Gegentheil eine zu lange Entfernung von Denen, mit welchen man in untergeordneter Verbindung steht, der Verläumdung gar leicht die Thüre öffnet. Denken Sie nur, Brunner wollte auf meine Erklärung wegen dem katholischen Kirchengut etwas schnell erwidern, ja wie mir Mallot sagte, hieß er mich einen Lügner, und sprach sich in recht giftigen Worten aus. Der Großherzog gestattete es aber nicht, und gab, wie er mir selbsten sagte, Befehl, daß da nun einmal die Sache vorbei und geordnet sei, nichts mehr darüber Anzügliches in Karlsruhe, Mannheim und Freiburg gedruckt werden dürfe — in Zeitungen, nun ärgerte sich Cochlaeus und Consorten gar grimmig, und werden wohl an einem andern Ort ihren grüngelben Honig aussprudeln. B. soll sich sehr beschwert haben, daß man ihm das Einrücken versage, da es mir gestattet wurde, und schwatzt viel von Partheilichkeit. — Katz sagte mir, der Großherzog hätte das Gebet in Graben vermißt, was am Ende gebetet wird; da er es besonders liebt, und Katz der Verlassen ist, so kann ich mir wohl erklären, warum es übel aufgenommen wird, wenn sie es unterlassen.

Leben Sie wohl, der Herr sei mit Ihnen auf jedem Weg. Amen.

Julius.

Darnach gab's Ruhe für eine Zeitlang, dafür aber mehr Kampf nach Innen. Das Heimweh nach seiner frühern Gemeinde, die wenige Frucht, die er in Graben sah, das Alleinstehen drückte ihn schwer nieder, und es bedurfte alles Trostes von Seiten der Freunde, ihn aufrecht zu halten. Man vergegenwärtige sich freilich nur den feurigen Mann, eben ausgeschlossen aus seiner Kirche, seiner Heerde genommen, in der neuen Kirche mit Widerwillen und Verfolgung empfangen, dazu in der eigenen Gemeinde Widerstand, während von allen Orten die Leute zuströmten, dazu ohne nahen Freund, Rath und Beistand — und man wird nur die Gnade des Herrn bewundern, die ihn festhielt. Aber an treuem Trost sollte es ihm doch nicht fehlen. Von Mühlhausen her, wo er gesät und gepflanzt, kamen ihm auch süße Früchte seiner Arbeit entgegen.

So schreibt Frau von Gemmingen an ihn:

Mittwoch früh, 1823.

Lieber Herr Pfarrer!

Es verlangte uns sehr nach Nachrichten, denn es dünkte uns, schon gar lange nichts mehr von Ihnen gehört zu haben; mit schwerem Herzen finde ich darin die traurige Stimmung, in welcher Sie oft ohne Trost ausharren müssen, und sehnlichst wünsche ich Ihnen einen treuen Freund zur Seite; aber lieber H. Pfarrer, wo könnten wir auch einen treuern finden, als an dem Heiland selbst, der uns in aller Noth beistehet, und nach seinem göttlichen Wort nicht über Kräfte versuchen läßt; auch er ist Ihnen immer nahe, dies ist mein Trost, ich weiß es gewiß, verbirgt er sich auch gleich eine kurze Zeit, so kann er doch die Seinen nicht Waisen lassen und er thut es nur, um uns immer mehr zu reinigen, und dann mit doppeltem Maß Friede und Freude geben zu können; in dieser festen Ueberzeugung flehe ich zu ihm für ihre Ruhe, Zufriedenheit und Stärke, und ich möchte auch sagen, ich fühle das von ihm ausgesprochene Amen, das mein Herz so innig wünschet.

Daß Sie um ihre Grabener so bekümmert sind, finde ich nicht ganz recht, und zwar aus der Ursach, weil sie jetzt noch zu viel von ihnen verlangen. Bedenken Sie, daß Leute, die in ihre Predigten nach Mülhausen kamen, schon Hungrige waren, folglich Gottes Wort leicht Eingang finden konnte; durch solche traurige Gedanken, als wollte Gottes Wort bei ihren Leuten nicht wirken, fühlen Sie sich weniger zu ihnen hingezogen, ja wohl gar abgestoßen, während vielleicht in manchen Herzen Gottes Geist wirket, und nur keinen Muth ja wohl auch Gelegenheit hat, sich darüber zu äußern;

hierin hat der Katholik einen Vortheil; indem er sich verbunden glaubt seine Sünden zu bekennen, thut er es wohl nur noch aus Zwang früher, während der Protestant, diesen Zwang nicht kennend, erst später zu einem solchen freien Bekenntniß kommt. Wenn ich so über mich selbst und meine früheren Gefühle nachdenke, finde ich es wenigstens so, und gewiß lieber H. Pfarrer, würden sie sich zu freuen Ursach haben, wenn Sie in das Herz eines manchen ihrer Grabener sehen könnten, das noch nicht Kraft genug hat sich darüber zu äußern. O lassen sie nur den Muth nicht sinken, gewiß sah er, der Herr, gerade an diesen Menschen recht viel Gutes, und eben um ihrer Selbstgerechtigkeit willen mußte ihnen ein Hirt gegeben werden, der sie auf gute Waide führe; nicht umsonst begabte Sie, lieber H. Pfarrer, Gott ganz besonders mit der Gabe der Deutlichkeit, wir sehen den großen Werth davon immer mehr ein, und bitten mit Ihnen um seinen Segen, besser wissen wir auch nicht unsere Erkenntlichkeit für Sie und den Herrn zu zeigen. — — —

v. Gemmingen.

Aus Basel erhält er einen Trost von Spittler.

Basel, den 12. Febr. 1823.

Lieber Bruder im Herrn!

Daß es bei Ihnen in Graben nicht geht wie in Mühlhausen, darf sie nicht abschrecken, hat dort einmal das Evangelium so lang rumorel wie hier, so werden die Früchte davon sich schon zeigen. Der Herr hat Großes durch Sie gethan, und wird es ferner thun, aber dabei gibt es dann freilich der Demüthigungen und Leiden viele, wie es ja auch um unseres alten Adams willen nicht anders sein kann, da dieser täglich gefegt werden muß. —

Die schwere Arbeit des l. Pfarres Boos ist nun erst spät in Gallenneukirchen reichlich belohnt worden, wo nun 400 Seelen herausgetreten und zur evangelischen Kirche gekommen sind; möchten solche gute Schaafe nur auch immer den rechten Unterhirten finden, da oft einige aus ihnen den Oberhirten Jesum Christum noch nicht genug kennen und erfahren haben; doch durch Noth und Leiden werden sie immer bekannter mit Ihm.

Die Ausbeutung des Wortes Gottes thut der Finsterniß großen Schaden, darum tobt der Satan auch so sehr.

Seiner Gnade und seinem Erbarmen empfiehlt Sie und sich

Ihr

Mitbruder

Spittler.

Während der ersten Monate seines Aufenthalts in Graben erhielt er mit untenstehendem Briefe eine Rechtfertigungsschrift, verfaßt von Dr. Tzschirner in Leipzig, die seine und seiner jungen Mühlhauser Gemeinde Sache kräftig in Schutz nahm. Das fiel Henhöfer zu, er hatte es nicht gesucht, noch erwartet.

Hochwürdiger Herr!
Hochzuverehrender Herr Pfarrer!

Seitdem ich Ihre Schrift gelesen und von Ihnen gehört habe, sind Sie der Gegenstand meiner Achtung und Liebe. Als einen kleinen Beweis dieser Achtung übersende ich Ihnen die beigeschlossene Schrift mit dem Wunsche, daß Sie mit der Art und Weise, wie ich Sie und Ihre Gemeinde beurtheilt habe, zufrieden sein mögen. Das zweite Exemplar ersuche ich Sie dem Herrn von Gemmingen zu überreichen und diesen würdigen Mann meiner innigsten Verehrung zu versichern.

Möge Ihre kleine Gemeinde unter Ihrer fortwährenden Leitung wachsen und gedeihen!

Hochachtungsvoll
Euer Hochwürden
ganz ergebenster
Leipzig, den 15. August 1823. D. Tschirner.

(Leider konnte ich bis jetzt kein Exemplar dieser Schrift „Rückkehr zum Glauben" in die Hände bekommen.)

Mit einem höchst interessanten Brief wendet sich der damalige Pfarrer zu Wichlingshausen, später in Wittenberg verstorbene sel. Dr. Sander an ihn. Höchst bezeichnend für seine damalige Stellung zu der Frage von der Kirche!

Herzlich geliebter und verehrter Herr Prediger!
Theurer Freund und Bruder im Herrn!

Schon einmal sandte ich ein paar Zeilen an Sie durch einen gewissen Herrn Beierle; ob dieselben zu Ihnen gekommen, weiß ich nicht; aber die Liebe treibt mich, bei dieser Gelegenheit durch den lieben Herrn Röhrig einige Worte Ihnen aus der Ferne zuzurufen. Der Herr sei ferner mit Ihnen, wie Er bis hieher gewesen und setze Sie für Nahe und Ferne zum Segen. Ich freue mich zu hören, wie in vielen Orten so viele Herzen willig gemacht wären, Ihrer vorigen Gemeinde in Mühlhausen beizuspringen: auch ich wurde gewürdigt, manche theure Gabe für Ihre liebe Gemeinde in Empfang zu nehmen, und was Sie besonders freuen wird ist dieß, daß einmal viele Scherflein der Armen dabei sind, und dann, daß es alles freiwillige Gabe der Liebe ist, und hiebei keiner Ueberredung gebraucht; am Reformationsfeste in der Predigt erwähnte ich kurz Ihrer und Ihrer Gemeinde, und berührte, wie derselbe Herr, der einst durch Luther die Kirche aus der babylonischen päpstlichen Gefangenschaft geführt, auch jetzt Sie und Ihr Häuflein aus der päpstlichen Finsterniß geführt — darauf brachten die Leute mir ihre Gaben in's Haus.

Ich freue mich über alle diese Collekten, wie Paulus dort, wegen des überschwenglichen Segens durch vieler Danksagungen. Es ist auch eine dankenswerthe Sache, daß manche der protestantischen Schriftsteller, die der Theologie zugethan sind, Vertheidiger und Apologeten des Evangeliums gewissermaßen geworden sind, indem dieselben Sie und Ihren Uebertritt und Ihr Buch gegen die Katholiken in Schutz nehmen.

Der Herr sei gelobt für das, was Er gethan hat in der neuesten Zeit an Ihnen, Lindl, Goßner, Boos u. s. w. und an vielen Anderen. Aber es ist noch viel zu thun; der Streit gegen die ungläubigen Rationalisten und Theologen auf der einen Seite und gegen die abergläubigen Papisten auf der andern ist nicht der einzige; denn auch wo keine Rationalisten sind und keine Papisten kann eine Kirche in einem jämmerlichen Verfalle sein, wenn nicht der Geist des Herrn Alles belebt, wenn eine Gemeinde nicht, wie jene in Jerusalem, bleibet in der Apostel Lehre, in der Gemeinschaft, im Gebet — wenn die Glieder einer Gemeinde nicht Ein Herz und Eine Seele sind, wenn der Weltgeist, der das Seine sucht, Hochmuth übt, den Geiz duldet, und wenn der in einer Gemeinde herrscht. Um diesen Geist zu bekämpfen, der die Kirche eigentlich so verwüstet hat, um alle verderbliche Gemeinschaft mit der Welt, vermöge der man an Einem Joche mit ihr ziehet, aufzuheben, wäre wohl vor allem die Einführung einer apostolischen Kirchenzucht nöthig, wie dieselbe so vortrefflich in der Ratio disciplinae ordinisque ecclesiastici in unitate fratrum Bohemorum von Buddeus herausgegeben mit Comenii Geschichte der böhmischen Brüder. Ich bin eben mit dem Studio dieses Werkes beschäftigt, und wünsche nichts mehr, als daß es recht viel Seelsorgern bekannt würde, damit wir erkennen, wie tief wir gefallen sind, und was geschehen muß, wenn wir wieder aufgerichtet werden sollen. Die Tochter Zion in unserm Deutschland ist doch kläglich verwüstet, und dieß vorzüglich nur darum, weil keine Ordnung, keine Zucht, keine Wache gegen das Böse da war. Wo sollte man so viele Wächter finden, da ja viele derselben als Prediger und Hirten erwählt wurden, die in allem das Gegentheil waren von 1. Tim. 3. O wie sehne ich mich darnach, daß sich, wie diese böhmischen Brüder, wie die Methodisten in England, auch unter uns ein Volk aufmachen wollte, die sich zu einem Bruderbunde vereinigten, das Böse von sich hinausthäten und sich so im Glauben und in der Liebe erbauten. Die Geschichte dieser böhmischen Brüder, die Jahrhunderte lang blüheten und dem Papstthum widerstanden, die Geschichte der Waldenser vor ihnen, dieser Zeugen der Wahrheit, die Geschichte der Brüdergemeinde der Herrenhuter, und vorzüglich der Methodisten in der neueren Zeit hat es bewiesen, daß man nur so, wenn man sich von der Welt absondert, und allein nach des Gewissens Drang Gott dienet und die Kirche versorget, — daß man nur so stark ist im Streit.

Auch jetzt wäre keine stärkere Schutzwehr gegen die vereinigte Macht der Papisten und Rationalisten, als dieser engere und innigere Verband der Gläubigen. Ich glaube am besten läßt sich so eine christliche apostolische Zucht und Ordnung, nach welcher Niemand z. B. Zutritt zum h. Abendmahl oder Zutritt zum Predigtamt hat, der wider das Evangelium lehrt und lebet, in neu entstandenen Gemeinden einzuführen, wie in der zu Mühlhausen.

Nun theurer Freund, will ich hieran abbrechen; weil aber mein Herz so voll davon war, konnte ich nicht gut umhin, nichts davon zu sagen. Der Herr gebe uns allen seinen heiligen Geist, daß er uns erleuchte, daß wir in keinerlei Weise irren und vom Satan nicht vervortheilt werden in dieser argen Welt und in dieser bösen Zeit, wo das Reich der Finsterniß mächtig sich regt, und allerlei kräftige Irrthümer zum Vorschein kommen. Aber wir wollen getrost sein, im Aufsehen auf den Herrn, der bis hieher geholfen hat, der sein Wort jetzt sendet mit Schaaren von Evangelisten auch unter die fernsten Heiden! Der Herr rufet der Welt vom Aufgang bis zum Niedergang und seine Stimme erreget die Wüste und gehet über den Wassern. Er ist unsere Stärke und unsere Gerechtigkeit.

Nun leben Sie wohl, und wenn ich bitten darf, gedenken Sie auch meiner vor dem Herrn. In herzlicher Liebe der

Ihre

Sander,

Den 7. Februar 1824. Prediger in Wichlingshausen in Barmen.

Aber das Alles konnte den verwundeten Mann nicht trösten. Es ging mit ihm in die Tiefe und in die Hölle hinunter. Die Zeit der ersten Freudigkeit war vorüber; so Manches von dem, was christliche Freunde in bester Absicht gesagt, um ihn vom Eintritt in die evangelische Kirche abzuhalten, war eingetroffen; dazu stürmte es von Innen und eine persönliche schmerzliche Erfahrung trat noch dazu. Seine Versäumnisse und Sünden standen wie drohende Berge vor ihm, über die er nicht hinüber konnte — und der Blick in die freie Gnade war geschlossen. Und eben in diese Stunden der Verlassenheit hinein, machte sich seine alte, von ihm verlassene Kirche in einem Manne voll Gemüth und Liebenswürdigkeit an ihn heran, um ihn wo möglich zur Umkehr zu bewegen. Unter dem Titel „Zwei freundschaftl. Schreiben an Seine Hochwürden den Herrn Aloys Henhöfer, vormaligen katholischen Pfarrer, schrieb Dr. Joh. Anton Sulzer, Professor der Moralphilosophie am großh. Lyceum zu Constanz unterm October 1823" ein Schriftchen, das voll Anerkennung und Liebe für den abgefallenen Sohn ist.

Von stricten, schlagenden Beweisen enthält es nicht viel, der Haupteinwurf gegen Henhöfer besteht in dem Vorhalt, daß es der protestantischen Kirche an Einheit der Lehre und der Verfassung fehle, und darum nothwendig der Willkür Thür und Thor geöffnet werde; dazu werden manche Lehren der römischen Kirche in ein anderes Licht gestellt und als Nebendinge dargestellt und als Volksglaube bezeichnet, der nicht Kirchenglaube sei. Aber weit verlockender war die freundliche Art, in welcher das Büchlein geschrieben, das auf wahrhafte und innige Liebe zu dem Abgefallenen schließen läßt. So hatte kein Geistlicher mit dem excommunicirten, ausgeschlossenen und abgesetzten und jetzt verfolgten evangelischen Pfarrer gesprochen.

Ich lasse darum einen Theil bezeichnender Stellen folgen.

Hoch- und verehrungswürdiger Herr Pfarrer!

Wenn Eure Hochwürden das von dem Unterzeichneten im Jahr 1803 verfaßte, von Jos. Brentano in Bregenz verlegte Werkchen, betitelt „die „christliche Offenbarung und Kirche, einem zweifelnden Jünglinge in einem „Sendschreiben historisch dargestellt, und zur Handleitung redlicher Zweifler, „besonders Wahrheit liebender Protestanten, herausgegeben," gelesen hätten, oder je zu lesen bekämen, so würden Eure Hochwürden daraus ersehen, wie ich in meinem Jünglingsalter viele Jahre lang mit marternden Religionszweifeln gekämpft, endlich nach vielem Lesen, Nachdenken und Prüfen unter beständigem Flehen zu Gott um die Gabe des wahren Glaubens mit Hülfe der göttlichen Gnade die lebendigste Ueberzeugung von der Göttlichkeit und Wahrheit der christlichen Religion errungen habe; aber auch die Ueberzeugung, daß dieselbe nirgend anderswo zu finden gewesen, und noch zu finden sei, als in der römisch-katholischen Kirche.

Stellen Sie sich vor, mein hoch- und verehrungswürdiger Herr Pfarrer, wie mir mag zu Muthe gewesen sein, als ich ihren Uebertritt von der katholischen Kirche zu der Partei derjenigen, die sich „Evangelisch-Lutherisch" nennen, vernahm, und mit dem Ihrigen auch noch den von vierzig Familien Ihrer ehemaligen rechtgläubigen Pfarrkinder! Nein! ich kann es nicht schildern, was da in meinem Herzen vorging. Genug! dieses unbeschreibliche Mitleid ist es, was mir keine Ruhe ließ, bis daß ich mich, nach inbrünstigem Gebete zu Gott, und vieler Ueberlegung, entschloß, die Freiheit zu nehmen, mein Herz gegen Sie in einem freundschaftlichen Schreiben zu ergießen.

Nur einige ganz allgemeine Ideen, Wünsche und Bitten will ich hier, wie sie mir vom Herzen in die Feder kommen, niederschreiben. Zu dieser Freiheit und Offenherzigkeit berechtiget mich die Christliche Liebe, für welche Eure Hochwürden (Ihrem Glaubens-Bekenntnisse nach zu schließen) Sinn zu haben scheinen. O! ein heut zu Tage selten gewordener Sinn!

Um Eines muß ich vor allem bitten, Sie möchten doch, mein hoch- und verehrungswürdiger Herr Pfarrer, sich keinen Gedanken daran kommen lassen, als wollte ich Sie hier belehren. O! nein; nimmt gleich die Liebe selbst, dann das Alter, in dem ich mich befinde (ich habe am 18. September dieses Jahrs das 71ste Jahr zurückgelegt) gern den Lehrerton an, und ist es schwer, diesen Ton, wo ein Freund dem andern zu verstehen gibt, sein Freund irre, zu vermeiden, so wünsche ich doch, diesen Ton vermeiden zu können, wünschte nur mit brüderlicher Aufrichtigkeit, mit aller Einfalt des Herzens Ihnen zu eröffnen, was ich nach Ihrem Uebertritte denke, empfinde und wünsche; es ist und soll nichts anders sein, als der Zuruf eines liebenden Bruders an den andern, den eine große Kluft von dem ersteren trennt.

Zu dem fand ich zwei Stellen in Ihrem Glaubens-Bekenntnisse, die mein Herz freundlich ansprachen und den Muth noch vermehrten, den meine Liebe zu Ew. Hochwürden mir zuerst einflößte. Die eine stehet S. 5 gegen die Mitte, wo es heißt: „Hast du aber etwas Besseres, so theile es mit. Mit „Dank werde ich alles annehmen, was auf Gottes Wort sich gründet." — Die andere S. 133 oben: „Bin ich in dem einen oder andern irre, so wird „eine Belehrung von Freundeshand mir stets lieb und werth sein." — O! schön! schön! Diese Stellen machen mir auch Hoffnung, daß einer meiner ersten Wünsche, die ich in Ansehung Eurer Hochwürden hege, in Erfüllung gehen könne; der Wunsch, Sie möchten in Ihren jetzigen Ansichten und Meinungen in Betreff der christlichen Religion die Akten (wie man sagt) noch nicht schließen. — — —

— Wenn Sie nun mein hoch- und verehrungswürdiger Herr Pfarrer! dieses Schreiben bis hierher ruhig, langsam, nachdenkend, die angezogenen Bibelstellen nachschlagend, und mit herzlichen Gebetsseufzern zu Gottes heiligem Geiste, gelesen haben, (wie ich wünschte), und mehr als nur ein Mal so lesen möchten (denn erst eine zwei- bis dreimalige Lesung einer zum Nachdenken geschriebenen Schrift verschafft uns eine deutliche und vollständige Einsicht in dieselbe); und es wollte Euren Hochwürden noch nicht einleuchten, wollte nicht einmal ein Zweifel in Ihrer Seele aufsteigen, daß sie sich von dem Wege der Wahrheit verirrt haben, so wäre mein letzter Wunsch und meine innigste Bitte an Sie diese, Sie möchten doch an einen oder (noch besser) an mehrere Ihnen, persönlich oder aus dem Rufe, bekannte, römisch-katholische Theologen schreiben, und diese bitten, Eurer Hochwürden ihr Urtheil über Ihren Austritt aus der katholischen Kirche, und ihr Glaubensbekenntniß, wo nicht ausführlich, doch summarisch, zu eröffnen. Zwar höre ich, während dem ich diesem Schreiben ein Ende zu machen trachte, es seien bereits mehrere Schriften im Drucke an oder gegen Eure Hochwürden erschienen; ob aber dieselben die von ihren Verfassern gewünschte Wirkung, oder was für eine andere, gehabt, davon habe ich nichts vernommen. Auch habe ich noch keine von jenen Schriften gelesen, werde aber trachten, sie zu bekommen. Ach! es ist eben mit dem Schreiben ein unvollkommenes Ding, und tausend Mal denke ich an das Wort, das einst Lavater jemanden zugeschrieben: „Man „möchte beinahe sagen, Schreiben sei das Mittel, mißverstanden zu werden." — Nun so hege ich den andern Wunsch, Eure Hochwürden möchten einen von den oben gemeldten Männern besuchen, und sich mit ihm in freundschaftliche Unterredung einlassen. Eine solche Unterredung, im Namen Jesu und mit Gebet vorgenommen, könnte doch, nach der Versicherung des Herrn bei Matth. 18, 19 rc. nicht anders als gesegnet sein. Doch verzeihen mir Eure Hochwürden, wenn ich mit christlicher Freiheit auch noch den Wunsch ausspreche, daß Sie sich zu dieser Unterredung mit Beten, Fasten und Almosengeben vorbereiten möchten, indem ich hier an den Hauptmann Cornelius in der Apostelg. 10 denke. Der von Euren Hochwürden gewählte Geistliche wird ohne meine Erinnerung ein Gleiches thun.

Wenn aber nun, wie es nicht anders sein könnte, wie ich es zu Jesu dem guten Hirten, dem zärtlichen Sucher seiner verlornen Schafe, mit festem Vertrauen hoffe, die Frucht dieser Unterredung die sein sollte, die sein wird, daß Eure Hochwürden Ihre Verirrung erkennen: — o! daß ich Ihnen um den Hals fallen und meine Bitte unter heißen Thränen aussprechen könnte! — dann möchte ich Sie bitten, mein hoch- und verehrungswürdiger, vormaliger Bruder im Glauben! heute, da Sie die Stimme der Wahrheit hören, Ihr Herz nicht zu verhärten, sondern der Stimme Gehör zu geben, und — zu verlassen den Weg des Irrthums, den Weg, den Sie seither für den rechten gehalten, der aber zum Tode führet (Sprüchw. 16, 25.); allein auch zurück zu rufen die unglücklichen, mit Ihnen und durch Ihr Beispiel verirrten Schafe Jesu Christi; dem ganzen Himmel ein Freudenfest zu geben, in welches tausend Jubelstimmen der Kirche Christi auf Erden Gott preisend einfallen werden.

Zwar wird die Welt, wird das Fleisch, wird der Satan darob erwachen, und Sie umstürmen. Jetzt rufen Sie mit Petrus im Seesturm: Herr! rette mich! — Der Welt sagen Sie: wenn ich den Menschen gefallen wollte, wäre ich Christi Diener nicht. — Dem Fleische sagen Sie: was nützte es mir, wenn ich die ganze Welt gewänne, aber Schaden litte an meiner Seele? — Dem Satan sagen Sie: hinweg von mir, du Vater der Lügen! erster Mörder! alte Schlange! nur wer das Reich Gottes annimmt wie ein Kind, kann in dasselbe kommen.

Ach! wie kam es, daß Sie sich von diesem Verführer bethören ließen? Zwar hat er Sie noch nicht ganz berückt. Noch haben Eure Hochwürden Sinn für Christus, als den Sohn Gottes, Erlöser und Heiland der Welt, für die heilige Schrift als Wort Gottes, für das thätige und innere Christenthum; Ihre Beschreibung und Zerlegung der Auswüchse der Erbsünde hat mir besonders wohl gefallen, und manche andere kräftige Bemerkung ist mir aus dem Herzen geschrieben. — Woher diese Unkunde, bei einem katholischen Theologen, der, wie ich vermuthe, auf einer katholischen Hochschule studiert hat? — Doch, mir fällt ein: diese Frage der Verwunderung trifft nicht Eure Hochwürden allein, sondern wohl mehrere unsrer Geistlichen, welche auf den Hochschulen Deutschlands ihre theologische Laufbahn durchgegangen. Daher meine Klage am Ende des §. 24 dieser Schrift! Wenn dann ein solcher junger Mann, nach eingesogenen falschen Lehren, noch den Wust protestantischer Schriften einseitig liest, ist es sich zu verwundern, wenn er in seinen Irrthümern, wie der Hirsch im Garn verwickelt, sich nicht mehr heraus zu finden weiß, und den katholischen, ja, den christlichen Glauben überhaupt, verliert? Hat er Muth genug, und begünstigen ihn äußere Umstände, so fällt er öffentlich ab: wo nicht, so heuchelt er noch Katholicismus und Christianismus, wird auf eine Seelsorge angestellt, beschwört meineidig die ihm vorgelegten Symbolen, im Herzen aber ist er weder Katholik noch Christianer; nach und nach überfließt sein Mund, wovon das Herz voll ist, und er wird im Schafpelze ein reißender Wolf. So stehet es großen Theils mit unsern Theologen in Deutschland!

Ach! kommen auch Sie zurück, hoch- und verehrungswürdiger, innig-geliebter Herr Pfarrer! kommen Sie zurück zu der Kirche, welche einen Cyprian, einen Chrysostomus, Ambrosius, Hieronymus, Augustinus, Bernardus, Thomas von Aquin, Carl Borommä, Franz von Sales — ach! wie könnte ich sie alle nennen, die großen Zeugen der Wahrheit? — hervorgebracht hat; die Kirche, von welcher Luther und die Nachahmer seiner That — denn Befolger seiner Lehre in allen Stücken hat er schon längst keine mehr! — ausgegangen sind. Was haben Sie mit Luthern zu schaffen? Sind Sie auf Luthers Namen getauft? ist Luther für Sie gekreuzigt worden? 1. Kor. 1, 13. Ich bekenne, wenn ich auch Protestant wäre, mein Ehrgefühl ließe mirs nicht zu, daß ich mich nach dem Namen eines Menschen nennete, dessen grobe Lieblosigkeit, mit der er seine Gegner, ja Fürsten und Könige, behandelt hat, und Hochmuth und Unlauterkeit, seine Werke aussprechen und selbst seine heutigen Lobpreiser eingestehen; Lobpreiser, die nicht verstehen, was sie preisen, noch was sie lästern. Wie! ein solcher Mensch soll von Gottes Geiste regiert worden sein, um das reine Evangelium zu lehren? Nein! sagt die Schrift. Weisheit 1, 4. — — —

Endlich schließe ich, mein hoch- und verehrungswürdiger Herr Pfarrer, mit einem herzlichen Kusse des Dankes auf Ihre — ach! einst geheiligte Hand, wenn Sie mich mit Geduld zu Ende gelesen haben; bitte meine lange Herzens-Ergießung meiner innigen Verehrung und Liebe gegen Sie zuzuschreiben; werde Ihrer von nun an in meinem, wiewohl unwürdigen, Gebete eingedenk sein, und habe die Ehre, mit der unbegränzten Hochachtung, die Ihrer priesterlichen, unauslöschlichen Würde gebührt, mich zu nennen

Euer Hochwürden

gehorsamster, mindester Diener

Constanz, in den Herbstferien 1823. Sulzer.

Nachschrift.

Was ist aber jetzt Protestantismus? Das Protestieren gegen die römisch-katholische Religion! Ja! aber was weiter??? — So lange nun die s. g. Protestanten nicht einhällig — denn auch gegen eine Mehrheit der Stimmen von der einen Seite würden die andern ebenfalls protestieren, und das von Rechtswegen — eine Realdefinition des Protestantismus aufstellen und uns Katholiken an Handen geben, so sagen wir ihnen freimüthig nach den Regeln der Logik: Euer Protestantismus ist noch ein ens cerebrinum, ein Abra cadabra. Schämet Euch, von etwas zu sprechen, das weder wir, noch Ihr, verstehet!

Während der von mir besorgten Abschrift des vorstehenden Schreibens bekam ich die zwei gegen Eure Hochwürden erschienenen Schriften, die eine von dem hochw. Herrn Jakob Anselm Schump, Pfarr-Curat und Lehrer an der Latein-Schule zu Mahlberg, Carlsr. bei Gottlieb Braun 1823; die andere, anonym, betitelt: Aloys Henhöfers u. s. w. religiöse Schwärmereien und Schicksale. Gmünd, in der Ritter'schen Buchhandlung, 1823; habe sie jetzt gelesen, und wünschte, daß Eure Hochwürden beide, wenn es noch nicht geschehen, auch lesen möchten, aber so lesen, wie ich Sie bat, mein Schreiben zu lesen.

Jetzt erlauben Eure Hochwürden meinem unaussprechlich beklommenen Herzen nur noch eine kleine nachträgliche Erleichterung in folgenden Punkten:

1. Eure Hochwürden sind tief — tief, gefallen, in einen Abgrund, aus dem nur allein der Allmächtige Sie, und die mit Ihnen Herabgerissenen, wieder heraus heben kann.

2. Sie haben schrecklich gesündiget, was Ihnen nur der Allbarmherzige vergeben, und nur das Lamm Gottes, das die Sünde der Welt hinweg nimmt, wieder gut machen kann.

3. Lassen Sie die Worte: „Wehe der Welt wegen des Aergernisses!" und, „weh demjenigen, der Aergerniß gibt!" Ihr Mark und Gebein durchdringen!

4. Bitten Sie Gott, nach Jal. 1, 5. rc. um Weisheit und einen guten Geist, Tag und Nacht. — Ich hoffe die bevorkommende göttliche Gnade wird Ihnen beistehen, diese meine brüderlichen Ermahnungen nicht mit verächtlichem Lächeln zu lesen, sondern mit dem Ernste wahrer Erweckung, die nur Gott schafft, zu Herzen zu nehmen.

5. Vertrauen Sie auf die unendliche Barmherzigkeit Gottes durch das Verdienst Jesu Christi. — Dazu kann ich Eure Hochwürden aus eigener Erfahrung ermuntern. Es wird am Tage des Weltgerichtes — vorher noch nicht! — kund werden, wie sich jene Barmherzigkeit durch Christum nicht weniger als unendlich wirksam auch an mir großen Sünder erwiesen hat.

6. Gottes Geist erleuchte Sie, zu erkennen, daß, nach der von Ihm dem Menschengeschlechte geoffenbarten Religion, das Princip des eigenmächtigen Denkens in derselben mit Verwerfung des von dem Sohne Gottes eingesetzten, bis zum Ende der Welt fortdauernden, Lehrer- und Hirtenkörpers aus der Hölle stammt; und Sein heiliger Geist stärke Sie, diesem Princip noch in dieser Stunde zu entsagen.

7. Er stärke Sie zu erkennen, daß der zum Separatismus führende Mysticismus und Pietismus die täuschendste aller Arten des Hochmuthes ist, also ebenfalls aus der Hölle stammt. Schreiben Sie dieses in den Stammbaum der Erbsünde in Ihrem Glaubensbekenntnisse.

8. Endlich rufe ich noch einmal, und werde fortfahren in meinem schwachen Gebete täglich zu Gott zu rufen um Barmherzigkeit über Eure Hochwürden, über die von Ihnen Verführten, besonders die armen Kinder, um deren willen ich möchte Blut weinen.

Er erbarme sich aber auch.

Ihres

liebenden Verehrers

Constanz, am 20. Oktober 1823. Sulzer.

---

### Aus dem zweiten Schreiben.

Mein hoch- und verehrungswürdiger Herr Pfarrer!

Ihr geehrtes Schreiben vom 15. December, das mich unbeschreiblich gerührt, und noch näher an Sie hingezogen, und den Wunsch, mich mündlich mit Ihnen unterhalten zu können, aufs höchste gesteigert hat, sammt ihrer „geschichtlichen Rechtfertigung," habe ich richtig erhalten. Dank, Herzensdank für alles! Herzensdank insbesondere für Ihre liebevolle Aufnahme meines

Schreibens an Sie! — So liebevoll haben einst die zwei Liebeprediger, Lavater und Stilling, meine wiewohl noch gelinder und schonender an Sie geschriebenen Briefe nicht aufgenommen. O! die Empfindlichkeit! was ist sie anders, als ein Auswuchs des Stolzes und der Lieblosigkeit? 1. Kor. 13, 5. — Und welch eine zum Entsetzen schwere Sache ist richtige Selbsterkenntniß, wie schon einst Thales von Miletus gesagt! Nicht nur Kenntniß seiner moralischen Schwächen, sondern auch seiner intellectualen! beide aber sind uns Hindernisse, des höchsten Gutes aller Güter des Lebens theilhaft zu werden, der Wahrheit. — — —

— Sagen Sie mir doch zur Güte, mein bester Herr Pfarrer: wenn Sie von Jesu Christo in einer Erscheinung den Befehl erhielten, aus Ihrer jetzigen Religion einen Katechismus zu verfassen, und Sie gäben ihn heraus unter dem Titel: Katechismus der lutherisch-, oder protestantisch-evangelischen Religion; wie viele — gestehen Sie mirs aufrichtig! — meinen Sie, daß von denjenigen, die ihre Religion eben so nennen, wie Sie, Ihren Katechismus in allen Stücken als ein wahres Symbolum der Lutherisch-, oder protestantisch-evangelischen Religion unterschreiben, von Herzen glauben, mit dem Munde bekennen, und darauf sterben würden? Nennen Sie mir meinetwegen alle diejenigen, die in Mühlhausen mit Ihnen die katholische Kirche verlassen haben; setzen Sie noch dazu die würtembergischen Pietisten und Separatisten; aber was für eine Religion sollen dann die Millionen Menschen in Deutschland, in den Niederlanden, in Preußen, Schweden, Dänemark, England und anderswo auf Erden, haben, die sich lutherisch- oder protestantisch-evangelische Christen nennen, aber Ihren Katechismus durchaus nicht unterschreiben würden???

Glaubten Sie jedoch einen von allen diesen Ihren Religions-Namens-Verwandten anzunehmenden Katechismus verfassen zu können, o! so legen Sie auf der Stelle Amt und alles nieder, und schreiben Sie ihn! Schreiben Sie ihn zur Beschämung der Katholiken, welche auf die gränzenlose Uneinigkeit aller derjenigen, die sich von unsrer Kirche getrennt haben, mit Fingern deuten! — —

Nachschreiben.

Wollte Gott, Sie möchten dieser Bitte meines Freundes entsprechen! ich bin überzeugt, bester Herr Pfarrer! Sie würden aus diesem Büchlein, so wie aus meinen zwei nun an Sie erlassenen Schreiben, ein Ganzes von Wahrheiten herausfinden, wodurch Sie ihre höchst irrigen Ansichten von der katholischen Religion und Kirche, und von dem Proteus, „Protestantismus" genannt, erkennen und sich selbst widerlegen könnten. Aber jetzt die schreckliche Frage: was würde Ihr Herz, was würde die Welt dazu sagen, wenn Sie sich der erkannten Wahrheit ergeben, und in den Schoos der Kirche zurück kommen wollten?? —

Eine solche Sprache, zusammentreffend mit der Stimmung Henhöfers konnte nicht anders als noch niederschlagender wirken. Die Briefe Gemmingens zeigen wie angefochten der Grabener Pfarrer war.

Steinegg, den 25. Febr. 1824.

Lieber Freund!

Es drängt mich schon einige Zeit her ganz besonders, an Sie zu schreiben, theils, weil ich Ihres Kummers Last so gerne durch christlichen Zuspruch erleichtert, freundlich getheilt, und Gott weiß es, wie bereitwillig einen Theil davon auf mich genommen hätte; theils um durch Mittheilung erfreulicher Ereignisse in Betreff unserer Gemeinde Ihrem Glauben eine solche Stärkung zu geben, wie man sie in den finstern Stunden eines leidenden Gemüthes und bei feineren und mit lieblichem Schein umgebenen Zudringlichkeiten der Katholiken besonders bedürftig ist. So sehr auch dieser Drang in mir wirkte, so wenig konnte ich ihm bisher Genüge leisten, denn nebst meinen im Frühjahr besonders häufigen eigenen Geschäften, würde die Correspondenz mit dem Auslande in Sachen unserer Gemeinde auf eine höchst erfreuliche Art so stark, daß ich nicht wüßte, die Zeit dazu zu erhalten. Wie mir Herz und Seele dadurch erfrischt, und das neue Leben mitten im Bewußtsein meiner eigenen Unwürdigkeit, in der unverkennbaren Erkenntniß dessen, was Christus denen Elenden ist, und welche Gnade Er denen gibt, die in festem Glauben zu Ihm rufen, empor gehoben wurde, das gehört zum andern Theil meines Briefes; zuerst möchte ich nur Trost, Friede und Himmelsruhe in das geängstigte Herz meines theuren Freundes, wie ein guter Engel, legen können, der von gutem Geist geleitet stets im Gebet vor Gottes Gnadenthrone liegt. — Es hat mich tief bekümmert, zu vernehmen, wie drückend ein finsterer Flor vor Ihres Geistes Auge hängt, und wie sehr Ihr Inneres einer kräftigen Aushülfe bedarf. O möchte es mir Schwachen gelingen, in der Kraft meines Herrn in jenen Flor eine Lücke zu reißen, daß Gottes Gnadensonne mild und freundlich das Herz erleuchten könne, dem ich so gerne Trost und Friede brächte.

Unter allem was dem armen Menschen in diesem Pilgerleben am nächsten vom Satan geschehen kann, ist, daß er ihn zweifelhaft an Gottes Barmherzigkeit macht, daß er ihm seine Sünden so groß vormalt, die nicht vergeben werden könnten; diese abscheuliche Lästerung und wahrhafte höllische List, wodurch das theure Blut Christi (welches unsere Sünden rein wäscht wie Schnee, und wenn sie blutroth wären) so trugvoll um seine himmlische Verdienste gebracht werden will, ist wie gesagt, das allerärgste, was eine Seele Peinigendes erfahren kann. Mir scheint aus einigen Ausdrücken hervorzugehen, als hätte Satan Lust — Sie, theurer Freund, auf diese Art zu versuchen. Ich kann mich nicht erholen vor Erstaunen, über die Gewalt eines solchen Betruges, die dem Argen bei einem Manne gelingen soll, der das Wort der Versöhnung so kräftig verkünden, der die Verdienste unseres Heilandes so richtig aufgefaßt, Andern predigen konnte, der den hohen Werth des Blutes Christi erkannte wie Wenige, und die Gnade in ihrer ganzen Segensfülle empfunden hatte, wie sie die große Liebe Gottes, unbegreiflich zwar, doch wahrhaftig über Alle ausgegossen hat, die sie im Glauben annehmen wollen. Ich bitte Sie, um das theure Blut unseres lieben Herrn und Heilandes willen, das ja für Sie und mich armen Sünder geflossen ist, auch zur Vergebung unserer Sünden (höher kann ich nicht bitten), erheben Sie sich doch in Christo wieder stark aus dem Zustand, der nur Verblendung des Satans ist, und der verderblich auf Sie und andere wirken muß; ich will keine Trostsstellen der Schrift weiter anführen, sie sind Ihnen ja alle genug bekannt, aber nur eine im rechten Glauben fest zu packen und an dieser sich aufzurichten in der Kraft des Herrn, das ist meine herzliche Bitte. Die Stelle ist: Ist die Sünde mächtig geworden, so ist die Gnade doch noch mächtiger. — Sie müssen noch ein gar wirksames Werkzeug in der Hand Gottes werden, Sie dürfen nicht so klein zurückkriechen. Gottes Stimme muß noch durch Sie an gar Viele gebracht werden, daß ihre Seelen errettet werden, eine neue ungewöhnliche Kraft muß zur Ehre des Herrn dennoch aus diesem heißen Kampf groß hervorgehen, das bin ich gewiß überzeugt, und die Tage der Buße und der Trauer werden reich vergolten werden durch die Tage des Frohlockens über den Segen, den das neubewiesene Gotteswort aus Ihrem Munde noch stiften wird. Wer so einen Kampf durchgekämpft hat, und in neuer Gnade wieder erstanden ist, o der redet Feuerworte, die Mark und Bein durchdringen, und ihre Wirkung ist erstaunlich; denken Sie nur an den jetzigen, so berühmten Prediger Neuton in London, der ja das Laster selbst war. O nur nicht zweifelhaft an Gottes Gnade, an Seiner Barmherzigkeit, das wäre das Schlimmste. — Er führt in die Hölle, aber Er führt auch wieder heraus, dann empfindet man den Himmel schon im Vorgeschmack und kann die Gnade aus Erfahrung predigen. — Nur Muth, lieber Freund, der Goliath mag noch so arg drohend, wohlgepanzert, und mit Lanze, Schwert und Schild bewaffnet, und noch so grimmig vor ihnen stehen, er muß und wird doch fallen, wenn Sie ihn, wie der kleine schwache David, im Namen des Herrn angehen. — Ich muß Ihnen doch erzählen, wie besonders mich diese Stelle stärkte. Vor einiger Zeit schrieb ich gerade über dieses einem christlichen Freund und erfreute mich mit David, indem dieser Goliath gar vielfältig mir begegne, und oft in mir selbst am allerärgsten mir drohe. Gleich darauf erhielt ich auf der Post einen Pack Bücher, als ich sie öffnete, waren es 7 Exemplare Arndts wahres Christenthum, die mir ein Pfarrer Claudius aus Sarhms bei Escheburg schickte mit einem gar lieben Schreiben, in dem für mich besonders bezeichneten Exemplar war ein prächtiges Kupfer mit dem Goliath und David. Es hat mich unendlich erfreuet und gerührt, das Kupfer hängt nun unter Glas und Rahmen vor mir, und soll mich noch oft lehren, so Gott will, wie mächtig Gott in dem Schwachen ist.

Eine weitere Sorge bekümmerte mich noch um der Wahrheit der evangelischen Lehre wegen, ich wußte, daß Ihnen von Constanz sehr zudringliche und auf liebevollere Art eingeleitete Schreiben zugegangen sind, um Sie zum Rücktritt ins Papstthum zu bewegen. Obwohl ich darüber glaub ich ruhig sein darf, so ist mir nur darum bange, daß nicht etwa bei einer Antwort von Ihnen, in Ihrem jetzigen Zustande, Ausdrücke einfließen möchten, die ein leidendes Gemüth gerne erzeugt, aber von unsern Gegnern nicht verstanden, wohl aber leicht als Beweise gegen Sie mißbraucht werden könnten. Man könnte eine tiefe Reue ihres Uebertrittes vermuthen, indem man die reine Freude vermißt, welche eigentlich den Sieg des

Evangeliums im Stillen immer feiert, ohne damit zu prunken. Ich bitte Sie um alles, geben Sie doch ja unsern Gegnern keine Waffen in die Hände; ich habe neuerdings auch rechte Anläufe dieses Goliaths auszuhalten, aber ich gehe ihm so freudig im Namen des Herrn entgegen, und dieser giebt mir auch die Schleuder recht in die Hand, daß ich immer getrost im Kampf bin. Jäck hat mir auf meinen Brief einen 52 Seiten langen Aufsatz geschrieben, worin er viel zurücknimmt, und ekelhaft schmeichelt; dabei aber so wenig Glauben und kindlichen Sinn verräth, daß ich mit Lust ihm antworten möchte, ganz in der Liebe mit ächtem Christensinn. Sobald ich etwas Zeit finde, gebe ich mich daran, es liegt manch schöner Stoff zur Ehre des Evangeliums in meinem Herzen, und mit Gottes Hülfe, denke ich in meiner Begnadigung ihm einen Beweis der Wahrheit zu geben, den er nicht umstoßen wird, und der ihn doch nicht beleidigen kann.

Und nun nur noch ein paar Worte über unsere neue Gemeinde: Bestehet diese freilich aus Menschen, und schwachen Menschen nur, so muß man es doch mit außerordentlichem Dank und für eine besondere Gnade erkennen, daß wenn etwas sich zeigt, das nicht ins Reich Gottes gehört, und den evangelischen Christen nicht angemessen ist, eine sanfte im Geist des Evangeliums ertheilte Ermahnung immer den erwünschten Zweck erreicht. Bierfieder G. macht uns viel Leiden, doch der Herr wird wissen, wozu es gut ist. Die Segnungen, welche uns der Herr aus dem Auslande zufließen läßt, sind — verbunden mit den ächt christlichen Aeußerungen dieser lieben Gotteskinder — eine Bestätigung, daß diese Sache wahrhaft Gotteswerk ist. Ich habe nebst beträchtlichen Almosen für die Armen auch solche Beiträge erhalten, die ich einsenden und anzeigen müsse, worüber ich ein gar artiges Schreiben vom Ministerium erhalten habe; in einem Vierteljahr sind im Ganzen bei mir über 4000 fl. eingegangen, und ich hoffe, es soll nun die wirkliche Begründung der Pfarrei nicht mehr ferne sein, warum ich auch gebeten habe.

Wie herrlich beweist sich doch Gott mit auffallender Treue an Seinem Wort, und wie stärkt Seine große Gnade den Glauben so mächtig. — Als Brunner uns beschuldigte, wir wollten den katholischen Fond in M. ansprechen, und wegen Raths Guthaben eine öffentliche Erklärung nöthig wurde, sagte ich, getrieben von einem sichern freudigen Geist: die evang. Gemeinde Mühlh. erwarte ihre Erhaltung zuerst von der Gnade Gottes, der die Herzen der Menschen leite wie Wasserbäche x. x.; nun sind 6 bis 7 Monate vorüber, seit wir noch gar nicht wußten, wo etwas herkommen sollte, und der Fond wird bereits über 10,000 fl. stark sein. Ist dieses nicht ein augenscheinlicher Segen des Herrn, der die Herzen wahrlich wie Wasserbäche geleitet hat? O welche strenge Aufforderungen sind dieses aber auch für die Gemeinde, dem Herrn recht treu zu sein. Unser Hauptwidersacher B. hat in der gestrigen Kirchenzeitung sich wieder ganz nach seinem Sinn ausgesprochen, er singt beständig das alte Lied, weßwegen es auch bald allenthalben verleidet sein wird. Juckt der Bösen Schmähen wohl anfangs im schwachen Fleisch etwas empfindlich, so fühlt der Geist doch bald den Segen, welchen der Herr darauf legt, und es ist ihm kindlich wohl dabei, so daß er recht von Herzen für seine Gegner bitten kann. Wäre ich nur bald über Sie, theurer lieber Freund, getröstet, so lebte ich mitten im Kampf, wohin es dem Herrn gnädig gefiel, mich als schwachen Hirtenknaben zu stellen, so freudig und so getrost, als ich es nicht auszudrücken vermag, denn ich sehe im Glauben eine schöne Zukunft, geht es auch noch durch manchen Sturm und Drang, es nimmt doch ein herrlich Ende. Ich singe in meinem Herzen lauter Hosianna und Halleluja über die Gnade so mir wiederfahren ist. Gott erhalte mich nur in Demuth und im rechten Bußgeist. — Nun Gott befohlen, lieber Freund, der Herr lasse mich bald etwas Gutes erfahren.

Julius.

Steinegg, den 3. März 1824.

Lieber theurer Freund!

Diesen Morgen fühle ich es wohl recht in meinem Herzen was es heißt, die Liebe Christi dringet mich &c. ich hatte andere Geschäfte mir vorgenommen, es waren nöthige Sachen zu besorgen, doch es scheint, es ist das allernöthigste, daß ich an Sie jetzt schreiben soll, damit ich dem leidenden, mir so theuren Freund das mittheilen soll, was ich in meinem Herzen fühle; um in innigster Christenliebe freundlich im Namen des Herrn, den Sie mich erst kennen lernten, ein Wort des Glaubens, der Hoffnung und der Liebe in ihre Seele zu legen. Der Inhalt ihres letzten Briefes drängte sich so mächtig vor meine Seele. Ihre Leiden standen so groß vor mir, ich sah und empfand nichts als Sie, und Ihre betrübte Lage, daß ich es für einen rechten Befehl der Liebe Gottes ansehe, das kleine Scherflein, was ich bieten kann, mit freundlicher Brudertreue sogleich mitzutheilen. O lieber Vater segne doch Du es, daß es auch ausrichte, wozu Du es gesandt hast, und wozu ich es in Deinem Namen jetzt nieder schreibe, ach erhöre mich um der theuren Verheißungen willen, die Du uns durch deinen lieben Sohn unsern Herrn und Heiland verkündet hast, und um Seiner hohenpriesterlichen Fürbitte willen. Amen. Vor allem möchte ich Sie fragen, ob Sie nicht vorgestern Nachts und gestern Nachmittag (Dienstags) eine Erleichterung ihres kranken Zustandes gefühlt haben, ob ihnen nicht freundliche Gnadenblicke zu theil geworden sind, die ihrem Glauben neue Stärke gegeben, oder ob Sie nicht mit des Gebetes seliger Wohlthat neu und kräftiger erfreuet wurden. Nicht als wollte ich Unwürdiger einen zu großen Werth auf mein armes Gebet legen, nein — sondern nur um Sie wissen zu machen, daß mir um diese Zeit besonders reichlich es geschenkt wurde, aus des Glaubens reicher Fülle von ganzer Seele für Sie um Erbarmung, um Trost, um Hülfe und Rettung zum Herrn zu rufen. Es war, als stünde unser theurer Erlöser in Seiner ganzen Liebe vor mir, und forderte mich selbst auf, recht viel mir auszubitten, — anzuklopfen, um nur mir aufthun zu können. Weltkinder und der Unglaube würde dies eine Schwärmerei nennen, allein ich fühl' es tief in meiner Seele, daß es des festen Glaubens herrlichste Frucht ist, und ich hoffe getrost und freudig, die Bestätigung durch Sie selbst noch darüber zu erhalten.

Ihr jetziger kranker Zustand ist für Sie und für Ihre Freunde, die Ihre Leiden wie ihre eigenen fühlen, eine allerdings schwere und harte Prüfung.

aber es wird aus diesen heißen Läuterungsstunden etwas Herrliches, etwas Großes hervorgehen, welches uns ohne diesen Kampf nicht hätte können zu Theil werden; das hoffe ich getrost mitten in diesem Sturm von meines Herrn Gnade, Liebe und unendlicher Barmherzigkeit, und umgeben von den traurigsten Eindrücken, die durch des Satans Gewalt und List uns aufgebürdet wurden, sehe ich doch gleich Stephanus den Gnadenhimmel offen und Christus zur Rechten des Vaters sitzen: ich freue mich, in dem Glauben an Ihn, schon auf den Zeitpunkt, wo der treue Hirt nach einer kurzen Entbehrungszeit — da Er sich vor meinem theuren Freund verborgen hat aus großer Weisheit — desto freundlicher in Seiner ganzen Herrlichkeit wieder hervortreten wird, um zu zeigen, daß wir ohne Ihn gar nichts sind, und dann alles tief anbetend im Staube vor Ihm liegen wird, und im allerinnigsten Dank den Bund aufs Neue mit Ihm zu schließen für Zeit und Ewigkeit. Durch die tiefsten Dunkelheiten kann dich Jesus hinbegleiten, Muth spricht Er den Schwachen ein. Glaube nur und zweifle nicht &c. Ich meine die jetzige Dunkelheit in Ihrer Seele erfordert es um so dringender, daß der Glaube an den, der Alles überwunden hat, recht für Sie erbeten werde, damit Er als der rechte David, diesen Riesen Goliath in Ihnen zu Boden schleudere, und das Licht des Friedens Ihnen wieder scheinen möge. So lange dieser kranke Zustand Ihrer Seele und Ihres Leibes anhält, würde jede noch so trostvolle Stelle der Schrift ohne großen Erfolg an Ihnen verschwendet sein, ich kenne diesen schwarzen Flor, der im Leiden Herz und Seele so verfinsternd umhüllt aus Erfahrung, und weiß wie er einem Christum ganz unsichtbar machen kann, daß man so furchtsam allein stehet, wie Adam nach der Sünde, aber ich weiß auch wer diesen Flor mit göttlichem Erbarmen wieder zerreißt, und nach anhaltendem Flehen wieder alle Wunden heilt. Daher wollen wir nur wie das cananäische Weib nicht nachlassen zum Herrn zu rufen, am Ende bleibt Er eben doch stehen und fragt mit himmlischer Güte: was willst du denn, daß ich dir thun soll. — Ach Gott! ist es einmal so weit, o dann ist ja Alles gewonnen, alles gut. Der Gott der Liebe, der Gnade und Barmherzigkeit lasse bald, recht bald es so bei Ihnen kommen. Wie einen Fieberkranken quälende Phantasie umgiebt, so ist auch jetzt Ihre Seele umdüstert; es ist dem bösen Feind eine Zeit lang Macht gelassen worden, Sie zu plagen; der starke Held von Golgatha aber wird ihn binden zur rechten Zeit und mit Seiner Liebe sich wieder gnädig zu Ihnen wenden; wie lange dieser Prüfungskampf dauert — müssen wir erwarten — Geduld ist uns Noth, und durch viel Trübsal müssen wir ins Reich Gottes eingehen. Aber um dieses Reiches — und der Ehre Gottes willen bitte ich Sie, geliebter theurer Freund, hüten Sie sich ja sorgfältig in diesem Zustand, wo Sie durchaus keine richtige Ansicht zu fassen vermögen, auch nur das Geringste zum Nachtheil der Wahrheit der evangelischen Lehre zu thun, es wäre der größte Triumph des Satans, wenn er Sie so weit verblenden könnte, auch nur einen einzigen Schein einer Reue über den Austritt aus einer Kirche zu wege zu bringen, deren Lehre täglich unrichtiger erscheint, wie im Gegentheil die der evangelischen (in welcher ich seither so herrliche Männer mit wahrem Christenthum gefunden habe), immer herrlicher in den Folgen sich bewußt. Ich könnte Ihnen auffallende, herzerhebende Beispiele aus meinem Hause darüber mittheilen, erlaubte es der Raum. — Eine Stelle Ihres Briefes darüber, der überhaupt in einem recht leidenden Zustand geschrieben ist, machte mir unendlichen Eindruck, und trieb mich besonders zum Gebet an. O lieber theurer Freund, sehen Sie es doch ein, wie dieses alles ein recht höllisches Blendwerk ist, nur von Christo entfernt kann man solchen Gedanken einen Augenblick Raum geben, ohne sie nicht gleich von sich zu treiben. Herrlicher und wahrhaftiger im Erfolg hat sich wohl noch nichts bewährt and bewährt sich täglich mehr, als unser Bekenntniß zum Evangelium, daher ist mir es auch ganz faßlich, warum der Arge so mächtig an Ihnen herumreißt; aber nur Geduld, lieber, lieber Bruder, der Herr wird sich herrlich als Ihr Beschützer zeigen; es wird freilich noch viel Ausharrens kosten, und noch viel überwunden werden müssen, aber der Sieg wird desto erfreulicher und der Friede desto süßer sein. O Freund! o theurer Freund! nur Christum nicht verkannt, und Seiner Liebe nichts beschnitten. Er hat auch für Sie gebetet, und wird auch Sie zur rechten Zeit **erlösen vom allem Uebel.** So finster Ihr Zustand jetzt ist, so wäre dieses noch kein Schatten von dem Kummer, der Ihre Seele zernagen würde, gelänge es dem listigen Feind zur mindesten Untreue an der durch Gottes besondere Gnade erkannten Wahrheit Sie zu verleiten, da würden Sie erst empfinden, was dieser Verführer für einen Lohn gibt, ja da wäre es schwer, Ihnen Trost zu bieten, wo er im Gegentheil jetzt so reich vorhanden und nur noch eine kurze Zeit Ihnen etwas verborgen ist. Lassen Sie uns die Katholiken als unsere Brüder herzlich lieben, ihnen ebenso alles verzeihen was sie uns auch andichten, und auf uns lügen, der Herr tröstet ja unüberschwenglich dafür — und Menschen thun es auch (wie wohl wir auch diese nie suchen, die uns auf sie verlassen wollen), aber ferne sei und bleibe ihre Lehre von uns, die wegen ihrer Falschheit dem Volk das Wort, und im Wort Christum selbst vorenthält, es mit Stoppeln füttert, und nirgends Geist, Leben und Wahrheit zu finden ist.

Wie ist es mir doch zu Herzen gegangen, daß Sie eine Furcht vor einem Besuch von uns äußern, ich ersehe daraus die Größe ihres Uebels, hoffe aber auch zu Gott, daß Sie eben durch diesen Besuch einen bedeutenden Schritt in der Genesung vorwärts thun sollen. Er soll und wird Ihnen ein Bild, ein Beispiel sein von der Liebe Gottes, in welchem Namen alles an Sie geschrieben, für Sie gebetet und gehandelt wird, und die Ihnen auch des bösen Feindes Walten verdächtig machen wollte. So wie Sie die aufrichtigsten unzweifelhaftesten Beweise unserer Liebe, unserer innigsten Theilnahme und allertreuesten Sorgfalt persönlich erfahren werden, so sollen Sie auch Glauben haben an die Liebe Ihres Heilandes, der es uns ja lehrt und eingiebt wie wir Sie trösten und aufrichten sollen. Ist denn nicht einer Mutter das kranke Kind am liebsten, pflegt sie es nicht am treulichsten? Sie sind jetzt das kranke Kind und Christus hat mehr Liebe für Sie als alle Mütter zusammen haben können. Darum nur aufgestanden in aller Schwäche, und kann der Kranke nicht gehen, so krieche er zu Jesu, dem Trost der Kranken, dem noch keiner in der Kur gestorben ist, und der niemand zurückstoßt, welcher zu Ihm kommt, der den glimmenden Docht nicht auslöscht, der gerade dieser recht elend sich fühlenden Kranken wegen, einen Himmel verlassen hat, um ihnen Seine Seligkeit zu geben. Ja Jesus nimmt die Sünder an, die ihrer Seelen Noth empfinden, die sich im schweren Sündenbann als arme Würmlein schmerzlich winden. Die ganz beschämt von ferne stehen und ihren tiefen Greuel sehen: die gar nichts guts an sich erkennen, sich selbst von Herzen gottlos nennen; die hören es mit Freuden an: Mein Heiland nimmt die Sünder an. Ja Jesus nimmt die Sünder an, denn darum hat Er selbst gelitten x. x. — Der Friede Gottes, welcher höher ist als alle Vernunft, bewahre Ihnen Herz und Sinne zum ewigen Leben in Christo Jesu unserm Herrn. Amen. Schenken Sie uns nur ferner Ihre ganze Aufrichtigkeit, theilen Sie uns immer getreu Ihre wahrhaften Gefühle mit, wenn es auch noch so dunkel im Herzen aussieht. Getrost, getrost nur, lieber Freund, auch dieser lange schmerzvolle Charfreitag wird enden, und eine fröhliche Auferstehung darauf folgen, o wie freue ich mich auf das Halleluja! So wir mit Ihm leiden, werden wir auch herrlich mit Ihm auferstehen. Der Gott des Friedens segne Sie.

Ihr

treuer Freund

Julius.

So tröstete dazumal der Schüler den Lehrer, das Beichtkind den Beichtvater!

Aber auch dieser köstliche Trost aus Freundesherz und Mund sollte durch des Teufels List und der Menschen Schwachheit ihm für eine Zeit genommen werden. An die Stelle Henhöfers war, wie anders wo einmal, so der Herr will, ausführlicher erzählt werden soll, Vicar Schlatter, der Sohn der den christlichen Freunden wohlbekannten Anna Schlatter-Bernet aus St. Gallen getreten; ein durchaus ernster und gediegener, bis zur Scrupulosität gewissenhafter Mann, aber jung und für's praktische Leben ohne Sinn, schüchtern und ängstlich. Sein Amt verwaltete er mit großer Treue, seine Predigten waren gut ausgearbeitet, aber sie faßten und zündeten nicht. Vergegenwärtigt man sich nun die Geschichte der jungen Gemeinde, so kann es nicht anders denn für einen Mißgriff angesehen werden, daß gerade dieser sonst so redliche und treue Mann als Nachfolger Henhöfers bezeichnet wurde. War es schon ein Unglück für die Gemeinde, daß ihr Henhöfer genommen ward und er nicht begießen konnte, was er gepflanzt, so war es ein zweites Leid, das ihr zugefügt ward, daß sie nicht einen Hirten bekam, der wenigstens etwas von henhöfer'scher Art und Gnadengabe hatte. Es waren beinahe 3/4 Jahre umgeflossen, Capitalien zur Gründung einer

Kirche waren da, und man konnte daran denken um die Fixirung des Vicar's, wenn auch nicht um die Anstellung eines eigenen Pfarrers zu bitten, als sich durch einen Mißgriff das treue und innige Verstehen von Gemmingens und Henhöfers zu trüben drohte. Ich gebe die Sache, wie sie Freund Josenhans, der treubewährte, (der die Sache in ächt schwäbischer Weise beilegte) — selbst an Henhöfer schreibt.

Leonberg, den 20. Mai 1824.

Geliebter Bruder in dem Herrn!

Schon in der Mitte Aprils schrieb mir Bruder Schnauser von Heimsheim, daß er erfahren habe: es seie etwas zwischen einigen Mitgliedern der Mühlhauser Gemeinde und der Gutsherrschaft vorgefallen; er seie darauf am nächsten Sonntag nach Mühlhausen gegangen, und da habe ihm die Frau des Brougier erzählt: daß ungefähr 8 Tage vorher der Herr v. Gemmingen der Gemeinde den Vortrag gemacht habe, wie nunmehr so viel Fonds vorhanden sei, daß eine Pfarrei-Besoldung stipulirt werden könne, und er wolle ihr zu wissen thun, wie an oder nach Ostern Hr. Schlatter als ihr Pfarrer werde vorgestellt werden und daß nachher einige Männer zu ihrem Mann gekommen wären und gefragt hätten: ob man dann auch mit Ihnen davon gesprochen hätte? ob Sie sich nicht auch darum melden wollten &c., daß diese sofort beschlossen hätten, an Sie zu schreiben, und daß 2 von diesen Männern zu Ihnen nach Graben gegangen wären, welche bei ihrer Ankunft die gnädige Frau bei Ihnen auf Besuch angetroffen, weßwegen sie beiseite gegangen und erst nach der Abreise derselben Sie mit dem Endzweck ihres Daseins bekannt gemacht hätten, worüber Sie so betreten gewesen wären, daß Sie in Thränen zerflossen und dann in der Nacht um 3 Uhr nach Carlsruhe nachgeeilt seien.

Er fuhr fort und schrieb: „ich will es nun dem Herrn überlassen, was er Ihnen in den Sinn gibt zu thun, ein Besuch wird freilich nothwendig sein u. s. w."

Ich hatte nun damals durchaus zu einem persönlichen Besuch keine Zeit, und war auch nicht wohl. Dagegen schrieb ich sogleich an den gn. Herrn, daß ich Vorstehendes in Erfahrung gebracht hätte, und ohne mich in fremde Angelegenheiten einbringen zu wollen für verpflichtet halte um der herzl. Theilnahme willen, die ich von Anfang an der Sache des Herrn unter ihnen genommen, und fortwährend nehme, Ihn um des Herrn willen zu bitten, von seiner Seite alles Mögliche zu thun, um die entstandene Spannung zu heben, und das Band des Friedens und der Eintracht nicht zerreißen zu lassen, sondern es vielmehr fest zu halten; daß ich es doppelt bedaure, weil es der Feind darauf angelegt zu haben scheine, die Gemeine des Segens zu berauben, den ihr ohne Zweifel der Herr aus der Feier des Gedächtnisses seiner Leiden und seines Todes, und des h. Abendmahls mit allen denen zugedacht hatte, die nach dem Herrn fragen.

Ich bezeugte unumwunden, daß der gn. Herr den ersten Fehler darin begangen habe, daß er bei diesem Anlaß nichts von Ihnen erwähnt und der Gemeinde von keiner Rücksprache mit Ihnen über diesen Gegenstand habe sagen können; daß aus diesem Fehler der zweite entstanden sei, daß nemlich die deswegen Beunruhigten sich nicht zuerst an Ihn gewendet und in Liebe mit dem Herrn v. Gemmingen darüber gesprochen hätten; daß es aber den Mühlhausern werde niemand verdenken, wenn Sie mehr Anhänglichkeit an Sie als an Hrn. Schlatter, den ich wie sie gehörig schätze und liebe, an den Tag legen, und daß es ihnen ja versprochen worden, daß Sie nicht auf zu lange von ihnen getrennt sein sollten. Auch bezeugte ich dem Herrn von Gemmingen, daß ich, so viel mir von Bruder Schnaufer über die Art des Benehmens von Brougier in dieser Sache gemeldet worden, weit entfernt sei, dasselbe zu billigen. Ich wiederholte dann nochmals meine Bitte, daß die Gemmingen'sche Familie sich kein Opfer zu theuer sein lassen möchte, um die Einigkeit und Zufriedenheit in der Gemeine wieder herzustellen.

Am Ostermontag kam Hr. Schlatter auf einer Besuch-Reise, die er in Stuttgart machte, hier durch, und versicherte mich, daß mein Brief in Liebe aufgenommen worden sei, und daß die Sache nun ziemlich beigelegt zu sein scheine. Ich wiederholte ihm meine im Brief an Hrn. v. Gemmingen ausgesprochene Ansicht und fand bei ihm die Resignation, die nur immer von einem Christen gefordert werden kann.

Als ich aber am letzten Sonntag nach Mühlhausen kam, wo der Gottesdienst am Beginnen war, konnten mir der Herr und Frau v. Gemmingen nicht genug bezeugen, wie lieb und erwünscht es ihnen sei, daß ich gekommen. Während der Herr v. Gemmingen mit den männlichen Mitgliedern der Gemeine was zu verhandeln hatte, benutzte ich diese Augenblicke, um mich nach meinem Hauptanliegen zu erkundigen, und als ich eine so beruhigende Antwort erhielt, so ging die Unterhaltung auf den obigen Gegenstand über. Ich wurde ersucht, mit nach Steinegg zu fahren und dort über Mittag zu bleiben, was ich gern that, und wo wir dann vor Herrn und Frau v. Gemmingen die ganze Geschichte von Anfang bis auf den Tag erzählt worden und mich um mein Urtheil baten.

Ich erklärte dann wieder, daß ich sowohl nach der mir von fremder Hand beigebrachten, als nach ihrer eigenen Erzählung keine andere Ansicht von der Sache haben könne, als meine erste in meinem Brief ausgesprochene. Daß nemlich der Hr. von Gemmingen zuerst einen großen Fehler begangen hätte, daß er bei jener ersten Anregung nicht gesagt habe, daß nach der mit Ihnen hierüber genommenen Rücksprache Sie entweder für jetzo gar unter keinen Umständen sich entschließen könnten, wieder die Pfarrei in Mühlhausen anzutreten, und sich es auf späterhin vorbehalten wollten, oder was Sie hätten mögen äußern, und daß aus diesem der zweite hervorgegangen, den Brougier und Consorten begangen hätten, und daß ich aus Gründen, die ich anführte, der Ueberzeugung seie, daß sie zu ihrer eigenen Beruhigung für jetzt und für die Zukunft nichts Besseres thun können und zu thun haben, als dem Hrn. Pfarrer Henhöfer zu erklären, daß wenn er die Pfarrei beziehen wolle, sie ihm dazu präsentiren, und dagegen die Verbindung des Herrn Schlatter mit ihrer Fräulein Tochter außer aller Berücksichtigung bleiben solle. Es erhoben sich zwar einige Bedenklichkeiten dagegen, die ich aber dem Herrn und der Frau von Gemmingen so zu beantworten im Stande war, daß sie beide sich zur Annahme meines gegebenen Raths aus Ueberzeugung verstunden, und Sie werden ohne Zweifel seitdem Briefe von Ihnen erhalten haben, wenn Sie nicht selbst seither nach Steinegg gekommen wären, was ich selbst für sehr zweckmäßig hielte, daß, wenn es noch nicht geschehen, Sie es so bald wie möglich ins Werk zu setzen suchen, weil sie mit dem einseitigen Berichten und Anhören am besten abgeholfen, der Gegentheil auch gehört, und dem allmähligen Eingenommenwerden gegen einander gewehrt, und die alte Harmonie wieder hergestellt werden kann.

Nun der Herr, der ja aus weit Drückenderem und Gefährlicherem herausgeholfen hat, wird auch hier helfen, und die verrenkten Glieder wieder glücklich zurecht zu stellen wissen.

Die Sach' ja Sein, nicht unser ist!!

Nun will ich aber schließen und Sie bitten: daß Sie vergeben, wie Gott in Christo uns vergeben hat, und sich beweisen als einen Diener Gottes in aller Langmüthigkeit mit Freuden; daß Sie auch die Gemmingen'sche anhören und das alte Band der Liebe auf's neue desto fester zwischen diesen und Ihnen und der Gemeine zu knüpfen bemühet sind. Daß Ihnen die Pfarrei Mühlhausen zuerst gebührte, das lasse ich Ihnen unbestritten.

Es soll mich freuen, wenn ich bald auch über diesen Umstand beruhigende Nachrichten von Ihnen erhalten werde. Die l. Brüder in Stuttgart wissen bis jetzt nichts von diesem Vorfall, und wie würden sie den Herrn mit mir preisen, wenn ihnen gesagt werden dürfte, daß auch diese Krisis und Sichtung so vorbei gegangen, daß der Feind seine Absicht nicht habe erreichen können.

Mit brüderlicher Liebe grüßt Sie

Ihr

theilnehmender Bruder

Josenhans.

Die Sache konnte so gedeutet werden, als habe Herr von Gemmingen absichtlich von Henhöfer geschwiegen, während aus seinen Briefen, die, wiewohl sie zu den innigsten gehören, ich um des Raumes willen mitzutheilen mir versagen muß, hervorgeht, daß von Gemmingen nach allem Vorhergegangenen die Wiederkehr Henhöfers als eine Unmöglichkeit unter den damaligen Verhältnissen ansehen mußte. Ebenso konnte die Sache als Protektion von Seiten von Gemmingens für Schlatter, der sein künftiger Tochtermann zu werden im Begriffe stand, angesehen werden. Böse Zungen und eigenmächtige Geister gab's auch in Mühlhausen, und statt dem Gutsherrn offen zu sagen, daß die Gemeinde wieder ihren frühern Hirten wünsche, gingen ihrer Etliche zu Henhöfer nach Graben und hinterbrachten mit allerlei unwahrer Zuthat die Sache, die, falsch dargestellt, Henhöfer, der sich zu seiner Gemeinde und zu den alten Beziehungen zurück sehnte und wie ein Vater an seinen geistlichen Kindern hing, tief betrüben mußte. Die Sache kam bis an den Oberkirchenrath, der untenstehenden Erlaß ergehen ließ:

Ministerium des Innern.
**Evangelische Kirchensection.**
Carlsruhe, den 1. Mai 1824.

Das Dekanat Pforzheim übersendet einen Bericht des Pfarrer Lindenmaier daselbst über den bei der Visitation am 25. April l. J. befundenen Zustand der neuen evangelischen Gemeinde Mühlhausen:

Beschluß.

1. Man habe aus dem Bericht mit großem Bedauern ersehen, daß sich in der Gemeinde, die sich seit Kurzem gebildet, und wie man nicht anders glauben durfte, im Geiste des Evangeliums, der ein Geist der Liebe und der Eintracht ist, fest verbunden hat, jetzt schon Spaltungen erheben, welche dem dauerhaften Bestand derselben nicht anders als verderblich sein müssen und worüber sich als einen eigenen Triumph nur Die freuen können, aus deren Kirche sie getreten ist. Beruhigend ist es dabei jedoch, daß der Grund dieser hoffentlich unbedeutenden Spaltungen in einer besondern alten Anhänglichkeit an den vormaligen Pfarrer zu liegen scheint, und dem jetzigen Pfarrvicar Schlatter selbst von diesen, welche die Rückkehr des ersten wünschen, das wohlverdiente allgemein gute Zeugniß ertheilt wird.

Da sich die Gemeinde fast in einem ähnlichen Falle, wie die erste christliche Gemeinde zu Corinth befindet, so muß man sie auch mit den Worten des Apostel Paulus besonders angelegentlich ermahnen: „Lasset nicht Spaltungen unter euch sein (besonders über neue Lehre") und sie bringend auffordern, ihrem jetzigen Lehrer, der ihnen das reine Evangelium Jesu Christi verkündet, und über dessen würdige Amtsführung und christliches Betragen alle Zeugnisse übereinstimmen, dasselbe Vertrauen und die nemliche Achtung und Liebe zu schenken, deren sich ihr früherer Lehrer zu erfreuen hatte, auf daß er in Segen unter ihnen arbeiten, und sein Amt unter ihnen nicht mit Seufzen führen möge, welches ihnen selbst nicht gut wäre. — Wenn man aber auch glauben will, daß die Bemühungen Einiger den vorigen Lehrer wieder zurück zu erhalten, nur aus reiner Anhänglichkeit an Ihn entspringen, so hat man doch allen Grund an dem Erfolg derselben zu zweifeln.

2. Dem Pfarrvicar Schlatter ist zu eröffnen, so unangenehm es ihm auch sein möge, den alten Lehrer von Einigen sich vorgezogen zu sehen, so könne er doch daraus abnehmen, wie fest die Liebe zu demselben in dieser Gemeinde gewurzelt sei, und daß wenn er sich dadurch nicht müde machen lasse, sondern mit Sanftmuth, Nachsicht, mit Klugheit und Festigkeit seinen

Weg wie bisher zur diesseitigen großen Zufriedenheit fortgehen werde, auch die Anhänglichkeit an ihn immer tiefere und festere Wurzeln schlagen, und er dann mit jedem Tag mehr seinen hohen Amtszweck erreichen werde.

Bei Verhinderung des Directors:
Hoffmann.

Blattmann.

Von Gemmingens Briefe lassen Blicke thun in das Leben der jungen Gemeinde, die eben an den Gebrechen aller jungen Gemeinden litt. Er hat wohl Recht, wenn er schreibt: „Ich sehe wohl, daß für diese Wickellinder etwas gethan werden muß, denn sie sind schwächer als schwach und einen rechten Felsenglauben finde ich bei gar Wenigen, der auch im Ungewitter den Geist empor hebt." Er selbst bittet Henhöfer dringend zu kommen; aber Henhöfer durfte es nicht wagen nach der Erfahrung, die er früher gemacht, ohne daß sein Kommen nicht wieder neue Klagen verursachte. Gemmingen bietet sich an, selbst zu dem Großherzog zu gehen, um für Henhöfer zu bitten. Zuletzt sendet er ihm den untenstehenden Brief um völlig alles Mißverständniß zu tilgen.

Steinegg, den 15. Mai 1824.

Lieber Freund in Christo!

Ich finde es für höchst nothwendig, einige Worte über meine Gesinnung in Betreff eines in der evangelischen Gemeine Mühlhausen entstandenen Mißverständnisses nieder zu schreiben, und solche Ihnen zu übergeben, wann ich den Trost habe Sie hier zu sehen, bevor mündliche Besprechung irgend einen Einfluß gewinnen kann über mich, wie sowohl Sie selbst, als auch die Gemeine zu überzeugen, daß nur das Beste derselben mir am Herzen liegt.

Demzufolge erkläre ich feierlichst, daß wenn es ihren eigenen Wünschen entspricht, und Sie es nach einer genauen Prüfung der Gemeine für nöthig halten, die Leitung derselben als Seelenhirt jetzt wieder selbst zu übernehmen, ich durchaus nichts anderes im Auge haben werde, als das Wohl dieses Christenhäufleins, mit welchem mich so nahe zu verbinden es Gott gefiel. Ich würde in diesem Fall Ihr — und der Gemeine Gesuch bei höheren Stellen nach meinen besten Einsichten unterstützen.

Es that meinem Herzen empfindlich wehe, wenn man in meiner Erklärung, welche ich am 4. April l. J. der Gemeine wegen endlich bald erfolgender Begründung der Pfarrei, und deren Besetzung mit Herrn Schlatter vortrug, als eine höchst erfreuliche Sache bezeichnete, daß der Fond in weniger als einem Jahr schon auf 15,000 fl. angewachsen ist, eine Verminderung meiner Liebe und meines Zutrauens zu Ihnen finden konnte. — Für das gänzliche Stillschweigen über ihre Person in damaliger Versammlung bin ich sehr hart gestraft. Ich will es nun als einen Fehler erkennen, und hoffe getrost von Ihnen als einem so bewährten Freund, daß Sie selbst mir werden liebevoll behülflich sein, ein Vertrauen wieder neu zu begründen, welches die mir so sehr am Herzen liegende Gemeine mir auf eine kurze Zeit zum Theil entzogen hat.

Gott, der allein die Herzen der Menschen richtig prüfen kann, weiß — wie ich Sie, und jedes einzelne Glied meiner Gemeine liebe, dieses ist mir genug. Alle menschliche Ansichten werden nach kurzer Zeit vergehen; was aber rein ist, wird Er noch mehr läutern, damit es ewig bei Ihm fortbestehen kann.

Ihre eigene Ansicht der Pflichten gegen unsern Nächsten wird es für gerecht und nothwendig erkennen, daß dem Herrn Schlatter zuerst eine feste Anstellung gebührte, die seine künftige Existenz begründet, da er dieser Gemeine zu lieb eine einträgliche Stelle verließ, und selbst unter der Zeit, wo er noch gar nicht wußte, wie hoch sich sein Gehalt belaufen wird, mehrere ansehnliche ehrenvollen Rufe ohne das geringste Bedenken ablehnte. Dieses allein hatte ich im Auge, als ich damals der Gemeine davon sprach, welche mich in mehr als einer Hinsicht ganz falsch verstanden hat. Es würde auch dadurch, daß Schlatter vom Vicar zum Pfarrer erhoben wird, der Wiederbesetzung unserer Seelsorgerstelle mit Ihrer Person durchaus in gar nichts gehindert sein.

Diese Erklärung glaubte ich schuldig zu sein, sowohl zu ihrer, als der ganzen Gemeine Beruhigung schriftlich Ihnen zu übergeben. Gebrauchen Sie solche nach ihrem Gutdünken und reifer Ueberlegung zum allerseitigen Wohl. Hoffentlich wird das Gebet unseres treuen Oberhirten, Luc. 22., 31. 32. auch unsere fernere Sichtung gnädig von uns wenden, und Friede und Einigkeit des Geistes auf's neue unter uns blühen, zu Gottes Ehre und vieler Seelen Heil.

Ich setze mein ganzes Vertrauen auf den Herrn Herrn, der alles nach Seiner Weisheit zum Besten führen wird. Hat Er zuerst mit wunderbarer Sorgfalt uns mit geistigen Gaben so reich gesegnet, sodann auch mit zeitlichen über alles Bitten und Verstehen uns erfreuet, so wird Er gewiß auch ferner Seiner Kinder Flehen hören, wenn sie in ihrer Läuterung mit vollem Glauben rufen: Abba lieber Vatter!

So denn Ihr, die ihr doch arg seid, könnet dennoch euern Kindern gute Gaben geben, wie viel mehr wird euer Vater im Himmel den heiligen Geist geben, Denen, die Ihn darum bitten. Luc. 11, 13.

Sollte aber Gott nicht retten seine Auserwählten, die zu Ihm Tag und Nacht rufen, und sollte Geduld darüber haben? Ich sage euch, Er wird sie erretten, in einer Kürze. Luc. 18, 7. 8.

Der Friede Gottes begleite und beseele diese geringe Zeilen, daß sie Friede- und segenbringend wirken, wozu allein sie geschrieben hat

Ihr

treuer Freund

Julius v. Gemmingen.

Es scheint die Sache bei Henhöfer tief gegangen zu sein und er dem Gerede der Leute mehr wie recht Ohr geliehen zu haben, was sich aus der Stimmung und einer gewissen Gereiztheit in jener Zeit, überhaupt aber aus der Sünde und Schwachheit, die ihm eben auch anklebte, erklären läßt, wenn Gemmingen noch einmal schreibt:

Steinegg, den 4. Juni 1824.

Lieber Freund!

Sie äußern wiederholt den Wunsch, man möchte nichts mehr über die Angelegenheiten der Gemeine Mühlhausen ihnen schreiben. Ich werde diesem nachkommen, so schwer es mir fällt gerade gegen den Mann davon zu schweigen, der am innigsten damit verbunden ist, und am kräftigsten ihr helfen könnte. Es seien mir daher nur heute noch ein paar Worte erlaubt.

Wenn ihre Geschäfte Sie hinderten zu kommen, so wäre eine kurze Anzeige davon immer beruhigend für uns gewesen; auch würden wir deßhalb nie unbescheiden und zudringlich gewesen sein. Ein freundliches Wort würde uns in unsern schweren Leiden wohlgethan und uns aufgerichtet haben. Es ist und bleibt unumstößliche Wahrheit, daß Sie nie richtig von dieser Sache urtheilen werden und unbefangen urtheilen können, bevor Sie nicht hier waren. Und eben so gewiß ist, daß so lange Sie nicht mit eigenen Augen hier sehen, und manchen ein Wort zur rechten Zeit sagen, so lange wird ein verderblicher Gährstoff fortwirken, der wenn es zu lange dauert sich verhärten, und den Schaden immer unheilbarer machen wird. Ob Sie dann gar keine Vorwürfe über Zögerung sich zu machen haben, mag der liebe Gott entscheiden, ich will es nicht thun. In meiner Kurzsichtigkeit habe ich es dafür gehalten, es müsse unser lieber erste Lehrer, der von jedem das Zutrauen hat, bald in unsere Mitte treten, und mit alter Liebe sagen: Kinder ihr habt gefehlt, da und da und dort; so geht's nicht zum Guten; ihr müßt es so und so angreifen, und wieder ganz ein neues pflügen, sonst kommt ihr nicht zum Vater. Ihr müßt des Satans List besser erkennen und eifriger wachen. — So sahe ich Sie im Geiste unter uns stehen, und die wohlgebeugten Herzen in neuer Liebe wieder verbinden, welche segnend Sie entlassen hätten, für den wiedergebrachten Geist der Liebe und der Einigkeit des Geistes. — Es scheint nun nicht der Wille des Herrn zu sein, daß uns auf diese Art geholfen werde. Ich beuge mich nun ganz unter Seine erziehende Gnade, und erwarte in stiller Demuth was Seine Weisheit ferner über uns beschlossen hat. Seine Liebe wird ein Mittel senden, woran wir vielleicht alle nicht gedacht hatten, und der Glaube an Seine Hülfe muß sich — und wird sich noch herrlich bewähren.

Ich erkenne es so oft, wie viel ich in dieser Schule lerne, und kann des Segens in meinem Herzen nicht genug verdanken; aber wenn ich die Vorgänge unter der Gemeine als Mittel dazu ansehe, so möchte ich bittere Thränen weinen und Gott von ganzer Seele bitten, nicht meiner, sondern meiner lieben Mitchristen zu gedenken, und uns alle als Seine Kinder in Seinem Schooß zu versammeln, wo in seinem Lichte uns die Wahrheit und die Liebe für ewig umfangen wird.

Wir grüßen Sie alle mit alter Liebe und bekannter Gesinnung, womit treu bis ins Grab mit Gottes Gnade zu verharren gedenkt

Ihr warmer Freund

Julius.

Nachschrift. Meine Frau, welche Sie herzlich grüßt, war eben in meinem Zimmer, ich las ihr meinen Brief vor, weil wir uns gerade von dieser Sache unterhielten, Sie besorgte, es möchte mein wegen vielen Geschäften schnell geschriebener Brief wegen einigen Stellen mißdeutet, oder solche Ihnen hart vorkommen und deßhalb Sie kränken. Wüßte ich, daß dieß der Fall wäre, so wollte ich lieber den ganzen Brief zerreißen, denn dazu soll meine Feder sich nie hergeben; was ich bisher gesagt habe, hat treue Liebe für die Gemeine, und Eifer für des Herrn Sache mir abgedrungen. Legen Sie ja nichts ungleich aus, mein Herz ist und bleibt immer mit treuer dankbarer Liebe für den Mann erfüllt, der mich Gottes Wege gehen lernte; ich hoffe zu Gott, Sie davon noch zu überzeugen, wenn Sie einmal hieher kommen können. Soll ich unwillkürlich Sie gekränkt haben, so verzeihen Sie, Gott weiß es, daß dies mein Wille nie war. Weil nur Sie im Stande sind, sowohl Schlatter als auch mich bei mehrern Gliedern der Gemeine in das Zutrauen einzusetzen, welches Einige uns geraubt, so bat ich wiederholt um ihre Gegenwart. Schlatters beste Predigten werden bis dahin ohne alle Wirkung, und ich eine todte Maschine bleiben, weil ich mich ganz leidend verhalten, und auch er viel geduldig ertragen muß. Ich will aber gar keinen Willen haben, der Herr verfüge wie Er will, und gebe mir Kraft Alle zu lieben wie mich selbst. Der Obige.

Gewiß ein schönes Vorbild, wie Freunde sich verständigen sollen; wie schmerzlich empfindet man aber hier wie in diesem ganzen Zeitraume das Fehlen der Briefe Henhöfers!

Es zeugte von der schweren Anfechtung, in die Henhöfer gerathen war, daß er unter anderm ein Mal nicht zur Kirche kam, als bereits schon das ganze Lied gesungen war; als ihn die bestürzte Magd suchte, fand sie ihn knieend und ringend in seiner Studierstube, bittend, die Gemeinde solle das Lied noch einmal singen, worauf er dann unter vieler Noth predigte. In seinem Tagebuch findet sich die Notiz am 14. September 1823: „Vom 14.—17. einen schweren, schweren Kampf. Endlich Trost aus Psalm 62, 2.—3. Der Herr bewahre mich vor jeder Sünde, weßwegen diese Finsterniß über mich kam und beinahe ¾ Jahre dauerte.“

In jener Zeit nahm er auch nach dem erfolgten Tode des Vaters seine katholisch gebliebene Mutter zu sich. „Ein unansehnlich's Weible“ wie die Leute von ihr sagen, aber lieb und freundlich. Es war rührend zu sehen, wie der evangelische Pfarrer seine alte Mutter zu Ostern hinüber nach Neudorf begleitete zur Beichte und sie wieder heimführte. Auch ihr Sinn ward immer mehr evangelisch, sie ließ das Rosenkranzbeten sein und las gern und viel in Hillers Liedern.

In Graben aber begann ein neues Leben unter mancherlei Kampf und Widerwärtigkeit. Denn freilich nicht alle mochten den scharfen Pfarrer, der zuweilen auch derb herausfuhr. Das wurde dann benutzt zur Klage gegen ihn. Die Klagschrift, die vor mir liegt, wegen einer Kränkung eines Kinderlehrmädchens, das die Christenlehre beharrlich versäumte, ist offenbar von geistlicher Hand aufgesetzt. Henhöfer erhielt einen scharfen Verweis, das Mädchen wurde freigesprochen ohne irgend welchen Tadel (!!) Daneben aber bildeten sich wieder Erbauungsstunden, die aber weit mehr in den von Henhöfer angeregten, mit rationalistischen Pfarrern besetzten Gemeinden stattfanden, als in Graben selbst. Der Nachbar Henhöfers in Graben, Pfarrer Käß, urtheilt in seinem sehr beherzigenswerthen Schriftchen „die rel. Privatversammlungen oder die sog. Conventikel mit besonderer Beziehung auf die Umgegend von Karlsruhe" eingehend darüber:

„Als Pfarrer Henhöfer von Mühlhausen nach Graben kam, waren die Verhältnisse ganz geeignet, eine mehr als gewöhnliche Aufmerksamkeit auf seine Predigten zu richten. Schon der Umstand, daß er einen Theil der katholischen Gemeinde Mühlhausen der evangelischen Kirche zugeführt hatte, erregte vieles Aufsehen; sodann war ihm sein gedrucktes Glaubensbekenntniß bereits vorangegangen, und hatte die Aufmerksamkeit noch erhöhet; und als in der ersten Zeit seiner Anstellung in Graben eine nicht unbeträchtliche Anzahl seiner vorigen Gemeinde den weiten Weg zu ihm nach Graben in die Kirche machte, und Viele der dortigen Umgegend, die zuvor seine Kirche in Mühlhausen besucht hatten, diesem Zuge sich anschlossen, wurden natürlicher Weise auch durch diesen Umstand noch gar Viele in den Ortschaften, durch welche diese Kirchengänger kamen, auf Henhöfers Predigt aufmerksam gemacht, und begierig, dieselbe ebenfalls zu hören. Auch vom Ueberrhein und aus der Pfalz fanden Liebhaber der evangelischen Wahrheit sich getrieben, den Zeugen des Evangeliums zu hören, und seine Kirche öfter zu besuchen.

Auch in der Umgegend von Graben waren die Verhältnisse ganz dazu gemacht, den Zusammenfluß der auswärtigen Kirchenbesucher ungemein zu vermehren. In Weingarten, wo ein großer Theil evangelischer Einwohner, wie oben bemerkt, die Ortskirche nicht mehr besuchte, und durch welches der Zug ging, schlossen sich nicht etwa blos Neugierige, sondern viele hungrige Seelen an, die seither die lebendige Predigt entbehrt hatten, und also ein großes Bedürfniß derselben mitbrachten. Auf der entgegengesetzten Seite, in Liedolsheim, blieben, um eines öffentlichen Prozesses willen, eine beträchtliche Anzahl der dortigen Gemeindeglieder aus der Ortskirche weg, und besuchten die Kirchen der Nachbarschaft. Da diese Leute doch einmal mit ihrem Ortsgeistlichen zerfallen und schon einige Zeit an das Hinausgehen gewöhnt waren, so war es natürlich, daß ein großer Theil nach dem nunmehr interessant gewordenen Graben ging, und daß viele von ihnen regelmäßig kamen, worunter sich leider auch einige, mit großem Haß gegen ihren Pfarrer erfüllte und verschrobene Personen (nachherige Separatisten) befanden. Wir Pfarrer der Umgegend (der Verfasser befand sich dazumal auch unter diesen) begingen die Unklugheit, daß wir ausdrücklich gegen das Hinauslaufen in die Kirche zu Graben predigten, was die Folge hatte, daß wir immer noch mehr Gemeindeglieder, besonders die Anverwandten der Betreffenden, durch Erbitterung, die Uebrigen durch erregte Neugier, aus unsern Kirchen hinaus in Henhöfers Kirche predigten. — In Graben selbst war man, wie bemerkt, auf Henhöfers Ankunft sehr gespannt, und die Aufmerksamkeit ward natürlich durch den Zusammenfluß so vieler Auswärtigen in besonderem Grade erhöht.

Auch die besondere Persönlichkeit Henhöfers trug das Ihrige dazu bei, die Kirche zu füllen. Denn nur wenige Geistliche dürften sich der Gabe einer solchen ausgezeichneten Deutlichkeit und Faßlichkeit des Vortrags für den gemeinen Mann zu erfreuen haben, und ihren Vortrag in gleicher Weise, wie er, durch Beispiele aus dem täglichen Leben und aus dem Kreise des Bekannten und Verständlichen zu beleben wissen; so daß für gewiß anzunehmen ist, daß, wer etwas nicht versteht, das Henhöfer auseinander gesetzt hat, dasselbe nie verstehen werde.

Aber mehr als Alles dieses wirkte das Wort selbst, das Henhöfer in Graben predigte. Henhöfers unmittelbarer Vorgänger hatte mit großem Eifer das Amt Johannes des Täufers verwaltet, und dadurch die Wirksamkeit Henhöfers ungemein vorbereitet. Wir andern Pfarrer der Umgegend predigten mehr oder weniger einen inkonsequenten Rationalismus, den wir für die richtige Mitte ansahen. Henhöfer hingegen predigte, nachdem er durch Auslegung des Gesetzes, und in eigener großer Kenntniß des menschlichen Herzens das natürliche Verderben aufgedeckt hatte, den nach Gnade hungrig gewordenen Seelen Jesum, den Sündenbüßer, und eine Gerechtigkeit, die aus der Gnade Jesu Christi dem Glauben zugerechnet wird. Seine Predigt war, wie sie es noch ist, ein offenes Zeugniß von der Erlösung durch Jesum Christum, ganz nach der Lehre der heil. Schrift, und nach den Bekenntnißschriften unserer Kirche. Und da Henhöfer gewöhnt war, seinen jedesmaligen Text Punkt für Punkt, und nach seinem inneren Zusammenhange auszulegen, (eine Predigtweise, durch die er selber zur richtigen Erkenntniß der Wahrheit gekommen und im Grunde schon vor seiner Kenntnißnahme von der evangelischen Kirchenlehre evangelisch geworden war,) so konnte diese Predigt um so weniger ihre rechte Wirkung verfehlen, als gar manche Zuhörer sich erinnerten, in ihrer Jugend das Nämliche gehört zu haben, (namentlich die von Graben und Liedolsheim) und anderntheils nicht nur Jedermann einsah, daß Henhöfers Predigten mit der Bibel, Augsburgischen Confession, dem kleinen lutherischen Katechismus, der Liturgie, dem Gesangbuche und den ältern guten Predigtbüchern übereinstimmte, und diese Bücher ihnen jetzt erst recht verständlich wurden, sondern da überhaupt auch der Herr sich zu seinem Worte reichlich bekannte, und viele Herzen die Wahrheit an sich selber erfuhren, und das christliche Leben, wie es in der heil. Schrift in Grundzügen angedeutet ist, allmählig in ihnen sich ausbildete und ihnen Beides, die Wahrheit des Schriftwortes, und wiederum die Wahrheit der Predigt besiegelte. Daher half auch unser Dagegenpredigen auf den auswärtigen Kanzeln nicht nur nichts, sondern wir legten dadurch denjenigen, welche nunmehr die Wahrheit der Predigten Henhöfers am eigenen Herzen erfahren hatten, das für uns sehr mißliche Zeugniß ab, daß wir selber nicht in der Wahrheit der Schrift standen.

Je mehr nun das Evangelium, wie Henhöfer dasselbe verkündete, sich als eine Kraft Gottes bewährte, desto reger wurde das Bedürfniß mit Gleichgesinnten darüber sich zu besprechen, sich Raths zu erholen, oder seine Freude im Herrn zum Lobe seiner herrlichen Gnade zu offenbaren; und da auswärtige Kirchengänger kamen, bei welchen schon seit undenklichen Zeiten Privatversammlungen zur Erbauung gehalten wurden, so war nichts natürlicher, als daß auch in dieser Gegend an Orten, wo bisher noch keine waren, dergleichen zu Stande kamen. Aber fast allenthalben in der Umgegend war dieses Zusammentreten in regelmäßige Konventikel mehr, als in Graben selbst, der Fall: ohne Zweifel deshalb, weil man außerhalb bei dem Abgang der einmal liebgewonnenen Predigt am eigenen Wohnorte, das Bedürfniß der Privat-Erbauung dringender, als in Graben, empfand.

In Graben selber kam man, so lange Henhöfer daselbst war, nicht regelmäßig zusammen; sondern wenn zuweilen ein auswärtiger erfahrener und mit der Rede begabter Kirchengänger sich noch verweilte, wurde es bei Solchen, die begierig nach einer Privat-Erbauung waren, herumgesagt, und so denn also außerordentlich eine Versammlung gehalten. So stand es in Graben, so lange Henhöfer daselbst war."

In jene Zeit fällt gerade auch eine Versammlung der beiden vereinigten Synoden Karlsruhe Stadt und Land, die vornemlich sich über das Versammlungswesen auszusprechen hatte. Es erfolgte darauf folgender bedeutsamer Erlaß:

Ministerium des Innern.

Evangelische Kirchensection.

Karlsruhe, den 25. Februar 1826.

Nr. 844. Ist das Protokoll der zu einer Specialsynode vereinigten Diöcese vom Stadt- und Landdekanat Karlsruhe v. 3. August v. J. mit gemeinschaftlichem Bericht der beiden Vorsteher derselben und mehreren Ausarbeitungen vorzulegen.

Beschluß.

Unter Rückgabe dieser Ausarbeitungen werden die beiden Dekanate beauftragt, den Synodalgliedern folgendes bekannt zu machen:

Mit Vergnügen hat man den würdigen Anfang und die zweckgemäße

Leitung der Verhandlungen bemerkt, und indem man auf die einzelnen Gegenstände derselben eingeht, glaubt man sich darüber also äußern zu müssen:

1. Das Conventikelwesen betreffend.

Man kann diese Erscheinung theils als ein gutes, theils als ein schlimmes Zeichen der Zeit ansehen. Ehemals als eine traurige Gleichgültigkeit gegen Alles was christlich und kirchlich heißt, hie und da einriß, und eine trostlose Freidenkerei, die sich vieler Gemüther bemächtigte, den Hunger nach dem lebendigen Wort Gottes und nach belebender christlicher Erbauung erstickte, da hörte man freilich nichts von Conventikeln; aber es verschwanden auch immer mehr und mehr die Hausandachten, welche Haus und Kirche in die schönste Harmonie und in eine segensreiche Wechselwirkung brachten, welche das Haus zu einer Kapelle und die Familie zu einer kleinen christlichen Gemeinde in Mitte der sie umgebenden größern bildeten, und häusliche und bürgerliche Tugend, stilles häusliches Glück und öffentliche Wohlfahrt so kräftig förderten. Ja es möchte auch wohl erwiesen werden können, daß an einigen Orten geist- und herzlose oder blos wissenschaftliche und kunstvolle, den häuslichen Andachtsbüchern und dem früher erhaltenen mehr biblischen Religionsunterricht nicht entsprechende Vorträge auch solche Conventikeln veranlaßt haben und insofern wären diese Konventikel auch ein gutes Zeichen der Zeit, weil man darin doch das Bedürfniß eines mehr belebenden Christenthums erkennen könnte. Aber sie sind insofern ein schlimmes Zeichen, als sie beweisen, daß die Gemeinden noch nicht von Einem christlichen Sinn und Geist belebt und mit einander innig vereinigt sind, als sie Veranlassung zu manchen Störungen und Zwistigkeiten mit sich führen, als sie leicht der Heuchelei und dem geistlichen Hochmuth Nahrung geben, als sie einen Spielraum für unreine Leidenschaften, Bestrebungen und Umtriebe öffnen und als sie leicht die Propaganda der Schwärmerei und des Separatismus werden können, und es schon nicht selten geworden sind. Es wird aber dann Alles darauf ankommen, wie sich diese Konventikel gestalten, wie groß und wie klein sie sind, was für Menschen sie besuchen, ob diese sich von dem öffentlichen Gottesdienste lossagen, oder ihn fleißig besuchen und ob auch ihr Leben ein wahrhaft christliches Leben sei, ferner was darin gesprochen und verhandelt wird und was für Früchte sie bringen.

Sonach muß auch das Urtheil über dieselben verschieden ausfallen und die Duldung oder Aufhebung entschieden werden. Auf jeden Fall sollte man aber nicht mit Feuer und Schwert darein schlagen, noch hitzig und unklug in Predigten, besonders wenn diese auch von den Konventikularen besucht werden, dagegen eifern, wodurch nie etwas gewonnen wird. Viel besser wäre es, wenn der Pfarrer den Ursachen der Entstehung oder Erweiterung dieser Zusammenkünfte nachspürte und unbefangen sich selbst prüfte, ob nicht auch in ihm selbst und nicht blos außer ihm ein Grund davon zu finden wäre. Es ist freilich schwer zu sehen, wenn der Hang zum selbstgewählten Gottesdienst, zum besondern, zum Uebermystischen sich in unsern Tagen immer mehr zu verbreiten droht, der eben so weit vom reinen und gesunden Christenthum entfernt ist, als der Stolz, der seine subjective Vernunft an die Stelle des unmittelbaren von Gott geoffenbarten Evangeliums setzen will, wie dieser Hang durch die Verbreitung übermystischer Schriften genährt und von solchen Propheten unterhalten wird, die das leicht betrügliche Volk durch den Schein der Gottseligkeit täuschen und gewinnen und in geheuchelter Demuth gerne als Collegen des Pfarrers und nicht selten als dessen Verläumder ein besonderes Kirchlein neben die gesetzliche Kirche erbauen, und dadurch die letztere zerstören möchten, um einen Spielraum für alle ihre nicht immer künstlich genug verdeckten selbstsüchtigen Leidenschaften und Bestrebungen zu finden. Diesem Unwesen, Pietisterei genannt — die eben vom ächten Pietismus wohl zu unterscheiden ist — darf man nicht ruhig zusehen, und die diesseitige Behörde hat diese Erscheinung noch nicht aus dem Auge verloren. Sie hat vielmehr ihre Aufmerksamkeit darauf geschärft, seitdem sie häufiger wird und indem man den, bisher über dergleichen Zusammenkünfte besondern Verordnungen nichts von ihrer Kraft nehmen will, wird man auch auf der andern Seite ernstlich wachen, daß diese Konventikel da wo sie schon bestehen nicht in Schwärmereien ausarten und zum Verderben führen. Das Beste hiebei muß man aber von den Hirten der Heerde erwarten, daß sie sie bewachen und bewahren und sie weder in die Sümpfe der Schwärmerei noch in die öden Steppen glaubenloser Aufklärerei zur Weide führen, sondern einfach und mit und aus eigenem gläubigen und warmen Herzen das reine Evangelium des Herrn verkünden und ihre Gemeinde dafür begeistern, daß sie in- und außerhalb ihrem Amte in Wort und That das Vorbild derselben zu werden sich bestreben, daß sie mit aller Sorgfalt die Familien-Andachten wieder beleben und fördern, daß sie einen nähern, aber ihres Amtes würdigen mildernden Umgange mit ihren Gemeindegliedern pflegen, und die an manchen Orten abgekommenen Hausbesuche fleißiger anstellen, um sich dagegen wieder das Herz öffnende nähere Vertrauen zu gewinnen, womit man sie gleich als Familienvater aufsucht, daß sie stets ein wachsames Auge auf jede sittliche und religiöse Erscheinung in ihren Gemeinden richten, da wo sich solche Konventikel bilden wollen, sogleich mit Ernst und Würde, mit Klugheit und Milde entgegen arbeiten, da aber, wo sich schon solche gebildet haben, und noch bestehen, sie unter sorgfältige, und wo es Noth thut, auch wohl strenge Aufsicht nehmen, sie bisweilen selbst besuchen, sich des Gesprächs bemächtigen und indem sie in das Helldunkel der Ideen der Versammelten herabsteigen, die sie durch gründliche, christliche Belehrung allmählig zum hellen wohlthätigen Lichte eines nicht tändelnden und kränkelnden, sondern gesunden und kräftigen Christenthums herausheben, welches sich immer in der beglückenden Harmonie des Denkens und Empfindens, des Forschens und des Glaubens, der Vernunft und des Gemüths darstellt und bewährt, und endlich, daß sie — die Geistlichen — da wo Unordnung und Unsittlichkeiten in diesen Versammlungen sich einschleichen sollten, die Ortspolizei aufrufen." So weit der Erlaß.

Das war denn doch milder, als was Henhöfern unter dem 1. Juli 1824, also zwei Jahre vorher, von der Behörde verkündet war:

Kirchenvisitationsrescript 1824 empfiehlt dem Pfarrer:

„Auf's dringendste gewissenhaften Fleiß auf die Ausarbeitung seiner Predigten nach Inhalt und Sprache zu verwenden, um durch allgemeine Verständlichkeit seiner Vorträge und Katechisation, groben Mißverständnissen vorzubeugen; die beiden Kirchengemeinderäthe Wels und Wenz, die das Conventikelwesen, oder vielmehr Unwesen durch ihre Theilnahme begünstigen, darum augenblicklich aus dem Kirchenvorstande zu entlassen.

Karlsruhe, den 30. August 1824.

Nr. 4825. Rescript vom 1. Juli 1824. Sachs.

## Vom Jahre 1826 vom 25. Februar:

Rescript. 25. Februar 1826. Nr. 844; über Conventikel.

„Wenn man auch dem thätigen Amtseifer des Pfarrer Henhöfer mit Vergnügen die verdiente Gerechtigkeit widerfahren läßt, so muß man doch auch wünschen, daß derselbe sich mit Umsicht und Thätigkeit bemühen möge, sich und seine Gemeinde vor einem gewissen falschen Pietismus zu bewahren, kein Konventikelwesen aufkommen zu lassen und seine Gemeinde wie in erleuchteter Erkenntniß des Evangeliums, so auch in dem lebendigen Glauben an dasselbe immer mehr zu fördern."

Zwischen hinein gab es freilich auch Stunden der Erquickung, besonders durch Briefe lieber Freunde. Es verging fast kein Tag, an dem er nicht ermunternde Briefe aus allerlei Volk von Ferne her erhielt. Wir theilen deren zwei mit.

Hochwürdiger Herr Pfarrer,
Verehrungswürdiger, edler Mann!

Erlauben auch Sie mir, daß ich Sie als ein ächter Anhänger unsrer reinen evangelisch-lutherischen Religion, auf's herzlichste und liebevollste begrüße, und daß ich mich glücklich fühle, Sie zu unserm nunmehrigen Religionsverwandten zählen zu können! Sie haben nebst Ihrem hochverehrten Grundherrn v. Gemmingen und Ihrer Ihnen treu gebliebenen Gemeinde ein so seltenes und rührendes Beispiel gegeben, welches allgemeines Aufsehen erregt und Ihnen die Achtung jedes guten Christen erworben hat. Möge Gott Sie dafür mit seinem schönsten Segen belohnen und Ihr Leben bis zum höchsten Ziele fristen! Ich, meines Theiles, möchte doch auch gern noch Etwas nicht nur für Ihre liebe lutherische Gemeinde als Buchhändler durch eine Anzahl nützlicher Bücher thun, sondern ich wünschte auch so gern Ihnen und dem Hoch Wohlgebornen Herrn von Gemmingen mit einem oder einigen meiner Verlagsbücher eine Freude machen, um Ihnen meine wahre Liebe dadurch zu beweisen. Zu diesem Endzwecke gebe ich mir die Ehre, Ihnen mein Verlagsverzeichniß beizulegen und ich bitte Sie recht liebevoll: wählen Sie sich für sich, für Herrn v. Gemmingen und Ihre lieben Glaubensbrüder und Schwestern, was Sie nur wünschen, für letztere habe ich einige roth angestrichen, wovon Sie sich für jede Familie ein Erbauungsbuch wählen wollen, und es soll mir ein schöner Gedanke sein, wann mir nur einige vielleicht einen entfernten Dank im Herzen dafür zollen und meine Christenliebe anerkennen! Hätte mir das Schicksal Summen ertheilt, so würde ich mein kleines Geschenk nicht allein in Büchern bestehen lassen, aber Gott sieht mein Herz und kennt mein Gefühl, als ich das schätzbare Buch von dem edeln trefflichen Dr. Tzschirner in Leipzig gelesen hatte, und ich hoffe: Sie nehmen meine freundliche Idee gütig auf?! Ich bin seit 40 Jahren Buchhändler, habe so manchen Sonnen- und Nebeltag verlebt, bin ein geborner Sachse aus dem schönen wohlthätigen Leipzig gebürtig, wurde vor 5 Jahren vom Herrn Kanzler Niemeyer hieher berufen, um die ehrwürdige Buchhandlung des Waisenhauses zu dirigiren, und nun habe ich allhier mein eigenes Verlagsgeschäft eingeleitet, vertraue auf Gott und hoffe mir so viel zu erwerben, daß mich keine drückenden Sorgen treffen und mein herannahendes Alter stören sollen; denn wer Gott vertraut, hat wohl gebaut im Himmel und auf Erden, singt einer unsrer besten Liederdichter!

Vergönnen Sie mir, auch als Ihnen persönlich unbekannt, den herzerhebenden Gedanken: daß Sie mich unter die gewiß große Zahl Ihrer unbekannten Verehrer und Freunde aufnehmen, und daß Sie mich einmal in einer Mußestunde durch einige wenige Zeilen erfreuen mögen, gestehe ich Ihnen zu, soll mir der schönste Beweis Ihrer Liebe sein!

Gott schütze Sie vor jeder Verfolgung! Gott gebe Ihnen Kräfte Ihr schweres Amt zu führen.

Gott erhalte den Hochverehrten Herrn von Gemmingen! Gott nehme sich Ihrer lieben Gemeinde in Gnaden an und erfreue sie Alle mit geistlichen und leiblichen Gütern! Ich bete für Sie Alle!!!

Der redliche Buchhändler

Halle in Sachsen, am 1. März 1824. August Lebrecht Reinicke.

---

Nimpt in Schlesien, den 25. Merz 1824.

Im Herrn geliebter Freund!

Ihre Herzensübergabe, mit Ihrer Gemeinde in Mühlhausen an Den, der so gern aus der Finsterniß zum Lichte ruft, und der Uebergang zur protestantischen Kirche, hat schon früher durch Privatnachrichten, aber noch viel mehr, da die Ausgabe von Ihrem Glaubensbekenntniß in unser Publikum, und in die Hände so vieler Katholiken, und Protestanten, die etwas erfahren hatten an ihren Herzen, eine außerordentliche Sensation gemacht, selbst die Geistlichen beider Confessionen ließen Ihr Glaubensbekenntniß kommen, bis keine mehr zu bekommen sind, nun wird es vorläufig zum Lesen geborgt, weil keine mehr zu haben sind. —

Bei den Katholiken macht es einen ganz besondern Eindruck zur Wahrheitsliebe. Der Beweis liegt theils in den Beiträgen, theils in mündlichen Aussagen, sowohl bei Protestanten als Katholiken. Zum Beweis etwas von einem Katholiken, und so gibt es viele; selbst Protestanten freuen sich dieses großen Festes. —

„Gottlob und Dank!“ sagt ein Katholik, „daß sich doch Gott wiederum „unserer Kirche ganz besonders in Gnaden erbarmt, damit kann man doch „nicht so stille sitzen, sondern, da die Leute aus innerer Ueberzeugung sich zu „einer neuen Religion bekennen, so müssen auch sie eine neue Kirche bekom„men. Unser gnädiger Herr und Heiland Jesus Christus erbarmt sich ja „jetzt der armen Heiden ganz besonders, so wird Er doch sich auch unserer „Kirche erbarmen, denn sie ist doch zu sehr wieder beschmutzt durch Menschen„Hand.“

Dies war zwar ein kenntlich aufgeweckter Mensch, allein es ist jetzt, wie es scheint, ein Elias-Zeitalter mit 7000, die ihre Kniee nicht mehr beugen vor dem Baal. Ach! es fehlt nichts mehr, als daß die Geistlichkeit sich anders benehme, so würden 7000 sogleich kenntlich sein. Und so geht es auch in der protestantischen Kirche, wie sollen die Schafe folgen, wenn der Hirte nicht vorangeht, oder ruft den Schafen wohl gar zu: wartet ich will erst diese Lust genießen, (zum Tanzen gehn, dies ist nicht Bild sondern wirklich, so machen es unsere 3 Geistlichen, der katholische und die 2 Protestanten.) Ach Gott erbarme dich! Der Herr wird wohl selbst die verdorrten todten Gebeine zum Leben erwecken. — Ich muß Ihnen mein theurer Freund, in Christo Jesu unserm Heilande, gestehen: Es ist uns hier als wenn im Großherzogthum Baden der Anfang gemacht werden sollte, zu einer abermaligen Reformation, alles steht in Erwartung, was wird aus dieser Geschichte werden! (Besonders in gegenwärtigen Zeiten, wo sich die Kirche Jesu nach Hülfe sehnt,) und besonders in vielen redlichen Seelen (ich bin meiner Sache nicht gewiß, weil ich keine sichere Beweisgründe zu geben habe), wegen einem tausendjährigen Reich, eine Hoffnung auf dasselbe, beinahe wie festgesetzt hat. — — —

Ich empfehle Sie in den Schutz und Gnadenpflege ihres guten Hirten, und bin mit Liebe und Achtung Ihr

Freund

Feist, Schneidermeister.

Dazu war das Pfarrhaus ein Mittelpunkt geworden, in welchem sich aus den verschiedensten Gegenden her die verschiedensten Leute trafen. Ich nenne aus seinem Tagebuche nur etliche liebe bekannte und auch berühmte Namen, die in den Jahren 1824—1827 das Haus besuchten; mag man daraus auch ersehen, welche Last Arbeit und Unruhe das mit sich brachte:

General von Stockhorn; Aloys Ziegler (ein ehemaliger Klosterbruder) von Kornthal; Missionar Groner aus Elberfeld; Kirchenrath Sander von Karlsruhe; Schullehrerzöglinge aus Beuggen; Obervogt v. Fischer von Karlsruhe, (der später ein genauer Freund Henhöfers wurde). Candidat Gemberg aus Berlin; Chinal, Cand. aus Augsburg; Dr. Dittmar, Vorsteher einer Erziehungsanstalt aus München. Frau Ries von Frankfurt; Dr. Pinkerton aus England; Herr von Aberkas aus Rußland; Frau Mittelbach von

Karlsruhe. Vicar Kellner von Speier; Dr. Marheinecke von Berlin; Kaufmann Häring, Emelin Josenhans von Stutigart. — Kirchenrath Hessenstein von Wieblingen; Professor Rudelbach aus Kopenhagen; Rector Ebert; Herr von Nollen mit Frau; Professor Brandes und Frau aus Bonn; Seitz, Candid. von Mannheim; Vollmann, Candid. aus Königsberg; Heinrich von Struve; Steiner, Amtmann in Winterthur; Direktor Fein von Karlsruhe; Pfarrer Stein und Foster von Frankfurt; Amtmann von Vogel; Kirchenrath Doll; Theolog Schneider von Breslau; Betholt, Candid. von Neuchatel; Präceptor Pfleiderer von Blaubeuren; Lehrer Spandow von Berlin; Schreiner Brickel von Kleinsteinbach; Vicar Christian und Diaconus Rupp von Göppingen; Herr von Sydow; Prof. Schilling und Prof. Ullmann von Heidelberg; Frau Auberlin von Stuttgart; Direktor Hartmann von Freiburg; Baumeister Weinbrenner von Karlsruhe; Pfarrer Ami Bost; Rath Ruf; Petit Jean Renaud von Neuchatel; Dr. Wenz von Munzingen 2c. Dort hörte ihn zum erstenmale am Ostermontage 1826 auch ein junger Geistlicher, Karl Mann, jetzt Dekan in Eppingen, predigen, der mit seinen Eltern dahin gefahren, ein Geistlicher, der später mit Henhöfer in den schweren Kampf eintreten sollte. Die Predigt demonstrirte an der Geschichte des Vinzenz von Paula, der für einen Galeerensclaven litt, die Stellvertretung Christi für uns.

Bedenkt man, daß diese obigen Besuche sich nur auf die beiden Monate September und October beschränken, und daneben die der Mühlhauser und der Familie Gemmingen nicht genannt sind, so gibt es wohl einen Begriff, wie belebt das Pfarrhaus gewesen, wie weit schon der Ruf des merkwürdigen Pfarrers gedrungen, wie angestrengt die Arbeit war und wie es viel kostete, bei solchen Besuchen ein demüthiger Landpfarrer zu bleiben. Zugleich aber zeigt es auch das religiöse Bedürfniß an, das keinen noch so weiten Weg scheute um sich befriedigen zu können und hier gleichsam eine Oase in der Wüste fand. Einer Lebensrettung erwähnt Henhöfer hier den 4. März 1826 in einer Notiz: „Heute hätte mich Heinrich von Struve beinahe im Gartenhäuschen erschossen.“ Wie es kam wird nicht gesagt.

In die Zeit jener Grabener Wirksamkeit fällt auch die Aufforderung des Großherzogs an Henhöfer, in seiner Schloßkirche zu Karlsruhe zu predigen. Unter dem 7. April 1827 schrieb der damalige Prälat Bähr an ihn:

Theuerster Freund!

Es ist mir der erfreuliche Auftrag geworden, Sie zu benachrichtigen, daß Serenißimus wünschen, daß Sie auf nächsten Sonntag nach Ostern, oder Quasimodogeniti (wird sein den 22. April) in der hiesigen Hofkirche predigen möchten. Ich zweifle nicht daran, daß Sie mit Freuden diesem gnädigsten Willen des hochverehrungswürdigen Fürsten entsprechen werden. Sie werden daher mit Ihrer eignen Pastoration in Graben die nöthige Einrichtung treffen, daß kein Hinderniß eintrete, welches Sie abhalten könnte, an erwähntem Tage hier zu predigen. Alles Uebrige mündlich! — Nun Gott befohlen! Mit aufrichtiger und hochachtungsvoller Liebe der

Ihrige

Karlsruhe, den 7. April 1827. Bähr.

Am 22. April fand die Predigt statt. Der Großherzog wollte sie durchaus hören, aber seine Umgebung wußte es zu hintertreiben. Eine verbürgte Nachricht sagt, daß man ihm vorgeredet, er sei krank und habe ihn in's Bett gesprochen. So fürchtete man Henhöfers Einfluß auf diesen Fürsten, der bei manchen tiefen Schatten seines Privatlebens mit einem durchdringenden Verstand und eisernen Willen eine tiefe Sehnsucht nach Wahrheit und Frieden in sich trug. Henhöfer trat zur Kanzel, unter dem Arme eine Menge kleiner Bände aus Luthers Schriften. „Unvergeßlich, sagt ein Zeuge, der damals als Knabe die Predigt hörte," ist mir der Mann und seine Predigt geblieben, und sehe ihn immer noch mit dem eigenthümlichen Antlitz mit seinen Büchern unter dem Arm auf die Kanzel treten. Ich habe viele Predigten in meinem Leben gehört und viele vergessen, aber jene bleibt mir unvergeßlich." Er begann damit, daß er sagte, die Versammlung sei gewohnt, in dieser Kirche schöne und geistreiche Predigten zu hören; das zu leisten sei er außer Stand. Dafür habe ihm Gott die Gabe der Deutlichkeit verliehen, er wolle sein Pfund nicht vergraben, sondern anwenden.

Der Text war Joh. VI., 35—40., vom Brote des Lebens.

Der Inhalt der Predigt (mitgetheilt im „Reiche Gottes" 1863) war dieser:

1. Was ist das Brot des Lebens?
2. Wie genießt man es?
3. Was nützt es?
4. Für wen ist es da?

Jesus ist das Brot des Lebens. Warum nennt er sich also? Der Mensch ist ein Sünder und durch die Sünde ist er dem Tod, dem leiblichen und geistlichen verfallen und dann kömmt der ewige Tod. — Aber: „Höre es Himmel, Erde, Menschengeschlecht, höre es Jeder: Von der göttlichen Dreieinigkeit wurde aus Gnaden die Rettung beschlossen und sie ist vollführt durch den Sohn. Und diese für uns in den Tod dahin gegebene Liebe ist nun das Brot, die Speise unseres Lebens. 2. Man genießt es mit dem Glauben des Herzens. Glauben aber heißt nicht nur für wahr halten, sondern zueignen. „Das Brot essen — das Wasser des Lebens auch auf die Wiese seines Herzens leiten„ — und sich ganz auf Christi Versöhnung verlassen. 3. Es wird dadurch das Verlangen nach Seligkeit gestillt. „Selig will doch jeder werden, besonders im Alter." Der Herr stillt den Hunger. „Aus Gnaden," so heißt's in alle Ewigkeit. Diese Liebe wandelt den Menschen auch um, nicht das Gesetz. Aber am Glauben fehlt's.

4. Das Brot ist für Alle, für große und kleine Sünder, für Hohe und Niedere. Darum kommt heute noch! Das Leben ist ein Hauch! Du bist ein Sünder, dein Herz ist eine kleine Welt voll Stolz und Lust. Gehe in die Cur zu deinem treuen liebenden Arzt, dem noch kein Sünder gestorben ist. Ach daß ich Jesum verherrlichen könnte! Nicht „Tugend ist der Seele Leben," sondern Christus allein ist's in alle Ewigkeit. Er ist kein Wegweiser, sondern der Weg selbst! Wer nicht Christi Blut und Gerechtigkeit sich zum Ehrenkleid erwählt, der wird hinausgeworfen, gewogen und zu leicht erfunden." — Als er aber die Worte sprach: „Was werdet ihr hinausbringen? Vier Bretter sind das ganze Erbe im Tod — die Weltkomödie hat bald ein Ende, nur was in Christo erfunden wird, wird selig" — da ward's todtstille in der Kirche. So etwas hatte sich noch keiner herausgenommen zu sagen. Die Predigt dauerte fast zwei Stunden, denn Henhöfer las auch zwischen hinein aus Luthers Schriften. Der Eindruck der Predigt war groß und die ganze Stadt war voll davon, bis in die Wirthshäuser hinein drang das Wort des Grabener Pfarrers. —

Besser übrigens als dieses Bruchstück einer Predigt (denn als solches soll sie doch wohl nur gelten) zeigt eine in Briefform gegebene Erklärung „des Gleichnisses vom ungerechten Haushalter," aus jener Grabener Zeit Henhöfers Art und Weise.

Liebe Freundin im Herrn!

Einverstanden mit Ihnen bin ich über das Evangelium vom

ungerechten Haushalter darin, daß hier die Rede ist von der treuen Verwendung zeitlicher Güter. Das unmittelbar vorangehende Gleichniß vom verlornen Sohn, der das väterliche Erbe verschwendet hatte, mag hiezu Veranlassung gegeben haben. Ebenso bin ich mit Ihnen einverstanden, daß der reiche Mann Gott, der Verwalter aber der Mensch ist, mit dem Zusatz, daß hier insbesondere von reichen Leuten die Rede ist, die Gott recht vorzüglich zu seinen Verwaltern auf Erden gemacht hat. Von nun an muß ich aber meistens von Ihnen abgehen, und andere Gedanken über das Evangelium äußern. Zuerst will ich mich darüber erklären, warum ich glaube, daß Gott gewissen Menschen so viel Vermögen gegeben habe. Nach meiner Meinung, die Schriftgrund hat, geschah dies darum, daß sie Arme, die ihnen zugeschickt werden von Gott, mit ihrem Ueberfluß, d. i. mit dem was sie mehr haben, als sie für sich und die Ihrigen bei einer sparsamen Haushaltung gebrauchen, unterstützen sollen. Mir kommt ein Reicher immer vor, als ein Bettler, der mit etwa noch 6 Bettlern einen Mann um ein Almosen anspricht, und allenfalls einen großen Thaler von ihm erhält. Nicht ihm allein sondern allen sechsen mit gehört das Geschenk, wiewohl es dieser Eine von dem Herrn in die Hand erhalten hat. Gibt und theilt er es nun mit ihnen, so ist er redlich und treu, behält er es aber allein, und geht allenfalls damit in's Wirthshaus und verschwendet's, so handelt er ungerecht, und ist ein Dieb an den übrigen. Dem reichen Mann hat Gott für den armen Lazarus die Kurkosten, und was er sonst nöthig hatte, zur Hand gegeben. Daß er es ihm nicht gab, machte, daß er ungerecht an ihm handelte, und gestraft wurde. Dieß sind nun meine Gedanken über Reichthum und reiche Leute.

Der Verwalter in unserm heutigen Evangelium war ein Verschwender, d. i. er verwendete sein Vermögen, seinen Ueberfluß zu Pracht und Wohlleben. Setzen wir, er habe 12,000 fl. jährlich gehabt, und nach seinem Stand, Rang und Amt 6000 fl. bedurft bei verhältnißmäßig sparsamer Haushaltung, so waren 6000 fl. der Ueberfluß, die Gott ihm für die Armen gab. Diese nun auch brachte er durch, recht mit Gewalt auf allerlei unnöthige Weise. Glauben Sie wohl nicht, daß jede Stadt, ja jedes Dorf voll solcher Verschwender ist. Wie wenn Sie in Zeitungen lesen: In Rußland, England &c. hat ein Vornehmer ein Essen gegeben, das 20,000 bis 80,000 fl. kostete (was ich schon las), daß dieser der verschwenderische und ungerechte Haushalter sei. Haushalter ist er, denn Gott gab ihm dies Vermögen, aber Verschwender ist er auch, denn gewiß nicht dazu erhielt er's, und ungerecht ist er auch, denn er betrog ja die Armen darum, für die es Gott ihm gab. Sehen Sie nun in Städten den Aufwand in Pferden, Hunden, Meubeln, Kleidungen und wohin oft aller Ueberfluß verwendet wird, sehen Sie in Städten, wie auch verhältnißmäßig auf dem Land das Wohlleben, besonders die Verschwendung im Trunk; was ist das anders als das Vermögen der Armen verschwenden, was sind solche Leute anders als Haushalter, wie die im heutigen Evangelium, die des Herrn Güter umbringen, Betrüger und Diebe an den Armen?

Daß Gott vom Himmel herab nicht gleichgültig zusehe, sehen wir aus heutigem Evangelium, denn der Verwalter wurde zur Rechenschaft gestellt und ihm erklärt, daß er nicht mehr Haushalter sein könne. Es ist also nichts, wenn Mancher denkt und spricht: Es ist mein Eigenthum, ich kann damit machen was ich will. Nein, es ist Gottes Eigenthum, und soll nach seinem Willen verwendet werden, bei Strafe der Rechenschaft und Amtsentsetzung.

Der Verwalter im heutigen Evangelium wurde aber nicht erst in der Ewigkeit, sondern hienieden schon zur Rechenschaft von Gott gestellt. Ihnen habe ich nicht nöthig zu sagen, wie Gott dies durch sein Wort und seinen h. Geist am Herzen des Menschen thun kann und thut. Er kam auch durch diese innerliche Wirkung des Geistes Gottes zur Erkenntniß, daß dies sein verschwenderisches Leben unrecht und wider Gottes Willen und Ordnung sei, ja er kam zu einer Art Buße, eben zu einer sehr natürlichen und menschlichen. Er fürchtete von dem gerechten Gott, er werde ihm zu seiner Strafe sein Vermögen entziehen, und ihn zum armen Mann machen, das kümmerte, das beunruhigte ihn. Der Bauch, nicht die Seele lag ihm an. Für den Bauch zu sorgen, nicht das Heil der Seele zu suchen, war nun sein Geschäft. Ach daß dieser Mensch den Ruf von Gottes Geist nicht besser benutzt hat! Doch wie Viele hören nicht so weit auf Gottes Stimme, sondern meinen, weil sie jetzt reich sind, müsse es ewig so bleiben.

Um nun seinen Bauch auch nach Abnahme des Vermögens auf bequeme Weise zu versorgen, ging er hin, und verschenkte von den Gütern seines Herrn. Dies scheint ungerecht, ist's aber nach meinem Dafürhalten nicht. Er verschenkte von den Gütern seines Herrn, nemlich Gottes, ist Schriftsprache, nach Art der Welt würden wir sagen, er verschenkte von seinen Gütern, oder von den Gütern, die Gott ihm gab, und daran that er ja recht. Das war ja bisher sein Fehler, daß er die Güter Gottes verschwendet, das that er nun nicht mehr, sondern that was löblich war, er verschenkte den Armen; zwar nicht Alles, sondern nur etwas davon, den Ueberfluß. Im Werk wäre er recht gewesen, wenn er nur im Herzen recht gewesen wäre. Aber weil er dieses Werk blos that, des Bauchs wegen, nicht aus einer innerlichen Belehrung des Herzens, so ist und heißt er Weltkind; denn Gott schaut nicht das Werk, sondern das Herz an.

Doch sollten es alle Christen so machen, im Werk sollten sie ihm Alle gleich werden; wer verschwendet hat die Güter seines Herrn, d. i. sein Vermögen, der sollte sie nun verschenken, d. i. er sollte seine Verschwendung aufgeben, sparsam werden, um dann von seinem Ueberfluß zu geben dem Dürftigen, einem nachzulassen von 100 Tonnen Oel 50, dem andern von 100 Mlt. Weizen 20, je nach der Armuth und dem Bedürfniß der Leute; nur sollte es aus einem bessern Grund, aus wahrer Bekehrung, die durch Buße und Glauben an Christum geschehen ist, hervorgehen.

Das ist's auch was Jesus will, wenn er sagt: Machet euch Freunde mit dem ungerechten Mammon und ungerechter Mammon ist nicht das, was Einer durch Betrug besitzt, so daß es ungefähr hieß: Man soll das Leder stehlen und die Schuhe herschenken, sondern ungerechter Mammon ist das, was ein Mensch mehr hat, als er für sich und die Seinigen bei sparsamer Haushaltung bedarf. Bei dem Manne, der 12,000 fl. hat und 6000 fl. bedarf, sind 6000 Ueberfluß oder ungerechter Mammon, und wird ungerecht genannt, weil er nicht diesem, sondern andern, den Armen gehört. Dieser Ueberfluß, oder ungerechter Mammon also, soll unter die Armen getheilt werden. Das ist's was Jesus will, und hiezu that er noch eine Aufmunterung: damit sie euch, wenn ihr darbet, in die ewigen Hütten aufnehmen.

Ihnen kann ich über diese schwere Stelle meine Privatgedanken mittheilen. Ich sage über diese schwere Stelle, denn daraus scheint hervorzugehen, daß die Heiligen einst die Menschen im Himmel aufnehmen, und nicht Christus, daß der Mensch durch Werke, durch Almosen selig werde, und nicht durch den Glauben. Einwürfe, die der evangelischen Kirche auch von den Katholiken gemacht werden.

Meine Gedanken sind nun diese: Ich glaube, daß wenn reiche Leute, die eben nicht gottlos, aber auch nicht bekehrt sind, wie dies bei reichen Leuten sehr schwer ist, Matth. 19, 24., ihr Vermögen, ihren Ueberfluß, zur Unterstützung wahrhaft bekehrter Armen hingeben, ich glaube, sage ich, daß wenn solche Leute sterben und in die Ewigkeit kommen, die Armen, die sie unterstützt haben, als ihre Fürbitter hervortreten, und rühmen, was diese Leute an ihnen im Leben gethan haben. Selig können sie nun freilich nicht werden, denn es steht ihnen entgegen: Wer nicht wiedergeboren ist rc. und verdammt können sie auch nicht wohl werden, denn es heißt: Was ihr dem Geringsten unter den Brüdern gethan rc. und auch kein Trunk Wasser soll unbelohnt bleiben und Matth. 10 u. 25. Was soll nun aus ihnen werden.? Ich denke nun, da doch Göttliches in ihnen liegt, und viel Gutes, (sonst wären sie nicht wohlthätig gewesen, hätten auch nicht sonst gottesfürchtig gewandelt) solche reiche Leute werden nun denjenigen Armen, denen sie im Leben Gutes thaten, zum Unterricht und zur Bekehrung übergeben, und so von ihnen in ihre Hütten aufgenommen.? Wie sie dann zum Glauben kommen, so werden sie selig, und so bleibt die Ordnung Gottes zur Seligkeit, Buße und Glauben, und nicht Werke, wiewohl sie durch Werke dies für sich zu Wege gebracht, und ihre Seele gerettet haben.

Daß ich aber so denke, geschieht darum, weil es heißt: Die Heiligen werden die Welt richten. Wer soll denn jetzt gerichtet werden? Solche unbekehrte, aber doch gottesfürchtige und wohlthätige Leute, und Gottlose. Ferner weil es heißt: Die Heiligen sollen Könige sein. Ueber was sollen sie denn herrschen? Sünde gibt es ja dort keine mehr. Allerdings also über solche, die ihnen zum Unterricht übergeben sind, freilich nur mit dem Scepter der Liebe.

Ferner weil der reiche Mann sich gleich an den armen Lazarus gewendet hat. Warum nicht an Abraham? Lag vielleicht schon das Gefühl und Bewußtsein da: Dieser hat hier mein Schutzengel sein sollen und gewiß er wäre es gewesen, hätte er ihn unterstützt.

So können denn auch Arme auf geistliche Weise ersetzen die Wohlthat, die Reiche leiblicher Weise an ihnen gethan haben.

Das ist das Vorrecht der Braut und der Erstgeburt.

Daß ich solche Anstalten in der Ewigkeit glaube, dazu bewegt die große Anzahl der Heiden. Oder sollten etwa 400 Millionen Heiden zu Grunde gehen, weil sie Christum nicht kennen, und die

Schrift sagt: „Ohne mich kommt Niemand zum Vater." Gewiß nicht, sie werden ihn kennen lernen, die, die aus Gott sind, jenseits in der Ewigkeit.

Ja Christus selbst bewegt mich zu diesem Glauben, denn von ihm sagt Petrus: „Er hat geprediget den Geistern im Gefängniß" 1. Petr. 3, 19.

Hier haben Sie nun meine Gedanken über das Evangelium. Ich bin fern, Sie Jemand als unfehlbar aufzudringen, am allerwenigsten Ihnen, die Sie andere Wege haben, zur Wahrheit zu gelangen. Ich wollte aber Ihrem Wunsche entsprechen, bitte jedoch, diesen Brief nicht zu zerreissen, sondern wenn Sie ihn ausgebraucht haben, mir wieder zukommen zu lassen, indem ich dieses nirgend noch so auseinandergesetzt habe. Styl und Schreibart werden Sie mir zu gut halten, da ich eile, um bei einer Versammlung in der Nachbarschaft von guten Freunden zu erscheinen. Herzliche Grüße von

Ihrem

Graben, den 21. Juli 1826. A. Henhöfer.

Wir haben schon berührt, wie weitgreifend sein Einfluß auf das Landvolk der Haardt und auf die Fremden war, die die Kirche besuchten, wie von allen Seiten Sonntags die Leute in Massen zuströmten, — aber auch auf die Geistlichen seiner Diöcese sollte sein Einfluß nicht unbemerkbar bleiben.

Sein nächster Nachbar Käß zu Hochstetten, von dem wir noch hören werden, achtete ihn bereits, wenn gleich er sich noch ferne hielt; sein erbitterter Feind Schlatter in Linkenheim haßte ihn freilich. Daß aber auch edlere Gemüther, auch wenn sie nicht Henhöfers Ansicht waren, dennoch ein Vertrauen zu ihm hatten, zeigt der Brief eines Diöcesanbruders aus dem Jahr 1826.

Welschneureuth, den 5. März 1826.

Ich konnte Sie, lieber geehrter Freund, bei meiner Rückreise von Elberfeld nicht besuchen, und mein Manuscript nebst Ihren etwaigen Bemerkungen nicht abholen, weil ich meine Reise nicht über Graben machen konnte. Nun bitte ich Sie um gefällige Rücksendung, und wollen und können Sie Bemerkungen beifügen, so werden mir dieselben, wie Alles was von Ihnen kommt, besonders lieb und werth sein. Uebrigens glaube ich nicht, daß wir uns leicht verständigen werden. Die Wege, auf denen wir zur (wahren oder vermeintlichen) höchsten Erkenntniß des Christenthums kamen, und noch kommen, sind allzu verschieden. Mir ging Jesus selbst wie eine Sonne auf, und diese Sonne stand mir vom ersten Augenblick an bis jetzt über seinem Wort, und derselbe Sonnenschein fällt in sein Wort; Sie haben, durch hohen Wahrheitssinn frühe richtig geleitet, die Art, wie die rechtgläubige Kirche seit uralter Zeit das Wort Gottes zu fassen pflegte, um eine überschwengliche Liebe Gottes darin zu finden, sich angeeignet, und haben gefunden was Sie suchten. Sie bekennen, daß Sie Liebe nur erkennen können aus dem, was sie thut; und mir ist Jesus selbst erschienen, die ganze Fülle seiner Liebe habe ich an Ihm geschaut (wie wir Gott, der die Liebe ist, einst an ihm schauen werden) diese äußerliche Erscheinung hat, wie Sie ganz richtig bemerkten, im höchsten Grade auf meine Phantasie gewirkt, und ich finde nun dieselbe Liebe in seinen Leiden und Thaten wieder, wie ich sie in diesen allein wohl nie hätte finden können. Ueberhaupt glaube ich, daß man Liebe aus ihren Thaten nicht vollkommen kennen lernen kann, nicht so vollkommen, als wenn sie selbst, als unmittelbarer Erguß der Seele, durch körperliche Organe vollkommen sich kund thut. Eine solche Erfahrung habe ich auch an meiner seligen Mutter gemacht. Sie hatte für meinen Bruder und mich, seit wir in den ersten Lebensjahren verwaist waren, so viel gethan, daß nie eine Mutter mehr für ihre Kinder gethan haben kann. Dennoch habe ich ihre Liebe daraus nie so kennen gelernt, wie aus einem Wort, das sie einmal zu mir sagte. Als sie mehrere Jahre vor ihrem Tod die Abnahme ihrer Kräfte fühlte, und sich darüber gegen mich äußerte, setzte sie im höchsten Erguß mütterlicher Liebe hinzu: „Fritz, sorge für dich selbst!“ sie meinte, daß sie mir die Sorge für mich bald nicht mehr werde abnehmen können — aber in dem Ton ihrer Stimme hörte ich ihre Liebe selbst, ganz wie sie war. Wirkungen der Liebe können für sie zeugen, aber nie sie zeigen. Sie ist Seele, und kann sich nur als Seele zeigen. Schmerzlich, sehr schmerzlich (aber mit Unrecht) war es mir, bei meinem letzten Besuch zu sehen, wie Sie sammt der orthodoxen Kirche sich aus Gottes Wort ein überaus kräftiges, handfestes Gerüste gezimmert haben, um die Höhe der Liebe des Heilands zu ermessen und zu fühlen, und wie dies auch so weit gelingt, daß ihre Höhe gefühlt, aber über dem Streben darnach ihr Wesen verkannt wird, welches nicht eine Mischung aus Verachtung und Mitleid, sondern höchste liebende Verehrung des heiligen Geistes im Menschen ist, der in Jedem im Keim ganz liegt. Und eben da Sie dies verkennen, ist es meine ewig unerschütterliche Ueberzeugung, daß Sie den heil. Geist (ich meine sein Licht) zwar haben, aber nicht anders, als wie die Jünger durch's Anschauen der Leiden und Auferstehung ihres Herrn ihn hatten, da er ja auch sie anblies: „nehmet hin den heil. Geist, welchen ihr Sünden vergebet, denen sind sie vergeben u. s. w.“ Es ist mir schmerzlich, dies gegen Sie auszusprechen, aber wer den heil. Geist auch nur so hat, muß schon wahrhaft demüthig sein, und dem wahrhaft Demüthigen kann nichts weh thun, so wie dem inbrünstig Liebenden. Gewiß, Sie haben den heil. Geist, wie die Galater ihn hatten als „Christus (durch Pauli Predigt) vor ihren Augen gekreuzigt war,“ und daß Sie ihn besser bewahren, daß Sie ihn mit einziger Treue bewahren, würde Sie einzig achtungswürdig machen, wenn überhaupt menschliches und irdisches

Thun dies könnte, und die einzig wahre Achtungswürdigkeit nicht anders woher, und Jedem gleich käme.

Ihre Ansicht sucht Gottes Liebe dadurch zu erhöhen, daß sie dieselbe gar nicht auf der Achtungs- und Liebenswürdigkeit des Menschen gegründet sein läßt, — sie erhält so den durch die tief stehende Sonne verlängerten Schatten, aber nicht den Körper der Liebe. Selbst dieser Schatten ist so wirksam, daß er Gegenliebe wirkt, wie müßte es erst der Körper sein! — Nach dieser Ansicht wäre die Liebe Gottes noch größer, wenn der Gegenstand noch unwürdiger wäre, wenn Gott z. B. einen ewig teuflisch bleibenden Teufel demungeachtet auf's höchste liebte. (?!)

Freilich muß ich Ihnen zugeben, und thue es mit Freuden, daß Sie in Vielem den Wortsinn der Apostel für sich haben; aber ihren Geist desto weniger! Dann müssen wir bedenken, daß die Schrift der Apostel nur populäre Darstellung, und diese nur sehr, sehr flüchtig und eilig, daß sie nur Milch, nicht starke Speisen enthalten, und daß die Menschheit überhaupt damals kindisch dachte, so göttlich sie fühlte, denn auch Knaben können so fromm sein wie Männer, aber nicht so verständig. Sollen wir nun auch noch kindisch reden, weil mit jenen überaus frommen Gefühlen kindisches Begreifen und Reden verbunden war? (obgleich das meiste dieser Art sicher nur auf die populäre Darstellung fällt.) Die ersten Jahrhunderte vor der Nacht des Mittelalters waren eine Abenddämmerung, die erste nach ihr eine Morgendämmerung, in beiden der intellectuelle Zustand der Menschheit wesentlich gleich; daher konnte ein Luther die Begriffe der Apostel so ganz in seine eigenen verwandeln, aber jetzt geht die Sonne auf, das Licht ist noch dasselbe, das in der Morgenröthe leuchtete, aber es muß heller sein, und darum herrlicher.

Wie gesagt, es that mir schmerzlich weh, zu sehen, wie tief und fest Sie in den Bollwerken, die Jahrtausende aufthürmten, verschanzt, und gegen alles, was nicht Wortglaube ist, verwahrt sind. Aber ich hatte Unrecht — wär' es so nicht unendlich gut, es wäre nicht. Früher oder später, aber sicher, kommt für alle Treuen derselbe Pfingsttag, wie für die Apostel, und lehrt sie, daß der Geist das Wort eingiebt, aber nicht das Wort den Geist, außer insoweit er sich in Worte fassen läßt. Nein, lieber Bruder im Herrn, heiliges Wort und Geist sind nicht identisch; das Wort kann oft wider den wahren Sinn des Geistes sein (oder genommen werden.) — Der Geist ist nie wider den wahren Sinn des Wortes. „Sie werden alle von Gott gelehret sein"; seien sie es nur, und nicht von ihrer Phantasie oder Sinnlichkeit, so werden sie auch wie Gott lehren.

Uebrigens sehen Sie aus diesem Brief, daß wir bis jetzt durchaus nicht zu einander passen (als Theologen.) Vielleicht verachten Sie mich als den anmaßendsten Menschen, der Ihnen noch je vorgekommen — aber Sie sind mir um des Herrn willen so unaussprechlich theuer, daß selbst Verachtung von Ihnen mir süß ist. Ueberhaupt bin ich gewohnt, mich für den Letzten von Allen, und doch durch die Liebe Gottes zugleich für den Ersten zu halten.

Uebrigens wiederhole ich meinen Wunsch und bitte, mir ihre Bemerkungen mittheilen zu wollen, es wird mir ebenso interessant sein, als wenn die ganze frühere orthodoxe Kirche in Person zu mir redete, oder als ob ich Lutherum redivivum zu hören das Glück hätte.

Ihr

Bruder in irdisch höchster Liebe

F. Grohe.

P. S.

Nach meiner Vorstellung kann es keine höhere Liebe geben, als die Gott zu Jesus fühlt, und ist seine Liebe zu dem Göttlichen in den Sündern ganz von dieser Art, Natur und Entstehung. Nach Ihrer Vorstellung ist Gottes Liebe zu den Sündern höher, als die zu Jesus, weil er nur jene verachten und dennoch lieben konnte, weil seine Liebe nur für jene Strafe ertragen und sie davon befreien konnte, diesen aber nicht. Gott in Christo liebte jeden Menschen, wie wenn er ein anderer Jesus wäre, gerade so, wie Jesus von Gott geliebt wurde. Wer diese Liebe schaut, nur der ist wahrhaft in der Wahrheit. — Ihr Gleichniß von Zaleukus beweist, meine ich, weiter nichts, als daß er sein Gesetz von Anfang an anders gemacht haben würde, wenn er kein kurzsichtiger Mensch gewesen wäre. Er würde dann keine unverhältnißmäßige Strafe bestimmt, oder gleich anfangs festgesetzt haben, daß ein Anderer sie mit dem Verbrecher theilen dürfe. Daß ein Anderer sie ganz für ihn tragen dürfe, hatte er nicht zugeben können, und insofern ist das Gleichniß unpassend, denn Christus trägt unsere Strafe ganz, er halbirt nicht mit uns. Unsere verderbte Natur ist so überaus verdammlich, als unsere nur durch sie befleckte Seele an sich überaus unschuldig und der höchsten göttlichen Liebe würdig ist, und die Gnade dessen, der die Liebe ist, besteht eben darin, daß er uns nicht nach unserer verderbten Natur ewig verdammt, sondern nach dem unschuldigen heiligen Geiste in uns ewig selig macht! Die Verdammniß ist das entsetzliche Gefühl, dem kein Mensch entrinnen kann, daß er seiner Natur nach, die auch ein Theil von ihm selbst ist, überaus verdammlich sei, und das Werk der Gnade ist, daß dieses Gefühl im Entstehen (denn dieses kann nicht verhütet werden) vernichtet werde, durch die Gewißheit, daß Gott uns als den Inbegriff aller Heiligkeit und Göttlichkeit ewig ansieht, und so sein Höchstes aus uns macht, daß uns zu dienen, ewig zu dienen, und selbst mit völliger Aufopferung seiner selbst zu dienen, ihm der absolut höchste Genuß ist, der alle damit verbundenen Leiden überwiegt.

In der Theologie gilt es erst die Wahrheit, und dann erst die zweckmäßige Darstellung für's Volk. Die Wahrheit an sich kann man diesem nicht geben, aber man darf auch nichts von ihr verhehlen, man muß sie für seine Fassungskraft einkleiden, wie man Kindern göttliche Wahrheiten, vom Himmel u. dgl. einkleidet. Im N. T. ist die Wahrheit schon so eingekleidet, darum können Sie sie dem Volk ohne Schaden geben, wie sie da ist, aber während Sie glauben, Sie lassen sie nackt gehn, geht sie in doppelter und hier und da in siebenfacher Hülle." — — — So weit dieser gewiß auch für heute noch merkwürdige Brief.

Selbst auf die Juden (die er gerne „unsere Herrgotts-Leibgarde nannte) ging seine Wirksamkeit. Es kamen ihrer etliche

Sonntags in die Kirche und da und dort einer bei der Nacht in's Pfarrhaus, und von Basel her kamen Anfragen, ob nicht etliche ihre Kinder dem dortigen Kinderhause anvertrauen wollten. (Brief Köllners.)

So vergingen die Jahre in Graben, reich an Segen, an Anfechtung von Innen und Außen, Henhöfern immer mehr vorbereitend und fördernd auf den Kampf hin, der bald lichterloh brennen sollte.

Henhöfer schreibt über die Jahre in Graben in seinem Lebenslauf:

„Auch andere Kämpfe und Leiden hatte ich, die größten mit der Sünde. Unvergeßlich bleiben mir viele Gnaden- und Leidenstage. Im Ganzen lebte ich aber zufrieden und glücklich in Graben."

# 6. Kapitel.

## Henhöfer in Spöck.

Unter den Leuten, die mit am fleißigsten zur Kirche nach Graben kamen, waren die von Spöck und Staffortd, zwei Ortschaften, die etwa 1½ Stunden von da liegen. Waren sie zuerst auch nur mit dem allgemeinen Strom, der gegen Graben zog, mitgelaufen, weil die Andern gingen, so wurde ihnen doch klar, was die Grabener hatten, und sie zu Hause nicht hatten. Darum denn auch ihr Wunsch, Henhöfer als Pfarrer zu bekommen. Als die Grabener das merkten, sagten ihrer Etliche: „Die Spöcker sollte man gar nicht mehr hereinlassen, die stehlen uns unsern Pfarrer weg." Auf die Bitten der beiden Gemeinden aber befahl der Großherzog, ihm diese Stelle zu geben, damit er eine bessere hätte. Auch lag es dem Großherzog, der ihn am liebsten in Karlsruhe als Pfarrer gehabt hätte, daran, ihn „nirgends länger als zwei Jahre zu lassen", weil er mit richtigem Scharfblick Henhöfers Hauptaufgabe: „zu wecken" erkannt hatte. Freund Gemmingen gibt ihm die Kunde seiner Ernennung:

Karlsruhe, den 21. März 1827.

Lieber Freund im Herrn!

Unvermuthete Geschäfte riefen mich hieher; ich war heute bei dem Großherzog, der mir mit vielem Eifer erzählte, daß Sie nun nach Spöck kämen, wobei er von dem ganzen Verlauf mit vieler Wärme sprach. Da Sie sich nun ganz leidend verhalten haben, so wollen wir es für den Willen Gottes halten, daß Sie dahin sollen, und ich wünsche Ihnen dazu von Herzen Glück und Segen, und alles was Sie brauchen werden, um eine christliche Gemeinde zu bilden. Der Großherzog sagte mir, er habe das Ministerium aufgefordert, einen tüchtigen Mann nach Graben vorzuschlagen, ich bin sehr begierig, wer dahin kommt; hören Sie etwas, so theilen Sie es uns mit.

In Eile grüßt Sie von Herzen

Ihr

treuer Freund J.

Am 15. März 1827 wurde er zum Pfarrer von Spöck und Stafforth ernannt, und zog daselbst am 15. Mai auf. In seinem Tagebuch findet sich die Notiz:

„13. Mai 1827: Abschiedspredigt in Graben mit vielen Thränen.

14. Mai. Heute Nachmittag 3 Uhr zogen wir ganz von Graben aus. In allem 23 Fuhren. Unser Herrgott segne Aus- und Eingang.

17. Mai. Heute früh 10 Uhr ging ich, nachdem ich den Posthalter kopulirt und bei Werner getauft, ganz allein auf dem Weg nach Friedrichsthal nach Spöck, und kam gegen ½1 Uhr unerwartet im Pfarrhause an." — Die Bürgerschaft war ihm aber auf dem geraden Weg entgegengefahren und geritten, derweil Henhöfer auf dem Unweg still in's Dorf kam. Hatten die Grabener vor Ankunft Henhöfers einen vorbereitenden Johannes gehabt, so war Spöck und Staffort in den Schlaf gesungen worden. Sie hatten einen schläfrigen Pfarrer, der seine Predigten ablas, und seine Gemeinde nie anschaute. Da gab's denn Arbeit vollauf für den neuen Pfarrer. Es mußte in jedem Orte gepredigt und immer an dem, wo die Frühpredigt war, Christenlehre gehalten werden. Henhöfer sorgte aber treulich dafür, daß die die Frühpredigt gehört hatten, des Nachmittags nicht zu kurz kamen. Den 20. Mai 1827 wurde er in Spöck vorgestellt und zugleich sein Vicar Hager ordinirt. Mußte er doch um des beschwerlichen Filials willen einen Vicar halten. Mit Hager beginnt die Reihe der Vicare, denen es vom Herrn bescheert war, im Spöcker Pfarrhause eine zweite Universität durchzumachen. Aber es beginnt auch die Vicarsnoth des l. Mannes. Ich komme noch auf diese Wirksamkeit Henhöfers zurück, aber das Eine darf ich wohl jetzt schon sagen: Hier haben die meisten erst Theologie studirt und mit Thränen des Dankes werden manche ehemalige Vicare, denen dies Buch in die Hand kömmt, des Mannes gedenken. Henhöfer fürchtete sich auf den neuen Vicar, denn woher sollte ihm in jener Zeit ein gläubiger junger Mann kommen und Hager'n selbst war es bange bei dem übelverschrieenen Manne einzutreten. Wiewohl er sich vorgenommen, bei aller Friedensliebe sich doch stramm und fest gegen die Ansichten seines Herrn Prinzipals zu stellen, so überwand eben auch hier, was allein überwindet: Die Liebe Jesu. Die Hirtentreue Henhöfers, seine Liebe und Weisheit machten auf dies kindlich-reine Gemüth einen unwiderstehlichen Eindruck und es dauerte nicht lange, und der Vicar predigte von dem

Frieden, den seine Seele in Christo gefunden. Hager ist Henhöfers geistlicher Sohn, wie vielleicht es kein Vicar nach ihm war, der Erstling unter den evangelischen Geistlichen, den Henhöfer seinem Herrn bringen konnte. Was ich von ihm hörte, zeichnet ihn als einen edeln jungen Menschen, voll hohen Ernstes und einnehmender Liebenswürdigkeit, daneben eine große Begabung zur Predigt nach Inhalt und Form. Darum heftet sich Henhöfer auch an ihn mit der innigsten Liebe; die Briefe an Hager sind durchweht von der treusten und zärtlichsten Liebe. Es war ihm darum ein tiefer Schmerz ihn im Jahre 1830 hergeben zu müssen. Aber freilich er gab ihn einer Gemeinde, die ja auch sein Kind war: Nach Mühlhausen! Von Gemmingen schreibt darum: „Hat Paulus seinen Timotheus hergegeben, um seiner Gemeinden willen, so müssen Sie eben uns zu lieb, ihren Hager hergeben." — Wie wunderbar aber ist es, daß Henhöfers letzter Vicar der Sohn seines ersten war! Darum sagte er auch ahnungsvoll und todesbereit: „Sein Vater war mein erster Vicar, und der ist mein letzter. Ich brauche keinen mehr." So war denn auch da durch Gottes Treue geholfen. Er hatte jetzt wenigstens jemanden, dem er sein volles Herz ausschütten konnte. Denn es dauerte nicht lange, so brach's auch da wieder los. Freilich zunächst mit den Geistlichen. Es waren Textbesprechungen in der Diöcese, zu denen Henhöfer ging, wiewohl man dort nicht eines Sinnes war. Aber Henhöfer glaubte sich nicht seinen Amtsbrüdern entziehen zu dürfen. Allein schon länger kochte die Feindschaft im Herzen, bis zum Ausbruch kam. Es war bei einer Textbesprechung in Eggenstein, wo mehrere Diöcesanen so lästerlich gegen Henhöfer und noch mehr gegen Gottes Wort auftraten, daß Henhöfer den Verkehr abbrechen mußte. Das geschah am 3. September 1828 in Eggenstein. Aber ein Mann trat, wiewohl schüchtern, für den geschmähten Mann ein: der Nachfolger Henhöfers in Graben: Pfarrer Käß, von dem wir noch hören werden. Freund Gemmingen schreibt über jenen Vorfall:

Steinegg, den 18. Septbr. 1828.

Lieber theurer Freund im Herrn!

Es würde mich freuen, mit ihrem wackern Vertheidiger hier ein vertrautes Wort reden zu können, Ihm von Herzen Glück zu wünschen zur gefundenen Perle, und mit einem biedern Händedruck im Namen

Vieler ihm zu danken, daß Er gerade unseren lieben Freund öffentlich vertheidiget, der es freilich am besten konnte.

Es ist für einen Christen, der die Größe der Gnade Gottes durch Christum an sich selbst erfahren hat, und nur einen Funken von dieser Liebe in sein Herz bekommen hat, vermöge welcher er so gerne alle seine Brüder in demselben Besitz sähe — und gewiß auch vorzüglich die, welche feindlich gesinnt sind, denn dürften wir hoffen würdige Nachfolger zu sein, wenn unser Herz nicht den Feind vor allem gerettet zu sehen wünschte, und am herzlichsten für ihn betete, — Ich sage, es ist für einen Christen traurig, überall zu sehen, daß die Welt in ihrer Weisheit Gottes Weisheit nicht erkennt, und daß es gerade darum Gott gefiel, durch thörichte Predigt selig zu machen die, so daran glauben, das begreifen diese Weisen um so weniger.

„Sehet an lieben Brüder euren Beruf: nicht viel Weise nach dem Fleisch nicht viel Gewaltige, nicht viel Edle sind berufen; sondern was thöricht ist vor der Welt, das hat Gott erwählt, daß Er die Weisen zu Schanden mache rc.“ Das meine ich, soll eines jeden wahrhaft evangelischen Predigers großer Trost in allem Kampf sein, ohne welchen keiner durchkommen wird, denn alle die nur gottselig leben wollen müssen ja Verfolgung leiden, wie viel mehr die treuen Hirten, welche nicht Miethlinge sein, sondern andere zur Gottseligkeit anführen wollen. Ich glaube, das 1. Kap. des Cor.-Briefes wird nicht viel der Gegenstand der Unterhaltung bei ihren Conferenzen sein, oder es gäbe wohl kein hitziges Gefecht, das in ein ungeistliches loses Geschwätz ausartet, dem man sich entschlagen soll, nach des lieben Vater Paulus gründlichem Rath: dafür aber er sich befleißen soll seinem Gott sich zu zeigen als einen rechtschaffenen unsträflichen Arbeiter, der da recht theile das Wort der Wahrheit. 2. Tim. 2, 15—16. — Und ihr Wort frißt um sich wie ein Krebs steht dabei, (nemlich das Wort des Hymenäus und Philetus.) O wie zahlreich sind sie doch, und wie frißt dieser Krebsschade an der Christenheit! Sie haben Recht, die Neologen, daß sie Paulum tadeln, Matthäum verkleinern und die ganze Schrift verdrehen, sonst fänden sie wohl auf jedem Blatt ihr eigenes Urtheil; ihre Augen werden gehalten, daß sie vor dem blendenden Glanz irdischer vergänglicher Dinge, das sanfte himmlische Licht der Wahrheit nicht sehen. Wer diese in's Große so mächtig wirkende Blendung des Fürsten dieser Welt nicht erkennet, der nur um jeden Preis den armen Menschen Christum, den Gekreuzigten, und herrlich Auferstandenen aus den Herzen reißen will, — ach für den sollte man eifrig beten, daß Gottes heiliger Geist eine bessere Theologie ihn lehre, die ihn bewahre vor der großen List des Argen, und er gerettet einst mit allen durch Christum Erlösten herrlich danken und loben könne. —

Bei allem was auch dagegen kommen mag — und es wird vieles und großes kommen — denn zwei Feinde heben bedeutend das Haupt gegen das kleine Häuflein, wollen wir nur desto fester uns an unsern lieben Herrn halten, der auch uns nicht verlassen noch versäumen wird, und das „fürchte dich nicht“ immer zur rechten Zeit in die Seele spricht.

Leben Sie wohl! und getrost: der Herr, den Sie so treu bekannt haben und stets predigen, wird Ihr Schutz und Ihr großer Lohn sein; stets

Ihr

dankbarer Freund

Julius.

Bald darnach fühlte Henhöfer wohl, daß er um seines Amtes und Hauses willen nicht länger unverheirathet bleiben dürfe. Den 12. October 1828 gab er die Bitte ein um Genehmigung seiner Verehelichung. Sie lautet:

Großherzogliches hochpreisliches Ministerium!

Da der Ehestand Gottes Ordnung ist, und nach Gottes Wort ein Bischof Eines Weibes Mann sein soll, so habe ich mich endlich entschlossen, nach mehrjährigem Hin- und Herwanken und Ueberlegen, auch dieses letzte Vorurtheil früher Jugend und Erziehung zu überwinden und ehelich zu werden. Als Gehilfin für diesen neuen Stand habe ich gewählt Luise Daler von Durlach, die Tochter des dortigen Bürgers und Rathsverwandten Ludwig Friedrich Daler, von der ich glaube, daß sie eines Predigers würdig seie.

Da aber hiezu die höhere Genehmigung nöthig ist, so habe ich in diesen Zeilen darum gehorsamst bitten wollen.

Spöck, 12. October 1828. Henhöfer, Pfarrer.

Land-Decanal.

Da es Henhöfers Wunsch sein muß, die vielen Urtheile für und gegen seine vorhabende eheliche Verbindung durch die That selbst aufzuheben, so erlaubt sich gehorsamst das Decanat aus besonderem Auftrag, die geziemende dringende Bitte beizufügen: daß doch eine gnädige Genehmigung in Bälde höchstgewogen ertheilt werden möchte.

Karlsruhe, 13. October 1828. Sachs.

Prälat Hüffell copulirte Henhöfer in Durlach am 6. November 1828, wobei General von Stockhorn, Director Fein und dessen künftiger Schwiegersohn Mann, Herr von Gemmingen von Steinegg, Rath Wollenschläger und Pfarrer Käß anwesend waren.

Die liebe Wittwe des Seligen wird mir erlauben, hier die kurze Hauschronik seit jener Zeit hersetzen zu dürfen, die derselbe in seinem Lebenslaufe mit den Worten beschreibt: „Bis wir eins im Sinne waren gab es manche betrübte Stunde. Aber der Herr half auch hier, wie schon so oft."

Die Stürme aber brachen auch wieder von auswärts los. Es sollten der Anklagen kein Ende werden. So erhebt sich in der allgemeinen Kirchenzeitung eine Stimme aus den Amtsbrüdern, die, weil sie zugleich zeigt was Henhöfer wirkte, hier folgt:

„Mit Bedauern theilen wir den Lesern der A. K. Z. die Nachricht mit, daß auch in unserer Gegend (in der Nähe von Karlsruhe) der Pietismus und Separatismus immer mehr überhand nehmen; und nicht mit Unrecht schreibt man die Entstehung und Verbreitung dieser religiösen Krankheit dem Einflusse des Pfarrers Henhöfer zu, vor dessen Amtswirksamkeit in diesseitigem Bezirke auch keine Spur davon anzutreffen war. Wir glauben zwar sehr gern, daß die förmliche Gestaltung dieses Sectenwesens, und zumal die schwärmerischen Excesse desselben, von ihm entweder beabsichtigt, noch unmittelbar unterstützt und befördert werden; allein seine, weniger mystischen, als vielmehr in den veralteten Formen einer bornirten und überspannten Dogmatik sich bewegenden Predigten, deren fortwährender Gegenstand: „Die totale Verdorbenheit und Verdammnißwürdigkeit des menschlichen Geschlechts, sowie dessen gänzliche Unfähigkeit zu allem Guten; sodann der Glaube an das blutige Verdienst Jesu Christi, als wodurch schon objectiv erwiesen, ohne Rücksicht auf das zur Erlösung nothwendige Moment der Heiligung, unsere Versöhnung mit Gott vollbracht sei — sind als die Fortdauer der Nahrungsquellen dieser Verirrungen zu betrachten, welchen, bei den Mißdeutungen und falschen Folgerungen, die bei dem gemeinen Manne gewöhnlich noch hinzu kommen und auch kaum zu verhüten sind, zuletzt kein Maß und Ziel mehr gesetzt werden kann. Schon ist kaum mehr eine Gemeinde in den zu unserem Amtsbezirke gehörigen evangelischen Orten anzutreffen, wo nicht dieser Geist spuckte; insbesondere zeichnet sich aber Graben, wo Henhöfer früher als Pfarrer angestellt war, in dieser Hinsicht vor allen aus. Von letzterem Orte, wie noch von vielen benachbarten, ziehen an jedem Sonntage ganze Prozessionen dieser sogenannten Pietisten nach Spöck und dem Filialorte Staffort, je nachdem Henhöfer gerade an dem einen oder andern predigt; und auf dem Rückwege hört man sie nicht selten über religiöse Gegenstände, wahrscheinlich über die in der Predigt abgehandelten, zumal über den „seligmachenden Glauben" und den „Stand der Gnade" ziemlich laut und lebhaft disputiren, wobei die Weiber meistens die vorzüglichste Rolle spielen. Auch von ihren Gesängen und Gebeten ertönen alsdann die Straßen, welche sie ziehen, wobei gemeiniglich Einer oder Einige, die besonderes Ansehen genießen, vorsingen und vorbeten, worauf die übrige Heerde einstimmt. Hieraus geht hervor, daß sich die Genossen nicht mehr auf die stillen häuslichen Versammlungen, welche man ihnen gern lassen möchte, beschränken, sondern öffentlich, laut und lärmend ihr Wesen treiben, wodurch schon vielfaches Aergerniß erregt wurde. Es wäre zu wünschen, daß man ein Augenmerk darauf richten möchte, damit wenigstens der öffentliche Scandal vermieden würde.(!!) — Einsender dieses hat sich schon Mühe gegeben, von den Büchern, woraus diese Leute Erbauung schöpfen, Notiz zu erhalten, konnte aber ausser „Hillers Schatzkästlein" und einigen läppischen Produkten der Basler Tractatenfabrik, welche ihnen zum Theil Henhöfer selbst in die Hände gegeben haben soll, sonst keine in Erfahrung bringen.

Viele von dieser Secte halten auch den Genuß gewisser Speisen, namentlich der aus Blut bereiteten, für sündlich; weshalb sie, wie man aus sichern Quellen weiß, beim Schlachten ihrer Schweine das Blut derselben laufen lassen.

Aus dieser Pietisten-Secte hat sich aber noch eine andere ausgeschieden, die der Separatisten, welche sich von der ersteren durch noch strengere Grundsätze, überspanntere Begriffe und auffallenderes äußeres Verhalten unterscheidet.

Die Glieder derselben, welche namentlich in Graben mehrere Anhänger zählt, lassen sich die Bärte wachsen, besuchen nie den öffentlichen Gottesdienst, sprechen mit jedermann per du, und ziehen vor Niemanden ihren Hut oder ihre Mütze ab.

Vorzüglich neigen sich viele junge Leute weiblichen Geschlechts zu den Grundsätzen dieser Secte hin; und in manchen Familien, deren Glieder sonst in musterhafter Eintracht und in Frieden beisammen lebten, sieht man nun Töchter, die dem Vater ihren Gehorsam verweigern und der Mutter ihre Liebe entziehen, und dieß Alles „um des Herrn willen." Das Traurigste hierbei ist, daß, wie überhaupt bei religiösen Schwärmereien, weder Milde noch Strenge bei diesen Verwirrten etwas helfen, weil sie sogleich mißverstandene Bibelstellen auf sich anzuwenden wissen, wie z. B.: „Man muß Gott mehr gehorchen als den Menschen", oder: „Ihr müsset gehasset werden um meines Namens willen"; oder gar: „Ich bin gekommen den Menschen zu erregen wider seinen Vater, und die Tochter wider ihre Mutter" &c.; und „wer Vater oder Mutter mehr liebt denn mich, der ist meiner nicht werth." — Einigen dieser Schwärmerinnen schreibt man wirkliche Verrücktheit und Geisteszerrüttung zu, von welchen man nur nicht genau weiß, ob sie die Quelle und Ursache ihres Separatismus, oder eine Folge desselben sei.

Schließlich versichert Einsender dieses allen Lesern der allg. K.-Z., und insbesondere diejenigen, die sich als Mitbetheiligte getroffen fühlen, daß aus keiner persönlichen Rücksicht, und überhaupt aus keiner unreinen verächtlichen Quelle die Mittheilung dieser Thatsachen geflossen sei, sondern aus herzlichem Mitleide (!) mit den Verirrten und aus der aufrichtigen und gutmeinenden Absicht, zur Verhütung gröberer Ausschweifungen auf geeignetem Wege Veranlassung zu geben, damit unsere evangelische Kirche endlich von den unseligen Parteien und Spaltungen, worin sich ihre Kräfte vergeuden, erlöst, und durch Eintracht und Friede stark und kräftig werde.

Henhöfer schwieg, aber die vielen bittern Dinge, die er von Innen und Außen erfahren mußte, wollten ihn manchmal zu Boden drücken, und im Februar 1829 warf ihn ein Fieber darnieder. Als er wieder in der Genesung war, schreibt Freund Gemmingen:

Steinegg, den 24. Merz 1829.

Lieber Freund im Herrn!

Können nicht alle Berge schon eben gemacht werden, so wollen wir doch herzlich danken für das Hinüberhelfen über solche, die vor kurzem noch so unübersteiglich schienen So hoffe ich denn nun auch bestimmt, daß es mit ihrer harten Leidensschule gehen wird, — die Sonne wird auf das Neue aufgehen, und mit ihren milden Strahlen alle Thränen trocknen, welche die Zeit her geflossen sind; ich sagte es hier mit festem Glauben, als man ihre

Krankheit so gefährlich machte; — jetzt gibt es mit unserem Freunde einen Wendepunkt, die Krankheit ist nicht zum Tode, sondern, daß der Sohn Gottes dadurch verherrlicht werde. Und gottlob, gottlob, wie ist dieses schon eingetroffen, wie wird es aber noch vielmehr eintreffen in der Zukunft.

Leben Sie wohl, der Herr segne Sie, und behüte Sie und

Ihren

in Ihm verbundenen Freund

Julius.

Es müssen in diesem Jahre noch schwere Trauertage gekommen sein, wenn v. Gemmingen in einem kurzen köstlichen Briefe schreibt:

Steinegg, den 13. Okt. 1829.

Mein theurer lieber Freund im Herrn!

Nur ein kurzes Wort, bis ich mehr sagen kann. Ich sehe das Kreuz liegt schwer auf uns Beiden, — (mein Herz blutete als ich ihren Brief las.) — Wir haben den Kelch mitsamen genommen, am 6. April 1823. Der Herr wird uns ihn auch leeren helfen, und stärken; wir wollen es Ihm getreu bis in den Tod nachtragen das liebe Kreuz, das doch endlich zur herrlichsten Palme wird, wenn es in rechter Geduld getragen wird. Es ist ja der Christen wahres Kennzeichen und ihr Orden. Wenn der Pabst dem Herzog von Anhalt-Köthen den Christusorden in Diamanten geschickt hat, so wollen wir das vom Herrn uns auferlegte Kreuz noch viel höher achten und uns mehr freuen, daß Er uns dessen werth hält, als über alle Ehrenzeichen der Fürsten dieser Erde; und Ihn nur bitten, daß wenn er sich einmal offenbaret, wir mit Ihm auch offenbar werden.

Ich weiß oft vor Kummer und Herzeleid gar nicht wohin, wenn ich das Elend alles betrachte, das der Fürst dieser Welt überall anrichtet; ich hebe aber göttlich getröstet oft auch mein Haupt empor nach der verheißenen Erlösung. In größter Eile

Ihr

getreuer Kreuzbruder

Julius.

So ging es in's Jahr 1830 hinein. Henhöfers Beschützer, Großherzog Ludwig, stirbt. Der traurige Zustand der Kirche bewegt Herrn von Gemmingen so, daß er bei Lesung des homiletisch-liturgischen Blattes, in welchem die herrliche Verordnung vom Jahre 1799, die Karl Friedrich gegen die jungen ungläubigen Prediger erließ, den Entschluß faßte, an den neuen Fürsten, den edeln und wohlmeinenden Großherzog Leopold ein Schreiben zu richten und jenes Blatt zu übersenden. Er schreibt darüber:

Steinegg, den 26. April 1830.

Theurer Freund im Herrn!

— — Bei Lesung dieses Blattes ergriff mich der Wunsch unwiderstehlich, es möchte unser lieber Großherzog doch auch lesen, was Sein allverehrter Vater über den Schaden der falschen Lehre für eine Ansicht hatte, was Er verordnete, und wie es jetzt stehet. Ich betete darüber herzlich zum Herrn der großen Gemeinde, und erlangte die Freiheit, dem neuen Regenten mit Ehrfurcht, Liebe, Kraft und Wahrheit einen langen Brief zu schreiben, und Ihm dieses Blatt anzuschließen; eben jetzt als ich an Sie schreibe, kann es in seinen Händen sein. Der liebe Gott gab mir Worte, welche hoffentlich nicht ganz in's Wasser fallen werden, und da ich es unter Gottes Schutz unternahm, diesen Schritt gleichsam an der geistigen Hand Karl Friedrichs zu thun, so freue ich mich still, und erwarte getrost, was der Herr aus dem unwürdigen Schreiben seines geringsten Knechtes machen will. Es war ungefähr eine ähnliche Aufforderung als jene, daß ich den König von Würtemberg um eine Gabe zum Kirchenbau bitten sollte, welche so unerwartete große Früchte trug. Dieser Gegenstand ist ungleich wichtiger, möge der allgütige Gott sich erbarmen, und durch Seinen Geist das Herz des Fürsten lenken, damit er in die Fußstapfen Seines theuren Herrn Vaters tritt, und eine Säule für's Evangelium wird. O möchte ich auch hier eine Bestätigung von Math. 7, 11. erfahren dürfen, welche Stelle mich damals so heiter stimmte, daß ich frohen Muthes vor einen fremden König hintreten konnte, von dem ich über Bitten und Verstehen erhielt. — Es ist derselbe Grund — der Bibelgrund — der Glaube an das Wort meines Herrn — welcher diesesmal auch mich bewog, an meinen eigenen Landesherrn eine viel bedeutendere Bitte zu thun. Beten Sie mit mir im Stillen, daß Gott sich dazu bekennt, und aus diesem Senfkörnlein mit der Zeit ein Freudenbaum erwächst. Was ich erfahre darüber, werde ich redlich wieder mittheilen. Ewig

Ihr

dankbarer im Herrn fest verbundener Freund

Julius.

Wie bezeichnet doch dieser Brief das Herz dieses treuen unermüdlichen Streiters!

Bald sollte Henhöfer inne werden, daß die schützende Hand nicht mehr über ihm war und er allein auf seinen Herrn gewiesen sei. Hatte er in seinen Gemeinden mancherlei Widerwärtigkeiten, bald mit den Schullehrern, dem Bürgermeister und vornemlich mit den Wirthen, denen er Abbruch that, so regten sich auch die Geistlichen wieder gegen ihn. In der Umgegend hatte von Weingarten her der Separatismus überhand genommen und war besonders auch hinüber nach Hagsfeld und Rintheim gekommen. Daran sollte nun, wie die Anklagen des dortigen Pfarrers beweisen, Henhöfer schuld sein. Es war zwar richtig, daß sich diese Leute oft zur Kirche nach Spöck und Stafforth aufgemacht hatten, und nach seinem Tagebuche stritt sich Henhöfer oft mit ihnen, aber zuletzt waren sie sowohl von ihrer Kirche als von Henhöfer weggeblieben, der ihnen zu fest in der kirchlichen Lehre stand und gegen ihre Schwärmereien auf's ernstlichste auftrat. Nichts desto weniger kam unter'm 19. October 1831 die Aufforderung vom Landamte, sich zu verantworten:

An Großherzogliches Pfarramt in Spöck.

Nr. 13,878. Das Unwesen der Separatisten betr.

Dem großh. Pfarramt in Spöck werden mehrere Zeugnisse des großh. Pfarramts zu Hagsfelden mit dem Bemerken zugesendet, es ergebe sich daraus, daß in diesen Zeugnissen dem großh. Pfarramt die Beschuldigung gemacht werde, als hätten die Separatisten durch den Besuch der Kirche in Spöck die Grundlage ihres Separatismus erhalten. Man fordert daher das großh. Pfarramt auf, hierüber genügenden Aufschluß zu geben, da, wenn es so wäre, die Veranlassung als dauernd betrachtet werden müßte, was das Amt nicht gleichgültig aufnehmen könnte.

Carlsruhe, den 19. October 1831.

Großh. Land-Amt.
v. Fischer.
vdt. Gulde.

Henhöfer antwortet. Seine Vertheidigung zeichnet klar seine Stellung zu den Separatisten; zugleich gibt sie auch einen entschiedenen Fortschritt seiner innern Entwicklung durch das Betonen der kirchlichen Bekenntnisse zu erkennen; denn sie zeigt, wie Henhöfer mehr und mehr aus der blos subjektiven Erkenntniß heraus tritt.

Großherzogliches Wohllöbliches Land-Amt!

Das Unwesen der Separatisten betr.

Einer verehrlichen Aufforderung großherzoglichen Landamts vom 19. October d. J., Nr. 13.878 zufolge, genügenden Aufschluß zu geben über die aus den Leumundszeugnissen der Separatisten von Rintheim hervorgehende Beschuldigung, als hätten dieselbe die Grundlage des Separatismus in der Kirche zu Spöck erhalten, dienet der Unterzeichnete gehorsamst wie folgt:

Die Lehre, die ich predige, ist keine andere, als die der evangelischen Kirche, so wie sie in h. Schrift, und im Auszug, in ihren symbolischen Büchern enthalten ist. Dies beweisen theils öffentliche Schriften, theils meine Predigten, die öffentlich gehalten werden, auch bin ich bereit Jedem, der zu prüfen im Stande ist, die genaueste Uebereinstimmung nachzuweisen. Selbst ein verehrliches Organ der hohen Regierung hat in öffentlicher Ständeversammlung anerkannt, daß ich und die mit mir verbundenen Geistlichen bei der alten Kirchenlehre stünden. Zweierlei Lehren in einer Kirche kennen wir nun nicht. Solche Lehre zu predigen ist aber meine Pflicht, denn ein Lehrer einer Kirche ist nicht angestellt, daß er eigene, sondern die Lehre seiner Kirche vortrage, oder daß er die Bibel erkläre nach seinem Gutdünken, sondern so wie sie seine Kirche erklärt, und in ihren symbolischen Büchern es ausgesprochen hat; so wie ein Beamter Recht zu sprechen hat, nicht nach seinem Gutdünken, sondern nach den Gesetzen jenes Staates, dem er angehört, und der ihn angestellt hat. Nun ist aber zwar die Bibel die Grundlage der gesammten christlichen Kirche, aber die Symbole sind die Constitutionen der einzelnen. In unserer konstitutionellen Zeit ist es nun gewiß auch die Pflicht der Geistlichen, sich an die Constitutionen ihrer Kirche zu halten, der katholischen an das Concilium von Trient, der evangelischen an die Augsburgische Confession. Auf die Augsburgische Confession hin wurde die evangelische Kirche gegründet, auf sie hin geschahen vor 300 Jahren und seither die Uebertritte aus der katholischen Kirche; die Bibel ist allen christlichen Kirchen gemein, aber die Augsburgische Confession enthält das Verständniß derselben für die evangelische, auf sie hin wurden Kirchen erbaut, Pfarreien und Schulen gestiftet, ja sie zu erhalten, und jeden Einzelnen derselben bei seinem Rechte zu schützen, übernahm der Staat die Garantie. Auch selbst im Jahre 1821 geschah die Vereinigung der beiden Kirchen auf die Augsburgische Konfession hin, wie dies die Generalsynode in ihrer 11. Sitzung deutlich ausgesprochen hat. Wenn ich nun die Lehre der evangelischen Kirche predigte, so wie sie in h. Schrift, und in ihren Symbolen enthalten ist, so that ich nicht mehr, als ich schuldig war, wiewohl ich es mit Freuden that, und fort thue, indem auch diese Lehre meine Ueberzeugung ist, und der Grund meines Uebertritts zur evangelischen Kirche: denn nicht in's Blaue hin, oder zu der Meinung eines sterblichen Menschen, sondern auf die Augsburgische Konfession bin ich vor 8 Jahren mit einem Theil der Gemeinde Mühlhausen zur evangelischen Kirche übergetreten. Hierin scheint auch der Grund zu liegen, nemlich daß ich diese Lehre predige, oder sie vielleicht lebendiger und deutlicher predige, als Andere, daß auch Leute aus fremden Gemeinden, und somit auch die Kirchheimer vor 4 Jahren zu mir in die Kirche kamen. Wem der Wein in diesem Wirthshaus nicht schmeckt, der geht in ein anderes.

Wenn nun aber diese Lehre Separatisten erzeugt, so fällt dies nicht mir zur Last, sondern der Kirche, deren Lehre ich predige. Meine Vertheidigung ist dann nur die, zu beweisen, daß ich keine andere, als die Lehre der Kirche gelehrt habe, der ich angehöre, und das thue ich mit Freuden. Mag dann die Kirche das Uebrige verantworten. Allein die Lehre der evangelischen Kirche stiftet so wenig Separatismus, daß sie vielmehr, wenn sie wieder auf alle Kanzeln zurückkehrte und lebendig getrieben würde, nicht nur allen Separatismus, sondern auch allen Aber- und Unglauben zerstören, und dafür wieder wahres Christenthum und eine bessere Zeit zurückführen würde. Zwar kann nicht geläugnet werden, daß da, wo die Lehre der evangelischen Kirche lebendig getrieben, und die Leute aus ihrem geistigen Tode geweckt werden, auch hie und da Secten entstehen, wie durch's Feuer hie und da ein Brand; schon der Apostel Paulus klagt darüber, und in seinem 2. Thessalonicher Brief im 2. und 3. Kap. führt er gerade solche Leute an, die ähnlich wie unsere Separatisten Vorwitz trieben, den jüngsten Tag erwarteten, und nichts arbeiteten, und ermahnt sie zur Arbeit; allein dieses fällt nicht der Lehre, sondern dem Misbrauch derselben zur Last, und dem eigenen verkehrten Sinn. Freilich Leute, die keine weitere Kenntniß haben, und Andere, die nicht in ihrer Ruhe gestört sein wollen, werfen alle Schuld auf die evangelische Predigt, und möchten lieber und tragen auch von ihrer Seite gerne bei, daß Alles in diesem Todesschlafe bleibe, wie eine Magd, die nicht gerne Kinder hütet, ihnen ein Schlaftränklein gibt, daß sie Ruhe hat, und was sie will, treiben kann. Ob aber ein solcher Schlaf, eine solche Kirchhofsruhe besser, ja ob sie recht vor Gott ist, das ist freilich eine andere Frage.

Ich könnte hiemit meine Vertheidigung schließen, denn wenn es gewiß ist, daß ich keine andere, als die Lehre der wahren evangelischen Kirche vortrage, was ja am Tage liegt, und ich weiter sehr gerne beweise, so geht alle Anklage nicht mich, sondern die Kirche an, und wie der Arzt, wenn er nachweisen kann, daß er die für eine Krankheit verordneten Mittel gehörig angewendet habe, ausser Schuld ist, auch wenn der Patient stirbt, so muß es auch der Geistliche sein, wenn er beweisen kann, daß er die Lehre seiner Kirche gehörig vorgetragen habe.

. Doch um den evidentesten Beweis zu führen, daß die Lehre der evangelischen Kirche, und somit auch meine Lehre keine Separatisten erzeuge, will ich noch Einiges beisetzen.

Der allerkürzeste und klarste Beweis ist wohl der, daß in meinen beiden Gemeinden kein Mensch Separatist ist, obwohl, Gott sei Dank, gar viele Menschen darinnen sind, die Gottes Wort kennen und lieben. Wenn denn meine Lehre Separatisten erzeugte, müßten gewiß hier die meisten sein. Es sind aber die meisten und hartnäckigsten Separatisten an jenen Orten, wo diese Lehre, wie ich höre, nicht getrieben wird. So war ich mehrere Jahre in Mühlhausen, und kein Mensch wurde Separatist. In Graben entstanden zwar während meiner Amtsführung Einige, allein es kann aktenmäßig nachgewiesen werden, woher sie ihren Ursprung haben; und so sehr ihr Anführer bemüht war, sich Anhang zu verschaffen, und diejenigen, die ihm Gehör gaben, zu befestigen, so konnte er es doch nicht dahin bringen, indem mit Ausnahme einiger wenigen Seelen alle zur Kirche kamen, und dadurch immer wieder wankend und zurückgeführet wurden. Auch waren sie damals ohne Ausnahme aller bürgerlichen Ordnung unterthan. Wenn meine Predigt Separatisten erzeugte, so müßte Spök und Stafforth, Graben und Mühlhausen der Sitz der Separatisten sein. Dies ist nun aber gar nicht der Fall. Und warum werden denn andere Leute von Rintheim, die noch heute kommen, nicht Separatisten? Es ist auch gewiß, daß, so lange die Rintheimer Separatisten zu mir in die Kirche kamen, sie nicht Separatisten, auch arbeitsam und aller bürgerlichen Ordnung unterthan waren. Woher entstanden denn aber die Separatisten in dieser Gegend, ehe ich in dieselbe kam? So waren schon früher in Weingarten und Gondelsheim Separatisten, und wurden besonders in ersterem Orte durch die Vereinigung sehr zahlreich. Aus diesem Allem ist nun offenbar und klar, daß die Separatisten in dieser Gegend nicht durch mich und meine Predigt entstanden sind; im Gegentheil aber wollte ich nachweisen, daß manche Separatisten durch meine Predigt wieder mit der Kirche versöhnt worden sind.

Aber woher entstanden denn nun die Separatisten, namentlich die Separatisten in Rintheim? Wenn das Großherzogliche Pfarramt sich hätte genauer erkundigen wollen, so würde es unschwer in Erfahrung gebracht haben, daß vor mehreren Jahren schon Separatisten von Weingarten fleißig nach Rintheim gewandert sind, daß sie dort durch Ausstreuung ihrer Lehre und Verdächtigung der meinigen die Leute nach und nach von mir abgezogen, und sie so stufenweise in ihren Separatismus hineingeführt haben. Doch zu dieser groben Ausartung kam es bei allen erst, als sie mit den bekannten Separatisten von Wilferdingen in Verbindung kamen. Hätte man einer Anzeige des Pfarramts von Graben mehr Gehör geben wollen, wäre wahrscheinlich dies Alles verhütet worden. Wie mag man nun aber mir die Schuld des Separatismus zuwerfen? Wenn ein Kranker längere Zeit bei einem Arzte medicinirt, nachher aber von einem Quacksalber, der um seine Waare anzubringen, den Arzt verdächtigt, Mittel braucht, und stirbt, wer ist denn jetzt Schuld, der Arzt oder der Quacksalber? Das ist doch klar.

Ich kann aber selbst zum Ueberfluß noch nachweisen und beweisen, wie ich bei jeder Gelegenheit privat und öffentlich in jener Zeit vor Separatismus gewarnt und selbst den Georg Raupp von Rintheim später noch einmal, da er nicht mehr in meine Kirche kam, ernstlich von seinem Irrthum abzustehen ermahnt habe.

Ich kann nachweisen und beweisen, wie gerade die Separatisten vor mir als ihrem Gegner die ihrigen gewarnt, und sich feindlich gegen mich und meine Lehre erwiesen haben. Dies sind doch gewiß keine Zeichen einer Verwandtschaft der Lehre.

Ich hoffe dies wird hinreichen, Ein Großh. L.-Amt zu beruhigen, auch mich bei Jedermann, der etwa noch den geringsten Verdacht hätte, völlig zu rechtfertigen. Darum bitte ich diese meine Verantwortung den Akten beizulegen.

9. November 1830.

Kaum hatte sich dieser Sturm gelegt, als seine alten Feinde in Mühlhausen sich wieder regten. Henhöfer hatte nemlich am 30. September 1832, einem kathol. Feiertag, bei einer Anwesenheit in Mühlhausen in der evangel. Kirche gepredigt. Sogleich kam die Anklage des kathol. Pfarrers zu Mühlhausen.

Großherzogliches Dekanat.

Gehorsamste Anzeige und Beschwerde
des kathol. Pfarrers zu Mühlhausen an der Würm.

Das unbefugte Predigen des evangel. Pfarrers Alois Henhöfers von Spöck in hiesiger evangel. Kirche betr.

Am 30. vorigen Monats hat Pfarrer Alois Henhöfer von Spöck in hiesiger evangel.-protestantischen Kirche unter dem Zulaufe einer großen Volksmenge aus den umliegenden evangel. Ortsgemeinden Badens und Württembergs gepredigt, ungeachtet ihm nach beiliegendem hohen Erlaß des Großh. Ministeriums d. J., evangel. Kirchensection vom 20. Sept. 1823, Nr. 5034 jedes Einmischen in die geistlichen und kirchlichen Angelegenheiten der evangelischen Gemeinde zu Mühlhausen gänzlich und strenge untersagt ist.

Da man nun die nur allzugegründete Besorgniß hegt, daß bei solchem Wiederauftreten dieses Mannes in Mühlhausen die bedauerlichen Aufregungen und Reibungen, wie solche früher hier durch ihn entstanden, sich wiederum erneuern möchten, und da insbesondere hiedurch der hohe Erlaß des Großh. Ministeriums d. J. evangel. Kirchensection gröblich verletzt würde, so ersucht man ein Großh. Decanat gehorsamst und dringend, hierüber bei geeigneter Stelle Beschwerde zu führen und darauf anzutragen, daß Pfr. Alois Henhöfer deshalb zu gebührender Verantwortung gezogen werde.

Mühlhausen a. d. Würm, den 1. October 1832.

Das katholische Pfarramt.

Reisch.

Ministerium des Innern.

**Evangelische Kirchensection.**

Carlsruhe, den 20. Septbr. 1832.

Nr. 5304. Erlaß Großh. katholischer Ministerial-Kirchensection, das unstatthafte Eindringen des Pfarrer Henhöfers zu Graben in kirchliche Verrichtungen zu Mühlhausen betreffend.

Beschluß.

Das evangel. Decanat Karlsruhe erhält den Auftrag, gedachtem Pfarrer Henhöfer zu eröffnen: Zu großem diesseitigem Befremden habe man aus Eintrags gedachtem Erlasse ersehen, daß sich derselbe noch pfarrliche Verrichtungen bei der evangel. Gemeinde zu Mühlhausen, ohne dazu von den kirchlichen Behörden eingeladen oder beauftragt zu sein, aus eigener Anmaßung erlaubte und sich namentlich habe beigehen lassen, an dem in der evangel. Kirche nicht stattfindenden Festtage Maria Himmelfahrt einen öffentlichen und feierlichen Gottesdienst für die dortige evangel. Gemeinde unter zahlreichem, auch auswärtigem und also vorher benachrichtigten Zufluß, gehalten habe. Indem man ihm nun über dieses sein in so manchem Betracht theils unbefugtes, theils in einer neu pietistisch. noch vielfältig bewegten Gemeinde, zu unvermeidlichem Anstoß gereichendes Eindrängen und Benehmen das gerechte Mißfallen mit ernsthaftem Verweis zu erkennen zu geben, befehle man ihm zugleich, sich künftig mit seinen geistlichen Verrichtungen, es wäre dann, daß er von seinem nächsten Nachbarn um amtsbrüderliche Aushilfe in Verhinderungsfällen ersucht würde, lediglich auf die ihm übertragene Pfarrei zu beschränken, und an derselben seines Amts würdig und gewissenhaft zu warten, insbesondere aber sich alles solchen Einmischens in die geistlichen und kirchlichen Angelegenheiten der evangel. Gemeinde zu Mühlhausen, welche nunmehr mit ihrem eigenen würdigen Seelsorger versehen sei, gänzlich zu enthalten.

Henhöfer vertheidigt sich in folgender Weise:

Großherzogliches Hochpreisliches Ministerium.
**Evangelische Kirchensection.**

Gehorsamste Verantwortung des Pfarrer Henhöfer zu Spöck, wegen des Predigens in der evangelischen Kirche zu Mühlhausen.

Angeklagt von dem katholischen Pfarrer zu Mühlhausen, und zwar darüber, daß ich in der evangel. Kirche daselbst gepredigt habe, und aufgefordert von Hochpreislicher evangel. Kirchensection, mich darüber zu verantworten, diene ich wie folgt:

Ich machte Ende Septembers d. J. einen kleinen Besuch bei Freiherr v. Gemmingen in Steinegg. Meine Absicht war, am Sonntage wieder zu Hause zu sein. Als ich aber dieses mein Vorhaben äußerte, drang nicht nur Herr v. Gemmingen, sondern auch Herr Pfarrer Hager und Alle, die zugegen waren auf's Aeußerste in mich, doch auch einmal wieder über Sonntag zu bleiben, und nach so langer Zeit ein Wort der Ermahnung an die Gemeinde zu thun, die in so enger Verbindung mit mir stehe, und die es schon so lange wünsche. Ich ging aber in diese Bitte nicht ein, sondern bestand darauf, am Sonntag wieder zu Hause zu sein. Als ich aber nach Mühlhausen kam, und wirklich fand, daß die Gemeinde es nicht nur sehr wünsche, sondern auch sehr betrübt und gekränkt würde, wenn ich mich der geschehenen und wiederholten Bitte entzöge, so beschloß ich bei mir nachzugeben, ohne aber einem Menschen außer am Samstage dem Pfarrer etwas davon zu sagen, damit ja kein Lärm oder Zusammenlauf von Leuten entstünde. Selbst in die Kirche ging ich nicht im Kirchenrock, damit ja auf keine Weise kein Mensch angezogen würde, sondern der dortige Pfarrer kleidete sich kirchlich an, und sprach auch das Altargebet. Jetzt erst in der Sakristei zog ich mich an und hielt die Predigt. Mit so viel Vorsicht erfüllte ich die Bitte.

Wenn dennoch fremde Leute zur Kirche kamen, so kamen sie gewiß nicht durch mich gerufen, sondern weil sie gewöhnlich kommen, vielleicht auch einige in der Muthmaßung, ich möchte etwa predigen. Uebrigens war der Zusammenlauf nicht so groß, denn sie hatten alle wohl Platz in der kleinen Kirche.

Ich dachte zwar wohl bei der Aufforderung und Uebernahme dieser Predigt an das hohe Rescript von 1823; allein so viel ich mich erinnerte — denn da ich weder jetzt noch sonst je nach Mühlhausen ging, um dort zu predigen, so hatte ich auch dieses Rescript seit dieser Zeit nie mehr gelesen, und kannte seinen Inhalt so genau nicht mehr — so war in jenem Rescript als Hauptgrund des Verweises angeführt, weil ich mir eine pfarramtliche Verrichtung ohne Einladung und Aufforderung von der kirchlichen Behörde erlaubt, und mich also in fremdes Amt eingemischt oder eingedrungen habe. Da ich aber dermalen vom Patron der Pfarrei, vom Pfarrer und dem Kirchengemeinderath, und der ganzen Gemeinde auf's dringendste eingeladen und aufgefordert wurde, so sah ich keinen Grund, wie Jemand, am allerwenigsten wie die katholische Kirche sich beschweren könnte, daß ein evangel. Pfarrer in einer für sich bestehenden evangel. Pfarrei und Kirche predige, selbst nicht nach diesem Rescript, denn nach solchen Aufforderungen wird man mein Predigen weder ein Eindringen noch ein Einmischen nennen können, was doch eigentlich nur verboten ist. Hätte übrigens ein Hochpr. Ministerium von 1823 auch mich gehört, wie das von 1832 und nicht blos auf die einseitige Klage der kathol. Kirche ihr Urtheil abgegeben, so bestände gewiß dieses Rescript nicht, und die katholische Kirche hätte jetzt keine Hand, sich in die Rechte der evangelischen einzumischen. Grund ist ohnehin keiner vorhanden, da selbst der alte und neue Vorwand, es möchten Aufregungen und Reibungen entstehen, wie leicht zu erweisen, in vorliegendem Falle nur gesucht und vorgeschützt ist, man müßte sie nur katholischer Seits wünschen und hervorrufen. Ich habe aber auch wirklich nicht gedacht, daß die kathol. Kirche klagen würde, denn für's erste sind die Verhältnisse jetzt ganz anders als 1823, wo dieses Rescript mit Rücksichtnahme darauf gegeben wurde, wiewohl auch dort nur ein eigenmächtiges Einmischen untersagt ist; für's zweite wurde schon 1830 bei der feierlichen Einweihung der Kirche in Gegenwart vieler Katholiken von mir eine Rede gehalten, und solches sogar öffentlich bekannt, und weder die kathol. Kirche klagte mich an, noch die evangelische forderte mich zur Rechenschaft, was doch hätte geschehen müssen, wenn das Gesetz seine Gültigkeit behalten, oder gar eine solche allgemeine Gültigkeit hätte erlangen sollen.

Ich hoffe also gewiß, sowohl ein Hochpr. evangelisches als katholisches Ministerium werden erkennen, daß hier kein Grund zu einer Klage vorliegt, und daß überhaupt zu viel verlangt sei, wenn man kathol. Seits verlangt, daß ich zu einer evangel. Gemeinde, mit der ich in so enger Verbindung stehe, nie mehr ein Wort reden soll, und das auch nicht in der evangelischen, von der katholischen ganz abgesonderten Kirche, wiewohl ich es nicht suche, und werde die Kläger mit ihrer Klage zur Ruhe weisen.

Spöck, den 24. November 1832.

Ministerium des Innern.

**Evangelische Kirchensection.**

Carlsruhe, den 1. Decbr. 1832.

Nr. 10,601. Das evangel. Land-Decanat Karlsruhe hat dem Pfr. Henhöfer zu Spöck auf dessen Verantwortung wegen des Predigens in der evangel. Kirche zu Mühlhausen, im Rückblick auf die Verfügung vom 20. Sept. 1823, Nr. 5034 zu erkennen zu geben, wie man von ihm erwarte, daß er künftighin die Veranlassung zu dergleichen Beschwerden vermeiden werde.

v. Berg.

Land-Decanat. Euer Hochwürden zur Kenntnißnahme mitgetheilt.

Karlsruhe, den 5. Decbr. 1832. F. Sachs.

Lepique.

So kam der bedrängte Mann nicht aus den Anklagen und der Anfechtung heraus. Aber dies persönliche Leid und dieser persönliche Kampf war bereits hineingeschlungen in den, welchem wir jetzt uns zuzuwenden haben, der bereits schon seit zwei Jahren entbrannt war.

# 7. Kapitel.

**Die Pfarrer Käß und Dietz. Reformationsjubiläum 1830. Der neue Katechismus. Petition der Sieben dagegen. Schriften gegen und für. Generalsynode von 1834.**

Wir treten in die bewegteste, aber gewiß auch reichgesegnete Zeit der neuern Badischen Kirchengeschichte, in die Zeit des sogenannten Katechismusstreites während der Jahre 1830—1834. Es war das die Periode der Sichtung und Befestigung des neu erweckten christlichen Lebens, das sich dadurch von dem noch vielfach Unklaren und Subjectiven, das ihm anhing, reinigte und in festere, kirchlichere und somit gesundere Bahnen einlenkte. Henhöfer sagt selbst in seiner kurzen Lebensskizze hievon: „Der größte Kampf, den wir hatten, war der Streit mit dem Katechismus, der zuerst angenommen, dann verändert und endlich ganz abgeschafft wurde."

Aber zum Kampfe gehören Streiter; und wie wir es auch sonst finden, daß Gott zur rechten Zeit auch die rechten Männer erweckte, so hatte auch für diesen Kampf der Herr sich seine Werkzeuge längst gerüstet, und stellte sie nun gerade, wo er solcher Hülfe bedurfte, seinem treuen Zeugen zur Seite. Ehe wir aber den Kampf selbst schildern, müssen wir diese von nun an mit Henhöfer auf's Innigste verbundenen Männer uns genauer ansehen, namentlich die beiden bedeutendsten unter ihnen, Käß und Dietz, zu deren Bekehrung er das menschliche Werkzeug werden durfte. —

Christoph Käß war geboren am 21. Novbr. 1796 zu Mannheim, ein Sohn redlicher, ehrbarer Bürgersleute. Er besuchte daselbst die Schulen und darauf die Universität Heidelberg. Ueber seine Kindheit und Jugend vernahm man selten etwas aus seinem Munde. Es liegt ein finsterer Nebel, wie bei Vielen, aus jenen

Tagen darüber, denn sie fielen in die laueste Zeit des religiösen Lebens unserer Gegend. Er studirte wohl fleißig, wovon die Beantwortung einer Preisaufgabe über die Versöhnungs-Lehre zeugt, welche des Preises würdig erkannt wurde; er grub in den Schachten der Gelehrsamkeit, ohne jedoch Anderes zu finden, als gemeine Steine, hie und da mit etwas schimmerndem Glimmer. Aber dies gab ihm keine Kraft zur Heiligung seines Herzens und keine Freudigkeit zu seinem so überaus wichtigen geistlichen Berufe. Dennoch war ein Verlangen nach Wahrheit in ihm, das ihn zur Ergreifung eines gewissen festen Grundes antrieb. Diesen glaubte er in den damals herrschenden Lehren der Vernunft gefunden zu haben, die eben als Denkglaube eine neue Gestalt angenommen hatten. So kam es, daß er mit zwei Freunden einen Bund schloß, nie etwas Anderes zu glauben oder zu lehren, als diese Menschenweisheit, — einen Bund, welchen Gott sowohl bei ihm, als bei den zwei andern Genossen desselben auf verschiedenen Wegen aufzulösen und in einen göttlichen Gnadenbund zu verwandeln wußte.

Nach seinem theologischen Examen war er entschlossen, sich dem Lehrfache zu widmen, und seine Neigung ging zu den berühmten Schweizerischen Instituten. Aber da im Vaterland Mangel an Geistlichen war, so wurde er, und zwar zu seinem Heile, geführt, wie er nicht wollte. Nachdem er Vicarius zu Mauer und dann Pfarrverweser zu Käferthal gewesen war, erhielt er seine erste Anstellung im J. 1821 als Pfarrer in Hochstetten, wo er auch in seine erste Ehe trat. Hier schien er Anfangs ganz glücklich und zufrieden, da er mit Liebe von der seit lange eines Geistlichen entbehrenden Gemeinde aufgenommen wurde, und in seinem Hause äußerlich gesegnet und im Frieden war. Aber nach kurzer Zeit fühlte er eine Leere; es wollte ihn bedünken, er sei umsonst da und verzehre seine Besoldung, ohne etwas dafür zu nützen. Oft beneidete er die Bauern um ihre Arbeit, welche doch Frucht und Gewinn bringe, während die seinige unfruchtbar und wirkungslos sei. Da ihm das rechte Schwert noch fehlte, so wollte seine Strenge so wenig helfen, als hie und da sein hervorbrechender Spott und bitterer Tadel, wodurch nichts gebessert, ihm aber wohl nach und nach die Ohnmacht und Herbe seiner Natur aufgedeckt wurde. Da sahe Gott ihn in Gnaden an, und legte in sein aufrichtiges und gewissenhaftes Herz den Samen des Glaubens und der Wiedergeburt.

Das Mittel zur Umwandlung des seligen Käß wurde unser eben um diese Zeit in seine Nähe nach Graben gekommene Henhöfer. Freilich ging das nicht so schnell, und was man hier in wenigen Zeilen zusammengedrängt liest, faßt in sich lange Wochen und bange Stunden, deren fröhliche Frucht offenbar wird, deren Leid aber dem Herrn allein bewußt ist. Das Feuer, mit welchem er predigte, die Klarheit und Wahrheit seiner Vorträge zog von überall Zuhörer aus den umliegenden Gemeinden herbei. Auch Käß fing an gegen diejenigen, welche in Henhöfers Predigt die ihnen fehlende geistige Nahrung suchten, zu predigen, trieb aber damit nur mehrere von sich weg. In den Zusammenkünften der Geistlichen widerstand demselben Anfangs keiner gründlicher, und ernster als Käß, dem die Lehre von der Verdorbenheit des menschlichen Herzens, von der Blindheit seiner natürlichen Vernunft, von der Erlösung aus Gnaden durch das Blut Jesu Christi eine Thorheit und ein Aergerniß war. Aber bald erkannte er doch, daß in dieser Lehre gewisse dunkle Stellen seiner Meinungen Licht und Gericht, und die Ahnung und Sehnsucht seines Herzens Erfüllung und Trost finden dürften. Und obwohl er jeden Fußbreit seines Bodens hartnäckig vertheidigte, ward doch Gottes Wort wider ihn so mächtig, daß er sich demselben zu unterwerfen und daraus zu lernen begann. So ward er nach und nach aus Henhöfers Gegner sein Vertheidiger und zuletzt sein Freund, ja der Freund dessen, den Henhöfer lebendig predigte.

Noch war es nicht so weit mit ihm gekommen, als er im Mai 1827 Henhöfers Nachfolger in Graben wurde. Hier kam er nun selbst mit den gehaßten und verschrieenen „Pietisten" zusammen, und lernte viele von ihnen kennen und hochachten. Schon im Herbste des ersten Jahres, als er seinen Landsmann G. A. Dietz bei der Durchreise nach dem benachbarten Friedrichsthal im Gasthause zu Graben begrüßte, und sich mit ihm in ein religiöses Gespräch einließ, mußte dieser die angefangene Aenderung gemerkt haben, da er hernach äußerte: „Diese Richtung meiner Nachbarn ist mir sehr unangenehm." Ein Jahr später (Sept. 1828) hatte ein benachbarter Pfarrer Hochzeit mit einer Tochter des Gastwirthes in Graben. Eine größere Zahl Geistlicher war zugegen, darunter auch sein Landsmann Dietz. Es ging sehr lustig her bis tief in die Nacht; wohl zog Käß sich rechtzeitig zurück — aber doch finden wir ihn Tags darauf mit der muntern und lauten Gesellschaft durch den Ort fahren zu einem Ausflug. Aber er that es mit geschlagenem Herzen, und als er nach einigen Tagen einer lieben frommen Wittwe, die gerade dem Pfarrhaus gegenüber wohnte, und die ihm schon manchen geistlichen Rath und Trost gegeben hatte, mit Schaam seine Verlegenheit bekannte und diese auf seine Frage: „was sie wohl von den Pfarrern gedacht habe, als sie dieselben auf dem Wagen gesehen hätte", antwortete: „durch Euch wird der Name Christi gelästert," so hatte er einen großen Schritt weiter hinab in die Buße gethan. Er fing schon an christlicher, evangelischer zu predigen, und als nun der himmlische Erzieher ihn noch schärfer in Seine Zucht nahm und um seines Zeugnisses willen Verfolgung zuließ (siehe unten die beiden Briefe des Herrn von Gemmingen) und hernach längeres Hauskreuz über ihn schickte, indem seine wie eine Rose blühende, junge Gattin an der Auszehrung dahin welkte und kurz vor ihrem Heimgang sein jüngstes Söhnchen (19. und 28. October 1839) ihm durch den Tod entrissen wurde, da konnte er sich nicht mehr halten. Zum ersten male kniete er nieder und suchte und erhielt Gnade und Leben von dem, der für uns in den Tod ging und ewig für uns lebt.*)

„Von nun an wuchs er, wie ein Baum gepflanzt an den Wasserbächen, und ward in kurzer Zeit ein ganz verwandelter Mensch. Sein nüchterner Forschergeist hatte jetzt das rechte Ziel gefunden, und bewegte sich in den Wegen der göttlichen Wahrheit. Seine reichen Gaben standen nicht mehr im Dienste der Eitelkeit, sondern des Reiches Gottes. Sein überlegendes Wesen ward im Gebet und Flehen zum ebenso besonnenen als entschiedenen Bekenntniß des Herrn, und seine natürliche Klugheit wurde von göttlicher Weisheit geheiligt. Seine Strenge verwandelte sich in evangelischen Ernst, der mit milden Worten tiefer eingriff, als Anderer scharfe Worte; sein Witz, der ihn sonst wohl zum Spotte getrieben hatte, wurde zum Salze, das würzt, aber nicht verletzt, das erhält und vor Fäulniß bewahrt, aber nicht verwundet. Aber ihn so auf Christum allein zu gründen, und ihn dadurch zum Licht für Viele, zum Leiter der Erweckten, zum Segen für seine Freunde zu machen, welche auf verschiedenen Wegen zu demselben Glauben geführt worden waren, dazu bediente sich Gott an ihm fort und fort innerer und äußerer Anfechtungen, schmelzender und läuternder Leiden, welche ihn lehrten, ganz und allein auf das Wort des Herrn merken."

*) Siehe: Zum Andenken an Christoph Käß u. s. w. Heidelberg bei Winter. 1844.

Der erste der oben erwähnten Briefe Gemmingens an Henhöfer vom 16. October 1828, also ein Monat schon nach dem Vorgang bei der Hochzeit, gibt zugleich ein so helles Bild von dem traurigen Zustande der damaligen Zeit, daß wir uns nicht enthalten können, ihn ganz mitzutheilen. Könnte man nicht meinen, es sei namentlich der Schluß des Briefes in unsern Tagen geschrieben? —

Steinegg, den 16. Oktober 1828.

Lieber theurer Freund in Christo!

Heute schreibe ich Ihnen mit Schmerzen, indem ich Ihnen die eben erschienene freimüthige Beleuchtung des Herrn Pfarrer Schlatter in Linkenheim zu beliebigem Gebrauch einsende. Mein Herz ist tief betrübt über die Erscheinung dieses Machwerkes, dieses Anhauchen des bösen Feindes; denn ich fürchte doch viel Nachtheiliges davon. Die erste Nr. 196 hätte ich mir selbst getraut, im Vertrauen auf Gottes Beistand würdig zu beantworten; 197 ist aber tieferer Art, woraus wohl ein großer theologischer Federkrieg entstehen kann. Was im ersten so unzart, als unverständig von Herrnhuterscher Spielerei, von einem religiösen Krebsschaden, von der Bildung der Grabener Gemeinde durch frühere Seelsorger, von der in jüdisch-heidnischen Formen festgerannten Blut- und Opfertheologie; von dem so falsch auf sich bezogenen: hier stehe ich, ich kann nicht anders, Gott helfe mir, das nur der festeste allertreueste Glaube an Christus sagen darf, so unheilig gesagt wird, — ja das hätte ich gerne in einem Brief dem Herrn Pfarrer Schlatter als ein Laie, an dem Gott viel Erbarmen und unaussprechliche Wohlthat durch Sein Wort vom Kreuz gethan hat, in aller Liebe, doch mit Ernst widerlegt. Doch ich überzeuge mich immer mehr, daß stille sein zum stark werden immer am zuträglichsten ist; und eine gänzliche Hingabe in wahrer Demuth an den großen guten Hirten, — ein solches Beugen unter Sein Kreuz — verbunden mit dem innigsten Gebet, daß Er Seiner Heerde sich annehmen, und selbst Seine Feinde schlagen soll, immer der königliche Weg ist und bleibt für die, welche nicht die besondern Aufträge haben auf der Wache zu stehen, und vor den Riß zu treten. O wird der liebe Herr Pfarrer Käß, der vielleicht noch nicht so gewohnt ist, um der Predigt des Kreuzes willen Schmach zu erdulden, wird er nicht wanken, nicht müde werden im getreuen Ausharren? Christus der große Siegesfürst, wolle doch Ihn, und auch Sie mein theurer Freund mit großer Stärke und mit Weisheit ausrüsten, daß hier das Rechte geschehe — nur was Gott gefällt, und es sich auch hier bewähre, daß bei der Feinde größtem Wüthen Gott die meisten Segnungen spendet. — So wie ich die Sache ansehe, darf von ihrer Seite nichts erwidert werden. Die vereinten Feinde scheinen das zu erwarten, zu wünschen, um erst ein großes Geschrei zu machen. Doch soll das Falsche, die Lüge nicht durch Stillschweigen triumphiren. Wer soll hier auftreten? — wichtige Frage! Eine allenfallsige Rüge von der kirchlichen Behörde sehen die Gegner als eine Schwäche ihrerseits an, hinter welche weder Sie, noch Herr Käß sich wird verschlupfen wollen, wenn schon Schlatter sagt: „Es würde Herrn Käß am erwünschtesten sein, wenn er sich durch ein Hinterpförtchen vom Schauplatz wegschleichen könnte. — Würdige Sprache Belials, der so gerne voraus triumphirt, bis er nach gefülltem Maß von Gott geschlagen wird. — Verzagen Sie nicht; Christus der Gekreuzigte, den Sie immer so treu in Seiner höchsten Liebe verkündet haben, wird Sie nicht verlassen, halten Sie sich ferner an Ihn, so wird er auch diese Feinde, wie auch endlich den letzten Feind schlagen. Ihm sei Ehre, Lob, Preis und Dank in Ewigkeit. Amen.

Reden Sie doch mit dem Herrn Ministerialrath Hüffell, hören Sie seinen Rath, harren Sie in Geduld bei dieser heißen Läuterung, Gott wird gewiß einen herrlichen Ausweg zeigen, denn wer ist je zu Schanden geworden, der auf Ihn vertrauet hat? Das Exempel der Alten ist auch für uns zum Trost angeführt. O das hab ich oft erfahren.

Ich sehe hier nicht einmal über die Kränkung meiner Freunde so betrübt, — so sehr leid sie mir thun, — als vielmehr darüber hin, daß die warme Vertheidigung des lieben Evangeliums soll beschränkt werden. Es gehet doch in unserem badischen Lande der Feind desselben in stolzem Uebermuth umher. Das sei Gott geklagt; — wie lange soll das noch so gehen dürfen! Ist denn kein Elias vorhanden, tritt noch kein von Gott gestärkter Mann vor den Riß? Darf aus Heidelberg, und dadurch von ähnlichen Quellen immer noch Christus so entsetzlich gelästert werden, bleibt dies noch lange dem Fürsten und Seinen Räthen verborgen? O Gott komme doch bald mit deiner Hilfe. — Wenn Christus Seine Kirche schützt, so mag die Hölle wüthen, Er der zur Rechten Gottes sitzt, hat Macht ihr zu gebieten.

Herzlich grüßt Sie und alle die Ihrigen

Ihr

im Herrn treu verbundener J.

Steinegg, den 7. März 1829.

Lieber Freund im Herrn!

Hier folgt die heute erschienene Antwort des lieben Herrn Pfarrer Käß nach ihrem letzthin geäußerten Wunsch. Ich habe sie mit inniger Freude gelesen, und zweifle nicht, daß sie den ungetheilten Beifall aller Derer finden wird, welche nur einigermaßen es mit der guten Sache halten wollen. Das Motto zeigt mir auch, daß Zimmermann selbst sie schätzt, welcher doch auch anfängt, etwas die Ultra-Rationalisten zu bekämpfen. Denn er hat seit einiger Zeit treffliche Aufsätze theils selbst geliefert, theils aufgenommen und höchst erfreuliche Erklärungen dabei gethan. Haben Sie die Güte mir dieses Blatt, wenn es gelesen ist, bald wieder mit den zwei vom vorigen Jahr zuzusenden, denn es wünschen Viele, Herrn Käß's letzte Antwort zu lesen, und den vorigen Jahrgang will ich nun binden lassen, wozu ich die Blätter nöthig habe.

Herzlich grüßen wir Sie und die Ihrigen Alle, stets der alte aufrichtige treue Freund im Herrn, aber in großer Eile — Julius.

Das war der Mann, der nun der innigste Freund Henhöfer's und der wissenschaftliche Mittelpunkt und Leiter des nun ausbrechenden Katechismusstreites wurde. Henhöfer hätte keinen geeigneteren Nachfolger für sein liebes Graben finden können. Er hat mit großer Treue und Weisheit fortgebaut auf den Grund, den Henhöfer gelegt hatte, und noch heute lebt er im gesegnetsten Andenken in der Gemeinde Graben und Diedelsheim, wohin er später kam. „Was nicht fördert das hindert" war seine Lebensregel, viel ließe sich von seiner Pastoralklugheit erzählen.

Der andere Mitstreiter war der schon erwähnte Landsmann Georg Adam Dietz. — Wir hörten schon, daß ihm die Richtung seiner Nachbarn unangenehm war. Seine Feindschaft gegen das lebendige Christenthum war noch größer, als bei Käß, weil es nicht nur seinem Vernunftstolz, sondern auch seiner Genußsucht zuwider war. Hören wir seinen vertrauten Freund, den Pfr. Ledderhose, über ihn:*)

„Er predigte die vergängliche Weisheit dieser Welt, und machte, wozu er in Käferthal keine äußere Veranlassung fand, Angriffe auf die „verderbliche" Richtung, die sich ihm schon bei seinem Anzug in Friedrichsthal kundgab und auch in dieser Gemeinde mehrere Freunde zählte. Er war so zu sagen vom wahren Christenthum umgeben, aber er verschloß doch sein Herz dagegen. Das kam nicht blos von der Hegelei her, mit der er angefüllt war, sondern hauptsächlich daher, weil die Genußsucht ihn stark festhielt. Dazu kam noch die Leidenschaft der Jagd, die ihn fesselte, und die sich doch so wenig für einen Pfarrer geziemte. Er sollte einst eine Hochzeit halten, und hatte kaum noch Zeit, das Jagdkleid mit dem Kirchenrock zu vertauschen. Er hatte aber sowohl darüber, als über sein Wirthshausleben, das der Gemeinde gar nicht erbaulich war und in dem Lichte des Evangeliums, das ringsum aufgegangen war, um so greller erschien, manche innere Bestrafungen. Weil der Geist Gottes sich an ihm auf eine so besondere Weise verherrlichen wollte, so führte er düstere Stunden in dem Gemüthe herbei, das sonst so lebensfroh war. Er fühlte mehr und mehr, daß ihm Etwas fehle. Die innere Zerrissenheit konnte durch Wirthshaus und Jagd so wenig, als durch die Quacksalberei der vergänglichen Weisheit zugeheilt werden. Und doch wollte er sich nicht heilen lassen durch die einzige Arznei, welche ist „Dein Wort, o Herr!"

*) Siehe „Evangelienpredigten von G. A. Dietz. Nach seinem Tode herausgegeben von K. Mann, Pfarrer. Mit dem Lebenslaufe des Seligen. Karlsruhe 1845." S. XIV. ff.

„Wie noch so vielen andern Feinden eines wahren Christenthums waren ihm solche Texte in der Bibel sehr erwünscht, in denen er eine Entschuldigung oder gar Rechtfertigung für das ungöttliche Wesen und die weltlichen Lüste zu finden vermeinte. Es liegt noch eine Predigt aus seiner finstern Zeit vor uns, die das Evangelium von der Hochzeit zu Kana bespricht. Da nennt er die ernsteren Christen eine Secte, die „ein finster-ernstes Wesen" hätten, und „die für verlorne Weltkinder hielten, die des Lebens bunte Blumen gerne pflücken, wo sie sie finden an ihrem Wege." Er vergleicht sie mit den Pharisäern und Schriftgelehrten, und nennt sie demüthig-hochmüthige Leute. „Doch", sagte er, „wir lassen uns nicht irre machen durch ihre Irrlehre." So geht es denn fort, er empfiehlt das Genießen, freilich mit Maaß. Aber dennoch hatte er keine Ruhe. Der Mann in dem benachbarten Spöck mit seinem mächtigen Evangelium brachte diese Unruhe hervor. Dieser, der ihn am tiefsten erkannte, urtheilt über Dietz also: „Er war ein denkender Kopf, und seine Liebhaberei war Streiten; besonders kehrte er seine Waffen gegen den sogenannten Pietismus, und an ihm hatte der Widerpart einen mächtigen Kämpfer gefunden. So oft wir zur Zusammenkunft nach Eggenstein gingen, wurde gestritten, vom Pfarrhause in Friedrichsthal an bis in's Ort hinein. Die Sünde erkannte er an, aber er hielt sie für nothwendig zur Entwicklung, sündig war sie ihm durchaus nicht." Die Liebhaberei des Streitens ward aber gerade genährt durch die Anmaßung, welche die Hegel'sche Weisheit in allen ihren Verehrern pflanzt. Seine Waffen kehrte er ganz besonders gegen Henhöfer, dessen einfaches Bekenntniß Christi ihn am meisten stachelte. Er erlaubte sich dann manchmal, so sehr auch seine Frau zu vermitteln und zu begütigen suchte, die heftigsten Ausdrücke gegen den theuern Mann. Besonders war dies einmal der Fall, als sie von Eggenstein, wohin die Pfarrer des Bezirks zur Besprechung theologischer Gegenstände gewöhnlich zusammen kamen, zurückkehrten. Henhöfer hatte Platz in Dietz's Kutsche genommen, der Streit ging auf's Neue an, Dietz gerieth in große Heftigkeit. So lange er lebte, hat er dieses Benehmen gegen Henhöfer sehr bereut. Schon hier fing eine Spannung zwischen Dietz und Henhöfer an, die sich aber zu einer weiten Kluft bildete bei einem Besuch in Spöck. Hören wir darüber Henhöfer selber: „Einst kam es wirklich zu einem so heftigen Auftritte, daß ich ihn ernstlich bat, in meinem Hause nicht mehr so verächtlich von Gott zu reden. Er gab eine harte Antwort darauf, und hier war's, wo er sich ans Fenster stellte und sprach: „Eher muß mir eine Ader im Hirn springen, ehe ich zu Ihnen falle und Ihrer Lehre Beifall gebe. Diese Lehre kenne ich längst." Nach diesem Auftritte war die Berührung mit Henhöfer gänzlich abgebrochen." —

Aber auch die Gegenparthei Henhöfer's, an die er sich nunmehr anschloß, konnte mit ihrem flachen Wesen und ihrer Geringschätzung der Bibel den wissenschaftlich strebenden Mann auf die Dauer nicht gewinnen. Er zog sich immer mehr zurück. Dazu kam ein längerer Besuch eines verwandten gläubigen Pfarrers aus Neuwied (Reinhard), der nicht ohne Einfluß auf ihn blieb. — Genug, Ende Juli *) 1829 mußten die Pfarrer von Friedrichsthal und Spöck gemeinschaftlich einen Abgeordneten zur Diöcesansynode wählen und zwar in Spöck. Zum erstenmale sollte Dietz nach 7 Monaten seinen Gegner wieder treffen. „Seine Frau hatte ihn vor seinem Weggange noch dringend gebeten, doch ja mit Henhöfer nicht so arg zu streiten, worauf er erwiederte: „Sei doch nur ruhig, dies Mal gewiß nicht!" Doch Henhöfer muß uns selber erzählen, daß dieser erste Besuch sich zu jenem letzten verhielt, wie Licht zur Finsterniß: „Wir — Vikar Hager und ich — hatten uns vorgenommen, in Nichts einzugehen, aber Dietz konnte ohne wissenschaftliches Gespräch und Streit nicht sein, und so wurden wir wieder hineingeführt. Doch dies Mal fanden wir den Mann ganz anders; viel ruhiger, nicht mehr so schreiend, in gar Manchem zustimmend, in dem er früher ganz entgegen war. Hager trat hinaus und mußte weinen, und auch mir trat eine Thräne in's Auge über diese Veränderung." Es war eben eine Gnadenarbeit Gottes an seinem Herzen angefangen. Der Besuch in Spöck hatte einen tiefen Eindruck auf ihn gemacht, Henhöfer hatte ihn noch bis nach Friedrichsthal zurückbegleitet. Sein Auge glänzte vor Freude, die Herzlichkeit gegen Henhöfer war sehr groß. Als dieser ihn beim Weggehen umarmte, sprach er tiefgerührt: „Gott Lob, daß wir nun eines Sinnes sind!" Die Pfarrfrau traute kaum ihren Ohren und Augen, als sie das hörte und sah. Auf ihre Frage: „Habe ich denn recht gehört, du seiest eines Sinnes mit Henhöfer?" erwiederte er mit tiefster, freudiger Rührung: „Freue dich mit mir, denn mir ist Erbarmung widerfahren. Ich weiß nun, daß ich in Christo Jesu Vergebung meiner Sünden habe." Den

*) Siehe Seite 271 Anmerkung.

letzten Ausschlag sollte noch Luther's Erklärung des Galaterbriefes geben, welche ihm Henhöfer am andern Morgen schickte. Henhöfer schreibt selbst darüber: „Wir waren so erfreut, daß wir nachher nicht genug Gott danken konnten. Ich hatte die ganze Nacht über diesem freudigen Besuche keine Ruhe, und mir fiel ein, daß Luthers Brief an die Galater so vielen Menschen zum Segen geworden sei. Mit einem einleitenden Briefe schickte ich ihm dieses Buch. Ein darin aufgefundenes Zettelchen, nicht absichtlich von mir eingelegt (es handelte davon, daß ohne Gebet das Wort Gottes nicht verstanden werden könne), fiel ihm besonders auf, und trug noch mehr zur Arbeit des Geistes bei. Er nahm nun das Buch, setzte sich damit in seinen Garten hinaus, las die Vorrede, und als er eine Zeit lang gelesen hatte, fiel es wie Schuppen von seinen Augen, er stund mit einem Male im Lichte. Die Sache hatte ihn selbst körperlich so ergriffen, daß er inne hielt, aufstund, sich streckte, und Gott mit demüthigem Herzen dankte." Mit großer Freude hat er einige Male dem Erzähler diese großen, für sein inneres Leben entscheidenden Augenblicke geschildert, indem er auf die liebliche Laube in dem Friedrichsthaler Pfarrgarten hindeutete. Von da an war er entschieden, und wie Paulus sich nicht lange mit Fleisch und Blut besprach, sondern zufuhr, so machte es auch der Pfarrer von Friedrichsthal. Seine Frau konnte sich anfangs gar nicht hineinfinden, aber weil er die Ueberzeugung hatte, daß die selige Umwandlung eines Sünders nur durch den Geist Gottes zu Stande gebracht werden könne, so unterließ er es, in sie zu dringen. Da es aber sein heißester Wunsch war, daß sie ihn in dem Heiligsten seines Herzens verstehen möchte, so gedachte er ihrer hauptsächlich im Gebete, und hatte ein solches Vertrauen zu der Kraft des göttlichen Wortes, welches er seit seiner Umwandlung mit ihr öfters las, daß es sich auch an ihr seligmachend beweisen werde. Wie sehr beglückte es ihn daher, als dieses Vertrauen nicht beschämt wurde, und seine liebe Frau bald die Liebe Gottes in Jesu Christo auch an ihrem Herzen erfuhr, und ihm so doppelt theuer wurde.

Der nächste Sonntag nach der Umkehr ihres Pfarrers war für die Gemeinde Friedrichsthal ein Tag allgemeinen Staunens. Denn das Wort, das man bisher hauptsächlich auf den Kanzeln in Spöck und Graben zu hören gewohnt war, erschallte jetzt auch, und zwar mit ungewöhnlicher Kraft, in der Kirche Friedrichthals. Die großen

Gaben und Kenntnisse, welche Dietz bis daher wider Christenthum gebraucht hatte, gebrauchte er nun für Christum. „Er predigte mit solcher Kraft und mit solchem Feuer, daß sich Alles erstaunte und in Erwartung war, was da kommen sollte. Täglich hielt er eine Morgenandacht in der Kirche. Nun aber gab es bald eine Scheidung in seiner Gemeinde. Vielen schien sein Eifer übertrieben; der von Natur lebendige und feurige Mann wurde im Dienste Gottes ein Petrus und ein Stephanus. Es lag überhaupt durchaus nicht in seinem Charakter, zurückzuhalten, sondern immer offen und gerade aufzudecken, und wie er dachte zu reden. Gerade dieses machte ihm viel Verdruß, und doch hat man lange Zeit seine Bekehrung für Heuchelei ausgeben wollen. Die ganze Veränderung dieses lebenslustigen Mannes konnte man sich nicht erklären." Das sind Worte Henhöfers, seines treuen Freundes. In allen Beziehungen offenbarte sich sein neues Wesen. Was ihm zur Sünde geworden war, das legte er ohne Bedenken ab, und scheute sich nicht, auf der Kanzel, so wie im Privatumgang ohne Rückhalt zu bekennen, daß er in Jesu Ruhe für seine Seele gefunden habe. Er zog sich dadurch viele Feinde zu, außerhalb seiner Gemeinde, besonders in derselben. Wo es Gelegenheit gab, da zeugte er offen und frei, wie er selbst war, von der Wahrheit, und dies ohne Ansehen der Person und ohne Menschenfurcht. Einst machte er bei einer solchen Veranlassung den Johannes, und schon hieß es nah und fern, er werde auch den Kerker mit ihm theilen müssen. Doch der Herr bewahrte ihn. —

Henhöfer hat nur zwei trockene, aber einschlagende Notizen in seinem Kalender darüber: 23. Juli 1829. „Dietz hier, nahm zwei Bände von Luther mit", — und 7. August 1829 — „zum erstenmal wieder in Friedrichsthal." *) —

Die Kämpfer waren also da, nun sollten aber auch noch ihre Waffen probirt und gerüstet werden. Dazu gab die 300jährige Feier der Uebergabe der Augsburgischen Konfession im Jahr 1830 Veranlassung. An diesem Tag, dem letzten Sonntag im Juni, wurde bei uns das Reformationsfest gefeiert. Und wie schon im-

*) Auf Grund dieser Notizen und persönlichen Nachforschungen, die es bestätigen, ist die entscheidende Zusammenkunft in Spöck oben S. 269 auf Ende Juli gesetzt worden, und nicht Ende August, wie es irrthümlich im Lebenslauf von Dietz (a. a. O. S. XVI.) und Ledderhose: „von dem Heilswege" Predigten von Dr. Henhöfer (Heidelberg bei Winter. 1863) S. 27 angegeben ist.

Jahre 1817 durch die Reformationsfeier ein neuer Frühling in die evangelische Kirche Deutschlands kam, so ist auch diese Feier für Baden der Anfang eines neuen Geisteslebens geworden. Die drei nun in Einem Geist verbundenen Nachbarn predigten gewaltig und gaben ihre Predigten auch in dem Druck heraus; sie geben ein so deutliches Bild von dem herrschenden Unglauben der damaligen Zeit und von der Freudigkeit und Kraft, mit welcher der neu erwachte Glaube sich Bahn brach, daß wir uns nicht enthalten können, einige Auszüge zu geben, zumal sie auch die Eigenthümlichkeiten dieser drei Glaubensmänner charakteristisch hervortreten lassen, Käß mehr wissenschaftlich und daher der Mann des Verstandes, Henhöfer populär, das Herz ergreifend, Dietz, feurig, beredt, alle drei aber im Glauben eins, mit einer, wie sie in der Vorrede selbst bekennen, „oft bis in die Worte sich erstreckenden Aehnlichkeit."

## Drei Predigten,

an dem 3. Jubelfeste der Uebergabe der Augsburgischen Konfession, gehalten am 27. Juni 1830,

von Pfarrer **Käß** zu Graben, Pfarrer **Henhöfer** zu Spöck und Pfarrer **Dietz** zu Friedrichsthal;

sämmtlich in der Land-Diöcese Karlsruhe.

Heidelberg, in der Reichard'schen Officin.

### Predigt von Pfarrer Käß.

Meine christlichen Freunde!

Es ist eine für das Reich Gottes höchst wichtige Zeit, in welcher wir leben. Was unser Herr einst von seiner Zeit sagte: „Das Himmelreich leidet Gewalt, und die ihm Gewalt thun, reißen es zu sich." (Mth. 11, 12) es gilt dasselbe auch ganz insbesondere von diesen Tagen.

Die Geschichte weiß seit langem von einer solchen Aufregung und Lebendigkeit in religiösen Dingen, wie wir sie jetzt allenthalben wahrnehmen, nichts, und ein jeder Blick auf dieß Geschlecht bringt uns des Herrn Worte: „Hebet eure Augen auf, und sehet in das „Feld, denn es ist schon weiß zur Erndte!" (Joh. 4, 35) in lebendige Erinnerung. Welche Regsamkeit zur Verbreitung des Christenthums unter den Heiden in allen Welttheilen durch Missionare und Bibelgesellschaften! und in diesem mit dem Christenthume schon längst bekannten Welttheile, welches Aufwachen allenthalben von dem langen Schlafe! — welches laute Verlangen nach dem lebendigen Worte Gottes! Und dagegen wieder unter denjenigen, welche dem

Worte Gottes feindlich gegenüber stehen, welche Umtriebe, welche Ränke, welche an Wuth gränzende Erbitterung! Es merkt der Fürst dieser Welt, daß er wenig Zeit hat. (Offenb. Joh. 12, 12.) Als wir im Jahre 1817 das Fest der Kirchenreformation feierten, fiel manch Saamenkörnlein für die Ewigkeit in die Herzen, welche der Herr durch die Erfahrungen so vieler Kriegs- und Drangsalsjahre für eine willige Aufnahme zubereitet hatte, und die große leibliche Noth eben jenes Jahres half nach seinem Willen getreulich das Werk zur Seligkeit fördern. Man kann wohl sagen, daß seit der Kirchenreformation selber, also seit 300 Jahren nicht so viel für das Reich Gottes geschehen ist, als gerade in dieser letzten Zeit; und wir sind dessen gewiß, das Fest, welches wir heute feiern, das Fest der Uebergabe der Augsburgischen Konfession wird nicht weniger segensreiche Spuren von sich zurücklassen, weil sowohl der Inhalt dieser Bekenntnißschrift unserer Kirche, als auch die wieder in das Andenken zurückgerufenen näheren Umstände deren Uebergabe, und endlich die Folgen derselben vorzüglich geeignet sind, unsere Ueberzeugung zu befestigen, daß das Evangelium eine Kraft Gottes ist, selig zu machen alle, die daran glauben. Wolle doch der Herr durch seinen heiligen Geist geben, daß diese Ueberzeugung in unser aller Herzen befestigt werde!

Dem Zwecke dieses Festtages angemessen, will ich Euch jetzt zeigen:

1) was die Augsburgische Konfession sei,
2) auf welchem Grunde sie ruhe, und
3) welche Pflicht wir in ihrem Betreffe haben.

I. Das Wort Konfession heißt in unserer Sprache: „Bekenntniß.“ Die Schrift, welche den Namen „Augsburgische Konfession“ führet, ist eine Bekenntniß-Schrift der evangelischen Kirche; das heißt: es ist in derselbigen verzeichnet, was die evangelische Kirche in Uebereinstimmung mit dem Worte Gottes von den Dingen des Heils lehret, — und welche Irrthümer und Mißbräuche als dem Worte Gottes zuwider, und an der Seligkeit verhindernd, sie verwirft u. s. w.

II. Der Grund, auf welchem die Konfession ruht, ist das Evangelium. Nachgewiesen aus Art. XX. der Konfession. Dann fährt er fort: „Unverständige Leute meinen häufig, jetzt sei man in rechter Erkenntniß des göttlichen Wortes weiter, als zur Zeit der Reformation, und meinen, wenn die Reformatoren jetzt lebten, so würden dieselben ebenso unglaubig wie sie sein. Aber das heißt doch in der That recht unverständig lästern, und legt immer einen Beweis davon ab, daß man sich noch nicht Mühe gegeben hat, den Geist jener Männer und seine Quelle kennen zu lernen, noch viel weniger das Wort Gottes an dem eigenen Herzen zu erfahren. Auch gibt es in unserer Zeit so Manche, selbst gelehrte Leute, welchen die Predigt von der Vergebung der Sünden ohne Werke, blos durch den Glauben an Christum, darum anstößig ist, weil sie meinen, solch eine Lehre mache in der Sittlichkeit träge, denn sie mache, daß man sich blos auf Christum verlasse, und darüber das Selbstwirken vergesse. Sie bemühen sich deßhalb, eine Gerechtigkeit aufzurichten aus ihren Werken. Dieß kommt daher, daß sie dem Worte Gottes nicht glauben, sondern ihre Meinung über die Schrift setzen. Aber diese Leute wissen nicht, was sie thun" u. s. w.

Dieß wird nun aus der Schrift und abermals aus Art. XX. nachgewiesen, und dann fortgefahren: „Seht, Freunde! So treu haben die Reformatoren an dem Worte Gottes gehalten und ist unsere Augsburgische Konfession im Grunde nichts anderes, als Gottes Wort selber, von den Reformatoren zusammengestellt, aber nicht ohne den heiligen Geist. Auf solche Weise hat unsere evangelische Kirche der katholischen Kirche, so wie den Secten gegenüber, das reine unverfälschte Evangelium zu ihrem Grunde erhalten, — das Evangelium, — von welchem der Apostel bekennet, daß es eine Kraft Gottes sei, die alle Glaubigen selig mache, weil in ihm die Gerechtigkeit offenbaret sei, die vor Gott gelte, welche komme aus Glauben in Glauben.

III. Aber dieser Grund liegt noch! Noch gilt, Gott sei gelobt! die Konfession in unserer Kirche! Ja, Gott sei gelobt! denn wie sind der Bestrebungen schon so viele gewesen, nicht etwa blos die Konfession, sondern vielmehr das Evangelium selber bei Seite zu schaffen! Es liegt jetzt eine Zeit hinter uns, in welcher Niemand mehr an das Evangelium glauben durfte, wenn er anders etwas gelten wollte, und ein ganzes Geschlecht ist im Unglauben erzogen, und die frechsten Gotteslästerungen sind von Leuten in hohen geistlichen Aemtern, in Druckschriften und von Lehrstühlen, ja selbst von Kanzeln herab verbreitet worden, ohne daß sie darüber je im mindesten zur Verantwortung wären gezogen worden. Die wenigen Getreuen des Herrn schwiegen fast muthlos stille, und es war ihnen, wie denen, die da saßen an den Wassern zu Babel und weinten, wenn sie an Zion dachten (Ps. 137, 1). Diese Zeit liegt hinter uns, und der Herr hat Treue gehalten seinem Worte, daß selbst die Pforten der Hölle seine Gemeine nicht überwältigen sollen. Ja, Zion wird wieder gebaut, und es regen sich allerwärts fromme Hände, den Bau zu fördern des Heiligthums. Ein neues Leben kommt allenthalben zu Tag und es werden dem Herrn Kinder geboren, wie der Thau aus der Morgenröthe (Ps. 110, 3.); und die Reihen der Feinde werden dünner, und hie und da tritt Einer zu uns herüber, durch welchen die Verheißung erfüllet wird: „Er soll die Starken zum Raube haben" (Jes. 53, 12.), und der dann hingehet, und die großen Thaten des Herrn an sich selber herrlich erfahren, zu verkündigen und die Gnade zu preisen nicht aufhören kann. Es gehet vor unseren Augen in Erfüllung, was der Herr verheißt: „Gleich wie der Regen und Schnee vom Himmel fällt, und nicht „wieder dahin kommt, sondern feuchtet die Erde und macht sie fruchtbar „und wachsend, daß sie gibt Saamen zu säen, und Brod zu essen; „also soll das Wort, so aus meinem Munde geht, auch sein. Es „soll nicht wieder zu mir leer kommen, sondern thun, das mir ge„fällt und soll ihm gelingen, dazu ich es sende" (Jes. 55, 10. 11).

Darum, weil das Evangelium wieder gilt, gilt auch die Konfession wieder.

Aber noch gilt sie. In der Vereinigungs-Urkunde vom Spätjahre 1821 bekannte sich die evangelische Kirche in unserem Großherzogthume auf's neue und ausdrücklich zu der Augsburgischen Konfession. Und in unseren Tagen hat es der Herr also zu leiten gewußt, daß die Augsburgische Konfession durch unsere Kirchenbehörde allen Geistlichen des Landes mit dem Auftrage zugefertigt wurde, dieselbe nicht nur heute, an diesem angeordneten Jubelfeste euch, den erwachsenen Gemeindegliedern, sondern sogar schon den Schulkindern in einem acht Tage lang fortgesetzten Unterrichte dem Wesentlichen nach bekannt zu machen. — — Diese Behörde hat den Text zur heutigen Predigt allen Geistlichen des Landes vorgeschrieben, und will somit heute alle unsere evangelischen Mitbrüder daran erinnern lassen, daß ein Christ sich nicht schämen dürfe des Evangeliums von Christo, und wir das Evangelium nicht für etwas achten sollen, mit dem man in gottlosem Leichtsinne verfahren dürfe, noch für eines Menschen Lehre, welche der Sittlichkeit nachtheilig wäre, — sondern für eine Kraft Gottes selig zu machen alle, die daran glauben.

Die nämliche Behörde hat das Lied zu der heutigen Predigt vorgeschrieben: „Eine feste Burg ist unser Gott rc." Das Alles ist doch Beweis genug, daß die Konfession noch für uns gilt. Sie hält uns mit der evangelischen Kirche in allen Ländern in Verbindung, und wenn ihr es recht besehet, auch in Verbindung mit Christo selber, und kann diese Konfession nicht fallen, außer es falle Christus selber mit, indem sie auf seinem Evangelium beruht. — — Macht euch ja mit dieser Konfession genau bekannt, denn es ist höchst nothwendig! Es ist für einen jeden evangelischen Christen Pflicht, aus dieser Konfession fleißig zu ersehen, was die reine seligmachende Lehre seiner Kirche sei. Ihr wißt, wie es in unserem Liede heißt: „Der alte böse Feind mit Ernst ers jetzt meint. Groß' Macht und „viel List, sein' grausam' Rüstung ist, auf Erd' ist nicht sein's Gleichen." Ja mit List rüstet sich Satan und er meint es ernstlich. Legt euch darum nicht sorglos schlafen, sondern wachet und betet! Legt die Konfession nicht hinter euch, sondern machet sie zum Maaßstabe, nach welchem ihr alles prüfet, was die Zeit Neues in die Kirche bringt und Altes aus ihr verdrängt. Soll unsere Kirche evangelisch bleiben, — und ihr lebt und sterbt ja darauf, daß sie die Kirche Gottes ist, — so muß sie auf ihrem Fundamente bleiben, dieses aber sind die Heilswahrheiten, wie sie in der Konfession so klar und deutlich gefaßt sind. Wird dieser Grund der Kirche entzogen, so stürzt sie unaufhaltsam nieder, und thut einen großen Fall.

Laßt euch die Konfession nicht verdächtig machen durch das Vorgeben, als wäre sie bloß und allein ein Zeugniß eines muthigen Protestirens, und als wäre das Protestiren, das Verwerfen, das Wesentliche unserer evangelischen Kirche, der darin festgesetzte Glaube aber bloße Nebensache, ein bloßes Erzeugniß finsterer Zeiten, um welches wir uns in unserer jetzigen so aufgeklärten Zeit nicht sonderlich mehr zu bekümmern hätten. Das ist ein allzugrober Unverstand! Denn das wäre wahrlich eine traurige Kirche, ja des Teufels Kirche selber, die ihr Wesen in's Verwerfen setzte. Die Theologen aus Beelzebubs Schule haben freilich gar meisterlich gegen Gott, Vater, Sohn und heiligen Geist protestirt, und haben das liebe gnadenreiche Evangelium beinahe aus der Kirche hinaus protestirt, aber die rechte evangelische Kirche hat immer nur gegen den Unglauben und Aberglauben, gegen allerlei Lüge und Ränke protestirt und ihr Wesen, ihr wahrhaftiges Leben hat sie immer nur in's Glauben gesetzt! Wer wäre doch wohl unter euch, der in irgend eine Geschäftsverbindung einen Theilhaber nähme, welcher ihm bei dem Eintritte in das gemeinschaftliche Geschäft förmlich erklärte: „Er sei willens gegen Alles nach seinem Belieben muthig zu protestiren." Eben so wenig wäre auf solch eine Zusage hin die evangelische Kirche von den katholischen Fürsten Deutschlands anerkannt worden u. s. w.

Aber wohl möchte auch euch zu Ohren kommen, was die Kinder des Unglaubens gegen die Konfession lügen, als ob diese der Glaubens- und Gewissensfreiheit entgegen wäre. Einem Protestanten, sagen sie, darf Niemand seinen Glauben vorschreiben; er duldet keinen Pabst über sich; schreibt ihm aber die Konfession seinen Glauben vor, so ist sie wie ein papierner Pabst! — Das klingt, Freunde! — aber es ist eben auch nur — Klang! Seht da die List Satans! Durch Besorgnisse wegen der Glaubensfreiheit will er euch von dem Glauben selber abbringen. Sagt doch jedem, der euch durch solchen Verdacht gegen die Konfession irre leiten möchte: Ey, Lieber, wer bringt dich denn durch den thörichten Stolz auf das Irrlicht deiner Vernunft so weit, daß du lieber an dich, an deine Weisheit, als an das Wort Gottes glaubst? Siehe doch zu, Lieber, ob du nicht doch einen Pabst über dir habest, und ob nicht gar Beelzebub selber dein Pabst sei. (Joh. 8, 37—44.)!

## Heubners Predigt.

Nachdem in Kurzem die Geschichte und der Inhalt der Augsburgischen Konfession erzählt worden, und der Unterschied von Gesetz und Evangelium deutlich dargethan ist, fährt er so fort: „Und dieses Evangelium von Christo hat Luther, dieser theure Mann Gottes, wieder an's Licht gebracht; das ist sein wahres, und das sein Hauptverdienst. Es ist wenig, und doch außerordentlich viel. Wollen wir es gehörig würdigen, so müssen wir wissen, wie es mit dem Christenthum in jenen Zeiten gestanden hat. Statt einer großen Beschreibung will ich in einem Bilde reden.

Man denke sich ein Gemälde, und auf demselben Christum gemalt. Die Maler waren die lieben Evangelisten und Apostel. Und wie malten sie ihn? Mit holdseligem, freundlichem Angesichte, als die Liebe, als den Erlöser und Heiland der Welt. Wer Christum malen will nach der Wahrheit, kann ihn nicht anders malen. Seine Menschwerdung, sein Leben, sein Leiden und Sterben, seine Auferstehung und Himmelfahrt, sein Sitzen zur Rechten Gottes, ja das ganze große Werk der Erlösung, was ist es anders als Liebe. So war dieses Gemälde im Anfang.

Wie ging es in der Folge mit ihm? Es kamen andere Maler, nicht mehr erfüllt mit dem Geiste der Erstern. Die hielten für besser, wenn es ernster und strenger wäre. Sie änderten also dem Bilde unseres Christus sein freundliches Gesicht, und malten ihn nach ihrem Sinne, und so, wie sie glaubten, daß er der Welt nöthig und nützlich sein werde; als ernst, und zürnend über die sündige Welt. Nun sah er streng und richtend aus; ein Schrecken der Sünder.

Wer sind diese Maler? Es sind die Geistlichen der spätern Jahrhunderte. Ihnen gefiel diese Lehre von der Versöhnung nicht. Sie hatten die Kraft derselben nicht an ihrem Herzen erfahren, und fürchteten: diese Lehre mache sichere und freche Leute. Sie predigten also Christum blos als Lehrer und Richter; als Lehrer, der das gebiete, jenes verbiete; als Richter, der Jeden verdammt, welcher seine Gebote nicht halte. Das war die Veränderung des Gemäldes, das das strenge und unfreundliche, das erzürnte Angesicht, das aber auch der Anfang zu allem Elend in der Kirche.

Und wie das? Es gab immer Leute, die gerne selig gewesen wären, und die Predigt von Christo, als Lehrer und Richter, vermehrte noch diesen Wunsch. So viel blieb auch noch aus heiliger Vorzeit übrig, daß das Heil nur in Christo liege, und daß nur Christus selig machen könne, die sich ihm nahen. Aber niemand getraute sich jetzt, ihm zu nahen, da er so ein ernstes, unfreundliches, und erzürntes Angesicht hatte. Was war nun zu thun? ihn versöhnen, ihn umstimmen, gut und freundlich gegen die Menschen, gegen diesen und jenen Menschen machen. Wer aber vermochte dieß? Auf Erden war Niemand, denn sie waren alle Sünder. Darum ging man in den Himmel, und suchte da Fürbitter und Helfer. Und wer hätte hier mehr vermocht, als Maria? war sie ja seine Mutter, die ihn geboren, und so viel mit ihm gelitten hatte. So kam Maria mit auf das Bild, liebevoller gegen Sünder, als Er, und wurde Fürsprecherin, Mittlerin zwischen Christus und den Menschen. Alles wandte sich jetzt an Sie, um durch ihre Hülfe den Sohn für sich zu gewinnen, und so selig zu werden. Die Bahn war jetzt gebrochen. Nicht nur Maria, es kamen der Heiligen die Menge auf das Bild; alle das unfreundliche und erzürnte Gesicht freundlich und gütig zu machen. Sie wurden Fürbitter für die Menschen bei Christus. Und nun wurden unzählige Andachten zu diesen Heiligen erfunden, so daß vor lauter Heiligendienst Christus ganz zurückgestellt und vergessen wurde. So kam es, weil man das freundliche Angesicht auf dem Gemälde änderte, weil man Christum als Erlöser und Heiland der Sünder hinwegthat, und ihn nur als Lehrer und Richter aufstellte, aus Jesus einen Moses machte. So wird es jedesmal kommen, so oft man diese Veränderung am Bilde vornimmt. So war es vor dreihundert Jahren, zu den Zeiten der Reformation.

Da fand Luther eine Beschreibung des Gemäldes von Christus; er fand die Bibel. Er verglich nun das Gemälde und seine Beschreibung, und sah, daß an dem Gemälde alles verändert und verunreinigt wäre. Nachdem er sich deß ganz überzeugt hatte, rief er laut in alle Welt hinein: das Gemälde muß geputzt (gereiniget) werden. Das gab nun freilich groß Geschrei, und vielen Widerstand; jedoch fühlte man die Wahrheit beinahe allgemein. Da aber Niemand Hand an's Werk legen wollte, besonders die nicht, deren Amt und Beruf es war, so reinigte er jetzt selbst das Bild. Er warf also die Heiligen mit ihren Andachten vom Bilde herab; sie gehörten nicht darauf; nicht mit einer Silbe war ihrer in der Beschreibung des Bildes erwähnt; vielmehr hieß es: „Kommet her zu mir „Alle, die ihr mühselig und beladen seid; ich will Euch erquicken." Matth. 11, 28. Nun wurde das Bild wieder rein von allen Heiligen. Noch aber hatte es den strengen Zug, das unfreundliche und erzürnte Gesicht. Er nahm seine Beschreibung des Gemäldes, die Bibel, wieder zur Hand und sah, daß auch dieses falsch war; darum wischte er auch noch diesen entstellenden Zug ab, und nun stand das Urbild da; der liebe, freundliche Heiland, der sein Blut hingegeben hat, die Menschen zu erlösen; der allen zuruft: „Kommet her zu mir, ich bin der Arzt, wer zu mir kommt, den will ich nicht hinausstoßen;" der liebevoller ist, als alle Heiligen; ja, der selbst unser Bruder ist, und keines Mittlers bedarf. Das war Luthers großes Werk. Er stellte das Bild wieder in seiner ursprünglichen Reinheit her, und das heißt Reformation; das ist sein wahres Verdienst.

Wir erkennen aus diesem Gleichnisse auch, daß Luther, und die mit ihm in einer Lehre stehen, nicht vom Glauben abgefallen, sondern vielmehr zum ersten Christenglauben hinaufgestiegen, oder zurückgekehrt sind; wir erkennen, daß er keine neue Kirche gestiftet, sondern die alte apostolische wieder hergestellt hat. Nicht wer das reine Bild hat, ist abgefallen, oder gehört zu einer neuen Kirche, sondern vielmehr der, der es nicht hat.

Das reine Bild ist das Evangelium von Jesu Christo, wie wir es zuvor beschrieben haben, und von dem der Apostel in unserem Texte sagt: „Das Evangelium von Christo ist eine Kraft „Gottes, die da selig macht alle, die daran glauben.“ — —

Aus der Predigt von Dietz theilen wir um des beschränkten Raumes willen mit:

„Es gab eine Zeit, sie ist kaum vorüber, da war das Wort Gottes theuer im Lande. Aber die Morgenröthe ist im Anbruch, die Todtenbeine fangen an sich zu regen. Wie kam's? Als auf den Kanzeln geschwiegen wurde, bestieg der Herr Zebaoth in eigener Person die Weltkanzel und predigte mit Donnerstimmen, mit Krieg und Seuche und Hungersnoth, und führte den gewaltigen Beweis seines Daseins selber. Und in die bereiteten Herzen fiel das Jubelfest der Reformation. Das Feuer, das unter der Asche glimmte kam zum Ausbruch. So ist auch der heutige Tag das zweite Signal zum Sammeln unter der Kreuzesfahne, die Reihen zu schließen. — — Wir heißen Protestanten, aber nicht weil wir gegen, sondern für das Evangelium protestiren. Nicht weil gegen Zeitirrthümer protestirt wurde ist der Tag zu Augsburg ein hochwichtiger Tag, sondern weil die ewige Wahrheit, das Evangelium von Christo öffentlich bekannt wurde. Schämen müssen sich alle in ihr Herz hinein, denen das Evangelium Aergerniß, Thorheit oder ein Mährlein ist; sie sollten sich heute in den Boden hinein verkriechen. Denn der heutige Ehrentag der treuen Bekenner ist der Tag ihrer Schmach und Schande, ihres Gerichts, und ein Vorbote dessen, was ihrer wartet am großen Tage.

Laßt euch nicht irren das feindliche Schreien,
Schließet noch enger die gläubigen Reihen;
Fasset noch fester die blutige Fahne,
Christus der Herr, er ist mit auf dem Plane.

Das sei unsre Losung: „Hie Schwert des Herrn und Gideon!“ Der rechte Gideon Jesus Christ, der Herr Zebaoth und ist kein andrer Gott, das Feld muß Er behalten! Amen, Amen, Amen!

---

Die Wirkung dieser gewaltigen, klaren, Verstand und Herz gleichmäßig ergreifenden Zeugnisse wurde freilich unterbrochen durch die eben ausgebrochene Julirevolution im benachbarten Frankreich, (s. Brief v. Gemmingen vom 23. Hornung 1830.)

Im folgenden Monat kam der lange erwartete neue Katechismus, der mit seinem Halb- und Unglauben „die Grundlehren der eben gefeierten Reformation mit Füßen trat; da konnten wir doch nicht schweigen“, äußerte sich später einer der jüngern Mitkämpfer. Dieser neumodische, provisorisch eingeführte Katechismus wurde das Loosungswort für den denkwürdigen und folgenreichen Streit, den wir jetzt näher beschreiben.

Nach den Beschlüssen der Generalsynode von 1821, §. 5 sollte „ein gemeinschaftliches Lehrbuch nach der von der dazu niedergesetzten Commission gegebenen Anleitung binnen Jahresfrist vollendet, und bearbeitet, von der theologischen Fakultät der Universität Heidelberg revidirt und zum Spätjahr des Jahres 1822 von der evangelischen Ministerialsection zum allgemeinen Gebrauch in Kirchen und Schulen, beim Confirmandenunterricht und den Sonntagskatechisationen für so lange eingeführt werden, bis sich entweder bei nächster Generalsynode aus seiner Wirksamkeit im Volk wird ergeben haben, ob dasselbe der Idee eines Landeskatechismus zugleich mit der Eigenschaft einer Bekenntnißschrift entsprechen, oder ein anderer solcher Landeskatechismus auf den Grund des bisherigen, mit Berücksichtigung des obigen Lehrbuches, ausgearbeitet und erschienen sein wird. Während dieses Jahres mögen die in den verschiedenen Landestheilen eingeführten Lehrbücher noch beibehalten werden.“

Wie diese „Union“ gemeint war, sehen wir aus dem Eingang des vom sel. Professor Schwarz in Heidelberg abgefaßten Berichtes der Commission, worin es unter Anderm heißt: „Wir geben unser evangelisches Christenthum um keinen Preis auf, sondern stehen darin unerschütterlich fest. Wir wollen also keine Vereinigung, welche sich gleichsam im luftigen Raum bildet, wir wollen sie in keiner losen Ferne suchen, sondern in dem festen Grund, in der Lehre, welche unwandelbar steht. Wir wollen auch nicht über unserer heiligen Lehre hinschweben, wir wollen nicht ihre standhaften Aussprüche umgehen, sondern wir wollen uns mitten im Wesen unseres Glaubens fest und selig vereinigen, — ja wir sind schon hierin vereinigt, — wir wollen das nun mit deutlichem Wissen erklären." — (Aus der Vorlage des Großh. evangelischen Oberkirchenraths über den Katechismus zur Generalsynode von 1855; — siehe Generalsynode vom Jahr 1855 nach amtlicher Darstellung. Karlsruhe, bei Gutsch, 1856, Bd. I., S. 211.) Demgemäß soll das anzufertigende Lehrbuch „die Vereinigung der Kirche in die Gemüther einführen, das gemeinsame kirchliche Leben im Herzensgrunde entzünden und die äußerlich vereinten Gemeindeglieder auch zum innern Vereine bilden, so daß jeder in der Kirche und die Kirche in ihm lebt. Solches Lehrbuch führt die bisherige Lehre der getrennten Kirchen in die vereinigte hinüber...... und dafür gibt es keinen andern Weg, als daß die uns gemeinsame Augsburgische Konfession und die der beiden Kirchen einzeln zugehörigen Konfessionskatechismen, der lutherischen und der Heidelberger, vereinigt wirken und in dem zu erwartenden der vereinigten Kirche zusammen fließen". Einen andern Maaßstab erklärt die Commission nicht finden zu können. Denn obwohl unsere Kirche den Grund der heil. Schrift sich durch keine Gewalt auf Erden dürfe nehmen lassen, so habe doch das evangelische Volk seinen Glauben auch aus den Bekenntnissen empfangen und diesen Glauben bis jetzt festgehalten. „Wir sind nicht berechtigt, den Gemeinden dieses Wort zu entreißen, und wollten wir uns auch dazu erkühnen, so würde sich der Glaube selbst gegen uns aufmachen, und wir dürften das nicht einmal tadeln, sondern müßten es vielmehr loben." (Ebenda S. 212).

Kirchenrath Hitzig entwarf dieses Lehrbuch, das der theologischen Facultät vorgelegt, von ihr aber so revidirt wurde, daß es Hitzig nicht mehr als das seine anerkannte, und der so revidirte Entwurf erschien nicht geeignet zur Einführung. Erst im Jahre 1829 bewilligte der Großherzog auf Anrathen des Prälaten Hüffell eine neue Prüfungscommission zur Ausarbeitung dieses Katechismus. — Der darin ausgearbeitete Katechismus erhielt sodann von Prälat Hüffell und Kirchenrath Sonntag seine schließliche Redaction. —

Zu einem der Bekämpfer dieses Katechismus hatte Hüffell gesagt: „Wir haben ihn mit einem gewissen Gottvertrauen und einem gewissen Leichtsinn gemacht" — und Sonntag gestand: „9 Stimmen gegen 3 haben sich der Anbetung Christi entgegengesetzt." — Die Kirchensection beantragte (16. April 1830) beim Großherzog die Genehmigung des Entwurfs zur Einführung, und bemerkte dabei: „Diese Arbeit, wie unvollkommen auch Manches sein mag, hat doch „den reinen biblischen Geist des Christenthums zu erreichen, und die „goldne Mitte zwischen zwei Extremen aufzufinden versucht, wodurch „sich unser gegenwärtiges Zeitalter charakterisirt." Unterm 29. April erfolgte die höchste Genehmigung zum Druck und zur Einführung. Durch Erlaß vom 30. Juli 1830 wurde auf den Anfang des Wintersemesters die allgemeine Einführung des Katechismus angeordnet.

Das war eine Zeit der Trübsal für Henhöfer und seine Freunde. Dazu kam, daß sein persönlicher Gönner, der der Wahrheit keineswegs abgeneigte Großherzog Ludwig gestorben war — und mit der neuen Regierung auch eine neue Aera angefangen hatte. Die Einführung dieses provisorischen Katechismus geschah im ganzen Lande ohne Widerspruch. Nur Eine Stimme erhob sich dagegen. Das war die Eingabe der Sieben; nemlich die drei uns bekannten Pfarrer Henhöfer in Spöck, Käß in Graben, Dietz in Friedrichsthal; ferner Pfarrer Hager in Mühlhausen, Henhöfers Vicar, durch ihn zum Leben gekommen und als Nachfolger in Mühlhausen empfohlen, wohin er am 15. April d. J. abgegangen war; daran schlossen sich drei Jüngere an: Pfarrverweser Haag in Hagsfeld, ebenfalls ein früherer feuriger Gesetzesprediger, und nun durch die Nachbarschaft, besonders durch Dietz's Einfluß für das Evangelium gewonnen, der leider noch viele Wandlungen extremster und nicht immer lauterer Art durchmachte; Vicar Frommel in Karlsruhe, der eben angefangen hatte mit großer Begabung und Wärme das Evangelium zu predigen, und Vicar Mann in Grötzingen, der schon eine christliche Erziehung genossen hatte. Ihr juridischer Berather war Director Fein in Karlsruhe. Jene Sieben waren freilich nicht die einzigen im Lande, die des Evangeliums sich nicht schämten. Es gab noch einige Pfarrer, die auf Seiten des Evangeliums standen und unter sich eine anregende Correspondenz angefangen hatten. Bähr in Pforzheim (der jetzige pens. Oberkirchenrath), Prorector Frommel daselbst, (Bruder des Vicar, später Decan und jetzt in Wieblingen), Lindenmayer, Schlatter und Schneider, — aber theologische Differenzen in der Versöhnungslehre verursachten eine Trennung. Auch mag Manches an persönlicher Antipathie gelegen haben.

Nach gründlicher Berathung (Henhöfer notirt in seinem Geschäftskalender: „31. August 1830, Fein, Haag, Frommel, Käß und ich zur Prüfung des Katechismus in Friedrichsthal") gaben sie Anfangs Oktober eine Petition an die evangelische Kirchensection ein, „die Einführung des neuen Katechismus betreffend." „Wir haben," führen sie darin aus, „den Katechismus einer sorgfältigen gewissenhaften „Prüfung unterworfen, und denselben nicht blos in vielen wesentlichen „Punkten mangelhaft, und überhaupt für den Unterricht der Jugend „ungeeignet, sondern sogar auch mit dem klaren Worte Gottes, wie „sich großentheils selbst aus den jeder Antwort angefügten Schrift„stellen so auffallend ergibt, in directem Widerspruch befunden." Mit schwerem Herzen hätten sie sich hievon überzeugt, und unter vielem Gebet erwogen, was unter solchen Umständen zu thun sei; der Gedanke an das Heil so vieler Seelen, für welche der Herr sein Blut vergossen hat, sowie der Umstand, daß durch diesen Katechismus zwei andere Katechismen, der lutherische und Heidelberger, in welchen die Heilslehren so gründlich abgehandelt sind, antiquirt werden sollen, habe sie über alle Gedanken an die Schwierigkeiten ihrer Erklärung weggehoben. Schon die biblischen Geschichten von Hebel hätten viel Anstößiges; allein der neue Katechismus soll ein Lehrbuch sein, gebe dem Glauben der lebenden Generation seine Richtung, und erziehe die kommende. Da nun die bekenntnißmäßige Lehre durch den Katechismus materielle Veränderung erleide, so fragen sie: „ob irgend eine Commission die Vollmacht besitze, ein Lehrbuch, das eine andere, als die seitherige kirchliche Lehre enthalten, zu verfassen", da die Kirche durch keinerlei gesetzliches Organ erklärt habe, daß sie sich zu den vom neuen Katechismus aufgegebenen Lehrsätzen nicht mehr bekennen wolle, oder die neue Glaubenslehre des Katechismus verlange. Hinsichtlich des Formellen könne die Kirche mit der Zeit insofern fortschreiten, als die Form dem Glauben analog bleibe, aber hinsichtlich der geoffenbarten Heilswahrheiten habe sie „außer ihrem ewigen Fundament, dem Evangelium, von ihrem Urheber auch die evangelische Freiheit zur Mitgift erhalten", und „keine Autorität unter keinerlei Namen und Vorwand dürfe ihre Bekenner zwingen, von dem klaren Worte Gottes abzulassen und menschlicher Meinung sich zu bequemen." Sowohl das Seelenheil der Gläubigen als auch der Bestand der Kirche erscheine durch den Katechismus gefährdet, und „wir würden deßhalb glauben, uns schwer zu versündigen, wenn wir uns durch menschliche Rücksicht und Bedenklichkeit bewegen ließen, wider göttliches Wort und unser Gewissen der Lehre des neuen Katechismus für unsere Person und Gemeinden beizupflichten. Wir halten es daher für Pflicht, anliegend die Abweichung des Katechismus von dem Worte Gottes und den noch unverworfenen Bekenntnißschriften unserer Kirche mit vorbersamster Uebergehung vieler in formeller und besonders pädagogischer Hinsicht nöthigen Ausstellungen, in einigen Hauptpunkten anzudeuten, und bitten gehorsamst:

„Eine Großh. hochpreisliche evangelische Kirchensection wolle „in Betracht der dargelegten Gründe, und nach dem Princip der „ächten evangelischen Freiheit, das Gewissen unbeschwert lassen, und „uns sowie die ganze evangelisch-protestantische Kirche des Großher„zogthums mit Einführung eines so unbiblischen und unchristlichen „Katechismus gnädigst verschonen."

Unter dem 27. Oktober 1830 erfolgte der Bescheid:

„Dem Landdekanat Karlsruhe ist die Eingabe nebst Anlage zur „Rückgabe an den Einsender zurückzusenden, indem man Eingaben, „welche das Produkt unstatthafter (!) Zusammenkünfte sind, oder wozu „Unterschriften gesammelt wurden, abgesehen von deren Inhalt, dahier „nicht annehmen kann. Die unterzeichneten Pfarrer der Diöcese sind „hierauf zur Nachachtung aufmerksam zu machen.

„Uebrigens muß man erwarten, daß die Einführung des neuen „Katechismus, der höchsten Anordnung zufolge, provisorisch ohne „Aufhalt vollzogen werde, indem die seiner Zeit versammelte Gene„ralsynode über die definitive Beibehaltung, nach Prüfung der sich „ergebenden Erfahrungen und Bedenken beschließen wird."

In der Ausfertigung an Vicarius Frommel in Karlsruhe wurde diesem außerdem „das diesseitige Mißfallen über seine in jeder Beziehung ungeeignete Theilnahme an jener Eingabe" zu erkennen gegeben.

So war der Fehdehandschuh hingeworfen und die von den 4 ältern Pfarrern ordnungsmäßig durch ihren vorgesetzten Decan eingereichte Petition einfach ohne Würdigung des Inhaltes zurückgegeben und die jüngern, zwar recipirten, aber noch nicht angestellten mit Verweis und Note bezeichnet.

Es zeigten sich auch die Folgen. Frommel mußte Jahre lang auf eine Anstellung warten, bald hieß es, die Pfarrei auf die er sich gemeldet sei zu gering für ihn, bald sie sei zu hoch. Mann ging eine Zeit in's Ausland, vicarirte dann beim kranken Dietz, bis er von der Colonie Wilhelmsdorf zum Pfarrer erwählt wurde, aber nur nothdürftige Besoldung hatte. Haag wurde wegen übertriebener Ausdrücke in Untersuchung gezogen, in's Oberland an die Schweizergrenze versetzt, dann in schmählicher polizeilicher Ueberwachung gehalten, zuletzt ohne Untersuchung und Angabe von Gründen suspendirt. Und auch gegen die 3 angestellten Pfarrer war man Anfangs willens strafend vorzugehen, man hoffte sie aber durch Haag's Versetzung vorerst zu schrecken. Doch wurde gegen Dietz eine Untersuchung eingeleitet, woraus er siegreich hervorging. —

Aber Henhöfer und seine befreundeten Collegen gaben die Sache noch nicht so bald auf. Das muthige Wort war im Glauben gesprochen, und zündete nun hie und da im Lande. Der Kirchengemeinderath in Grötzingen trug wegen der geldarmen Zeit Bedenken, den nur provisorischen Katechismus anzuschaffen, in Kleinsteinbach mußte die Regierung das Almosen anweisen, die Kosten vorschußweise zu bezahlen. Eine Reihe von Einwendungen gegen den Inhalt vom biblischen Standpunkte aus machte auch in einer Eingabe der schon erwähnte Prorector Frommel in Pforzheim. Endlich reichte am 24. December das Landdecanat Karlsruhe eine wiederholte Vorstellung der Pfarrer Henhöfer, Käß und Dietz ein, (worüber nachher) mit der Nachricht, daß in Deutsch- und Welschneureuth, Hochstetten und Liedolsheim Widerspruch von Gemeindegliedern gegen den Katechismus erhoben worden, und derselbe auch in Hagsfeld und Rintheim noch nicht eingeführt sei. —

Ehe wir auf diese zweite Eingabe näher eingehen, mögen einige Stellen aus Henhöfers Briefen an seinen lieben Vicar, den neuen Pfarrer von Mühlhausen, folgen, die helle Streiflichter auf jenes Jahr fallen lassen, auch seine Vicarsnöthen zeigen.

Spöck, den 24. April 1830.

Lieber lieber Hager!

Mit Sehnsucht erwartete ich, und noch Viele mit mir Ihren Brief. Er kam mit einigen erbaulichen Zeilen von Herrn von Gemmingen begleitet, Donnerstag Nachmittag....

Mit Ihrem Briefe erhielt ich zugleich einen von L.... Er drückt darin seinen festen Entschluß aus, zu mir zu gehen; nur bittet er aus mancherlei Ursachen um noch 2 Monate Zeit, doch wolle er auch sogleich kommen, wenn ich seiner bedürftig wäre. Ich werde ihm nun schreiben, und ihm die

Zeit geben, wenn es immer meine Gesundheit zuläßt; ich hoffe, indessen hat sich in Mühlhausen die Sache geordnet. Auf jeden Fall haben Sie einen Rücktritt zu mir, falls ich lebe, und wahrscheinlich bleibe ich auch so lange ohne Vicar, ist es mir immer möglich, bis ich Ihre Versorgung weiß. L. . . . wird nur unter dieser Bedingung angenommen. Mit meiner Gesundheit hoffe ich, soll es nach und nach wieder besser werden, es sei denn, daß mich der Herr ausspannen will, wornach sich mein Geist oft recht sehnet, wenn auch das Fleisch nicht daran will, und der Teufel vieles weiß. Ich ging noch am nämlichen Tage zum Doktor, als ich von Ihnen schied, weil ich nirgend Ruhe hatte, und wohl fühlte, was der Doktor fand, daß ich Ursache hatte, und will es heute wieder thun. Die erste Medicin brachte wenig Wirkung, vielleicht bringt die zweite mehr, da der erste und größte Schmerz vorüber ist, und auch die Natur sich seither etwas geholfen hat. Wie gütig der Herr gegen mich ist, beweist mir auch das, daß ich seither nicht die geringste Arbeit in den Gemeinden hatte.

Schlatter und seine l. Frau werden wahrscheinlich fort sein, sonst würde ich Ihnen einen freundlichen Gruß aufgetragen haben. Der Herr gebe, daß er an Leib und Geist gesund und gestärkt werde. Auch Sie, mein lieber Freund und Bruder, empfehle ich täglich dem treuen Herzen meines Heilandes. Ich gehe gar viel mit Ihnen um, bei Tag und Nacht, zu Haus und auf meinen Spaziergängen, auf denen ich nun wieder einsam umherwandle. Wie oft im Andenken an Sie weint mein Auge und betet meine Seele. Ich bin wie ein Vater, dem seine Kinder genommen sind. Doch ich tröste mich damit, daß der Herr es gethan, und Sie dort, in einer Gemeine, die ich auch die meinige nenne, zum Segen brauchen will. Darum glaube ich auch gewiß, daß Sie bleiben, und nicht mehr zurückkehren werden. Haben Sie nur Muth, Er ist ja treu, der uns nicht läßt über unser Vermögen versucht werden. Geht's durch's finstere Thal, so ist Er ja gerade bei uns. Beten Sie ferner fleißig, und vergessen Sie ja auch mich nicht. Ich bedarf's nach Leib und Seele. Namentliche Grüße kann ich Ihnen keine ausrichten. Dieser und noch ein solcher Bogen würden nicht langen. Grüßen Sie herzlich die Gemeine, keines ausgenommen. Ach daß der Herr sich Aller erbarmen, Alle auf's neue mit seinem Trost und seiner Kraft erfüllen möge. Es liegt mir dies sehr an. Sagen Sie es ihnen, und bitten Sie sie darum in meinem Namen. Grüßen Sie in Steinegg Alles. Herman hat vom Herrn einen feinen Geist erhalten, der Herr erhalte ihm denselben immer lebendig. Es grüßt und umarmt Sie im Geiste

Ihr

Henhöfer, Pfarrer.

Lieber Freund im Herrn!

Ich habe Ihre beiden Briefe vom 23. und 25. d. M. erhalten. Daß L. . . . fort ist, wissen Sie, ich kann Ihnen also nur noch sagen, daß noch am nämlichen Abend als Sie weggingen, die Veranlassung dazu gegeben wurde. Seit 3 Wochen hatte L. . . . nicht mehr eine Silbe vom Worte Gottes geredet, diesen Abend mit einer besondern Freundlichkeit zum erstenmal wieder, ob absichtlich oder zufällig, das weiß ich nicht. Allein die Unterredung konnte auch diesmal nicht herzlich werden, sondern ging gleich in Streit über. Nach langem Hin- und Herdisputiren wollte ich nun die Sache auf einmal zu einem gewissen Ziele bringen. Darum da er seine Rechtschaffenheit abermals so hoch pries, so stellte ich ihm sein Leben als einen Gegenbeweis entgegen und zeigte ihm wiewohl in Liebe, daß auch er ein Sünder, und der Versöhnung gerade wie sie die Bibel gibt, nöthig habe. Allein der h. Geist hatte nicht mitgeholfen, er hielt entgegen; erklärte die innerliche Sünde nicht als Sünde, ja den Stolz sogar für etwas Gutes, weil viel Gutes dadurch geschähe, und verwickelte sich von Widersprüchen in Widersprüche. Der Ausgang war, daß er wieder zurückgehen wolle, da diese Lehre nicht die Seinige werde. So ging er denn auch schon am folgenden Dienstag früh nach Kronau, und kam von dort vor wenig Tagen nach Heidelberg. Er dauerte mich sehr, denn er ging mit Weinen weg. Doch wollte er auf keine Weise mehr bleiben. Er gestand selbst, daß nicht Theologie, sondern Philologie seine Sache sei, und er erstere nur des Brodes wegen studirt habe. Seine Krankheit ist Stolz. Stolz auf Kopf und Herz. Wenn ihm Gott Leiden schickt, mag es vielleicht besser werden.

Ich habe einige Aufträge gegeben um Leute, die im Kreuz aufgewachsen sind, damit der Stolz, die Krankheit unserer Zeit, nicht so hoch stehe, und man eher etwas zu ihrer Verbesserung thun kann; ich bin begierig wer nachfolgt. Ihretwegen habe ich an Herrn von Gemmingen geschrieben, und ich denke, daß etwas geschehen soll. Ich glaube aber nimmer, daß Sie hierher zurückkommen. Stille sein und des Herrn harren, ist auch hier das Beste. Wenn wir stille sind, wird uns geholfen. Wir glauben oft, jetzt solle dies und das geschehen, der Herr aber weiß die rechte Zeit, und vielleicht 8 Tage früher oder später wäre Unzeit gewesen, und hätte nichts oder das Gegentheil herausgebracht. Darum wollen wir diese Sache dem Herrn empfehlen, der auch die rechte Zeit vorsehen, und dort Alles bewegen wird. Die von uns nöthigen Schritte sind nun durch meinen Brief geschehen.

Die Visitation am letzten Sonntag ging wie die in Graben ruhig und friedlich ab. Von meiner Frau meinte Herr Dekan müsse er etwas wider mich oder Sie erfahren, sie aber brachte ihn ordentlich zum Schweigen. Ich war indessen in der Kirche zu Stafforth. Er wandte sich selbst noch auf seine indirekte Weise an die Kirchenältesten, allein ein stummes Schweigen machte auch ihn verstummen. In der Predigt soll er außerordentlich unruhig gesessen sein. Ein Grabener stand neben ihm und beobachtete ihn. Auch über Tisch gab es Einiges, was jedoch Alles in Friede ausging. Er hat noch weit zum wahren Christenthume.

Käß und Dietz fuhren noch in selbiger Nacht nach Mannheim zu Karbachs Versteigerung. Dietz steigerte Luthern, die Ausgabe, die ich habe zu 22 fl., Käß die Berlenburger Bibel zu 10 fl. Noch viele andere schöne Bücher haben sie mitgebracht. Von Mannheim gingen sie nach Heidelberg, wo sie nach dem Druck unserer Predigten sahen. Sie werden nun in 8 Tagen erscheinen. Von D. haben wir eine sehr elende gelesen. Ich bin begierig, die von Mann zu bekommen. Dietz, der heute Mittag nach Karlsruhe geht, will sie mitbringen.

Der Herr segne Sie und Ihre Gemeinde, die ich mit Ihnen freundlich grüße. Geben Sie bald wieder Nachricht

Ihrem

Freitag, den 30. Juli 1830. Sie liebenden J. H.

Inzwischen war am 13. August 1830 von Gernsbach ein neuer Vicar, Namens Rothengatter eingetroffen, über den es im Kalender am 21. August heißt: „Ernstliche Unterredung mit Rothengatter. Ende und Anfang; am 13. October ging er wieder fort." — Am 14. November schreibt er an Hager:

Den 14. November 1830.

Lieber Hager!

Wir sind glücklich nach Wilferdingen und von da Abends 7 Uhr nach Stafforth gekommen. Käß und Dietz hatten kräftige Predigten gethan, und der Teufel fangt auch sogar in Spöck an zu rumoren. Am Mittwoch mußte ich mit Dietz nach Karlsruhe wegen Einweihung seiner Kirche. Seine Gegner schrieen aus, er dürfe sie nicht mehr weihen, und schüchterten dadurch die Andern ein, und Herr Dekan schien sie zu begünstigen, indem er die Einweihung noch 14 Tage hinausschob. Wir gingen daher zu Hüffell, trafen ihn aber nicht, redeten aber lange mit Sonntag. Durch eine Vorstellung an das Ministerium wird sie nun heute über 8 Tage, d. i. den 21. dieses geweiht. Ich habe den Auftrag, Sie und durch Sie Herrn v. Gemmingen einzuladen. Morgen werden wir nach Karlsruhe gehen, um auch Hüffell, an den Dietz in seiner Angelegenheit geschrieben und von dem er wieder Antwort erhalten hat, zur Einweihung einzuladen. Sie ersuche ich all die Musik zu den Liedern mit der Maria zu schicken, indem ich Kapellmeister werden, und was noch möglich ist, davon einüben soll. Die Musik zu: „Ach weih ihn ein ꝛc." habe ich, aber das übrige nicht, vorzüglich wünsche ich den Chorgesang. Haben Sie noch übrige Programme, so schicken Sie der Lieder wegen eins, (nemlich von der am 7. November stattgehabten Kircheinweihung in Mühlhausen.)

Heute ist außerordentliche Kirchenvisitation in Hagsfeld. Wer etwas anzubringen habe, ist aufgefordert, auf dem Rathhause zu erscheinen.

Gegen den Katechismus ist seither wenig geschehen, ich hatte gar keine Zeit.

Dietzens Untersuchung wird Herr Amtmann Mühling und Herr Dekan vornehmen.

In meinem Hause grüßt Sie und die Helene Alles freundlich, auch alle Mühlhauser. Ich hoffe bald recht viel Gutes von Ihnen zu hören, und habe eine stete Sehnsucht nach Ihnen. Darum ich wohl auch bald wieder kommen werde. Einem Vicar, der mir auch geschrieben, habe ich Antwort gegeben. Ist der Mann von Gott bestimmt, so wird er kommen, sonst nicht.

Nun leben Sie wohl. Herzlich gegrüßt von

Ihrem H.

Lieber Hager!

Nur wenige Worte in Eile.

Dietz ist zwei Tage in Karlsruhe vor Verhör gestanden. Als großer, vielleicht einziger Feind zeigt sich Herr Dekan. Ritterlich hat er aber mit ihm durchgekämpft, und Mühling sein Recht eingesehen. Das Meiste muß jetzt noch schriftlich geschehen. Wir hoffen nicht, daß die Sache eine ungünstige Wendung nehme, sondern vielmehr ein Sieg für das Reich Gottes werden solle.

Haags Leute haben den Dekan wegen seiner Visitation verklagt. Derselbe war auch dieser Tage bei Hüffell, und hat mit demselben durchgekämpft. Das Ende war: Was er wider den Katechismus habe? „Er ist unbiblisch, unkirchlich und unchristlich," worauf Hüffell antwortete: „Mit ihnen habe ich nichts mehr zu reden, wir werden uns an einem dritten Orte sprechen. Ich bin beständig überall. Ich empfehle mich." In Karlsruhe sind die Pietisten eine große Last, und werden das Tagesgespräch. Dietz aß bei seiner Untersuchung unlängst im Waldhorn zu Nacht, und kam zwischen 2 Offiziere zu sitzen. An der Wand hing eine Tafel, die Lebens-Assekuranz enthaltend. Auf derselben stand zwischen zwei großen Buchstaben eines Wortes ein kleiner mitten inne. Der eine Offizier bemerkte das, und sprach zum andern: „Siehe da, der sitzt auch zwischen drinn, wie ein Pietist zwischen zwei lustigen Brüdern." Sie kannten ihn aber nicht. Die Pietisten sind bald Tagesgespräch. Hüffell predigt fleißig gegen sie.

Die Arbeit mit dem Katechismus ist fertig. Wir werden nur noch ein und das andere corrigiren und deutlicher machen, und dann sie eingeben. Wir gingen sie gestern Nachmittag bis Nachts 9 Uhr in Friedrichsthal durch. Kann ich, und erlaubt's immer die Zeit, so will ich sie noch vorher Herrn v. Gemmingen mittheilen; auf jeden Fall bald nachher.

Dietz wird die nächste Woche das Amt wohl in's Ort bekommen. Welcher Aufwand wegen Lappalien. Daß er gesagt hat: Das Schwein wälzt sich wieder im Koth; man müsse Gott mehr als der Obrigkeit gehorchen, sind die Klagpunkte, und Herr Dekan benimmt sich hiebei, wie ein heidnischer Pfaff.

Allenthalben herzliche Grüße von

Ihrem

Freitag, den 26. November 1830. H.

Die oben erwähnte zweite gemeinsame Vorstellung der Pfarrer Henhöfer, Dietz und Käß (vom 18. Dezbr.), welcher in besonderer Schrift die Nachweisung über die Abweichungen des Katechismus vom Bekenntniß beigelegt war, wiederholt die vorigen Bedenken; bedauert, daß nichts zur Beruhigung des Gewissens der Unterzeichner geschehen sei, weist nach, daß die Generalsynode nur über die Abendmahlslehre übereingekommen sei, weshalb das seither Gemeinschaftliche der Lehre in der vereinigten Kirche unverändert beibehalten werden müsse. Wenn das neue Lehrbuch auch nicht dem Buchstaben nach dieselben Ausdrücke der vorigen Katechismen enthalte, so müsse es doch auf dem Grund derselben ausgearbeitet sein, und §. 5 der Unionsurkunde bestimme, wenn das neue Lehrbuch verworfen werden müßte, so müsse auch in dem, an dessen Stelle zu setzenden Lehrbuche, die seitherige kirchliche Lehre vorgetragen werden.

Wäre dieß geschehen, und der Katechismus nur in unwesentlichen Punkten mangelhaft oder unklar, so könnte man wohl die Verbesserung der nächsten Generalsynode ruhig abwarten, „allein dieser Katechismus „verwirft den alleinigen Grund des Heils, das stellvertretende Sühn„opfer des Sohnes Gottes, und legt dagegen unsere Heiligung zum „Grund der Seligkeit, und ist dadurch in einen solchen Widerspruch „mit der heiligen Schrift und unseren kirchlichen Bekenntnißschriften „gerathen, daß eine auf ihn erbaute Kirche in der That aufhören „würde, eine christliche zu sein, und die Augsburgische Konfession „von dem Tage an, da dieser Katechismus Bekenntnißschrift würde, „etwa nur noch als Zeugniß eines veralteten Wahnglaubens, welchen „die evangelische Kirche seit ihrem Austritt aus der katholischen Kirche „gehuldigt hätte, anzusehen wäre; denn indem die Lehrsätze des neuen „Katechismus und diejenige der Augsburgischen Konfession und der „ältern Katechismen einander ausschließen, muß das Eine falsch sein, „wenn das Andere wahr ist. Somit müßte erst der Glaube der „evangelischen Kirche, sammt den in der Unionsurkunde genannten „ältern Lehrbücher, als irrig verworfen sein, oder es kann der neue „Katechismus das §. 5 der Unionsakte verheißene einzuführende „Lehrbuch nicht sein." Mit einer Hinweisung auf die damaligen Zeitereignisse, die ihren Grund in dem Lossagen von der objectiven Wahrheit des göttlichen Wortes und dem Dahinschwindeln auf der Bahn subjectiver Theorieen haben, und auf den ebenfalls subjectiven Grund des Katechismus und seiner von der Wahrheit des göttlichen Wortes abführende selbstgeschaffene Lehre, wird zuletzt um größeres Uebel zu verhüten, wieder gebeten, die Unterzeichneten mit der Einführung des Katechismus zu verschonen.

Aus der beigefügten ausführlichen Nachweisung über den Widerspruch des Katechismus mit der Schrift und den Bekenntnissen wollen wir nur beispielsweise die 4 ersten Ausstellungen hervorheben, und jedesmal sogleich die durch den Protest bewirkten Aenderungen des revidirten Katechismus von 1834 beisetzen:

Frage 45. „Der Mensch kann sich aus dem Elend der Sünde

„nicht allein erretten, sondern er bedarf der Hülfe und „Gnade Gottes, die uns in Christo Jesu erschienen ist."

Daß der Mensch nichts zur Errettung aus seinem Elend beitrage, sondern Gott allein ihn errette, wird nachgewiesen aus der Art und Weise, wie die Schrift den Zustand des Menschen vor seiner Bekehrung schildere, da sie ihn todt nennt, (Eph. 2, 1. 5; Col. 2, 13; Röm. 6, 13; Matth. 8, 22; 1. Tim. 5, 6; Eph. 5, 14; 1. Cor. 2, 14; 2. Cor. 3, 5; Jer. 13, 23; Joh. 3, 3; 17, 2; 6, 53 und Röm. 9, 16; Ezech. 36, 26. 27; Ps. 51, 12; Phil. 2, 13, wornach die Mittheilung und Erhaltung des göttlichen Lebens alleinige Gnadenwirkung Gottes ist, 1. Petr. 1, 23; Act. 16, 14; Joh. 1, 4. 5; 6, 29; Röm. 3, 24.)

Dieser Lehre widerspricht ferner die Augsburgische Konfession Art. 2 und 18; lutherischer Katechismus, Frage 40; Heidelberger Katechismus, Frage 8.

Revidirter Katechismus von 1834: „Nein, der Mensch bedarf zu seiner Erlösung der Hülfe und Gnade Gottes, die uns in Jesu Christo erschienen ist."

Frage 51. „Jesus Christus war der eingeborne Sohn Gottes, „Mensch wie wir, doch ohne Sünde, mit göttlicher Kraft „ausgerüstet, mit dem Vater auf das Innigste verbunden, „mit demselben Eins."

Vermißt wird hier eine unumwundene Erklärung über die Gottheit Christi, die bloße Verbindung mit Gott für ungenügend gehalten, und besonders das „war" bekämpft. Dagegen wird die wesentliche Gleichheit des Sohnes mit dem Vater behauptet nach Joh. 1, 1 ff; Joh. 20, 28. 29; 1. Joh. 5, 20; Röm. 9, 5. Dazu Augsburgische Konfession, Art. 1 und 3; Heidelberger Katechismus, Frage 15, 18, 35; Lutherischer Katechismus, Frage 38.

Katechismus von 1834: „Wir glauben nach dem Worte der „heiligen Schrift, daß Jesus Christus ist Gottes eingeborner Sohn, „in welchem die ganze Fülle der Gottheit wohnt, und der vom „Vater kam und Mensch wurde, jedoch ohne Sünde lebte. Er ist „mit dem Vater Eins, das Ebenbild des unsichtbaren Gottes und „der Glanz seiner Herrlichkeit."

Anmerkung. In der später zu erwähnenden Prüfung des neuen Landeskatechismus, 2. Auflage p. 26 ff., wird namentlich auch bei der Antwort: „Jesus Christus war der eingeborne Sohn Gottes, Mensch wie wir u. s. w. die Weglassung des Wörtchens „und" („und Mensch") gerügt, wodurch alles nur erklärender Zusatz (Apposition) werde.

Frage 56. „Christus hat nicht allein in seinen Leiden das erha-
„benste Bild des Glaubens und der Tugend dargestellt,
„sondern er hat uns auch durch sein bitteres Leiden und
„Sterben mit Gott versöhnt, uns den gewissen Trost der
„Vergebung der Sünden erworben, und allem Opfer-
„dienste durch die freiwillige Aufopferung seines Lebens ein
„Ende gemacht."

Das Fehlen der Lehre vom Verdienst Christi, als der Hauptlehre der evangelischen Kirche, ferner daß nicht von der Vergebung der Sünden, sondern von dem Trost der Vergebung die Rede ist, wird hier bekämpft, überhaupt die dürftige Weise, in welcher das Wie der Erlösung besprochen ist. Der Opferdienst wird in einer Weise erwähnt, als seien es abergläubische Mißbräuche, die Christus abgeschafft habe. Die Widerlegung des Katechismus ist darum schon in allen der Frage beigesetzten Bibelsprüchen enthalten, in der Augsburgischen Konfession Art. 3, Heidelberger Katechismus Frage 1 und im zweiten Art.; Lutherischer Katechismus zweiter Art. des II. Hauptstücks.

Katechismus von 1834: „Jesus Christus hat uns durch „sein Leiden und Sterben den gewissen Trost der Versöhnung „gebracht; denn er ist für uns gestorben zur Vergebung der Sünden. „Er hat uns in seinem Leiden und Sterben zugleich das erhabenste „Bild des Glaubens und der Tugend dargestellt, sowie auch durch „seinen Opfertod allem Opferdienst ein Ende gemacht."

Frage 57. „Was ist aber von unserer Seite erforderlich, um
„der Früchte des Todes Jesu Christi theilhaftig zu werden?"

Antw. „Um der Früchte des Todes Jesu Christi theilhaftig zu „werden, müssen wir das Verdienst Jesu Christi nicht nur gläubig „annehmen, sondern auch durch ein gottseliges Leben uns desselben „würdig zu machen suchen."

Der Katechismus macht die Würdigkeit durch ein gottseliges Leben zur Bedingung der Begnadigung. Dagegen sprechen Mark. 1, 15; Act. 2, 38; Act. 16, 38; Röm. 4, 5; 5, 1; Gal. 2, 16; ebenso die Gleichnisse vom verlornen Sohn, der Sünderin, Zöllner 4, 18 u. a.

Ebenso Augsburgische Konfession, Art. 4 und 15; Heidelberger Katechismus Frage 59; Lutherischer Katechismus Frage 17. Die Gottseligkeit ist nicht eine Bedingung, sondern eine Folge der Begnadigung, Matth. 7, 18; Joh. 15, 5.

Katechismus von 1834: Frage. „Was müssen nun aber wir thun, da Jesus Christus für uns gestorben ist?"

„Wir müssen das Verdienst Jesu Christi im Glauben ergreifen „und ein gottseliges Leben führen; wer muthwillig in der Sünde „beharrt, beraubt sich selbst des Trostes der Erlösung."

Auf diese motivirte Eingabe erfolgte (5. Jan. 1831) der Bescheid: „man habe zwar ihre Bemerkungen gegen den neuen Landes-Katechismus empfangen und werde solche bei der nächsten General-Synode berücksichtigen; da indeß der Katechismus von der obersten kirchlichen Behörde keineswegs als ein symbolisches Buch, sondern nur als ein Leitfaden beim Religionsunterricht betrachtet werde, wobei die reine Lehre des Evangeliums nicht im mindesten gefährdet sein könne; da ferner die allgemeine Einführung des Katechismus von Sr. Königl. Hoheit dem Großherzog befohlen worden sei, so hätten die betreffenden Geistlichen binnen 14 Tagen um so gewisser dem höchsten Befehl Gehorsam zu leisten, als sonst in dem Weigerungsfalle die diesseitige Behörde in die Nothwendigkeit versetzt würde, die gegen Ungehorsame und Widerspenstige nöthigen Maßregeln in Anwendung zu bringen." Ferner werden in diesem Erlaß die Geistlichen der Diöcese angewiesen, den Kindern der Widerspenstigen den Katechismus selbst zu übergeben, im Weigerungsfall ihn zurückzunehmen und darauf zu sehen, daß er wirklich gebraucht werde.

Zu gleicher Zeit (8. Jan.) wurde wegen einer Vorstellung der Gemeinde Kleinsteinbach um Nichteinführung des neuen Katechismus, das Murg- und Pfinzkreisdirektorium aufgefordert (da die Widersetzlichkeit der Gemeinde blos durch einige Unruhestifter verursacht zu sein scheine), eine Untersuchung und Strafe eintreten zu lassen, wobei besonders auf Schreiner Brickel und Vogt Mayer aufmerksam gemacht wurde. Der Absicht der betreffenden Eltern daselbst, ihre Kinder von solchen Geistlichen confirmiren zu lassen, welche noch den Leitfaden des kleinen Lutherischen Katechismus gebrauchen, wurde durch ein bestimmtes Verbot an die Geistlichen der Karlsruher Landdiöcese entgegengewirkt.

Als diese Bescheide schon unterwegs waren, schrieb Henhöfer an Hager:

Lieber Hager!

Gestern war ich mit Dietz in Karlsruhe. Was ich erfuhr, theile ich Ihnen kurz mit. Wir Alle sollen versetzt werden, nämlich Haag, Dietz und ich. Haag mußte vor den hohen Rath und mußte unterschreiben, daß er gewahrt sei, nicht in überspannten Ausdrücken zu predigen. Dazu gehört der Teufel, Gottesblut ꝛc. Er soll dem Hüffell „tüchtig aufgeladen haben", wie nicht nur er, sondern Herr Kirchenrath Sonntag gesagt habe. Seine Versetzung soll schon in 3 Wochen geschehen. Er und seine Gemeinde wollen zum Großherzog. Ob es etwas oder nichts nützet, wird sich zeigen. Er ist kein Ludwig.

Der Katechismus muß eingeführet werden, und uns werde eine abschlägige Antwort zukommen, wie Herr Kirchenrath uns sagte. Noch ist sie nicht da. Hüffell ließ sich verleugnen. Wahrscheinlich hatte er nach fait vom Haag. Schreiner Bridel muß heute wegen des Katechismus vor Amt. Von da will er zum Großherzog. Aehnliches haben unsere Gemeinden vor. Wenn der Beschluß kommt, so ist mein Sinn anzufragen, ob der Katechismus von den Kindern müsse auswendig gelernt, oder von uns blos erklärt werden, und was da zu machen sei, wo der Katechismus falsch sei. So viel haben sie von uns gelernt: daß gefehlt ist; welchem sie bei einer zweiten Auflage helfen wollen. Doch gilt hier Stimmenmehrheit, und ich habe mit den Andern noch nicht geredet. Sie erhalten Nachricht, wenn und was geschieht. Oeffentlich aufzudecken ist aber jetzt Noth und der Meisten Sinn. Sie glauben nicht, wie unerfahren in göttlichen Dingen diese Katechismusfabrikanten sind.

Herr Obervogt hat wegen Haags Versetzung an Winter geschrieben, und ihn ersucht es auch dem Großherzog vorzulegen, auch der übrigen Gemeinden wurde dabei gedacht.

Das ist nun das Neueste was ich erfuhr. Es ist einstweilen genug. Sobald der Ministerialbeschluß kommt, erhalten sie officielle Nachricht, und dann auch, was weiter geschieht. Leben Sie wohl. Alles herzlich grüßend

Ihr

Dienstag, den 11. Januar 1831. H.

N. S. Ich habe diesen Morgen eine Hochzeit, und Nachmittag vergrabe ich die alte Schollin in Stafforth.

Oberacker ist auf den Vogt mit der Axt vor einigen Tagen los, weil er ihm auf sein Flachsgeld Beschlag legte. Die Sache ist schon bei Amt, und soll an's Hofgericht kommen. Der Vogt wurde von mehreren Bürgern verklagt, doch unbedeutend, meist auf Anstiften des Salzmanns, der sein Waldmeisteramt verloren hat, und des Wilhelm Hinds bei der Kirche, der wegen Feldmessung unzufrieden ist.

Tiefer steckt der Bürgermeister. Ueberall der Geist der Unruhe. Spöck hält sich noch am besten.

Die Pfarrer Käß, Henhöfer und Dietz zeigten indessen an, daß sie den Einführungsbefehl ihren Gemeinden bekannt gemacht hätten; Pfarrer Käß mit den Worten: „er habe, wiewohl mit schwerem Herzen, der Gewalt nachgegeben." Schullehrer Sulzer von Liedolsheim, der den Katechismus nicht gebrauchen wollte, erhielt dafür und wegen der von ihm gehaltenen Stunde, die Androhung der Suspension und Entlassung; dessen Provisor Murr wurde entfernt.

Eine von Pfarrer Hager in Mühlhausen eingereichte Bitte, den Katechismus nicht in seiner Gemeinde einführen zu müssen, weil er in den Hauptstücken nicht nach Schrift und symbolischen Büchern abgefaßt sei, und weil die Gemeinde in dem Grund und der Ordnung des Heils so bekannt sei, daß auch die geringste Abweichung ihre Unzufriedenheit erwecken müsse, wie denn ihr auch erlaubt sei, statt des Gesangbuchs Hillers Lieder zu gebrauchen, — wurde, obwohl vom Dekanat aus dem zweiten dieser Gründe unterstützt, nicht genehmigt, sondern rescribirt (25. Febr.): man wolle gestatten, daß der Pfarrer die Gemeinde vorher hinlänglich belehre, daß der neue Katechismus nichts enthalte, was dem reinen biblischen Christenthum zuwider sei. Man erwarte vom Pfarrer, „er werde diese zur Erhaltung der Einheit in der evangelischen Kirche wesentliche Bedingung aller vorgefaßten Meinung voransetzend, die Einigkeit im Geiste zu begründen wissen" und in der Sonntagsschule die Einführung vornehmen.

Was Henhöfer im Briefe an Hager angedeutet, blieb jetzt noch der einzige Ausweg: öffentlich aufzutreten. Pfarrer Käß scheint hauptsächlich die Redaction übernommen zu haben, und die der motivirten zweiten Eingabe beigefügte Nachweisung wurde die Grundlage der schon Mitte Februar erschienenen Druckschrift. Henhöfer schreibt darüber an Hager:

Nachts, den 6. Februar 1831.

Lieber Hager!

Die Sache des Katechismus ist nun zum Druck befördert, und wird in 14 Tagen bis 3 Wochen fertig werden. Wir sind dann gesonnen, an den Großherzog mit erneuerter Bitte zu gehen, und alle fürstliche Personen um Beihilfe anzusprechen. Hilft dann die Oeffentlichkeit, helfen alle diese erneuerten Bitten nichts, so halte ich dafür, daß der Herr nicht Hülfe schaffen will, und daß etwas viel Aergeres über unser Land beschieden ist. Ich hoffe aber noch, daß nicht Alles fruchtlos sein sollte; es ist ja nicht unsere, sondern die Sache eines höhern Herrn, und Er wird sein Werk nicht stecken lassen. Wir hatten nur darum seine Einführung verkündet, um Zeit bis die Schrift gedruckt ist, zu gewinnen. Er ist deßwegen noch nicht eingeführt, Niemand denkt noch daran ihn anzuschaffen. Sollte aber aller Hoffnung ungeachtet die Sache am übelsten ausgehen, so glaube ich doch noch nicht, daß dies Grund genug wäre sich dem Predigtamte zu entziehen. Wen haben dann die Gemeinden, wen die erweckten Leute, wo ist dann noch ein Lichtpunkt? So lange das Evangelium auf den Kanzeln nicht verboten wird, so lange müssen wir bleiben. Gelingt dem Teufel der Katechismus, so wird wohl auch das letztere noch geschehen, und dann ist es Pflicht zu weichen, und seinen Platz einem Andern zu überlassen, früher glaube ich nicht.

Was Ihre Anzeige mit dem Dekan angeht, so wünschte ich sehr, sie könnte noch so lange verschoben werden, bis die Druckschrift erschiene; Sie würden dann die Anzeige machen, daß es uns vom Ministerium zwar abgeschlagen sei, wir uns aber an S. Königl. Hoheit gewendet, und Sie sich an uns angeschlossen hätten. Können und wollen Sie es nicht mehr so lange verschieben, so zeigen Sie es früher an; doch dürfte von einem Weitergehen oder einer Druckschrift keine Meldung geschehen, damit Thür und Thor nicht vor der Zeit versperrt sind oder etwa ein Verbot vor dem Erscheinen ausgeht. Wir haben auf unsere Anzeige, daß wir die provisorische Einführung den Gemeinden verkündigt hätten, noch nichts zurückerhalten. Ich glaube, sie haben Wink von der Oeffentlichkeit.

Ich erhielt Ihren Brief eben als Haag und Frommel bei mir waren. Wegen Haag wurde am letzten Donnerstag im Staatsministerium beschlossen, noch aber ist nicht bekannt was, Einige sagen eine Versetzung, Andere eine Untersuchung.

Wegen Dietz ist noch Alles ruhig. — —

Herzliche Grüße an Johann, Helene und an alle Mühlhauser, insbesondere grüßt vor Allen Sie

Ihr H.

Herr von Gemmingen schreibt an Henhöfer:

Steinegg, den 15. März 1831.

Theurer lieber Freund im Herrn!

Herzlichen Dank für das Exemplar ihrer Beleuchtung des neuen Landeskatechismus, welchen ich nun gestern aufmerksam durchgelesen, und ein paar Bemerkungen aufgelegt habe, welche ich hier anlege, weil es dem Freund der guten Sache, und aller derer die es damit halten, erlaubt schien, dieses Scherflein zur Prüfung einsenden zu dürfen. Ich that es um so mehr, als ich höre, daß eine zweite Auflage wohl erscheinen dürfte.

Der hingeworfene Fehdehandschuh ist nun aufgehoben, das A ist nun unter Gottes Beistand gesagt, wir wollen es Ihm nun auch zutrauen, daß Er in dieser Seiner Sache selbst das B sagt. Er ist ja A und O, der Anfang und das Ende, und noch ist Keiner zu Schanden geworden, der Ihm vertrauet hat. Die Welt wird freilich mit allen ihren lang- und kurzröckigen Gehilfen das Aeußerste thun, ein solches Bekenntniß von Christo zu Schanden zu machen; aber sucht denn ein Diener des Evangeliums der Welt zu gefallen? Das sei ferne. Er stellet sich ihr, nach Römer 12, 2. nicht gleich, und weiß an Wen er sich zu halten hat, so er pflichtgemäß aufgefordert wird, vor den Riß zu treten, und den Glauben an seinen lieben Herrn und Heiland zu vertheidigen.

Mir fiel bei Durchlesung dieser erfreulichen Bekenntnißschrift jene Rede ein, welche Fronsberg zu Luther in Worms sagte: Mönchlein, Mönchlein, du gehest einen schweren Gang. — Nun — der alte Gott lebt noch, der Luther und alle Bekenner des theuren lieben Evangeliums geschützt hat, Er heißt und ist noch heute Rath, Kraft, Wunderbar, Friedefürst etc., und so man redlich nur Seine Ehre, Sein Wort aufrecht zu erhalten sich bemühet, wird Er nicht ferne bleiben mit Seinem Beistand. — Auf einen heißen Kampf müssen Sie mein theurer lieber Freund nun mit ihren Collegen gefaßt sein, denn dem schlägt man überall gerne die Geige um's Maul, nach einem alten Sprüchwort, der die Wahrheit geigt; so wird heutzutage der muthige Christusbekenner auf das Aergste gefaßt sein müssen. Es ist aber auch eine so höchst merkwürdige Zeit, wo das Geschrei der Welt, das Lästern aller Christusfeinde, und das mächtige Wirken des Fürsten dieser Welt, so nahe mit den großen Hoffnungen der Kinder Gottes zusammentreffen, daß diese von dem näher und immer näher rückenden herrlichen Sieg des Glaubens, in der Offenbarung des Herrn eine solche stärkende Unterstützung erhalten, daß sie gar wohl aushalten können in dem ihnen bereiteten Läuterungsfeuer. Ich hoffe, es vereinigen sich alle Gläubigen zu einem ernstlichen anhaltenden Gebet für die Männer, welche jetzt der Wahrheit Zeugniß geben sollen, damit der Herr es ihnen gnädig verleihe, in diesem Streit dennoch einen stillen Sabbath in ihrem Innern zu feiern, damit ihre eigene Erbauung nicht darunter leide, und der sanfte stille Geist Jesu Christi Herz und Seele recht erfülle, sie lehre, leite, stärke, ermuntere, und vor allem in alle Wahrheit führe, damit wirklich nur diese, und Gottes Sache und Ehre fest im Auge behalten, und rein geführt werde. Das ist, mein theurer lieber Freund, was ich in der mir heute kurz zugemessenen Zeit über diese wichtige, mich aber sehr erfreuende Sache, sagen kann. Gott sei mit Ihnen und den Ihrigen, Er schütze und bewahre Sie mit Seiner ganzen Liebe, sei auch uns allen gnädig, das ist die kindliche Bitte, und der heißeste Wunsch

Ihres

ewig dankbaren, im Herrn fest verbundenen geringen Freundes

Julius.

Henhöfer schreibt an Hager:

Lieber Hager!

Ueber unsere Eingabe ist noch kein Bescheid da. Herr Kirchenrath Katz erklärte Frommel, daß die Sektion uns am Staatsministerium über die Vorwürfe verklagt habe, als hätte sie das Gemeingut, den christlichen Glauben verlassen und verfälscht, den Sittenverfall befördert, und zu Unruhen und Empörungen den Grund gelegt. Diese Vorwürfe seien zu schrecklich als daß die Section dazu stille schweigen könnte.

Wenn man uns nur hört, so wollen wir uns schon erklären.

Mit dem Katechismus scheints ruhig zu werden. Es sind letzthin aus 5 Orten Leute in der Audienz gewesen, und werden heute wohl wieder kommen. Herr Prälat soll Schlatter in Linkenheim den Auftrag gegeben haben, den Plan zu einem neuen zu machen. So wäre also der Katechismus schon halb draußen. Wofür aber einen neuen, wenn dieser gut ist, das Gemeingut nicht verlassen hat. Warum früher so oft die mündliche Erlaubniß nach Belieben zu ändern? Nur ernstlich gebetet, so hoffe ich, so hart auch der Kampf werden mag, es soll uns doch gelingen. Man muß dies auch allen Kindern

Gottes empfehlen. Werden wohl Ihre Leute nicht auch in die Audienz sollen, da Ihnen befohlen ist, nach Ostern den Katechismus einzuführen? Dadurch werden Sie gesichert gegen den Vorwurf des Ungehorsams....

Außerordentlich schwer fiel mir letzthin der unerwartete Tod der Johanna. Schon früher stark angegriffen machte es verbunden mit den jetzigen Geschichten einen sehr nachtheiligen Eindruck auf meine Gesundheit. Ich leide sehr, und werde wohl wieder, wenn der Kampf noch lange geht, eine Aushilfe nehmen müssen. Das Uebel ist gerade das, daß sich Alles auf den Kopf wirft, und ich zu allen Arbeiten untauglich werde.

Die zweite Auflage des Katechismus ist ziemlich wieder zum Druck fertig. Es ist auch so viel möglich alles Harte weggelassen.

Mehr herausgehoben wird darin die Lehre von Christus, von der persönlichen Vereinigung der Gottheit und Menschheit, und besonders was es heiße Verdienste um einen haben, und ein Verdienst für einen haben. Maria hatte Verdienste um ihren Sohn, aber sie hatte kein Verdienst für ihren Sohn, die Apostel hatten Verdienste um uns, aber keiner hat ein Verdienst für uns; ein Verdienst, das uns gilt und zugerechnet wird.

Die jetzigen Exemplare haben sich bis auf wenige alle vergriffen. Ihren Erlös wollen Sie an mich schicken. Herzliche Grüße allenthalben, besonders an Herrn v. Gemmingen, dessen Briefe mir jederzeit so köstlich sind.

Es grüßet Sie vielmal

Ihr

Mittwoch, den 30. März 1831. H.

Diese Druckschrift wurde in Speier gedruckt und hinüber getragen, damit es nicht entdeckt würde. Sie führt den Titel: „Der neue „Landeskatechismus der evangelischen Kirche des Großherzog- „thums Baden; geprüft nach der heil. Schrift und den symbolischen „Büchern. Eine Vorarbeit für die bevorstehende Generalsynode." Die Herausgabe war mit ziemlichen Opfern verbunden, die protestirenden Geistlichen legten jeder ca. 50 fl. dazu. Die 500 Exemplare der ersten Auflage waren in wenig Wochen vergriffen, so daß sogleich eine zweite, wie wir aus dem angeführten Brief sehen, vielfach gemilderte Auflage nöthig wurde.

Diese Milderung hatte wohl auch in einer tröstlichen Versicherung des Großherzogs seinen Grund, worüber sich die Verfasser selbst äußern: Auf S. 35 der zweiten Auflage heißt es nemlich: „Zur „Annahme einer solchen, wider Gottes Wort und allen bisherigen „Kirchenglauben laufenden Lehre", (nemlich die Läugnung der ewigen Gottheit Christi) „nöthigen zu wollen, das wäre doch in der That höchst unprotestantisch", und dazu die Anmerkung:

„Da wir in der ersten Auflage genöthigt waren, eingetretener Umstände halber Besorgnisse wegen gewaltsamer Aufnöthigung des neuen Katechismus zu äußern, so ist es uns sehr erfreulich, dankbar rühmen zu dürfen, daß S. Königl. Hoheit zweien von uns, und ebenso seither auch Gemeindegliedern aus unsern Gemeinden die tröstliche Zusage gethan haben, „daß dieser neue Katechismus Niemand gegen sein Gewissen aufgenöthigt werden dürfe."

Die Vorrede zu dieser ersten Auflage lautet wörtlich also: „Es hat Jemanden, der nicht uneingeweiht in die Verhältnisse unserer Kirche zu sein scheint, gefallen, in Nro. 192 der allgemeinen Kirchenzeitung vom 5. Dezember des Jahres 1830, in einem Aufsatze unter dem Titel: „Kirchliche Nachrichten aus dem Großherzogthum Baden", öffentlich anzuzeigen, daß mit dem neuen Katechismus dieses Landes, so viel ihm bekannt, Jedermann zufrieden sei, bis auf einige pietistische Pfarrer, von welchen selbst drei genannt sind. „Diese", heißt es im genannten Aufsatze, „haben eine Schrift dagegen eingegeben, auch die Gemeinden aufgehetzt, indem sie den „Leuten sagten, der Katechismus sei katholisch, die Lehre von der „Erlösung, dem heil. Geiste seien nicht nach den Grundsätzen der „protestantischen Kirche gegeben. Ihre Einwendungen, wie die der „Naturalisten beweisen, daß das Büchlein brauchbar ist."

Wir haben uns daher gemeinschaftlich entschlossen, folgende Schrift, die Anfangs einen andern Zweck hatte, der Oeffentlichkeit zu übergeben, theils um diese, so wie viele andere, unter der Hand ausgestreute, Schmähungen zu widerlegen, und Jedermann zu zeigen, daß wir nichts anderes als evangelisch-protestantische Christen sind, und nichts anderes als die Lehre der heil. Schrift und der evangelischen Kirche wollen; theils auch um unsere Bedenklichkeiten gegen den neuen Katechismus hier Jedermann klar vor Augen zu legen, da ja diese Sache nicht nur unsere, sondern die eines jeden evangelischen Christen ist.

Geschrieben im Januar 1831.

Henhöfer, Pfarrer zu Spöck und Stafforth.
Käß, Pfarrer zu Graben.
Dietz, Pfarrer zu Friedrichsthal.
Hager, Pfarrer zu Mühlhausen.
G. Frommel, Vikar zu Karlsruhe.
G. F. Haag, Pfarrverweser zu Hagsfeld und Rintheim.
Karl Mann, Pfarrverweser zu Grötzingen.

Dann folgt die Einleitung: Das Jahr 1830, reich an Früchten aller Art, hat auch der evangelischen Kirche Badens einen neuen Katechismus gebracht. — Schon ist er provisorisch eingeführt. Es gründet sich aber dieser neue Katechismus auf die Kirchenvereinigung vom Jahre 1821. Damals wurde festgesetzt, „daß binnen Jahresfrist ein neuer Katechismus für die vereinigte Kirche vollendet werden solle." Nur in der Lehre vom heil. Abendmahle wurde von der Generalsynode eine Vereinigung in acht, dem neuen Lehrbuche einzuschaltenden, Sätzen festgestellt, „da", nach dem ausdrücklichen Ausspruche der Synode, (Unions-Urkunde §. 5) „in den übrigen Punkten der Lehre der evangelisch-lutherischen und evangelisch-reformirten Kirche, kein trennender Unterschied sich finde." Damit war also genau bestimmt, und deutlich ausgesprochen, daß der neue Katechismus, was den Grund und Geist der Lehre angeht, nichts Abweichendes von den beiden alten enthalten dürfe, jene acht Punkte ausgenommen. Billig durfte man dies nun auch erwarten. Allein schon bei einer wenig genauen Prüfung dieses neuen Landeskatechismus, findet sich unter vielen andern Fehlern vorzüglich dieser größte, daß derselbe ganz vom Grunde der beiden alten, vom Grunde der Bibel nach dem Verständnisse der evangelischen Kirche, gewichen ist, und einen ganz andern, unbiblischen und unkirchlichen Grund gelegt, eine ganz andere und neue Lehre in sich aufgenommen hat. Dies in möglichster Kürze und Jedermann verständlich zu zeigen, ist mit ein Hauptzweck dieser kleinen Schrift. Der Herr segne sie an Aller Herzen, besonders an Derer, die hier Rath und Hülfe zu schaffen im Stande sind.

Die drei Haupt- und Fundamentallehren der christlichen Religion sind:

I. Die Lehre von Christo, oder dem Heilande.

II. Die Lehre von der Erlösung, oder dem Heile; und

III. Die Lehre vom Weg zur Seligkeit oder dem Heilswege.

Durch diese drei Lehren, und vorzüglich durch sie, scheidet sich die christliche, und besonders die evangelische Religion und Kirche, von allen übrigen in der Welt. Denn, daß ein Gott sei und die Seele des Menschen unsterblich, daß eine Ewigkeit und eine Vergeltung nach dem Tode, daß die Menschen fromm und heilig leben sollen, das glauben und lehren theilweise auch die Heiden, und allgemein die Türken. Nur jene drei Lehren bilden den großen Unterschied. Diese drei Lehren scheiden uns aber nicht blos von allen übrigen Religionen und Kirchen der Welt; sie sind auch die Grundlagen, der Geist und die Seele aller christlichen Moral, und alles christlichen Lebens. Wo diese große Wahrheiten recht gelehrt und getrieben werden, da wird christliches Wesen und Leben nicht ausbleiben; wo hingegen hier mangelhaft oder gar falsch gelehrt wird, da wird auch alles christliche Wesen und Leben verschwinden, dagegen Sittenlosigkeit und allgemeines Verderben mehr und mehr einreißen. Dies sind Wahrheiten, die dem erleuchteten Christen so gewiß sind, als zwei mal zwei vier ist, Wahrheiten, für welche alle und auch unsere Zeit laut spricht. Gerade aber in diesen wichtigen Lehren ist der neue Katechismus nicht nur äußerst mangelhaft, sondern sogar falsch, unbiblisch, unkirchlich und somit unchristlich. Die Vorwürfe sind zwar groß, aber wie wir sehen werden, nur zu sehr begründet.

Wir wollen jetzt jede dieser einzelnen Lehren auseinander setzen, dieselben mit der Bibel und den symbolischen Büchern der evangelischen Kirche jedesmal begründen, und dann den Katechismus damit vergleichen." —

Aus dem weitern Inhalte dieser noch jetzt sehr lesenswerthen Schrift, wollen wir nur die Stelle hervorheben, womit nach Henhöfers Brief die zweite Auflage hauptsächlich vermehrt worden ist, und die, wenn wir nicht sehr irren ganz henhöferisch ist, nemlich den Unterschied vom Verdienste Christi um uns und für uns.

„Durch seine Lehre hat er uns nicht vom Fluche des Gesetzes, der auf uns lag, erlöset, durch seine Lehre uns nicht den Himmel erworben; aber durch sein stellvertretendes Leiden und Sterben, durch seinen darin, so wie überhaupt in seinem Leben bewiesenen hohen Gehorsam. Darum nennt man auch sein Leiden und Sterben, seinen büßenden so wie seinen thuenden Gehorsam, als wodurch er uns aus der Hölle erlöst, und den Himmel verdient hat, Christi Verdienst, und zwar sein Verdienst für uns (weil es Alles an unserer Statt und Stelle geschehen, gelitten und gethan worden ist, und uns, wenn wir anders von Herzen an ihn glauben, so zugerechnet wird, als hätten wir es selbst gelitten und gethan), zum Unterschiede, von seinen Verdiensten um uns.

Es hat nämlich auch Christus Verdienste um uns; aber, zwischen diesen und dem soeben genannten Verdienste für uns, ist ein mächtiger, ja ein unendlicher Unterschied. Denn so groß auch immerhin seine Verdienste um uns sein mögen, so ruht doch unser einiger Trost im Leben und im Sterben allein in seinem Verdienste für uns, und ohne es wären uns alle seine Verdienste um uns kein nütze. Da jedoch in unserer Zeit meist nur von den Verdiensten Christi um uns die Rede ist, und selten nur von seinem Verdienste für uns, so wird es nicht überflüssig sein, wenn wir hier zeigen: welch ein großer, gewaltiger Unterschied sei, zwischen dem: blos Verdienste um Einen haben, und dem unendlich Bedeutsameren: ein Verdienst für Einen haben. Das hoffen wir aber recht klar und allgemein verständlich an folgendem Beispiele nachweisen zu können:

Es folgt nun die Erzählung, wie Vinzenz von Paula für einen Galeerensclaven in Marseille eintritt, damit dieser seiner dem Hungertode entgegengehenden Familie helfen könne. „Freudig läßt er nun dem Galeerensclaven die Ketten abnehmen und mit Entzücken legte er sie selbst sich an. Der Galeerensclave ganz außer sich vor Freude und Rührung fällt ihm zu Füßen, küßt sie und benetzt sie mit Thränen. Kaum kann er es glauben; es fällt ihm schwer, um diesen Preis erlöst zu sein. Allein Vinzenz von Paula spricht zu ihm: „Gehe mein Freund, ich werde glücklicher sein als du, eile und rette deinem Weibe und deinen Kindern das Leben.“ So wurde nun der Galeerensclave erlöset und frei, und zog mit unauslöschlicher, dankbarer Liebe gegen seinen edelmüthigen Wohlthäter nach Hause.

Vinzenz von Paula verwendete während der zwei Jahre alle freie Zeit dazu, die übrigen Galeerensclaven zu belehren, zu trösten, zu ermahnen, und auf alle Weise sie auf Gottes Wege zu führen. Und litt sein Herz auch sehr, wenn er sah, wie Viele das Heil Gottes von sich stießen, ihn wohl auch zum Spott hatten; so hatte er doch auch die Freude, daß Viele durch seine Lehren und Ermahnungen zu Gott bekehrt wurden.

An diesem schönen Beispiele können wir nun sehen, was es heißt: Verdienste um Einen haben, und ein Verdienst für Einen haben.

Vinzenz von Paula hatte Verdienste um die Galeerensclaven; er lehrte, er tröstete, er ermahnte sie, und litt auch Manches um ihretwillen, jedoch nicht an ihrer Stelle. Dagegen war der arme, reumüthige und tiefbetrübte Galeerensclave der Einzige, für den und an dessen Statt er ein Verdienst hatte. Es bestand darin, daß er Alles, was er während der zwei Jahre auf der Galeere litt und that, an der Stelle des armen Galeerensclaven litt und that, daß es Alles für diesen war, diesem galt und zugerechnet wurde. Ein solches Verdienst hatte er nur für diesen, und sonst für Keinen. Darum hatte er um die Andern Verdienste, für diesen dagegen ein Verdienst.

Dadurch nun, daß er an die Stelle des Einen trat, für ihn arbeitete und litt, erwarb er diesem nicht nur den Trost der Entlassung, sondern die wirkliche Entlassung; nicht nur den Trost der einstigen Freiheit, sondern die wirkliche Freiheit und das Glück nach Hause und zu den Seinigen zu kommen. Er wurde der Erlöser dieses armen Galeerensclaven aus seinen Ketten und Banden, und der Wiederbringer in sein rechtes, wahres Vaterland; die Andern belehrte er blos und gab ihnen Licht und Trost. So groß ist also der Unterschied zwischen: Verdienste um Einen haben, und: ein Verdienst für Einen haben. —

Wenden wir nun das Gesagte auf Christum an, so sehen wir den mächtigen, ja unendlichen Unterschied zwischen den Verdiensten Christi um uns, und seinem Verdienst für uns.

Christus hat Verdienste um uns.

Er lehrte uns und führte uns auf Gottes Wege. —

Zu den Zeiten Christi stand Alles in eigener Gerechtigkeit. Das Gesetz war der Grund der Seligkeit und war der Weg zur Seligkeit. Von einem Hinweisen auf Christum, als den kommenden Erlöser und den Grund und Weg aller Seligkeit, war keine Rede mehr. Alles stand und hing im Gesetz; das Volk sowohl als dessen blinde Leiter. — Da kam nun Christus und legte einen andern Grund, eine Gerechtigkeit außer dem Gesetz (Röm. 3, 21), und zeigte einen andern Weg zur Seligkeit.

Er legte einen andern Grund. „Ich gebe mein Leben" — sprach er — „zu einem Lösegeld an der Stelle Vieler" Matth. 20, 28. Das war sein Grund und nicht das Gesetz.

Er zeigte einen andern Weg. Bei den jüdischen Geistlichen seiner Zeit hieß es: Wer selig werden wolle, müsse von Sünden lassen, sich bessern und brav werden. Er hingegen lehrte: Wer selig werden wolle, der müsse Buße thun, d. i. sich als verlornen und verdammten Sünder erkennen, seine Sünden sich lassen leid sein und eben darum auch von Herzen ihrer los zu werden wünschen und dann an Christum glauben, d. i. sein Vertrauen allein und ganz auf ihn und seine Erlösung setzen. Dadurch werde er selig und nicht durch ein sogenanntes: „sich bessern und brav werden," nicht durch's Gesetz; wiewohl alsdann nicht nur ein sogenanntes braves und rechtschaffenes, sondern jetzt ein wahrhaft heiliges Leben als Dank für die bereits gewonnene Seligkeit nothwendig folgen müsse und auch gewiß aus einem lebendigen, auf der Buße wurzelnden Glauben folgen werde. Matth. 4, 17. Kap. 5. Kap. 11, 28.

Bei dieser seiner Predigt hatte er nun auch mancherlei Leiden zu erdulden. Viele nahmen sie nicht an; denn ein armer Sünder werden und sein Heil allein in Christo suchen, das ist dem Stolze des natürlichen Menschen in den Tod zuwider. Dies betrübte ihn und verursachte ihm Leiden an seiner Seele; denn er liebte die Menschen; sie waren ja sein und er wußte, daß sie nicht anders zum Heile gelangen könnten, denn auf diesem Wege. Darum jammerte ihn des Volkes, darum weinte er über Jerusalem (Luc. 19, 41. 42.) Aber nicht nur solche innerliche Leiden hatte er der Menschen wegen, sondern auch äußerliche. Die jüdischen Geistlichen seiner Zeit, deren ganzes Wesen, deren Lehre und Leben durch seine Predigt gestraft wurden, wollten solch' sein Predigen und Lehren nicht länger mehr leiden. Sie fingen also an ihn zu verfolgen und beschlossen einmüthig seinen Tod.

Dies sind nun Christi Verdienste um uns.

Es hat aber Christus nicht nur Verdienste um uns, er hat auch ein Verdienst für uns, und ohne dieses sein Verdienst für uns, wären alle seine Verdienste um uns ohne Halt und Gehalt für uns; denn sie sind sämmtlich durch jenes bedingt, wurzeln in ihm, als in ihrem eigentlichen Grunde, und wären ohne dasselbe ohne allen Sinn und Bedeutung. Denn was hülfe es uns doch, wenn er sich auch fort und fort als Grund und Weg der Seligkeit gelehrt, ja auch noch so viel und endlich gar den Tod dieser Lehre halber erlitten hätte; gleichwohl aber nicht selber dieser Grund und Weg gewesen wäre? Nun hat er aber nicht blos bis in den Tod gelehrt, daß er Grund und Weg unserer Seligkeit sei, sondern er ist dieser Grund und Weg auch wirklich lebend und sterbend selbst gewesen; und das ist eben sein Verdienst für uns. Dies besteht nämlich darin, daß er Alles, was er that und litt, für uns, an unserer Stelle that und litt; daß sein ganzes Leben, Leiden und Sterben, als thuender und leidender Gehorsam, das Lösegeld ist für unsere Sünden und unsere Gerechtigkeit vor Gott; daß sein ganzes Leben, Leiden und Sterben, eine jede Minute, ein jeder Athemzug, ein jeder Seufzer in den Tagen seines Fleisches, als verdienstlich uns gilt und zugerechnet wird; wie dem armen Galeerensclaven, als seine Strafe abverdienend, galt und zugerechnet wurde Alles, was Vinzenz von Paula während der zwei Jahre an seiner Statt that und litt. Das ist nun Christi Verdienst für uns, und das ist die große Hauptsache seiner ganzen Erscheinung und von unendlich wichtigerer Bedeutung für uns, als alle seine bloßen Verdienste um uns, die eben erst dadurch eine Bedeutung für uns gewinnen, daß sie keine bloßen Verdienste um uns sind, sondern zugleich zusammengenommen sein Verdienst für uns ausmachen. Mit andern Worten: Alles was er um uns that und litt, gewinnt seine eigentliche Bedeutung in Bezug auf uns erst dadurch, daß es zugleich für uns, d. h. an unserer Stelle, von ihm gethan und gelitten wurde.

Durch dieses sein Verdienst für uns hat er uns nun nicht nur den Trost der Vergebung der Sünden erworben, sondern die wirkliche Vergebung und Seligkeit; wie Vinzenz von Paula seinem

Galeerensclaven nicht nur den Trost der Entlassung, sondern die wirkliche Entlassung und Freiheit erwarb.

Dies Verdienst Christi für uns ist der unerleuchteten Vernunft eine Thorheit und Aergerniß (1. Cor. 1, 18 und 23), während seine Verdienste um uns von ihr gepriesen werden, wie sie denn auch selbst vom Evangelium zur Nachahmung uns vorgehalten werden. So steht: 1. Joh. 3, 16: „Daran haben wir erkannt die Liebe, daß er sein Leben für uns gelassen hat; und wir sollen auch das Leben für die Brüder lassen."

Verdienste um uns haben auch die Apostel.

Sie lehrten, ermahnten, trösteten die Menschen, wie Vinzenz von Paula die Galeerensclaven; sie führten sie auf alle Weise auf die Wege Gottes und stärkten sie darauf. Sie litten auch Vieles innerlich und äußerlich der Menschen wegen. Es that ihnen in der Seele wehe, wenn sie sahen, wie die Menschen das Heil Gottes von sich stießen, in der Sünde beharrten und dem Verderben rettungslos entgegengingen. Und nebst allem diesem hatten sie noch mit Noth, Hunger und Durst zu kämpfen, wurden verspottet, geschlagen und selbst in den Tod gegeben. Man lese 1. Corinther 4 und 2. Corinther 11.

Dies Alles thaten sie willig und mit Freuden. Das sind ihre Verdienste um uns. Keiner aber von ihnen hat ein Verdienst für uns. Keiner von ihnen ist für uns, für unsere Sünden gegeißelt, mit Dornen gekrönt, gekreuziget worden; und der Apostel Paulus unterscheidet gar wohl zwischen ihrem Leiden und Sterben, und dem Leiden und Sterben Christi. „Ist denn Paulus für euch gekreuziget worden," spricht er 1. Cor. 1, 13. Keiner von ihnen hat Etwas gethan und gelitten, was uns gilt und uns zugerechnet wird, wodurch wir aus der Hölle erlöst und zum Himmel gebracht würden. O es ist ein großer, ein mächtig großer Unterschied zwischen: um Einen leiden, und: für Einen leiden. Maria hat um ihren Sohn gelitten, viel gelitten als er am Kreuze hing (Luc. 2, 35), aber, sie hat nicht für ihn gelitten, er mußte selbst leiden und zahlen, was er nicht geraubt hatte (Ps. 69, 5). Kinder leiden um ihren Vater, wenn er eines Verbrechens wegen zur Strafe gezogen wird, aber sie leiden nicht für ihn, sie leiden nicht seine Strafe, es gilt ihm nicht, wird ihm nicht zugerechnet, was sie leiden; er wird dadurch nicht frei.

Christus dagegen hat nicht nur um uns, sondern auch für uns gelitten; wie dies gar schön das griechische Verhältniß-Wörtlein ὑπὲρ anzeigt; denn es heißt nicht nur „um, sondern auch für, an der Stelle. Man vergleiche deßfalls: Philemon 13. — 2. Cor. 5, 20. und Joh. 11, 50. 51 u. 52. Christus hat also nicht blos Verdienste um uns, sondern er hat auch ein Verdienst für uns. Und dies eben ist die große Hauptsache; denn ohne Christi Verdienst für uns, wären wir bei all' seinen Verdiensten um uns — verfluchte, verlorene und verdammte Leute. Daß aber Christus nicht blos Verdienste um uns, sondern auch ein Verdienst für uns habe, das uns gilt und zugerechnet wird (Phil. 3, 9), lehrt uns die heil. Schrift, wie wir bereits oben schon durch mehrere Stellen dargethan haben. Wir führen daher hier nur noch einige Stellen nachträglich an, als Zeugnisse, daß dieses wirklich die biblische Lehre ist." — — —

Kann die Lehre vom Verdienste Christi deutlicher dargestellt werden, als in dieser Ausführung? Ebenso meisterhaft ist die Lehre vom Heilswege, die im III. Theil behandelt wird, dem wir noch das ausführliche Gleichniß über den Unterschied des gesetzlichen und des evangelischen Heilsweges entnehmen.

Nach dem evangelischen Heilsweg heißt es:

Zuerst selig, dann heilig.

Nebst diesem gibt es noch einen andern, den gesetzlichen. Wer auf diesem geht, will durch Werke, wozu er auch Buße und Glauben macht, ferner durch ein frommes und gottseliges Leben, durch Beten, Beichten, Abendmahlempfangen, oder auch durch andere Werke, je nach Verschiedenheit der Religion, — das Heil, d. i. Christi Verdienst, wenn er ein solches glaubt, oder wenn er dies nicht glaubt, die jenseitige Seligkeit erwerben. Nach diesem Weg heißt es:

Zuerst heilig, dann selig.

Was hier kurz gesagt ist, soll nun weitläufiger auseinandergesetzt werden. Weil aber diese Lehre so schwierig ist, und selten richtig verstanden wird, weil noch überdies die evangelische Kirche sich im Heilsweg von allen andern Kirchen unterscheidet und trennt, so soll hier diese Lehre zu Jedermanns Verständlichkeit in einem Beispiel gezeigt und deutlich gemacht werden.

Gesetzt ein Fürst fährt eine Straße. Hier am Weg findet er ein Kind, mit zerrissenen Kleidern, voller Unrath, halb erfroren, dabei aber ruhig und vergnügt im Sand und Koth spielend. Es ist ein von Haus entlaufenes, ein verirrtes, und verlornes Kind. Er sieht's und wird von Mitleid gerührt, hält an und spricht zum Kinde: Ei du armes Kind! wie siehst du aus, wie voller Unrath, wie zerrissen, und noch dazu halb erstarrt; wie wird dir geschehen, wenn du nach Hause kommst! Das Kind wird nun aufmerksam auf sich, sieht sich an, findet alles wahr, verlangt nach der Heimath, weiß aber keinen Weg, fürchtet sich auch vor der Strafe, und — fängt an zu weinen. Es erkennt seinen Zustand und hat Reue. Der Fürst wird noch inniger gerührt, ruft dem Kinde abermal zu, und spricht: Liebes Kind, komm zu mir, wenn dir dein Zustand entleidet ist; ich will dich als mein Kind annehmen, dich reinigen lassen, dir neue Kleider geben, und als Vater für dich sorgen. — Das ist des Kindes Berufung, eine Berufung aus Gnaden. Das Kind hört's, überlegts einige Augenblicke, steht auf und folgt dem Ruf. Es glaubet den Worten, und nimmt die Gnade an. Nun geht die große Veränderung mit dem Kinde vor, es wird angenommen, aus einem Bettler- ein Fürstenkind. Jetzt wird es gereiniget, und gesäubert, in's Schloß des Fürsten gebracht, erhält neue Kleider, einen Hofmeister oder Erzieher und selbst Bedienung. — Nun wird ihm wohl, zum erstenmal in seinem Leben recht wohl, es ist fröhlich und freudig, lustig und muthig, voll Liebe für seinen Wohlthäter, und so für Jedermann. Sein Herz hat sich aufgethan. Es ist neu geboren. Dies alles aber geschah aus Gnaden ohne alles Verdienst und Würdigkeit; denn es war ja voll Unrath und hatte weder Liebe noch Freundlichkeit für seinen Wohlthäter. Es reinigte sich auch nicht, oder that sonst etwas, um sich solcher Wohlthat würdig zu machen; sondern wie es war, so kam es, und wie es kam, so warde es angenommen. Hiemit schließt sich nun ein Hauptabschnitt und zwar der wichtigste und seligste im Leben dieses Kindes. Es ist jetzt Fürstenkind.

Nun tritt ein zweiter ein; Standesgemäß soll es jetzt auch leben, die alten anererbten und lange geübten Gewohnheiten und Unarten soll es aufgeben, und neue fürstliche Sitten und Gewohnheiten lernen und üben. Dazu hat es auch Lust, Freudigkeit und Kraft durch die hohe Gnade, die ihm widerfahren ist. Doch die alten Sitten und Gewohnheiten sind nicht so bald abgethan. Darum bedarf es denn immer der Ermahnung. Und das thut nun sein Erzieher. Will es wieder wie früher in Sand und Koth spielen, barfuß laufen, die im gemeinen Stande erlernten und mitgebrachten rohen Ausdrücke, Fluch- und Scheltworte gebrauchen, sich raufen und schlagen, so heißt es immer: Liebes Kind, das schickt sich nicht für deinen neuen Stand, du mußt nun alles neu lernen und treiben. Gedenke der Wohlthat, die dir widerfahren ist. Uebt es sich hingegen, anständig, und wie sich's gebührt, im neuen Stande zu leben, um seine Dankbarkeit für die widerfahrene Gnade zu beweisen, so hat man Freude daran, und es wird auch noch besonders belohnt. Doch durch das feinste Leben in seinem neuen Stand erwirbt es sich nicht das Recht zum Fürstenkind, sondern das ist es vorher schon geworden, und zwar ohne alles Werk und Leben, aus Gnaden, durch den Glauben, oder durch die Annahme der Berufung. Fehlt es hingegen aus Uebereilung und Schwachheit bisweilen gegen die neuen Sitten und fällt in die alten Gewohnheiten in einem oder dem andern Stücke zurück, so wird es nicht gleich weggeworfen, sondern ermahnt, an die ihm widerfahrene Gnade erinnert, wohl auch beim öftern Wiederkehren der Fehler gestraft. Nur wenn es gar nicht mehr hören und weder auf Ermahnen noch Strafen achten, sondern ganz sein voriges Leben wieder anfangen und fortführen wollte, würde ihm mit Ausstoßung gedroht, und nicht nur gedroht, sondern die Drohung auch wirklich vollzogen; doch so, daß es auch jetzt nicht aus den Augen gelassen, und wie es heute oder morgen zur Einsicht und Reue über sein Unrecht käme, abermal angenommen und begnadigt würde.

**Verlieren** kann es also sein Kindesrecht durch ein böses Leben, aber **erwerben** kann es dasselbe auch durch das beste Leben nicht. Das ist und bleibt Gnadensache.

Wenden wir nun das Gleichniß an, und wir haben die rechte biblische und evangelische Heilsordnung.

Das arme Kind am Weg ist der Mensch in seinem natürlichen und gefallenen Zustande, der Mensch vor seiner Bekehrung. Er ist voller Unreinigkeit und Sünden, und spielt noch behaglich mit der Sünde. Der Fürst, von Mitleid gerührt, ist Gott unser Heiland. Er sieht uns in unsern Sünden und in unserer Sicherheit, hat inniges Mitleid mit uns, und macht uns nun durch sein Wort, und zwar durch die Predigt des Gesetzes und durch seinen h. Geist aufmerksam auf unsern Zustand und dessen Folgen. Jetzt erst sehen wir uns an; und die nun darauf achten, erkennen sich als Sünder, fürchten sich vor Gott, vor der, dem Sünder gedrohten, Strafe, — und weinen. Das ist die Buße, und dies das erste Werk des heil. Geistes, bei einem Menschen, der zu Gott bekehret und ein wahrer Christ wird. Das Herz Gottes, unsers Heilandes, wird dadurch noch inniger gerührt, und er ruft uns nun auf's neue durch die Predigt des Evangeliums zu: Kommet her zu mir Alle, die ihr mühselig und beladen seid, ich will euch erquicken. Matth. 11, 28. Ich habe euch erlöset und tilge eure Sünden um meinetwillen. — Das ist unsere Berufung.

Die nun darauf achten, stehen auf und kommen, d. i. sie folgen dem Rufe und nehmen die Gnade an. Das ist der Glaube, und das zweite Werk des h. Geistes, bei einem Menschen, der zu Gott bekehret und ein wahrer Christ wird. Nun geht die große Veränderung mit uns vor, wir werden angenommen, und aus Sündern Gottes Kinder. Jetzt werden wir gewaschen durch das Blut Christi von aller unserer Missethat, erhalten das hochzeitliche Kleid, Christi Verdienst, sein Blut und seine Gerechtigkeit, werden in's himmlische Wesen versetzt, und der h. Geist wird uns geschenkt zum Erzieher, und Engel Gottes zu Dienern. Das nennt man die Rechtfertigung. Nun erst wird uns wohl, zum erstenmal in unserer Seele wohl, der Friede Gottes, der höher ist denn alle Vernunft, oder der gewisse Trost über die erlangte Vergebung der Sünden kommt in unser Herz; wir werden fröhlich und freudig, lustig und muthig, voll Liebe für Gott, der uns so hoch begnadigt hat, und voll Liebe für alle Menschen; — wir werden wiedergeboren.

Aber dies Alles geschieht aus Gnaden, ohne all unser Verdienst und Würdigkeit; denn wie jenes Kind voll Unrath, und ohne alle Liebe und Freundlichkeit für seinen Wohlthäter war, so sind wir von Natur voll Uebertretung und Sünde, und ohne Liebe zu Gott, der uns sogar unbekannt ist. Und wie jenes Kind sich nicht erst lange reinigte, oder sonst etwas that, um sich solcher Wohlthat würdig und werth zu machen, sondern kam wie es war, und angenommen wurde, wie es kam, so sollen und können auch wir nichts thun, um uns der Kindschaft Gottes werth zu machen, sondern sollen kommen, wie wir sind, und werden angenommen wie wir kommen. Matth. 9, 12 — 11, 28. Hiemit schließt sich nun für uns der erste und wichtigste, und auch der seligste Abschnitt. Wir sind jetzt Gottes Kinder und selige Leute. „Aus Gnaden seid ihr selig geworden, durch den Glauben" (Ephes. 2, 8) nicht ihr werdet's erst werden, in der Ewigkeit erst werden.

Nun tritt ein zweiter Abschnitt ein. Standesgemäß d. i. als Kinder Gottes sollen wir jetzt auch leben, sollen ablegen die alten Sitten und Gewohnheiten d. i. die Sünden, und neue Sitten annehmen und üben; wir sollen verkündigen die Tugenden deß, der uns berufen hat aus der Finsterniß zu seinem wunderbaren Licht. 1. Petr. 2, 9. Das ist die Heiligung. Dazu ist uns auch Lust, Freudigkeit und Kraft geschenkt durch die hohe Gnade, die uns widerfahren ist, in unserer Berufung. Doch die alten Sitten und Gewohnheiten sind nicht so bald abgelegt. Darum bedarf es immer der Ermahnung. Und dies thut der heil. Geist. Will daher ein solcher Mensch wieder zurückfallen in seine alten Sünden, so heißt es immer: Das schickt sich nicht für deinen neuen Stand, als Gottes Kind darfst du nun nicht mehr leben wie die Weltmenschen, in Fressen und Saufen, in Kammern und Unzucht, in Hader und Neid. Gedenke der Gnade, die dir widerfahren ist, Röm. 13, 12. 13. — 2. Cor. 6, 1. Kap. 7, 1. Uebt sich hingegen ein solcher Mensch anständig, d. i. seinem neuen Stande als Gottes Kind gemäß zu leben, in Demuth, Geduld, Sanftmuth und aller Gottesfurcht und Liebe, um seine Dankbarkeit für gnädige Berufung durch gute Werke zu beweisen, so ist es Gott angenehm, und seine Werke werden von Gott aus lauter Gnade noch besonders belohnt. Matth. 10, 40—42. Kap. 25, 34—40. Gal. 6, 9. Doch durch das frömmste und heiligste Leben wird er nicht Gottes

Kind und so Erbe des ewigen Lebens, oder selig, sondern das ist er schon vorher geworden, ohne alles Werk und Verdienst aus freier Gnade durch den Glauben, ja das muß er zuerst sein, ehe er ein wahrhaft gutes Werk thun oder heilig leben kann. Fehlt hingegen ein solcher Mensch hie und da aus Schwachheit und Uebereilung, und fällt in eine oder die andere der alten Sünden zurück, so wird er ermahnt, bei öfterem leichtsinnigen Wiederkehren wahl auch von Gott gestraft, doch nicht weggeworfen. Ps. 37, 24. Nur wenn alles Ermahnen durch Wort und Geist kein Gehör mehr fände, und er ganz wieder in die Welt und in ihr sündhaftes Wesen zurückfiele; dann würde er sein Gnadenrecht verlieren, und von Gott ausgestoßen, jedoch sobald er reumüthig zurückkehrte, abermal angenommen und begnadigt werden. 1. Cor. 5, 1—5. 2. Corinther 6—11.

Verlieren kann also ein begnadigter Mensch sein Kindesrecht oder die Seligkeit durch ein böses Leben, aber erwerben kann er dieselbe nicht durch das beste Leben. — Das ist und bleibt Gnadensache.

---

Durch diese Druckschrift entflammte der Streit lichterloh, vor allem in der Nachbarschaft. Eine von Pfarrer Schlatter in Linkenheim abgefaßte, von den übrigen Geistlichen der Landdiöcese Karlsruhe unterzeichnete Schrift vom 17. März 1831 spricht der Kirchenbehörde aus, daß die ganze Opposition auch in ihren Gemeinden von jenen drei Pfarrern herkomme, welche bis jetzt trotz ihres Versprechens den Katechismus noch nicht eingeführt hätten, und nur Zeit suchten, die Gemeinden in ihre Angelegenheit zu ziehen. Da man gegen sie nicht strenge verfahren sei, sei auch in den bisher zufriedenen Gemeinden eine Unzufriedenheit entstanden, weil man daraus geschlossen habe, die Protestation müsse doch nicht so ungegründet sein. Nun verbreiteten jene Pfarrer auch eine im Ausland gedruckte „Prüfung" resp. Widerlegung des Katechismus in ihren und andern Gemeinden, auch sei diese in der Karlsruher Zeitung angezeigt worden. Diese Broschüre habe die Absicht, das Volk gegen den neuen Katechismus, als den alten Glauben verdrängend, auf den Kampfplatz zu rufen, verdächtige den christlichen Sinn der Verfasser des Lehrbuchs, prostituire die Staats- und Kirchenbehörde, unter deren Autorität dasselbe eingeführt worden, und stelle die zustimmende Landesgeistlichkeit als völlig Ungläubige oder als Miethlinge und Heuchler an den Pranger. Für die Verbreitung dieser Schrift, die in Graben allen Confirmanden in die Hände gegeben worden sei, werde der Same des Aufruhrs in die Kirche gestreut, und jetzt schon, wenige Tage nach ihrem Erscheinen, höre man von rechtschaffenen Gemeindegliedern: jetzt wüßten sie nicht mehr, was sie glauben sollten; wenn jene Pfarrer Recht behielten, so würden sie alle Katechismen, den alten und neuen, in's Feuer werfen und fortan gar nichts mehr glauben. — Mit Besorgniß sähen sie (die Unterzeichner) einer gänzlichen Verwirrung der Kirche entgegen, wenn nicht schnell und kräftig dem Unfug gesteuert werde. Deßhalb wünschen sie:

1. Daß „die Schrift überall confiscirt, und die Weiterverbreitung streng untersagt werde." (!! O Freiheit!)

2. Daß „der Verfasser theils wegen des Inhalts und der Tendenz derselben, theils wegen des ungesetzlichen Weges, auf dem sie zu Tage gefördert wurde, zu strenger Verantwortung (!) gezogen werde."

3. „Die ungesäumte Einführung des neuen Katechismus in allen Orten, wo dieß noch nicht geschehen, anbefohlen", und

4. „Den Unterzeichneten Weisung über ihr Verhalten gegen die Widerspenstigkeit ertheilt werde." —

Dagegen bemerkt die Eingabe des Pfarrer Käß an den Direktor der Kirchensection vom 13. März, mit welcher ein Exemplar der „Prüfung" übergeben wurde: „Seine Königl. Hoheit haben uns kürzlich versichert, der neue Katechismus sei nur in der Absicht herausgegeben worden, um zu erfahren, ob derselbige eine willige Aufnahme finden werde; gegen Ueberzeugung und mit Zwang dürfe er Niemand aufgezwungen werden." —

Aus dieser Zeit sind folgende Briefe Henhöfer's an Hager vorhanden:

Lieber Hager!

Wie es mit unserer Angelegenheit steht, wird Ihnen Herr v. Gemmingen gesagt haben. Ich hatte an Herrn Staatsrath Winter geschrieben, und ihm wegen des letzten Rescripts gegen uns Einiges erläutert, dabei den Vorschlag zum Frieden gemacht, den Katechismus blos als Spruchbuch bis zur Synode zu gebrauchen. Herr v. Gemmingen rieth auch noch mit dem Druck Einhalt zu thun. Alles war recht. Allein als wir hörten, die Sektion habe auf unsere Absetzung angetragen, so hielt ich den Brief zurück, und der Druck geht seinen Weg fort. Ich glaube zwar nicht, daß so etwas geschieht, allein schon der Antrag ist sehr boshaft. Wir entschlossen uns am andern Tag, eine Eingabe an das Staatsministerium zu machen. Ich ging früh zu Dietz, und sagte ihm meinen Plan, er ging zum Grabener noch am Morgen, Nachmittag kam auch ich hin, und bis Abend war die Schrift mit allen frühern Beilagen fertig. Abends kamen wir Alle wieder bei Dietz zusammen um sie abzuschreiben, und sie im Namen Aller zu unterschreiben; früh ½ 2 Uhr kam ich mit der Schrift nach Hause, und gab sie der Rößlerin nach Karlsruhe, wo sie letzten Freitag hinkam, und noch Abends von Staatsrath Winter geöffnet wurde. Sie enthält einen geschichtlichen Hergang der Sache, und die Bitte, uns nicht unverhört zu verurtheilen. Ich hoffe, sie soll nicht ohne Wirkung sein. Wenn nur ein Zögern veranlaßt wird, bis die zweite Auflage da ist. Dietz und Mann sind heute nach Speier und Mannheim. In Karlsruhe ist noch nichts beschlossen. Wir hören es immer. Vielleicht komme ich noch diese Woche hinein. Ich habe immer vor zu Winter zu gehen. Die Andern aber wollen nicht, namentlich Fein und Mann nicht. Ich möchte ihn nur darauf aufmerksam machen, welchen Untereinander sie durch einen Gewaltstreich veranlassen. Zu 200 wollen unsere Leute hinein. Doch wie gesagt, so dumm glaube ich nicht, daß sie sein werden; es müßte denn die letzte Zeit und das Ende nahe sein. Wir wollen sehen. Christus herrschet mitten unter seinen Feinden. Einmal hat Hüffell schon verloren, er wollte Gewalt mit dem Katechismus, allein der Antrag wurde durch eine Kabinetsordre verhindert, und so Gott will, geht's auch diesmal so. Wer Andern Gruben gräbt, fällt selbst hinein. Haag grüßt sie. Heute habe ich die Stober begraben. Herzliche Grüße allenthalben. Beten Sie fleißig mit Ihrer Gemeinde auch für

Ihren

Montag, den 2. Mai 1831. H.

Hierauf bezieht sich wohl folgende Notiz, die wir einem jüngern Unterzeichner verdanken: „Man war bald in Hagsfeld, bald in Spöck und Friedrichsthal zusammengekommen. So waren die Brüder in Spöck Nächte hindurch zusammen und sandten einmal erst früh ihre letzte Eingabe an's Staatsministerium, das eben entscheiden sollte; der Großherzog hatte Gewissensfreiheit zugesagt, aber Winter war zu feindlich u. s. w. Da sprach der General v. Schäfer, damals Kriegsminister, (dem Gott es lohnen wolle): „Wie kann man diese Leute absetzen, Sie wollen ja nur den kleinen Katechismus, den ich in meiner Jugend gelernt und lieb gewonnen habe, das ist ja kein

Verbrechen!" Damit war der Antrag auf Absetzung vorerst beseitigt, bis ihn Decan Fecht auf der Synode von 1834 zuletzt nochmals stellte, wo aber selbst Winter anderer Gesinnung geworden war und nicht verfolgen, sondern conciliren wollte."

Zweiter Brief von Henhöfer:

Lieber Hager!

Ich war am letzten Mittwoch in Karlsruhe, konnte aber in unserer Angelegenheit nichts Bestimmtes erfahren. Was ich diesmal, wie schon früher hörte, ist, daß in Bälde eine Synode zusammenkommen, und da unsere Sache behandelt, und unsere Ausschließung oder Absetzung betrieben werden soll. Vorerst soll Schlatters Schrift noch gegen uns erscheinen; sie sei sehr scharf. Kirchenrath Sontag geht sie durch. Sagen Sie Herrn v. Gemmingen, daß vor dem ersten Sonntag nach Trinit. unsere Katechismus-Protestation nicht zu haben sein werde. Wir wollen aber sogleich Exemplare nach Basel an Herrn Spittler besorgen. Die Schrift wird beinahe um die Hälfte größer und theurer werden. Von der Frau Markgräfin Wilhelm habe ich den 19. dieses einen kurzen Brief erhalten, mit der Anzeige, daß Sie unsere Schrift mit Aufmerksamkeit lesen wolle.

Dieß und Käß haben nichts Neues mitgebracht. Den Tod der Mutter von Frommel werden Sie gehört haben. Mann geht ebenfalls nach Basel, und so wird sich unsere Reise wohl auf's neue um etwas verschieben. So lange alles noch so schwankend ist, reise ich auch nicht gerne. Zudem wollen die Spöcker einen neuen Vogt, und auch diesen Proceß auswarten, um bei einer neuen Wahl falls es so weit kommt, etwas einfließen zu können, ist in meiner Absicht; denn es liegt mir daran. Auch hat in Staffort der Schullehrer in Händeln auf dem Rathhause seinen Gerichtsschreibersdienst aufgekündigt, und die Vorgesetzten wollen es nun ernstlich nehmen. . . . . .

Herzliche Grüße überall und an Alle, auch in Steinegg, vorzüglich an Sie, von Ihrem

Freitag, den 27. Mai 1831. H.

Zur Erläuterung dienen die Verhandlungen in der Kirchensection und im Staatsministerium. Man lese das merkwürdige jetzt folgende Actenstück.

Prälat Hüffell nemlich, der sein geistliches Kind, den neuen Katechismus so schonungslos angegriffen sah, erstattete ein ausführliches Gutachten im Collegium. Zuerst spricht er sich über die Personen der Opponenten aus: Pfarrer Henhöfer wurde bei seinem Austritt aus der katholischen Kirche, weil ihm kein anderer Weg übrig blieb, Protestant. Ob dieses in seiner ursprünglichen Absicht lag, ob er nicht vielmehr der Führer einer besondern Secte werden wollte, lasse ich dahin gestellt, weil ich geneigt bin, das Beste zu glauben, und weil Henhöfer übrigens ein guter Mensch ist. Bei seinem Uebertritt wechselte derselbe indessen nur den Namen, blieb aber der Sache nach Katholik, d. h. wie er früher Bilder angebetet hatte, so betet er nun den Buchstaben der luther. Dogmatik an, und ist dabei eben so unfrei, wie er früher war! Henhöfer ist ohne durchgreifende wissenschaftliche Bildung, und wer es weiß, wie lange die evangelische Kirche gekämpft hat und noch kämpft, um sich auf der einen Seite vom Scholasticismus und auf der andern Seite vom Unglauben loszuwinden, und die goldne Mitte zwischen diesen beiden Gegensätzen zu finden, den Standpunkt nämlich, wo Glaube und Vernunft sich identifiren, und ein wahres Leben in Gott und Christo werden: der wird den Stab über Henhöfer nicht brechen; denn dieser Mann steht gerade da, wo die evangel. Kirche kurz nach ihrer Entstehung stand." „Pfarrer Käß hat mehr wissenschaftliche Bildung als Henhöfer, aber nicht so viel, um den Geist der Form vorzuziehen. Zudem ist er schwermüthig und durch den Verlust seiner Gattin tief gebeugt. Bei einer solchen Gemüthsstimmung wurde es dem Pfarrer Henhöfer leicht, diesen Mann zu gewinnen und seinen treuesten Anhänger aus ihm zu machen" (!!) „Pfarrer Dietz war früher ein Mensch, der eben nicht die strengsten sittlichen Grundsätze hatte, dabei von der Hegel'schen Philosophie, die nur die Benennung zu wechseln braucht, um den künstlichsten Dogmatismus zu bilden, ganz eingenommen. Dietz lebte früher mit Käß in dem größten Streit, und beide bekämpften sich sogar öffentlich; aber die eigenthümliche Bekehrungssucht und Bekehrungskraft Henhöfer's, welche für ein verletztes sittliches Gefühl ein sehr angenehmes Mittel darbietet (sic!) siegte über alle Hindernisse, und Dietz wurde mit Leib und Seele Henhöferianer." „Die übrigen von den unterzeichneten Namen in jener obengenannten Schrift sind die von jungen Leuten, welche in dergleichen Dingen eigentlich noch gar keine Stimme hätten, sich aber solche in jugendlicher Anmaßung doppelt und dreifach vindiciren. K. Mann besitzt die meiste wissenschaftliche Bildung, allein gewisse besondere Einflüsse haben ihn beherrscht und zu einem heftigen Eiferer gemacht. Statt daß diese jungen Leute bei ihrer Predigt Muster wie Mosheim und Reinhard, an deren Rechtglaubigkeit nie gezweifelt worden ist, wählen sollten, benützen sie die alten Dogmatiker und Prediger des 16. und 17. Jahrhunderts und vernachlässigen dabei auffallend exegetische und homiletische Studien. So viel über den Charakter der Verfasser der vorliegenden Schrift."

„Nun aber auch ein Wort über den Standpunkt der Theologie in unsern Tagen. Als Luther das ungeheure Werk der Kirchenverbesserung anfing, waren es eigentlich nur die äußeren Mißbräuche und die damit zusammenhängenden Dogmen der alten Kirche, die er bekämpfte; in den Hauptsätzen der alten Kirche wurde nichts geändert, und das Nicänische Glaubensbekenntniß, das doch 325 nach Christo aufgesetzt worden war, blieb in seinem ganzen Umfange aufrecht. Die Konfession, welche die Protestanten vorlegten, wich daher nur in einzelnen anerkannt unbiblischen Punkten von dem alten Lehrsystem ab, ohne dasselbe von Grund aus einer neuen Kritik zu unterwerfen. Man kann sagen: Luther hat die Zahl der Lehrsätze vermindert, theilweise verändert, aber er hat keineswegs ein neues dogmatisches System gebildet, und gewisse alt-dogmatische Ansichten, namentlich die des Augustins, giengen unverändert in die neue Kirche über. Dieses System nun erhielt sich unter mancherlei Streitigkeiten und wurde, durch die Konkordienformel noch schärfer angezogen, das orthodoxe genannt. Ihm entgegen trat, besonders seit Friedrichs des Großen Zeit, der Unglaube an alles Heilige und Göttliche, und gestaltete sich in den mannigfaltigsten Nüancen des Atheismus, Socianismus, Naturalismus, endlich mehr und mehr zu dem System des Rationalismus. Jedoch hat dieser so viele Nüancen als Bekenner und nicht Einer ist mit dem Andern völlig übereinstimmend. Diesem Uebelstand ist allerdings zu steuern, aber auch nicht durch Rückkehr zum Scholasticismus früherer Jahrhunderte, sondern durch eine allmählige Verständigung und Annäherung in der Mitte, oder da, wo die Grundtendenz des Christenthums, wahre Frömmigkeit und Liebe durch klare Erleuchtung zusammentreffen. Hiezu scheint aber das Zeitalter noch nicht reif genug zu sein, und wie seine Extreme überall sich berühren, so geschah es auch hier: der Rationalismus setzte sich einem blinden Scholacistismus der frühern Jahrhunderte entgegen, und während man theilweise Atheismus predigte, lehrte man auf der andern Seite, nach Lichtenbergs Prophezeihung, Gespensterglauben. Auf diesem äußersten Standpunkte(!) finden wir nun die Verfasser vorliegender Schrift. Ihre wesentlichsten Grundsätze sind folgende:"

Nachdem nun die orthodoxe Lehre vom Sündenverderben, von

der Gnade, der Gottheit Christi erwähnt sind, wird fortgefahren: „Es läßt sich nun nicht läugnen, daß sich für alle diese Ansichten Stellen in der heil. Schrift deuten lassen, wie ja denn überhaupt alle Secten seit 1000 Jahren ihre Behauptungen auf die heil. Schrift stützen. Noch weniger läßt sich verkennen, daß in den symbolischen Büchern mehrere Stellen vorkommen, welche dieses System begünstigen, allein das Ansehen der symbolischen Bücher ist überhaupt nicht mehr dogmatisch bindend, wie denn überhaupt diese sich niemals für bindend erklärt, sondern ausdrücklich die heil. Schrift als unicum principium theologiae aufgestellt haben, und nach §. 2 unserer Unionsurkunde ist das Ansehen derselben nur insofern normativ, als in den Symbolen das verlorene Princip der freien Forschung in der heil. Schrift der Kirche wiedergegeben und gesichert wurde. In jedem Fall können die Bekenner dieses Systems unmöglich Alle ausschließen aus der Kirche, welche sich nicht zu dieser Ansicht bekennen, und müssen die freiere Forschung in der heil. Schrift anerkennen, oder sie sind, was sie von uns behaupten — Katholiken. Gleichwohl beharren sie auf ihrem höchst beschränkten Standpunkte, und verdammen nun hiernach den neuen badischen Katechismus. Sie nennen ihn ungläubig, unchristlich, unbiblisch, katholisch, fein hinter gläubige Worte versteckt, und in seinen Fehlern nicht gleich erkennbar (S. 6, 7, 161), weil er ihre Ansichten nicht ganz getreu wiedergibt, sondern nur als Lehrbuch das Wesentlichste der Glaubenslehre heraushebt, und das Uebrige dem Katecheten überläßt. Die Angriffe auf den neuen Katechismus reduziren sich auf folgende wesentliche Punkte." Folgt nun eine Widerlegung der Hauptangriffe:

1. In Beziehung auf die Gottheit Christi führt Hüffell aus, daß sämmtliche Verfasser des Katechismus die Schriftstellen, welche von der höhern Natur Christi sprechen, redlich anerkennen, aber Christus selbst habe sich nie Gott genannt.

2. In der Versöhnungslehre sage ja der Katechismus: Christus hat uns durch sein bitteres Leiden und Sterben mit Gott versöhnt.

3. In der Heilsordnung sei dem Mensch gelassen, was ihm Gott gegeben, nämlich eine sittliche Kraft. Die Lehre von dem gänzlichen Unvermögen des Menschen sei hauptsächlich von Augustinus ausgebildet worden.

Hätten auch die Gegner in manchen Stücken das kirchliche System für sich, so sei das einem besseren(?) gewichen, ja der Katechismus sei mehr biblisch und christlich, als jenes System, und es stimmten jetzt wohl nur wenige Theologen ganz mit der Dogmatik des 16. und 17. Jahrhunderts überein. „Wollen wir nun auch die Ueberzeugung unserer Gegner ehren, und ihnen das Recht einräumen, frei ihrer Ueberzeugung gemäß zu leben, so müssen wir doch einestheils die theologische Beschränktheit derselben beklagen, die in der Form festgerannt, den Geist unseres Katechismus verkennt; anderntheils müssen wir die Hartnäckigkeit anklagen, womit man theologische Meinungen zur öffentlichen Sache macht. Wir haben in unserem Katechismus nicht ganz das System befolgt, welches man im 16., 17. und zu Anfang des 18. Jahrhunderts das orthodoxe nannte, aber wir haben dasselbe nicht aufgehoben, sondern nur nicht vollständig gegeben; ein Weg, der bei der Unentschiedenheit der in Frage stehenden Sache der einzig mögliche war, um so mehr, als doch entschieden gewiß das Wesentliche des Christenthums nicht in theologischer Lehrmeinung, sondern in christlicher Frömmigkeit und Leben besteht. Die Gegner können an dem Katechismus ihre Vorstellung anreihen, wenn sie wollen, und damit mußten sie zufrieden sein; sie sind nicht durch den Katechismus gezwungen, ihre Ansichten zu ändern, vielmehr ist denselben freier Raum gestattet; sie sind endlich nicht die Vertreter der alten Dogmatik, sondern mußten dieses der Generalsynode überlassen. Von dieser Seite selbst, abgesehen von noch andern unlautern Motiven, finde ich die Verbreitung ihrer Schrift höchst sträflich. Gleichwohl möchte ich zu keinem besondern Schritt gegen dieselben rathen, sondern ich möchte mit Gamaliel sagen: Ist die Sache oder das Werk aus den Menschen, so wird es untergehen. Ist es aber aus Gott, so könnet ihr es nicht dämpfen, auf daß ihr nicht erfunden werdet, als die wider Gott streiten wollen."

Schließlich wird vor Gewaltschritten gewarnt, auf das „schönste Beispiel der Duldung" der preußischen Regierung hingewiesen, welche die Klage gegen Gesenius und Wegscheider niedergeschlagen. „Uebrigens ist das unserer Kirche eigenthümlich, daß sie Alles ertragen kann, ohne erschüttert zu werden, sie hat in dem Gleichmaß von Position und Opposition ihren höchsten Haltpunkt, und der Geist des Wahren und Guten schreitet bei allem Zank und Streit der Partheien ungestört vorwärts." Dem Verfasser soll ein derber Verweis (also doch!) gegeben, und ein Mann mit der Widerlegung dieser Schrift beauftragt werden, wozu Pfarrer Schlatter von Linkenheim vorgeschlagen wird; die Sache solle man der öffentlichen Meinung bis zur Einberufung der Generalsynode ruhig überlassen.

Die evangelische Kirchensection richtete hierauf unterm 30. März 1831 einen ausführlichen Vortrag an den Großherzog, worin zuerst der thatsächliche Hergang berichtet, und dann zwei Fragen beantwortet werden: 1. „Ob auf der vollständigen provisorischen Einführung des neuen Landeskatechismus bestanden werden solle oder nicht.“ 2. „Welche Maßregeln wegen der ohne Censur und Druckerlaubniß im Inland verbreiteten Druckschrift gegen den neuen Katechismus eintreten sollen?“

Ad 1 hat das Collegium die Beruhigung, „daß der Katechismus keineswegs der heil. Schrift, noch den Grundwahrheiten unseres Glaubens entgegen, sondern ihm gemäß sei.“ Dafür spreche die Auswahl der Commission, die Zustimmung der ganzen Landesgeistlichkeit mit Ausnahme Weniger. Es hätte den nachtheiligsten Einfluß, wenn die befohlene Einführung durch Einsprache Weniger unterbliebe, und überdieß sei Verbesserung durch die Generalsynode ausdrücklich vorbehalten. Der Ehre und dem Vertrauen der gesammten Geistlichkeit, und der Einheit und der Ruhe in der Kirche sei man die sofortige allgemeine Einführung schuldig, und es sei der renitirenden Geistlichkeit „eine letzte Frist von acht Tagen zur Vollziehung der Einführung unter der Bedrohung anzuberaumen, daß man die fruchtlos ablaufende Frist, somit den beharrlichen Ungehorsam, als eine Aufkündigung ihres innehabenden Pfarrdienstes ansehen, und sie sonach entlassen werden sollen.“ (!)

Ad 2 wird die strafbare Bezeichnung des Katechismus, die Umgehung der Censurgesetze und die Austheilung des Katechismus unter dem Landvolk hervorgehoben, und die polizeiliche Beschlagnahme aller vorhandenen Exemplare, sowie die Bestrafung der Verfasser beantragt.

Die Antwort aus Großh. Staatsministerium vom 22. April hält ein Einschreiten gegen die Geistlichen, die nach dem Katechismus zu lehren sich weigerten, noch nicht für begründet, da die vorgeschriebene Revision durch die theologische Fakultät nicht stattgefunden habe. Es sei der Beschluß der Generalsynode, deren baldige Einberufung man beabsichtige, abzuwarten, um so mehr, als der Katechismus nur in wenigen Gemeinden Widerspruch gefunden habe. — Dieser Erlaß wurde den Geistlichen der Landdiöcese Karlsruhe, welche die Vorstellung vom 17. März 1831 unterzeichnet hatten, mit der Aufforderung zugestellt, durch die Macht der evangelischen Wahrheit den Irrthümern zu begegnen, und zu beweisen, „daß der Geist der Christuslehre stets über Irrthümer siegen könne, ohne eine andere Gewalt als die der Wahrheit zu haben." — Allein mit Vortrag vom 14. Mai wurde zugleich der Großherzog wiederholt angegangen, daß der Erlaß für die renitenten Geistlichen keine Ermuthigung und für das Sectenwesen keine Förderung bringe, die Geistlichen kräftig zurecht zu weisen und dahin zu wirken, daß nicht noch mehr Gemeinden in denselben Irrthum gezogen werden.

Der Widerstand breitete sich indessen aus, wie ein Bericht des Pfarramts Ellmendingen über Dietenhausen (Pfarramts Bretten), Altlußheim, und verschiedene Petitionen aus Liedolsheim, Berghausen, Wößingen, Spöck, Deutsch- und Welschneureuth, Hagsfeld und Rintheim an den Großherzog zeigen. Ein Bericht des Landdekanats Karlsruhe vom 10. Mai legt die Beschwerde der Pfarrämter Hagsfeld, Deutschneureuth, Liedolsheim, Blankenloch, Hochstetten, Mühlburg und Linkenheim vor, und bittet um „eclatante Beispiele gegen die Unruhstifter", trägt auf ihre Absetzung an, und klagt auch über nachtheilige Einwirkungen weltlicher Beamten. In Mühlburg fand sogar eine Versammlung der Gemeinde statt, in welcher trotz der Gegenwart des Pfarrers Voltz die meisten Bürger gegen die Annahme des neuen Katechismus sich erklärten; auch der Kirchengemeinderath war dagegen, und der neue Katechismus ward in der Schule einstweilen ausgesetzt.

Ein Erlaß des Ministeriums des Innern vom 17. Mai durch das Kreisdirectorium warnt die betreffenden Pfarrer in der Landdiöcese Karlsruhe, das Landvolk in die Streitigkeiten hineinzuziehen bei Vermeidung polizeilichen Einschreitens.

Henhöfer schreibt darüber an Hager (ohne Datum):

Lieber Hager!

Was unsere Angelegenheiten betrifft, so kann ich Ihnen noch immer nichts Gewisses mittheilen. Bald heißt es, es sei Alles gewonnen, bald Alles verloren. Sachs von Hochstetten gibt die Verfolgungen wegen dem Katechismus etwas nach; dagegen fängt Schlatter von Linkenheim sie neu an. Er sagt, jetzt sollten die Leute wieder zum Großherzog gehen, jetzt stehe es anders. In Mühlburg weigerten sich zwei Männer, als sie unsere Schrift lasen, den Katechismus anzunehmen. Die Sache kam vor den Kirchen-Gemeinderath, dieser entschied, man müsse die ganze Gemeinde hören. Sie kam zusammen, der Pfarrer schalt auf Pietisten und Separatisten unter ihnen, und drang auf die Leute ein, Viele vom Volke halfen zu. Endlich vertheidigten sich die Leute, sagten, daß nach dem Katechismus Christus nicht mehr wahrer Gott sein solle; und nun wurde allgemein beschlossen, daß man den Katechismus nicht mehr wolle. Wir gelten als Aufwiegler. Als die Verführer und doch wahrhaftig. Es heißt, unsere Nachbargeistlichen wollen uns verklagen. Das Forschen nach dem Worte Gottes wird immer stärker. Der zweite Theil unserer Druckschrift wird noch diese Woche fertig werden. Vertheilen dürfen wir sie nicht mehr selbst. Sie erhalten sie von Kalw her.

Herzliche Grüße von

Ihrem

H.

Aber auch das Heidelberger Pfarrministerium legte, ohne gegen die Einführung des Katechismus aufzutreten, der Kirchenbehörde die Frage vom 16. Mal vor zur Berathung bei der nächsten Generalsynode: „ob die Pfarrer sämmtlich die Pflicht übernehmen könnten, den ganzen Inhalt eines, ohne ihre Mitwirkung und ohne vorausgegangene Beistimmung einer kirchenverfassungsgemäßen Generalsynode ausgegebenen Katechismus, (als die Grundlage des Evangeliums treu und gewissenhaft wiedergebend) gegen Behauptungen des Gegentheils zu vertheidigen, oder ob dieß nicht vielmehr Sache der Verfasser sei?

Zur Widerlegung der gegen den Katechismus erhobenen Anklagen wurde inzwischen eine Druckschrift verfaßt und amtlich den Dekanaten zur unentgeldlichen Vertheilung übergeben. Verfasser war Kirchenrath Sonntag. Weitere Maßregeln wurden überhaupt gegen die Katechismusgegner nicht mehr getroffen, und in einem Bericht vom 15. Oktober 1831 an das Ministerium des Innern sprach sich die Kirchenbehörde, trotz neuerdings wieder vorgekommener Verbreitung der Gegenschrift durch Pfarrer Käß dahin aus, es möchte wohl am besten sein, „die Sache vorläufig ganz auf sich beruhen zu lassen, in der Hoffnung, daß die Zeit auch hier wie bei so vielen sonstigen Dingen wohlthätig einwirken werde."

Mit einer längeren Verhandlung über die Bezahlung der durch diese Druckschrift entstandenen Kosten (68 fl. 40 kr.) schließen die Akten.

Inzwischen war die zweite Auflage der Prüfung des neuen Katechismus fertig geworden. Wir haben oben schon aus Anlaß eines Briefes von Henhöfer einen Auszug daraus gegeben, und fügen jetzt nur einige Stellen aus der Vorrede bei:

„Der unerwartet schnelle Absatz der ersten Auflage dieser Schrift, die uns von allen Seiten zugekommene Nachricht, wie reichlich der Herr dieselbe an den Herzen so vieler Leser gesegnet hat, die noch täglich an uns ergehenden Nachfragen, und die Ueberzeugung, daß es in unserer Zeit höchst Noth thue, ein öffentliches Zeugniß für den Herrn abzulegen, haben uns bestimmt, den von mehreren Seiten an uns gemachten Aufforderungen und Ermunterungen zu willfahren, und eine zweite Auflage zu veranstalten. Diese erscheint nun hier, und zwar in verschiedenen Punkten vollständiger, als die erste Auflage. — Wir hatten bei Abfassung dieser Schrift hauptsächlich die Absicht, so viel der Herr uns dazu Gnade verliehen, unserer Seits zur Beurtheilung des neuen Landeskatechismus beizutragen, indem derselbe versuchsweise eingeführt wurde, und man erfahren will, ob er wirklich brauchbar sei, und als eine gültige Bekenntnißschrift der evangelischen Kirche unseres Landes angesehen zu werden verdiene. Außerdem wollten wir hiemit ein öffentliches Zeugniß ablegen, daß wir keineswegs Sectirer sind, wie uns unredliche Menschen in verschiedenen Zeitungen beschuldigt haben. Zur Beurtheilung des neuen Katechismus hatte Jedermann, folglich auch wir, das Recht; aber wir mußten uns auch dazu verpflichtet halten, weil das Schweigen bei unserer Ueberzeugung eine Verläugnung Christi gewesen wäre. Wir haben in der ersten Auflage gebeten, und bitten noch darum, man möge uns aus der heil. Schrift oder aus den Bekenntnißschriften unserer Kirche widerlegen, und zeigen, daß der neue Katechismus wirklich die Lehre unserer Kirche ungeändert, und wie es in einem Katechismus nöthig ist, vollständig enthalte. Dieses ist nun zwar bis jetzt nicht geschehen, dagegen hat man uns geschimpft und verläumdet, ohne daß man uns die Liebe erwiesen hätte, uns, wenn wir im Irrthume sein sollten, unsern Irrthum zu zeigen. Es scheint daher, wenn man uns nichts destoweniger zu Sectirern machen will, daß man uns wohl für solche wird gelten lassen müssen, die mit Paulo (Ap.-Gesch. 24, 14.) sprechen: „Das aber bekenne ich dir, daß ich nach diesem Wege, den sie eine S e c t e heißen, diene a l s o dem Gott meiner Väter, daß ich glaube a l l e m, was geschrieben stehet im Gesetz und in den Propheten."

Seit der Zeit, da die erste Auflage dieser Schrift erschienen ist, hat sich in Nro. 54 der allgemeinen Kirchenzeitung Jemand des neuen Katechismus auf eine solche Weise angenommen, daß man fast glauben möchte, derselbe habe zu unserem Vortheile schreiben wollen. In diesem Aufsatze heißt es unter anderm: „Der neue Katechismus gibt nicht das dogmatische System des 16ten und 17ten Jahrhunderts, aber er gibt biblisches Christenthum, und beschränkt die Freiheit nicht, jenes sogenannte orthodoxe System an die gegebenen Punkte anzuknüpfen.“ Aber was heißt dieses: „er gibt das dogmatische System des 16ten und 17ten Jahrhunderts nicht.“? — Welches ist das dogmatische System des 16ten und 17ten Jahrhunderts? Es ist dieses die Glaubenslehre der Reformatoren! Und was haben denn die Reformatoren für eine Glaubenslehre gehabt? — Etwa eine andere als diejenige, welche sie uns schriftgetreu in der Augsb. Konfession, in dem Heidelberger und lutherischen Katechismus aufgestellt haben? — Jener Schutzredner des neuen Katechismus sagt also nichts anderes als: der neue Katechismus enthält die Glaubenslehre der Reformatoren, wie solche in der Augsb. Konfession, dem lutherischen und Heidelberger Katechismus enthalten ist, — nicht! er hat die seitherige Lehre der Kirche nicht! Hört! Hört! Der neue Katechismus enthält die seitherige Lehre der Kirche nicht! — — Das eben ist es, was auch wir an dem neuen Katechismus ausstellen, daß er die Lehre der Kirche nicht enthält! — — „Aber,“ heißt es weiter, er gibt biblisches Christenthum.“ — Demnach muß also wohl das durch die Reformatoren gepflanzte Christenthum kein biblisches gewesen sein. Hört! Hört! — Demnach hat wohl die evangelische Kirche bis zur Erscheinung dieses neuen Katechismus, bis vor einem halben Jahre, kein biblisches Christenthum gehabt. — Welch eine unerhörte Schändung der Reformation und der bisherigen evangelischen Kirche! Wenn denn ein Protestant, und gar ein — so spricht, was haben wir da erst von den Katholiken zu gewärtigen? Zur großen Beruhigung sieht jeder aufmerksame Leser des neuen Katechismus, daß die unter den Fragen und Antworten befindlichen Bibelsprüche öfter das Gegentheil von demjenigen beweisen, was der Katechismus lehrt, — daß wir uns also durch das vorgebliche biblische Christenthum im neuen Katechismus nicht dürfen stören lassen; so wie wir denn auch zugleich daraus ersehen können, worin sein biblisches Christenthum eigentlich bestehe. — In jenem Aufsatze heißt es vom neuen Katechismus weiter: „er beschränkt die Freiheit nicht, jenes sogenannte orthodoxe System an die gegebenen Punkte anzuknüpfen.“ Das heißt: Der neue

Katechismus ist so eingerichtet, daß man hie und da Gelegenheit hat, die kirchlichen, von den Reformatoren aus der heiligen Schrift aufgestellten, (sogenannten? orthodoxen) Glaubenslehren anzuknüpfen. Welch ein Geständniß! und welch ein Katechismus, der also die kirchliche Glaubenslehre nicht enthält, sondern nur Freiheit läßt, dieselbe wenn man will, anzuknüpfen.

Ach! wohin soll es doch mit der evangelischen Kirche kommen, wenn man so unbekümmert von den symbolischen Büchern weichet, welche den Gemeindsgliedern die einzige Garantie leisten, daß man sie nicht willkührlich in der Irre herum führt. Der oft erwähnte Einsender schreibt: „wollte man jede einzelne Stimme auch über die Grundlage eines solchen Lehrbuchs hören, so müßte für jeden Pfarrer ein besonderer Katechismus geschrieben werden." Sehr richtig! Aber leider, welch ein trauriges Bekenntniß von dem geistlichen Zustand unserer Zeit! Freilich hat dieser Pfarrer diese, und jener Pfarrer jene Ansicht. Jeder predigt seiner Gemeinde sein Wort! Wie übel ist da z. B. eine Gemeinde daran, deren Pfarrverhältnisse es so mit sich bringen, daß die Pfarrer nicht lange Zeit daselbst bleiben mögen. Da gibt es mit jedem Dienstwechsel eine neue Lehre. Da wird niedergerissen und aufgebaut, und eingerissen und geflickt, bis den Leuten schwindlich wird, und die Einen in Konventikeln ihr Heil suchen, die Andern gegen die Religion völlig gleichgültig werden. Sind mehrere Geistlichen an Einer Gemeinde, so ist das Elend oft noch größer, so daß es wohl kommen kann, daß wenn Jemand an einem Sonntag zwei Kirchen besucht, er am Nachmittage das gerade Gegentheil der vormittägigen Predigt höret. Eben so steht es auch mit den Lehr- und Erbauungsbüchern. Jedes Jahrzehend bringt ein Neues; und jedes neue Buch bringt eine neue Lehre. Schon in dem gegenwärtig noch gebräuchlichen Gesangbuche sind Lieder von verschiedenem, ja entgegengesetztem Geiste; in Kurzem erwarten wir ein Neues. — In einem anderen Geiste ist die hübner'sche Historie, in einem anderen Geiste sind die bibl. Geschichten von Hebel verfaßt; in einem andern Geiste sind die älteren Katechismen, in einem anderen Geiste ist dieser neue verfaßt. In einem anderen Geiste beten wir nach der alten, so wie auch nach der preußischen Agende, in einem anderen Geiste hingegen nach den, seit der Vereinigung üblichen, Gebeten. Welche Verwirrung muß dabei herauskommen! Man darf sich unter solchen Umständen nicht wundern, wenn der gemeine Mann nicht mehr weiß, was er glauben und woran er sich halten soll.

Was müßte daraus werden, wenn jeder Geistliche oder jeder Verfasser eines kirchlichen Lehrbuchs das Recht haben sollte, alles was ihm beliebte, von den uns zur Seligkeit nöthigen Wahrheiten zu verschweigen oder zu verfälschen. Die Natur, das Wesen des Protestantismus bestehet darin, im Kampfe auf Leben und Tod gegen alles eindringende Menschenwort festzuhalten an dem Worte Gottes. Wenn man also der Ansicht des Geistlichen Raum gibt und das Wort Gottes in die Schwebe nimmt, so ist dieses eine factische Verläugnung des Protestantismus. Ob der geringste evangelische Dorfpfarrer, oder ob der Papst zu Rom eine von Gott ausdrücklich geoffenbarte Wahrheit unterdrückt; ob der Römische Katechismus der Tradition, oder der badische menschlichen Ansichten Raum gibt, ist für die Seelen, welche darunter leiden, gleich gefährlich. Ja, die katholische Kirche hat neben der Tradition noch Wort Gottes, welches unangetastet bleibt; deßhalb ist sie durch die Schuld der Tradition zwar gefallen, aber in völlige Religionsauflösung hat sie nicht zerfallen können. Würde die protestantische Kirche hingegen die Natur des ächten Protestantismus verkennen, und, anstatt für das Wort Gottes zu protestiren, vielmehr dieses in der Schwebe halten, und ihre Diener für ihre menschliche Ansichten auf den Kanzeln protestiren lassen, so müßte die Kirche in sich selber zerfallen, oder sich vielmehr aus der Welt hinaus protestiren lassen. Aber würden wohl die Staaten dazu schweigen und sich dabei beruhigen können? Darum sind symbolische Bücher, d. h. Zusammenstellungen derjenigen geoffenbarten Wahrheiten nöthig, welche sich die Kirche, ohne ihre Existenz auf's Spiel zu setzen, um keinen Preis abdringen oder in die Schwebe nehmen lassen darf. Unsere Kirche hat ihre symbolischen Bücher; es sind die oben Genannten, welche „das dogmatische System des 16ten und 17ten Jahrhunderts" enthalten. Sind in diesen die geoffenbarten Heilswahrheiten nicht treu enthalten, so beweise man es. Aber man wird den Beweis müssen „anstehen" lassen. Indeß rüttle man, und zumal gar in dieser Zeit, nicht ohne Noth an dem Fundamente der Kirche.

Geschrieben am 23. April 1831.

Die Verfasser.

Diese Prüfung kommt zu dem Resultate:

1) In der Lehre von Christus ist im neuen Katechismus Alles schwankend und schwebend, und statt zum Glauben, vielmehr zum Unglauben sich hinneigend. Nie wird von Christus der Ausdruck: Gott gebraucht.

2) In der Lehre von der Erlösung, dem Mittelpunkte des ganzen Christenthums, ist er nicht nur äußerst mangelhaft, indem im ganzen Katechismus nur einmal unter Andern einige wenige Worte vorkommen, die an diese Lehre erinnern könnten, die nämlich: „Christus hat uns auch durch sein bitteres Leiden und Sterben mit Gott versöhnt"; sondern er ist auch selbst in diesen Worten ebenfalls wieder, statt zum Glauben, — zum Unglauben sich hinneigend; indem diese Worte in einer Verbindung stehen, wo der Zusammenhang die biblisch-kirchliche Erklärung der Versöhnung durchaus nicht zuläßt.

3) Und in der Lehre vom Heilswege endlich ist er gesetzlich (katholisch) und durchaus verkehrt.

Nachdem nun dargethan ist, daß diese Abweichungen keine Kleinigkeiten sind oder unnütze theologische Streitfragen, sondern tief in's Leben eingreifende Dinge von der höchsten Wichtigkeit, heißt es weiter:

„Wir bringen daher diese Sache zur Kenntniß eines jeden evangelischen Christen, er sei auch, wer er sei, und ersuchen ihn, daß er prüfe, wie wir. Wir sind nicht Katholiken, daß wir glauben müssen, was die sogenannte Kirche d. i. was die Geistlichkeit sagt, sondern haben freies Recht zu prüfen, und zu protestiren gegen Alles, was nicht mit der Bibel übereinstimmt.

Wornach aber soll geprüft werden? Nach h. Schrift; sie ist die einzige Regel des Glaubens. Was mit ihr übereinstimmt, soll als Wahrheit angenommen, was nicht mit ihr übereinstimmt, soll als Lüge verworfen werden.

Aber der Eine legt sie so, der Andere anders aus; welches gilt nun? — Da wir evangelische Christen sind, und uns bereits zu einer Kirche bekennen, zu einer Kirche, die da erbauet ist auf den Grund der Apostel und Propheten, da Jesus Christus selbst der Eckstein ist, so haben wir uns an die Auffassung der h. Schrift zu halten, welche die Kirche, der wir angehören wollen, als die wahre erkannt, und in ihren, mit der h. Schrift durchaus übereinstimmenden, Bekenntnißschriften, in der Augsburgischen Konfession, im Lutherischen und Heidelberger Katechismus niedergelegt hat. Darnach muß also dieser Katechismus geprüft werden. Diese Prüfung zu erleichtern haben wir hier die drei Hauptlehren des Christenthums nach der h. Schrift, und dem Verständniß der evangelischen Kirche, so deutlich als möglich auseinandergesetzt, und glauben damit, auch abgesehen von dem Katechismus, mancher Seele einen nicht unangenehmen Dienst erwiesen zu haben."

Es wird dann überzeugend der Einwand widerlegt, daß damit kein Gewissenszwang ausgesprochen sei, da wohl der einzelne Christ anderer Meinung sein könne, aber die Kirche schon als ein Verein verpflichtet sei darauf zu halten, daß die wirklichen Lehrer die Lehre der Kirche lehren, und Niemand dieselbe öffentlich bekämpfen dürfe. Nachdem noch auf die nachtheiligen Folgen und die Ursachen des jetzigen Unglaubens hingewiesen worden ist, schließt die Schrift mit folgenden Worten:

„Herzlich freuten wir uns, als unlängst, am Jubelfeste der Augsburgischen Konfession, dieselbe in unserm Lande neu abgedruckt, und allen Kirchen und Schulen des Landes zugesendet wurde, die Aufschrift führend: „Allen treuen „Bekennern zur Ermuthigung, den Wankenden zur „Erinnerung, den Abtrünnigen zum Zeugniß aufs „Gewissen gelegt." Wir glaubten es Ernst damit, und hofften eine bessere Zukunft; aber wie betrübt war bald darauf unser Herz, da dieser neue Katechismus erschien, und seine Einführung in Kirche und Schulen befohlen wurde, der das gerade Gegentheil von dem enthält, was die Augsburgische Konfession, diese vortreffliche Bekenntnißschrift der evangelischen Kirche, lehrt. Woran soll man sich denn halten? Oder sollen blos der Propheten Gräber geschmückt, ihre Lehre aber verworfen werden? (Matth. 23.) Uns bangt vor der Zukunft. Der gnädige und getreue Gott helfe und behüte uns!

Wir haben nun nach Gewissen und aus Gewissen, wie es jedes Christen Pflicht in solchen Dingen ist, und frei und offen, wie es der thut, der nichts sucht, als — die Sache Gottes, und das ewige und zeitliche Wohl seiner Mitmenschen, unsere wohlbegründete Bedenklichkeiten gegen den neuen Katechismus an den Tag gelegt, und somit das Unsere gethan. Sind wir irre, so ist uns nichts lieber als Belehrung. Nicht Rechthaberei, Wahrheit ist unser Ziel. Die Sache ist zu ernst. Es wälzet einen nicht geringen Stein von unsern Herzen, der uns mit Gottes Wort und den symbolischen Büchern beweiset, daß dieser Katechismus die Lehre der h. Schrift und der evangelischen Kirche enthalte. Gerne und öffentlich wollen wir widerrufen, gerne und öffentlich ihm den Dank bezahlen. Sollte aber die Wahrheit auf unserer Seite sein, wie wir nicht zweifeln, so hoffen auch wir, daß Jedermann so viel Aufrichtigkeit, Gottesfurcht und Verläugnung habe, sie so gerne anzunehmen, wie wir. Lieben Brüder, es handelt sich hier nicht um Kleinigkeiten, nicht um Ehr' und Geld, sondern es handelt sich um theuer erkaufte Seelen, und um ihr Heil in Zeit und Ewigkeit. Schweres Gericht, wer hier schuldig wird am Blute so Vieler. (Ezech. 33—34.) Das ists, was uns so schwer auf dem Herzen liegt.

Im Uebrigen sei die Sache dem Herrn unserm Gott empfohlen, deß sie ist. Er, zu dessen Ehre allein wir geschrieben haben, und der seine Kirche zu schützen versprochen hat bis an das Ende der Tage, erfülle seine Verheißung! Ihm werde sie auch in Stille und Ruhe empfohlen von allen Treuen im Lande. Er wird Hilfe schaffen. Wie? ist uns unbekannt. Seine Verheißung indeß steht fest: „Die Pforten der Hölle sollen sie nicht überwältigen" (Matth. 16, 18). Und wieder: „Wer auf diesen Stein fällt, den wird er zerschellen, auf wen er aber fällt, den wird er zermalmen" (Matth. 21, 44.) Fröhlich singt schon David vom Siege der Kirche: Ps. 2. „Warum toben die Heiden" rc. rc. (Der ganze Psalm!)"

Im Anhang werden noch zur kirchenrechtlichen Begründung vortreffliche Auszüge gegeben aus des vormaligen Geh. Raths und Kirchenrathsdirectors Brauers „Gedanken über Protestantismus und dessen Einfluß auf die Rechte der Kirchengewalt aus der Religionslehre." Karlsruhe 1820, sowie aus der heute noch als Recht geltenden, unter Brauers Einfluß verfaßten Kirchenrathsinstruction und aus der Unionsurkunde selbst.

---

Es läßt sich denken, daß diese dem herrschenden Zeitgeist in's Angesicht schlagenden Ausführungen nicht ohne Erwiderung blieben. Außer Aufsätzen in verschiedenen Kirchenzeitungen erschienen nach und nach drei Gegenschriften, die wir am besten aus der Beantwortung der Sieben kennen lernen, welche schlagfertig ihnen die drei unparteiischen Zeugnisse entgegensetzten. Der ausführliche Gesammt-Titel ist:

**Drei unpartheiische Zeugnisse**
für die Richtigkeit der Ausstellungen an dem neuen
badischen Landeskatechismus;
entnommen aus den für denselben erschienenen Schutzschriften
1) des Prof. v. Langsdorf in Heidelberg,
2) des Pfarrer Schlatter in Linkenheim,
3) eines Ungenannten (Sonntag).
Nebst 2 Fragen, das Fortschreiten der evang. Kirche betreffend.
Von den Verfassern der Prüfung des neuen badischen
Landeskatechismus.
Speyer und Kalw. 1831.

---

## Erstes Zeugniß.

### Vorwort.

Als wir unsere Prüfung des neuen Landeskatechismus herausgaben, konnten wir gar wohl vermuthen, daß sich von mehreren Seiten Widerspruch dagegen erheben würde. So ist es denn auch wirklich gekommen. Die seither zur Vertheidigung des neuen Katechismus erschienenen Schriften haben unsere Ausstellungen hinlänglich gerechtfertigt; denn sie haben mehr oder weniger die Abweichungen des neuen Katechismus von der Bibel und Kirche eingestanden, und zum Theil diese Abweichungen hoch gerühmt. So kann sich also jedermann nunmehr davon überzeugen, ob wir dem Katechismus wirklich zu viel gethan haben.

Zur Vertheidigung des neuen Katechismus sind seither drei Vertheidigungsschriften erschienen: Eine nemlich von Professor von

Langsdorf in Heidelberg; eine andere von Pfarrer Schlatter in Linkenheim, eine dritte von einem ungenannten Verfasser, (Kirchenrath Sonntag). Diese drei sind sämmtlich unter sich selber im offenbarsten Widerspruche, und doch ist jede von ihnen mit dem neuen Katechismus gar wohl zufrieden. Aber eben dieser Umstand, daß derselbe so unbestimmt, vieldeutig und nichtsgebend ist, beweiset, daß er weder als ein kirchliches Lehrbuch, noch als eine kirchliche Bekenntnißschrift zu gebrauchen ist.

In welchen Punkten der neue Katechismus vom Worte Gottes und von den Bekenntnißschriften der evangelischen Kirche, abweiche, haben wir in unserer „Prüfung" ausführlich nachgewiesen; wir benützen also die zum Schutze des neuen Katechismus erschienenen Schriften, um zu zeigen, daß unsere Ausstellungen nur allzusehr begründet sind. Die Leser werden finden, daß diese unsere gegenwärtige Betrachtung durch die kürzlich erschienenen zwei Fragen über das vorgebliche Fortschreiten unserer evangelischen Kirche, zu einem Ganzen vervollständigt werde.

Daß wir außer diesen drei Schutzschriften nicht auch auf die „Epistel aus den Bergen" einige Rücksicht genommen haben, hat seinen Grund in der völligen Gehaltlosigkeit dieses Schriftchens und in dessen wahrhaft puerilem (knabenhaftem) Geiste.*)

Geschrieben im Juli 1831.

Die Verfasser.

---

*) Dieses Schriftchen führt den Titel: „Eine Epistel aus den Bergen an die Prediger Henhöfer, Käß, Dietz, Hager, G. Frommel, G. F. Haag und Karl Mann. Zum Frommen aller aufrichtigen Christen der Oeffentlichkeit übergeben von August Hausrath. Karlsruhe, 1831. Verlag von Ch. Th. Groos."

In diesem Schriftchen werden die sieben protestirenden Geistlichen mit den bekannten schwärmerischen Separatisten zusammengestellt, und ihnen der Vorwurf gemacht, daß sie nach „Glaubensherrschaft" gelüsteten. Es genügt zur Charakterisirung der Anfang und Schluß:

„Wer mag es glauben, daß das Jahr 1830, von dem Sie sagen: „daß „es, reich an Früchten aller Art, auch der evangelischen Kirche Badens einen „neuen Katechismus gebracht habe", in seinem Gefolge sogar einen Katechismusstreit führe, der sich mit allem Ungestüm eines heiligen Krieges ankündigt! Nicht im mindesten eingeschüchtert durch den nahen und fernen Donner unserer politischen Stürme, ziehen Sie also mit wachsender Zuversicht einen Kampf auf das Gebiet der Religion herüber, der, wie mir scheint, in einer ganz andern Sphäre begonnen hat? Oder ist es wirklich nur eine Sache der Wahrheit

Die erste Gegenschrift enthält, kurz gesagt, die gewöhnlichen rationalistischen Einwürfe; sie lobt am neuen Katechismus, daß er die unvernünftigen Ansichten der Reformatoren und selbst des Apostels Paulus nicht enthält. Es kommen darin sehr unwürdige Ausdrücke vor, z. B. nennt er die biblisch-kirchliche Lehre eine „alte Sudelbrühe." —

Wir fügen aus dem Schluß des Zeugnisses bei: Unsere Leser werden uns nicht zumuthen, uns noch weiter mit der Schrift des H. v. L. zu befassen. Wir hätten eigentlich Ursache, mit ihm über manche Unredlichkeiten, die er sich gegen uns hat zu Schulden kommen lassen, zu sprechen.

---

und des Glaubens, die Sie verfechten? Streben Sie in der That nur nach jenem Ziel, von wo der Ehrenkranz einer dogmatischen Unsterblichkeit winkt? Geschieht Ihnen Unrecht, wenn man Ihre eigenen Beweggründe mit den Interessen so mancher christlichen Glaubensgenossen vermengt, die mit Wanderstab und Pilgersack, im Gewande der Unschuld, schaarenweise von Dorf zu Dorf ziehen und für die Ungläubigen beten; die durch ihre ascetischen Uebungen unsre Landstraßen unsicher machen, und in ihren Weissagungen von einem nahen Weltuntergang und einem noch näher zu befürchtenden „Darunter und Darüber" lange nicht so apokalyptisch sind, als sie gerne scheinen möchten? In welchem Verhältniß stehen Sie mit jenen Gläubigen? Sprache und Geberden sind dieselben, sind es auch die Werke? — — —

Wer sind Sie denn, daß Sie es wagen, ein uns so theures Religionsbuch so frech in den Staub zu ziehen? Steht nicht ein Mann an Ihrer Spitze, den schon eine ganze Kirche mit dem Vorwurf eines offenen Verraths und Meineids bezüchtigt? Nicht wegen seines Uebertritts zum Protestantismus, der ihm frei stund, obgleich die katholische Kirche ihren Priestern einen unverwüstlichen Charakter ertheilt; sondern wegen der heimlichen Bearbeitung der ihm anvertrauten Seelen für eine ganz andere Richtung, als er öffentlich bekannte. (!!) Wird nicht das alte Spiel aufs neue wiederholt? Die unwürdigsten Beschimpfungen werden auf ein Buch gehäuft, dessen größter Inhalt Bibelstellen sind, mit nur wenigen eigenen Worten (und das sagt ein Amtsbruder): die Schrift selbst ist nicht mehr rechtgläubig genug, und ihre Prediger werden dargestellt als Heiden und Verfluchte, fast als Wahnsinnige; der Glaube vieler Millionen soll an den Pranger gestellt werden, nachdem er auf das empörendste verfälscht und entstellt ist!

Welche Erfolge schweben Ihnen vor den Augen? Nicht immer glückt es, was so begonnen wird! — Verlassen Sie doch die zweideutige Stellung in der Sie schweben. Wäre es nicht für unser Kirchenwesen vielleicht ersprießlich, wenn Sie Gemeinden bildeten, die so entschieden sind, als Sie selbst? (Und die Herren Rationalisten?) Die Unordnungen hörten alsdann wenigstens unter den andern Christen auf!

Wir danken H. v. L. vielmehr, daß er uns einen so vortrefflichen Dienst geleistet, und unaufgefordert, als ein so gelehrter Mann unsere Ausstellungen an dem neuen Katechismus gerechtfertigt, und vielen Lesern, wenigstens in dieser Gegend, die Augen geöffnet hat.

Der Herr wolle mit unverdienter Gnade ihm lohnen, der, was er durch Herausgabe seiner Schrift gethan hat, in Unwissenheit that. Er wolle ihn an sein hohes Alter und an den Ernst der Ewigkeit mahnen.

---

Dann folgt:

## Zweites Zeugniß

für die Richtigkeit der Ausstellungen an dem neuen
badischen Landeskatechismus,
entnommen
aus der für denselben erschienenen Schutzschrift:
Vertheidigung des neuen Katechismus der vereinigten Kirche Badens
gegen die Angriffe einiger Geistlichen, nebst Beurtheilung der
theol. Glaubensmeinungen derselben,
von
Georg Friedrich Schlatter, Pfarrer in der Landdiöcese Karlsruhe.
Karlsruhe 1831. Verlag von Ch. Th. Groos.

Von den Verfassern der Prüfung des neuen Landeskatechismus.
Speyer, 1831.
Druck und Verlag von J. F. Kranzbühler senior.

---

Es wird in der Ebene am Rhein eine Saat gesät, die sonderliche Früchte trägt. Menschen, die sich ausschließlich Gläubige nennen, wälzen sich auf allen Straßen im Koth, und harren des Durchbruchs und der höheren Erleuchtung; sie sitzen herum auf den Bäumen und spähen, ob die Welt noch nicht untergehe; sie haben sich aller irdischen Gemeinschaft, aller Arbeit, aller Pflichten entschlagen, und sprechen mit Ihnen: „Bete, bete, bete! Verflucht sei, wer an dem Gesetze hängt!“ Eine zahlreiche Gemeinde harret nur noch ihrer Priester, daß sie Lämmer und Stiere opfern, um durch neues Blut den alten Segen kräftiger zu machen, um Sünden zu- und abzusprechen, deren Ansehen mächtig sei auf der Erde! Was vernunftlos, unflätig und vom Leben ausgespieen ist, würde sich sammeln, Sünder und Sünderinnen aus allen Winkeln schlüpfen, da sie die Worte hören: „Ihr seid die Erwählten, denn ihr habt im tiefsten Sündenpfuhl gewühlt!“ Tausendjährige Gebräuche wiederholten sich, und die Gottheit würde auf eine unerhörte Art versöhnt!“ — — Das ist doch gewiß ächte Toleranz! Stein, den 20. Juni 1831.

Motto: Es ist heut zu Tage durchaus nichts Seltenes, die erklärtesten „Rationalisten“ auf's Neue sich für Anhänger des biblischen Christenthums, Freunde des Bibelglaubens ausgeben zu hören, und dagegen die Vertheidiger der evangelischen Wahrheit für Leute, die auf Menschensatzungen gingen und von Vorurtheil für die Kirchenlehre dergestalt verblendet seien, daß sie schnurstraks gegen die Bibel lehrten, — gegen eben die Bibel, für die diese Kirchenlehrer gleich ihren theuern Vorgängern Gut und Blut zu opfern bereit sind, während jene sie bei aller Gelegenheit mit Füßen treten, wie jede ihrer Schriften, namentlich von den gelehrten, zum Ueberflusse beweis't.

Der Verfasser des Aufsatzes: „Ist die Lehre der evangelischen Kirche die Lehre der Bibel? Durch Rationalisten beantwortet.

Siehe, ich will an die Propheten, spricht der Herr, die ihr eigen Wort führen und sprechen: Er hat es gesagt. Jeremias 23, 31.

---

„Wir waren,“ lautet der Anfang, „als wir erfuhren, daß Herr Pfarrer Schlatter es auf sich nähme, den neuen Landeskatechismus gegen unsere Ausstellungen zu vertheidigen, auf diese Vertheidigung sehr begierig, weil man hie und da das Gerücht verbreitet hatte, wir hätten durch unsere Prüfung dem neuen Katechismus zu viel gethan. In dieser unserer Erwartung seiner angekündigten Rechtfertigung mußten wir aber um so gespannter sein, je mehr sich die Versicherung des Hrn. Pf. Schlatter, daß er höheren Orts beauftragt sei, eine Vertheidigung des Katechismus und Widerlegung unserer Prüfung zu schreiben, unter den Leuten der Umgegend verbreitet, und je häufiger sich das Gerücht, daß er unter Aufsicht und Mitwirkung schreibe, wiederholt hatte. Wir mußten also erwarten, daß er darzuthun versuchen werde: der neue Katechismus sei in den drei Hauptlehren des Christenthums keineswegs, wie wir ihn beschuldigten, von der h. Schrift und den kirchlichen Bekenntnißschriften abgewichen, sondern vielmehr mit denselben im vollkommensten Einklange. Für diesen Fall hätte er also darthun müssen, daß die h. Schrift und die symbolischen Bücher dasjenige, was wir zur Unterstützung unserer Ausstellungen aus denselben entnommen, entweder gar nicht, oder doch wenigstens in einem andern Sinne lehren, und daß sie vielmehr ebendasselbe enthalten, was auch der neue Katechismus lehrt. — Nun hat er aber bekannt, daß unsere Lehre mit der alten Kirchenlehre laut deren Bekenntnißschriften vollkommen übereinstimme; die Berufung auf dieselbe hat er jedoch für unstatthaft erklärt, weil die gegenwärtige Kirche fortgeschritten sei, und dasjenige nicht mehr lehre, was sie zu jener Zeit, als die symbolischen Bücher abgefaßt worden, gelehrt habe. Zur Erreichung seines Zweckes bringt er, nebst sonstigen Gründen, auch Zeugnisse aus der h. Schrift vor, durch welche die angebliche Unrichtigkeit der alten Kirchenlehre dargethan, und die Lehre des neuen Katechismus als biblisch erwiesen werden soll. — Da wir nun in einem besonderen Schriftchen die Behauptung widerlegt haben, daß die ev.-prot. Kirche im Großherzogthum Baden ihrer öffentlichen Lehre nach, unmittelbar vor der Erscheinung des neuen Landeskatechismus eine Andere, als zu jener Zeit gewesen sei, in welcher die symbolischen Bücher verfaßt wurden; so bleibt uns hier nur noch übrig darzuthun, daß

I. durch seine Angriffe die alte Kirchenlehre nicht widerlegt, und daß

II. durch seine Vertheidigung die Lehre des neuen Katechismus nicht gerechtfertigt ist."

Beispielshalber führen wir gleich den ersten Punkt an, die Lehre von Christo. Es wird nachgewiesen, daß Schlatter nicht einmal die Kirchenlehre, an der er Ausstellungen mache, kenne. Schlatter kommt nemlich zu dem Resultat: „Die Schrift redet, wenn sie über das Verhältniß Jesu zu Gott spricht, zwar ganz entschieden von einer Einheit des Willens, der Lehre, des Werks und des Lebens, aber niemals von einer Einheit der Person."

Aus dieser ganzen Stelle geht klar hervor, das Pf. Schl. meint, die Kirche lehre keinen Unterschied zwischen der Person des Vaters, und der Person des Sohnes. Man vergleiche Luthers kleinen Katechismus in den Fragstücken:

„Wie viel sind Götter?" „Es ist nur Ein Gott; aber in dem einigen göttlichen Wesen sind drei unterschiedliche Personen, Gott Vater, Sohn und heiliger Geist."

In ähnlicher Weise geht die Schrift den Irrthümern Schlatter's nach und deckt ihm Schritt für Schritt seine Unbekanntschaft mit der angeschuldigten Kirchenlehre und seine falsche Schriftauslegung auf. — Für Letzteres auch ein Beispiel. Schlatter will die Beweiskraft von Joh. 1, 1. für die Gottheit Christi damit entkräften, daß Logos (Wort) den „Inbegriff der von Anfang an sich offenbarenden Kräfte, Eigenschaften und Wirkungen“ Gottes sei, oder daß eigentlich darunter Gott selbst und nicht eine besondere Person in der Gottheit gemeint sei. „Nun, wir wollen, sagt das Zeugniß, jetzt einmal nach dieser Erklärung von Logos, auch Joh. 1, 1 u. 2 übersetzen. Im Anfang war „Gott selbst“, und „Gott selbst“ war bei Gott, und Gott war „Gott selbst.“ Derselbige („Gott selbst“ nämlich) war im Anfange bei Gott.“

Ferner: „Daß Pfr. Schl. unter dem Logos keine besondere Person in der Gottheit annehme, das hat er mit deutlichen Worten selber gesagt. Daß er aber überhaupt keinen Gott als Person, keinen persönlichen Gott kenne und glaube, das will uns mehr und mehr bedünken, je genauer wir sein Gerede über den Logos erwägen. Wenn er nämlich S. 9 sagt: „Unter diesem Worte oder Logos haben wir also Gott selbst, oder seine von Anfang an sich offenbarenden Kräfte, Eigenschaften und Wirkungen (?!) zu verstehen“, so ist doch klar, daß er hier Gott selbst und den Inbegriff von göttlichen Kräften, Eigenschaften und Wirkungen für ganz gleichbedeutend erklärt. Gott ist ihm also der Inbegriff von göttlichen Kräften, Eigenschaften und Wirkungen, oder, wie er ihn S. 10 schlechtweg nennt, eine „göttliche Kraft.“ Gott ist also eine bloße Kraft, eine göttliche Kraft zwar, aber — kein persönliches Wesen. Da haben wir den baaren, nackten Pantheismus, dem zuletzt Alles —: Gott, oder Gott — das: All ist, der zwischen Gott und Welt durchaus keinen Unterschied mehr macht; der überhaupt keinen wesentlichen Unterschied mehr kennt; sondern nur einen „gradweisen.“ Dazu paßt denn auch ganz seine Behauptung S. 10:

„Daß das Wort, der Geist, die Kraft, das Leben Gottes u. s. w. (etwa auch Gottes „Wirkungen“, die Welt?!) ganz „gleichbedeutende Ausdrücke sind.“

Endlich rühmt Schlatter den Tauler und Spener, und thut, als wenn das Männer seines Gelichters wären, und nachdem ihm aus Spener's Katechismus das Gegentheil nachgewiesen, wird daraus S. 124 der Schluß gezogen: „Ja Spener stand wahrhaftig im Evangelium“ und darum muß man eben schließen:

Schlatter stehe nicht darin und sein Schützling, der neue Katechismus, steht auch nicht darin."

Das Zeugniß schließt: „Nach einem, von uns in den „Zwei Fragen" rc. mitgetheilten Actenstücke hat die Generalsynode vom Jahre 1821 ausdrücklich erklärt, daß der neue Katechismus durchaus mit der Augsb. Konfession und mit den beiden älteren Katechismen (die Lehre vom h. Abendmahle allein ausgenommen) übereinstimmen müsse."

Schl. versichert nun, der neue Katechismus stimme nicht damit überein. Heißt das etwa gar ihn vertheidigen?!

Ferner: Schl. schreibt in Betreff unsrer Bitte: mit dem neuen Katechismus verschont zu werden:

S. 90. „Geschah jene Widersetzlichkeit aus Eigensinn und Bosheit, „so wende die Kirche die ihr zu Gebote stehenden Zucht- und Disciplinmittel „an; geschah sie aus religiösen Vorurtheilen und aus irregeleiteter Ueberzeu„gung, so suche sie durch die Macht der Belehrung auf ein solches Individuum „zu wirken; ist aber auch dies vergeblich, so gebe sie ihm die Erlaubniß, diese „Kirchengemeinschaft zu verlassen, und sich eine andere zu suchen, die ihm an„gemessener scheint. So werde es mit jeglichem Gliede gehalten, welches „mit der jetzt bestehenden Kirche innerlich und äußerlich zerfallen ist. „Aber ein Lehrer der Kirche kann und darf keiner sein, der den „Zwecken der Kirche geradezu entgegen arbeitet und ihren „Geist dämpft."

Wir glauben, nach Herausgabe unserer „Zwei Fragen" rc. wird keine Rede mehr davon sein können, diese Worte Schlatters auf uns anzuwenden.

Aber, da er in seinem Schriftchen die Augsb. Konfession öffentlich und ausdrücklich verworfen hat, da er (durch sein, zum Theil in unsrer Gemeinde verschenktes, Schriftchen) eine falsche Lehre zu verbreiten sucht, und die, auch von der Synode 1821 sanktionirte, Kirchenlehre verunglimpft, so wolle er doch wohl beherzigen, wie gefährlich diese Wahrheit ist: „Ein Lehrer der Kirche kann und „darf keiner sein, der den Zwecken der Kirche geradezu entgegen „arbeitet, und ihren Geist dämpft."

## Drittes Zeugniß,

entnommen aus der für den Katechismus erschienenen Schutzschrift:

Beleuchtung

der gegen den neuen badischen Landeskatechismus vorgebrachten Anklagen,

als Beitrag
zur richtigen Beurtheilung einer von den Pfarrern
Dietz, Hager, Henhöfer, Käß und einigen Kandidaten
herausgegebenen Schrift.

Das Vorwort lautet: „Es ist in diesen Tagen abermals eine, und zwar, so viel uns bekannt, die dritte, Schutzschrift für den neuen Landeskatechismus erschienen, betitelt: „Beleuchtung der „gegen den neuen badischen Katechismus vorgebrachten Anklagen, als „Beitrag zur richtigen Beurtheilung einer von den Pfarrern Dietz, „Hager, Henhöfer, Käß und einigen Kandidaten herausgegebenen „Schrift. Karlsruhe in der Chr. Fr. Müller'schen Hofbuchhandlung. „1831. Ladenpreis 18 kr."

Diese Schutzschrift hat mit den beiden andern, des Hrn. v. Langsdorf und des Herrn Pfarrers Schlatter, das gemein, daß sie in der Lehre von der Gottheit Christi, und dem Heilswege, eine Abweichung des neuen Katechismus von der Augsburgischen Confession zugesteht; sie unterscheidet sich aber von ihnen hauptsächlich darin, daß sie sich bemüht, zu bereden: in der Lehre von der Erlösung stimme der neue Katechismus mit der seitherigen Kirchenlehre überein, während dieses die beiden andern läugnen.

So bietet sich das merkwürdige Schauspiel dar, daß die Freunde und Vertheidiger des neuen Katechismus mit einander selber uneins sind, und sich in ihren Vertheidigungen geradezu widersprechen. Der „Spielraum", welchen die unbestimmte und zweideutige Abfassung der Katechismus-Antworten dem Gedankenspiele der Ausleger läßt, wird von ihnen so vortrefflich benutzt, daß ein Jeder seine Meinung, ja, Einer unter ihnen, welcher über die h. Dreieinigkeit und über die Gottheit Jesu mit empörender Frechheit spottet, und die kirchliche Lehre eine „alte Sudelbrühe" nennt, seinen offenbaren Unglauben in dem neuen Katechismus wiederfindet. Sie Alle können den neuen Katechismus gebrauchen; sie Alle finden ihren Geist darin, und sind entzückt darüber, daß er so vortrefflich ausgefallen ist. Wir allein, die wir uns strenge an die bibelgetreuen Bekenntnißschriften der Kirche halten, können die kirchliche Lehre nicht darin finden, und eben darum auch in den Jubel nicht mit einstimmen. Wir müssen vielmehr unsere Klage wiederholen, und können als evangelische Christen, welche an der Augsburgischen Confession zu halten berechtigt sind, uns so lange nicht beruhigen, bis der neue Katechismus so abgefaßt ist, daß man darin diejenige Lehre wiederfindet, welche die Kirche, den Bekenntnißschriften gemäß, zu geben schuldig ist, und bis die, über die kirchliche Lehre spöttelnden, Vertheidiger des neuen Katechismus, ihren freudigen Jubel einstellen. Wir wollen deßhalb, wie an den beiden Schutzschriften des Herren von Langsdorf und Pfarrers Schlatter, so auch an der oben angeführten eines Ungenannten zeigen, daß durch sie der neue Katechismus wiederum nicht gerechtfertiget sei."

Dieser Unbekannte ist aber niemand anders, als Kirchenrath Sonntag, der Mitredakteur des Katechismus. Es ist dieß die amtlich den Dekanaten zur unentgeldlichen Vertheilung zugeschickte Schrift.*) — Der Inhalt dieses dritten Zeugnisses läßt sich erkennen aus dem „Rückblick auf das Ganze", nemlich:

I. In der Lehre von Christo dem Heilande hat sich unser Gegner bemühet zu beweisen, daß der neue Katechismus in demjenigen, was derselbe von Christo lehre, durchaus mit der Bibel übereinstimme. Allein er hat dabei sorgfältig verschwiegen, daß Bibel und Kirche noch mehr von Christo lehren, als der neue Katechismus von ihm lehrt, nämlich: daß Jesus Christus nicht bloß „mit göttlicher Kraft ausgerüstet", sondern vielmehr, daß er der wahrhaftige Gott selber ist, gelobet in Ewigkeit; Gott der Sohn, die zweite Person in dem Einen göttlichen Wesen.

II. In der Lehre von der Erlösung hat unser Gegner eine Mangelhaftigkeit in den Katechismus-Antworten anerkannt, und den biblischen Schein dieser Lehre im neuen Katechismus dadurch zu retten versucht, daß er sich auf die beigefügten Bibelstellen beruft und Christum den „Grund der Gnade" Gottes nennet, wodurch also die biblische und kirchliche Lehre vom Verdienste Christi bezeichnet werde. Allein so lange man berechtigt ist, den Geist eines Katechismus in dessen Lehrsätzen selber und nicht in den beigefügten Bibelstellen, noch weniger aber in den klug-berechneten Zusätzen seines Vertheidigers zu suchen, so lange kann auch die Lehre der Erlösung im neuen Katechismus weder als biblisch noch als kirchlich betrachtet werden.

III. In der Lehre vom Heilswege sucht unser Gegner den verkehrten Heilsweg des Katechismus, (welcher unsere Heiligung und die nach ihm daraus fließende Rechtfertigung aus eigener Ver-

*) Siehe S. 323.

nunft und Kraft herleitet), dadurch zu vertheidigen, daß er den biblischen Begriff der Buße verändert, indem er zur Buße rechnet, was Bibel und Kirche nicht dazu rechnen, daß er durch eigene Zusätze*) die eben gerügte Verkehrtheit (die Rechtfertigung aus natürlichen Kräften und Werken abzuleiten) den Augen zu entrücken bemüht ist, und daß er endlich Schriftstellen, in welchen davon die Rede ist, daß bereits begnadigte Sünder heilig leben müssen, um nicht wieder die Gnade zu verlieren, — so anwendet, als sei in ihnen die Rede davon, wie man es anzufangen habe, damit man die Gnade der Sündenvergebung erlange; durch welche Verwechselung allein die Irrlehre: als ob die Rechtfertigung ohne vorangehende Heiligung unmöglich wäre, bei unerfahrenen Lesern einigen Schein von Wahrheit erlangen kann. Er erklärt übrigens unumwunden, daß er und der Katechismus mit dem von uns dar-

*) Wenn sich nun unser Gegner S. 29 alle Mühe gibt, zu bereden: der Katechismus lege die Seligkeit nicht unseren Werken bei, so ist dieses eine verlorne Mühe; so lange der Katechismus lehrt, man müsse durch Glaube und Buße den heiligen Geist zu erlangen suchen, so lange er also Glaube und Buße (welche unserem Gegner zufolge bereits auch die Seligkeit in sich schließen S. 33) aus eigener Vernunft und Kraft herleitet, und hieraus dann die Rechtfertigung folgen läßt; — so lange kann von dem Katechismus der Vorwurf nicht weggewälzt werden, daß er in eigener Gerechtigkeit die Seligkeit suchen lehre.

Zwar beruft sich unser Gegner S. 29 darauf, der Katechismus heiße doch Christum „unseren Versöhner", und dieser Versöhner sei der „Grund", auf welchem Gottes Vaterliebe beruhe. Allein es ist wohl zu unterscheiden, was der Katechismus von Christo lehrt, und was unser Gegner nunmehr zur Rechtfertigung des Katechismus hinzusetzt. Hätte der Katechismus das Nämliche gelehrt, was unser Gegner nunmehr hinzusetzt, hätte er wirklich gelehrt: daß Christus „der Grund der Gnade Gottes" sei; hätte er dieses auch nur ein einziges Mal gesagt, so hätte er von Anfang an bis zum Ende ganz anders ausfallen müssen: wir hätten alsdann einen rechtgläubigen, christlichen und kirchlichen Katechismus erhalten. Daß Christus „Grund der Gnade Gottes" sei, ist ein bloßer Zusatz unseres Gegners, welcher uns schmerzlich an dasjenige erinnert, was in dem N. Katechismus fehlt, und worauf wir so lange bei der Beurtheilung des Katechismus keine Rücksicht nehmen können, bis es in dem Katechismus selber aufgenommen sein wird. Man lehre dieses in dem N. Katechismus, und ändere ihn dahin ab, daß keine Frage dieser Lehre, daß Christus der „Grund" der Gnade sei, widerspreche, so wollen wir von ganzem Herzen dankbar sein.

gelegten Heilswege, der aber, wie sich aus den Bekenntnißschriften der evangelischen Kirche ergibt, kein anderer als der von der Kirche aus der Bibel zusammengestellte Heilsweg ist, durchaus nicht übereinstimme.

Endlich noch eine Stelle aus dem Schluß, der den ganzen Streit in's rechte Licht stellt:

„Mag derselbe es auch immerhin (S. 47) eine Unbescheidenheit nennen, daß wir durch die Umstände genöthigt, öffentlich und laut ausgesprochen haben, dieser Katechismus, welcher offenbar die ewige Gottheit des Sohnes läugnet, dessen Verdienst als alleinigen Grund der Gnade Gottes verwirft und einen ganz verkehrten Heilsweg enthält, sei geradezu in allen seinen Theilen verkehrt, unchristlich und verderblich; und bedürfe durch und durch der Widerlegung. Es ist hier nicht der Ort uns darüber zu äußern, was alles der Herausgabe der ersten Auflage unserer Prüfung vorangegangen ist; jedoch wird man nicht bezweifeln, daß wir uns in dieser Angelegenheit ganz in aller, den betreffenden Behörden schuldigen, Ehrerbietung als christliche Diener gehalten haben, und man wird es sich ebensowohl vorstellen, daß wir einen Schritt, von dem so Viel abhängen konnte, nicht muthwillig, noch ohne reifliche Erwägung und viel Gebet gethan haben. Man hatte bereits schon öffentlich (in der allgemeinen Kirchenzeitung) ausgesprochen, daß der neue Katechismus in seinem gegenwärtigen Zustande verbleiben, d. h. ein „perpetuirlich provisorischer" sein würde: und es schien aus Einigem hervorzugehen, als ob es zu keiner Generalsynode, wenigstens in den ersten Jahren nicht, kommen sollte.

Da entschied bei uns die Betrachtung, daß es sich hier nicht um eine Sache handele, mit welcher sich auf Jahre hinaus eine Probe machen ließe, ohne daß die Jugend vielleicht auf ihr ganzes Leben hin Schaden an ihrer Seele nähme. Wir konnten die Meinung derjenigen nicht theilen, welche die Lehre von Christo, dem Sohne des lebendigen Gottes, und von der Vergebung unserer Sünden, um seinetwillen, für müßige Grübeleien und theologische Spitzfindigkeiten auszugeben belieben; und konnten, sobald wir den Geist des neuen Katechismus erkannt hatten, es nur für eine schwere Verantwortung an dem Tage des Herrn halten, wenn wir gegen unsere Ueberzeugung aus „schonender Duldung" der falschen Lehre, stille schwiegen. So viel Einsprache auch Fleisch und Blut hiegegen machen wollte, mußten wir dennoch mit dem Apostel (Gal. 1, 10) bei uns sprechen: „Wenn ich den „Menschen gefällig wäre, so wäre ich Christi Knecht nicht." Zugleich hatte man sich ja ein eigenes Anliegen daraus gemacht, uns überall als Sektirer zu verdächtigen, so daß man uns zu einer entschiedenen Erklärung für die biblische und kirchliche Lehre nöthigte, welcher wir von Herzen ergeben sind.

Unser Gegner meint, wir hätten keine Ahnung davon gehabt, daß die Verfasser des neuen Katechismus sich sorgfältig hüteten, „auf unnöthige Weise „die Gemüther der verschiedenen Partheien noch mehr zu entzweien, sondern „vielmehr die Absicht hatten, lieber im Sinne des Evangeliums so viel als

„möglich zu versöhnen und zu vereinigen." Hierin irrt er sich sehr; denn dieser ganze Katechismus zeigt in seiner ganzen Anlage und Ausführung, besonders aber in der Wahl der unbestimmten, zweideutigen Ausdrücke eine solche bewundernswürdige Kunst sich den verschiedenartigsten Meinungen anzupassen, daß die oben erwähnte Absicht klar genug am Tage liegt. Allein wie kann man sich überreden, daß ein solcher Katechismus verschiedenartige Parthien versöhnen werde? Dasjenige, was so unbestimmt, so schwankend und zweideutig hingestellt wird, versöhnt nicht, sondern läßt die Parthien neben einander bestehen, weil jeder das Seinige darin findet. Professor v. Langsdorf, Pfarrer Schlatter, der Verfasser der „Beleuchtung" und noch manche Andre sind mit dem Neuen Katechismus einverstanden; sind sie darum in ihrer Meinung einig? Auf solche Weise wird der Zwiespalt in der Kirche geradezu gehegt; es wird dadurch Gelegenheit verschafft, daß neben der Wahrheit auch der Lüge ihre Anhänger großgezogen werden. Dieser neue Katechismus ist aus eben diesem Grunde auch durchaus zu verwerfen, denn er soll nicht dazu dienen, den Irrthum in Schutz zu nehmen, sondern soll ausschließlich nur die Wahrheit geben. Wer fest und gewiß vertraut, daß das Wort Gottes die Wahrheit lehrt, und sich als einen Haushalter über Gottes Geheimnisse ansieht, der muß es sich angelegen sein lassen, als ein treuer Haushalter Gottes nicht Menschenwort, sondern bloß und allein Gottes Wort, und zwar dieses nicht kümmerlich, nur halb und halb, sondern vollständig auszutheilen. Davon scheint nun der Verfasser der Beleuchtung von weitem keinen Begriff zu haben, dieses nicht einmal nur zu ahnen. Zur Aussöhnung der Partheien unter den Theologen kann ein Katechismus unmöglich dienen sollen. Das eben hat den Verfall der evangelischen Kirche herbeigeführt, daß man aus falscher Duldung den Irrthum einbringen ließ. Die Ungläubigen haben diese Gefälligkeit wacker benützt, und sind in ihren Ansprüchen immer kecker geworden; so daß sie nunmehr glauben, ein Recht zu haben, in der Kirche mitzusprechen. Ja der Teufel versucht es zu dieser Zeit mit seinem Arme so weit in die evangelische Kirche herein zu greifen, daß er den rechtmäßigen Herrn aus ihr verdränge und sich in ihren Besitz setze.

Von dieser falschen Duldung und dieser höchst schädlichen Friedensliebe, in welcher auch wir größtentheils vormals befangen waren, zurückgekommen, haben wir in dieser Angelegenheit nur das gethan, was wir nicht haben unterlassen können. Sollten uns Menschen deßhalb ungünstig beurtheilen, so gewährt es uns Trost, daß der Herr, dem wir dienen, nicht eben so, wie sie, urtheilen werde.

So können wir denn auch, stark durch Ihn, allem getrost entgegengehen und legt man auch immerhin ein gar groß Gewicht darauf, daß ihrer „Vierhundert" uns Sieben gegenüberstehen, so kann uns dieses wohl um ihrer selbst willen betrüben, aber nicht schrecken noch irre machen. Wir zählen nicht die Menschen nach der Zahl, wir fragen aber nach Gott.

Und wenn wir erwägen, daß sich die Generalsynode vom Jahre 1821 so unzweideutig für die Beibehaltung der reinen Lehre nach den kirchlichen Bekenntnißschriften erklärt hat, so hoffen wir, der Herr werde aus den angeblichen*) „Vierhunderten" wiederum Männer nach seinem Herzen wählen, die in gleichem evangelischen Geiste, wie die Synode im Jahre 1821 ohne alle andere Rücksicht, als bloß und allein auf denjenigen, dessen Haushalter und berufene Baumeister sie sind, sich dahin aussprechen werden: daß die Synode nicht berufen sei, den Glauben des Volks, der sein Leben im Worte der symbolischen Bücher empfangen, gestärkt und bis jetzt festgehalten hat, zu zerstören! Amen!"

Gleichzeitig wurde noch mit ausgegeben:

Zwei Fragen:

I. Kann die evangelisch-protestantische Kirche überhaupt ihrem Principe nach fortschreiten?

II. Ist ins Besondere die evangelisch-protestantische Kirche im Großherzogthum Baden wirklich fortgeschritten?

Beantwortet
von den Verfassern der Prüfung des neuen Badischen Landeskatechismus.
Allen rechtlich denkenden Badenern, ins Besondere der künftigen Generalsynode gewidmet.
Druck und Verlag bei A. F. Rivinius, in Calw. 1831.

Motto:

„Die Lehrsätze (des neuen Katechismus) sollen den Glauben, der im Volk lebt aussprechen und ansagen, einen Glauben, der sein Leben im Worte jener symbolischen Bücher empfangen, gestärkt und bis jetzt festgehalten hat. Ihn zu zerstören ist die Synode nicht berufen; schlimm genug, wenn er aus einzelnen Gelehrtenschulen entflohen wäre."

Generalsynode von 1821.

Wir theilen wieder die Vorrede mit:

„In unserer, im Anfange dieses Jahres erschienenen Prüfung des neuen Badischen Landeskatechismus, hatten wir es uns zum Zwecke gesetzt: den Beweis zu führen, daß dieser in den Hauptlehren des Christenthums von den klaren Aussprüchen der h. Schrift entschieden abgewichen und ins Besondere mit den Bekenntnißschriften der evangelischen Kirche, nämlich mit der Augsburgischen Konfession und mit den beiden Katechismen der zwei vormals getrennten pro-

*) Ein Beweis, daß es mit der angegebenen Zahl 400 nicht seine volle Richtigkeit hat, ist der Umstand, daß eine nicht unbeträchtliche Anzahl Geistlicher aus Unzufriedenheit mit dem N. Katechismus nicht die Fragen und Antworten selber, sondern blos die mitgesetzten Bibelsprüche auswendig lernen lassen.

testantischen Kirchen, in einen offenbaren Widerspruch gerathen sei; daß er also eine neue Lehre aufstelle, und wenn er allgemein eingeführt und angenommen würde, nothwendiger Weise die bisherige evangelische Kirche aufhören und eine neue wesentlich veränderte Kirche an ihre Stelle treten würde.

Wir glaubten, eine solche Veränderung der kirchlichen Lehre, wodurch nicht etwa blos einzelne Lehren vollständiger entwickelt und schärfer herausgehoben, sondern die frühere kirchliche Lehre geradezu als irrthümlich verworfen, und das gerade Gegentheil als Wahrheit aufgestellt und geltend gemacht werden sollte, widerspreche, außer Anderem, auch ins Besondere denjenigen Bestimmungen, nach welchen laut §. 5 der Unionsurkunde der neue Landeskatechismus nur in der Lehre vom h. Abendmahle eine andere, weniger bestimmt gefaßte, jedoch vorgeschriebene Form erhalten sollte, und zwar aus dem Grunde: „weil in den übrigen Punkten der Lehre der evangelisch-lutherischen und evangelisch-reformirten Kirche kein trennender Unterschied sich finde."

Dieser unserer Prüfung des neuen Katechismus gegenüber, erschien nun eine „Vertheidigung" desselben von Herr Pfarrer Schlatter zu Linkenheim, worin unter anderen Punkten, (welche jedoch hier nicht berücksichtigt werden sollen), eine Stelle vorkommt, die uns so auffallend gewesen ist, daß sie uns einer besonderen Beleuchtung bedürftig schien. Sie lautet wörtlich also: „Das ist nämlich doch klar, daß, wenn vorgegeben wird, es finde „sich in den übrigen Punkten der Lehre der beiden Kirchen kein „trennender Unterschied," „hier doch gewiß die beiden Kirchen, wie „sie zur Zeit der Vereinigung, also im Jahr 1821 sich rücksichtlich „ihrer Lehre zu einander verhielten, gemeint seien, keineswegs „aber die zwei Kirchen zur Zeit ihrer Entstehung in der „Reformationsperiode, noch auch zu jener Zeit, wo ihre beiderseitigen „Katechismen verfaßt wurden."

In dieser Bemerkung liegt dem Zusammenhange nach offenbar eine Bestätigung der Anschuldigung, welche wir in unserer Prüfung gegen den neuen Landes-Katechismus erhoben haben: daß nämlich derselbe, seinem Geiste nach, von den Bekenntnißschriften der evangelischen Kirche abweiche.

Aber es liegt hauptsächlich darin auch die auffallende Behauptung ausgesprochen: die beiden nunmehr vereinigten protestantischen Kirchen in Baden seien unmittelbar vor ihrer Vereinigung im Jahre 1821 keineswegs mehr die Nämlichen gewesen, als zur Zeit der Reformation, oder zu jener Zeit, da ihre beiderseitigen Katechismen verfaßt wurden.

Diese Behauptung nun: die evangelisch-protestantische Kirche könne überhaupt fortschreiten, und die evangelisch-protestantische Kirche in Baden ins Besondere sei wirklich fortgeschritten, ist die Veranlassung und der Gegenstand der nachfolgenden Untersuchung. —

Geschrieben den 3. Juli 1831."

Wir müssen leider des Raumes wegen darauf verzichten, aus diesem vortrefflichen Schriftchen, welches wohl verdiente, für unsere alle Rechtsbegriffe verwirrende Zeit neu aufgelegt und beherzigt zu werden, ausführlichere Auszüge zu geben. Wir beschränken uns auf das, was von den Bekenntnißschriften als Lehrnorm gesagt wird:

„Aber werden die Bekenntnißschriften durch einen solchen Gebrauch nicht zu einem papierenen Pabste?

Das möchten diejenigen, welche gerne von dem Worte Gottes abweichen, den Bekenntnißschriften zum Vorwurf machen; allein dieser Einwand ist ganz seicht; denn es wird ja nicht verlangt, daß man solle den Bekenntnißschriften deßhalb glauben weil sie Bekenntnißschriften sind, sondern man lehrt die Gemeindeglieder, daß die Bekenntnißschriften darum Glauben verdienen, weil sie ein reiner Abdruck des göttlichen Wortes in der h. Schrift sind. Der Grund, die Ursache des Glaubens liegt also nicht darin, daß wir glauben müßten, weil es die Bekenntnißschriften so oder anders lehren, — weil es die Reformatoren so oder anders gelehrt haben; sondern der Grund, warum wir den Glauben richten nach den Bekenntnißschriften, ist einfach dieser: weil wir uns überzeugt haben, daß die Bekenntnißschriften die Lehre der h. Schrift treu wiedergeben. Wir bestimmen uns mit vollkommener Freiheit zur Annahme der Bekenntnißschriften. Kann sich aber Jemand aus besonderen Gründen nicht dazu entschließen; gefällt ihm die Auslegungsweise der h. Schrift nach ihrem Gesammtgeiste, also die Auslegungsweise, welcher die Kirche in ihren Bekenntnißschriften folgt, nicht; will er lieber die Bibel zerstückeln und mit den einzelnen Lappen das Fähnlein seines Systems schmücken, so steht es ihm ja frei, von der Kirche abzutreten.

Aber wird nicht wenigstens doch die Lehrfreiheit durch das pflichtmäßige Festhalten an den Bekenntnißschriften beschränkt?

Die Lehrfreiheit wird durch die symbolischen Bücher keineswegs beschränkt, sondern vielmehr befördert; denn der pflichtmäßige Kirchendiener, d. h. der treue Lehrer ist in der Ausübung seiner freiwillig übernommenen Pflicht durch die Bekenntnißschriften geschützt, daß kein Dekan und kein Consistorium ihn beunruhigen darf, so lange man ihn nicht einer offenbaren Abweichung von den Bekenntnißschriften überweisen kann. Gestützt auf die Bekenntnißschriften hängt er in seinem Predigtamte nicht von fremder Willkühr und Leidenschaft ab.

Nur die Lehrwillkühr ist beschränkt, und zwar von rechtswegen; denn wenn Jemand in dem Dienste der Kirche steht, und gar noch für seinen Dienst bezahlt wird, so kann man doch wohl auch von ihm erwarten, daß er nicht die Kirche selbst angreife und niederreiße, die er aufzubauen übernommen hat. Mag dabei seine Absicht und mögen dabei seine Mittel nach seiner Meinung noch so gut sein, so hat er doch nicht die Pflicht und Verbindlichkeit des Niederreißens, sondern des Aufbauens übernommen. Wessen Gewissen aber die übernommene Pflicht des Aufbauens belästigel, der kann ja ganz leicht seinem Gewissen genügen, und aus dem Dienste der Gesellschaft treten, welche ihn nicht zum Niederreißen, sondern zum Aufbauen berufen hat; indem ja kein derartiger Zwang besteht, daß jemand wider seinen Willen gehalten würde und den Heuchler machen müßte. Der Staat und die Kirchengesellschaft haben das Recht von dem Lehrer zu fordern, daß er den bestehenden Gesellschaftsvertrag nicht verletze, sondern erfülle."

Bei Beantwortung der II. Frage heißt es:

„Es muß hier gleich zum Voraus erinnert werden, daß eine Kirche noch lange nicht fortgeschritten ist, wenn ein Professor oder einige Pfarrer unter der Hand von dem gesetzlich-kirchlichen Lehrbegriffe abgefallen sind. Selbst wenn alle Pfarrer des ganzen Landes abgefallen wären, so wäre dieses freilich höchst kläglich, jedoch wäre die Kirche immer noch nicht fortgeschritten. Ein heimliches Fortschreiten, ohne offene Erklärung gegen die sämmtlichen Betheiligten, also gegen die eigentlichen Gemeinds-Glieder und gegen den Staat, ist rechtlich — unmöglich und darum auch ungültig. Von der protestantischen Kirche im Großherzogthum Baden läßt sich aber ins Besondere nicht sagen: daß sie bei der Kirchenvereinigung im Jahre 1821 eine andere gewesen wäre als zur Zeit der Reformation, oder zu jener Zeit, da ihre beiden Katechismen eingeführt wurden. Es läßt sich keineswegs behaupten, daß die Badische protestantische Kirche von dem Glaubensinhalte der symbolischen Bücher bereits schon abgewichen gewesen wäre.

Denn die Kirchenlehre ist in den Bekenntnißschriften enthalten, diese waren unbestritten bis 1821 die Augsburgische Konfession und der Lutherische und Heidelberger Katechismus; noch nach der Kirchenvereinigung geschahen Uebertritte auf die Augsburgische Konfession hin, und die beiden Katechismen wurden noch bis Spätjahr 1830 gesetzlich in den Schulen gelernt, und in den Kirchen darüber gelehrt." — So wird denn der Schluß gezogen:

„Nach allem Vorausgeschickten muß nun auf rechtlichem Standpunkte der Schluß gezogen werden:

1. die evangelisch-protestantische Kirche des Großherzogthums Baden ist ihrem Grundsatze und ihrer Grundlage nach bis auf den heutigen Tag noch gerade die nämliche Kirche, welche sie zur Zeit ihrer Entstehung in der Reformationsperiode war. Einzelne Abweichungen mehrerer oder weniger Glieder begründen rechtlich noch keine Veränderung.
2. Bekenntnißschriften dieser Kirche sind, der Generalsynode von 1821, und der Vereinigungsurkunde zufolge, immer noch: die Augsburgische Konfession und der Lutherische und Heidelberger Katechismus.
3. die Staatsregierung kann, so lange das gegenwärtige Symbol besteht, so lange es nicht von der gesammten Kirche auf die oben angeführte, gesetzliche Weise mit allgemeiner Einwilligung geändert ist, denjenigen, welche um Handhabung der protestantischen Freiheit anrufen, den garantirten Schutz nicht entziehen, noch zugeben, daß von einem Theile an dem Gesellschaftsvertrag beliebig und eigenmächtig geändert, und die in dem garantirten

Besitzstande Befindlichen durch irgend welche Chikanen zum Austritte genöthigt werden.

4. Diejenigen Geistlichen und Gemeinden, welche gegen das Aufbringen eines Lehrbuches, das der Augsburgischen Konfession und den beiden älteren Katechismen geradezu widerspricht, auf dem verfassungsmäßigen Wege protestiren, handelten hierin einzig nur nach Befugniß und Pflicht.

Was nun ins Besondere den neuen Katechismus betrifft, so stimmen dessen Gegner und Vertheidiger alle, ohne Ausnahme, darin überein, daß er von den symbolischen Büchern in den drei Haupt- und Fundamentalartikeln der christlichen Lehre abweiche. So lange nun die Kirche sich nicht wird auf die oben angegebene Weise gespalten haben; so lange die, durch die Vereinigungsurkunde wiederum gesetzlich aufgestellten, Bekenntnißschriften nicht werden von den sämmtlichen Betheiligten abgeschafft worden sein, wäre es nicht blos unprotestantisch, sondern auch widerrechtlich, den neuen Katechismus irgend Jemand aufdringen zu wollen, und thun diejenigen, welche sich dieses nicht gefallen lassen wollen, lediglich nur ihre Pflicht.

Was also in dieser Angelegenheit vor allen Dingen geschehen muß, ist Folgendes: Es muß, wenn man anders rechtlich verfahren will, durch die oberste Kirchenbehörde allen Gemeindsgliedern aller Orten angezeigt werden, daß, und in welchen Hauptpunkten dieser neue Katechismus seinem Geiste nach von dem bisherigen Glaubensbekenntnisse der Kirche ganz und gar abweiche.

Es muß ferner gezeigt werden, warum man die seitherige Lehre der Kirche ihrer bisherigen Begründung aus dem Worte Gottes ungeachtet, verwerfen, und was für eine neue Lehre und aus was Grund h. Schrift, man statt ihrer aufstellen wolle.

Es muß gehörige Zeit gelassen werden, damit die Gemeindsglieder sich selber überzeugen können, ob die alte oder die neue Lehre mit dem einfachen, klaren Sinn des göttlichen Wortes mehr übereinstimme.

Es muß endlich, da bei diesem rechtlichen Verfahren eine völlige Kirchenspaltung unvermeidlich ist, zum voraus von Staatswegen die Zusicherung ertheilt werden, daß

Niemand, der in der alten Kirche bleiben will, an seinen, vom Staate garantirten, gegenwärtigen Rechten und Genüssen, für sich und seine Nachkommen, gekränkt werden dürfe.

Dieser Gang der fraglichen Angelegenheit, und nur dieser allein läßt sich in unserem, auf Gerechtigkeit ruhenden, Staate erwarten, und nur ein solches Verfahren kann auch vor Gott und Menschen gerechtfertigt werden."

Ueber letzteres Schriftchen schreibt Henhöfer an Hager einen Brief, worin Henhöfers Bescheidenheit recht an's Licht tritt.

Lieber Hager!

Ich habe das Schriftchen (zwei Fragen) erhalten, und bin ängstlich, wie es Dietz und Käß empfangen werden. Nicht blos die Druckfehler, der matte Druck stieß mich sehr. Wären die Kosten nicht so bedeutend bei dem Druck (und?) so manchem Andern, so wäre ich dafür, es nochmals drucken zu lassen. Sie können freilich nichts dafür, aber der Drucker hätte es nicht thun sollen. Hier sind nun die Arbeiten ziemlich fertig. Die Schrift von mir soll nicht zu Druck kommen, da Käß und Dietz mit dem Gang nicht ganz einverstanden waren. Sie entwarfen daher eine andere, die nun auch fertig ist und noch diese Woche zu Druck kommen wird. Wenn ich auch glaube, daß die meine in vielem für den gemeinen Mann verständlicher, und daher von größerem Segen für diesen gewesen wäre, so bin ich doch auch mit dieser Veränderung einverstanden, und ist dieses gewiß eine viel feinere, und kräftigere Widerlegung. Beinahe hätte es eine kleine Trennung veranlaßt, weil sie es thaten, ohne es mir zu sagen, wodurch ich immer fortarbeitete. Ein Konflikt von Umständen entschuldigt aber dies zum Theil wieder, was ich erst nachher erfuhr. Daß die Generalsynode so schnell noch nicht kommen werde, glaube ich auch, da gleiches Rescript auch hier zirkulirte, jedoch scheint sie doch in diesem Jahre noch zu kommen. Wir wollen in Gottes Namen sehen, wie es geht. — Haben Sie noch keinen Bescheid über Ihre Anklage und Vertheidigung; ich bin begierig, und will nichts mehr weiter über den Druck der Schrift des kathol. Pfarrers verlauten. Es wäre von daher eine Schutzschrift des Katechismus merkwürdig. Wie stünde aber dieser mit der kathol. Kirche? Es ist nun offenbar, daß der Katechismus Christum nicht als wahren Gott von Ewigkeit erkennt, sondern als einen Menschen, der, wie andere Menschen einen menschlichen Verstand, menschliche Weisheit und Kräfte erhalten, einen göttlichen Verstand, göttliche Weisheit und Kräfte erhielt (mit göttlicher Kraft ausgerüstet), der nach Schlatter allen Verstand, Weisheit Gottes, (des Vaters) erhielt, so daß also wohl der Vater keinen mehr hat, und Baal geworden ist, der nicht sieht und hört, es sei denn, daß er meinet, der Vater selbst sei Mensch worden. Wie stimmt dies zur kath. Religion? Es ist somit auch offenbar, daß der neue Katechismus keine drei unterschiedene Personen in Gott mehr annimmt, wie denn auch nur von einer dreifachen Offenbarung Gottes, aber nicht von drei Personen darinnen die Rede ist. Dreifach offenbaren kann auch ich mich, als Mann, Pfarrer, Bruder und bin doch nur eine Person. Wie stimmt dies mit den Katholiken? Eben so offenbar ist's, daß er die Lehre der Erlösung durch den Tod Jesu verworfen hat. Nur im Heilsweg ist er katholisch, aber auch nicht ganz, weil er eine Gnade ohne Christi stellvertretendes und genugthuendes Leiden annimmt, welche bei den Katholiken nicht ist, auch Glauben und Buße als reine eigengewirkte Werke, wodurch erst der heil. Geist erlangt wird, annimmt. In welche Verlegenheit würde sich Herr Pfarrer Nisterer mit seiner eigenen Kirche setzen. Wenn unsere Widerlegungen hinlänglich verstanden werden, so hoffe ich gewiß, daß am Katechismus Aenderungen geschehen; und dann wäre der Gewinn schon groß. Der Herr führe Alles zum Besten. Ueberall Grüße von

Ihrem

Den 3. August 1831. H.

Zweiter Brief Henhöfers an Hager über dasselbe Schriftchen:

Lieber Hager!

Die übersandten Exemplare sind richtig angekommen, 49 statt 50. Da M. sehr eilte, und Dietz gerade da war, so konnte ich nicht schreiben, und thue es jetzt nachträglich. — Was die Differenzen betrifft, so glaube ich, daß sie vorüber sind, es ist ja aller Wunsch blos der, daß die Sache des Herrn gewinne. Bei meiner vielen Arbeit ist mir lieb, wenn Dietz und Käß arbeiten, die auch der Sache mehr, denn ich, gewachsen sind. Nächsten Sonntag soll die Antwort auf die Beleuchtung erscheinen. Haag soll abermal im Streit mit dem Consistorium sein, und darum zweifach unsere Fürbitte nöthig haben. Frommel schrieb mir dies. — Ihr Bescheid vor Amt ist mir merkwürdig. Was hat nun aber der Vogt zu thun, wenn im Nachhausegehen von Wirthshäusern &c. Lärm entsteht? Auch einzuberichten? Es bereitet sich Alles zu Verfolgungen vor. Die letzte Zeit naht schnelle. — Haben Sie der Buchdruckerei in Kalw schon bezahlt? — Ihre Nachrichten von Brougier thun mir leid, ich wünschte, daß er noch Manchem ein Wort des Trostes geben könnte. Auch würde uns Allen eine Veränderung des Johann Brougier leid thun. — Dietz will Bogazki's Hausbuch. Hier ist Alles in statu quo. Es hat sich auch wieder ein neuer Vicarius gemeldet, mit Namen Sartorius, von Bretten. Gerne wollte ich ihn nehmen, wenn ich mir bessern Erfolg als bei den beiden letzten versprechen könnte. Ich will mich erkundigen. Viele herzliche Grüße besonders von

Ihrem

Freitag, den 12. August 1831. H.

Endlich möge noch ein interessanter Brief des alten W. Köllner aus Basel folgen, der über diese Schriften und den ganzen Streit also an Henhöfer schreibt:

In unserm angebeteten Immanuel innig geliebter Bruder!

Ich muß mich fast schämen, daß ich mit der Antwort auf Ihr l. Briefchen vom 3. v. Mts., dem Sie die „drei unpartheiischen Zeugnisse" gütigst beifügten, bis jetzt zurückgeblieben bin. Deßhalb auf Ihre gütige Verzeihung trauend, übergehe ich alle Entschuldigungen, und sage Ihnen, neben dem herzlichen Dank für das Büchlein, nur dieses: daß meine Liebe zu Ihnen nie erlöschen kann, denn sie ist auf Den gegründet, der selbst Liebe ist, und Seine Liebe nicht nur mit seinem Kreuzestode besiegelt, sondern dieselbe uns noch von Seinem glorreichen Throne herab Tag vor Tag genießen läßt. Sein heiliger Jesusname sei hochgelobt in alle Ewigkeit. Amen!

Allerdings, mein theurer Bruder in Christo, habe ich die zweite Auflage der „Prüfung des neuen Katechismus" mit dem vollsten Interesse meines Herzens gelesen, so wie mich diese Katechismussache überhaupt, als ein besonderes Zeichen der Zeit, gar sehr interessirt, und auf die endliche Entscheidung der ganzen Sache äußerst begierig macht. Die drei Zeugnisse sind wahrscheinlich früher einzeln gedruckt worden, denn mir fiel das zweite in Obereggenen im Pfarrhaus in die Hand, bin aber nun doch froh, alle drei beisammen zu haben. Die Schrift des Herrn v. Langsdorff muß ein Meisterstück Luzifers sein. An dem, was Sie daraus anführen, habe ich satt und übersatt, und mag das Ganze nicht einmal im Hause haben, viel weniger lesen. Gott erbarme sich in seinem hohen Rathe dieses geh. Raths! Satan hat an derselben eine Acquisition gemacht, die nicht erwünschter für ihn hätte sein können. Möchten dem erbosten Feinde Jesu die Augen noch aufgehen, ehe es zu spät ist. Ich kannte ihn, als er ein junger Bursche war und auf dem Gymnasio zu Idstein studirte, habe ihn aber von dort an nie wieder gesehen, bis ich nun Mirabilia von ihm vernehmen muß.

Die Synode, auf welche die Sache ausgesetzt ist, mag verschoben werden so lange sie will, sie muß doch endlich kommen; möge dann der verachtete Christus unsichtbar das Präsidium führen! Mittlerweile haben die Katzen Zeit, sich in ihre Rüstung zu werfen; aber auch Sie werden diese Zwischenzeit nicht unbenutzt lassen, die Waffen Ihrer Ritterschaft in Ordnung zu bringen, die Kanonen und Mörser mit biblischen Kugeln und Bomben zu laden, und dann das Gefecht in Gottes Namen mit Gebet auf den Knieen zu beginnen. Daß Sie (ich meine die lieben Siebener insgesammt) kein Haar nachgeben werden, bin ich überzeugt, und eben so gewiß, daß Sie sich in keine Vermittlungsvorschläge einlassen werden, dergleichen, wie ich höre, auf dem Tapet sein sollen. Denn aus dem Nachlassen und Nachgeben von beiden Seiten könnte nichts anders als eine katechetische Mißgeburt — ein Ding, das nicht kalt und nicht warm, sondern zum Ausspeien lau wäre, entstehen. Nein, stehen Sie fest auf dem Felsengrunde des klaren Evangeliums und gehen kein Haar breit zurück. Der Herr wird bei Ihnen stehen, und Sie stärken und bewahren vor dem Argen; es wird den Kopf auf keinen Fall kosten. Geben Sie, als Glieder der badischen Kirche, ein ehrenvolles Beispiel für die ganze Christenwelt in allen Ländern, und jeder wahre Christ und Bekenner des gekreuzigten Heilandes wird Sie segnen, auch selbst wenn Sie von den Helfershelfern des Satans sollten überschrieen und dem Anscheine nach überwunden werden. Im Erliegen siegte unser Herr und Haupt schon einmal am Kreuze, und jetzt am Ende der Tage scheint es in Seinen Gliedern wieder so gehen zu sollen;

allein es bleibt doch ewig dabei, daß selbst die Pforten der Hölle Seine Gemeine nicht überwältigen werden. Das sei unser Anker.

Sie sagen in Ihrem Briefe: „Der Herr wolle uns doch vor falscher Lehre bewahren." Das hat Seine Weisheit nicht gewollt, denn schon seit einem halben Jahrhundert hat die falsche Lehre Seine Kirche verunstaltet, sie ist also vor falscher Lehre nicht bewahrt worden, und kann also auch nicht mehr davor bewahrt werden, seitdem das höllische Gift bereits Alles inficirt hat. Wir müssen daher jetzo beten: Herr, steure und wehre der eingerissenen falschen Lehre! Und das thut Er dem Anfange nach durch Erweckung neuer Zeugen, die vor den Riß treten und dem Schaden Josephs nicht müßig und gleichgültig zusehen. Endlich aber, wenn Seine Stunde gekommen ist, wird Er den bösen Geist aus seiner Kirche auszutreiben, und seinen armen Kindern Ruhe und Frieden zu verschaffen wissen.

Vielleicht ist es Ihnen neu, daß der so sehr verkannte und bitter verfolgte Herr Dr. de Valenti seit 14 Tagen hier (in Basel) ist und sein Domicilium hier aufschlagen wird. Er hält vor der Hand die Versammlungen im Fällle. Es ist ein Häuflein von beinahe 200 Seelen. — Von seiner fernern Wirksamkeit dahier werden Sie s. Z. in Kenntniß gesetzt werden. Er weiß, daß ich an Sie schreibe, und trägt mir einen brüderl. Gruß an Sie auf, so wie auch der l. Bruder Spittler.

Machen Sie doch auch Ihren beiden, mir so gar liebgewordenen Nachbarn Käß und Dietz einen recht herzlichen Brudergruß von mir, sobald Sie Gelegenheit dazu haben. — Der l. Haag fährt fort, in seinem Feuerbach zu evangelisiren, wie die Apostel und apostolischen Männer s. Z. evangelisirt haben, und genießt viel Achtung, Vertrauen und Liebe in seiner Gemeine. — Ach, ich möchte noch so viel mit Ihnen plaudern, aber die Zeit verbietet es mir. Haben Sie doch ja Nachsicht mit dieser eilfertigen Schrift, die Sie vielleicht kaum werden lesen können, denn es geht im Galopp.

Gottes Gnade und Friede in Christo Jesu wolle sich reichlich über Sie und über alle Ihre Mitgaliläer ergießen und Sie im Bekenntniß der reinen untheilbaren Wahrheit stärken und treu erhalten, bis an's nahe Ende! Amen!

Ihr
auf Jesu Blut und Tod verbundener alter Bruder
W. Köllner.

Von nun an nimmt der Kampf einen ruhigeren Verlauf; die Geister sind auf einander geplatzt, und die überzeugende Wahrheit der Zeugnisse und die klare rechtliche Auseinandersetzung der „zwei Fragen" scheint doch des Eindruckes auch auf die Behörde nicht verfehlt zu haben. Man verschob alles auf die bevorstehende Generalsynode. Weitere Maaßregeln gegen die Katechismusgegner wurden daher nicht mehr beschlossen.

Nur eine Gegenschrift war noch erschienen, und zwar von katholischer Seite, nemlich die in obigem Brief Henhöfers (S. 350) bereits in Aussicht gestellte Schrift des kathol. Pfarrers Riesterer. Ihr trat Henhöfer allein entgegen in dem schönen Schriftchen:

Die biblische Lehre
vom Heilswege und von der Kirche;
veranlaßt
durch den kraftvollen Nachruf des kath. Pfarrers Riesterer
von Mühlhausen,
auf's deutlichste auseinandergesetzt durch
A. Henhöfer,
evangelisch-protestantischen Pfarrer zu Spöck und Staffort.
Speyer 1832. Druck und Verlag der J. C. Kolb'schen Buchhandlung.

Wir lassen die ganze Vorrede folgen:

„Es hat der katholische Pfarrer Riesterer von Mühlhausen, jetzt in Saig oberhalb Freiburg auf dem Schwarzwalde vor kurzem eine Schrift herausgegeben mit dem Titel:

Kraftvoller Nachruf
von des Hagenschießes waldumgrenzten Höhen
über die Hauptquellen des Pietismus unserer Zeit.
Karlsruhe und Baden.
Verlag der D. R. Marx'schen Buch- und Kunsthandlung.

welche Schrift aus mancherlei Gründen besonders mich zu einer Antwort aufzufordern schien.

Der Zweck dieser Schrift ist nicht schwer zu errathen.

Hr. Pfarrer Riesterer rühmt die Aufklärung der evangelischen Kirche in unsern Tagen besonders darum, weil sie im Punkte der Rechtfertigung die Lehre Luthers und der Reformatoren größtentheils verlassen; und so die evangelische Kirche der katholischen sehr nahe gebracht habe. Seite 38.

Eben darum lobt er auch den neuen Landeskatechismus der evangelischen Kirche Badens so sehr, weil auch er „besonders im Punkte der Rechtfertigung nicht der Ansicht Luthers, sondern der Lehre der heil. Schrift gefolgt sei.“ Seite 39. (Als wenn Luther nicht der heil. Schrift gefolgt, und die Reformation ein Werk des Irrthums, und die evangel. Kirche bisher im Irrthum gewesen wäre).

Er empfiehlt noch ferner das h. Meßopfer, „wodurch der Rohnaturen in evangelischer Kirche gar bald weniger werden würden„

Seite 28 und 29. Die Beicht Seite 47 und 70 und insbesondere der Einheit wegen das Pabstthum Seite 67 und 88.

Er tadelt uns, mich und die mit mir verbundenen Geistlichen, die er nur Pietisten und Separatisten nennt, besonders mich gar sehr, weil wir bei der Lehre Luthers und der evangelischen Kirche bleiben wollten und eben darum gegen die Fortschritte des neuen Katechismus Einsprache gethan hatten.

Insbesondere überhäuft er Luthern, der die Reformation anfing, und die Trennung von katholischer Kirche veranlaßte, mit allen Arten von Schmähungen.

Offenbar will er also Rückkehr zur katholischen Kirche. Wer dahin fortschreitet, erhält Lob; wer abführt oder hindernd in Weg tritt, Tadel.

Da aber Pfarrer Riesterer nicht blos mich, und die mir so achtungswerthe Person Luthers geschmähet hat, sondern die ganze Reformation und evangelische Kirche besonders im Heilsweg einer Abweichung von Gottes Wort beschuldigt, auch der evangelischen Kirche Mangel an Einheit in Glaubenslehren und Verwirrung vorwirft, so soll hier statt einer weitläufigen Widerlegung eine deutliche Auseinandersetzung der beiden Lehren vom Heilsweg und von der Kirche stehen, wodurch denn jeder Leser in den Stand gesetzt wird, Hrn. Pfr. Riesterer selbst zu widerlegen."

Im ersten Theil setzt er auf 92 Seiten in seiner populären und geistreichen Weise die evangel. Rechtfertigungslehre auseinander, was wir jedem Leser selbst nachzulesen überlassen müssen. Der zweite Theil enthält eine Rechtfertigung der Entstehung der evangelischen Kirche.

„Weil aber — heißt es da — Pfarrer Riesterer einen eigenen Abschnitt geschrieben hat, worin er der evangel. Kirche den Vorwurf macht, sie ermangle aller Einheit in Glaubenslehren, und ihr dafür die katholische oder das Papstthum empfiehlt, so soll auch hier zu seiner Widerlegung eine deutliche Auseinandersetzung der Lehre von der Kirche folgen.

Die Entstehung der evangel. Kirche vor 300 Jahren gründete sich größtentheils auf diesen Heilsweg. Luther, mit der Bibel in der Hand, sah ein, daß die kath. Kirche unter dem Papstthum nach und nach ganz vom biblischen Heilsweg abgekommen, und darum in unendlich viele Fehler und Mißbräuche gerathen war. Dies machte er bekannt und bat um Verbesserung.

Weil aber der Papst und die ihm anhängende Geistlichkeit dieses nicht leiden wollten, so gab es Streit."

Er zeigt, wie die Reformatoren dann die Fundamentallehren der christlichen Religion aus der heil. Schrift klar und deutlich aufgezeichnet und 1530 auf dem Reichstag zu Augsburg vor Kaiser und Reich übergeben hatten, und fährt dann fort:

„Die Augsburgische Konfession ist also nichts anders als ein kurzer Auszug der Haupt- und Fundamentallehren der christlichen Religion, besonders der Lehre vom Heilsweg, so wie sie sich in h. Schrift finden, mit Anzeigung und Verwerfung einiger schriftwidrigen Mißbräuche der kath. Kirche. Die h. Schrift ist der Brunnen, die Quelle; die Augsb. Konfession ist Wasser aus diesem Brunnen, aus dieser Quelle geschöpft. Sie ist mit h. Schrift ganz eins, wie das Wasser aus dem Brunnen, geschöpft in ein Glas oder in ein Gefäß, ganz eins ist mit dem Wasser im Brunnen.

Es ist zwar dieses Symbol oder diese Bekenntnißschriften ein menschliches Werk, d. i. sie ist von Menschen verfaßt, allein ihr Inhalt ist Gottes Wort, reines Gottes Wort. Wenn ein Beamter aus einer Unterredung mit seinem Fürsten treu und gewissenhaft den betreffenden Personen alles erzählt, so sind zwar die Ausdrücke sein, aber der Inhalt ist des Fürsten Wort. Und so ist die Augsb. Konfession Gottes Wort."

Weil aber der Papst und seine Geistlichkeit sie verwarf, so entstand eine Trennung, und die sich nicht an die katholische Lehre mehr anschließen konnten hielten sich an die Augsb. Konfession oder an die Lehre der heil. Schrift, wie sie in kurzem Auszug in der Augsb. Konfession aufgesetzt und niedergelegt war. So wurde von nun an die Augsb. Konfession Glaubensbekenntniß oder Symbol der Evangelischen oder der Protestanten, und weil Tausende es prüften und mit der heil. Schrift übereinstimmend fanden und darum übergingen zur evang. Parthei, „so wurde die Augsb. Konfession zugleich Geschäftsvertrag, Vertragsurkunde, Konstitution der evangelischen Parthei. Auf sie hin geschahen die Uebertritte. Ins Blaue und Ungewisse, oder auf die Bibel allein, die so viele Erklärung ertilt, und auch in kath. Kirche war, trat Niemand über. Von der Augsb. Konfession, oder von der Lehre der h. Schrift, wie sie hier aufgefaßt war, hatten sie Ueberzeugung, in dieser Lehre wollten sie leben und sterben, in dieser Lehre ihre Kinder unterrichtet wissen. Für diese Lehre waren sie bereit Gut und Blut hinzugeben. Die Augsburgische Konfession blieb auch Vertragsurkunde fort und fort; indem nicht nur Uebertritte aus andern Kirchen darauf hin geschahen, sondern alle Evangelische selbst bis in die jüngsten Zeiten auf diese Lehre, die sie in Luthers und im Heidelberger Katechismus lernten, konfirmirt und zur Kirche aufgenommen wurden; ja in Baden wurde die Vereinigung der beiden Kirchen im Jahre 1821 auf die Augsb. Konfession gegründet und endlich", da die Katholiken meist Kirche und Schule nebst Besoldungen behielten, wenn ein Theil in einem Orte evangelisch wurde: so wurden auch „Besoldungen „gestiftet und gegeben für diese neue Lehre, die aber die älteste, „die Lehre Christi und der Apostel ist, und für keine andere." War nun einmal die Besoldung ausgemittelt, so berief man den Lehrer. Die Lehrer hatten die Lehre nicht erst zu machen, sie war schon gemacht; sie hatten sie nur zu lehren. Sie mußten also von der Wahrheit dieser Lehre überzeugt sein und durften auch die Lehre nicht ändern. — So bildete sich die evangel. Parthei nach und nach heran zu einer eigenen Kirche.

„Zuerst ward also festgestellt die Lehre.

Hernach kamen die Leute, die zu dieser Lehre übertraten.

Dann wurden die Besoldungen für die Lehrer dieser Lehre ausgemittelt.

Endlich wurden die Lehrer selbst berufen."

Es unterscheidet sich also hierin die evangelische Kirche wesentlich von der katholischen, von der katholischen in späterer Zeit oder von der kath., als sie päpstlich wurde.

In der kath. Kirche stellte sich der Papst mit der Geistlichkeit vornen an, schritt in der Lehre fort, machte und bestimmte heute diese, morgen eine andere Lehre, heute die Verwandlung des Brods im Abendmahle, morgen die Opferung desselben in der Messe, und übermorgen die Anbetung desselben und erfand, nachdem einmal der Grundsatz des Werth- und Würdigmachens eingeführt war, 100 und 1000 Andachten, um Gottes Gnade und Gunst zu erlangen.

Das Volk hatte keine Freiheit mehr, es anzunehmen oder zu verwerfen, sondern wurde nach und nach zur Annahme gezwungen. Es wurde also die kath. Kirche ein unfreier, ein gezwungener Verein. Luther sagt, sie sei in die babylonische Gefangenschaft gerathen. Die Verfassung wurde dadurch aristokratisch oder vielmehr monarchisch. Die evangel. Kirche dagegen ist wesentlich konstitutionell und es kann in ihr ohne Zustimmung eines jeden Einzelnen nichts geändert werden. Ja selbst, wenn die evangel. Lehre Irrthum wäre, könnte die Geistlichkeit, die berufen und bezahlt ist, diese und keine andere Lehre zu predigen, als Diener dieser Kirche nichts ändern.

Es müßten dann diejenigen, die es erkennten, und von Gott Beruf fühlten, ihre Mitmenschen zum Lichte zu führen, als Reformatoren auftreten, und eben den Weg einschlagen, den Paulus, Luther und die Reformatoren eingeschlagen haben.

Zuerst müßten die Irrthümer gezeigt und die Wahrheit ans Licht gestellt werden.

Auf diese Lehre hin erfolgten dann die Uebertritte, woraus die Gemeinden sich bildeten.

Hernach müßte die Besoldung der Lehrer für diese neue Lehre ausgemittelt und

Endlich die Lehrer selbst berufen werden.

Andern bibelmäßigen und rechtlichen Weg gibt es keinen, da der Austritt aus einer und der Uebertritt in eine andere Religion und Kirche nur Sache der Ueberzeugung und freien Wahl eines jeden Einzelnen sein, und er auch Niemand an seinem Glauben zu ändern oder ihm einen neuen zu machen, beauftragen kann.

Diesen Weg schlug Luther mit den Reformatoren vor 300 Jahren ein und auf diesem Weg bildete sich nach und nach die evangel. Kirche.

Weil nun die kath. Kirche mit ungeistlichen Waffen, mit Krieg die Protestanten unterdrücken wollten, vertheidigten diese sich und Gott segnete ihre Waffen. Nach langem Streit und viel Blutvergießen kam es endlich zum Frieden. Der Sieg der Protestanten war, daß alle diejenigen, die sich zur Lehre der Augsb. Konfession bekennen und daran halten würden, eben so freie Religionsübung, und alle die Rechte in Deutschland haben sollten, wie die Katholiken. Die Fürsten garantirten dies. Dies galt jedoch nur in Deutschland, wo es mit Blut erkauft war, nicht in Italien, Spanien rc.

Von nun an wurden die Evangelischen, die bisher für eine Sekte galten, eine freie und öffentliche Kirche und es ward auch von nun an in ganz Deutschland die Freiheit von Gewissenszwang errungen."

Es wird nun weiter klar gezeigt, daß jede Abweichung von den Lehren der Augsb. Konfession eine Rechtsverletzung sei, ebenso als „wenn der Vogt einer Gemeinde das Lagerbuch ändern, Aecker, Wiesen, Waldungen der Gemeinde nach Lust und Liebe verkaufen, verpfänden, vertauschen, verschenken wollte." — Dann heißt es: „Wollte nun ein evangel. Geistlicher nimmermehr lehren die Lehre der h. Schrift nach Auffassung der Augsb. Konfession, wollte er fort und über diese Lehren hinüber schreiten, so könnte es zwar mit Gewalt ihm Niemand wehren; aber das Amt müßte er aufgeben, die Besoldung zurücklassen, denn sie ist nur für diese und für keine andere Lehre gestiftet. Seine Zehnten wären abgelöst.

Es hat darum auch nach oben angegebenen Grundsätzen in evangelischer Kirche jede Gemeinde, ja jeder Bauer das Recht zu verlangen, daß sein Pfarrer nicht anders lehre und predige, als es in der Augsb. Konfession steht; denn zu dieser Lehre ist er übergetreten, auf diese Lehre getauft, konfirmirt und in die Kirche aufgenommen worden. Diese Lehre zu predigen ist sein Pfarrer berufen, und blos für diese Lehre ist die Besoldung da, und für keine andere.

Es hat in evangel. Kirche jede Gemeinde, ja jeder einzelne Bauer das Recht an die Vorsteher der Kirche zu verlangen, daß in Kirche und Schulen keine andere Bücher gegeben noch geduldet werden, Katechismen, Gesangbücher, Agenden, Schrifterklärungen, als solche, die mit der Augsb. Konfession im vollen Einklang sind. Die Entschuldigung für ein Buch, daß man zusetzen oder wegthun, also wenn die Gottheit Christi fehlt, dieselbige zusetzen, oder wenn für Abgestorbene gebetet würde, dasselbige wegthun könne, kann nicht gelten, denn in solchem Falle könnte man auch ein katholisches oder anderes Lehrbuch einführen.

Es hat in evangel. Kirche jede Gemeinde, ja jedes einzelne Glied nach der Verfassung der evangel. Kirche, die eine konstitutionelle ist, das Recht sich zu weigern ein Buch anzunehmen, oder seine Kinder darin unterrichten zu lassen, das mit der Augsb. Konfession, als dem Gesellschaftsvertrag und Urkunde, als der Konstitution dieser Kirche, nicht im Einklang ist. —

Der Staat, der garantirt hat jede bestehende Kirche, also nicht nur die katholische sondern auch die evangelische bei ihren Rechten zu erhalten, ist schuldig, die evangel. Kirche zu unterstützen, und Geistliche anzuhalten, diejenige Lehre zu lehren, worauf die Kirche gegründet, wozu er berufen, und wofür er bezahlt ist, oder sein Amt niederzulegen. — —

Das ist nicht Gewissenszwang, sondern nur das Recht der Selbsterhaltung, das der evangel. Kirche so gut zusteht, wie jeder Gesellschaft.

Wollte aber Pfarrer Riesterer sagen: die evangel. Kirche sei nicht auf eine bestimmte Lehre — auf die Augsb. Konfession — gegründet, sondern auf den Grundsatz der freien Forschung in heil. Schrift, und es seien somit die Besoldungen nicht da für diese bestimmte Lehre, sondern für die aus freier und gewissenhafter Forschung in h. Schrift jedesmal hervorgehende Lehre und Predigt eines Geistlichen, so ist dieses eine geschichtliche Lüge. Daß auch manche evang. Geistliche diesem Grundsatz huldigen, und gegen alle Symbole als Menschenwort eifern, geschieht wohl aus keinem andern Grund, als weil sie gerne ihre eigene Meinung der Bibel, und ihre Lehre als Gottes Wort der evangel. Kirche aufdringen möchten, wogegen die Symbole streiten. Wenn blos die freie und gewissenhafte Forschung in heil. Schrift die Grundlage der evangel. Kirche wäre, und nicht eine bestimmte aus heil. Schrift gezogene, und deutlich ausgesprochene Lehre, warum trennten sich denn die beiden Reformatoren, Luther und Zwingli, und stifteten Jeder eine eigene Kirche?"

In einer Anmerkung wird noch erwähnt: bei der Union im Jahre 1821 sei man freiwillig aus Liebe übereingekommen, bei dem Abendmahl nur die Einsetzungsworte zu gebrauchen, die jeder nach seiner Ueberzeugung, lutherisch oder reformirt auslegen möge, aber an der Lehre selbst sei nach ausdrücklicher Erklärung der Generalsynode nichts geändert worden. —

„Wäre die evangel. Kirche", — heißt es weiter — „wirklich blos auf den Grundsatz der freien Forschung in h. Schrift gegründet und nicht auf eine bestimmte Lehre, so hätte Hr. Pfr. Riesterer und so manche Katholiken Recht, wenn sie ihr vorwerfen, sie sei auf den Grundsatz der Verwirrung gegründet.

Freilich wenn Jeder gewissenhaft in h. Schrift forschte, wenn Jeder forschte wie die Reformatoren und alle gelehrte und zugleich fromme Männer Gottes in allen Zeiten geforscht haben mit einem demüthigen Sinn, mit herzlichem Gebet um den h. Geist, der allein die h. Schrift aufschließt, mit einem sehnlichen Verlangen, sich und Andere selig zu machen, so würden auch gewiß Alle das finden, was Luther und die Reformatoren, und alle fromme und gelehrte Leute, als Arndt, Spener, Franke etc. und so Viele der lieben Alten früherer und späterer Zeit gefunden haben. Der h. Geist spricht nicht heute Ja und morgen Nein. Wenigstens würden sie gewiß in den Haupt- und Fundamentallehren die zur Seligkeit unumgänglich nothwendig und deutlich in h. Schrift geoffenbaret sind, bald einig sein, und auch das Uebrige würde von hieraus seine Richtung zur Einheit erlangen.

Aber wie wenig geschieht das? — Und der natürliche Mensch, der blind ist in göttlichen Dingen, was findet der mit seiner unerleuchteten Vernunft, nicht alles in h. Schrift? Der Eine gebraucht seine Vernunft, und folgert aus dem Worte Gottes, und setzt zu und kommt in Aberglauben; der Andere gebraucht seine Vernunft, und thut weg, und kommt in Unglauben.

Darum sind Symbole nöthig, damit der Ausgelassenheit und Frechheit in Erklärung der h. Schrift auf der einen Seite gesteuert, und auf der andern redlichen, aber dabei in göttlichen Dingen noch nicht hinlänglich erfahrnen Seelen in kurzem Auszug der Kern und Stern der h. Schrift gegeben, sie zum richtigen Verstand dadurch angewiesen, vor Verirrung bewahrt, die Kirche in Einheit und Einigkeit des Geistes erhalten, und vor Verwirrung geschützet werde. Der evangel. Geistliche ist um so mehr schuldig, sich an das Symbol seiner Kirche, an die Augsb. Konfession zu halten, da die Kirche darauf gegründet, und die Besoldungen blos dazu gestiftet sind.

Nach dem Grundsatz, daß jeder Geistlicher frei und unabhängig von den symbolischen Büchern in h. Schrift forschen, und was er dort gefunden hat, predigen dürfe, dürfte man auch höhern Orts keinen Katechismus, kein Gesangbuch, keine Agende einführen, indem hierin schon eine bestimmte, vielleicht von der Meinung oder Ueberzeugung des Geistlichen und seiner Gemeinde weit abweichende Lehre enthalten wäre. Jeder Geistliche hätte sich also seinen Katechismus, sein Gesangbuch, seine Agende selbst zu machen oder zu wählen und zwar nach seiner aus h. Schrift gewonnener Ueberzeugung. Der Eine wählt nun dies, der Andere das. Welche Verwirrung müßte nun vollends in einer Stadt von verschiedenerlei gesinnten Predigern, welche Verwirrung am Ende in einem ganzen Lande entstehen! — —

— — O daß doch die ganze evangel. Kirche, Geistliche, Fürsten und Völker dies wohl bedächten. Die bibelgetreue Augsb. Konfession ist die Grundlage der evangel. Kirche. Darauf hin geschahen die Uebertritte, darauf hin wurden die Besoldungen gegeben und die Geistlichen angestellt; sie ist eine Grundlage, welche die ganze kath. Kirche 300 Jahre hindurch nicht hat erschüttern können. Die Augsb. Konfession ist der Einheitspunkt der evangel. Kirche. Wir bedürfen keines Papstes, um Einheit zu erhalten. Wer treu und gewissenhaft in heil. Schrift forscht, wird auch bald mit ihr in Einklang sein."

Wir schließen diese Auszüge, und möchten besonders den letzten Satz mit goldnen Buchstaben allen evangelischen Partheien unserer Zeit vor die Augen malen.

Ueber diese Schrift äußert sich Henhöfer in einem Brief an Hager vom 11. Januar 1832:

Lieber Hager!

Da Dietz Ihnen geschrieben hat, so wird er Ihnen auch seine Erfahrungen aus Mannheim sowohl über den allgemeinen Unglauben, als insbesondere über die Aussichten bei der, wie man sagt, nahe bevorstehenden Synode mitgetheilt haben. Wenn auch der Katechismus und die Agenda fällt, so ist's doch auch unsere Lehre nicht, die beliebt wird. Die Welt weiß nicht, was sie will. Gott will sie nicht haben, so wird sie den Teufel haben müssen, wie einst unsere Fürsten nicht mehr von Gottes Gnaden sein mochten, jetzt aber von Volks Gnaden sein müssen. Nun ist's besser.

Meine Schrift gegen Riesterer ist heute zum Druck abgegangen. Der Herr lege seinen Segen darauf. Dietz und Käß waren mit einverstanden. Sonst Neues weiß ich hier unten nichts. Ich bin längst nicht mehr in Karlsruhe gewesen, und habe noch heute keine Lust. Wie geht es auch Herrn von Gemmingen?

Der Herr segne Sie mit Ihrer Gemeinde im neuen Jahr mit der Fülle seines Segens. Herzlich gegrüßt von Ihrem

Mittwoch, den 11. Jenner 1832. H.

Nun trat eine kurze Zeit Ruhe ein, da beiderseits auf die bevorstehende Generalsynode gewartet wurde. Unser Henhöfer hatte freilich schwere Zeiten durch körperliche Leiden, die auch auf seine Gemüthsstimmung einwirkten.

Hager schreibt darüber von Mühlhausen aus im Juli 1832 an Pfarrer Mann in Wilhelmsdorf:

Lieber Bruder im Herrn!

Henhöfer ist sehr leidend. Mit deinem Schreiben kam mir ein sehr düsterer Brief von ihm in die Hände. Er schrieb mir, daß er deine Aushilfe in Anspruch nehmen, und dann mich besuchen wolle. Eile, wenn du kannst, zu ihm, damit er sich erhole. Es thut noth, daß er sich von den Geschäften zurückziehe, aber auch von Hause entferne. Er ist so ganz entmuthigt. Daß Lutz nach Kornthal kommen werde, ist ziemlich wahrscheinlich; vielleicht ist er schon dort. Man spricht davon, daß er in Kornthal bleibe. Das Zusammentreffen mit diesem Manne müßte für Henhöfer sehr wohlthuend sein. Gehe nach Spöck und schiebe.

Unter herzlichem Gruß ruft: Die Gnade des Herrn sei mit dir!

Dein Bruder

Mühlhausen, den 13. Juli 1832. Hager.

Aus einem späteren Briefe Henhöfers an Mann sehen wir, daß dieser der Aufforderung Folge geleistet:

Lieber Mann!

So eben erhalte ich Briefe von Herrn v. Gemmingen vom 2. Februar, die mir sagen, daß Ihre Sache mit Wilhelmsdorf so viel, als gewiß ist. Da ich nicht weiß, ob Sie schon Nachricht haben, so schreibe ich Ihnen dies zu Ihrer Freude. Herr v. Gemmingen traf Herrn Hoffmann in Kalw bei der Leiche des l. Federhoff. Ich freue mich für Sie.

Da Sie mir letzthin zu verstehen gaben, daß Sie von den hiesigen Kirchen nun Abschied genommen hätten, und ich es unterwegs auch deutlich erfuhr, da nun auch diese Nachricht mir dies gewiß machet, und ich nicht weiß, wann ich nach Karlsruhe komme, so schicke ich hier noch ein Quartal, theils als Abtrag meiner Schuld, theils zum Gruß und Anfang der neuen Haushaltung. Zugleich danke ich für die mir geleistete Aushilfe. Gott sei Dank, daß meine Gesundheit sich indessen wieder so gestärket hat, daß ich ohne Beschwerde einstweilen wieder meine Pfarrei versehen kann, ohne genöthigt zu sein, sogleich wieder Jemand zu suchen. Ich will es nun auch wieder so fortführen bis nach Ostern, wo Dietz und ich gemeinschaftlich Jemand zu nehmen gedenken, wenn sich meine Lage nicht ändert. Wenn ich gesund bin, ist mir die Versehung der beiden Gemeinden nicht nur keine Last, sondern vielmehr eine Freude. In der ersten Kirche bereite ich mich immer auf die zweite vor. Und sollte mir wieder Jemand nöthig werden, so wird mir der Herr auch die rechte Person zuweisen. Arbeiten Sie recht im Segen Ihrer neuen Gemeinde. Ich habe immer Hoffnung gehabt, diese Woche nach Karlsruhe zu kommen, und habe viel darin zu thun, aber die Witterung will es nicht erlauben. Vielleicht wird das Wetter besser.

Unter herzl. Grüßen Ihr

Dienstag, den 5. Februar 1833. H.

Die nun im Glauben verbundenen Freunde waren nicht müßig; sie vereinigten sich zu einer wöchentlich erscheinenden Zeitschrift, durch die sie auf's Volk erbauend und belehrend wirken wollten. Käß redigirte und die übrigen Freunde waren Mitarbeiter. Sie wurde wieder bei Kranzbühler in Speyer verlegt und erschien unter dem Titel: „Christliche Mittheilungen.“ Die späteren Jahrgänge enthalten Predigten über die drei vorgeschriebenen Jahrgänge und ein Jahrgang die auch in weitern Kreisen hochgehaltenen und noch sehr empfehlenswerthen „Tischandachten“ von Pfarrer Käß. Letzterer hatte auch mit Anschluß an den kleinen lutherischen und Heidelberger Katechismus im Jahre 1833 einen sehr guten ausführlichen Katechismus herausgegeben und verbreitet.*) Er sollte eine practische Widerlegung des officiellen Katechismus sein, und wo möglich auf die Ausarbeitung eines neuen Einfluß haben, wenn nicht gar an dessen Stelle treten.

Inzwischen war endlich am 17. April 1834 die ersehnte Generalsynode zusammengetreten. Die Briefe aus jener Zeit zeigen eine zwischen Hoffnung und Befürchtung beständig wechselnde Stimmung. — Am 3. Mai 1834 schrieb Henhöfer an Hager:

Lieber Hager!

— — Ledderhose, Dietz und ich waren am 1. Mai in Karlsruhe. Ich habe Schwarz besucht, der in der Katechismuskommission ist, und so viel gehört, daß man den Katechismus so fassen wolle, daß wir zufrieden sein werden, doch will man, wie mir scheint, auch die Andern nicht stoßen. Er wird also sehr unbestimmt werden. Doch wenn nur nichts gegen die Wahrheit darinnen ist. Man beabsichtigt die Symbole zu gleicher Zeit in die Gemeinden zu geben,

*) Der Titel lautet: „Katechismus der christlichen Heilslehre, nach den Bekenntnissen der vereinigten evangelischen Kirche im Großherzogthum Baden, verfaßt von Chr. Käß, Pfarrer in Graben.“ Speyer bei Kranzbühler *jun.* 1833.

auf die der Katechismus hinweisen soll. Von der alten Lehre will man nicht abgehen, das wurde ich mehrmals versichert, auch sei es im Anfang der Synode durch Schwarz vertheidigt und beschlossen worden. Ledderhose war bei Hüffell, und der versicherte, wir könnten ihn jetzt annehmen, er sei viel orthodoxer, die Gottheit Christi sei darin, was mich auch Schwarz versicherte. Ich werde nun nächstens auch Hüffell besuchen, da er durch Ledderhose mich einladen ließ. Gott gebe, daß es ohne Streit ausgehe. In 4 Wochen wollen sie fertig sein. So sind denn also bis jetzt die Aussichten noch nicht sehr niederschlagend, dem Herrn sei Dank. Lassen Sie uns beten, daß sie es nicht werden. Der Herr gebe Ihnen freudige Feiertage. Ich grüße Sie und Ihre l. Bertha mit meinem Hause vielmal und bin

Ihr

Samstag, den 3. Mai 1834. H.

Vicar Frommel in Karlsruhe schrieb an Mann schon am 6. Juli 1834:

Karlsruhe, den 6. Juli 1834.

Lieber Bruder!

— — Mit meinem bevorstehenden schmerzlichen Schicksal (verzeih das heidnische Wort) kann mich nichts aussöhnen als die gewisse Ueberzeugung, daß die Hand meines Heilands mir dadurch etwas Gutes zugedacht hat, das ich wohl seiner Zeit auch erfahren werde. Ohne Zweifel will er seinen Knecht erneuern, um ihn besser zu seinem Dienst gebrauchen zu können. So geschehe sein heiliger Wille! — —

Unsere kirchlichen Angelegenheiten gehen langsam vorwärts. Mit dem Katechismus, dem ersten Gegenstand, der erledigt wurde nach mehr als zwei Monaten, sind sie nun fertig. Er hat einige Veränderungen erhalten: nemlich Buße und Glaube; ferner in der Bestimmung der Person Christi und in der Angabe des Heilsweges, wo er früher ausdrücklich semipelagianisch lautete. Die zwei letzteren Punkte kenne ich nicht wörtlich genau. Unmittelbar vor dem verbesserten Katechismus wurden die Hauptstücke des kleinen lutherischen (ich glaube mit Hinweglassung des letzten vom Amt der Schlüssel) gedruckt, zum ersten Unterricht, doch mit Verkehrung der natürlichen Ordnung, so daß der Glaube vor den zehn Geboten steht, wogegen Röther Einsprache that, aber von Dreüttel überschrieen wurde. Es sind nun das Gesangbuch, die Liturgien und die andern anhängigen Gegenstände, wozu auch wir, nemlich die gläubigen Prediger und der sogen. Pietismus gehören, zu erledigen. Es scheint mir aus Allem hervorzugehen, daß sie noch einen Tück gegen uns im Sinn haben. Aus lauter Menschenfreundlichkeit haben sie mir Welschneureuth und Ziegelhausen, welche beide ich ansprechen könnte, abgeschlagen; nach Hüffells Aeußerung das erste, weil das Einkommen zu gering, das zweite, weil meine Frau nicht transportabel wäre, als ob sie das etwas anginge, wiewohl ich allerdings für den Augenblick einer großen Verlegenheit dadurch enthoben bin. Ich werde also vorerst, zumal wenn es in meinem Hause eine Veränderung gibt, in Karlsruhe noch eine Zeit lang bleiben, was wohl vielleicht gut sein wird. —

Stern ist immer wacker, im Augenblick nicht angefochten, überhaupt scheint nichts für seine Stellung zu besorgen zu sein. Das Verlangen nach der Predigt des Evangeliums hat auch in der letzten Zeit, besonders durch den übertriebenen Rationalismus von H. hervorgerufen, sichtbar zugenommen. Oefters wohnen Mitglieder der Generalsynode bei, unter welchen sich einige schon sehr beifällig geäußert haben. — —

Nun lebe wohl, mit deinen Lieben und gedenket unser in unserer Trübsale, wie auch ich Euch der Gnade unseres Herrn herzlichst empfehle.

Dein

Frommel.

Ferner Henhöfer an Hager:

Mittwoch, den 23. Juli 1834.

Lieber Hager!

— — Es scheinen für uns Alle wieder neue Leiden anzugehen, so daß auch wieder gut ist, allein zu stehen. Nicht nur hat Kirchenrath Wolf den heftigsten Bericht gegen uns gemacht, so zwar, daß selbst Feinde von uns ihn baten, ihn zu ändern, sondern auch der Katechismus soll die Hauptlehren abermal verläugnen. Herr Pfr. Schlatter hat Schritte gethan an hohen Orten, mit welchem Erfolg ist noch nicht bekannt. Es soll im Stillen bleiben, darum schreibe ich nicht weiter. Ich habe überdies noch immer Streit mit meinem Bürgermeister, der nun binnen 3 Monaten die Wirthschaft ablegen soll. Des Pfarrer Weber von Tiefenbronn seinen Aufsatz im bad. Kirchenblatt habe ich gelesen, kann aber nichts darauf sagen, weil er in dem Recht hat, daß es nicht von der Kanzel aus geschah, und das Uebrige mehr Sie als mich betrifft, und ich auch nicht weiß, wie weit die Zeugen beweisen können.

Letzten Sonntag war hier Visitation. Der Decan war sehr artig und freundlich, und wenn er auch in der Kirche Einiges sprach, was nicht mit Gottes Wort stimmte, so meinte er es doch gut. Brougiers Frau war bei uns zur Kirche im Weg nach Mannheim, ging aber sogleich nach der Kirche mit Liedolsheimer Leuten weiter. -- In Bruchsal soll der kathol. Pfarrer von der Kanzel herab auf mich gescholten haben, und das nicht schlecht. Der Teufel ist wieder an allen Ecken auf. Christus sitzt im Regimente und leitet Alles wohl. Ist Herr v. Gemmingen zu Hause, und wie geht es ihm? Herzliche Grüße von uns Allen; auch von der Schreinerin, die so eben weg geht. Gott empfohlen.

H.

Käß an Mann, den 11. Juli 1834:

Lieber Bruder!

— — Unsere Synode läßt wirklich die Augsburger Konfession stehen. Wer hätte gewagt dieses zu hoffen? Wenn nicht ein ganz neuerlicher Unfall (daß nemlich Frommel den Ausdruck in einer Predigt gebrauchte: „der Teufel und sein Hausrath", und von dem Hofvikarius Hausrath darüber verklagt wurde)!! unsere Stellung auf's Neue schwierig macht, so kommen wir noch gar mit Ehren davon. Es scheint, daß wenigstens der Orthodoxie durch die Synode wieder aufgeholfen werden solle. Niemand denkt mehr daran, den l. Stern in's Gedränge zu bringen.

Henhöfer und Dietz sind sammt ihren Familien wohl. — —

Dein

treu verbundener Bruder

Graben, den 11. Juli 1832. Käß.

Derselbe. (Datum undeutlich, muß aber Juli 1834 sein):

Die Synode hat uns keine Sorge gemacht, weil wir die gewisse Ueberzeugung hatten, daß unsere Sache nur Sache des Herrn sei. In der letzten Zeit hörten wir durch Stern von Hüffell, der Katechismus sollte solche Veränderungen erleiden, daß wir ihn annehmen könnten, welches wir aber alsdann doch auch sollten. Zu gleicher Zeit verlautete: Preußen habe ein unabänderliches Festhalten an der Unionsurkunde verlangt, was jedoch, wie sich nun zeigt, hauptsächlich dem darin bestimmten landesherrlichen Recht gegolten haben möchte. Außerdem mußten wir aus Mancherlei vermuthen, daß man uns bei der Synode von Seiten der Lehre unangefochten lassen, und nur wegen des „Verdammens" und wegen der Konventikel angreifen wolle. Wir durften dabei erwarten, daß man uns auch hören werde, und können überhaupt nicht absehen, zu welchem Ziele man auch mit uns kommen will.

Es war uns erfreulich zu hören, daß, als die Umfrage gethan wurde, ob man über Beibehaltung oder neue Fassung der Symbole abstimmen solle, Kirchenrath Schwarz sogleich erklärte: dieses könne niemals Gegenstand einer Abstimmung werden, indem die Grundlage der Kirche, die Symbole unangetastet bleiben müßten; worauf dann die Synode einstimmig ihr Einverstanden erklärte. Der Katechismus ist jetzt fertig und soll so gefaßt sein, daß Nichts darin der kirchlichen Lehre widerspreche; nöthigen soll er jedoch auch nicht die Lehre von der stellvertretenden Genugthuung zu lehren, sondern hier „schweben." Rub in Lintenheim, der uns im Kirchenblatt verläumdet und bei der Section Klage geführt hat, mußte Gelegenheit machen, bei der Synode über uns zu verhandeln, denn die Section hat seine Klageschrift der Synode zur Begutachtung übergeben. — Wolf in Heidelberg wird in der Sache referiren!! — Weil ich merkte, daß man bei der Synode das Konventikelwesen gar nicht kenne, so habe ich in aller Eile ein Schriftchen über diesen Gegenstand geschrieben, und allen Mitgliedern der Synode, der Regierung und Kirchensection zugestellt, welches bei der Mehrzahl der Synode einen sehr günstigen Eindruck gemacht und sie auf andere Ansichten gebracht haben soll.

Dein

im Herrn verbundener Bruder

Käß.

Dieß Schriftchen von Käß ist noch sehr lesenswerth und in zweiter Auflage erschienen, (siehe S. 225, nemlich im Abschnitt über die Separatisten), wo im Anhang der Kommissionsbericht der Generalsynode über Pietismus und Separatismus einer Kritik unterworfen ist. — Wir fügen noch einen Brief Professor Stern's an Mann bei:

Karlsruhe, den 21. August 1834.

Lieber Freund und Bruder im Herrn!

Nur in Eile einige Zeilen! — Es kann am Abend leicht anders werden, als es am frühen Morgen war! — Ich habe Ihnen das vorige Mal so froh und sicher geschrieben; und jetzt ist auf ein Mal Alles anders. Der Feind hat getäuscht, um seine Blitze um so sicherer entladen zu können. Am letzten Samstag der dem Ende vorhergehenden Sitzungswoche sind alle Donnerkeile gegen die Pietisten losgeschleudert worden. Fechl hat mit einer großen Mehrzahl die Entsetzung der aufrührerisch-pietistischen Pfarrer und meiner Wenigkeit beantragt. Min. Winter widerstand aber, und erklärte sich gegen alle gewaltsame Maaßregeln. Dann hat Kirchenr. Wolf v. H. einen schmählichen Bericht über die Pietisten gehalten und mit sehr verderblichen Anträgen, welche die Synode mit geringer Modification in den Generalbericht an den Großherzog aufgenommen hat. Da ist beantragt, daß jeder Geistliche und Lehrer, welcher den neugemachten Katechismus nicht annehme, entlassen sein soll aus dem Dienste; zugleich soll aber dieser neue Katechismus die gesetzliche Lehrnorm sein, was doch so viel ist, als symbolisches Buch. Zwar haben sie sich im Protokoll verwahrt, daß er kein symbolisches Buch sein soll. Aber nach den Protokollen, die Niemand kennt, richtet man doch nicht. Der neue Katechismus hat ganz die Anlage des vorigen, den Sie mit verwerfen halfen, und somit kann man sagen, daß die evangel. Kirche Badens aufgelöst ist; denn die Grundpfeiler sind nicht mehr sichtbar, und es ist alles verbaut und verdorben.

Zugleich sind Anträge gemacht zu einer Menge von Vexationen und um den Konventikeln den Tod zu bringen. — Wir wollen nun sehen, was wir im Stillen noch zu hintertreiben vermögen. Wenn der Herr sich nicht unserer besonders annimmt, so ist's um unsere Stellung geschehen; und was geboten wird, könnte man unter den genannten Bestimmungen nicht annehmen. Halten auch Sie an in der Fürbitte für unsere unterdrückte Kirche, daß der Herr Hilfe schaffe!

Das Einzelne möchte ich Niemand schreiben; man wird zu bewegt. Nun der Herr wird Alles zu einem guten Ziel führen, und schaffen, daß Sein Reich und Seine Ehre gefördert werde.

Der Herr erhalte uns in Seiner Gnade!

Ihr

M. St.

Inzwischen war die Generalsynode zu Ende gegangen und der Hauptbericht erschienen. In diesem wurde der provisorisch eingeführte Katechismus „mit einigen Abänderungen und Verbesserungen als taugliches Lehrbuch für das Volk, in den Schulen, dem Confirmationsunterricht und den Sonntagskatechisationen erkannt und einstimmig angenommen", und nicht nur dafür die landesherrliche und oberbischöfliche Sanction nachgesucht, sondern auch den Großherzog gebeten: „dasselbe auch für die gesetzliche Lehrnorm zu erklären, damit die Einheit der protestantischen Kirche geschirmt, und aller verderblichen Lehrwillkür gewehrt werde." (Siehe Rieger's Gesetzsammlung III., S. 96). So war also der angefochtene Katechismus, allerdings etwas verbessert, aber doch im Ganzen unverändert, angenommen.*)

Bedenklicher noch waren die Bestimmungen gegen die Pietisten, Separatisten und Konventikel, wodurch nicht nur die sectirerischen oder schwärmerischen Auswüchse, sondern auch alle lebendigen im Glauben stehenden Pfarrer getroffen wurden. Zur „Ausrottung" dieser Uebel wird Seine Königl. Hoheit gebeten unter Anderm festzusetzen: „daß diejenigen Geistlichen oder Schullehrer, welche den neuen Katechismus in ihren Gemeinden und Schulen nicht einführen wollten, oder gar ihn verwerfen oder für unchristlich erklären würden, nach fruchtlos gebliebenen ernstlichen Erinnerungen und Warnungen dem §. 9 der Kirchenrathsinstruction gemäß, ihrer Aemter entlassen werden sollen." —

Ferner: „daß, sobald außerkirchliche Zusammenkünfte zu gottesdienstlichen Zwecken den Frieden der Gemeinden bedrohen, die geeigneten polizeilichen Maaßregeln dagegen angewendet, ins Besondere aber gegen Geistliche, welche solche Konventikel nähren, allen Ernstes möge eingeschritten werden." (Siehe Rieger a. a. O., S. 107 ff.)

Eine neue Zeit der Sorge und des Gebets, aber auch des Kampfes begann für die gläubigen Geistlichen. Hören wir zuerst Henhöfer:

Lieber Hager!

Der Hauptbericht der Generalsynode wird Ihnen durch das Decanat zugekommen, und die beiden Artikel vom Katechismus, und über Pietismus und Separatismus von Ihnen nicht übersehen worden sein. Wir alle waren bald darin einig, daß sowohl für mögliche Erhaltung der Kirche, als auch zur Wahrung des Gewissens etwas gethan sein müsse, wenn wir nicht als untreue Knechte wollten erfunden werden. Den ersten Plan entwarf Herr Professor Stern, allein so viel Schönes auch darin gesagt war, so war doch die ganze Schrift zu streng und die Forderung zu groß, als daß wir billiger Weise hätten erwarten können, etwas zu erreichen, nicht zu gedenken der Verlegenheiten, in die wir uns versetzt hätten, wenn wir nicht Alles erreicht hätten,

*) Siehe die obigen angeführten Veränderungen.

warum wir angestanden wären. Wir änderten darum diesen Plan, und verfaßten gegenwärtige Schrift, in der beinahe das nämliche gesagt ist, ohne uns voraus auch im Nichtberücksichtigungsfalle in jene Verlegenheit zu bringen, wobei wir das Gute und Brauchbare von Stern beibehielten. Er ist nun selbst sehr damit einverstanden, und will sie auch selbst dem Großherzog übergeben, wie er denn auch schon mit dem Markgrafen Wilhelm, und dem Minister Winter über die Sache geredet hat. Letzterer ist freilich in großer Verlegenheit, und der Sache nicht günstig, wie ersterer, doch des Herrn Wille muß geschehen, und um den zu erfahren müssen wir uns Ihm zu Werkzeugen hingeben. Es wäre mir freilich auch lieber Ruhe zu haben, allein eine Untreue in solch heiliger Sache möchte ich nicht begehen, und unruhiger kann unsere Zukunft durch diesen Schritt nicht werden, als sie ohne denselben durch die Beschlüsse der Generalsynode werden müßte.

Ich habe Ihnen dieselbe nun zugeschickt, daß Sie sie als Einer der Siebner an die vierte Stelle mit unterzeichnen. Haag wird Vollmacht schicken. An Manns Stelle tritt Stern, und so bleibt die h. Zahl. Nächsten Mittwoch längstens soll die Schrift übergeben werden; darum kommt ein Expresser, den Sie beherbergen, und so schnell wie möglich abfertigen wollen. Alles soll aber einsweilen in der Stille bleiben, darum weiß weder der Bote, noch Jemand aus unsern Gemeinden etwas von dem Inhalt. Der Teufel hat auch seine Spionen. Zum Gebet für die Erhaltung der reinen Lehre kann man indessen Jedermann auffordern.

Nun grüße ich Sie vielmal herzlich, empfehle ihnen diese Sache mit Gebet und bin wie allezeit

Ihr

Freitag, den 5. September 1834. H.

S. schreibt am 25. desselben Monats an Mann:

Karlsruhe, den 25. September 1834.

Lieber Freund und Bruder im Herrn!

Wir haben Viel zu ringen, zu kämpfen, zu berathen, dem Feinde zu begegnen. Es geschehe nur Alles in des Herrn Namen und nach Seinem Willen! Doch stille! stille! Auch davon Nichts in den Christenboten. Die Feinde lauern und verbreiten und flüstern in die Ohren. Ich war bei Min. Winter; er ist sehr feindselig gegen die Wahrheit und gegen die Pietisten und Konventikel, war vorigen Sonntag bei dem Großherzog mit einer Schrift, wieder von Sieben unterschrieben, 3/4 Stunden lang und habe ein Zeugniß abgelegt. In der Macht des Herrn steht's allein, das Wort lebendig zu machen. Er sagte: „er habe seine eigenen, ganz bestimmten religiösen Ansichten." Der Ton der Stimme und der Ausdruck des Gesichtes gab zu verstehen, daß wir beide nicht eines Sinnes seien. Doch woher sollte es anders kommen? Wir baten, daß ehe er den Katechismus sanctionire, er denselben prüfen oder prüfen lassen möchte, ob er 1) die Lehre von der Gottheit Christi, 2) die von seinem stellvertretenden Erlösungstod, 3) die von der Rechtfertigung durch den Glauben 2c. 2c. enthalte; übergab dabei den Heidelberger und den kleinen lutherischen Katechismus mit Bezeichnung der berührten Fragen. — Und dann betraf die Schrift eine Beleuchtung der Anträge der Synode in Beziehung auf den Pietismus.

Ihr

S.

Diese Schritte schienen nicht ganz erfolglos; so konnte einer der Brüder Theodor Fein am 17. October an Mann schreiben:

In der Katechismusangelegenheit werden wirklich ernstliche Unterhandlungen gepflogen mit Kirchenr. Sonntag und Prälat Hüffell, denen die Sache übergeben ist; das einzige Mittel, die symbolischen Bücher zu retten, ist zu verlangen: daß die Hauptstücke des lutherischen Katechismus hinten an den in der verflossenen Generalsynode etwas veränderten, aber keineswegs verbesserten badischen Landeskatechismus angehängt werden sollen. Diesem Vorschlag scheint Sonntag nicht so ganz abgeneigt, und äußert sich darüber noch unentschieden; aber Hüffell wehrt sich auf's Aeußerste dagegen. — Daß Haag auf ein Jahr suspendirt ist, werdet ihr wissen. Es geschah angeblich aus folgenden Gründen:

1) Weil er de Valenti, der kein ordinirter Geistlicher ist, habe predigen lassen.

Es ist dieß freilich ein Versehen von F. Haag, aber Suspension verdient dieser geringe Fehler doch nicht.

2) Weil er durch seine Predigt einen Mann veranlaßt habe, sich die Hand abzuhauen.

Dieser Mann war früher wahnsinnig, sodann als geheilt aus dem Irrenhaus in Heidelberg entlassen worden; hatte einen Rückfall von Wahnsinn und in diesem Zustand beging er die That, die keineswegs dem Haag angerechnet werden kann.

3) Hauptsächlich darum, weil dies schon die zweite Gemeine sei, in die er Spaltungen gebracht habe.

Dieser Vorwurf ist aber hinlänglich widerlegt durch eine Bittschrift der ganzen Gemeine, den l. Haag ihnen als Pfarrer zu lassen, nur 5 Stimmen, worunter aber der Bürgermeister ist, sind feindselig. Daraus werdet ihr deutlich erkennen, daß nur Verfolgungssucht an der Suspension des l. Haag Schuld ist; es hat sich gegen ihn sogar Hr. v. B., der früher nicht so feindselig gesinnt war, so geäußert: „So lange Sie noch auf Ihrer einfältigen, blutigen Versöhnungslehre beharren, werden wir Ihnen nie mehr eine Pfarrei anvertrauen.“ Also so weit ist es in einem christl. Lande gekommen, daß man die Versöhnungslehre nicht mehr behaupten darf. Der liebe Haag will jetzt in der Nähe von Basel eine Missionsanstalt auf badischem Grund und Boden gründen, und ist um die Erlaubniß dazu eingekommen, welche aber die Feinde auf alle mögliche Weise zu hintertreiben suchen — Staatsrath Nebenius, der unter den höheren Staatsdienern noch am geneigtesten ist, wird nun als Oberhofrichter nach Mannheim versetzt; und es gehen überhaupt große und sonderbare Veränderungen im Staate vor, aus denen hervorgeht, daß nun Winter vollkommen gesiegt hat. —

So steht es wirklich bei uns, und wir haben wahrlich eine gefährliche Lage, namentlich der l. Professor Stern hat unaufhörliche Kämpfe. In dieser Noth ist eine besondere Anstalt getroffen, wonach Seelen, von denen man weiß, daß sie es treu meinen, sich wöchentlich einmal zu gemeinschaftlichem Gebet auf den Knieen und bei verschlossener Thüre für Staat und Kirche vereinigen. Ja wahrlich, es thut wirklich ernstliches Gebet noth, und auch Euch bitten wir Alle, für uns und unsere Kirche an der großen Betglocke zu ziehen.

Euer

Euch innig liebender

Karlsruhe, den 17. October 1834. Theodor.

Wir schalten hier einen gemeinsamen Brief der bekannten Basler Glaubensmänner: Spittler's, Dr. de Valentis und W. Köllner's ein, welche sich über Haag's Maaßregelung oder vielmehr Mißhandlung aussprechen. Er ist ein lautredender Beleg zu der damals herrschenden Verfolgungssucht. Wie tief lag doch unsere arme Kirche darnieder!

Geliebter Bruder in dem Herrn!

Wenn Sie und die andern theuren Brüder bei uns hier wären und selbsten sehen und hören könnten, wie niedere und höhere Behörden mit der gedrückten Familie Haag schonungslos verfahren, so würden Sie mein letztes Schreiben begriffen haben und nicht betrübt darüber gewesen sein. Es ist doch gewiß nichts geringes, wenn ein Mann ohne Urtheil und Recht mit Frau und Kinder von Haus und Hof vertrieben wird und nicht weiß wohin. Der Herr sei gepriesen, daß Er uns eine Wohnung für ihn angewiesen hat, obgleich er auch da auf die schmählichste Weise behandelt wird; denn ist es nicht höchst schimpflich, wenn ein Geistlicher so heruntergesetzt wird, daß man ihm nicht mehr auf's Wort glaubt, aus welchen Personen seine Familie bestehe, sondern ihm den Dorfvorsteher und Gemeinschreiber ins Haus schickt und sich Stück für Stück vorzeigen und aufschreiben läßt und dann ehrliche Männer, die als Kostgänger bei ihm waren, wie Vagabunden wegschickt, und dabei befiehlt, daß das Haus Tag und Nacht bewacht und Jedermann, der nicht gerade zur Familie gehöre, der Zutritt versagt sein soll; heißt das nicht einen Geistlichen criminell und staatsverbrecherisch behandeln und ihn in den Augen des Volks aller Verachtung preisgeben? — Lesen Sie die hier absichtlich beigelegten Schreiben selbst und sagen Sie, ob es nicht also sei. Um den guten Haag vor dem Fortjagen zu Inzlingen zu sichern, habe ich die Pacht notarialisch ausfertigen lassen, und da er meinen Namen beim Amt angegeben, so wurde ich vorläufig um 30 kr. Botenlohn gestraft, wahrscheinlich wird dieß aber in der Folge, wenn je irgend ein Anlaß dazu da ist, noch kräftiger kommen. Bereits hätte ich mich selbst in Lörrach für Haag verantwortet, aber ich warte noch auf einen Paß von Zürich, von der badischen Gesandtschaft unterzeichnet, damit das Amt in Lörrach mich doch wenigstens anhört und ich so viel Sicherheit genieße, nicht alsbald wie ein Verbrecher behandelt zu werden.

Sehet liebe Brüder, dieß habe ich alles vorausgeahnt, deswegen habe ich so sehr gewünscht, daß ein Aufsatz über Haag in unserm Volksboten eingerückt worden wäre und habe Euch ja gebeten, daran abzuändern was Ihr wollt, oder einen ganz neuen zu geben; nur aber etwas sollte geschehen; und statt dessen kam von Euch die Antwort, der Aufsatz sage Euch gar nicht zu und man solle ruhig sein. Später schrieb dann der l. Bruder Stern, daß Haag einen Advokaten annehmen und einen Proceß anfangen soll; dazu konnten wir aber hier gar nicht stimmen, sondern glauben wirklich mit Euch, Haag soll stille sein und leiden. Damit ist aber nicht die Meinung, daß auch die Brüder schweigen sollen, daher kam dann meine warme Antwort an Euch liebe Brüder, die Ihr hart nennet. Hart wollte ich nicht sein, und wenn ich es gewesen bin, so bitte ich Euch alle herzlich um Vergebung, denn es soll dem Teufel nicht gelingen uns in der Liebe untereinander zu stören; aber den armen Haag dürfen wir nicht stecken lassen, sondern müssen mit des Herrn Hülfe gemeinschaftlich für ihn thun, was in unsern Kräften steht. Darum wird es nöthig sein, in Karlsruhe darauf zu dringen anzugeben: was Haag für ein Verbrechen begangen, daß man ihn also behandeln dürfe, und sich nicht zu fürchten, wenn Ihr theuren sieben verbundenen Brüder auch auf einen Tag abgesetzt werden solltet. Glaubet nur fest, daß der Herr im Regiment sitzt, und unsere Feinde nicht mit uns handeln dürfen, wie sie wollen, ja sie werden Ihn fürchten müssen, wenn sie unsern Glauben sehen. — Daß diese Prozedur Euch auch gilt, ist mir aus einer naiven Erklärung eines Geistlichen Namens Eisenlohr in Kirchen, Lörracher Amts, ganz klar; ich fragte ihn nämlich: kennen Sie den Feuerbacher Pfarrer, was hat denn dieser verbrochen, daß er plötzlich suspendirt wurde? „ich kenne ihn nicht, habe aber auch nie etwas Schlechtes über seine Amtsführung von ihm gehört." — Was hat er denn gethan? — nach langer Pause und im Vertrauen gesagt: — „Ach er gehört zu den Sieben, die gegen den neuen Katechismus sind, und da haben die Karlsruher gedacht, dem Haag, der ein vermögliches Weib hat, dem schadet es am wenigsten, den setzen wir ab, um die übrigen zu schrecken. — Das wird wohl die Hauptursache sein, man muß es aber nicht so genau nehmen", und darauf bemerkte ich ihm, wenn es so in Ihrem Lande zugehe, so sei es wahrhaft traurig; er ließ sich aber nicht weiter ein, hat vielleicht seine offenen Aeußerungen bereut und verabschiedete sich alsbald. Die Veranlassung seines Besuchs bei mir war ein Bibelbegehren.

Unser l. Papa Köllner hat sich in einem Schreiben an Herrn von Gemmingen über Haag's Lage erklärt, das Euch ohne Zweifel auch zukommen wird.

Nun, der Herr helfe uns und erfülle uns Alle mit seinem heiligen Geiste.

Ihr

in Ihm verbundener

W. Spittler.

Geliebter Bruder!

Ich kann nicht anders, als dem von dem lieben Bruder Spittler Gesagten von Herzen beipflichten. Ich bin nun schon mehrere Jahre mit dem l. Haag umgegangen, und habe ihn als einen Zeugen des Herrn kennen gelernt.

mit dem ich meines Theils in seiner jetzigen Lage völlig gemeinschaftliche Sache mache. Ich kann nicht einsehen, was es nützen soll, wenn wir in der Sache passiv bleiben. Mein brüderlicher Rath in der Sache ist, was Euch betrifft, dasselbe zu thun. Unerhört ist es wie man dem lieben Haag mitspielt. Sehet Ihr es so wie wir in der Weise, ihr würdet ohne Zweifel auftreten als Ein Mann, und in Karlsruhe die ernstesten Schritte für ihn thun. — Gern wäre ich heute selbst zu Haag gegangen, allein ich darf nicht, weil ich befürchten muß polizeilich zurückgewiesen zu werden.

Daß ich bei allen diesen Erscheinungen ruhig und getrost nur eine große Sorge für uns erwarte, brauche ich wohl nicht zu versichern. Vergebt mir aber, geliebte Brüder, wenn ich trotz aller Freudigkeit und Ergebung in der Sache dennoch mit der Bitte zu Euch trete, daß ihr doch wo möglich Alles aufbieten möchtet, der Sache des Herrn, um die es sich hier handelt, kräftigst beizutreten. Ich glaube, es ist solch ein Schritt für den Fortgang des Reiches Aller in euerem Lande, so wie für Eure eigene Wirksamkeit von der größten Wichtigkeit. Ich grüße Sie sammt den andern Brüdern, die ich bereits von Angesicht kenne herzlich und brüderlich, mit der Versicherung, daß ich hier auch beten will, damit Ihr des Herrn Wille bald erkennet und höret.

Euer

treu ergebener Bruder

Dr. de Valenti.

Mein theurer Bruder im Herrn!

Ich weiß in der That nicht, was ich dem voranstehenden Zwillingsbriefe noch beifügen könnte, da das, was die beiden l. Brüder geschrieben haben, aus meinem Innersten genommen ist. Könnten Sie, oder einige der lieben Katechismusstürmer nur ein Tag hier oder Spittler drunten sein, die Verständigung von beiden Seiten würde gewiß bald erfolgen, und die verschiedenen Farben unserer Brillengläser würden bald nur einfarbig werden; was aber auf dem Boden der Correspondenz nicht so leicht geschehen kann. Kurz, der l. Haag kann und darf nicht in dem scheußlichen Moraste stecken bleiben, sonst gibt man den Feinden immer mehr Waffen in die Hand, und sie werden endlich impertinent im Superlativo. Mit Haag hat man den wohlberechneten Anfang gemacht; sitzt der nun nach Ihrem Rath stille, — was wird die Folge sein? Gewiß keine andere, als daß es heißen wird: Da sieht man, daß sie ungerechte Sache haben, denn sie getrauen sich nicht zu rühren und zu regen. Und was hierdurch gegen die gute Sache unsers Herrn ausgeführt wird, hat nicht nur Haag, sondern das ganze Siebenerkollegium zu verantworten. Wahrlich! die Wahrheit hat noch nicht Ursache, scheu und schüchtern sich zurückzuziehen, vielmehr würde sie bei festem und muthigem Auftreten ihrer Bekenner den Feinden Furcht und Schrecken einjagen, weil der Herr selbst zu derselben stehen muß und wirklich steht. — Betet, l. Brüder, einzeln und auch gemeinschaftlich um Luthers Glauben und Heldenmuth, und er wird euch gegeben werden. Ich habe über Haag an den Hrn. v. G. nach Steinegg geschrieben, und bereue bis heute keine Silbe davon. Vielleicht theilt er's Ihnen mit. Dem Herrn empfohlen und um Eure Fürbitte anhaltend Ihr alter W. Köllner.

Es wurden auch Schritte für Haag gethan, wie unten ersichtlich. Haag mochte an der Sache wohl auch etliche Schuld haben, wie unten ein Brief sagt. Daher fehlte auch der frohe Muth für ihn einzustehen. Nichts desto weniger ist aber die ganze Behandlungsweise von Seite der Polizei eine nicht zu rechtfertigende.

Wie sehr dieß Alles auf die Gemüthsstimmung Henhöfer's drückte, sehen wir aus einem Trostbrief, den er seinem Hager schreiben muß, und doch eben desselben Trostes so nöthig hat:

Montag, den 12. Januar 1835.

Lieber Hager!

Ihr Brief hat mich sehr mit Betrübniß erfüllt. Ich bin sonst gewohnt gewesen, um diese h. Zeiten Briefe von Ihnen voll Lobes und Dankes gegen Gott zu erhalten, für den Segen dieser Tage, und dieses Jahr ist mir dieser Klagebrief zugekommen. Der allgemein verderbte Geist läuft durch alle Gemeinden durch. Ich habe auch viel, viel mehr zu beklagen seit 2 Jahren, als früher, alles geht mit jedem Tage mehr dem Verfall zu. Einzelne Seelen mögen gerettet werden, aber im Ganzen ist keine Hilfe mehr. Ich bitte Sie nur nicht müde zu werden, auf daß der Teufel nicht alles zerstöre, denn er wird nicht müde. In Trübsalszeiten, die nach allen Aussichten wohl reichlich kommen werden, mag doch Manches noch zu sich kommen, und den Herrn suchen, den es jetzt geringe geachtet hat. Gott gebe Ihnen im neuen Jahr ein neues Maas seines h. Geistes, und auch Ihren Zuhörern ein willigeres Herz. Es ist eine Zeit, wo man leicht müde werden kann, wenn man die geringe Frucht, und die noch geringere Aufmunterung und Unterstützung von jener Seite sieht, von der sie Pflicht und Gewinnes halber kommen sollte. Darum ist noth, fleißig und täglich um neuen Eifer und um den h. Geist zu bitten.

Ihr

H.

Am nämlichen Tag schreibt Käß an Mann:

Graben, den 12. Januar 1835.

Lieber Bruder!

Bei uns ist jetzt im Kirchlichen eine Windstille eingetreten; vielleicht die vor einem Erdbeben, das große Erschütterungen und Verheerungen mit sich führen wird. Die ganze Gemeinde Hochstetten ist um Haag eingekommen und Winter hat erklärt, er wolle sagen: Ja, Haag solle Pfarrer dort werden, wenn Haag blos Pfarrer in Hochstetten sein wollte, aber da finge das Geläufe wieder an. — Serenissimus haben nämlich versichert, Sie wollten nicht, daß Haag's Talente dem Auslande nützen, sondern dem Vaterlande. Jolly hat auf eine recht baldige Wiederanstellung Aussicht gemacht.

Der Minister hat ohnlängst Vorschläge zur Vereinbarung verlangt. Wir haben vorgeschlagen, Luthers kleinen Katechismus mit Abänderung der

Abendmahlslehre dem neuen Katechismus vorzudrucken und von den jüngeren Schülern allenthalben auswendig lernen zu lassen, den neuen Katechismus aber als Spruchbuch und (wer will) als Leitfaden zum Confirmandenunterricht zu nehmen. Der Großherzog hat sich darüber sehr gefreut, die Geistlichkeit sehr alterirt. Winter ist besorgt, man möchte dadurch den größern Theil der Geistlichkeit auf den Hals bekommen. Jolly hält dies für sehr ungefährlich; denn er scheint die Geistlichkeit gar nicht zu fürchten und meint, wenn der neue Katechismus (auf den er selbst nicht viel hält), auch so vortrefflich wäre, wie ihn die andere Parthei ausgebe, (und es seien Glieder vorhanden, die sich nicht damit befreunden könnten), so dürfe man sie nicht zur Annahme nöthigen. — Der Herr allein weiß, wie es gehen wird. Wir hoffen, es solle recht gut gehen. Stern ist, wie du weißt, Schulrath geworden. — In Knielingen ist viel Leben. — Auch in Eggenstein wird es jetzt Gott Lob, recht lebendig. — Ohne Zweifel werden auch die Singener um Haag eingeben. — Der treue Heiland sei mit Euch und tröste und stärke deine liebe Marie, die ich recht herzlich grüße.

Dein

Bruder Käß.

Nach und nach legten sich die Anfeindungen; in der Kirchensection machte sich eine mildere Anschauung geltend, und hie und da im Lande fing ein Glaubensleben an. Im März 1835 schreibt der Theodor Fein:

Liebe Geschwister!

Die drohende Gefahr für die Konventikel in unserm Großherzogthum ist nun mit des Herrn gnädiger Hilfe gleichsam durch ein Wunder für die nächste Zeit abgewendet worden. Der Vorschlag nemlich sie aufzuheben, der von Seiten der Kirchensection gemacht wurde, ist von der weltlichen Behörde zurückgewiesen worden.

Euer

Euch liebender Bruder

Karlsruhe, den 24. März 1835. Theodor Fein.

Ferner schreibt S. an Mann:

Karlsruhe, den 21. Mai 1835.

Geliebter Freund und Bruder im Herrn!

Am Charfreitag hat mich der Herr in Mosbach Seine freie Gnade verkündigen lassen. Das war mir die größte Freude, die mir seit einem ganzen Jahr begegnet ist. Ich habe Ihm recht dafür danken müssen. Die Lobpreisung der Liebe des barmherzigen Gottes hat Liebe geweckt.

C. hat in Lorbach mit Segen gewirkt. Schon ist ein Häuflein dort vom Sündenschlafe aufgewacht und liebt unsern Herrn von ganzem Herzen.

Alles übrige Erfreuliche muß Ihnen Theodor schreiben, der indessen recht lieb geworden ist. Wir haben nur des Herrn Güte, der überschwenglich an uns thut und uns schützt, zu rühmen. Die Versammlungen sind gerettet.

Für den Katechismus muß noch recht ernstlich fortgebetet werden; thun Sie es auch mit Ihrer Gemeinde. Wie geholfen werden kann, sehen wir nicht ab; aber um so größer ist dann auch die Wunderthat des uns so freundlich gesinnten Herrn, und um so mehr wollen wir dann Sein Lob verkündigen, und den Kindern und Kindeskindern rühmen, was er an uns mit Seinem allmächtigen Arm gethan hat. — Bald lerne ich Seine wunderbare Führung besser verstehen, und wie Er gedient haben will; möge Er uns nur hier zu Land immer geschickter machen.

Seien Sie mit Ihrer lieben Frau herzlich gegrüßt und schicken Sie dieselbe bald hierher, worauf Sie dann kommen und sie abholen! Der Herr sei mit Ihnen, segne Ihr Thun und Lassen und erhalte uns alle in Seiner Gnade! Ihr

im Herrn verbundener

S.

Am 26. Mai erschien die Sanction der Beschlüsse, wodurch der Katechismus allerdings als Lehrbuch eingeführt wurde. Aber der Antrag, daß er zugleich als Lehrnorm gelten, also symbolische Bedeutung bekommen sollte, ebenso sämmtliche Anträge wegen Pietismus, Konventikel und Absetzung der sie begünstigenden Geistlichen blieben einfach in der höchsten Sanction unberücksichtigt. —

So war wenigstens so viel erreicht, daß der Bekenntnißstand der Kirche nicht durch ein schlechtes Lehrbuch alterirt wurde. — Die Anklagen gegen den neuen Katechismus traten auch jetzt noch hie und da auf. Schon auf der 1842er Synode wurden Verbesserungen und Aenderungen gewünscht; die Diöcesansynoden und Versammlungen gläubiger Pfarrer drangen wiederholt*) auf Ausarbeitung eines Katechismus, welcher dem Bekenntnißstande der unirten Kirche gemäß sei, bis endlich die Synode von 1855 den jetzigen Katechismus brachte, der mit Grundlegung des kleinen lutherischen die einzelnen Ausführungen des Heidelberger verbindet, und nur in der Abendmahlslehre an die Bestimmungen der Unionsurkunde gebunden war.

Zum Schlusse theilen wir noch zwei Briefe eines Mitstreiters mit, als Zeugniß, wie ein besserer Geist anfing sich Bahn zu brechen.

---

*) Siehe „die General-Synode der evangel. Kirche im Großherzogthum Baden vom Jahre 1855, nach amtlicher Darstellung." Karlsruhe, bei Friedr. Gutsch, 1856. Bd. I, S. 215 ff.

Karlsruhe, den 23. November 1835.

Im Herrn geliebter Freund und Bruder!

Gläubige, d. h. bekehrte Lehrer wachsen nicht wie die Pilze aus der Erde. Wir haben an ihnen keinen Ueberfluß. Es sind nur sehr wenige, die neue Kreaturen sind, und als ein Salz und Licht wirken. Außerdem aber ist keiner entbehrlich, und es wird keinem die Entlassung ertheilt. Es besteht seit einem Jahr eine neue Schulordnung, nach welcher aller willkürlichen Wanderung ein Ende gemacht ist. Nur der könnte und dürfte fortgehen, der als ein Pietist bald überall fortgejagt würde, wie dies schon zwei Mal dem Peter Stern begegnet ist; jetzt aber geht's ihm, dem Herrn sei Dank gebracht! recht gut. Uebrigens hatte er an seiner Verfolgung eine gute Portion Schuld. Der Herr hat Alles wohl gemacht! Er sei gepriesen! Ich habe mich überall hin umgesehen, ob ja kein Schlachtschaf und Geächteter vorhanden ist: aber es ist noch keiner so energisch gewesen, daß er es so weit gebracht hätte. Neulich ist so einer von Gernsbach fortgejagt worden, den ich hingeschickt hatte, damit er meine große Schuld sühne; aber die Pforzheimer nahmen ihn mit Freuden auf, und dort schneidet er und bindet Garben, und sein Mund ist voll Rühmens. Mehrere Lehrer haben sich bekehrt, halten Jünglingsverein, in der Woche zwei oder gar drei Konventikeln ꝛc. ꝛc. B. schleicht schon längst herbei, L. gibt sich und sein Haus dazu, so daß jetzt ein recht munteres Leben in Pf. ist. Prorector Frommel ist Decanatsverweser, denn Gottschall ist in die Ewigkeit gegangen.

Wir haben gegenwärtig 53 Seminaristen, und der Herr segnet den Unterricht auf alle Weise, hält Seine schützende Hand über uns, und alle Pfeile des Hassers sind bis jetzt von Ihm abgehalten worden. Er schnaubt und doch ist Ruh und Friede im Haus und Sicherheit; er droht, und doch fürchtet man ihn nicht; er lügt und verläumdet, und doch wächst zur Beschämung Ehre und Ansehen und Vertrauen. Unser Kleinglaube, Zweifel, Bangen, die befremdende Hitze, Alles zeigt uns unsere Elendigkeit; des Herrn Freundlichkeit, Güte, Schutz beschämt und demüthigt. Doch was soll ich schreiben; ich schäme mich und muß mich schämen dessen, was wieder auf dem Papier steht. Möchte es nur bei mir zu größerer Milde, Sanftmuth, Lieblichkeit herzlicherer Demuth, stiller Ergebung kommen und zu furchtlosem Harren und stets freudiger Hoffnung; aber da ist so viel Ungeduld, so viel stürmisches Wesen, so viel Gewalt und Gewaltthätigkeit, wildes Ausbrausen, eigenes Machen, und kein bescheidenes Hinblicken auf des Herrn Winke und Abwarten Seiner Zeit und Seines Wedrufs bei den Anvertrauten. Flehen Sie für mich, daß es anders werde; auf daß mich der Herr nicht als ein eigensinniges und trotziges und unbrauchbares Werkzeug anderswohin stellen muß! Wie mancher Sturm hätte abgewandt, wie viel Unangenehmes vermieden werden können, wenn nicht fremdes Feuer zum Opfer gekommen wäre! Wie oft ist der Name des Herrn durch meine Ungeschicklichkeit und Tölpelhaftigkeit in Mißachtung gekommen!

Ich freue mich Ihres neuen Feldes der Wirksamkeit! Der Herr helfe Ihnen und sende Ihnen viele bildsame Knaben und Mägdlein zu. Einen

Lehrer müssen Sie sich selbst zurichten. Von uns erhalten Sie keinen: David ist in Grünstadt nach Wunsch an einer Realschule angestellt und Dittmar kann ihn nicht entbehren. Der Herr ist mit beiden Brüdern und wirkt Gutes und Erfolgreiches durch sie. Dittmar ist in Rheinkirch jetzt eine bedeutende Person und die Regierung hat sich ihn ausersehen, dort Heil zu verbreiten.

Grüßen Sie Ihre l. Frau recht freundlich. Der Herr segne Ihre Thätigkeit und erhalte uns alle in Seiner Gnade!

Ihr

im Herrn verbundener

...

Zweiter Brief von ... an Pfarrer Mann:

Karlsruhe, den 21. Januar 1836.

Im Herrn geliebter Freund und Bruder!

Wir danken für Ihre Aufforderung zum Gebet, daß der Herr unsere vaterl. Kirche in diesem Jahre ganz besonders bedenken wolle. Wir wollen uns recht gerne mit Ihnen an jedem letzten Tag eines Monats zwischen 7—8 Uhr Abends vereinigen. Der Herr wolle nur über uns den Geist der Gnade und des Gebets recht reichlich ausschütten und uns inbrünstiglich beten lassen. Wir beten schon seit ³/₄ Jahren jeden Mittwoch Abends zwischen 6—7 oder 7—8 Uhr; ein kleines Häuflein findet sich dazu ein, und wir haben schon recht viel Segen und sichtbare Erhörung davon gehabt. Die Umwendung des l. Bruders Haag, den Sie, nicht genug unterrichtet, fast nicht genug in seiner Noth unterstützt hatten, verdanken wir bloß der gemeinsamen und anhaltenden Fürbitte, und ebenso, daß wir uns so häufig zur Ehre des Herrn und zu unserer Erbauung so oft bisher, ohne alle Störung, erbauen durften. Auch hat sich durch diesen Segen das Häuflein in den untern Ständen immer mehr gemehret, und bei den obern herrscht hie und da viel Wohlwollen. Alle angelegten Plane des Feindes zu Verfolgungen und Unterdrückungen sind bisher gescheitert, und wir wissen Niemand anders, der geholfen hätte, als der Herr. Auch herrscht gegenwärtig bei der Kirchenbehörde ein sehr wohlwollender Sinn. H. und S. werden immer orthodoxer und man kann mit ihnen über Alles reden, ohne daß sie Feindseligkeit äußern. Br. Haag wird nun wieder angestellt, nachdem er sich gedemüthigt hat und seine Fehlschritte einsieht und bereut. — Sie werden sich auch gefreut haben über das, was über Umbreit in Heidelberg in der evangelischen Kirchenzeitung steht; noch besser ist es, wenn man seine Abhandlung über einige messian. Stellen im Jesaja in den theologischen Studien und Kritiken selbst liest. Er kommt immer näher und ist im Umgang gar freundlich und annähernd. — K.... hat in Heidelberg gut gewirkt; einige Studirende sind auf die Wahrheit aufmerksam und besuchen uns; jetzt ist er Pfarrverweser in Bobstadt hinter dem Odenwald. Auch einige andere junge Pfarrkandidaten sind aufmerksam. — E... in Lorbach wirkt auch recht gut; es hat sich ein schönes Häuflein Erweckter und zum Theil Bekehrter um ihn gebildet. In meiner Familie erlebe ich auch große Freude. Mein alter Vater bleibt und bewährt sich und andere kommen nach. Nun der Herr wolle das angetretene Jahr recht reich werden lassen und uns treu erhalten!

Herzlichen Dank für Ihr Jubelbüchlein! Ich habe es noch nicht gelesen, höre es aber sehr rühmen. Ich grüße Ihre liebe Frau freundlich! Halten Sie beide im Gebet recht an für Theodor! Vergessen Sie auch meiner und unserer Anstalt vor dem Herrn nicht!

Ihr

im Herrn verbundener

S.

Hiermit endet der Katechismuskampf. In die tiefsten Fragen der Kirche, in ihren Bekenntnißstand eingreifend, ist er für die Jetztzeit vom größten Interesse. Es sind am Ende doch dieselben Fragen, die nur in neuer Form wiederkehren. Erreicht war freilich der eine, wichtige Punkt, daß der Katechismus nicht Bekenntnißschrift sein sollte, sondern nur Lehrbuch. Ob aber diese gewonnene Position im Grunde haltbar war, ist eine andere Frage. Denn was heißt es ein Lehrbuch den Kindern in die Hände geben, von dem man zuletzt sagen muß: Es ist nicht das Bekenntniß unserer Kirche? Daß unter dem Geschlecht der heutigen Tage so wenig biblische und kirchliche Erkenntniß ist, daß der Subjectivismus nach beiden Seiten hin sich breit gemacht, daran war jener Katechismus zum großen Theile Schuld, den jeder behandelte, wie er wollte. Und was ist von all dem begrifflichen Kram den damit Unterrichteten geblieben?

Zur völligen Klarstellung kam die Sache durch den Kampf nicht, und an der Unklarheit der Stellung leiden wir seit jener Zeit bis auf den heutigen Tag. Doch haben jene Streiter „gethan, was sie konnten", das wird der Herr in Gnaden auch ansehen.

## 8. Kapitel.

### Henhöfer in Spöck.

Ruhe nach dem Streit. Viel Sterben rings umher. Auch die Feinde werden zufrieden. Maß aushalten in Spöck. Ein böses Jahr und was ihm darin begegnet. Ruhe darnach. Der Doktor der Theologie.

Mit dem Katechismusstreite schließt sich die bewegte Kampfzeit im Leben Henhöfers. Freilich geht's auch später nicht ohne Kampf ab, der in keinem Christenleben fehlt; aber er tritt nicht mehr so in den Vordergrund, wie jener mit der römischen Kirche und dem Unglauben in der evangelischen. Wie der Nilstrom in Aegypten seine Cataracten (Wasserfälle) bildet und über Fels und Stein herabstürzt, dann aber weit hin in's Land sich ergießt und dasselbe segnend befruchtet — so fließt nach jenen beiden bedeutenden Kämpfen, Henhöfers Leben segnend und allenthalben befruchtend im Frieden dahin. Wir berühren in diesem Kapitel zunächst nur die äußeren Vorgänge aus dem Zeitraume 1832—1862 und versparen uns das Bild seiner Person, seines Wirkens und seines Heimgangs auf die letzten Kapitel. Es wird darum nicht auffallen, wenn ich hier weder vom Zustand der Gemeinden, noch von seiner Predigt und Schriftstellerei rede und hoffe, es werde der Gesammtdarstellung nur nützen, wenn ohne Wiederholung das reiche Leben und Wirken in gedrängter Zeichnung vorgeführt wird.

Im Verlaufe dieser Zeit kommen wir an manchem Grabstein vorbei. Den ersten mußte Henhöfer seiner eigenen lieben Mutter setzen. Wir haben schon oben den Brief Henhöfers an Hager mitgetheilt, worin er auf so rührende Weise den Tod derselben meldet. Vor mir liegt auf einem alten vergilbten Stücklein Papier ein Theil ihres Lebenslaufs, von Henhöfer selbst beschrieben. Ich möchte ihn nicht vorenthalten.

„Unsere in dem Herrn entschlafene Mitschwester wurde geboren in Völkersbach bei Ettlingen den 30. Oktober 1753. Ihre Eltern waren weiland Joseph Axtmann und seine Ehefrau Magdalena geb. Weitin. In ihrer h. Taufe erhielt sie den Namen Theresia. Den Grund des Christenthums legte sie allein in Kirche und Schule und verrieth schon frühe einen religiösen Sinn, den sie auch in ihrem ganzen Leben beibehielt. In ihrem 22ten Jahre verehelichte sie sich, nemlich den 15. Mai 1775 mit Martin Henhöfer, dortigem Bürger, aus welcher Ehe 5 Kinder hervorgingen, wovon aber nur noch 3 bei Leben sind. Was ihre übrigen Lebensumstände angeht, so war sie eine sehr fleißige und sparsame Hausfrau, eine zärtliche, ihre Kinder zur Gottesfurcht erziehende Mutter, eine große Beterin, eine Wohlthäterin der Armen und unsträflich von Jugend auf in all ihrem Wandel. Mit besonderer Liebe hing sie an ihrem jüngsten Sohne, den sie mit vielem Gebet dem geistlichen Stande bestimmte. Ihr Wunsch wurde erfüllt, jedoch waren auch hier Gottes Gedanken und Wege anders als die ihrigen. Im Jahr 1823 den 7. September starb nach einer 48-jährigen, mit Kreuz und Freude gemischten Ehe, ihr Ehemann. Im Frühjahr darauf und zwar den 16. März 1824 zog sie dann zu ihrem hier gegenwärtigen und um die liebe gute Mutter so tief betrübten Sohne nach Graben, und als derselbe hierher als Pfarrer gerufen wurde, den 14. Mai 1827 mit demselben hierher nach Spöck. Diese zehnthalb letzten Jahre ihres Lebens waren nach vielen harten Tagen und manchen schweren Prüfungen die Tage ihrer Ruhe. Sie widmete sie größtentheils dem Dienste Gottes und der Sorge für ihre Seele. Von nun an las und forschte sie fleißig in der Schrift, und wenige Stellen des neuen Testaments waren ihr unbekannt. Auch lernte sie bis in ihr hohes Alter viel schöne evangel. Lieder aus Hiller und andern guten Büchern auswendig, die ihr auch in ihrer Krankheit sehr zum Trost und Segen wurden. So herzlich und fleißig sie auch im Zeitlichen war und bis auf's Kleinste Alles zu Rath hielt, so blieb doch die Sorgfalt für Ihre Seele immer ihre

Hauptbeschäftigung. Wenn irgend Jemand viel und ernstlich um einen seligen Heimgang aus der Zeit betete, so war sie es. Täglich brachte sie mehrere festgesetzte Stunden im Gebete zu, wovon sie sich durch Nichts abhalten ließ, und je näher ihr Ende kam, um so mehr verdoppelte sich ihr Eifer." — —

Hier bricht der Faden ab. Ich habe nur noch hinzuzufügen, daß der Sohn ihr anbot, den katholischen Pfarrer zu bitten, ihr die Sterbsacramente zu reichen; sie aber bat es nicht zu thun, sie wolle auch evangel. begraben sein. So starb sie denn im Herbste 1833, während dem ihr „geistlicher" Sohn für sie in der Kirche zu Stafforth betete. —

Es war ein Herz weniger auf Erden, das Henhöfer verstand und für ihn betete. Die Freunde muß man hergeben, die Gegner und Feinde behält man meist. Die regten sich denn auch bald wieder. Denn nach der Synode von 1834 wandte man sich wieder energischer gegen die Konventikel. Auf eine Vorstellung der Kirchenbehörde, „die gegen die Konventikel zu ergreifenden Maßregeln betreffend", erwiederte das Ministerium des Innern:

Ministerium des Innern.

Karlsruhe, den 24. Februar 1835.

Nr. 1822. Der evangel. Kirchensection wird auf ihren Bericht vom 27. d. Mts. Nr. 658 die gegen Konventikel zu ergreifenden Maaßregeln betr. erwidert:

Die Frage, ob die Betvereine von Staatswegen fernerhin zu dulden seien oder nicht, kann zur Zeit lediglich nach dem Gesetz vom 26. Okt. 1833 beantwortet werden, und darnach sind sie im Allgemeinen erlaubt, können aber da, wo sie im einzelnen Falle durch Verketzerungen anders Gesinnter, durch Aufwiegeln, oder auf andere Weise die Ruhe der Gemeinden stören, somit das öffentliche Wohl gefährden, nach §. 1 jenes Gesetzes verboten werden. Eben dahin geht zum Theil auch der Antrag der Generalsynode.

Die evangel. Kirchensection hat daher auf diese Konventikel durch die Pfarrämter und Dekanate ein wachsames Auge zu haben, und wo dieselben den Frieden der Gemeinden stören, und das allgemeine Wohl gefährden, die geeigneten Erhebungen zu veranstalten, und die Anzeige anher zu machen, damit nach den Umständen außer der Bestrafung specieller Uebertretungen auch die gänzliche Untersagung eines solchen Vereins veranlaßt werde.

Außer diesen Fällen, in welchen eine Einschreitung der weltlichen Macht gesetzlich statt hat, können überhaupt aber auch kirchliche Maßregeln gegen solche Konventikel ergriffen werden. Hält die oberste Kirchenbehörde dieselben in religiöser Beziehung für nachtheilig, so wird sie durch Belehrungen und Ermahnungen, durch Anweisung der Pfarrer, wie sie sich dabei zu benehmen haben, den Nachtheil abzuwenden suchen. Auch können Kirchendiener, welche einen von der Kirche mißbilligten Verein, dem kirchlichen Verbot zuwider in seinem ordnungswidrigen Treiben unterstützen, mit disciplinären Strafen belegt werden, und wenn diese fruchtlos sind, mit **Entlassung bedroht**, und es ist insbesondere bei nachgesuchten Anstellungen derer, welche diesen Verboten entgegen handeln, ihnen zu bedeuten, daß **ihrem Ansuchen**, zur Erhaltung des Friedens der Kirche, **nicht entsprochen werden könne**, um so vereint durch kirchliche und weltliche Maaßregeln, so weil letztere nach den Staatsgesetzen zulässig sind, dem schädlichen Treiben von Sectirern entgegen zu wirken.

(gez.) L. Winter.

Auch sonst hörten die Plackereien und die ins Weite getriebene Pietistenriecherei nicht auf. Auf bloße Gerüchte und Gerede hin wurden Anzeigen an die Kirchenbehörde gemacht, die dann ihrerseits die Untersuchung anordnete. So wegen eines Vorfalls in Langenbrücken, der hier erwähnt werden möge, da er zugleich einen Blick in die Zeit thun läßt.

Ministerium des Innern.

**Evangelische Kirchensection.**

Karlsruhe, den 18. Oktober 1830.

Nr. 13,200. Bericht des evangel. Land-Dekanats Karlsruhe, die pietistischen Umtriebe des Pfarr-Vicars Ledderhose zu Spöck betreffend.

Beschluß.

An das evangel. Landdekanat Karlsruhe.

Es sei zur diesseitigen Anzeige gekommen, daß Pfarrvicar Ledderhose zu Spöck sich pietistischer Umtriebe schuldig gemacht habe, und bei näherer Untersuchung habe man durch Vicar Blum, der Zeuge war, erfahren, daß in einem Gasthause zu Langenbrücken bei einem Mittagessen von Pfr. Henhöfer, Dietz, Le Beau und Vicar Ledderhose einem Bauern von Eppingen mit Erinnerungen an Sünde, Gericht und Hölle scharf zugesetzt worden sei. Anfangs hätten sich genannte Geistliche mit ihm über Frucht- und Hanfbau unterhalten, bis Vicar Ledderhose einen Uebergang zu einer Rede von Seelenbau vorgeschlagen habe. Der Bauer habe auf Verlangen die Auskunft ertheilt, daß die Prediger zu Eppingen lustige Leute seien, weidlich trinken und Kegel schieben, daß er nicht in die Kirche gehe, aber mit der Bibel unter dem Arme gut fort komme. Hierauf seien die katechetischen Fragen und Antworten allmälig so grob geworden, daß er, der Zeuge, sich bis zur Wegfahrt entfernt habe.

Auf dem Wege nach Langenbrücken aber hätten nicht nur Vicar Ledderhose, sondern auch Pfarrer Le Beau den Fuhrmann, einen Bauer aus Oberacker, zur Errichtung von pietistischen Konventikeln mit allem Eifer zu bewegen gesucht. Auch hätten sie ein Bedauern wegen des dortigen Pfarrverwesers und seines Unglaubens ausgedrückt.

Das Landdekanat wird daher die Pfarrer Henhöfer, Dietz, Le Beau und den Vicar Ledderhose auffordern: sich über die in vorliegender Anzeige enthaltenen Beschuldigungen, ihr Benehmen im Gasthause zu Langenbrücken und auf dem Wege, ungesäumt zu verantworten, und ist sodann deren Verantwortung hieher vorzulegen.

von Berg. (gez.) Bolz.

L.-D. A. Den Hochwürdigen H. H. Pfr. Henhöfer, Dietz und Le Beau, auch H. Vicar L. zur Nachachtung mitgetheilt.

Karlsruhe, den 31. Oktober 1830.

F. Sachs.

Der Entwurf einer Antwort liegt in den Papieren Henhöfers in folgender Gestalt vor:

Großherzogl. Hochpreisl. Ministerium des Innern!
**Evangelische Kirchensection.**

Gehorsamste Verantwortung der Pfarrer Henhöfer, Dietz, Le Beau und Pfarrvikar L., die Anschuldigung pietistischer Umtriebe betreffend.

Durch das Großh. Landdekanat ist uns unter dem 31. Oktober eröffnet worden, daß wir auf Bericht des genannten hochwürdigen Dekanats bei Hochpreisl. Kirchensection pietistischer Umtriebe angeschuldigt seien, und uns darüber verantworten sollten, ob es an dem sei, daß

1) „wir in einem Gasthause zu Langenbrücken bei einem Mittagessen einem Bauern von Eppingen mit Erinnerungen an Sünde, Gericht und Hölle scharf zugesetzt hätten; daß wir uns anfangs mit ihm über Frucht- und Hanfbau unterhalten hätten, bis Vicar L. einen Uebergang zu einer Rede vom Seelenbau vorgeschlagen habe; daß der Bauer auf Verlangen die Auskunft ertheilt habe, daß die Prediger zu Eppingen lustige Leute seien, weidlich trinken und Kegel schieben, daß er nicht in die Kirche gehe, aber mit der Bibel unter dem Arme gut fort komme und dergleichen; daß hierauf die katechetischen Fragen und Antworten allmählig so grob geworden seien, daß Vicar Blum, Zeuge des ganzen Hergangs, sich bis zur Wegfahrt entfernt habe. Ferner:

2) Daß auf dem Wege nach Langenbrücken nicht nur Vicar L., sondern auch Pfarrer Le Beau den Fuhrmann, einen Bauer aus Oberacker, zur Errichtung von pietistischen Konventikeln mit allem Eifer zu bewegen gesucht hätten; daß sie auch ein Bedauern wegen des dortigen Pfarrverwesers und seines Unglaubens ausgedrückt hätten.

Was den sub. 1) angeführten Vorfall angeht, so hatte Pfarrer Le Beau keinen Antheil daran. Der Verhalt aber dieser hier entstellten Sache ist dieser:

Bei einem Mittagessen in Langenbrücken fand sich unter der Tischgesellschaft ein wie es schien, wohlhabender, redseliger und zudringlicher Bauer ein, der offenbar es mit Freude entdeckte, daß wir Geistliche seien, um seiner üblen Laune über die Geistlichkeit in allerlei Witzeleien freien Lauf zu lassen. Anfangs redeten wir unter uns, ohne von dem Bauer Notiz zu nehmen. Er drängte sich mehrmals in die Unterhaltung, wurde aber öfters mit kurzer, jedoch bescheidener Antwort abgefertigt. Da er aber immer wieder auf's Neue ansetzte, so konnte man einer Unterhaltung mit ihm nicht länger ausweichen. Diese

Unterhaltung ging scheinbar von gleichgültigen Dingen aus; es zeigte sich aber, daß er sich dadurch als ein reicher und witziger Mann in unsern Augen einige Wichtigkeit geben wollte. Nachdem er Manches über die Schönheit und Fruchtbarkeit der Gegend von Eppingen geredet hatte, so fragte Vicar L.: Wie auch die Menschen dieser schönen, fruchtbaren Gegend seien? (Von einem „Seelenbau" war keine Rede). Da er aber nach reichlich gespendetem Lobe der Leute auch die vielen Gelegenheiten zu Tanz und andern Lustbarkeiten rühmte, so frug man ihn, ob er denn auch fleißig in die Kirche gehe? Bei dieser Gelegenheit kam er zur Entschuldigung seines nachlässigen Kirchenbesuchs auf die Pfarrer in Eppingen zu sprechen, über welche er allerdings ein sehr ungünstiges Urtheil fällte, ohne auch nur im Mindesten Veranlassung dazu von uns gefunden zu haben, sondern offenbar nur zu seiner Rechtfertigung, und wie es schien, nicht ohne Freude, seine üble Laune über sie auslassen zu können. Ueberhaupt offenbarte sich jetzt seine Leichtfertigkeit gegen das Wort Gottes, worauf man ihm mit dem Ernste entgegentrat, welchen jeder gottesfürchtige Christ überhaupt, und jeder Geistliche insbesondere sich zur Pflicht machen wird. Da er sich nun überzeugte, daß seine Witzeleien über das Wort Gottes Mißbilligung fanden, sagte er: „Wenn es so genommen wird, kann ich wohl schweigen." Eine härtere Rede ist weder von unserer, noch von seiner Seite gefallen.

Wir sind uns dessen bewußt, daß wir in beiden Fällen weder unserm Stande etwas vergeben, noch uns eine Beleidigung oder Verdächtigung gegen einen Geistlichen haben zu Schulden kommen lassen, und glauben uns gegen alle Beurtheilungen von Privathandlungen, durch welche unsere Stellung in der Kirche nicht beeinträchtigt wird, hiemit verwahren zu müssen, die wir in schuldigster Ehrfurcht verharren

Einer Hochpr. Kirchensection

unterthänige Diener.

Mitten hinein in die Zeit der Traurigkeit und der Dürre fällt dann wieder ein Trostbrief aus Mühlhausen:

Mein theurer lieber Freund im Herrn!

Daß Sie, lieber Freund, über innere Dürre und Mangel an freudigem Glauben zu klagen haben, gehet meinem Herzen recht nahe, denn ich weiß, was das ist. Wie gerne möchte ich mein Scherflein zur Aufrichtung beitragen, aber indem ich beginnen will, möchte ich lieber schüchtern zurück bleiben, denn wie sollte ein so geringer Schüler als ich in Wahrheit bin, dem Meister etwas Gediegenes geben können? Nur in dem Betracht ich nichts bin, aber Gottes Wort alles ist, und der Herr es doch lenket, wenn wir durch Seinen Geist geleitet, etwas von der unbeschreiblichen Gnade und erbarmenden Liebe Gottes in Christo sagen können, weswegen Ihm alle Ehre gebührt; nur aus diesem Grund kann und darf auch ich zu Ihnen reden. Haben wir doch der Beispiele viele, wo es den Geringen gestattet, ja aufgetragen wurde, die Starken zu trösten und zu stärken. Bekam ja selbst unser lieber Herr und Heiland in der heftigsten heißesten Leidensstunde einen Engel gesandt, der Ihn erquickte.

So will denn auch ich in die Stelle des Kajütenjungen Bob treten, nicht als wäre eine Aehnlichkeit zwischen Ihnen und jenem Kapitän, nein sondern darum, weil ich besondern Trost darin finde, daß der Herr das Geringe ansieht, und das erwählet, was nichts ist, damit Ihm die Ehre und aller Ruhm bleibt. Getrost darf ich Sie auf das hinweisen, was des Herrn Gnade durch Sie an andern gethan hat, ich will jetzt gar nichts von Mühlhausen, und von dem sagen, was durch Ihr gepredigtes Wort bisher an so mancher Seele geschehen ist, sondern ganz allein bei mir stehen bleiben. Hätte des Herrn Geist Sie nicht erleuchtet, daß Sie mit Kraft, Klarheit und lebendiger Liebe Gesetz und Evangelium predigen konnten, wo wäre meine arme Seele hingekommen? Zufrieden mit einem äußeren Gottesdienst, mit dem Scheinchristenthum, der Werkheiligkeit, und einem Gefühlsystem, wäre mein Loos mir gewiß nicht auf's Liebliche gefallen. Die Gnade, womit der Herr Sie ausrüstete, lehrte noch nach etwas Gediegenerem ringen; indem sie mir mein Sünden-Elend aufdeckte, fieng ich an zu erfahren, was eigentlich Beten im Namen Jesu Christi heißt und ist. Auch ich mußte mit der Sünde, und dem, von welchem sie kömmt, einen langen und schweren Kampf bestehen; auch fühle ich noch täglich die Bestätigung der Worte Luthers, daß uns die Sünde anhangt bis man mit der Schaufel kömmt, oder, wie er vorgestern den 20. im Schatzkästchen sagt: dieses anfangen gehet fort, bis das Fleisch zu Pulver wird. Auch dürfen wir gewiß annehmen, daß bei allen denen, welche ernstlich nach der Gottseligkeit, neuen Geburt, nach der oberen Bürgerschaft und gründlichen Belehrung ringen, und besonders wer als Lehrer andere Seelen getreu auf diesen Weg hinweist, viel Anfechtung vom Satan auszuhalten hat, denn was in dem Herzen und in der Seele Trübes und Zweifelndes über die Liebe Gottes zu uns, ob wir noch Gnade erlangen rc. rc. aufsteigt, ist vom Argen und gewiß nicht von Gott, der den Tod des Sünders nicht will, sondern daß er sich belehre und lebe. Der Hochgelobte Sohn Gottes ist von der Liebe des Vaters ja gerade darum in die Welt gesandt worden, daß Niemand der an Ihn glaubt verloren gehe, sondern ewiges Leben habe. Mußte nicht auch der rüstige Paulus über einen Satan klagen, der ihn mit Fäusten schlage! Gewiß war das etwas Aehnliches, was auch Sie zu erdulden haben, denn die alte Schlange ist grimmig und listig gegen alle die, welche ernstlich den schmalen Weg gehen wollen, und andere darauf leiten. Auf solche Zeiten der heißeren Läuterung und tieferen Demüthigung läßt aber die ewige Liebe ihre Kinder oft auch wieder selig erquickt werden wo man etwas zu schmecken glaubt von der Ruhe und seligen Friedensstille, welche unser lieber Heiland wird empfunden haben, als der Arge von Ihm wich, und die Engel Ihm dienten, obgleich Er ohne Sünde versucht wurde. Ich bat Gott den Herrn diesen Morgen ernstlich, daß Er bald mit diesem Frieden, der von oben kömmt, Sie erquicken möge, wobei ich eine große Freudigkeit empfand. — Goßner sagt so schön in dem 4. Vers des Liedes am 20. September: Ich weiß, wen du willst herrlich zieren, und über Sonn' und Sterne führen, den führest du zuvor hinab. O, darum Muth mein theurer lieber Freund im Herrn, recht frischen frohen Muth, jetzt in der Tiefe, des

Herrn treue Hand wird Sie bald über Sonne und Sterne im Geiste führen; das erbitten Ihnen viele viele Seelen, welche Sie zum Heiland führten, das erbitte auch ich, als ein Kind das nicht weichen will bis es erhört ist, und wohl weiß, daß es keinen Stein für Brod bekommt. Goßner hat gar so schöne Lieder, auch im Schatzkästchen; o ich möchte so gerne etwas anführen, was ihrer Seele, Geist und Herzen wohlthut, aber es spricht nicht der gleiche Satz alle Herzen an, es kömmt auf unsere innere Stimmung, und auf den Segen des Herrn an, welcher das Wort in uns lebendig macht. So ist z. B. gerade die heutige Parol — wie Spleiß die Losungen heißt — gar köstlich. Jesaja 35, 4. Saget den verzagten Herzen: Seid getrost, fürchtet euch nicht! Sehet, euer Gott, der kommt zur Rache. Gott, der da vergilt (auch was Sie an mir Armen gethan haben) kommt und wird euch helfen. O du lieber Heiland! sage du selbst mit deiner so göttlich tröstenden Stimme zu meinem theuren Lehrer, der mich Armen ja zu dir geführt hat, sei getrost und fürchte dich nicht, Ich werde dir helfen. Richte du ihn wieder auf mit einem unvertilgbaren Kinderglauben, der sich immer inniger an dich anschließt, jemehr Satan ihn anficht, und segne ihn besonders mit einer lichten Erkenntniß deiner Treue und deiner unaussprechlichen Liebe für alle arme Sünder. Gieb ihm mit freudigem Aufthun seines Mundes dein theures liebes Evangelium zu predigen, erfreue ihn mit lieblichen Früchten, und schenke ihm einen heiteren frohen Lebensabend zum Lohne für alles das, was er an Mühlhausen und an anderen Seelen durch deine Gnade gethan hat. Und kömmt dann einst sein letztes Stündlein, so führe ihn sanft in die Wohnung ein, welche du ihm bereitet hast, und laß ihn recht kindlich froh im Glauben werden an alle deine Verheißungen, vor allem aber an deine unaussprechliche Liebe, Amen. Weicht denn, zweifelnde Gedanken: Werd' ich treu und standhaft sein? Werd' ich siegen? werd' ich wanken? Wank' ich, wird mir Gott verzeihen? Mein versuchter Heiland gibt Hilfe jedem der Ihn liebt, gibt mir heilige Gedanken, Muth und Stärke, nicht zu wanken. (Goßner 17. Septbr.)

Nun lieber Freund, der kleine Bob hat gethan, was er in der Einfalt konnte. Der Herr, der jenen Bob segnete, wolle es auch an meinem Schärflein thun, und Sie recht bald an Leib und Seele aufrichten. Ich spüre den herannahenden Winter auch sehr an meinem alten hart mitgenommenen Körper, und muß geduldig erwarten was er mir bringen wird, auch in Rücksicht der Gicht. Sein Wille geschehe, — will Er was auflegen, so wird Er auch tragen helfen, denn über Vermögen übt Er nicht, und am Ende macht Er doch Alles gut.

Meine Frau grüßt Sie herzlich, und wünscht mit mir aufrichtig, daß ihr und ihrer lieben Frau Wohlbefinden recht bald möge hergestellt sein.

Beten Sie mein theurer Freund auch für ihren geringen ewig dankbaren Freund

Julius.

Im Ganzen aber floß die Zeit ruhiger dahin; manche nicht geahnte Frucht durfte Henhöfer reifen sehen. Es ist gewiß rührend, wenn aus einer Gemeinde tief im Schwarzwald eine Dienstmagd an ihn den untenstehenden Brief richtet, den ich ganz in der Form wie er geschrieben ist, hier folgen lasse.

Vielgeliebter und werthgeschätzter Herr Pfarrer Henhöfer in Christo.

Weil ich durch einen guten Freund erfahren habe, daß die Pfarrei in S. ausgeschrieben worden ist, so bitte ich Sie, ja von Grund meiner Seele bitte ich Sie, Sie möchten doch meine so sehnlich verlangende Bitte nicht abschlagen, wenn es anders unsers lieben himmlischen Vaters Wille ist; meine Liebe gegen Sie macht mich so frei an Sie zu schreiben, weil ich mit Grund der Wahrheit sagen kann, daß Sie mein geistlicher Vater sind, denn es ist mir durch Ihre Predigt und durch den Umgang, den ich bei Ihnen hatte und meines lieben Heilandes Beistand und Gnade gelungen, daß ich sagen kann: „Ehmals war ich nicht ein Kind, ehmals war ich nicht in Gnaden: ich war auch wie Viele sind, die sich Zorn auf Zorn aufladen, aber nun bin ich bekehrt. Gott das ist ein Danklied werth." Ich war damals, als Sie Pfarrer in Mühlhausen waren, Magd beim Herr Schulmeister, aber nur ein Jahr; aber ach welche frohe und selige Stunden hatten wir, wann wir bei Ihnen bei einander waren, ja sie sind mir unvergeßlich. Ich dachte schon vielmal, ob es denn nicht auch möglich wäre, daß auch auf S. ein rechtschaffener Seelsorger kommen könnte, denn wir haben leider nur Seelenverderber. Darum, weil jetzt die Thüre offen steht, daß es möglich gemacht werden könnte, daß mein schon längst so sehnlicher Wunsch erfüllt werden könnte, so will ich meinen lieben Heiland täglich bitten, daß er sich doch über eine so zahlreiche Gemeine erbarmen möchte, die nahe am Abgrund steht, daß Er ihnen einen Hirten senden möchte nach seinem Herzen, denn er weiß es am besten, wie nothwendig es ist lieber Herr Pfarrer. Es ist die Gemeine kein so heroisches Volk, denn es ist ein allgemeines Verlangen nach einem christlichen Seelsorger und es ist beinahe die beste Pfarrei im ganzen badischen Lande. Es wird Sie gewiß nicht gereuen sollen. Wenn Sie auch gute Freunde und Bekannte verlassen müssen, in S. können sie andere sammeln, denn es sind noch alle Pfarrer gern in S. gewesen. Ich bitte Sie noch einmal, verschmähen Sie die Bitten und Wünsche einer armen Magd nicht. Ich bin gebürtig von Iriolzheim bei Mühlhausen, aber schon achtzehn Jahre bin ich Dienstmagd in S. Ich grüße Sie herzlich und kindlich mit Hiller, zweiter Theil 99. Ich verbleibe Ihnen eine in dem Herrn liebende Magd

S....... den 27. Dezbr. 1839. Christina Heinrika Seigneur."

Wohl hatte Henhöfer selbst schon daran gedacht, ob es nicht Zeit sei die Haardt zu verlassen und mit seiner eigenthümlichen Gabe auch anderswo zu wirken. Nachdem er sich im Jahre 1837 den 14. Juni nach Ebingen gemeldet hatte, welche Stelle er nicht erhielt, meldete er sich am 20. Dezember 1838 nach Opfingen und sagt am

Schluß seiner Eingabe: „Ich bin bereits 12 Jahre hier und Gott sei Dank recht gerne; ich weiß aber doch auch nicht, ob es vielleicht nicht mir und Andern zuträglicher wäre, in ein anderes und neues Arbeitsfeld versetzt zu werden. Ihm sei es übergeben. Er lenke und leite es nach seinem Wohlgefallen." Die Bitte wurde ihm nicht erfüllt. Ebenso wenig die Bitte um Uebertragung der Pfarrei Dörstetten vom 1. Februar 1840. Dagegen wird ihm von einer andern Seite eine Erquickung zu Theil, wie sie Henhöfer kaum erwarten durfte. Pfarrer Rutz von Liedolsheim war einer der nächsten Nachbarn, aber zugleich auch einer der bittersten Feinde Henhöfers. Von ihm stammten mehrere gehässige Artikel der allgem. Kirchenzeitung und viele persönliche Beleidigungen und Anklagen gegen ihn. Er hatte unter Andern die abgeschmackte Anzeige bei der Kirchenbehörde gemacht, es habe Henhöfer in einer Predigt von Teufeln mit schwarzen und weißen Schwänzen gepredigt, worauf dann Henhöfer vernommen wurde, und als sich die Sache als durchaus grundlos erwies, war er mit seiner Klage abgewiesen worden. Etwa 5 Jahre nach diesen Vorgängen schrieb der damals zu Mauer stehende Pfarrer:

Hochzuverehrender Herr Amtsbruder!

Es war zwar meine ausgesprochene Absicht, heute Sie zu besuchen; ein Unwohlsein meiner Frau hinderte jedoch die Ausführung. Ermuthigt jedoch durch die liebevolle Antwort des Herrn Pfarrers Käß kann ich es nicht länger anstehen lassen, mir für die Beleidigungen, die ich Ihnen und in Ihrer Person so manchen Christen zugefügt habe, Ihre Verzeihung zu erbitten. Dankbar rühmend werde ich zugleich nie die christliche Großmuth vergessen, mit der Sie mich nach dem Streite behandelten und gerne gestehe ich — als Beweis der Wirksamkeit der Liebe — daß das Anerbieten Ihrer Hand zur Versöhnung mitten im Streite mich damals schon vollständig entwaffnet hatte.

Ich habe seitdem die damals von mir so verkannte und leidenschaftlich angegriffene Sache als Gottes Sache kennen lernen und wünschte von Herzen, meine Freunde möchten sich Alle davon überzeugen, daß diese Sache sich zwar von Menschlichkeiten nicht ganz frei erhalten konnte, in sich aber auf dem wahren Grunde ruhe, außer und neben dem kein anderer gelegt werden kann. — — —

In der Hoffnung, in nicht sehr langer Zeit doch noch zu einem Besuche bei Ihnen zu kommen, empfiehlt sich Ihrem amtsbrüderlichen Gebete

Ihr

Mauer, den 29. Januar 1840. Rutz.

Dieser Brief bezeichnet den ganzen Menschen, der als einer der lauterſten und liebenswürdigſten Zeugen in ſchwerer Arbeit ſtand und durch tiefe Leiden vollendet, ſchon droben in der obern Gemeinde feiert.

Hatte Henhöfer einen Bruder hier gewonnen, ſo verlor er dafür im Auguſt deſſelben Jahres ſeinen „erſten geiſtlichen Sohn." Sein treuer ehemaliger Vicar und Nachfolger in Mühlhauſen, Hager entſchlief nach kurzer Krankheit im beſten Mannesalter. Der Schlag war für Henhöfer tief und nachhaltig, denn er hing an Hager mit der ganzen Kraft ſeiner Seele. Freund Gemmingen ſchreibt über den ſchweren Verluſt aus Canſtatt:

Canſtatt, den 13. Auguſt 1840.

Mein lieber Freund im Herrn!

Ich kann nicht anders, ich muß mein Herz auch bei Ihnen ausleeren über die ſchwere Wunde, die uns der Herr geſchlagen hat, durch die ſchnelle Heimführung des treuen lieben Hagers. — Meine Frau ſchrieb mir nur von ſeiner ſehr gefährlichen Krankheit hieher, (wo ich auch meiner Geſundheit wegen bin, die oft wankend iſt, ich werde noch die ganze nächſte Woche bleiben, und wohne im Gaſthof des Herrn Fröhner), obwohl ſie ſchon ſeinen Tod wußte; — da erſt ein ganz naher Nachbar von uns in Stuttgart, der geiſtliche Rath Sinh, ſchnell geſtorben iſt, ſo wollte ſie mich ſchonen, — ich erfuhr es dann am andern Tag, als ich nach St. kam. O wie unbegreiflich führt der Herr! und wie ſind Seine Wege oft ſo dunkel? Ich alter Mann, der nicht mehr viel nützen kann, ſtehe nach Gottes Willen noch da, — während ein junger kräftiger Arbeiter im Weinberg des Herrn, ein ſo treuer Zeuge von Ihm, und unſeren Anſichten nach ſo unentbehrlicher Familienvater ſchnell hinweggenommen wird. — Des Herrn Wille geſchehe! Der auch dann gewiß gut iſt, wenn wir es nicht begreifen. — — — Wer weiß, was der Herr mit Mühlhauſen vor hat, vielleicht ſoll die Gemeinde eine Zeit lang mit Stroh gefüttert werden, um den Werth ihres guten Predigers und des theuren Evangeliums erſt ſchätzen zu lernen, denn ſie iſt leider ſehr lau geworden, und hat viele Schuld ſich aufgeladen, das kann ohne Rüge nicht bleiben; der Herr wird mit ihr ein ſchweres Wort reden wollen, da ſie Sein Wort der Gnade und der Liebe nicht mehr achtete. Eine volle Seele zertritt auch Honigſeim. Ich habe an die arme Wittwe nach meinen ſchwachen Kräften, aber nach dem Drang meines Herzens einen Troſtbrief geſchrieben, der nicht ſchwer war, denn der uns Vorangegangene ſtand auf einem Felſen, der immer etwas gibt, und der das Haus nicht ſtürzen läßt, was ſo richtig auf Ihn gebauet iſt. Wohl habe ich geglaubt, der l. ſel. Hager wird mir die

Leichenrede halten, nun liegt er schon auf dem neuen Kirchhof, und ich — stehe ferne von ihm — noch. — Auch an Hrn. V. Hüffell habe ich wegen der Wiederbesetzung dringend geschrieben. — Gott will's machen, daß die Sachen gehen wie es heilsam ist. Amen, Amen, in Jesu Namen halt ich still; es geschehe und ergehe wie und wann, und was Er will.

Der Herr ist in meines Hauses Angelegenheit ungemein gnädig und freundlich gewesen, Er hat es so lieblich geleitet, daß Massenbach zur Vertheilung am 20. Juli herauskam, und hat ihn so kräftig gesegnet, daß er als der erbetene Mittelmann das schwierige Geschäfte aller gegenseitigen Abrechnung und Vertheilung, in kurzer Zeit herrlich zu Staude brachte. Er hat darin eine ganz eigene Gabe und Geschick. Ich hatte die Freude, meine 4 Söhne und die Luise bei mir zu haben. — Es waren schöne liebliche Tage, und der Herr segnete sie zu Friedenstage ein, denn Alles wurde in schönster Eintracht und Liebe vollendet. Gott sei dafür gepriesen. Nun ist Massenbach schon lange wieder glücklich zu Hause; er traf am 29. Juli dort ein. Herrmann, der mit ihm kam, wird im Herbst wieder nach Polen gehen. Nun wird Elise auch bald wieder kommen, und die lieben Tholuck's ebenfalls.

Der Herr sei mit Ihnen, und mit

Ihrem alten Freund

Julius.

Henhöfer sprach noch in späten Jahren von seinem lieben Hager in besonderer Weise. Es war ja sonst seine Art nicht, viel über Menschen zu reden, und der schlichte Mann machte nicht viel Worte wenn er Einen lieb hatte. Aber bei Hager blickt immer etwas von besonderer Liebe durch. — Es gehört ja auch mit zum ärmer werden in der Welt, die Liebsten scheiden zu sehen, und Henhöfer sollte noch viel Sterben und Scheiden seiner Nächsten und Liebsten sehen.

Im Jahre 1841 kamen wieder Bitten von Gemeindegliedern an Henhöfer, doch auch zu Ihnen zu kommen und ihr Pfarrer zu werden. So schreibt ein armer Korbmacher aus dem Oberland, der Henhöfers Glaubensbekenntniß gelesen und dadurch erweckt worden war, er möge doch kommen. Sechs bis acht Stunden weit kämen die Leute einen gläubigen Pfarrer zu hören, das sei eben doch ein wenig weit, und bittet ihn sich um die vacante Pfarrei zu melden. Aber Henhöfer konnte nicht; es lag die Petition fast der ganzen Gemeinde Unteröwisheim mit dem Bürgermeister an der Spitze vor, zu ihnen zu kommen. Henhöfer gab dem Drängen der bittenden Gemeinde mit Widerstreben nach, schreibt aber: „Es wird nicht viel daraus werden, indem nicht nur meine Gemeinde meine Entfernung nicht wünscht, sondern auch das Ministerium nicht „aus nicht zu verwerfenden Gründen." Ich kann also nur die an mich gestellte Bitte dem Herrn der Ernte vorlegen, damit er sorge für seinen Weinberg. Wenn ich sehe, was innerhalb 10 und 20 Jahren hier unten geschah, so ist mein Herz mit Dank erfüllt für die große Gnade, die unserm Vaterlande widerfahren ist, und wenn ich von da weg meinen Blick vorwärts in die Zukunft richte, so freue ich mich schon zum Voraus der Siege, die der Herr wie ich hoffe, in unserm Lande noch feiern wird. Der Herr wolle Arbeiter senden und uns erhalten in seiner Gnade bis an unser seliges Ende. Amen. (Spöck, den 11. September 1841.) — Die Meldung Henhöfers um Unteröwisheim ging mit folgender Empfehlung des Decanats begleitet, das den Grundsatz oben an im Berichte stellt: „Keine partheiische Rücksicht auf diese oder jene Glaubensrichtung zu nehmen", ab. „Ist schon der Spruch: Vox populi, vox dei, sagt der Bericht, nicht im Allgemeinen richtig, so dürfte man in der Annahme noch behutsamer sein, daß in der Bitte einzelne Glieder (es war hier aber fast die ganze!) einer einzelnen Gemeinde um einen Pfarrer ein Wink und Wille Gottes sich kundgebe, eine Annahme, welche Bittsteller schon früher aussprach, welche aber ihre Berichtigung schon dadurch leicht finden könnte, wenn derselbe sich die beiden Fragen vorlegte: Habe ich nicht in der Liebe und dem Zutrauen meiner bisherigen Gemeinde noch deutlicher den Wink Gottes zu erkennen, bei derselben zu bleiben? (So that Oberlin.) Und hätte ich es auch als Wink Gottes betrachtet, wenn Unteröwisheim und Altlußheim Anfangsdienste wären, da ich als kinderloser Gatte, auch auf einer geringern Pfarrei Nahrung und Kleidung finden und mich begnügen lassen könnte?" Deutschneureuth, den 17. September 1841. Das Decanat.

C.

Zu obigem Briefe, der sich so willig in Gottes Willen gibt, stimmt dieser Beibericht allerdings schlecht. Solche Dinge konnten aber unter der Firma der „Partheilosigkeit" gehen. Wir werden später noch eine solche harmlose Bemerkung aufzuführen haben.

Zwischen hinein suchte Henhöfer noch einmal seine alte Gemeinde Mühlhausen nach dem Tode Hagers auf und predigt dort auf den Wunsch des Kirchengemeinderaths. Aber gleich folgt die Anklage von Seiten der katholischen Geistlichkeit. Ich würde das Antwortschreiben und die Rechtfertigung Henhöfers diesmal übergehen, wenn sie nicht für den Standpunkt Henhöfers sehr bezeichnend wären.

1841.

Henhöfer vertheidigt sich am 8. Juli 1841, indem er 1. es nicht begreifen kann, daß die kathol. Geistlichen etwas dagegen haben, wenn ein evangel. Geistlicher in einer evangel. Kirche predigt.

2. Unruhen sind notorisch keine entstanden.

3. War auch die Predigt nicht gemacht um Proselyten zu machen. „Mit ein- und zweimal Predigen werden die Leute noch nicht evangelisch. Mir ist ziemlich einerlei, ob ein Acker dem Peter oder dem Paul gehört, wenn er unangebaut ist. Der Bau ist die Hauptsache, und dies mit dem Samen des göttlichen Wortes zu thun, war von jeher mein Bestreben. Der Kirchenglaube ist frei. Keine Kirche macht selig, wiewohl die eine vor der andern im Bau großen Vorzug hat."

4. Kommt die Klage aus Haß, so wäre es Zeit nach 18 Jahren ihn abzulegen, und die Sonne nicht ferner über seinem Zorn untergehen zu lassen.

5. Das Verbot hat keinen Sinn mehr. Die Alten sind gestorben und die Andern sind ruhig und sehen, daß die Evangelischen auch Christen sind. Ich konnte daher kaum glauben, daß man an ein Verbot noch halten würde, welches noch als Denkmal von Alters-Schwäche und Feindseligkeit bestehet, und welches eben so gut der Vergessenheit übergeben werden könnte, wie so manches Andere.

6. Ich habe mich nicht eingedrungen. Ich kam als Pfleger der Kinder Hagers, (habe seit 8 Jahren nicht mehr dort gepredigt). Ich that es auf Ersuchen des Kirchengemeinderaths und mit der Bedingung, daß es verschwiegen bleiben sollte.

Vor Gott und der Welt wird mir diese Gemeinde zugerechnet und zur Rechenschaft aufgelegt, und nun soll mir nicht einmal erlaubt sein, ein Wort der Ermahnung an sie zu richten! Daß ich keinen Mißbrauch davon gemacht, bezeugt die kathol. Geistlichkeit selbst.

Spöck, den 8. Juli 1841. Henhöfer, Pfarrer.

Rescript des Ministeriums des Innern.

„Daß obgleich sich seit dem 20. September 1823 die Verhältnisse wesentlich geändert haben, man doch um des Friedens willen erwarten müße, daß Pfarrer Henhöfer sich des Predigens in Mühlhausen enthalte."

(Wir möchten wohl fragen, ob umgekehrt auch eine katholische Oberkirchenbehörde diese zarte Rücksicht auf den Frieden gehabt? Wie schmerzlich mußte es doch jedesmal für Henhöfer sein, so von seiner eigenen Behörde im Stich gelassen zu werden!)

Herrn von Gemmingen, seinen alten Patron und Freund traf er nicht mehr zu Steinegg. Er hatte sich lebensmüde nach Stuttgart zurückgezogen und sein Gut größtentheils an den Staat verkauft. Bald sollte er ihn aber auch ganz missen und mit Allen, die ins Alter treten, ärmer werden an treuen Mitpilgern, an gleichgesinnten Herzen die ein Stück Leben getheilt. Schon im Jahre 1840 vom 7. Mai erhielt Henhöfer einen Brief aus Stuttgart voll Heimathssehnsucht.

Stuttgart, den 7. Mai 1840.

Mein theurer lieber Freund im Herrn!

Ich freue mich, Sie nun auch wieder als Administrator von Graben zu begrüßen, — den Schlüssel zum Pfarrstuhl werden Sie mir wohl nicht mehr von der Kanzel herab werfen, aber den, welchen Sie mir geistig mitgetheilt haben will ich dankbar bewahren bis an mein Ende, und mich immer eifriger bemühen, das Empfangene treu zu benützen. Wenn ich in meinen Zeilen das Heimwehgefühl etwas zu stark vielleicht aussprach, so sehen Sie es freundlich nach; — ich fühle eben sehr wie baufällig meine Hülle wird, und sehne mich bei dem Anblick so vieler Unvollkommenheiten, recht herzlich nach dem Vollkommenen, ohne jedoch kreuzesflüchtig zu sein. Nein, der Herr mache es mit mir — dem geringsten Seiner Diener — ganz nach Seinem Willen, und schenke mir nur dann und wann eine Erquickung im heimlichen Vaterstüblein, wo einem Kinde so namenlos wohl ist.

Ihr

ewig dankbarer Freund

Julius.

Seine letzte Sorge war die Wiederbesetzung der Stelle Hagers, und der äußere Aufbau der Gemeinde, wie aus dem letzten Brief an Henhöfer hervorgeht, der oben einen Reiter trägt, worauf sich denn auch der Anfang bezieht:

Stuttgart, den 28. Jenner 1841.

Mein theurer lieber Freund!

Dieser Reiter bringt einen Brief mit guter Nachricht, welche Sie zum Theil wohl schon wissen werden, zum Theil aber noch von mir erfahren sollen. Vor Allem aber sei dem Herrn Lob, Preis und Dank gebracht, der das gute Werk gelingen ließ.

Gestern erhielt ich von Herrn Prälat Hüffell, daß der Großherzog am 21. Hrn. Zimmermann als Pfarrer in Mühlhausen ernannt hat, worauf ich an Beide meine Danksagungen abgehen ließ; denn H. hat wirklich viel gethan, und ist ganz gefaßt auf Angriffe, daß er die Pietisten protegire. Auch an den neuen Pfarrer schrieb ich, und theilte ihm die frohe Kunde mit, wenn er sie nicht directe früher schon erhalten hat. In Ihrem freundlichen Briefe haben Sie damals schon die Sache für ganz ausgemacht angesehen; ich traute aber noch nicht ganz, und wollte noch etwas abwarten, um ganz froh sein, und Ihnen antworten zu können.

Nun auch zur zweiten Nachricht: Gleich nachdem ich die Eingabe dem Wunsch der Gemeinde gemäß an den Großherzog &c. &c. gemacht hatte, erhielt ich eine bestimmte innere Aufforderung, auch für die äußeren Umstände derselben zu sorgen, und bei dem jetzigen König von Preußen zu betteln; ich wollte anfangs nicht daran, allein ich hatte keine Ruhe, ich mußte folgen. Es kam mir leichter an, weil ich auf Tholucks Rath ihn schon als Kronprinz bat, das erste Schreiben an seinen sel. Vater zu übergeben, was er freundlich that und die Folge hatte, daß der alte König mir mit dem Geschenk schrieb: Die evangel. Gemeinde Mühlhausen darf sich meines Wohlwollens fortdauernd versichert halten. Darum bat ich nun den lieben christlichen Fürsten recht einfältig und kindlich um ein Schärflein für meine stets noch bedürftigen Mühlhäuser. —

So durfte ich zwei Pflanzen in die Herzen zweier Monarchen setzen, auf Hoffnung; und pflegte sie mit großer Sorgfalt, indem ich sie täglich im stillen Kämmerlein Dem in kindlicher Bitte mit starkem Glauben darbrachte, der allein das Gedeihen geben kann. Dieser treue gute Gott ließ mich auf's Neue bestätiget erfahren, daß man nicht zu Schanden wird, wenn man Ihm fest vertrauet.

Am 17. d. Mts. erhielt ich einen freundlichen Brief vom König, nebst 40 Friedrichsdor; und gestern dann die Nachricht von Zimmermanns Ernennung. Sie können sich meine Freude vorstellen. — O wie hat sich das alte Wort bewährt: „Wenn denn ihr die ihr doch arg seid, könnet euren Kindern gute Gaben geben, wie viel mehr wird euer himmlischer Vater euch Gutes (und den heiligen Geist) geben, wenn ihr Ihn bittet.“ Dieses „wie viel mehr“ ist mir unter dieser Wartezeit immer wie mit goldener Schrift vor Augen gestanden, und wie hat es sich bewährt?

So hätte nun Gottes große Gnade die liebe Gemeinde mit einem guten Hirten, und einem Geschenk in Geld gesegnet; möge Seine Liebe nun auch noch die Gabe dazu legen, daß sie Beides mit rechtem Dank aus Seiner Hand nehme, und mit wahrem Christensinn würdige. Ich möchte jetzt sagen: Nun laß deinen Diener in Frieden fahren &c. Denn ich hoffe, es soll für Mühlhausen eine bessere Epoche im Geistigen auch kommen. Der Herr wird Hager zum obern Fürbitter gewählt haben, und wir wollen hier nicht nachlassen in Schwachheit fortzulallen, bis der Herr unsere Zungen droben es besser lehret.

Hier ist auch einmal etwas von der geistlichen Behörde geschehen. Es wurden alle Seelsorger durch einen Hirtenbrief ermahnt streng am Positiven zu halten; und der Universität Tübingen soll ein entschieden gläubiger Professor gegeben werden, der auch im Ausland literarischen Werth hat. — Gottlob um diesen kleinen Anfang, denn es thut wahrlich sehr noth.

Vor einigen Tagen las ich eine Beschreibung über die Entstehung von Franke's Waisenhaus in Halle; wie ähnlich sind sich doch die Feinde überall und zu allen Zeiten. Wie wir die Wohlthaten im Kleinen von Mühlhausen erfuhren, so auch die Lügen der Lästerer. Es ist nur der alte Lügner und Mörder von Anfang an, und doch sind die Menschen noch so dumm, und glauben seiner Lüge: er wäre nicht vorhanden.

Nun — Gott befohlen, Er gebe Ihnen auch reichlich den Lohn, was Sie in dieser Sache gethan haben. Herzlich grüßend

Ihr

treuer Freund Julius.

Schon im September desselben Jahres sollte er den seligen Heimgang seines lieben alten Freundes hören. Frau v. Gemmingen schreibt von Stuttgart unter dem 19. September 1842.

Lieber Herr Pfarrer!

Obwohl ich nicht zweifle, Sie haben einstweilen Näheres über das Hinscheiben und die Krankheit meines theuern Seligheimgegangenen, durch Hrn. Pfr. Zimmermann erfahren, so würde ich doch nicht so lange gesäumt haben, Ihren so theilnehmenden Brief zu beantworten, denn es drängte mich selbst, Ihnen als dem treuen Freund genaue Nachricht über meinen so schmerzlichen Verlust zu geben. Ja wohl scheint es auch mir beinahe als unmöglich, mein guter l. Mann habe uns schon so schnelle verlassen, obwohl mir jeder Gegenstand auf's Neue zuruft, er weilt nicht mehr unter euch! Doch setzt auch eine freundlichere Stimme hinzu, der Theure ist entbunden seiner irdischen Fessel, und stimmt ein in das Lob seines Herrn, den er liebte und suchte! und dies allein kann mich trösten.

Gerade heute vor 4 Wochen war der erste Tag des Erkrankens, mit heftigem Fieber; nach zwei Tagen schien es wenigstens sich bessern zu wollen, doch verlangte mein Geliebter das h. Abendmahl zu empfangen, mit dem Bemerken, er möchte diese h. Handlung mit vollem Bewußtsein feiern, und wisse ja nicht ob es später der Fall sein könnte. Dieß geschah nun Mittwoch nach 11 Uhr mit vollem Bewußtsein und Freudigkeit; nun war es aber als eilte nach dieser h. Handlung der Todesengel; uns schien zwar sein Stillesein ein sanfter Schlummer, der nur durch unangenehme Träume und Phantasieen unterbrochen war; aber es dauerte nur gerade noch bis zu selber Stunde des andern Tages, bis sein Geist in der bessern Welt ruhen durfte, und uns trauernd um den geliebten Entseelten versammelte; ein großer Schmerz. Sanft war das Hinscheiden meines Theuern wie sein ganzes Leben. Mehrere Aeußerungen bewiesen, wie er mit dem Herrn beschäftiget war, und schon Montag hatte er über Zeitliches mit mir gesprochen. O wie weit entfernt schien mir damals die Nothwendigkeit daran zu denken, und ich hörte seine kurzen Aeußerungen darüber nur an, um ihn zu beruhigen, als eine Sache, die ihn nicht weiter beunruhigen sollte. Der schnelle Verlauf der Krankheit lag in einer Magenerweichung, bei der sich schon ein kleines Loch fand, ferner zeigte sich bei der Section, daß die Herzbeutel-Wassersucht schon bedeutend angesetzt hatte, aber in der Brust fand sich noch kein Wasser; der Arzt hatte schon längst die

Herzlähmung gefürchtet, der gewiß schnell die andern gefolgt wäre; so habe ich denn unter vielen Schmerzen doch dem Herrn zu danken, daß er meinen theuern Seligen sanft über solche Leiden hinüber führte. Daß die Beerdigung der geliebten Hülle so feierlich geschah, mit allgemeiner Theilnahme, werden Sie gehört haben; dieser Brief soll zugleich die Grabrede bringen, die ich schon viel früher erwartet hatte, und deshalb mein Schreiben verschob.

Sie finden in den eigenen Worten meines seligen Gatten, daß er nicht wünscht, es möge etwas zu seinem Lob gesagt werden, schon ist in der Rede zu viel, doch ist dies Wahrheit und diese darf zum Preis unseres Gottes gesagt werden, und ich denke diese Rede, die sich sehr verbreiten wird, (denn ich ließ viele drucken) wird am besten in sein frommes Gemüth sehen lassen, indem er in seinem eigenen Brief ein festes Bekenntniß zum Sünderheiland ablegt. Weitere Biographie meines theuern Verewigten wäre ganz gegen seinen, und daher meinen Sinn. — Von Ihren Briefen ist kein einziger vorzufinden, sonst würde ich sie senden.

D. 23. Bis heute mußte der Brief auf die Grabrede warten, ich eile solche abzusenden. Wie das von meinem l. guten seligen Manne selbst bestellte Lied sagt: „Brich meine Hütte stille ab“, so that ihm der Herr, und ich weiß, daß er ihn in die Friedenshütten aufgenommen. O seliges Gefühl bei allem Schmerz!

Noch möchte ich bemerken, daß auf den Fall ich noch etwas Interessantes finden sollte, ich es gewiß mittheilen werde; es könnte sein daß mir ein hiesiger Freund darüber Auskunft geben kann. Ich muß für heute eilen, will daher nur noch bemerken, daß mein l. Mann sich nach dem Genuß des h. Mahles besonders freudig darüber ausdrückte, es in diesem Zimmer genossen zu haben, wo er so viel für seine Kinder gebetet; leider war ihm die Sprache später versagt denn als ich ihn um seinen Segen für mich und meine Kinder gebeten, konnte er mir ihn nur mit den freundlichsten Blicken geben, die aber doch recht viel sagten; ach ich möchte dies liebliche Bild allen meinen Kindern geben können. O wie oft denke ich mir jetzt (ach nur noch einmal möchte ich dem Theuern an sein edles Herz sinken können); manche Betrachtungen reihen sich dann daran, und ich muß mir mit Mühe zurufen, ihm ist so wohl da Oben, er hat das herrliche Ziel erreicht.

Bitten Sie l. Herr Pfarrer den Herrn für mich, daß Er mir beistehe in dem Kampf, der mir verordnet, Glaube und Liebe immer mehr mein Herz einnehme, damit wir einst zusammen den Heiland loben und preisen dürfen.

Dies die Bitte

Ihrer

im Herrn verbundenen

von Gemmingen geb. G.

So war denn wieder ein Stück Leben gestorben, ein treuer Freund weniger, der den Muth auch hatte, seinen geistlichen Vater, wo es noth that, zu strafen. Einer hatte dem Andern viel zu verdanken, und Beider Leben war äußerlich und innerlich zu innig verflochten, als daß nicht der Heimgang des Einen den Andern zur

Nachfahrt gelockt hätte. So ist auch die Empfindung Henhöfers nach jener Todesnachricht ein tiefes Weh und ein Gefühl, daß er nun auch bald heimdürfe. Er sollte aber noch nicht heim. Es wird noch einsamer um ihn her. Die beiden Nachbarn, geistlichen Söhne und Mitstreiter, Käß und Dietz, zogen auf andere Pfarreien. Im Jahr 1839 zog Dietz weg nach Ichenheim, im Jahre 1840 Käß nach Diedelsheim. So schwer ihm diese Trennung ward, er mußte sie geschehen lassen, wußte er doch daß sie in demselben Weinberg fortarbeiteten und er selbst hatte ja, wie wir früher sahen, schon einen Wink zu haben geglaubt aus seiner Gemeinde zu scheiden. In Dietzens Lebenslauf sagt Henhöfer: „Sein Wegzug aus Friedrichsthal war ein wahrer Leichenzug. Mit allen Glocken wurde geläutet und mehrere Stunden Wegs begleitete ihn die Gemeinde. Sie konnte sich von ihm beinahe nicht trennen."

Henhöfer ahnte nicht daß es ein Scheiden für immer war. Ins Pfarrhaus zu Diedelsheim kehrte der Herr wiederum ein. Die beiden Kinder des Pfarrers Käß lagen am Nervenfieber und das älteste, Wilhelmine entschlief selig mit dem Worte: „Ich sterbe auf Christum." Die Krankheit ergriff aber auch den Vater, der gleich als er sich legte, ahnte, daß er nicht mehr aufstehn würde. Am 6. Dezember 1843 entschlief der treue Knecht, aber nicht ohne vorher dem Herrn in Gondelsheim einen andern geistlichen Sohn zugeführt zu haben, den jetzigen Pfarrer Rein zu Nonnenweier. Zur selben Zeit hatte sich der andere Mitbruder und Mitstreiter auf den letzten Kampf und Streit bereitet. Es war Dietz, der schon länger leidend, mit ungeheurer Willenskraft den Ausbruch der Krankheit zurückgehalten, nun aber seinen Heimgang erwartete. Er hörte noch die Todesnachricht seines Bruders Käß. „Ach, mein lieber Bruder ist todt", sagte er, ehe er den Brief gelesen und sank in die Kissen. Dann aber richtete er sich auf und pries den Freund, dem der Herr ein so liebliches Erbtheil bescheert. Noch vier Monate rang der starke Mann, der in der besten Kraft stand, mit dem Tode. „O wie selig macht doch der Glaube, bei ihm sein zu dürfen," rief er noch in den letzten Tagen und entschlief den 4. März 1844. —

So lagen denn innerhalb vier Jahren die Nächsten und Liebsten, die seine schwersten Kämpfe gesehen und getheilt, im Grabe und Henhöfer war allein übrig geblieben.

Aller Gläub'gen Sammelplatz
Ist da, wo ihr Herz und Schatz,
Wo ihr liebster Jesus Christ
Und ihr Herze hier schon ist.

Eins geht da, das andre dort
In die ew'ge Heimath fort,
Ungefragt, ob Die und Der
Uns nicht hier noch nützlich wär'.

Aber wenn's denn schon gescheh'n,
— Und ER kann ja nichts verseh'n —
Hat man dabei nichts zu thun,
Als zu schweigen und zu ruhn.

So dachte auch Henhöfer. Schweigend, die Thränen im Auge ging er an den Leichensteinen vorbei und trieb das Werk der Lebendigen. Es galt um so mehr, da die Alten starben, das junge Geschlecht heran zu ziehen und zu wirken, dieweil es noch Tag war. Das war's was ihn vielleicht auch mit veranlaßte, sich unterm 14. März um die Pfarrei Altenheim zu bewerben. In seiner Eingabe schreibt er: „Sonst weiß ich nichts anzuführen, als daß ich eine stille, friedliche, christliche Gemeinde habe, deren Jugend und junge Mannschaft ich größtentheils erzogen und mit der ich daher auch in recht innigem Verhältniß stehe, eine Gemeinde, die mich liebt, wie ich sie, und von der getrennt zu werden ihr gewiß sehr schwer fiele, wie mir. Wahrscheinlich hat dieses die Glieder der Gemeinde Altenheim bewogen, so dringend an mich zu schreiben." — Dagegen lautet der Bericht des Decans: Die Tüchtigkeit des Pfarrers Henhöfer ist rühmlichst bekannt, so daß man diesseits zu dessen Empfehlung wohl nichts hinzuzusetzen braucht. Auch ist ihm eine Erleichterung zu wünschen. Der gehorsamst Unterzeichnete, welcher zwar der religiösen Richtung des Pfarrers Henhöfer nicht folgt, ihn aber um einzelner Vorzüge seiner Persönlichkeit willen (!) achten und lieben möchte, kann es jedoch nicht bergen, daß der theilweise Inhalt dieser, sowie auch der frühern Eingabe Henhöfers ihn jedesmal schmerzlich berühren, da derselbe, wenn einzelne Glieder dieser oder jener Gemeinde beweglich ihn bitten ihr Pfarrer zu werden, nur da den Willen Gottes zu ahnen vermag, wo die Pfarreien zu den einträglichsten (!) des Landes gehören, obschon er für keine Kinder zu sorgen hat und bereits seit 1827 eine sehr einträgliche Pfründe besitzt, auch daß, wo in einer badischen Gemeinde Pietisten sind,

diese ihn als Pfarrer sich wünschen, und um ihn sich bemühen werden.
Landdecanat.

Deutschneureuth, 15. März 1845.
Enefelius.

Auch diese Bitte wurde ihm abgeschlagen. Nun gab er das Bitten auf, es erfolgt keine weitere Meldung mehr. Aus seiner eigenen Tasche hielt er sich seine Vicare. Denn für einen Mann wie ihn, der so viel Schweres hinter sich hatte, wurde die Pfarrei immer mühsamer. Nie ist ein Wort der Klage darüber aus seinem Munde gekommen, eine Eigenschaft, auf die wir später noch zurückkommen werden.

Dagegen hatte sich sein persönliches Verhältniß zu seiner kirchlichen Behörde freundlich gestaltet. Prälat Hüffell, sein früherer Gegner, war in einen aufrichtigen Freund verwandelt. Bei ihm nahm er gewöhnlich sein Absteigequartier und Hüffell war ungehalten, wenn er nicht zu ihm kam. Wie oft hatte er seinen Prälaten, der um seines immer entschiedenern Bekenntnisses willen mancherlei zu leiden hatte, getröstet und aufgerichtet. „Es ist mir jedesmal eine Herzenserquickung wenn der liebe alte Mann kommt", sagte Hüffell oft. Ebenso war der damalige Oberkirchenrathsdirektor Baumüller, dem niemand eine allzugroße Liebe gegen „die Pietisten" vorwerfen wird, gegen Henhöfer mit besonderer Achtung erfüllt. Unter dem 8. Juli 1845 kam zwar wieder eine auf Anstiften der freisinnigen Herren eingegangene Klage wegen Pietistenunfug, gegen die sich Henhöfer vor der Oberkirchenbehörde zu vertheidigen hatte.

Evangelischer Oberkirchenrath.

Karlsruhe, den 8. Juli 1845.

Nr. 14,335. Den Pietismus in der evangel. Landdiöcese Karlsruhe betreffend.

Beschluß.

Das Landdekanat Karlsruhe zu Deutschneureuth erhält hiemit den Auftrag, dem Pfarrer Mann, Henhöfer und Tuffing zu eröffnen, und zwar

1. dem Pfarrer Mann rc.;
2. dem Pfarrer Henhöfer.

Wir haben erfahren, daß er jede Woche regelmäßig mit sog. Pietisten, und zwar mit 7—8 Stundenhaltern besondere Zusammenkünfte halte.

Pfarrer Henhöfer habe daher sogleich hieher anzugeben, wie diese Zusammenkünfte beschaffen seien und was für ein Zweck denselben zu Grunde liege.

(gez.) Baumüller.

Dl. Nr. 1076. An Herrn Pfarrer Henhöfer zur Erklärung.

Deutschneureuth, den 10. Juli 1845.
Enefelius.

Großh. Hochpr. Oberkirchenrath!

Den Pietismus in der evang. Landdiöcese Karlsruhe betreffend.

Auf verehrlichen Erlaß vom 8. Juli, Nr. 14,335, worin gesagt ist: „Man habe erfahren, daß Pfarrer Henhöfer jede Woche regelmäßig mit sog. Pietisten und zwar mit 7 bis 8 Stundenhältern besondere Zusammenkünfte halte, dient zur Nachricht, daß dieses im Allgemeinen der Wahrheit gemäß sei. Die Veranlassung gab der im vorigen Jahre auf die Verhandlung in Linkenheim erschienene Bescheid. Da uns dort untersagt ist, die Stunden selbst zu besuchen, was ich jedoch nie that, angerathen aber mit einzelnen Leuten zu reden; so ließ ich die Stundenhälter meiner beiden Gemeinden kommen und redete mit ihnen. Weil sie sich aber das Recht nicht nehmen lassen wollten, Stunden zu halten, und gesetzlich auch nichts gegen sie gethan werden kann, da alles in größter Ruhe und Ordnung geschieht, so redete ich bei dieser Gelegenheit mit ihnen über das, was in den Stunden verhandelt wird; und da ich sah, daß es gut war, so ließ ich sie wieder kommen. Sie kommen nun gewöhnlich jede Woche, manchmal auch nur alle 14 Tage. Ich rede mit ihnen, frage sie wie Kinder in der Kinderlehre, berichtige und helfe nach, wo ihre Erkenntniß mangelhaft ist. Auf diese Weise habe ich die Stunden in meiner Hand, ohne selbst hinzugehen, ich kann sie vor Verirrung und Sectirerei bewahren, halte sie im Zusammenhang mit der Kirche und mache sie für dieselbe selbst fruchtbar. Außer den Stundenhältern darf aber niemand kommen. Es ist nichts als ein Hausbesuch, der aber statt mit andern Gesprächen mit einem Kapitel der h. Schrift ausgefüllt wird.

Spöck, den 19. Juli 1845.

Henhöfer kam diesmal ungerügt durch. Ich kann mich aber hier nicht ganz der Betrachtung erwehren, welch' edle Freiheit doch diese aufgeklärten Herren, die später so sehr über „Priesterdespotismus und Geistesdruck" geschrieen haben, einst ihrerseits den Pfarrern und Laien gewährten, da sie das Regiment führten; und wie eigen es sich doch ausnimmt, dieselben jetzt von Gemeindebewußtsein und Laienthätigkeit reden zu hören, während sie früher an ihrem Theil die geringste Thätigkeit der Gemeindeglieder zu ihrer eigenen Erbauung „auszurotten" suchten.

Von da kömmt jedoch keine Untersuchung gegen ihn mehr vor.

Es kam das Jahr 1848. Die deutsch-katholische Bewegung, die seit dem Briefe Ronges begonnen hatte, interessirte natürlich Henhöfer, den vormals katholischen Geistlichen auf's lebhafteste. Gelegentlich der Schilderung seines Verhaltens gegen die römische Kirche und seiner schriftstellerischen Thätigkeit werden wir noch näher auf diese Begebenheit zurückkommen. Doch war er scharfsehend genug, um dieser Sache ein baldiges Ende vorherzusagen. Dagegen erfüllten ihn die Vorgänge in der evangel. Kirche mit Besorgniß und er ahnte nichts Gutes, wie ihm denn ahnungsvolle Blicke in die Zeit eigen waren. Ohne die Politik in die Religion zu mischen, hatte er doch klar gesehen, daß das Treiben in der Kirche von Seiten der damaligen „Lichtfreunde" eigentlich nicht der Kirche, sondern dem Staate galt. Man drang in die Kirche, aber nicht etwa zur Predigt oder zum Altar, sondern zum Glockenthurm und wollte die Glocken haben — zum Sturmläuten. Und die kurzsichtigen Leute, die im Regiment saßen, ahnten nicht um was es sich handle, ließen alles geschehen und waren froh, daß man sich da den Schein der Freisinnigkeit so wohlfeil holen konnte. In jener Zeit hörte man oft von Henhöfer das Wort: „Oben blind, unten blind, Alles blind." Das Jahr 48 kam ohne seine Gemeinden tiefer zu berühren. Um so höher gingen draußen die Wogen und es ging 49 zu. Daß die Revolution ihre eigenen Kinder frißt, wie weiland der alte Heidengott Saturn, und daß die, die das Feuer angelegt hatten, zuletzt von ihm selbst ergriffen würden, konnte einem Mann wie Henhöfer, der das Volk wie Wenige kannte, nicht entgehen. „Mir kommt's so vor", sagte er in seiner Art in jener Zeit einmal: „die großen Leute von der freisinnigen Parthei wollen auch einmal an's Regiment. An ihrem Strick haben sie einen bösen Hund, den Pöbel. Nun kommen sie vor's Schloß oder s'Ministerium gerückt und verlangen für sich das und das und sagen: „Wenn ihr's nicht geben wollt, so lassen wir den da los." Aber wenn sie ihn einmal losgelassen haben und der Hund Braten gerochen hat, dann werden sie ihn wieder locken wollen, daß er an die Kette geht und Knochen frißt. Aber sie kriegen ihn nicht mehr d'ran, sondern er wird sie beißen." So kam's auch. Das Jahr 49 brach herein. Von Henhöfers Gemeinde war keiner mitgezogen in den Freiheitskrieg. Nicht mit Unrecht wurde ihm das zur Last gelegt. Er hatte nicht blos direct eingegriffen und gewehrt, sondern vor Allem hatte Gottes Wort zu mächtig Fuß gefaßt, als daß die Leute sich von jedem Schwindel hätten treiben lassen. So war's denn vornemlich auf ihn abgesehen, als ein großer Trupp Freischaaren ins Ort zog. Henhöfer war auf mancherlei Art gewarnt worden und gebeten, zu fliehen, er glaubte sich aber doch sicher. Aber es wurde ernst. Mit Ungestüm wurde der Pfarrer begehrt, um ihn gleich andern nach Rastatt in die Kasematten zu bringen. Mit genauer Noth konnte sich Henhöfer noch unter eine Holzbeuge retten, die am Nachbarshause sich anlehnte und ihm einen kleinen engen Raum zum Athmen ließ. Kaum war er versteckt, so wurde das Pfarrhaus von oben bis unten durchsucht, und mit gutem Gewissen konnte die Pfarrfrau sagen, „sie wisse nicht wo ihr Mann sei", denn sie wußte es wirklich nicht. Endlich kamen sie auch in den Garten an die Holzbeuge; deutlich hörte er die Stimmen über sich, aber keiner fand ihn. Nachdem es still geworden war, traute er sich heraus, schlug sich dann zwischen den hohen Aehrenfeldern hin, um nach Stuttgart zu gehen. In Weingarten war der Bahnhof mit Freischaaren besetzt, und nur der Geistesgegenwart und der Anhänglichkeit des Bahnwarts, der Henhöfer aus der Predigt kannte, gelang es ihn zu retten. Henhöfer ging nach Stuttgart. Als er die Revolution am Ende glaubte, schrieb er nach Mühlhausen, ob er dort nicht einige Tage bleiben könne. Man schrieb ihm, er solle nur kommen und Pfarrer Zimmermann, Henhöfers Freund und Nachfolger Hagers nahm den Flüchtigen mit Freuden auf. Aber schon am Abend kamen einige wohlwollende Männer aus der Gemeinde um zu sagen, daß man Henhöfer gesehen und daß es darauf abgesehen sei, in der Nacht einen Sturm auf das Pfarrhaus zu machen, um sich Henhöfers zu bemächtigen. So sollte der geängstigte Mann auch hier nicht sicher sein. Wie es sich später herausgestellt, war das zum Theil auf Anstiften alter Feinde aus der katholischen Zeit noch her, geschehen. Pfarrer Zimmermann sagte ihm aber nichts davon, er sollte die Nacht nur ruhig da bleiben. Mehrere christliche Freunde kamen bewaffnet in's Pfarrhaus. Man verrammelte die Thüren und blieb wach unter Gebet. Die Nacht ging ruhig vorüber. Henhöfer hatte nichts ahnend ruhig geschlafen; den folgenden Sonntag war das Reformationsfest, er hörte die Predigt noch an. Noch des folgenden Tages hielt er im Pfarrgarten ein theologisches Gespräch in aller Unbefangenheit, als schon Boten auf Boten kamen um zu bitten, daß Henhöfer aus der Gemeinde gehe, weil die Aufregung nicht mehr zu halten sei. So wurde denn ein Gefährt für ihn bestellt; vor dem Orte sollte eingestiegen werden. Pfarrer Zimmermann ging mit ihm hinaus. Als Henhöfer schon ein gut Stück Wegs gefahren war, wurden die Fuhrleute inne, daß sie einen falschen Weg eingeschlagen hatten, der statt ins Badische nach Pforzheim, ins Württembergische führte. Allein man beschloß nicht mehr umzukehren, sondern lieber schneller zu fahren auf's nächste württembergische Ort. Und dieser Umweg war ein Weg Gottes, wie es gleich am Abend offenbar ward. Es waren ein Trupp Bursche in einen Hinterhalt gelegt worden, gedungen, Henhöfer zu überfallen — aber er kam nicht den rechten Weg gefahren. Sie suchten ihm dann durch den Wald zuvor zu kommen, als sie merkten daß ihr Plan fehlgeschlagen; aber auch dort war er schon vorübergekommen, und sie mußten unverrichteter Sache nach Hause. — Umwege sind auch Wege.

Wenn sie's auf's Klügste greifen an
So geht doch Gott 'ne and're Bahn. —

Henhöfer entkam glücklich. Den 26. Juni erhielt er von seiner Frau den untenstehenden Brief.

Lieber Mann!

Nur mit wenigen Worten will ich Dir sagen, daß bei uns seit heute wieder alles ruhig ist, wir hatten von Sonntag bis Montag 2000 Preußen allein in Spöck; wir hatten alle Stabsoffiziere, der Major hatte unser Wohnzimmer. Die ganze Nacht gingen Staffeten ab und zu; im Hinterzimmer lagen 10 Bediente, oben lagen die übrigen Herren, 15 bis 20 hatte fast jeder Bürger. Der Bürgermeister war auf der Flucht; seine Frau war bei uns bis die Preußen kamen, ich will weiter nichts schreiben, weil ich glaube, daß dich mein Brief nicht mehr antrifft.

Was uns anbetrifft im Hause können wir nur in Demuth die Gnade und väterliche Hilfe Gottes loben und preisen, denn er hat uns wunderbar durchgeholfen. Komme ja recht bald, dieses wünscht alles, besonders aber

Deine

Spöck, den 26. Juli 1849. L. H.

Die Zeit nach der Revolution war für Henhöfers Wirken besonders gesegnet. Mit neuer Kraft predigte er und durfte spüren, daß ihm das Wort abgenommen wurde. Es war eben gepflügt worden in der schweren Zeit; man hatte oben und unten eingesehen, wohin man ohne Gottes Wort kommt und wie weit man es ohne Gott bringen kann. Henhöfer gab im Jahr 1850 ein Schriftchen ohne seinen Namen heraus, unter dem Titel:

„Baden und seine Revolution."
Ursache und Heilung,

aus dessen Inhalt ich folgende Stellen hier einfüge:

Das Büchlein beginnt mit der Stelle Jeremia 30, 12—15:

„Denn also spricht der Herr: Dein Schade ist verzweifelt böse und deine Wunden sind unheilbar. Deine Sache handelt Niemand, daß er sie verbände; es kann dich Niemand heilen. Alle deine Liebhaber vergessen deiner, fragen nichts darnach. Ich habe dich geschlagen, wie ich einen Feind schlüge, mit unbarmherziger Staupe, um deiner großen Missethat und um deiner starken Sünden willen. Was schreiest du über deinen Schaden, und über deinen verzweifelt bösen Schmerzen? Habe ich dir doch solches gethan um deiner großen Missethat und um deiner starken Sünden willen."

Es sind einem großen Theile unseres Volkes alle sittlichen Begriffe abhanden gekommen, oder sie sind so abgeschwächt, daß sie allen Einfluß auf das Leben verloren haben. Man hält schwarz für weiß, und weiß für schwarz. — —

Die tiefste Ursache ist kurz und mit einem Worte gesagt, der Abfall von Gott und seinem Gesalbten, der Abfall von Christo und seinem Worte, der Unglaube. — —

Die Revolution wurde für nichts gehalten, und Geistliche konnten den Empörern auf ihren Gräbern nachrühmen, daß sie für eine große Sache gestorben seien und Trauergottesdienste für R. Blum halten. So waren die sittlichen Begriffe von Aufruhr verwirrt, zum Theil von Denen, die die Pflicht haben das Volk vor Aufruhr zu bewahren. Ebenso ging's mit den Begriffen von Recht und Unrecht. Es war eine Freiheit der Gottlosen. Die Ursache ist der Abfall von Gott und Christo, der Unglaube. Hier fehlt's und wird's fehlen, denn über Nacht wird's nicht besser. Oben und unten sind sie abgefallen. Jes. 1, 2—6. Die Zeit des Aberglaubens ist in der Neige, aber die Zeit des Unglaubens ist im Kommen. Die Revolution in Baden ist nur Vorspiel; mit diesem Unglauben kam die Finsterniß in die Welt, aber sie hieß sich „Aufklärung." Mit dem Unglauben hörte auch die Liebe auf; der Unglaube macht lauter Egoisten.

„Die Hohen und Großen schlossen sich ab von den Niedern, die Fürsten von ihren Völkern, die Hauptleute von ihren Soldaten, die Beamten von ihren Untergebenen. Das Band der Liebe, das früher Alle umschlungen hatte, das väterliche Verhältniß zwischen Obern und Niedern, zwischen Fürsten und Völkern hörte auf, und es trat Gleichgültigkeit, Kälte und ein vornehmes Wesen ein. Man behandelte die Untergebenen gleichgültig, herrisch; sich selbst erhob man immer mehr und offenbarte dieses in Luxus, in Kleidern, häuslichen Einrichtungen, in Gastmahlen und andern Dingen, kurz es ging wie bei dem reichen Manne, von dem es heißt: Er lebte alle Tage herrlich und kleidete sich in Purpur und köstliche Leinwand. Die alte Einfachheit war gewichen. — —

In den Haushaltungen wurde die Revolution geboren, in den Schulen, besonders in den gelehrten wurde sie groß gezogen.

Unbärtige Knaben sprachen über die wichtigsten Dinge mit einer Dreistigkeit ab, als wenn sie alle Weisheit inne hätten. — Nachdem so eine Macht erwachsen war, fing man an, nach Oben zu operiren. Man suchte die Fehler der Großen auf, deren es leider viele gab, und verbreitete sie unter dem Volk. Da gab es keine Sem und Japhet, die die Schaam ihrer Väter zudeckten, 1 Mose 9, 23.

Durch Nachgiebigkeit, Versöhnlichkeit, Schmeichelei suchte man sich von Oben populär zu machen, ein falscher Standpunkt, und verdarb damit Alles. Endlich brach die Revolution aus. Wäre Fürst und Volk im Glauben gestanden und bei Christo geblieben, bei dem wahren Christus, nicht bei dem selbstfabricirten, so wäre dies Alles nicht geschehen.

Der christliche Communismus fehlte. Ja oft wurden redliche Arme hart gedrückt, indeß die Reichen Angesichts der Armen und Gedrückten ihr Geld in Ueppigkeit verschwendeten. Dies erregte Erbitterung, gab der Revolution Nahrung und verschaffte dem republikanischen Communismus Eingang. Besonders aber wurde in dieser Zeit des Unglaubens die Genußsucht und Fleischeslust sehr mächtig. Bei diesem Leben kamen keine Tage übler weg, als die Sonntage. Alle Vergnügungen wurden auf diese aufgeschoben, alle Tänze darin erlaubt, alle Sünden darin begangen. Die Kirchen leerten sich, die Wirthshäuser und Eisenbahnen füllten sich. Wenn keine Sünden auf unserm Lande lasteten, als die Entheiligungen des Sonntags, so wären es schon genug, und wir wären gnädig dafür heimgesucht. Auf diese Weise wurde aber auch das Volk immer ärmer, und ein durch die Sünde armes Volk ist leicht zu Aufruhr verführt. Auch die schlimme Literatur, die uncensirt gehen durfte, während oft der geringste Tadel nach Oben gestrichen wurde, that zur Entsittlichung und Verweichlichung des Volks nicht geringe Dienste. Gar oft holte die weibliche Jugend darin ihre

Bildung, und Zeugnisse davon konnte man hören und sehen. Dies alles aber sind Früchte des Unglaubens. —

Der Abfall von Christo also, der Abfall von dem wahren, von dem Bibel-Christus, oder der Unglaube ist der letzte und tiefste Grund unserer verwirrten und revolutionären Zustände. Und wenn hier nicht gesteuert wird, so wird es wohl schwerlich besser werden. Von da aus muß neues Licht und neues Leben wieder in das Volk, in Hohe und Niedere kommen. Gibt es hier Thomasse, die an dieser Auferstehung und Erneuerung unseres Volkes und Staatenlebens etwas zweifeln, so liegt der Grund nicht in der Unmöglichkeit, sondern vielmehr darin, daß Alles, von oben bis unten, daß besonders diejenigen Stände, von denen uns Hilfe kommen sollte — Geistliche, Lehrer und Beamte — entweder ganz in diesem Unglauben stehen oder mehr und weniger davon angefressen sind, und so auf allerlei Weise ohne Wissen und Willen der Revolution in die Hände arbeiten. Dies war längst unser Fehler.

Daß wir auf falschen Bahnen waren, daß Alles dem Verderben und der Auflösung entgegen ging, daß es anders und besser werden müsse, das fühlte wohl Jedermann, aber woher die Hilfe kommen sollte, das wußte man nicht. Man suchte sie bei Menschen, statt bei dem Herrn der Heerschaaren. Ein Hecker sollte der Helland unseres Volkes werden, oder ein anderer, vom Volk dazu gemacht, statt der Herr der Herrlichkeit, den Gott uns gemacht hat zum Herrn und Christ. — —

Zu Christo, dem einigen Heiland der Völker müssen wir also kommen, zu Ihm müssen wir zurück, wenn uns geholfen werden, wenn es uns wohl gehen soll. — Und zu diesem Heilande müssen die Hohen wie die Niedern zurück, die Hohen zuerst, damit sie Hilfe schaffen und die Niedern auf die rechten Wege führen können, denn wenn das Licht, so in dir ist, Finsterniß ist, wie groß wird dann die Finsterniß selber sein. Matth. 6, 23. Die Großen und Hohen müssen zu Ihm zurück, damit sie hier Liebe für ihre Völker und Demuth für sich holen können, um sich unter einander zu stellen und vermögend zu sein, ein einiges Deutschland zu gründen. Nur so werden auch die Klagen der Feinde verstummen müssen, daß die Fürsten nicht der Völker Glück, sondern nur die Befriedigung ihres Ehr- und Geldgeizes und ihrer Wollüste suchen. Werden sie diese Wege nicht einschlagen und zwar von Herzen, so kann man ihnen, ohne Prophet zu sein, mit ziemlicher Wahrscheinlichkeit voraussagen, daß sie fallen werden. — Zu Saul sprach Samuel auf Gottes Befehl: Weil du des Herrn Wort verworfen hast, so hat Er dich auch verworfen, daß du nicht König seiest. 1 Sam. 15, 23. Nicht darum, weil die Völker Jahrhunderte den Fürsten gehorcht haben, werden sie fort gehorchen, sondern darum, weil sie Gottes Stellvertreter heißen und sind. Sind sie es nicht mehr, so wird der Herr ihnen Feinde erwecken zu ihrem Sturz. —

Die Kirche vorerst hat die Aufgabe in solche Orte, wo die Revolution ihren Heerd hat, welches bei uns hauptsächlich die Städte sind, Geistliche hinzuthun, die nicht nur orthodox, sondern von Herzen glaubig sind, und welche die Kraft haben, und es bisher in ihren Gemeinden bewiesen haben, durch Gottes Wort der Revolution zu steuern. Solche Kräfte sind hinlänglich im Lande; versteht es die Kirche und ihre Träger, sie weislich zu vertheilen, so kann in kurzer Zeit eine bessere Zukunft angebahnt werden. Thut man aber immer die Ungläubigsten in die Städte, so darf man sich nicht wundern, wenn Alles untereinander geht. Man gräbt sich selbst sein Grab. Daß die bloße Orthodoxie der Revolution nicht steuern kann, und noch weniger der Rationalismus, das hat sich wohl jetzt zur Genüge erwiesen. Die bloße Orthodoxie führt ein Gebäude auf ohne Leben; und der Rationalismus reißt dem Gebäude seine Stützen ein. Der Rationalismus baut am obern Stock, und reißt unten die Grundpfeiler am Gebäude heraus; er redet von Rechtschaffenheit, von Gehorsam gegen die Obrigkeit, und von andern Tugenden, und baut also oben; geht aber indessen hin und reißt unten einen Balken um den andern heraus, heute die Gottheit Christi, morgen die Versöhnung, und übermorgen die Rechtfertigung aus Gnaden durch den Glauben, und so fällt endlich das Gebäude in sich zusammen. —

Mit Bajonetten treibt man den Teufel zwar hinein, aber nicht hinaus; mit dem Evangelio muß er hinausgetrieben werden. Das erste ist geschehen, das letzte muß geschehen, wenn uns eine bessere Zukunft blühen soll. — —

Wie die Kirche, so hat auch die Schule gleiche Aufgabe. Sie soll wieder Gottesfurcht, sie den Glauben an Christum in die Herzen der Kinder legen. Man beschränke also die vielen Nebengegenstände und lege den Hauptwerth auf die Religion. Man entferne Katechismen und andere Bücher, die nicht in der Wahrheit stehen, und dem Leben aus Gott hinderlich sind. Unsere Religions- und Kirchenbücher haben alle den Grundfehler, daß ihnen die Hauptlehre, die Lehre der Rechtfertigung durch den Glauben fehlt. Denn wenn man eine Lehre mit der Laterne am hellen Tage suchen muß, kann man nicht sagen, daß sie im Buche enthalten sei. Daher auch die Kraft- und Saftlosigkeit dieser Bücher. Die Moral soll eingelernt und eingesungen werden, statt daß durch den Glauben die Liebe Gottes — die Grundlage aller Moral — in die Herzen der Menschen ausgegossen wird. — Städte verlangen wirklich, wie bei Geistlichen, so auch bei Lehrern ein besonderes Augenmerk. Der Schaden, der durch unglaubige und revolutionäre Geistliche und Lehrer gestiftet wird, betrifft nicht blos die einzelnen Städte, sondern das ganze Land. Alles hat bei einer Revolution zu leiden. Darum sollen Oberbehörden wohl Acht haben, daß hier nichts versehen wird. Das größte Unheil ist uns aus den Schulen und durch die Schullehrer gekommen. — —

Vor Allem aber groß und wichtig ist die Aufgabe des Staates. Von ihm wird am meisten abhängen. Vorerst richte er sein Augenmerk auf seine gelehrten Schulen. Von dorther kommen uns Geistliche und Beamten. Wenn an gelehrten Schulen die Religion in die Hände von unglaubigen Lehrern und Theologen gegeben wird, wie dies nur zu sehr geschah, so können keine glaubige Geistliche und Führer des Volks kommen, und ein Land muß zu Grunde gehen. — Es erging unsern Hohen und Großen, wie es Eltern ergeht, die ihre Kinder nicht wohl erziehen; wenn die Kinder groß sind, greifen sie die Eltern an, und die Eltern werden gestraft, womit sie gesündigt haben. — Man übertrage daher keinem Lehrer an gelehrten Schulen den Unterricht der Religion, der nicht wenigstens im Bekenntniß der Kirche steht, und berufe ja nicht Theologen an Universitäten, die hier nicht entschieden oder gar dem Bekenntniß feindlich sind, ja man entferne diese vielmehr. — Von unsern Schulen, besonders von unsern gelehrten Schulen kam uns das größte Unheil, von dort muß auch wieder das Heil kommen. Wollen die Großen und Hohen hier nicht sehen, nun so werden sie zu Grunde gehen, nur werden auch wir mit in ihren Fall hineingezogen werden. Darum rufe, schreie und bete Jeder, der rufen, schreien und beten kann.

Aber auch bei Anstellungen weltlicher Lehrer, und der Beamten und Bedienstete aller Art habe man ein Auge auf den religiösen und sittlichen Zustand der Leute. Der höchstselige und noch allgemein hochverehrte Großherzog Karl Friedrich erzählte einst einem Staatsbeamten über Tisch: „Meine Herrn schlagen mir wirklich immer junge Leute zu Anstellungen vor, und rühmen ihr große Geschicklichkeit; da frag ich denn jedesmal: Hat denn der Mann auch Religion?"

Solche Fragen sollten von allen Fürsten geschehen. — Und weil unglaubige Leute meistens auch Feinde sind göttlicher Ordnungen, oder doch unzuverlässig: so hatten oft Fürsten ihre eigenen Feinde zu Dienern, oder waren in der Zeit der Noth von ihnen verlassen. — Nicht blos großes Wissen, nicht blos Gewandtheit, Redefreiheit oder Frechheit muß Empfehlung sein, sondern auch ein gottesfürchtiger Sinn. — Was aber von Seiten der Obrigkeit einer besondern Nachhilfe bedarf, ist die Policei. Der Jäger hat das Sprichwort: „Furcht muß den Wald hüten"; und Furcht muß auch das Volk hüten. Zu dieser Vollkommenheit sind wir noch nicht gelangt, und werden auch wohl nie, bis zur Wiederherstellung eines andern Reichs, dazu gelangen, daß ohne Furcht mit bloßer Liebe regiert werden kann. Den Gottlosen ist das Gesetz gegeben, und die Obrigkeit trägt das Schwert nicht umsonst. Es nicht gebrauchen, heißt den Gottlosen Raum lassen und die Gesellschaft zu Grunde richten".

Henhöfer schließt dann mit zwei Stellen über die Handhabung rechter Gewalt. Niemand wird die Freimüthigkeit verkennen, womit alle Stände von oben an bis unten ausgestraft und zur Umkehr vermahnt werden. Es bleibt ein immerhin für alle Zeiten sehr beherzigenswerthes Schriftchen.

Hatte die evangelische Kirche aus den trüben Wassern der Revolution den Segen des „Dienens" gelernt, und ist die innere Mission die Frucht jener schweren Tage, so hatte die römische Kirche dagegen herrschen gelernt. Sie trat mit Macht in Schriften und Jesuitenmissionen auf. Es war namentlich auch das Büchlein von Alban Stolz „Diamant oder Glas" das die kathol. und prot. Lehre vom Abendmahl behandelte, was Henhöfer noch einmal in die Reihen der Streiter rief. Wir werden später noch auf das Schriftchen kommen.

Zu seiner großen Freude sah Henhöfer ein ernstes und im Wort gegründeteres Geschlecht heran wachsen; es ging ein fröhlicher frischer

Zug durch die Kirche Badens. Aus Kirchenregiment und Universität hörte man entschiedene Stimmen des Bekenntnisses. Das Verlangen nach einem neuen Katechismus, neuen Gesangbuch und biblischen Geschichte, nach einem Ausbau der unirten Kirche im Sinne des positiven Glaubens, und nicht der Verneinung und der Halbheit des Bekenntnisses sollten in der Generalsynode von 1855 zum Ausdruck kommen. In diesen Zeiten konnte es geschehen, daß die Universität Heidelberg an dem 300jährigen Jubelfeste der Reformation Henhöfer zum Doctor der Theologie machte. Es ist dies die einzige officielle Ehre und Anerkennung, die der treue Mann in seinem ganzen Leben erfahren hat.

Die Urkunde lautet:

QUOD. BONUM. FELIX. FAUSTUMQUE. SIT
SUB. AUSPICIIS.
AUGUSTISSIMI. ET. POTENTISSIMI. PRINCIPIS
AC. DOMINI. DOMINI
FRIDERICI
MAGNUM DUCATUM. BADARUM. REGENTIS. DUCIS. ZARINGIÆ.
RECTORIS. ACADEMIÆ. MAGNIFICENTISSIMI
PRORECTORE. ACADEMIÆ. MAGNIFICO
VIRO. SUMME. REVERENDO
DANIELE. SCHENKEL
THEOLOGIÆ. DOCTORE. PROFESSORE. PUBLICO. ORDINARIO. SEMINARII THEOLOGICI. DIRECTORE. CONCIONATORE. ACADEMICO. PRIMARIO.
NOS. DECANUS. SENIOR. CETERIQUE. PROFESSORES ORDINIS. THEOLOGORUM.
IN. LITERARUM. UNIVERSITATE. RUPERTO-CAROLA
AD. MEMORIAM. ECCLESIAE. EVANGELICAE. IN PALATINATU. ET. MARCHIONATU. BADO-DURLACENSI. ANTE HOS. TRECENTOS. ANNOS. DEI. TER. MAXIMI. GRATIA. FELICITER. INSTAURATAE. PIE. RECOLENDAM
IN. VIRUM. DOCTISSIMUM. ET. SUMME. VENERABILEM

ALOYSIUM. HENNHŒFER

PAROCHUM. SPŒCCENSEM

PURIORIS. EVANGELII. CONFESSOREM. ET. PRÆCONEM.
INTEGERRIMUM. PIETATIS. CHRISTIANÆ. IN. ECCLESIA. PATRIA.
HAC. NOSTRA. ÆTATE JAM. LÆTIUS. EFFLORESCENTIS.
INCEPTOREM. VENERABILEM.

HONORIS. CAUSA.

GRADUM. DOCTORIS

SUMMOSQUE. IN. THEOLOGIA. HONORES. ET. JURA

RITE. CONTULIMUS. ET. HOC. DIPLOMATE. SIGILLO. ORDINIS
NOSTRI. MUNITO. TESTATI. SUMUS.

---

P. P. HEIDELBERGAE. IN. UNIVERSITATE. LITERA. RRA
RUPERTO·CAROLA

D. XXIX. MENSIS. JUNII. MDCCCLVI.

(LS)

Zu deutsch etwa:

Gutes, Glück, und Freude zuvor!

Unter der Regierung

des durchlauchtigsten und mächtigsten Fürsten und Herren, des Herrn

**Friedrich**

Großherzogs von Baden, Herzog zu Zähringen,
des durchlauchtigsten Rectors der Akademie
unter dem Prorector der Akademie
dem sehr ehrwürdigen Manne

**Daniel Schenkel,**

Doctor der Theologie, ord. öffentl. Professor, Director des theol. Predigerseminars und erstem Universitätsprediger,
haben wir: der Decan, der Senior und übrigen Professoren der theol. Fakultät der Ruprechts-Carl-Universität
zum Andenken an die vor 300 Jahren in der Pfalz und der baden-durlachischen Markgrafschaft durch die Gnade des großen Gottes eingeführte Reformation
beschlossen auf den gelehrten und ehrwürdigen

**Aloys Henhöfer**

Pfarrer zu Spöck,

den muthigen Bekennner und Prediger des lautern Evangeliums und ehrwürdigen Begründer des zu unserer Zeit aufblühenden christlichen Lebens in der Kirche unseres Vaterlandes

der Ehre wegen

**Den Rang eines Doctors**

und die höchsten Ehren und Rechte in der Theologie ordnungsmäßig zu übertragen und beurkunden ihm solches unter Beidrückung des Siegels unser Fakultät.

---

Heidelberg
in unserer Ruprechts-Karl-Universität
den 29. Juni 1856.

**(L. S.)**

Henhöfer hatte diese Ehre nicht begehrt; aber er war ebenso weit von falscher Demuth entfernt, als er in der rechten stand, daß ihn nicht diese Auszeichnung gefreut hätte, nicht um seinetwillen, sondern um der Sache willen die er vertrat. Die Freunde aus der Diöcese vereinigten sich in Deutschneureuth zu einem kleinen Feste. „Er wolle sich's nur zum Sporn dienen lassen, des Herrn Wort noch recht zu verkünden und sich auf seinen Doctor berufen, wie einst unser Vater Luther" war seine Antwort auf alle Glückwünsche.

Diese Anerkennung sollte das letzte Zeichen sein, welchen Umschwung das religiöse Leben und welchen Umschlag die Meinung in der Kirche seit dreißig Jahren genommen. Der vom römischen Aberglauben und protest. Unglauben gleich bitter verfolgte Mann war anerkannt, als der den Anstoß zu einer frischen und fröhlichen Bewegung in der Kirche gegeben; der übelverschrieene Sectenmann und das berüchtigte „Pietistenhaupt" als ein Segen der Kirche gepriesen. Aber es sollte auch das letzte Zeichen sein. Es war noch ein letzter Sonnenblick, ehe die Wolken heraufzogen. Ueber die jetzt zu berührenden Vorgänge, die der neusten Vergangenheit angehören, wird die Geschichte einmal später den Richterspruch fällen, sowie sie es über die Vorgänge seit 1821 gethan. — Mir, als dem Zeitgenossen, kann es nur zustehen, einige kurze Andeutungen zu geben und vornemlich die Stellung Henhöfers zu jenen Kämpfen zu bezeichnen. Kein tiefer blickender Geist konnte es sich verbergen, daß die Gewalt und Macht der Thatsachen nach 1849 auf manchen rationalistischen Geistlichen und Laien gewirkt, daß aber auch Viele an dem Reiche Gottes bauten, ohne innerlich dazu berufen zu sein. Mit sehr wenigen, immerhin ehrenwerthen, Ausnahmen, war doch blos Kappe und Farbe aus Klugheit und aus Rücksicht auf die positive Kirchenbehörde gewechselt, aber nicht das Herz und die Gesinnung. Es ließen sich hier Beispiele der erbärmlichsten Charakterlosigkeit einflechten. Mit dem besten Willen kann eine positive Kirchenbehörde der Gefahr kaum entgehen, Heuchler zu erziehen. Was wurde nicht von rationalistischer Seite in positivem Sinn auf Diöcesansynoden beantragt! Ebenso wenig war das Volk durch die Erfahrung von 1849 gründlich geheilt. Die Folgen sah man ein, die Ursachen wenig oder gar nicht; die Gewalt kann wohl niederhalten, aber die Liebe Christi bessert allein.

So war es nicht zu verwundern, daß als aus Preußen her ein anderer Wind wehte, auch bei uns die blos äußerlich niedergehaltenen Elemente sich regten und sich Luft zu machen suchten. Den Anlaß gab der bekannte Agendenstreit. Es wird wohl nicht ausbleiben, daß in einer ruhigeren Zeit eine actenmäßige Darstellung des Hergangs vieles aufklären und den Rath mancher Herzen offenbar machen wird. Ohne weiter auf die Sache selbst einzugehen, wird man doch auf beiden Seiten zugestehen, daß die Bewegung weniger der Agende als solcher galt, sondern zum Theil dem in ihr niedergelegten positiven Inhalt, und zum andern der hinter ihr stehenden Behörde. Daß ferner, wenn auch auf allen Diöcesansynoden eine neue Cultusordnung beantragt worden und selbst Stimmen aus dem freisinnigen Lager eine solche ihrer Zeit begehrt hatten — die Gemeinden selbst dazu wenig vorbereitet waren. Wie hätte sonst ein so albernes Schlagwort, an das die, die es gebraucht, selbst nicht glaubten, „man wolle das Volk mit der Agende, die sich notorisch nur an alte, lutherische und reformirte Cultusform und Inhalt anschloß, „katholisch machen", hinreichen können, derselben den Todesstoß zu geben. Ueberhaupt aber muß es doch auffallen, wie wenig bei Geistlichen und Laien Achtung vor synodaler Einrichtung war, wenn ein durch die verfassungsmäßigen Organe rechtskräftig zu Stande gekommenes Gesetz wie die Agende, von beliebigen einzelnen Gemeinden angegriffen werden konnte.

An Henhöfer ging der Streit, ihn wenig berührend vorüber. Er hatte weder die Gabe noch die Aufgabe an der Ausbildung des Cultus Hand anzulegen. Kam er doch selbst aus einer Kirche, die mit ihrem Cultus zum Theil die Ihren in den Tod gesungen hatte. Man begreift daher, daß er die Form der Agende völlig freigab, und ihm die guten Gebete die Hauptsache waren. Wer Henhöfer einmal am Altar fungiren sah, verstand bald, daß man hier wenig Werth auf die Liturgie legte, denn sie wurde oft kaum gehört, so leis und so schnell ging's. Sein Element war die Kanzel. Und wenn gleich in dieser seiner Anschauung über den Werth einer Liturgie, ein aus seiner Lebensführung leicht erklärliches Manco sich herausstellte, so war es doch von Segen auch in dem Streite vermahnt zu werden, aus einer Cultusform kein Schibboleth zu machen und des evangel. Grundsatzes nicht zu vergessen, daß zur Einheit der Kirche nicht gleiche Ceremonien erforderlich seien. Bei all dieser evangel. Freiheit, die sich Henhöfer allenthalben auch sonst wahrte, sah er wohl aus der Art des Kampfes gegen die Agende ein, daß es hier tieferen Dingen galt, als blos einer Gottesdienstform. Die Frucht dieser Anschauungen über diese Bewegungen in der Kirche, war das Schriftchen, das wir später unsern Lesern vorführen werden: „Der Kampf des Unglaubens mit Aberglauben und Glauben; ein Zeichen unserer Zeit."

Die Dinge aber blieben nicht bei der Agende stehen. Henhöfer erlebte den sogen. Sturz des alten Oberkirchenraths, d. h. die Versetzung des Oberkirchenraths Heintz auf eine Landpfarrei, der einem Vertreter „der freieren Richtung" Platz machen sollte, und die freiwillige Amtsniederlegung des Prälats Dr. Ullmann und des Ministerialraths Dr. Bähr, die unter Verwahrung für das Recht des positiven Bekenntnisses der Kirche, ein längeres Verbleiben im Regimente der Kirche mit ihrem Gewissen für unvereinbar hielten. Das Concordat mit Rom hatte die Dinge in ein neues Stadium der Entwicklung gebracht und eine Veränderung auch auf dem staatlichen Gebiet herbeigeführt. Henhöfer war in einer später zu beleuchtenden Schrift „die Kirche und die Concordate" gegen das Concordat aufgetreten. Dieser Umschwung in Kirche und Staat, das Werk weniger Jahre, machte ihn auf's Tiefste bedenklich.

Er sah auf den Grund der Dinge, die einzelne Erscheinung kümmerte ihn weniger. So stellte er sich auch zur neuen Kirchenverfassung. Sie war ihm Zeichen der Zeit, das er unter das Licht des Wortes und der Weissagung stellte. Aber er hielt für seinen Theil, nach dem sie Gesetz geworden, den besonnenen Standpunkt fest, indem er von ihr weder das Heil erwartete, was Andere so freudig ankündigten, noch auch das schwere Unheil fürchtete, das Andere darin sahen. Ein höchst interessanter Brief der vor mir liegt, gibt seine Stellung klar zu erkennen.

Lieber Freund im Herrn!

Ich habe die von Ihnen mir zugestellte Schrift des .. gelesen, finde mich aber durch die darin ausgeführten Gründe in meinem Gewissen nicht bewogen oder verpflichtet sie zu unterschreiben, und halte sie auch sonst ganz für zwecklos.

Herr .. fürchtet besonders von der neuen Verfassung, wodurch das Regiment in die Hände der Gemeinden gelegt ist, Gefahr für die reine Lehre, und für die Predigt derselben, sowie für die Ruhe und den Frieden der gläubigen Leute. Allein wer hat in der jüdischen Kirche, und wer in der christlichen die Lehre mehr verfälscht als die Priester und ihre Obersten? Klagt nicht Gott in dem nämlichen von .. angeführten Kapitel des Ezechiel Kap. 22 am meisten über die Priester und Fürsten? Vielleicht wird gerade in unserer Zeit den Obern in Kirche und Staat nach den gerechten Gerichten Gottes das Regiment aus den Händen gewunden, oder doch Versuche dazu gemacht, weil sie es nicht nach Gottes Willen gebraucht haben. Unter unserm alten Karl Friedrich würde wohl Niemand an eine solche Verfassung in der Kirche, und vielleicht auch Niemand im Staate an ein Regiment von Unten oder auch nur an Landstände gedacht haben. Womit man sündigt, damit wird man gestraft. Und weil man so sehr nach Unten klagt, wer ist denn Schuld daran, als gerade die Obern? Ein Jeder murre wider seine eigene Sünde. Hätten die Priester immer Gottes Wort rein und lauter verkündigt, und die Obern, wie es ihre Pflicht ist, dafür gesorgt und gewacht, so hätte man nicht so viel nach Unten zu klagen.

Wenn indessen auch das Regiment in den Händen der Gemeinden ist, so heißt das nicht, das Amt sei von den Gemeinden, und die Geistlichen hätten zu predigen, was die Gemeinden wollen, oder wornach ihnen die Ohren jücken; sondern nur die Gemeinden haben die Personen in's Amt zu stellen, und über Lehr und Leben von Priester und Volk Aufsicht zu führen und zu wachen. Das Amt ist von Christo und muß verwaltet werden nach Seinem Willen. Auch unsere Bürgermeister werden von den Gemeinden in's Amt gestellt und beaufsichtigt, damit haben Sie aber nicht Alles zu thun, was die Gemeinden wollen. Man muß nur nicht mehr in Worte legen, als darin liegt, um dann dagegen kämpfen zu können, und noch weniger muß man dem Feind eine Lüge zur Hand geben, um sie nachher gegen die Wahrheit gebrauchen zu können.

Ob das Regiment von Oben oder Unten besser ist, muß die Erfahrung lehren. Ich weiß noch die Zeit, wo die Bürgermeister allein vom Amt gesetzt und beaufsichtiget waren, wie jetzt von den Gemeinden, ich weiß aber nicht daß es besser war. Keine Gemeinde hat aber das Recht etwas wider die Wahrheit zu verlangen, sondern nur für die Wahrheit. Keine Gemeinde kann von ihrem Pfarrer verlangen, daß er unbiblisch, unchristlich, daß er jüdisch oder türkisch predige. Davor schützt ihn die Bibel, davor schützt ihn das Bekenntniß, das Bekenntniß, das noch zu Recht besteht, und das bis jetzt noch allein Berechtigung hat. Und wenn auch alle Richtungen Berechtigung erlangen, was ich für ein Unglück und für den Anfang des Kampfes halte, so hat auch die Seinige oder die des gläubigen Pfarrers. Und wenn er Gottes Wort nach der Wahrheit und in der Kraft Gottes verkündiget, so wird er bald ein Häuflein hinter sich haben, die ihn mit Wort und Gebet unterstützt, und die Macht des Feindes ist gebrochen. Erst dann, wenn ihm diese Berechtigung entzogen wird, ist es Zeit zu Protestiren und zu noch mehr als zu Protestiren. Man läute aber nicht, bis das Gewitter kommt, sonst zieht man es herbei.

Was aber die andere Befürchtung angeht, nämlich die Befürchtung vor Druck oder vor Verfolgung, so frage ich nur, wer hat bisher mehr verfolgt, als die Obern, die das Regiment in Händen hatten? Wer hat die Propheten, wer Christum, wer die Apostel, wer die ersten Christen, und die wahren Christen aller Jahrhunderte verfolgt; waren es nicht die Obern, die Priester und Fürsten? Ich hätte in Mühlhausen und Graben die Kämpfe mit den Gemeinden leicht durchgekämpft, und der Wahrheit den Sieg verschafft, wenn die Obern nicht gewesen wären. Was will ich aber damit sagen; daß ein Regiment von Unten besser ist? Keineswegs; der wahre Glaube und sein Anhang bekommt Tritte von Oben und von Unten. Davor schützt ihn keine Verfassung. Darum schwärme ich auch für keine Verfassung. Arndt und Spener und so viele Glaubensmänner sind bei allen Verfassungen und beim festesten Halten an den Bekenntnissen verfolgt worden. Es kommt Alles auf die Personen an, sind sie Oben gut so ist das Regiment gut, sind sie schlimm, so ist es schlimm: so Oben und Unten. In Synoden habe ich oft gesehen, daß die Layen gläubiger und besser waren, als die Geistlichen. Mir ist ein Regiment von Oben und Unten recht, wenn es gut ist, so in Kirche und Staat. In England wird mehr von Unten als von Oben regiert, und ich habe noch nie gehört, daß es schlimmer ist, als an andern Orten. Das Ueble bei uns wird nur das sein, daß der Eine zieht, und der Andere will es nicht gehen lassen. Es wird aber der Unglaube mit seinem Humanismus siegen; und der wahren Kirche Gottes so viele Tritte geben, als ihr von Oben herab gegeben worden sind. So ist's geweissagt, der Herr aber behält den Sieg.

Dies ist mein Sinn über Verfassungen, und darum unterschreibe ich weder für noch entgegen.

Anliegend erhalten Sie die Schrift mit Grüßen wieder zurück.

Henhöfer, Pfarrer.

Spöck, den 26. November 1861.

So hatte er auch seiner Gemeinde in origineller Art die Verfassung erklärt. Er theilte ihr an einem Nachmittage die Hauptgrundzüge mit und schloß dann: „Ihr seht also, es kommt jetzt alles auf die Gemeinde an. Jetzt heißt's: Freiheit und Gemeinde. Wenn darum ein Pfarrer ins Ort und auf die Kanzel kommt, der gegen die Schrift predigt, so hat die Gemeinde das Recht zu sagen: „Höre du, jetzt ist Freiheit, jetzt heißt's: Gemeinde, du darfst nicht gegen Gottes Wort predigen, sonst mußt du fort." Und wenn einer kommt und spielt und kartelt, oder geht auf die Jagd, so darf die Gemeinde sagen: „Das geht nicht, jetzt ist Freiheit, jetzt heißt's Gemeinde, du darfst das nicht thun, sonst kannst du weiter ziehen. Schaut das Recht hat die Gemeinde und das ist gut. Notabene: Wenn die **Gemeinde gut** ist, wenn sie aber nichts taugt, so taugt sie mitsammt der Verfassung nichts. Dort sitzt der Hacken, daß eben die Gemeinden meist nicht rechts oder links wissen, und beim Pfarrer das eine Aug' zudrücken, und mit dem andern sind sie ohnedies blind. Aber vielleicht kann's doch bei dieser Verfassung heißen: Ihr gedachtet es böse zu machen, aber Gott gedachte es gut zu machen. So, jetzt wißt ihr was die Verfassung ist." —

Soweit die Geschichte seines äußern Lebens bis in sein Todesjahr. Es war die Einführung der Verfassung das Letzte, was Henhöfer in der Kirche erlebte. Er war kampfesmüde und wollte nichts Neues mehr erleben. „Ach wenn ich nur stürbe ehe die bösen Zeiten hereinbrechen; ich bin ein alter Mann und habe genug durchgemacht" war seine Rede in den letzten Jahren seines Lebens. Wir merken, der müde Streiter will zur Ruhe gehen. Ehe wir ihn aber dahin geleiten, sei es mir verstattet, einen Blick auf seine Persönlichkeit und sein Wirken zu werfen.

# 9. Kapitel.

Henhöfer in der Kirche, Predigt und Kinderlehre. Aus der Gemeinde. Aus den Festen und Conferenzen. Im Pfarrhaus.

## 1. Aus der Kirche, Predigt und Kinderlehre.

Wer Henhöfer kennen lernen wollte, mußte ihn in der Kirche, auf der Kanzel sehen. Die Predigt war sein Element und er predigte nicht wie die Schriftgelehrten. Er predigte aber nach eigenem Styl, den ihm Niemand vorgemacht hatte, den darum auch Niemand nachmachen soll, wenn's ihm nicht selber ebenso urkräftig aus der Seele quillt. Ihm war's in der Predigt um zweierlei zu thun: Einmal daß der Mensch „rechts und links, schwarz und weiß und hüscht und hott" wisse; das heißt: wisse wo's in den Himmel und wo's in die Hölle geht; in den Himmel durch den Glauben an Jesu Verdienst, in die Hölle durch den Unglauben. Das konnte er nicht genug herausstreichen. „Die Rechtfertigung durch den Glauben" war der Inhalt all' seiner Predigten oder der „Heilsweg", wie er's oft auch nannte. Das wurde immer getrieben, es mochte nun zur Zeit oder zur Unzeit sein; d. h. der Text mochte davon reden oder nicht, und die Gelegenheit dazu passen oder nicht. War Missionsfest, Kinderfest, Großherzogs Geburtstag, Kirchweihe, Schulhauseinweihung — der Heilsweg ward verkündigt. „Das können die Leute nicht oft genug hören" sagte er. Dieses Herausstreichen der freien Gnade hing mit seiner eigenen innersten Lebenserfahrung zusammen. Ihm bangte vor der Gesetzlichkeit, wie ein gebranntes Kind das Feuer scheut. Es kam ja aus der römischen Gesetzeskirche. Und er selbst fand in seinen innern schweren Anfechtungen nach Innen und Außen seinen einzigen Trost in der freien Gnade. „Ach, wenn's keinen Heiland gäb!" seufzte er oft früh Morgens in seinem Bette, auch unter Tags. Diese freie Gnade Gottes, die den Sünder selig macht, in's Licht zu stellen, war sein Pfund, und wer's von dieser Seite ansieht, wird nicht mit ihm rechten und streiten, daß er die nothwendige Heiligung als Frucht der Rechtfertigung nicht so energisch trieb wie's vielleicht hätte geschehen können und sollen. Wer nun aber glauben möchte diese Predigt müsse nothwendig, weil sie immer dasselbe trieb, ermüdet haben, täuscht sich sehr. Henhöfer konnte wohl mit Paulo sagen: „daß ich Euch immer einerlei schreibe (und predige) verdrießt mich nicht und macht Euch um so gewisser." — Aber dies Alte war immer neu und jedesmal hörte man wieder den Heilsweg und die freie Gnade auf andere Art darstellen und angreifen. Das war nun das zweite worauf er in seiner Predigt Acht hatte: Den Leuten auf's Schlichteste, Deutlichste und Klarste in origineller Weise die Sache zu geben. Hatte ihn die römische Kirche wider Willen zu einem Glaubensprediger gemacht, so war Henhöfer als Bauernkind, das seine Jugend draußen zugebracht hatte in Acker, Wald und Flur und unter Bauern, besonders ausgerüstet dem gemeinen Mann das Evangelium nahe zu bringen. Und ich denke nicht nur dem gemeinen Mann, auch den Andern. Denn das „Stadtvolk", das sich sonst so viel gescheuter dünkt, ist was die himmlischen Dinge angeht zum großen Theil sehr unwissend oder mit dem alten Henhöfer zu reden: „Kuhdumm und kuhblind." Darum zog's die Schaaren sonntäglich hinaus nach Spöck in die Kirche, Landleute und Stadtleute zu Fuß, auf Leiterwagen und Chaisen. Das war köstlich wenn man im Frühjahr des Morgens im Stafforther Wald oder durch die wogenden Kornfelder die Züge Leute antraf, die sich unterwegs einholten und sammelten mit dem Zuruf: Stafforth zu? und der Antwort: „Ja, zum Henhöfer" und nun geistliche Lieder singend dahin zogen. Aber vor der Kirche stand's beim Zweitläuten oft schon „ganz schwarz", d. h. voll Leute. Da war Grüßen und Händeschütteln alter Bekannten und Freunde; da und dort war Einer mitgekommen, der Henhöfer zum ersten Mal hören sollte, dort alte Freunde noch aus katholischer Zeit her. Es wurde schon für Unterkunft über Mittag gesorgt; dort nahm sich einer 3, der andere 6 Fremde mit, denn Nachmittags gings in die Christenlehre. Die beiden Kirchlein zu Spöck und Stafforth waren Mittelpunkte des geistlichen Lebens geworden, es waren Brunnen, die zunächst die Haardt, dann aber auch weiterhin die Gegend versorgten — und so schloß sich denn hier in diesen Kirchen durch das gepredigte Wort auch ein Gemeinschaftsband aller Derer, die sich in Sehnsucht und im Glauben vereinigten. So war es nicht blos die Predigt, die am Sonntag hier erquickte, sondern das Empfinden einer reichen Geistesgemeinschaft aus allerlei Volk, um so mehr als ringsum noch viel Dunkel und Nacht lag. Für Hohn und Spott hatten die nicht zu sorgen, die durch fremde Ortschaften des Sonntags Abends zurückkehrten, und Manches hatte beim Heimkommen aus Spöck schwere Auftritte zu gewärtigen. So hatte aus einem Nachbarsdorfe eine Frau ihrem Manne gedroht, „sie wolle es ihm eintränken, wenn er nach Spöck zum Henhöfer laufe." Auf dem Heimwege im Walde betete er herzlich und der Spruch stand plötzlich vor ihm: „daß Esau nicht anders denn freundlich mit Jacob reden sollte", und als er heim kam war die Frau ganz freundlich und begehrte auch von der Predigt zu hören. Der Zulauf erhielt sich mit den vollen Kirchen bis zuletzt. Henhöfer hat nie vor leeren Bänken gepredigt und damit bewiesen, daß wenn der Pfarrer beim Evangelium bleibt, die Gemeinde auch beim Pfarrer bleibt. Aber was die Leute so hinzog: Es war wahrlich nicht eine glänzende Redekunst oder sonst etwas Aeußerliches. Zu sehen war nichts als ein unansehnlicher Mann mit kahlem Kopf, gesenktem Haupt, vielen Runzeln im Antlitz, so unscheinbar wie seine Kirchen, die zu den ärmlichsten im Lande gehören. Es war nur die Predigt von der freien Gnade, aber in einer Art und Form geboten, wie sie der Geringste fassen konnte und die durch ihre Originalität alle tieferen Geister erquicken mußte; aber wie sie eben nur Henhöfer halten konnte. In den gedruckten Predigten, wie sie zum Theil in den mit Käß und Dietz herausgegebenen Mittheilungen enthalten sind, auch in einigen andern sonst, wird man kaum Henhöfers Art und Weise wieder erkennen. Denn das was er schrieb war so ganz anders als was er sagte. Gewiß hat Henhöfer alles das gesagt, aber wie so ganz anders hat's geklungen. Schon das nimmt viel den Reiz, ihn hier hochdeutsch sprechen zu hören, während er in der Predigt vom süddeutschen Dialect kaum loskam. Und dann — wie Vieles kam ihm erst während der Predigt von Gedanken und Einfällen. War gleich die Predigt vorher überdacht, so wuchs sie doch erst während des Haltens völlig heraus. Oft hielt er Minuten lang inne — winkte mit der Hand hin und her, als suche und ringe er mit den Gedanken. Zum Theil war sie eine Unterredung eines Vaters mit seinen Kindern. Bisweilen konnte er geradezu Fragen stellen während der Predigt und bekam auch Antwort. Er war völlig frei in der Predigt von allem Concept, darum konnte er auch nicht aus demselben gebracht werden. Kamen Fremde und standen an der Thüre, konnte er sich unterbrechen, winken und sagen: „da macht Platz" — oder einen Schläfer aufwecken, indem er dem Nachbarsmann rief — oder die ungeduldigen Jungen vermahnen oder trösten mit dem Wort: „S'isch ball aus" (Es ist bald aus.) — Oft predigte er volle zwei Stunden. Dann konnte er die Uhr herausziehen und plötzlich sagen: „So jetzt isch aus. Amen." So warf er einst von der Kanzel herunter dem Herrn von Gemmingen den Schlüssel zur Sakristei zu, während der Predigt, damit er dort hinein könne. Das störte ihn nicht, auch die Gemeinde nicht. Ebenso wenig, wenn manchmal ein treffender Gedanke, oder ein treffendes Bild und Erzählung ein Lächeln über die Gesichter brachte. Es gibt ja ein Lachen unter der Predigt, das mehr Ernst in sich birgt, als das scheinbar salbungsvollste Antlitz. Und es mußte manchmal Einem das Herz und das Angesicht lachen, wenn er den Nagel so auf den Kopf zu treffen wußte. Aber freilich anrathen möchte ich Niemanden ihm ohne Weiteres das nachzuthun. Das konnte nur Henhöfer.

Es sei mir nun vergönnt, aus seinen gedruckten Predigten sowohl als den von mir und Freunden aufgezeichneten Einzelnes mitzutheilen, was Henhöfers Art und Weise bezeichnet. Seine Regel beim Predigen bestand darin den Leuten „gut zu kochen", d. h. eine durchdachte Predigt zu geben; und sodann den Inhalt der göttlichen Geheimnisse möglichst mundgerecht zu machen; das hieß er „den Leuten auch den Löffel in den Mund zu geben", und Etlichen müße man wohl auch „den Brei in den Mund schmieren." — Daher waren die Eintheilungen höchst einfach. Zum Beispiele:

**21. Juni 1837.** Text: Lucä, 22, 61.

Der Herr wandte sich und sah Petrum an: Wir betrachten Petrum 1. in seinem Stand, 2. in seinem Fall, 3. das Ansehen oder die Barmherzigkeit des Herrn.

**Bußtag 1830.** Psalm 32, 3–5.

„Denn da ich's wollte verschweigen" ꝛc. ꝛc. Ich will zeigen 1. Wie man zur Vergebung seiner Sünden und zum Frieden Gottes gelangt; 2. wie man nicht dazu gelangt.

1860. Matth. 7, 15–27. Von den falschen Propheten. Wir wollen 1. hören wer sie sind, 2. woran man sie erkennt, 3. warum man sich vor ihnen hüten soll.

1860. Psalm 90. Der Psalm Mosis.
1. Zu wem betet Mose, 2. was treibt ihn zum Beten, 3. was bittet er.

1835. Ev. Matth. 8, 24—27. Vom Sturm auf dem Meer.
1. Welches die Stürme sind, 2. wer uns daraus rettet, 3. wie wir uns dabei verhalten sollen.

1851. Joh. 1, 35—51. Von der Berufung der ersten Jünger.
1. Wer wird in die Nachfolge berufen, 2. auf welche Weise wird man berufen, 3. als was offenbart sich Jesus den Berufenen.

Septuagesimä. Von den Arbeitern im Weinberg.
1. Wer sind die Ersten und wer die Letzten? 2. welche Ersten werden die Letzten und welche Letzten die Ersten werden?

Die Salbung in Bethanien.
1. Die Liebe in ihrer Größe und Schönheit, 2. die Sünde in ihrer Macht und Abscheulichkeit.

Ostermontag 1839. Die Emmausjünger. Lucä 24, 13—35.
1. Wem sich der Auferstandene offenbart, 2. wie er sich offenbart, 3. was er durch diese Offenbarung wirkt.

Ostersonntag. Marci 16. Die Osterpredigt des Engels.
1. Wem sie gehalten worden, 2. wem sie noch gehalten wird, 3. welches ihre Wirkung ist und sein soll.

Sonntag nach Ostern. Joh. 20, 19—31. Friede sei mit Euch.
1. Worin dieser Friede, den Jesus gab, bestand, 2. wer ihn jetzt noch uns austheilt, 3. wem er ertheilt wird und zu Gute kommt.

Oder 1836. Der Ostersegen.
1. Was bringt er, 2. wem wird er gebracht, 3. wodurch wird er empfangen.

Sonntag Cantate. Joh. 16, 5—18. Vom Tröster. Wir sehen:
1. Den Vorwurf gegen die allzugroße Traurigkeit der Jünger, 2. die Hinweisung auf den heil. Geist und seine Arbeit in der Welt.

1857. Oder: Ueber ein Kleines &c. &c.

1. Was es heiße, 2. Welchen Segen es bringen werde.

Rogate. Joh. 16, 23—30. Vom Gebet im Namen Jesu.

1. Was es heiße, 2. welche Verheißung darauf liegt.

1839. Luck 14, 16—24. Vom großen Abendmahl.

1. Worin es besteht, 2. wer die Geladenen sind, 3. warum sie nicht kamen, 4. welches ihre Strafe war.

1839. VI. Sonntag n. Trin. Matth. 16, 13—19. Wer sagen die Leute &c. &c. Jesu Kinderlehre mit seinen Jüngern.

1. Welche Fragen er stellt, 2. der Jünger und namentlich Petri Antwort, 3. welches die Verheißungen auf diese gute Antwort sind.

VII. Sonntag n. Trin. Matth. 5, 1—12. Die Seligpreisungen.

1. Was wird erfordert um ins Reich Gottes zu kommen oder selig zu werden, 2. was wird erfordert um im Reich Gottes groß oder herrlich zu werden.

1860. VIII. Sonntag n. Trin. Matth. 5, 17—26. Vom Gesetz. Thema: Daß es für einen wahren Christen nicht genug sei, das Gesetz äußerlich zu halten, sondern daß er es auch innerlich und vollkommen halten soll. Das ergibt sich

1. Aus den Worten Christi selbst, 2. aus der Zurücksetzung Derer, die im Reiche Gottes sind und das geringste Gesetz auflösen, 3. aus der Strafe die über die ergeht, die es innerlich übertreten und die ganz die gleiche ist, wie bei Denen die es blos äußerlich übertreten.

1857. X. Sonntag n. Trin. Matth. 6, 25—30. Von den Klugen und Weisen &c.

1. Wer diese Klugen und Weisen sind, 2. warum es ihnen verborgen, 3. wohin wir als Mühselige und Beladene uns wenden sollen.

1839. XI. n. Trin. Matth. 5, 43—48. Verhalten gegen die Feinde.

Welches die Gerechtigkeit des alten Testaments, 2. welches die Gerechtigkeit des neuen.

1848. XI. n. Trin. Luc. 18, 9—14. Vom Pharisäer u. Zöllner.

1. von der Herzensstellung Beider, 2. vom Urtheil Gottes über Beide.

XXI. Sonntag n. Trin. Matth. 13, 24—30. Unkraut unter dem Waizen.

1. Wer ist Waizen und wer Unkraut, 2. woher kommt das Unkraut, 3. soll's ausgejätet werden, 4. wie wird's beiden zuletzt gehen?

Es sei genug damit um zu zeigen, wie im Grunde schlicht und einfach die Disposition war, und dem Text nicht wie leider so oft geschieht, Zwang angethan wird. Alles kommt auf die Ausführung an, die nun meist Vers für Vers erfolgte.

Ich füge hier zur Charakteristik der Predigtweise Henhöfers eine sehr getreue und lebendige Schilderung eines lieben Freundes, des Herrn Pastors Kirschstein bei, der damals auf einer Reise nach Süddeutschland als Candidat Henhöfer besuchte.

„Als Henhöfer ein Kind beerdigte, folgten wir ihm nach; er sprach am Grabe wenig, sehr leise, aber herzinniglich: „Die mit Thränen säen, werden mit Freuden ernten." Dann ein kurzes Gebet, keine bes. Einsegnung. Noch ein Viertelstündchen und die Glocke rief zum letztenmal zur Kirche. Gesungen wurde: „Erforsche mich o Herr &c." Nach zwei Versen trat Henhöfer vor den Altar und sprach ein kurzes Gebet, nicht eine Spur von Liturgie, dann wieder zwei Verse und Henhöfer bestieg die Kanzel. Kaum verstand man den apostol. Gruß und das lange, innige Gebet, das er sprach. Das Gebet hatte in Form und Inhalt die größte Verwandtschaft mit den Gebeten der Laien im Lippischen, nur war es einfältig, lieblicher, er sprach mit Gott, wie ein liebes Kind mit seinem lieben Vater redet. Wiederholungen kamen öfter vor, besonders trat die eine Bitte immer wieder auf's Neue heraus: salbe uns mit dem heil. Geist, gib uns den heil. Geist, sende ihn zu uns und segne uns damit, gieße ihn aus in unsere Herzen. Lasse uns recht beten, hören, lesen; gib uns Ernst der Selbstprüfung und Erforschung, lehre uns erkennen was wir sind und daß wir aus Gnade selig werden können. Zuletzt ging es in allgemeines Reichsgebet für die Gemeine und die ganze Christenheit über. Aber nun schien Henhöfer zu vergessen, daß er auf der Kanzel stund, so leise und in sich zurückgezogen sprach er. Er las als Text Marc. 12, 38—44 aus einem zweiten Pericopencyclus, das für diesen Sonntag vorgeschriebene

Evangelium und beginnt mit dem einfachen Gedanken: Wir Menschen sehen bei unsrer Beurtheilung Anderer meist auf das Aeußere, auf den hohen Stand (Fürsten), auf große Erkenntniß, Gelehrsamkeit, Geld und Reichthum, auf gutes Benehmen, auf äußere Ehrbarkeit ꝛc. In's Innere und auf das Innere aber können und mögen wir nicht sehen, aber wie der Prophet sagt: der Herr aber siehet das Herz an, ja das Herz, den ganz tiefen, innern Grund des Herzens. Wir wissen aber, daß der Herr Alle richtet und wir Alle müssen offenbar werden vor seinem Richterstuhl. Darum thut's recht noth, daß er auch den Maßstab kenne, wonach er urtheilt, das Maß, womit auch wir einstens gemessen werden und dieß Maß ist eben der Grund unsers Herzens.

Thema: Wir Menschen sehen auf das, was vor Augen ist, der Herr aber siehet das Herz an, das zeiget unser Text: 1) des Heilands Urtheil über die Pharisäer, 2) über die fromme Wittwe. Das also wollen wir erwägen, daß der Herr das Herz ansieht. — Nun begann er den Text fast Wort für Wort durchzugehn. Er lehrte, der Heiland, sie, die Jünger. Das waren gläubige vom Geist Gottes berührte, dem Heiland nachfolgende, ihn als den, der wahrhaft Gottes Sohn ist, erkennende Menschen; zu diesen sprach er, die lehret und warnt er; nicht an Alle ist also dieß Wort gerichtet, an Gläubige, Erweckte, Belehrte, nur diese unter uns redet heute der Heiland an, wenn er sagt: „Sehet Euch vor, vor den Schriftgelehrten, sehet Euch vor, d. h. hütet Euch vor ihnen, nehmt Euch vor ihnen in Acht, lasset Euch nicht in Gemeinschaft, Verbindung mit ihnen ein, gebt nicht zu viel auf das, was sie sagen, erwartet nichts von ihnen, habt Acht auf sie und ihr Thun." Also vor wem sollen sich die Gläubigen in Acht nehmen? vor den Schriftgelehrten, d. h. vor solchen, die in der Schrift gelehrt sind, die sie auswendig wissen, die's wohl wissen was sie uns sagen will, den Weg des Heils wohl kennen und davon zu reden wissen, hochgelehrte Menschen, Professoren, Doctoren, Prediger; aber auch auf dem Dorf gibt's solche Schriftgelehrte, (hab' einen einmal gekannt, der fast die ganze Schrift auswendig wußte). In dem Worte liegt aber noch mehr, als man auf den ersten Blick d'rin finden möchte, denn ein Schriftgelehrter sein, ist ja nichts Böses, aber blos Schriftgelehrter zu sein, blos Alles im Kopf haben, ein Kopfgelehrter sein, das ist schlecht. Schriftgelehrte waren sie, aber nicht Gottesgelehrte. Solche gibts auch unter uns, ach, die wissen so schön Bescheid über Vers und Kapitel, die hört man schwätzen auf Gassen und Straßen, in den Wirthshäusern sitzen sie und reden von göttlichen Dingen und dabei ein Schoppen nach dem andern. Darum „sehet Euch vor, vor den Schriftgelehrten, die nur im Kopf bekehrt, im Kopf wiedergeboren sind, Kopfgerechte, Kopfheilige, Kopfgelehrte, aber nicht gelehrt vom Geist Gottes, nicht bekehrt im Grund ihres Herzens, nicht innerlich wiedergeboren." Doch, sie werden noch weiter beschrieben, als: „die in langen Kleidern gehn." Thuts denn das lange Kleid? Trag ja auch eins, ihr Alle da tragt auch eins. Nein, das Kleid macht den Mann nicht, aber doch wieder, 'sisch wahr, das Kleid macht den Mann doch, man kann's ja Manchen schon am Kleid ansehen, was für ein Geist sie regiert wenn sie sich so drehen und wenden, wollen gern gesehen werden, stolziren so mit der langen Pfeife durch's Dorf, die Hände in den Taschen, man kennt sie wohl, weiß nun wohl, was sie wollen; sie lassen sich gern auf dem Markte grüßen. So hatten auch die Pharisäer ihre langen Kleider an, weil sie gerne wollten gesehen sein, sie wußten, daß man sie als die Lehrer grüßen müße, und ließen sich überall sehen. Die Kleider machen's also nicht, sondern der Hochmuth, die Eitelkeit, der Stolz, das Etwas sein wollen, die Sucht, sich geltend zu machen, die sich manchmal auch in Kleidern kund gibt. Kopfgelehrt sind sie, nicht Herzbelehrte, langbekleidete, hochmüthige Menschen und damit hängt denn auch zusammen, daß sie gern oben sitzen wollen bei Tisch und Abendmahl. Das gern Oben sitzen wollen und lieber nicht hingehn, wenn man geladen wird, als einen niedern Platz einnehmen, findet sich wohl auch unter uns und da steckt der Pharisäer dahinter. Wo der Hochmuth das Herz regiert, r e g i e r t sage ich, (mit Willen, denn die Sünde ist in uns Allen drin), darauf kommt's an, ob sie regiert, oder blos noch g e h a b t und g e l i t t e n wird. Doch noch ein drittes Kennzeichen gibt uns der Heiland an: „sie fressen der Wittwen Häuser und wenden langes Gebet vor." Sie hören daß da junge Wittwen sind, die wohl eine Sehnsucht haben nach dem Worte Gottes, die Etwas hören und lernen wollen: da gehn sie hin, da beten sie mit ihnen, da schwänzeln und schmeicheln sie, da sind sie so ernst und gottesfürchtig und warum das Alles? Sie wollen sie um ihr Geld und Gut bringen, sie sind geizig und habgierig, und der Geiz ist eine Wurzel alles Uebels.

Das sind also Schriftgelehrte, die im Kopf und nicht im Herz, aus eigner Weisheit und nicht aus Gott gelehrt sind, in derer Herzen eitel Hochmuth wohnt bei äußerer Gottseligkeit und die unter dem Scheine der Frömmigkeit unter dem Vorwand des Gebets von eitel Habsucht, Geiz und Gier sich regieren lassen. So schilderte sie der Heiland und setzt dann hinzu, daß sie desto mehr Verdammniß empfangen, natürlich weil ihnen viel gegeben, wird viel von ihnen gefordert, weil sie volle Schrifterkenntniß haben, so sind sie auch doppelter Streiche würdig. Aber in diesem Ganzen sehen wir, daß der Herr nicht auf's Aeußere sieht. Die Pharisäer waren hochgeehrt und angesehen im Volk, das gilt vor Gott nichts. Die Pharisäer sind reich, haben viele Güter, macht nichts vor Gott, die Pharisäer tragen lange Kleider mit Schleppen, macht auch nichts, die Pharisäer sind gelehrte Leute, wissen die Bücher Moses, die Propheten, die Psalmen auswendig, aber das hilft ihnen alles nichts. Der Herr siehet das Herz an, ja den Grund des Herzens, und da wohnen Eitelkeit und Geiz; selbst die langen Gebete helfen ihnen nichts, merkt's Euch wohl, selbst das Gebet hilft nichts, wenn es Lippengebet und Wortschwall ist, nur aus dem Herzen sind sie angenehm und schön vor ihm. Wie in einem Lande nur die Münze etwas gilt, die des Königs eigenes Stempel trägt, so auch im Reiche Gottes nur die Seele, welche mit dem Siegel des hl. Geistes gestempelt ist, darin Christus Gestalt gewonnen, darin Gott sich selbst abspiegelt; nur an einer Seele, deren Grund nicht das Ich, sondern der eine, wahre Grund ist, nämlich Christus, nur an der Seele, welche von Grund aus wiedergeboren ist, kann Gott Wohlgefallen haben. Ja die Wiedergeburt, die gänzliche Umkehr, Neuerung, das Absterben des alten, die Auferstehung des neuen Menschen, die Erkenntniß des Sündenelends und das Gefühl der Gnadengabe in Christo, dies wundersame Neuwerden des Seelengrunds, darauf kommt es allein und ausschließlich an vor dem Throne der Majestät in der Höhe, darauf siehet das Auge des Heiligen und Allwissenden. Darum prüfet Euch, gehe ein Jeder mit sich selber in's Gericht, prüfet Euch, ja prüfe du dich, liebe Seele, und ob es währte siebenzig oder achtzig Jahre, dies Leben geht dahin wie ein Pfeil und schneller als ein Vogel entfleugt es, bald, gar bald stehest du vor dem flammenden Richterauge Gottes, wirst du da bestehen? Hast du die Zuversicht seiner Gnade, die Gewißheit der Sündenvergebung? Kennst du den

Grund, darauf du dich gründest, den Fels des Heils &c. Der Herr lehrt uns 2) den Maßstab, nach dem er richtet, kennen aus dem Urtheil über die That der armen Wittwe. Er setzte sich an den Gotteskasten, wo die Gaben zum Bau des Tempels hineingelegt wurden. Gaben also zum Dienst des Herrn, die damalige Missionsbüchse, darauf schaut er hin mit unverwandten Blicken, er schaut auf die Gaben und auf die Geber, wie sie's geben, und der Herr kann wohl schauen, ein Anderer sieht und sieht nichts, hört und hört nichts, ist blind und taub, weil ihm das Geistesauge fehlt. Nur im Herrn und in seiner Gnade lernen wir sehen, nur die da geistlich sind, können geistlich richten und geistlich muß Alles gerichtet sein. Auch das darf uns besonders tröstlich sein, daß der Herr all' unsre Gaben sieht, er merkt darauf und hat's gern, einen fröhlichen Geber hat Gott lieb. Aber freilich nicht auf das Was kommt's an, sondern nur auf das Wie, auf die Liebe.

So einfach und unmittelbar practisch, ohne großen rhetorischen Schmuck, selbst ohne viel Bibelstellen oder Gesangbuchcitate führte er den Text zu Ende, Wort für Wort erläuternd und reichlich ausbeutend. Aus jeder Stellung, jedem Zusammenhang wahrhafte Goldkörner sammelnd, eine ganz eigenthümliche Gabe. Nach einem kurzen Gebet wurde mit großer Theilnahme der Schlußvers gesungen und der Segen gesprochen.

Die Fülle lebendiger Gleichnisse machte die Predigt anziehend und anschaulich. Sie strömten ihm ungesucht zu, fein und derb, wie's manchmal eben kam. In der Christenlehre wurde aber besonders Henhöfers originaler Geist recht entbunden. Hatten die zwei Kinder, am Altar stehend, ihre Katechismuslection aufgesagt und ihre Kreuzer mit obligatem ehrerbietigem Kopfbeugen empfangen, so wurde vom Katechismus der Uebergang zum Text des Tages gemacht und dann mit unterstreuten Fragen das Evangelium oft in zweistündiger Unterredung nach allen Seiten hin ausgelegt. Viele zogen die Christenlehre noch der Predigt vor. Ins unmittelbarste Leben im Dorf, Wald, Acker wurde da gegangen und daraus Gleichniß um Gleichniß geholt, und oft auch der Zustand der Gemeinde zum Gegenstand der Unterredung gemacht.

Ich muß mich des Raumes wegen mit wenigen solcher Züge aus Predigt und Christenlehre begnügen.

Am Reformationsfeste wollte er zeigen, daß die Reformatoren keine neue Kirche gemacht, sondern nur die alte hergestellt hätten. Das brachte er nun so vor:

Drüben bei Untergrombach steht die Michaelskapelle. Einst ist sie eine weitberühmte Kapelle gewesen, und 's ist gepredigt worden, Meß gehalten worden, gesungen worden d'rin. Da kam das Franzosenvolk und hat die Kirche halb ruinirt und zuletzt ist sie an einen Untergrombacher Burger versteigert worden um ein paar hundert Gulden. Der war nicht faul und hat Heu und Stroh hinein, und eine Schmiede d'rin gebaut und geklopft, und gedroschen d'rin. Da kam nach vielen Jahren der Untergrombacher Pfarrer auf den Gedanken und sagt: Ja, was! Das ist ja seiner Zeit ein Kirch' gewesen, aber jetzt sieht sie nimmer darnach aus. Geht hin und kauft sie dem Schmied ab, und geht hinauf, wirft's Heu 'naus, 'sStroh 'naus, d'Schmiede 'naus, Alles 'naus und richtet den Altar her und die Kanzel her, und jetzt wird wieder d'rin gepredigt, Meß g'halten und g'sungen. Schaut, so war's in der Reformation. Der Grombacher Pfarrer hat kein' neue Kirch' baut, aber die alt' restaurirt. Das heißt man reformiren. Luther und die Andern haben die Kirch' angesehen, daß man in sie Heu und Stroh menschlicher Weisheit gethan und d'rin eine Schmiede gemacht hat, wo die Werke geschmiedet wurden, kurz 'swar halt kein' Kirch' mehr — Da sind sie hin und haben auf Grund von Gottes Wort Alles hinausgeworfen was nicht hineingehört hat, und haben wieder Kanzel und Altar hergerichtet und jetzt ist's wieder eine Kirche. Aber keine neue, sondern die alte." — —

Wenns an die Darstellung des Heilswegs ging, an Glaube und Werke, wurde er besonders lebendig. Daß die Leute erst glauben müßten und darnach heilig leben, konnte er nicht oft genug sagen.

„Hab' auch g'meint", sagte er, daß die Leute erst brav werden müßten, eh (ehe) sie zum Heiland kämen, aber 'sist nicht so. Erst essen and dann arbeiten heißt's im Reich Gottes. Erst selig, dann heilig. Im siebzehnter Jahr, im Hungersjahr, da war groß Elend. Da hat in Mühlhausen die Herrschaft beschlossen, ein neuer Weg anlegen zu lassen. Da hat man den Leuten die Hacken und die Schaufeln gegeben zum Arbeiten und nach der Arbeit sollten sie Geld und zu essen haben. Aber nach zwei Stunden sind sie gekommen und haben die Schaufeln hingestellt und gesagt: „Wir können nicht arbeiten — wir sind zu schwach und kraftlos, gebt uns zu essen." Dann haben wir ihnen zuerst gekocht, und sie haben sich satt gegessen und dann sind sie hin und haben gearbeitet wie die Feind'. Seht also — erst Gnade, erst am Tisch sitzen und Seligkeit haben bei Jesu, und dann arbeiten, d. h. heilig leben. —

Oder unter anderm Bilde:

„Seht in meinem Garten steht ein Holzbirnbaum. Wenn ich nun dem Holzbirenbaum alle Tage sage: Holzbirenbaum du mußt Bergamottenbiren bringen, so sagt der Holzbirenbaum: Ach du bist ein dummer Pfarrer, ich bin ja ein Holzbirenbaum, wie kann ich denn Bergamottenbiren bringen? Gezweigt muß der Baum werden, d. h. ein neues Reis muß er kriegen, sonst nutzt alles Predigen nichts. So ist's wenn man den Leuten Moral predigt und keinen Glauben, das heißt vom Holzbirenbaum Bergamotten verlangen. Gezweigt muß der Mensch werden, d. h. neues Leben von oben kriegen und anwachsen lassen, dann gibt's, will's Gott gute Frucht." —

Zu den Seligpreisungen Matth. 5, 1—11 sagte er in einer Predigt, die bei Einweihung des Bethauses in Durmersheim am 5. September 1855 gehalten ward:

Ich will euch einen Katechismus im Kleinen vorlegen, den ihr schon in den acht Seligpreisungen eben gehört habt. Wir theilen sie in vier und vier. In den ersten wird gezeigt, wie man in's Reich Gottes kommt, in den letzten vier, wie man d'rin groß werde. Es ist der Weg hinauf, von unten nach oben wie beim Militär, vom Gemeinen zum Unteroffizier, Lieutnant und Hauptmann. Hier schließt sich der erste Theil. Sodann weiter zum Major, Obristlieutnant, Oberst, General, und damit schließt sich der zweite Theil. Auf den vier ersten Stufen empfängt und nimmt man ein, auf den vier letzten gibt und theilt man aus, das was man durch immer nähere Gemeinschaft mit dem Friedefürsten empfangen hat.

Die erste Stufe sind: die geistl. Armen. So muß jeder sein der in das Heer eintritt. Wir sind wohl darin aufgenommen durch die Taufe; aber viele sind wie die, die in die Fremdenlegion treten, Handgeld nehmen und wieder desertiren. Arm aber ist der, der nichts hat, ja Schulden hat; — geistlich arm, wer in sich keine Tugend und Gerechtigkeit hat, sondern vielmehr weiß daß er Sünden hat. Ohne diese Erkenntniß kommt Keiner in's Reich

Gottes, wenn man auch sonst alles Aeußerliche in der Religion mitmacht.

Er ist noch im Zustande der Sicherheit, des Schlafes und des Todes. Sobald er aber durch den Geist Gottes innerlich arm und beunruhigt, und um die Vergebung der Sünden und die Seligkeit bekümmert wird, da tritt er unter die Fahne Christi und wird zuerst Gemeiner im Reiche Gottes. Jetzt kann er weiter kommen, vorher nicht, man kann nicht Korporal und noch weniger General werden, bevor man Gemeiner ist.

Die zweite Stufe heißt: Selig sind die da Leid tragen, denn sie sollen getröstet werden. Die Armuth des Geistes bricht endlich heraus; eine göttliche Traurigkeit erfüllt Herz und Leben, und offenbart sich in Wort und Werken. Der Mensch wird Unterofficier im Reich und Heerlager Gottes. Jetzt erfüllt sich aber auch die Verheißung: Sie sollen getröstet werden. Der Herr tröstet sie mit der Verheißung seiner Gnade, die ihnen auch wirklich früher oder später zu Theil wird.

Die dritte Stufe oder Seligkeit heißt: Selig sind die Sanftmüthigen, denn sie werden das Erdreich besitzen. Durch die Erkenntniß seiner Armuth und durch die göttliche Traurigkeit wird man nach und nach sanfter und gelassener, das heftige, schreiende und streitende Wesen verliert sich mehr und mehr, man lernt ohne Zank und Streit etwas hinnehmen und tragen, etwas verlieren und daran geben und wird Officier im Reiche Gottes. Nun erfüllt sich aber auch die Verheißung: Sie werden das Erdreich besitzen. Jetzt schon thut der Herr Barmherzigkeit an ihnen, baut ihnen Häuser und gibt ihnen ihr täglich Brod, und im neuen Reiche werden die Stillen im Lande das Erdreich besitzen.

Die vierte Stufe und Seligkeit heißt: Selig sind, die da hungert und dürstet nach der Gerechtigkeit, denn sie sollen satt werden. Es sind dies diejenigen, welche, wenn sie sich etwas erholt haben aus der Angst ihres Herzens über ihren sündigen und verlorenen Zustand und ruhiger und stiller geworden sind, nach nichts mehr verlangen, als nach Vergebung und Freiheit von der Sünde. Bei ihnen heißt es: „Ich fühle einen Durst in mir, für diesen taugt kein Wasser hier; es muß ein Lebenswasser sein, das gibt der Heiland uns allein.“ Und solche von Herzen Hungernden und Dürstenden werden auch satt; sie erhalten, was ihr Herz verlangt, Vergebung und

Freiheit von der Sünde; durch den Glauben erhalten sie Alles. O der Güte Gottes, die den eingebornen Sohn uns zur Gerechtigkeit, ja zur Speise und Trank des Lebens gegeben hat. Hier schließt sich der erste Theil. Wer es bis hierher gebracht hat, ist Hauptmann im Reiche Gottes. Nun wird gezeigt, wie man groß darin wird, es kommen die höheren Stufen. Hat man bisher eingenommen, so theilt man jetzt auch aus.

Die erste Stufe hier oder die fünfte Seligkeit heißt: Selig sind die Barmherzigen, denn sie werden Barmherzigkeit erlangen. Es sind dieß Solche, die durch die ihnen widerfahrene Barmherzigkeit oder durch die erlangte Gerechtigkeit im Innern erneuert, nun auch ein weiches, barmherziges und mitleidiges Herz erlangt haben, die nicht nur über das Verderben der Welt schelten, und die Menschen richten, sondern die die Hand zur Hilfe, zur geistlichen und leiblichen Hilfe anbieten und darreichen. So that es ein A. H. Francke. Auch sie werden im Leben und im Tode Barmherzigkeit erlangen. Wer sich des Armen erbarmt, der leihet dem Herrn, der wird ihm seine Gutthat vergelten, Spr. 19, 17. Wer bis dahin gekommen ist, ist Major im Heere Gottes geworden.

Die zweite Stufe des zweiten Theils oder die sechste Seligkeit heißt: Selig sind, die reines Herzens sind, denn sie werden Gott schauen. Es sind dies Solche, die sich täglich im Blute Christi reinigen, und durch die erhaltene Gnade von allen Befleckungen des Geistes und Fleisches frei zu werden suchen, und die durch ihren vorsichtigen und genauen Wandel ein Licht und Salz für Andere sind. Diese werden Gott schauen, somit wie alle Stabsofficiere in die nähere Umgebung ihres Fürsten kommen, und tiefere Einblicke in das Vaterherz Gottes und in die große Erlösung erhalten. Sie sind die Obristlieutenante im Reiche Gottes.

Die dritte Stufe des zweiten Theils oder die siebente Seligkeit heißt: Selig sind die Friedfertigen, denn sie werden Gottes Kinder heißen. Es sind dies Solche, die von dem tiefern Einblicke in die Liebe Gottes getrieben, nicht nur durch ihren Wandel, sondern auch durch ihr Wort, durch das Wort vom Kreuze den Frieden überall hinzubringen trachten, wo er fehlt, und wo Entzweiung oder Streit und Uneinigkeit ist, ja die selbst gehen, oder Alles beitragen, daß dieser Friede durch das Evangelium des Friedens in die fernsten Heidenländer gebracht werde. Diese, von solcher Liebe getrieben, sind die rechten Kinder Gottes und Obristen im Heerlager des Herrn.

Die vierte und letzte Stufe des zweiten Theils oder die achte Seligkeit heißt: Selig sind, die um der Gerechtigkeit willen verfolgt werden, denn das Himmelreich ist ihr. Es sind dieß die Generale im Reiche Gottes, die Christi Kriege führen, Schlachten schlagen, aber auch manche Wunde und Narbe als Ehrenzeichen davon tragen. Diese werden das volle Loos, den ganzen Himmel ererben, und Priester und Könige in Gottes Reiche werden.

Wollen wir schließlich noch einen Mann kennen lernen, der alle diese Stufen durchging, so ist es der Apostel Paulus. Schnell wurde er befördert wie die Fürstensöhne schnell befördert werden. Einst war er nicht im Heerlager des Herrn, obgleich er ein rechtschaffener und braver Mann war. Aber wir wissen seine große Veränderung auf dem Wege nach Damaskus. Da wurde der an Tugend reiche und darauf eingebildete Mann arm im Geist, leidtragend, sanft wie ein Lamm, und nach nichts mehr als nach Gerechtigkeit hungrig und durstig. Schnell wurde er zum Hauptmann im Reiche Gottes befördert. Aber es blieb nicht dabei, er stieg auch die höhern Stufen hinan. Er wurde barmherzig, reines Herzens, Friedensstifter und nicht mehr ein Verfolger, sondern ein Verfolgter um der Gerechtigkeit willen, er wurde General und trug die Maalzeichen des Herrn Jesu an seinem Leibe, Gal. 6, 17.

Liebe Freunde, das ist der Weg zur Seligkeit und zur Herrlichkeit. Ein Jeder kann von der untersten bis zur obersten Stufe gelangen, ja, er soll dazu gelangen. Es gibt hier für Niemand ein Vorrecht. Ihr habt diesen Weg eingeschlagen, bleibet darauf, wandelt auf demselben fort und führet auch eure Kinder darauf. Ein Jedes spreche mit Josua: Ich und mein Haus, wir wollen dem Herrn dienen, Jos. 24, 15. Der Geist Gottes führe uns durch alle diese Stufen hindurch und gebe, daß Keines degradirt oder ausgestoßen werde, sondern daß wir Alle hinan gelangen zum vollen Ziel und Erbe. Amen.

Zu Luca 15, vom verlornen Sohn sagte er:

„Da seht ihr den verlornen Sohn, so leibt er und lebt er allfort noch unter uns. Da kommt der „Herr Sohn" mit der Cigarre im Maul und sagt: „Alter" — denn „Vater" sagen sie nicht mehr — „gib mir mein Sach' heraus." Und dieser Vater hat ihn ziehen lassen können, weil er gewußt hat „er kommt wieder." — Aber sonst ist nicht gut, wenn man sie zu früh aus dem Haus läßt. Wenn man einen Canarienvogel fliegen läßt, geht er zu Grund. 'S war nicht umsonst der Jüngste. Da läßt die Zucht nach. Aber „nur fort" hat's geheißen, nur fort in die Freiheit, die beim Säuehüten aufhört. Ja so ist die Welt: Erst mitgetrunken und mitgegessen und dann wenn kein Geld mehr da ist, und man kommt an ihre Thür da heißt's: „Warum hasch's so getrieben, geh hinaus und hüt' meine Säue." Das hätte der verlorne Sohn nie zu thun brauchen ins Vaters Haus. Aber so ist die Welt. 'S war einmal zu S. ein Wirthshaus; da kam ein Herr Zimmermann vom Ueberrhein, der hatte eine Gurt voll Kronenthaler, und aß und trank was ihm schmeckte, und ließ Andere auch mitessen und trinken und spielte — und ein Kronenthaler ging nach dem andern fort. Und der Wirth machte immer Complimente je mehr Kronenthaler fort gingen und sagte immer: „Was befehlen der Herr Zimmermann, schmeckts Herr Zimmermann" und so weiter. Als er aber merkte daß der Herr Zimmermann voll war und kein Geld mehr hatte, sagte er: „Werft die Sau hinaus." Schaut so ist die Welt: Erst sagt sie dieweil man Geld hat und mit ihr thut „Herr Zimmermann" und dann „werft die Sau hinaus." So ging's dem verlornen Sohn.

In der Christenlehre hatte er einst das Evangelium vom Nicodemus. Da sagte er: Also der Nicodemus war ein Oberster unter den Pharisäern — und hatte Jesum lieb bei Nacht. 'S war einer vom Oberkirchenrath. Also der Oberkirchenrath sagt: „Meister, wir wissen" — ganz wie ein Oberkirchenrath sagt, per „Wir" spricht er — und „wissen" das ist so die Art von den gelehrten Herrn. Und der liebe Heiland muß sich sehr geschmeichelt fühlen, daß der Herr Oberkirchenrath das sagt „du bist ein Lehrer von Gott gesandt." — Ja ein Lehrer ist er für ihn, aber nur kein Heiland, den braucht der vornehme Herr nicht. Aber Jesus packt ihn an und zieht ihm seinen Oberkirchenrath aus, ein Stück um's andere bis er kurz und klein ist, und frägt: „Wie soll das zugehen." — Nun sagte er weiter: 'S gibt dreierlei Leute: Böse die stehlen u. s. w., Brave, die Morgens und Abends beten und ordentlich sind, aber kein Leben aus Gott haben, und wiedergeborene die's Leben aus Gott haben; — nun du, Karline sag mir einmal: „Von welchen gibt's am meisten in Staffortḥ?" Und das Kind schaute ihn an und sagte: „Von den zweiten."

Wie er die Juden unsere Herrgotts Leibgarde nannte, so nannte er auch die Reichen „unsers Herr Gottes Wildpret."

Wenn ein Ziegel vom Dach fällt, so schauen die Leute gleich hinauf wo er hergekommen ist, und wenn ein Kreuz über den Menschen kommt von oben her, soll er auch hinaufschauen, wo's hergekommen ist.

Beim Evangelium vom großen Abendmahl sagte er zu dem Wort: „Es ist noch Raum da." — Guckt, der Herr will halt sein Haus voll haben. Ehdem fährt er nicht fort. 'S ist grad wie zu Karlsruh vor dem Thor. Da stehn die Hauderer mit ihrem Wagen und warten auf die wo mitfahren wollen. Da schaut der Fuhrmann hinein in die Stadt und schaut sich fast die Augen aus. Endlich kommt einer. Aber er fährt noch nicht fort. Er macht den Schlag auf und läßt den Ersten hineinsitzen. Aber voll will er seinen Wagen haben. Jetzt geht er an den Gaul und macht sich zu schaffen und schaut wieder in die Stadt hinein; — da kommt einer. „Als hineingesessen" sagt er, „'s sitzt schon einer drin." Jetzt nimmt er alsgmach die Decke ab vom Gaul und guckt wieder; da kommen zwei. „Als hineingesessen" sagte er, „'s sitzen schon zwei drin." Jetzt macht er den Strang zurecht und schaut wieder. Da kommt noch einer auf den Bock. Aber er fährt noch nicht fort. Voll will er haben; — da kommen noch zwei hinten drauf. Jetzt ist voll, jetzt kann keiner mehr mit. Schaut so fahrt dem Heiland sein Gnadenwagen in der Welt herum, da wartet und wartet er mit dem Ende der Welt, bis alles was sich hat bekehren wollen, bekehrt ist. 'S meinen aber als die Leut', wenn man selber bekehrt sei, dann müß' gleich das End der Welt kommen. Nein, laß andre auch hinein." —

Zum Text: Eine andre Klarheit hat die Sonne, der Mond rc. sagte er: Schaut selig wird jeder sein, der im Glauben durchgedrungen ist, aber die Herrlichkeit wird nicht gleich sein. Bei Hof da kommts nur drauf an daß man bei Hof ist, im herrschaftlichen Brod steht, das ist die Hauptsache. Aber jetzt gibt's allerhand Leute bei Hof. Da gibt's Portier, Lakaien, Kammerlakaien, Offizianten, Kammerherrn, Ceremonienmeister bis zum Hofmarschall und den Hofdamen. — Die Herrlichkeit ist verschieden, aber bei Hof sind sie alle. So hier. Das Königskleid tragen sie alle. Das ist die Hauptsache, aber im Rang sind sie verschieden und der eine hat einen Stern mehr auf der Brust als der andere. Seliger macht das nicht, aber herrlicher.

Bei den Arbeitern im Weinberg hörte ich ihn folgendes schöne Gleichniß am Schlusse sagen.

Also: sechste, neunte und elfte Stunde. Ja, so ruft der Herr zu verschiedener Zeit. Habt ihr die Eisenbahn schon gesehen? (die Gemeinde nickte mit dem Kopfe), da geht also früh Morgens der erste Zug. Da gibt's vier Klassen wo man mitfahren kann: Erste, zweite, dritte und Stehwagen. Wer mit will, muß da sein wenn der Zug geht; drum läutets. Wer mit will muß ein Billet haben, sonst darf er nicht mit. Schaut so gibt's einen Zug in's rechte Oberland: in's Reich Gottes. Der heilige Geist ist der rechte Zugführer. Der beruft uns. Der läutet früh Morgens. Jetzt in der ersten Klasse fahren wenig Leute. Die Reichen werden schwerlich in's Himmelreich kommen; in zweiter Klasse sitzen auch nicht viel, — „den Klugen und Weisen hat's Gott verborgen." Aber in der dritten Klasse da sitzen mehr — und im Stehwagen ist's gesteckt voll. — „Den Armen wird das Evangelium gepredigt." Das Billet ist der lebendige Glaube. Jetzt geht der Frühzug. Das ist bei der hl. Taufe — oder bei der Confirmation. Ja da ruft der Herr. Aber Morgens liegen die Leute im Schlaf und im Bett, da wollen sie nicht heraus. „'S geht ja noch ein Zug" sagen sie. Da schellts und pfeifts und fort ist der Zug. Schaut das ist wenn man in der Jugend sagt: „willst erst mitgehen, wenn du einmal ein alter Mensch bist, dann ist noch Zeit genug" und so kommen nur Wenige zum ersten Zug. Der zweite Zug, der Mittagzug das ist wenn ein Mensch an's Heirathen kommt. „Ja denkt er, jetzt ist doch Zeit daß du ein anderer Mensch wirst, du willst mitfahren." Aber wie's oft ist: Wenn man an die Eisenbahn will, da kommt oft ein guter alter Freund einem in den Weg gelaufen und sagt: Halt, wo willst denn hin? „Auf die Eisenbahn zum Zug." — „Ach was", sagt der alte Freund, „'s gehn noch viele Züg', komm wir haben uns so lang nicht mehr gesehen, wir wollen einmal einen miteinander trinken." Und überdem pfeift der Zug und ist fort. So geht's wenn man sich bekehren will, da kommt oft ein sogen. guter, d. h. böser Freund aus der alten Zeit und sagt: Was, willst du auch ein Pietist und Kopfhänger werden, da hast du noch lange Zeit — und man läßt sich aufhalten und fort ist der Zug. Jetzt kommt der Abendzug. Das ist wenn der Mensch alt wird, und die weißen Haare auf dem Kopf kommen und die Zähne ausfallen. Jetzt heißt's: Jetzt ist's aber Zeit zum Fortfahren. Nun, da geht auch Mancher noch mit. Nun kommt der letzte Zug, der Nachtzug. Das ist aber ein gefährlicher Zug. Die Lokomotive hat so rothe Augen, die Funken wirft's 'naus, und man weiß nicht was dem Zug passirt, ob er nicht stecken bleibt oder aus den Schienen kommt. 'S ischt immer eine mißliche Sach mit dem letzten Zug. Aber 's geht noch einer. Schaut, das ist wenn sich ein Mensch auf dem Todtenbett bekehrt. 'S geht noch ein Zug aber 's ischt gewagt. Die Funken wirft's hinaus und wer weiß was dem Zug begegnet, ob er doch nicht noch umwirft. Aber 's geht noch immer. Der Schächer am Kreuz, der ist mit dem letzten Zug gefahren. Da hat's geheißen: „Geläutet, Billet genommen letzter Klasse, eingesessen, fortgefahren und im Paradies mit Jesu angekommen." Aber wenn der letzte Zug vorüber ist, dann geht kein Zug mehr, dann ist's Nacht. Amen. —

## 2. Aus der Gemeinde.

Es sei genug an diesen Beispielen, die noch um viele vermehrt werden können. Sie zeigen einen Meister in der Kunst populärer Rede, die so selten ist. Es mag manchmal den Gemeindegliedern über das Maaß des Schönen hinausgegangen sein, denn in den ersten Jahren wurde er mehr denn einmal bei Amtmann und Decan verklagt, daß er so „grob" predige und Gleichnisse und Geschichten brächte, „die nicht hergehörten." Freilich hätten viele lieber eine Predigt gehört, die wie ein schönes Feuerwerk über den Köpfen in der Luft zerplatzt; aber Henhöfer richtete seine Kanonen hinunter auf's Centrum und traf in's Herz. Drum bissen die Einen die Zähne übereinander, die Andern frugen aber: Was sollen wir thun? — Henhöfer wußte was es um die Bekehrung ist, darum konnte er auch warten. „Am schwersten", sagte er oft „sind die Pfarrer zu bekehren, wie der Heiland mit den Schriftgelehrten den schwersten Kampf hatte. „Die unbekehrten Pfarrer sind 's Heilands schlimmste Feinde." Darum auch seine Erfahrungen an Dietz und Käß so tröstlich, daher auch seine Liebe zu den Vicaren, wie wir unten hören werden. Er wußte was dran hing wenn ein Pfarrer bekehrt ward. Da fiel ein Eichbaum im Wald, der schlägt auch noch andere Bäume um. Die bittersten Verfolgungen kamen ihm von den Geistlichen her. — Dann, meinte er, kämen die Lehrer in der Gemeinde. Er hatte seine liebe Noth mit ihnen. Henhöfer war für Zucht in der Schule und sonst auch am rechten Platz nicht gegen den Stock. Er ließ z. B. einmal einen Burschen, der seine Eltern geschlagen hatte mit einem Briefe nach Karlsruhe zu dem damaligen Vogt von Fischer gehen. In dem Brief stand sein Vergehen und die Bitte, ihm im Amtshof etwas mit einem Ding, das man Stock heißt, gefälligst ohne weitere Kosten bearbeiten zu lassen. Sein Vergehen wurde ihm vorgestellt und da er wenig Reue zeigte, ward er in den Amtshof geführt und die Cur begonnen. Beim ersten Streich schrie er nicht, beim zweiten weinte und schrie er, beim dritten rief er „o Mutter", beim vierten faltete er die Hände und rief „Vater in deine Hände befehle ich meinen Geist." Da ließen sie nach, und der junge Bursche ist einer der gesittetsten im Dorf geworden. — Sonst aber hielt Henhöfer nicht viel auf's Gesetz, dieweil es Zorn anrichtet. Darum suchte er, da etliche Schultyrannen da waren, den Stock auf's Aeußerste zu beschränken und bat besonders um die Bekehrung der Lehrer. Er suchte die jungen Lehrer recht in der Demuth zu halten, sagte ihnen auch „du", was nicht allen gefiel. Vornemlich konnte er's nicht leiden, wenn einer eine Brille ohne Noth trug. „Siehsch du das Haus da drüben?" frug er einmal einen solchen. „Ja" sagte der. „Gut so wirst du nicht drüber hinausstolpern und thu' die Brill' ab. Wasch dich brav mit kalt Wasser." Als er die Brille nicht abthat, so hörte ich ihn bald drauf in der Kirche über die Blindheit reden, und sagen wie er oft that: „Oben blind, unten blind, ohne das Evangelium alles blind, stockblind und — hier drehte er sich um und schaute zum jungen Provisor auf der Orgel, der mit der Brille oben stand — „und wenn sie hundert Brillen auf der Nase hätten." Die Gemeinde schaute hinauf und der Provisor schlich hinter die Orgel.

Dann meinte er kämen die Bürgermeister dran und die Leute die ein Amt hätten. „Wen der Teufel nirgend sonst kriegt, dem gibt er ein Amt. Da packt er ihn gewiß", d. h. der Amtsgeist und die falsche Amtsehre wird dem Menschen ein Schlagbaum vor dem Himmelreich. Darum hatte er es auch nicht gerade gerne, wenn man einen bekehrten Menschen zum Bürgermeister machte, weil er für sich Schaden nehme und auch die Zucht nicht recht handhabte. Da könne die Gnade nicht walten, sondern 's Gesetz.

Dann kamen die Wirthe. Sie waren hauptsächlich gegen ihn, dieweil er ihnen Abbruch that, wie St. Paulus den Goldschmieden in Ephesus. Bei denen hatte es schwer, sie für's Evangelium zu gewinnen.

„Ach", schrieb er einmal, „der alte Mensch will eben nirgends sterben. 'Swill kein Ochs in's Schlachthaus, man muß ihn am Strick hinziehen." —

In den Gemeinden selbst gab's Leben. Hin und wieder Erweckungen, bald größere, bald kleinere Theile der Gemeinde umfassend. Es war nicht mehr die Art wie in Mühlhausen und jene Bewegung. 'Sging ruhiger und stiller her. Im Filial Stafforth regte sichs zuerst, früher als in der Muttergemeinde. Und die sich unter dem Wort bei der Predigt innerlich gefunden hatten, fanden sich auch wieder des Abends zusammen zur Nachlese und Weitererbauung. Daher entstanden die so viel angefeindeten „Stunden", deren Vater Henhöfer war. Es war in den Stunden zunächst nur der Wiederhall der Predigten zu hören und das Bedürfniß der Gemeinschaft zu sehen, nachdem man das Wort und die Lehre gehört. Er selbst that nichts dazu sie einzurichten, er ließ sie aus der Predigt herauswachsen. Darum blieben sie unter seiner Leitung gesund und im Zusammenhang mit der Kirche. Bildete sich eine Stunde, so nahm er sich derselben und vornemlich der Leiter treulich an. Er sammelte sie um sich, wie wir später noch hören, ging zuweilen selbst hin; setzte sich mitten unter die Leute. Noch ist mir der Eindruck unvergeßlich, da ich als Kind mit der Mutter und mit ihm zu Stafforth in Hans Abel's Haus, das von Reben umsponnen war und vor dem die Bienenstöcke standen, in der rein und weiß gescheuerten Stube die Leute mit einem Feuer und einer Innigkeit reden hörte, die ich jedem Geistlichen wünschte. Henhöfer war, was der Apostel Petrus sagt, ein Vorbild, ein Typus der Gemeinde, d. h. er war nicht das Abbild seiner Gemeinde, sondern sie war sein Abbild. Er prägte ihr sein Bild auf und darin das Bild Jesu Christi. Seine Stundenhälter waren Henhöfer's im Kleinen und man kennt die von Henhöfer gebildeten gleich heraus. Durch seine Theilnahme verhütete er in den Stunden Mißgriffe und Ausartungen, die sonst nicht allenthalben ausgeblieben sind. Nicht gegen, sondern für die Kirche wollte er sie erziehen. Henhöfer hat darüber von Brüdern, die mehr oder minder vom Sectengeiste berührt sind, vieles leiden und manche Ungezogenheit und Grobheit hinnehmen müssen, die ich hier verdecken will. Nur einmal hörte ich aus seinem Munde das Wort: „Es gibt halt nicht blos christliche Brüder, es gibt auch „christliche Flegel." Er zog die Seinen zur Nüchternheit und Gesundheit. Gerade die Spannung die sich zwischen Geistlichen und erweckten Laien immer fühlbarer machte, hat ihm die letzten Jahre seines Lebens vielfach verbittert. Wie oft hat er da auf Conferenzen zum Frieden Beider geredet! auch hierin ist sein Heimgang ein schwerer Verlust.

Anfangs der 40er Jahre regte sich's auch in Spöck. Da und dort bildeten sich Gebetsvereine, Henhöfer selbst hielt in der Woche des Morgens zwei Gottesdienste, um das Eisen zu schmieden dieweil es noch warm war.

Aus dem Jahre 1842, da Henhöfer sich auf einer Reise befand, schreibt ihm seine Frau:

Montag, den 6. Juni 1842.

Mein lieber Mann!

Ich werde sehr oft gefragt wenn du wieder kämst; wenn ich von 14 Tagen bis 3 Wochen sage, wollen sie nicht zufrieden sein, sie wollen sich an unsern guten Hirten wenden, der dich ziehen soll, daß du bald zurück kommen müssest.

Gestern Abend waren die Weiber bei mir und erzählten mir, wie einen fröhlichen und gesegneten Sonntag sie in Karlsruhe zugebracht hätten; ½ 8 Uhr predigte Peter, 10 Uhr Bähr, Nachmittags Ehrenfeuchter, und Abends hielt Stern Stunde. Beim nach Hause gehen mußten sie allerlei Spott in Blankenloch ausstehen, sie fragten sie, ob sie auch Erbsen in den Schuhen hätten, weil sie wallfahrten gehen, sie hätten ja ihren Fahnen verloren, und sie sollten doch auch singen und dergleichen. Unsere Leutchen zogen aber deßwegen doch fröhlich ihre Straße weiter.

So eben erhielt ich dein Briefchen, welches mir viel Freude machte. Komme ja recht bald, es erwartet dich Alles mit Liebe und Sehnsucht; für jetzt gute Nacht.

Wie wir gestern Abend nach Hause gingen, war alles so still und ruhig, so daß ich zu Malchen sagte, eure Leute schlafen schon alle. Wie wir näher gegen Christophs Hause kamen hörten wir lesen. Brecht las vor, er hatte ein Licht am offenen Fenster und der Hof war mit Leuten angefüllt, wir blieben stehen, dann wurde gesungen und ein kurzes Dankgebet gebracht für den Segen und Schutz des vergangenen Tages. Möge der Herr sein Werk in uns allen ausrichten zu seines Namens Ehr' und zu unserer Seligkeit.

Deine

Luise.

Donnerstag, den 9. Juni 1842.

Mein lieber Mann!

Gestern Abend haben sich wieder ein großer Theil der Gemeinde in Mangoldshof versammelt, es ist ihnen zu lange von einem Sonntag bis zum andern; der alte Kammerer kam vom Felde, gab seinen Leuten die Haue und ging gleich in den Hof ohne zu Nacht zu essen und sagte: „er habe immer zu seinen Leuten gesagt, wir kommen zu spät, bei uns heißt es auch: wir haben einen Acker gekauft, darum kann ich nicht kommen.

Ach wie ist doch der Herr so freundlich mit uns, er gibt über Bitten und Verstehen, wenn ich mich betrachte, und dann seine unbeschreibliche Liebe und Treue, die Er mir bis jetzt erzeigt, so beugt es mich tief in den Staub, ach ich möchte den lieben Herrn nicht mehr betrüben.

Abermals ein Sonntag vorüber, Mann hielt eine herrliche Predigt, er hat den guten Hirten so liebevoll dargestellt, wie er die verlornen Schaafe sucht; o daß wir uns doch alle von ihm finden ließen. Für einen Wagen um Mann zu holen brauchte ich nicht zu sorgen, die Männer besorgten alles, es haben ihn mehrere holen wollen; Christoph ließ es sich nicht nehmen und der Schmidt Ernst fuhr auch mit, ihn abzuholen. Zum Mittagessen kam auch Reinmuth. Wir gingen nach Stafforth in die Kinderlehre; auf der Brücke saß halb Spöck und erwartete uns, hättest du die liebevollen freundlichen Gesichter gesehen, es wäre dir gegangen wie mir; mein Mund lachte und mein Herz weinte vor Freude; der ganze Zug ging dann hinter uns her zur Kirche, Mann hielt auch Kinderlehre. Hans Adel kam gleich um zu fragen, ob er ihn zurückfahren dürfe, was auch angenommen wurde.

Wir gingen zurück, und in die Stunde, die stark besucht war. Reinmuth blieb beim Nachtessen, es begleiteten ihn wieder mehrere Männer. Bei Gruber waren wieder viele Menschen versammelt, Johann hielt das Schlußgebet mit kindlich einfältigem Geiste, auch hat er dich so herzlich mit eingeschlossen, und jedes Herz hat gewiß Amen dazu gesagt. Bei dieser Gelegenheit brachte ich auch deinen Gruß an und deinen Wunsch, sie dankten alle freundlich dafür. Siehe so bringen wir unsere Sonntage hin, sind wir nicht schon selige Leute? Haben wir nicht schon hier einen Vorschmack des Himmels?

Besonders grüßt dich

Deine

dich mit Freuden erwartende

Luise.

Die Bewegung der ersten Zeit legte sich, aber der Segen blieb. Die austretenden Wasser, wenn sie sich zurückziehen, befruchten den Boden auf lange Zeit. „Das Wort Gottes ist durchgesickert in allen Haushaltungen" konnte er mit Recht sagen. Es wußte jeder was Rechts und Links, was Gesetz und Evangelium war. Oeffentliche Lustbarkeiten schwanden mehr und mehr; in Jahren ward kein Tanz mehr gehalten. Als ihn einst einmal die Bursche frugen ob sie nicht tanzen dürften, sagte er: Ja unter einer Bedingung: „Daß die Burschen mit den Burschen und die Mädchen mit den Mädchen tanzen." — Auf seelsorgerlichen Besuchen, bei Kranken und Sterbenden konnte er oft vieles ernten, was unscheinbar aufgeblüht war. „Nur warten bis zum Sterben" sagte er mir, „da geht viel auf, notabene, wenn was eingesät ist." Zu Kranken schickte er gern seine Stundenhälter, die eine Art Krankenverein bildeten. Es wurde gesungen, gebetet in Gemeinschaft, sie „bohren vor" sagte er. Und was Henhöfer oft nicht sagen konnte, durften die einfachen und schlichten Leute sagen. Sie nahmen ihm darin einen Theil der Arbeit ab. Vom Abendmahlnehmen auf dem Sterbebette sagte er: „Wenn der Mensch gläubig ist, ist's recht und gut und ist ihm ein großer Trost; wenn aber der Mensch nicht gläubig ist, sondern nur „versehen" sein will, so kommt mir's vor, wie wenn Einer einen leeren Sack auf die Post gibt. Die Adresse ist drauf und auch das Siegel und er kommt auch an. Aber wenn er auch ankommt, petschirt und mit der Aufschrift, so ist er eben doch leer. Das Petschiren und Adressiren machts noch nicht aus. So wird auch ein Mensch durch's Nachtmahl als Jesu Jünger versiegelt und adressirt an seinen Heiland, — aber wenn er leer ist, so kommt er eben leer an." Im seelsorgerlichen Umgang mit Personen aus höhern Ständen (und er hatte hier viele Verbindungen) zeigte Henhöfer eine ungemeine Zartheit und ein Verständniß, eine Weisheit die immer das Rechte traf. Durch ein Wort konnte er oft den ganzen Gemüthszustand wieder zurecht rücken. Dabei aber blieb er immer der bescheidene, anspruchslose Mann. Er kam einst in eine Stadt zu einem treuen und bewährten Zeugen. Da gerade Leute da waren, so bot man ihm im Hausehrn den Stuhl an. Die Tochter meldete ihn drin bei dem Vater „'s ist noch ein Bauer da, der auf dich wartet." Wie war sie aber verwundert als der Vater den vermeintlichen Bauern küßte und ihn „lieber Amtsbruder" nannte! Henhöfer war aber die Zeit über ganz still auf seinem Stuhle geblieben.

### 3. Aus der Mission und ihren Festen.

Von seinen Gemeinden aus ging die Bewegung auf die andern Orte, namentlich auf die Haardt. Das war auch wohl der Grund, warum Henhöfer nicht aus Spöck sollte, und ihm alle Gesuche um Beförderung abgeschlagen wurden. Er sollte da ein geistlicher Vater werden. Es ist eigen: Henhöfer, Käß, Dietz, sind sämmtlich ohne Leibeserben gestorben, ihr Stamm und Name pflanzt sich nicht fort — als sollten sie sich genügen lassen an den geistlichen Kindern, die durch ihr Wort dem Herrn gezeugt wurden.

Neben der Arbeit an der Gemeinde, stand ihm immer die Reichsarbeit für's Große und Ganze vor Augen. Daher war's die Mission, die vornemlich unter ihre Fahne die einzelnen Glieder und Gemeinschaften rief. Henhöfer, Käß und Dietz mit Stern, waren Hauptbegründer des Landesvereins und bis zu seinem Ende stand Henhöfer als Präsident ihm vor, der sich in Bezirksvereinen durch's ganze Land verbreitete. Man kann wohl sagen, es ist eben so viel Segen aus der Mission zurückgeflossen in's Heimathland, als hinausgegangen. Die Missionsfeste wurden Sammelpunkte christlichen Lebens, Zeugnisses und christlicher Gemeinschaft. Zu Tausenden mehrten sich die Zuhörer.

Hier hielt Henhöfer treffliche Predigten. Niemand versah sich's zu dem unansehnlichen Mann. Seine Predigten zu Weinheim, Emmendingen, Heidelberg ꝛc. werden unvergeßlich bleiben. Zu Emmendingen kam er auf dem Missionsfest auf die Macht des Teufels zu sprechen, da sagte er: „Freilich ist der Tod und der Fürst der Welt gerichtet, aber damit ist nicht gesagt, daß ihm alle Macht genommen sei. Er ist ein angeschossener, auf den Tod verwundeter Hirsch, der die Kugel im Leib hat, der aber noch mit seinem großen Geweih rechts und links herumstößt und zu Fall bringt, wen er kann." Zu Heidelberg hatte er zum Text Eph. II, 18—22 von der Behausung Gottes im Geiste. Wir heben daraus hervor:

„Gott hat uns ein Haus gebaut, darinnen wir wohnen sollen; es ist diese Welt, und hat uns die Erde zum Wohnzimmer darinnen angewiesen. Er will nun aber auch eine Wohnung für sich bei uns haben, Er will bei uns auf Erden wohnen, und wie Er unsere Wohnung gebaut hat, so sollen wir Ihm die Seinige bauen. Er will aber nicht ein irdisches Haus zur Wohnung haben, welches wir Ihm bauen sollen, denn Gott wohnt nicht im Tempel von Menschenhänden erbaut, sondern Er will ein geistliches Haus haben, in uns, in der Menschheit will Er wohnen. (Apostgesch. 17, 24. 25. 2. Cor. 6, 16—18). Soll aber Gott in uns wohnen, so muß eine große Arbeit an uns geschehen, denn so wie wir jetzt sind, kann Gott nicht in uns wohnen.

Soll ein irdisches Haus, und zwar ebenfalls ein Haus für einen Hohen und Vornehmen, für einen Gott oder Herrn der Erde aufgeführt werden, so ist dabei folgende doppelte Arbeit nöthig: zuerst müssen die Steine, die dazu gebraucht und verwendet werden, behauen, und zwar da es ein Prachtgebäude geben soll, auf das feinste behauen werden. Alle Steine müssen das werden, auch die edelsten und schönsten, kein Stein darf unbehauen auf den Grundstein, und auf das Gebäude hinaufgebracht werden. Das kostet oft lange und viele Arbeit.

Eben so müssen die Bäume, die dazu verwendet werden, nicht bloß im Walde umgehauen und hinaufgebracht, sondern zuvor beschlagen werden. Da müssen nicht nur die Aeste, sondern auch das weiche Holz, das bald vom Wurm aufgefressen wird oder in Fäulniß übergeht, bis auf's Herz hinein weggehauen werden, und wenn es noch so schön ist, so daß es Einen dauert. Alle Bäume müssen so beschlagen werden und wenn es die geradesten und schönsten sind, und wenn je einer anders sollte hinaufgebracht werden, so muß er droben noch beschlagen werden. Unbeschlagen darf keiner eingefügt und zum Bau verwendet werden. Auch dieses kostet bei einem Gebäude viele und große Arbeit. Auch tüchtige Arbeiter, und deren viele werden erfordert, da das Gebäude herrlich und groß werden soll. Gar oft fällt auch ein Stein oder ein Baum fehl, und Mühe und Zeit und Arbeit ist verloren. Dies ist nun die erste Arbeit, die bei Errichtung eines Gebäudes zu geschehen hat.

Die zweite ist dann diese, daß die Steine und die Bäume auf das Gebäude hinaufgebracht und in den Grundstein und in einander eingefügt werden. Auch das kostet viele Mühe und Arbeit, und viele Kräfte müssen dazu verwendet werden. Bei solchem Hausaufschlagen sind nicht nur Meister, Gesellen und Handlanger, sondern noch viele andere Menschen nöthig und thätig. Am Tempel zu Jerusalem arbeiteten bei seiner Erbauung täglich 160,000 Mann. Dies ist nun die zweite Arbeit, und auf diese Weise kommt der Bau zu Stande.

Es sind aber die Steine und Bäume hier die Menschen. (1. Petr. 2, 5. Hesek. 37, 19. Matth. 7, 19. Luc. 23, 31). An den Menschen hat also diese doppelte Arbeit zu geschehen, an allen Menschen hat sie zu geschehen. Alle Menschen müssen zuerst behauen und beschlagen und dann auf den Bau hinaufgebracht, in den Grundstein und ineinander eingefügt werden. Das erste geschieht in der Buße, das zweite in und durch den Glauben. Buße und Glaube ist also die doppelte Arbeit, die an jedem Menschen zu geschehen hat, wenn er zum Hause Gottes soll verwendet und erbauet werden.

Der Sinn des Menschen muß verändert, sein inneres Dichten und Trachten ein anderes und neues werden.

Nicht das Alter ändert den Sinn, und nicht Kreuz und Leiden, sondern allein der Geist Gottes, der uns im Wort Gottes Heiligkeit und Gerechtigkeit, sowie seine Liebe, aber auch unsere Sünde und unser verderbtes Wesen sammt unserer Strafwürdigkeit, sowie Gottes Gnade offenbart und uns dadurch in göttliche Traurigkeit und Betrübniß versetzt.

Nicht der Pharisäer, der auf seine Tugend und Rechtschaffenheit traute — das ist gerade das faule Holz, was abgehauen werden muß — sondern der Zöllner, der sich als armen Sünder erkannte und fühlte, und nur umsonst und aus Gnaden selig werden wollte, ging gerechtfertigt nach Hause.

Wie viele Gewichte muß Gott oft an einen Menschen hängen, um ihn herunterzuziehen, und ihn im Geiste arm zu machen. Manche Steine und Bäume fallen auch ganz fehl. Die Juden wollten um keinen Preis zu armen Sündern werden, sondern vertrauten auf ihre Tugend und Rechtschaffenheit und wollten mit ihrer Tugend und Rechtschaffenheit ins Reich Gottes, darum sind sie verworfen bis auf den heutigen Tag. Nur wer von uns seine Sünde und sein inneres Verderben im Lichte des heiligen Geistes erkennt und fühlt, ist geschickt zum Bau Gottes, nicht aber wer auf seine Tugend und Rechtschaffenheit traut und baut, denn unsere Gerechtigkeit ist ein beflecktes Kleid.

Die zweite Arbeit ist dann das Hinausbringen der Steine und Bäume oder der Menschen auf den Bau, und das Einfügen derselben in den Grundstein und in einander. Das geschieht durch den Glauben. Durch den Glauben werden wir mit Christo vereinigt, durch den Glauben so in Ihn hineingesenkt, daß wir ein Ganzes, Ein Christus mit Ihm werden, Er das Haupt, wir der Leib oder die Glieder.

An uns aber, lieben Mitarbeiter und Amtsbrüder, ist es, fortzuarbeiten und nicht müde zu werden, bis wir und die uns Befohlenen in Christum, und Christus in uns eingesenkt ist. So ist also der Glaube, wodurch der Mensch in Christum eingefügt wird, die zweite Arbeit, die an diesem Bau oder an diesem Hause Gottes zu geschehen hat.

Und ist aber auch gleich der Bau auf diese Weise aufgeschlagen und aufgerichtet, so muß doch immer auf dem Bau selbst die nämliche Arbeit fortgethan werden. Bald muß wieder ein Ast der Sünde, bald ein faules Holz der eigenen Gerechtigkeit weggehauen, bald ein Baum, der durch Wind und Sturm herausgerissen ist, durch den Glauben wieder in Christum eingesenkt werden. So geschieht unsere Heiligung. Wir sind und bleiben fortan Bauleute, und Buße und Glaube unsere Hauptpredigt und Arbeit.

Das jüdische Volk war das erste, was eingebaut wurde, und welches auch einst das Haus Gottes allein war. Dieser Bau wurde aber alt, morsch und fiel zusammen und seine Trümmer liegen zerstreut in aller Welt umher. Das Haus Gottes mußte also neu aufgeführt werden, und es wurde jetzt aufgeführt aus Heiden. Doch die Grundsteine wurden von den Juden genommen, es sind dies die zwölf Apostel. Noch mancher andere Stein und Baum, der sich gebrauchen ließ, wurde dazu verwendet und miteingebaut. Die andern liegen umher, bis sie, durch Sturm und Wetter erweicht, die Arbeit Gottes an sich geschehen lassen, wie nach vielen Demüthigungen die Brüder Josephs endlich ihren Bruder Joseph erkannten. Von den Heiden wird nun der Bau aufgeführt. Da gibt es aber noch viele Arbeit. Von den 1000 Millionen Menschen, die auf der Erde wohnen, sind die meisten noch Heiden. Sie zu belehren, oder zum Hause Gottes aufzubauen, ist der Christen Sache. Ihr seid das auserwählte Geschlecht, das königliche Priesterthum, das heilige Volk, das Volk des Eigenthums, daß ihr verkündigen sollt die Tugenden deß, der euch berufen hat von der Finsterniß zu seinem wunderbaren Licht (1. Petri 2, 9). Wir sind mit diesem Feste darum hierher gekommen, um auch euch hier und in dieser Gegend aufzufordern, an diesem Bau mitzubauen, mitzuhelfen, daß das Haus Gottes erbauet werde. Es sind hierzu nicht bloß Geistliche und Missionare nöthig, sondern viel Volks. Wie bei einem Hausbau, besonders beim Aufschlagen desselben, nicht bloß Meister und Gesellen oder Arbeiter vom Fach nöthig sind, sondern noch viele andere Mithelfer und Kräfte, so auch bei diesem Haus und Bau Gottes. Fragt ihr, wie ihr helfen sollt? Durch Gebet und Handreichung bittet den Bauherrn, daß er noch mehr Arbeiter sende und anstelle. Ihr thut dies zwar in den ersten Bitten des Vater Unsers, aber ihr sollt es noch viel ernstlicher thun. Auch mit irdischen Gaben sollt ihr zu Handen sein, auf daß der Arbeiter in den großen finstern Wäldern der Heidenwelt noch mehr angestellt und mit dem Bau beschäftigt werden können. Ueberlegt es wohl und nehmt es zu Herzen, es ist das Haus Gottes, zu dessen Aufbau ihr eure Gaben gebet. So wird es gebaut, so kann es bald gebaut werden.

Wenn es nun aber erbaut und aufgerichtet ist, zieht jetzt der Hausherr ein? Nein, jetzt geht es erst an den Inbau. Doch ehe dieser angefangen wird, geschieht erst der Spruch, so ist es gebräuchlich bei allen Bauten, die aufgeschlagen werden, und dieser Gebrauch möchte wohl seinen tiefsten Grund in diesem geistlichen Bau haben. Und wie lautet dieser Spruch? Er steht geschrieben in der Offenbarung und heißet allda: Nun sind die Reiche der Welt unsers Herrn und seines Christus geworden, und Er wird regieren von Ewigkeit zu Ewigkeit (Offenb. 11, 15. 19, 1—4).

Und ist der Spruch vorüber, so wird ein Essen gegeben, ein Abendessen nach gethaner Arbeit, an welchem aber nur Theil nehmen dürfen, die an dem Bau gearbeitet, und bei seinem Aufschlagen thätig gewesen sind. Selig sind, die zum Abendmahle des Lammes berufen sind (Offenb. 19, 9). Jetzt gehts an den Inbau und an die Vollendung. Da aber der Bau nun aufgeschlagen und unter Dach ist, so ist man nicht mehr solchem Sturm und Wetter, wie beim Bauen und Aufschlagen ausgesetzt. Der Inbau geschieht im Friedensreich, im tausendjährigen Friedensreich. Da geht erst die rechte Heiligung und Verherrlichung der Menschheit an. Da wird nicht nur in der Buße der alte Mensch mit Christo getödtet und im Glauben ein neuer auferweckt, sondern die Sünde wird nach und nach ganz herausgenommen und mit dem Golde der Liebe Alles vergoldet. Die Herrlichkeit Gottes wird in das Gebäude hineingetragen. Und jetzt zieht der Hausherr, jetzt zieht Gott in sein Haus ein. Von dieser großen und herrlichen Zeit schreibt Johannes in seiner Offenbarung: „Und ich sah einen neuen Himmel und eine neue Erde. Denn der erste Himmel und die erste Erde verging, und das Meer ist nicht mehr. Und ich Johannes sah die heilige Stadt, das neue Jerusalem von Gott aus dem Himmel herabfahren, zubereitet als eine geschmückte Braut ihrem Manne. Und hörete eine große Stimme von dem Stuhl, die sprach: Siehe da, eine Hütte Gottes bei den Menschen."

Henhöfer hielt treu zur Basler Mission, als sie auch durch mancherlei Schweres ging und durch Dr. de Valenti's scharfen Angriff zu leiden hatte. Damals im Jahre 1846 schrieb Inspector Hoffmann, jetziger Hofprediger und Generalsuperintendent in Berlin einen Brief voll Dankes an den „Innig geliebten Vater Henhöfer" für „die lieben Zeilen, die mir dem Mann gegenüber, der mich so rücksichtslos angriff, so herzlich wohlthaten. Meine unglückliche Rede hat also doch an Ihnen einen billigen Beurtheiler gefunden" — und schließt den merkwürdigen Brief mit den Worten: Mit innigstem Dank für Ihr väterlich wohlthuendes Schreiben und besonders für die Versicherung, daß Ihr Vertrauen zu unsrer in sich armen Anstalt und ihrem noch ärmern Vorsteher, in welcher aber doch der Heiland aus Gnaden sein Werk hat, durch diesen Angriff nicht geschwächt ist, verharre ich in innigster Verbundenheit in Jesu Christo Ihr stets liebend ergebener

W. Hoffmann, Inspector.

Da war wieder Henhöfers weites Herz, und weiter Blick der geholfen hatte.

Auch als Spaltungen in späterer Zeit innerhalb des Missionsvereins einreißen wollten, wandte man sich an Henhöfer, daß er die Conferenzen zur Vermittlung berufe.

„Wir wünschen daß Sie, lieber Herr Pfarrer, die Conferenzen berufen und präsidiren mögen. Thut es ein anderer so erscheint es leicht als Parteisache. Sie haben bei aller Entschiedenheit in der Lehre, so viel Liebe zu den Brüdern und ein so weites Herz, daß Sie abweichende Meinungen, wenn nur ein redliches Verlangen nach dem Herrn dabei ist, tragen können und nicht durch unzeitige Polemik den einen oder andern Theil zurückstoßen. Deßhalb bitten wir Sie zu präsidiren.

Die Hauptsache ist uns, eine Conferenz der Brüder ohne Conflickt der Partheien zu Stande zu bringen. Alles Andere überlassen wir ganz und vollkommen Ihrer Anordnung. Gerade aber, weil wir weder auf diese oder jene Seite uns schlagen, sondern auf Grund der Schrift frei bleiben wollen, wünschen wir so dringend, daß Sie persönlich die Sache in die Hand nehmen und beginnen möchten, weil Sie gerade allen Brüdern recht und lieb und theuer sind. Es ist des Herrn Sache und Seine Kraft wird Ihnen nicht fehlen trotz aller körperlichen Schwachheit." —

So stellte sich Henhöfer allezeit als ein Friedenskind dar, das man jetzt und in der Folge noch schwer und bitter vermissen wird. Außerdem war er auch von Herzen allen Dingen des Reiches Gottes zugethan und stellte seine Kräfte willig zur Verfügung. Wie an den Missionsfesten, so war er auch am Haardthausfest (eine Anstalt für verwahrloste Kinder) und den Festen für innere Mission die Seele, und der, den die Leute am liebsten hörten. Auf dem Feste der innern Mission hielt er den 19. September 1860 zu Heidelsheim die Predigt über „den Schächer am Kreuz oder der Weg zur Gnade", die wir hier mitzutheilen des Raumes wegen uns versagen müssen.

## 4. Auf Textbesprechungen und Pfarrkonferenzen.

Henhöfer entzog sich dem allgemeinen kirchlichen Leben und dem Verkehr der Amtsbrüder nicht. Noch Allen werden die Textkränzchen im Andenken sein, die 14tägig sich wiederholten und auf der Haardt und Karlsruhe Reihe um gingen. Er brachte seinen Text meist freilich schon fertig mit, und was ihm innerlich klar war, das konnte ihm ein andrer nicht gut ausreden. Ihm hatte sich der Text gleich zur Predigt gestaltet. In den letzten Jahren wurde er aber stiller auf den Conferenzen und freute sich, wenn die jüngern Geistlichen sich auch wissenschaftlich in den Text vertieften und war dankbar für jeden weiteren Blick, auch wenn er ihm von einem jüngern Amtsbruder geöffnet wurde. Da trat sein edles und bescheidenes Wesen recht zu Tage. Er wußte welche Gabe ihm gegeben war, aber freute sich der Gabe der Andern. Aber auf diesen Conferenzen wußte er immer etwas Köstliches und Practisches zu sagen, oft auch mit einem großen Humor das Rechte treffen, durch irgend eine Erzählung oder Gleichniß. So sagte er unter Anderm zu der Stelle des Römerbriefs: „Haltet euch dafür daß ihr sammt Christo gestorben seid“ nachdem viele Brüder ihre Ansicht abgegeben hatten: „Ich will euch meine Meinung über diese Stelle in einer Geschichte sagen. Da ich noch zu Meersburg im Seminar war, sollten unsre Klosterherrn in der Mitternacht in der Unterkirche bei den Todten eine Messe lesen. Nun aber grauste es ihnen, denn sie behaupteten es habe sich in den Särgen geregt, und es wollte keiner mehr hinunter. Da übernahm's der Klosterschuster hinunter zu gehen und zu sehen was an der Sache sei. Er fürchtete sich nicht. Er nahm also seinen Sitz, seine Ahle, seinen Hammer und Leder mit und klopfte unten rüstig d'rauf los. In der Mitternacht, richtig da regt sich's in einem Sarg. Der Schuster steht auf, geht d'rauf zu, nimmt den eisernen Hammer und klopft auf den Sarg und sagt: „Holla, da drin! Was todt ist, ist todt — das darf nimmer aufstehn und sich regen.“ Seht, sagte Henhöfer, das meine ich, heißt mit Christo gestorben sein. Wenn der alte Mensch sich noch regen will, da soll der neue Mensch mit dem Hammer an seinen Sarg schlagen und sagen: „Holla, da drin — was todt ist durch Christum ist todt, das darf nimmer aufstehn.“ — Das heißt mit Christo gestorben sein und Gott leben.“

Ebenso sprach er bei einer andern Pfarrconferenz in den 50er Jahren über die alten und neuen Katechismen. „Mir kommt das nach Besserem begehrende Volk jetzt vor wie Leute, die einst einmal einen guten Kosttisch mit Hausmannskost hatten, d. h. den guten Katechismus, Agende und Liederbuch. Da sind sie's überdrüssig geworden und jemand hat ihnen versprochen, er wolle für feinere Küche sorgen. Und die Leute sind hingegangen zu diesem Kosttisch und er war feiner. Aber nach und nach haben's die Leute gespürt, daß nicht kräftig gekocht war und sie von der Kraft und vom Fleisch fielen. Da haben sie wieder nach dem alten Kosttisch begehrt. So ist's den Leuten mit den alten und neuen Büchern gegangen.“

So ging man aus dem Zusammensein mit ihm immer mit irgend welchen originellen Gedanken nach Hause. In den Unterredungen herrschte der vollste brüderliche Geist.

Die Zeit die ihm sonst noch blieb brachte er

## 5. Am Schreibtisch

zu. So lebhaft sein Interesse für den innern Ausbau der evangelischen Kirche und der Ausbreitung des Reiches Gottes war, so konnte er doch seine alte Kirche, die ihn ausgestoßen, nicht vergessen. Die Glieder derselben waren eben seine Brüder nach dem Fleisch, die er lieb hatte. Man hörte aus seinem Munde nie ein hartes Urtheil über die Angehörigen dieser Kirche, je älter desto milder ward er. Wie er seine alte katholische Mutter zur Beichte nach dem katholischen Ort begleitete, und anbot die Sterbsakramente ihr reichen zu lassen, so ging er von Zeit zu Zeit hinüber nach Bruchsal, wo er einst die schweren Tage zugebracht, in die katholische Kirche und hörte die Predigt an. „Er wolle hören, wie viel Uhr es sei in der katholischen Kirche.“ Noch manche Briefe katholischer Geistlicher an ihn liegen mir vor, die ihn um Rath und Hülfe baten. Manche Besuche erhielt er auch von ihnen und Manchem bot er sein Haus zum Aufenthalt an. Ihm war es nicht darum zu thun, Protestanten zu machen; Manchem rieth er geradezu in seiner Kirche zu verbleiben. Die Herzensbekehrung ging ihm über den Wechsel der Konfession. Dagegen vertheidigte er die evangel. Lehre gegen katholische Angriffe und griff bei aller Schonung gegen die Personen, die Sache mit Gottes Wort an. Er wollte an seinem Theile seiner alten Kirche einen Dienst leisten, um's Streiten war's ihm nicht zu thun. So entstanden außer jener bedeutungsvollsten ersten Schrift: „Das Glaubensbekenntniß“ vom Jahre 1822, jene andere: Die biblische Lehre vom Heilswege und von der Kirche; veranlaßt durch den kraftvollen Nachruf des kathol. Pfarrers Riesterer von Mühlhausen, auf's deutlichste auseinandergesetzt durch Aloys Henhöfer, evangel. protest. Pfarrer zu Spöck und Staffort. Speyer 1832, eine Schrift, deren Hauptinhalt wir bereits in der Darstellung des Katechismusstreits angegeben haben. Ebenso führten wir seine Mitarbeit an den „christlichen Mittheilungen“ an, die in Speyer erschienen. Dazu kamen die verschiedenen Schriften gegen den Katechismus, die mit Käß und Dietz ausgearbeitet wurden. Dann schwieg's eine Weile. Mitte der 40er Jahre ging ein von ihm verfaßtes anonymes Büchlein aus: „Kurzer Unterricht über

Beicht und Messe, für katholische und protestantische Christen", worin er zeigt, wie die evangel. Kirche Beides noch habe, nur im evangelischen d. h. altchristlichen Sinne.

Als später die Trierer Rockfahrtsgeschichte auftauchte, schrieb er ein Büchlein: Der heilige Rock zu Trier und die wahre katholische Kirche. Eine Beleuchtung für Jedermann; vom Verfasser des Unterrichts über Beicht und Messe. Aber das Büchlein wurde von der Censur unterdrückt, die unsers Wissens damals in ultra-katholischen Händen war. Dagegen ward Alban Stolz's „Cometstern", der voller Angriffe auf die evangel. Kirche war, von derselben Censur gutgeheißen. Der Raum erlaubt mir nicht, den Inhalt des Schriftchens wiederzugeben. Der Grundgedanke war, daß ein neues Leben nicht durch den Rock, sondern durch den Mann, der den angeblichen Rock getragen, komme. Das ist unser Herr Jesus Christus. Dagegen speist man das arme Volk mit Dingen ab, die wohl viel Geld eintragen, aber dasselbe nur tiefer in Blindheit und Schlaf führen. So machen's die Kindsmägde, die den Kindern Mohnsaft und andere Schlaftränklein geben, daß sie stille sind, sie aber Ruhe haben. Freilich wo Leben ist, gibt's Streit. In der evangel. Kirche ist Streit und Sectenwesen, aber dafür auch Leben, und das ist besser als die „einerlei Meinung" und der geistliche Tod. Wenn der Heiland jetzt noch käme, so würde er nicht Anbetung seines Rocks, sondern Buße verlangen. Da würden die Leute nicht hinlaufen. Denn der alte Mensch taugt nicht ins Reich Gottes. Mist ist Mist und der alte Mensch ist eben ein alter Mensch. Da hilft kein kölnisches Wasser und kein Trierer Rock." Im Jahre 1850 erschien das Schriftchen: „Die Revolution, ihre Ursache und Heilung", das wir früher schon berührten. Im Jahre 1853 ohne seinen Namen die Schrift: „Abendmahl des Herrn oder Messe, Christenthum und Papstthum; Diamant oder Glas." Hervorgerufen war das Buch durch Alban Stolzens Büchlein: „Diamant oder Glas", das mit ziemlich dürren Worten das Abendmahl in der römischen Kirche für Diamant, und das evangelische für Glas ausgab. Er ging dem Gegner nicht aus dem Wege und gab ihm viele Hauptsätze zu, wie den: „Das Abendmahl ist die Seele, das Leben, das Herz, das tiefste Wesen, das heilige Geheimniß der christlichen Religion" und den andern: „Hier gilt es ein gewaltiges Entweder

— **oder**, hier liegt ein himmelhoher Berg oder ein höllentiefes Thal." Aber gerade deßhalb war es ihm darum zu thun, die Sache recht ins Klare zu stellen. Das Büchlein stellt das h. **Abendmahl** zunächst biblisch dar als ein **Opfermahl** und zeigt wie es gegeben sei:

1. Zum **Gedächtniß** und fortwährender Verkündigung des Todes Jesu.
2. Zur **Mittheilung** seines Opfers.
3. Zur **Vergewisserung** der Vergebung der Sünden und Stärkung des Glaubens.
4. Zur **Vereinigung** mit Christo, und
5. untereinander.

Zu diesem Opfer Christi sagt er:

Die Versöhnung Jesu Christi ist das Gewicht, welches Gott auf die Waagschaale legt, wenn er die Menschen von ihren Sünden losspricht und selig macht, und um deren willen er sie losspricht und selig macht. Gott hält die Waage, die Himmelswaage, womit die Menschen gewogen werden in seiner Hand. Auf die eine Seite wird gesetzt der Sünder mit seinen Sünden; diese ziehen hinab, bis in die dunkelsten Orte der Erde, bis in die Hölle hinab. Hat der Mensch kein Gegengewicht in die andere Schaale, so muß er in dieser Finsterniß, in diesen Gefängnissen und Orten der Verdammniß und Qual, in diesen schauerlichen Kerkern der Ewigkeit bleiben. Ein solches Gegengewicht in die andere Waagschaale sind aber nicht unsere Büßungen und Leiden, unsere Almosen und andere guten Werke, ja gar keine menschlichen Werke, selbst nicht die besten Werke und Verdienste aller Heiligen, denn wir sind allesammt, wie die Unreinen, und alle unsere Gerechtigkeit ist wie ein unflätiges Kleid Jes. 64, 6. Legt der Mensch diese seine Werke oder die Verdienste und Werke anderer, lebender oder verstorbener Menschen und Heiligen auf die Waagschaale, so lautet der Ausspruch: Gewogen und zu leicht erfunden Dan. 5, 27. Das einzige Gewicht, welches zieht, welches uns aus der Hölle heraus, und bis in den Himmel hinaufzieht, ist Christus und sein Verdienst, sein thuender und leidender Gehorsam, seine Gerechtigkeit; sie allein ist giltig, vollkommen giltig vor Gott, denn er hat allen Willen Gottes **vollkommen** erfüllt, er hat sich im ewigen Geiste Gott geopfert Hebr. 9, 14. Legt Gott diese Gerechtigkeit auf die andere Waagschaale: so sind wir gerettet, wir werden gerechtfertigt, von unsern Sünden los- und freigesprochen und selig gemacht. Wir sind und werden angesehen vor Gott, wie Adam vor seinem Fall, ohne Sünde; oder wie Christus, vollkommen rein, heilig und herrlich. Röm. 8, 28—30. — Es legt aber Gott dieses Gewicht für alle diejenigen in die Waagschaale, die bußfertig und glaubig zu Jesu kommen, oder er legt es für diejenigen in die Waagschaale, die in diesem Leben gewogen aber zu leicht erfunden worden sind, die nicht nur bei Nacht und im Traume gewogen und mit ihren Sünden in die Hölle hinabgefahren, und darüber erschrocken und in Tod- und Höllenangst gerathen sind; sondern bei denen dieses Alles am Tage geschehen, durch Gottes Wort und Geist geschehen ist, wie bei dem Zöllner, bei dem Knecht von 10,000 Pfund, beim Schächer am Kreuze, bei Paulus auf dem Wege nach Damaskus; und die dann Gott bitten, er möge ihnen gnädig sein, und wenn sie als Christen von Christo, von seiner Versöhnung gehört und richtige Erkenntniß haben, die ihn bitten, er möge um Christi willen ihnen gnädig und versöhnt sein. Nicht für diejenigen legt er Christi Gerechtigkeit in die Waagschaale, die ihn durch allerlei gute Werke dazu bewegen, die sich durch Büßungen und Besserungen dazu werth und würdig machen wollen, nicht für die, die da sind der Werke, sondern die da sind des Glaubens. Wir werden ohne Verdienst gerecht aus Gottes Gnade durch die Erlösung Jesu Christi Röm. 3. Unsere Angst, unser Elend, unser Armsein, unsere Seelennoth, unser Rufen und Schreien sieht Gott bei uns an, nicht unsere Werke oder unsere Rechtschaffenheit. Da spricht er: Es bricht mir mein Herz, ich muß mich dein erbarmen Jer. 31, 20. Unsere guten Werke brechen ihm sein Herz nicht, aber unsere Angst und Noth. — So sehen wir also: Christus und sein Blut, Christi Gerechtigkeit ist das einzige Gewicht, welches uns, welches arme, erschrockene Sünder aus der Hölle heraus und in Himmel hinaufziehen kann.

Ueber den Glauben, der solches Verdienst ergreift, sagt er:

Nichts in der Welt ist schwerer als glauben; als glauben, daß Christus unsere Sünden von uns weg, auf sich genommen und am Kreuz getilget habe, und daß wir nun um seines blutigen Gehorsams und Opfers willen vor Gott frei und ohne Sünde seien. Alles kann der Mensch in Noth und Tod und bei einem aufgewachten Gewissen eher thun, als glauben; Geld und Almosen kann er geben, Stiftungen kann er machen, ja Berge könnte und würde er eher abgraben, als glauben. Und doch werden wir nicht anders gerecht, erhalten auf keinem andern Weg die Vergebung der Sünden, als durch den Glauben. Sünden lassen sich nicht wegbeichten, wegbüßen, wegwaschen, wegbeten, noch mit guten Werken und frommem Leben gutmachen und zudecken; sie lassen sich nur wegglauben.

Den Unterschied zwischen dem Sacrament der Taufe und des Abendmahls stellt er so dar:

Vielleicht ließe sich der Unterschied zwischen Taufe und Abendmahl auch noch so darstellen. In der Taufe werden wir mit Christo vermählt, unsere alten Schulden werden uns abgenommen und getilgt, und Christi Reichthum uns zugetheilt; darum, wie eine Frau bei ihrer Verehelichung ihren Namen verliert und den ihres Mannes bekommt, so verlieren auch wir in der Taufe unsere Namen als Juden und Heiden und werden nach Christo Christen genannt. In dem heiligen Abendmahl wird aber diese Ehe vollzogen, wir kommen mit Christo unter ein Dach, werden von Ihm an seinem Tische gespeist und getränkt, und leben mit Ihm in der innigsten ehelichen Gemeinschaft.

Ich will mich mit dir verloben in Ewigkeit; ich will mich mit dir vertrauen in Gerechtigkeit und Gericht, in Gnade und Barmherzigkeit; ja im Glauben will ich mich mit dir verloben, und du wirst den Herrn erkennen. Hos. 2, 19. 20. Auch erneuert wird im heil. Abendmahl immer wieder der Bund der Ehe, und wir werden der Vergebung aller der durch uns verursachten Störungen und der früheren Liebe wieder versichert. Denn wie eine Frau, die ihrem Manne untreu geworden und wohl auch davongelaufen, aber reumüthig zurückgekehrt ist, darin ein Zeugniß und eine Versicherung hat, daß er ihr alles vergeben und die frühere Liebe wieder zugewendet hat, wenn er sie wieder in sein Haus aufnimmt, an seinen Tisch setzt, speist und tränkt, und wieder mit ihr ehelich zusammenlebt, so hat auch eine Seele, die in der Taufe Christo angetraut, nachher aber ungetreu geworden und davon gelaufen, jedoch reumüthig wieder zurückgekehrt ist, darin ein Zeugniß und eine Versicherung, daß ihr Alles vergeben und vergessen und die frühere Liebe wieder zugewendet sei, wenn sie am heil. Abendmahl Theil nimmt, und so von Christo wieder unter sein Dach aufgenommen, an seinem Tische gespeist und getränkt und mit Ihm ehelich vereinigt wird. Gerade diese Liebe Christi soll auch die Seele Christo gewinnen, und dies immer mehr, so zwar, daß sie nicht nur nicht mehr davonlauft und untreu wird, sondern daß sie nach und nach und endlich ganz mit Ihm zusammenschmilzt, mit Ihm vereinigt und Eins wird, so daß sie nichts mehr will, als was Christus will, ja daß sie nicht mehr selbst lebt, sondern daß Christus in ihr lebt, wirkt und handelt, und sie nur noch Glied an seinem Leibe, Er aber ihr, wie des ganzen Leibes Haupt ist. Wenn sie in der Taufe ihren Namen, so verliert und soll sie verlieren im Abendmahl ihr Ich. Weil nun das Abendmahl eine solche eheliche Vereinigung ist, darum ist auch eine Ausschließung vom heil. Abendmahle gleich einer Scheidung von Tisch und Bett, und eine Ausschließung aus der christlichen Kirche eine Auflösung der Ehe.

Am Schlusse dieses Theils zeigt er dann, wie das h. Abendmahl uns in den nächsten Umgang mit Gott bringt und so Gottes Bild in uns verklärt:

Im Abendmahle geht er mit uns um, wie mit Adam im Paradiese, und offenbart uns seine Liebe, seine Kreuzesliebe, seine Sünderliebe, seine Hingabe für uns in den Tod, auf daß er die Werke des Teufels, alle Angst und Unruhe, allen Haß und Feindschaft, alle Sünde in uns zerstöre, und Gottes Heiligkeit, Friede und Liebe, Kraft und Macht in uns herstelle und vollende. In den Worten: Nehmet, esset; das ist mein Leib für euch gegeben; trinket Alle daraus: das ist mein Blut für euch vergossen h ö r e n wir seine Liebe, in den sichtbaren Zeichen und Gestalten s e h e n wir sie. In dem G e n u s s e wird sie uns zugetheilt, im G l a u b e n wird sie l e b e n d i g, wir werden mit Christo v e r e i n i g t; in der B r u d e r l i e b e stellt sie sich s i c h t b a r dar.

Darnach beantwortet er die Frage nach der rechten Vorbereitung auf das heil. Mahl und den rechten Dank für dasselbe.

Nach diesem mehr bauenden Theil folgt der abwehrende, wo die Lehre der reformirten und lutherischen Kirche dargestellt und im Gegensatz zur katholischen behandelt wird.

Den Unterschied zwischen der evangelischen und der römischen Lehre vom Abendmahl findet er besonders:

1. In der Verwandlung.
2. Der Kraft der priesterlichen Weihe.
3. Der einen Gestalt.
4. Der Anbetung und dem Umzug.

Er schließt mit den Worten:

Was darum in dieser Schrift steht, was etwa hartes darin steht, gilt nicht dem wahren Christus, und seinem Sakramente, denn auch wir sagen: hochgelobt sei das allerheiligste Altarsakrament, sondern es gilt dem falschen Christus, es gilt der Hostie als Herr Gott, und seinem Opfer und Sakrament. Was etwa hartes darin steht, gilt nicht so sehr Menschen, wie Priester und Bischof und Papst, sondern es gilt vielmehr dem, der der Menschen Verführer und alles Aberglaubens und Unglaubens Urheber ist. Und bedenkt man das viele Blut, das in allen Landen durch Anstiftung dieses Feindes um dieses Meßgottes willen vergossen, die Millionen Menschen, die ihm geopfert worden sind, so dürfte wohl nichts zu hart scheinen von dem, was gesagt ist. Kränken aber, das darf man versichern, wollte man nicht, und gerne hätte man Manches milder gesagt, wenn es ohne Verletzung der Wahrheit hätte geschehen können, oder wenn die Sprache mehr zu Gebot gestanden wäre. Sollte sich deßungeachtet manche redliche Seele über dieß und jenes gekränkt fühlen, so sei sie, so viel von dem Schreiber gefehlt, tausendmal um Verzeihung gebeten, aber auch tausendmal ermahnt, Alles reiflich zu prüfen, und der Wahrheit das Herz nicht zu verschließen. Forschet in der Schrift, spricht Christus, denn ihr meinet, ihr habt das ewige Leben darinnen, und sie ist's, die von mir zeuget Joh. 5, 39.

Von dieser Schrift machte er einen Auszug unter dem Titel: „Das Meßbüchlein für Katholiken und Protestanten." Stuttgart 1853. (Steinkopf.)

Im Jahre 1856 erschien ohne seinen Namen das Buch:

**Die Unterscheidungslehren zwischen der katholischen und evangelischen Kirche, hergeleitet aus zwei Hauptlehren aus der Lehre von der Rechtfertigung und vom heil. Abendmahl**

und darauf zurückgeführt;

Mit Rücksicht auf die bischöflichen Forderungen und Streitigkeiten in Deutschland.

Stuttgart 1856. — J. W. Quack.

Besonders im ersten Theil der Darstellung der Rechtfertigung aus dem Glauben ist Henhöfer ganz in seinem Element. Durch das Ganze geht ein milder Ton, und man sieht durchweg die dienende Liebe des ehem. römischen Priesters, dem es vor allem zu thun ist, daß die Leute Christen werden.

Im Jahr 1858 erschien das Büchlein:

**Confirmanden-Unterricht**

für die evangel. Jugend unserer Zeit.

**Licht und Schatten**

von

Pfarrer Dr. Henhöfer.

Stuttgart.

**Druck und Verlag von P. W. Quack.**

**1858.**

Wessen sich der Leser zu dem Büchlein zu versehen hat, geht aus der Vorrede hervor, die wir hier mittheilen:

Der Plan und Inhalt dieses Büchleins ist klar; es ist die Heilsordnung: Buße, Glauben und Heiligung. Nur an der Hand göttlichen Worts, durch Predigt und christlichen Unterricht findet der Mensch diesen Weg, und ohne dies findet er ihn nicht.

So lange daher Gottes Wort nicht gelesen und gepredigt, oder nicht nach der Wahrheit gepredigt und unterrichtet wird, bleibt der Mensch von diesem Weg entfernt, bleibt mitten in der Christenheit blind und todt. Seine Buße besteht in einigen Bußgebeten und in der Beicht, sein Glauben in einem Fürwahrhalten dessen, was die Kirche lehrt, und im Gebrauch göttlicher Heilsmittel, und sein Leben in einem ehrbaren Wandel vor und nach der Welt. Daraus bildete sich eine Gerechtigkeit vor Gott. Ein solcher Mensch gleicht einem Acker der zwar nicht mehr Wald, sondern Feld ist, aber brach und ungebaut da liegt. Das ist der natürliche Zustand des Menschen, aller Menschen in allen Religionen und Kirchen.

Wird aber Gottes Wort rein und lauter und in der Kraft Gottes verkündigt; so wird es anders, bei Vielen, aber nicht bei Allen anders. Viele kommen jetzt zu einer von Gott gewirkten Buße, zum Glauben und zum neuen Leben. Nun aber ist ihre Buße noch eine halbe, nicht eine ganze, nur eine Buße über äußerliche Sünden, nicht über innerliche, und ihr Glaube sucht eine Vergebung bei Christo über diese äußerlichen, noch nicht über innerliche Sünden. Was das Leben angeht, so besteht es ebenfalls nur im Kampf und Ablegen dieser äußerlichen nicht der innerlichen Sünden; und da man damit wohl auch fertig werden kann; so haben sie des Heilandes zur Vergebung auch nicht so nöthig. Ihr ganzes christliches Leben ist daher mehr ein eigenes gesetzliches Treiben, als ein Werk der Gnade, und gar oft artet es in Separatismus und Sektirerei aus. Der Mensch will sich fromm machen und nicht die Gnade soll es thun. Ein solcher Mensch gleicht einem Acker, der zwar nicht mehr öde da liegt, der aber auch nicht gepflügt, sondern nur etwas behackt und mit einigen Samenkörnlein eingesäet ist, und wo der Mensch mehr zur Entfernung und Abhaltung des Unkrauts thun muß, als die Saat thun kann. Es ist dies der Zustand der Erweckung, die erste Stufe des Heilsweges. Der Apostel Paulus hatte mit diesen Leuten, von denen sich Viele vermessen Lehrer zu sein, gar Vieles zu thun.

Gibt aber solcher erweckte Mensch dem Wort und Geiste Gottes weiter Gehör; so wird er auch weiter geführt, er kommt zu einer ganzen Buße, zu einem ganzen Glauben, zu einem wahren Glaubens- und Gnadenleben. Wie der Geist Gottes die äußerlichen Sünden aufgedeckt und sündig gemacht hat; so deckt er ihm nach und nach die innerlichen auf, den Stolz, den Geiz und die Fleischeslust, die innen wohnen, und macht sie sündig, wie die äußerlichen Sünden. Und da der Mensch damit nicht fertig werden kann, wie mit den äußerlichen Sünden, so bedarf er nicht ein in das andermal, sondern täglich und stündlich des Heilandes, der seine Sünden bedeckt. Aber gerade das, daß er sich täglich als Sünder erkennt und fühlt, gerade das, daß er täglich die Vergebung der Sünden nöthig hat und sie erhält, gerade das macht ihn klein und demüthig, mitleidig und barmherzig. Die Gnade thuts, nicht er, oder er mit und durch die Gnade. Ein solcher Mensch gleicht einem Acker, der nicht nur behackt, sondern wohl gepflügt ist, und in welchen dann eine gute Saat eingesäet ist. Die Saat hält nun das Unkraut zurück und macht den Acker gut, der Mensch hat wenig mehr mit zu thun, und wenn er auch mithilft und wirkt, so thut doch die Saat das Meiste. Das ist der Zustand der Bekehrung, die zweite Stufe im Heilswege: es ist dies das wahre Christenthum, und diese Kirche die wahre Kirche Christi und Gottes.

Ist nun ein solcher Mensch mit der Gnade treu, und gebraucht er fleißig die Mittel zur Stärkung seines Glaubens, Wort, Gebet und Sakrament, so wächst er weiter in die Vollkommenheit und in die Vollendung, so daß er nichts, und Christus und seine Gnade Alles in ihm wird und thut. Ein solcher Mensch gleicht einem Acker, der so gut im Bau ist, daß die Saat allein ohne Beihilfe des Menschen alles Unkraut zurückhält und gute Frucht trägt. Das ist der Zustand der Vollendung. Phil. 3, 12—14. 2. Cor. 5, 14.

Die Menschen auf die zweite und dritte Stufe zu führen, das ist die Aufgabe der evangelischen Kirche, und auch dieses Büchlein möchte sein geringes Scherflein dazu beitragen. Hat es da und dort gekämpft gegen das gesetzliche und todte Wesen, so geschah es theils darum, weil alle Menschen in allen Kirchen von Natur darin liegen, gerne darin liegen und schwer herauszubringen sind, theils weil auch Viele aus Unwissenheit sich verführen lassen, dieses äußerliche Kleid für das wahre vor Gott giltige anzusehen und anzunehmen. Bei allem Kampf aber gegen unbiblische Lehren und gesetzliches Wesen darf man doch versichern, daß die Liebe zu den Personen nie erlöschen wird."

Der Weg zum Himmel wird gezeigt, denn dahin soll's mit dem Konfirmanden gehn. Dieser Weg ist Buße und Glaube. Diese beiden Stücke werden nun in origineller Weise abgehandelt, wie denn dies Schriftchen eines seiner besten ist.

Wir führen nur einige Stellen an:

### Vom Glauben.

28) Was heißt glauben? Glauben heißt so viel als kleben, sich wie eine Klette an etwas hinkleben, sich fast daran hängen, sich darauf verlassen, sein Vertrauen darauf setzen.

29) An was klebt sich der Mensch hin, wenn er selig werden will? Der Christ klebt sich und soll sich kleben an Jesum Christum und allein an ihn. Dies nennt man den seligmachenden Glauben.

30) Macht denn das Hinkleben oder das Glauben selig? Nein, nicht das Hinkleben, oder das Glauben macht selig, sondern Christus an den man sich hinklebt. Das Hinkleben oder das Glauben ist kein so verdienstliches Werk, daß man damit die Seligkeit verdienen könnte, sondern man nimmt Christum, den Seligmacher, damit nur an und auf. Nicht das Aufnehmen macht den Acker gut, sondern die Saat, die er aufnimmt. Beides kann aber nicht getrennt werden, darum sagt man auch nicht: das Glauben, sondern der Glaube d. i. Christus und sein Verdienst im Herzen an- und aufgenommen, macht selig.

Sehr anschaulich ist besonders der Kampf des Heilands in der Passion geschildert:

Unter diesem Landpfleger kam nun Jesus in's Leiden. Sein Leiden bestand aber in einem Kampfe, den er mit dem Fürsten der Finsterniß, mit dem Teufel, zu kämpfen hatte. Kaum in die Welt eingetreten, wurde er von diesem verfolgt. Seine Absicht war zuerst, ihn zu tödten, so hätte das Werk der Erlösung gar nicht zu Stande kommen können. Da nun seine Mordpläne scheiterten, und Jesus seine Jugend ganz in der Stille und Zurückgezogenheit zu Nazareth zubrachte; so mußte auch er, mit seinem Aufenthalt unbekannt, feiern, bis Jesus im Geiste erstarkt war. Als aber Jesus in seinem dreißigsten Jahre öffentlich auftrat, so fand sich auch der Teufel alsbald auf dem Kampfplatze ein. Es sollte sich nun entscheiden, wer Herr der Welt bleibe und werde. Es war ein Kampf auf Leben und Tod. Die Schlachten wurden in zwei Welten, in der sichtbaren und unsichtbaren, geschlagen. Der Preis und die Beute war die Menschheit. Die Absicht des Teufels war aber jetzt diese, Jesum zu Falle zu bringen. Damit hätte er nicht nur das Werk der Erlösung zerstört, sondern auch noch Jesum unter sich bekommen. Und wie fing er es an? Groß Macht und viel List sein grausam Rüstung ist, auf Erd ist nicht seins Gleichen. Wie er den ersten Adam mit List und Schmeichelei in Unglauben und in die dreifache Sünde, in Augenlust, Fleischeslust und Hoffarth des Lebens brachte; so versuchte er es auch zuerst, Jesum in der

Wüste mit seinen glatten Worten zu fangen, und in diese dreifache Sünde und so zu Falle zu bringen. Aber seine List gelang ihm nicht, er mußte fliehen, und Jesus blieb Sieger. Da er es mit guten Worten nicht ausrichten konnte, so wendete er Gewalt an. Von ihm haben es alle seine Freunde und Bundesgenossen gelernt. Durch Gewalt, mit Drohen und Schrecken, mit Leiden und Plagen wollte er erreichen, was er mit guten Worten nicht ausrichten konnte. Wir übergehen die Leiden während seines dreijährigen Lehramtes, und wenden uns gleich zu denen seiner letzten Tage, wo es den Hauptkampf galt, und es sich endgiltig entscheiden sollte, wer Sieger und Herr der Welt sein und werden oder bleiben sollte, Christus oder der Teufel. Zu dieser letzten Schlacht hatte der Teufel alle seine Freunde und Anhänger, und alle Feinde Jesu, besonders die Priesterschaft und hohe Geistlichkeit recht angefeuert, d. i. ganz blind und fanatisch gemacht, so daß sie erfüllt mit seinem Geist nach nichts schnaubten und dürsteten, als nach Blut und Mord. Von Barmherzigkeit und Mitleid war nichts mehr zu sehen. Nachdem er nun die Priesterschaft so mit den Kräften der Hölle ausgerüstet, und schlagfertig auf dem Kampfplatz aufgestellt hatte, eröffnete er die Schlacht. Er selbst griff Jesum zuerst im Unsichtbaren an. In Gethsemane begann der Kampf. Hier stellte er Jesu alle die Leiden Leibs und der Seele, des Todes und der Hölle vor, die er über ihn bringen werde, wenn er an Gott festhalten, und sein Werk und seinen Willen ausführen wolle. Damit glaubte er ihn zu schrecken, von Gott und seinem Willen ab, und zu Falle zu bringen. Furchtbar waren die Leiden, die er ihm hier zeigte, und Jesu Angst war so groß, daß er an Leib und Seele zitterte, und blutigen Schweiß schwitzte. Er selbst bat: Vater, ist es möglich, so gehe dieser Kelch von mir, doch nicht mein, sondern dein Wille geschehe. So schwer der Kampf war, Jesus blieb Sieger und der Teufel mußte weichen. Doch damit war der Kampf noch nicht entschieden, jetzt erst führte der Teufel Jesum in alle die Leiden hinein, die er ihm in Gethsemane gezeigt und womit er ihn dort so erschreckt hatte. Damit hoffte er sicherlich zu siegen. Auf allen Seiten eröffnete er die Schlacht. Die eine Armee, die sichtbaren Feinde Jesu nahmen ihn gefangen, führten ihn vor Gericht, verurtheilten ihn zum Tode, gaben ihn dem Spott und Hohn und der Mißhandlung der niedrigsten Kriegsknechte preis, und überlieferten ihn endlich zum Kreuztod den Heiden. Diese setzten fort, was jene angefangen hatten, sie geißelten, krönten und kreuzigten Jesum, und gaben ihn der Verachtung, Lästerung und Verspottung aller Welt preis. Niemand war ihm zum Trost, alle seine Freunde flohen, er mußte die Kelter des Zornes Gottes allein treten. Die andere Armee aber, der Teufel mit seinen Engeln und höllischen Geistern und allen Qualen der Hölle drang im Unsichtbaren auf ihn ein. Da kostete es Gebet und Thränen. Lange währte der Kampf, immer wurden neue Truppen und Leiden vorgeführt, aber Jesus wich nicht, nicht einen Augenblick, er blieb Sieger, Sieger auf Golgatha, wie in Gethsemane. Seine sichtbaren Feinde, nachdem sie ihre ganze Bosheit an ihm erschöpft hatten, und keine neue Leiden und Qualen mehr aufzubringen wußten, schlug er mit den Worten: Vergib ihnen, Vater, sie wissen nicht, was sie thun; mit Liebe schlug er sie; ihre

Waffen waren fleischlich, seine geistlich, die ihrigen Bosheit, die seinigen Liebe; die ihrigen erschöpft, die seinigen unerschöpflich. Seine sichtbaren Feinde waren besiegt; und wie diese, so überwand er auch die unsichtbaren, den Teufel und sein Heer. Mit Glauben überwand er diese. Schwer und fürchterlich war der Kampf im Unsichtbaren. Jesus wurde in die Hölle geführt, er trank von den Bächen Belials, er erlitt alle Leiden und Qualen der Hölle und der Verdammten, Engel wären verzweifelt und gefallen, er aber blieb standhaft, hielt fest an Gott, trotz allen Qualen der Hölle. Seinen Seelenzustand sprach er zwar aus, aber glaubig sprach er ihn aus: Mein Gott, mein Gott, rief er am Kreuze, warum hast du mich verlassen; verlassen, aber doch an Gott haltend, keine Hölle und kein Teufel konnte ihn davon wegbringen. Was wollte der Teufel noch thun, seine Waffen waren fertig; die Hölle erschöpft, Jesus blieb im Glauben. Die Schlacht war verloren, der Teufel floh, floh mit seinem ganzen Heer, fort der Hölle zu. Jesus blieb Sieger. Das war sein Kampf, das sein Sieg, das sein königliches Amt und Werk. Und die Beute seines Sieges? Es war die Menschheit. Durch diese so unschuldig erduldeten und im vollkommenen Gehorsam des Glaubens getragenen Leiden wurden die Menschen versöhnt. Das war Gottes Rath bei diesen Leiden. Der Teufel wollte Jesum zu Falle bringen, Gott die Menschen erlösen. Sein Liebesrath wurde durch Christum ausgeführt, im Unsichtbaren und Verborgenen ausgeführt. Das ist das Geheimniß des Kreuzes. Daran dachte der Teufel wohl nicht, das ahnte er nicht, sonst hätte er nicht gethan, was er gethan hat, doch er hoffte den Sieg.

Bedeutsam ist der Schluß des Büchleins:

Wie in der großen allgemeinen oder in der sichtbarlichen katholischen Kirche, wozu Katholiken und Protestanten gehören und die aus Priester und Volk, aus Geistlichen und Laien besteht, jede der beiden Kirchen ihren allgemeinen Beruf hat, den nämlich: Gottes Bild durch Christum in sich herzustellen; so hat auch jede derselben in höherem Lichte angeschaut, trotz aller Verschiedenheit und bei ihren verschiedenen Heilswegen und selbst nach denselben, ihren besondern Beruf und Auftrag, den sie nicht nur für sich, sondern auch zum Segen und Dienst der andern zu erfüllen hat; die Eine eine lehrende, die Andere eine hörende Kirche zu sein; die Eine Christum für uns, die Andere Christum in uns, die Eine das Evangelium, die Andere das Gesetz in sich geistlich zu beleben und auszubilden; die Eine Christum mit der menschlichen Seele durch den Glauben, die Andere die menschliche Seele mit Christo durch die Liebe zu vereinigen, und so den ganzen Christus, Christus für und in uns darzustellen. Dies ihre Sonderaufgabe. Möge die Zeit bald kommen, wo jede der beiden Kirchen nicht nur ihren allgemeinen, sondern auch diesen ihren besondern Beruf erkennt, und denselben nicht im Buchstaben, sondern im Geist, nicht durch eine todte lederne Orthodoxie und äußerliche Gesetzlichkeit, sondern durch einen innern von Gott gewirkten lebendigen Glauben und durch eine daraus hervorgegangene heilige Liebe zu erfüllen sucht, damit beide einst vor dem Herrn bestehen und dem Gericht entrinnen können; ja möge die Zeit bald kommen, wo Christus Alles in Allen wird, und beide Kirchen ihre Zusammengehörigkeit erkennen, in Liebe sich verlangen und aufnehmen, sich als Brüder und Schwestern ansehen und die Hände reichen und so vereiniget werden, daß da sei Ein Hirt und Eine Heerde unter Christo, dem Einigen Hirten und Bischofe unserer Seelen Amen.

Im Jahre 1859 gab er ein Büchlein heraus:

**Das Abendmahl des Herrn.**

Ein Geschenk für Confirmanden.

von

Pfarrer Dr. Henhöfer

zu Spöck.

Karlsruhe bei Fr. Gutsch.

1859.

Ich hebe aus demselben vornemlich die Darstellung der reformirten, lutherischen und katholischen Lehre vom Abendmahl hervor:

Wollen wir diese Unterschiede wieder in einem Beispiel zeigen, so ist es das Beispiel von Gut und Geld. Die Einen wollen ein Gut und Geld in natura oder baar haben; die Andern ein Gut umhüllt oder das Geld baar eingewickelt in Rollen, die Dritten in Kaufbriefen, Obligationen, in Papiergeld und Handschriften. Die Ersten sind die Katholiken, die Zweiten die Lutherischen, die Dritten die Reformirten. Die *Katholiken* lehren, der Leib und das Blut Christi werde uns in natura oder baar, d. h. wahrhaftig, wirklich *zugegen* und wesentlich zugetheilt, ohne Brod und Wein, Brod und Wein sei verwandelt und lauter Leib und Blut Christi geworden, man genieße daher lauter Leib und Blut Christi, ohne Brod und Wein und zwar mit dem *Munde*.

Mit ihnen lehren gleich die *Lutherischen*, nur mit dem Unterschied, daß sie keine Verwandlung annehmen, sondern sagen Brod und Wein bleibe Brod und Wein, und Christi Leib und Blut werde nur *in*, *mit* und *unter* dem Brod und Wein empfangen und genossen und dies ebenfalls mit dem *Munde*.

Die *Reformirten* lehren, der Leib und das Blut Christi sei nicht hier, sondern im *Himmel*, werde nicht wesentlich weder verwandelt, d. h. ohne Brod und Wein, noch in, mit, unter Brod und Wein zugetheilt und empfangen, sondern blos *mit* Brod und Wein, und wesentlich nicht mit dem Munde, sondern im *Glauben* empfangen und genossen.

Im Beispiele geredet, lehren die Reformirten: das Gut eines Vaters werde dem Sohn nicht in natura und auf dem Feld, das Geld nicht baar mitgetheilt, sondern mit dem *Kaufbrief* und in einer *Pfandurkunde*, und so vom Sohn empfangen. Wenn also der Vater spricht, den Kaufbrief in der Hand: Nimm hin, mein Sohn und verwahre es wohl: das ist das Gut, das ich für dich hingegeben und wieder erworben habe; oder die Pfandurkunde in der Hand: Nimm hin, mein Sohn, und hebe es wohl auf: das ist das Geld, welches ich für dich hingegeben und wieder an mich gebracht habe: so gibt er ihm weder Gut noch Geld in natura oder baar, denn das Gut liegt draußen auf dem Felde und das Geld ist ausgeliehen, aber er gibt ihm auch nicht Nichts, er gibt ihm nicht ein leeres gemeines oder schlechtes Papier, sondern ein durch den, der vom Fürsten des Landes beauftragt und angestellt ist, und somit Fug und Recht hat, verwandeltes, in einen Kaufbrief, in eine Obligation, in Papiergeld verwandeltes Papier, ein Papier, in welches durch Wort und Schrift das Gut mit Morgenzahl und Grenzen, das Geld mit Zinsen und Zahlungstermin hineingesprochen oder geschrieben ist, und welches daher auch so heißt, wie das Wort, das hineingesprochen oder die Schrift, die hineingeschrieben ist, lautet: der Kaufbrief: Landgut; das ist das Landgut, die Obligation: Geld, das ist das Geld; oder bei Papiergeld: zehn, fünfzig, hundert Gulden; und er übergibt ihm das Gut, das auf dem Felde liegt und das Geld, das ausgeliehen ist, wahrhaftig und wirklich zum Eigenthum.

Ebenso und auf gleiche Weise gibt Christus nach reformirter Lehre beim heiligen Abendmahle seinen Leib und sein Blut nicht in natura oder wahrhaft, wirklich und wesentlich zugegen, denn damals, als er das heilige Abendmahl einsetzte, hatte er seinen Leib und sein Blut noch an sich und konnte es daher seinen Jüngern nicht geben, und jetzt ist er im Himmel, und so kann er es auch jetzt nicht; aber er gibt deßwegen nicht Nichts, er gibt nicht ein leeres gemeines Brod, einen leeren gemeinen Wein, sondern er gibt ein von ihm und von denen, die dazu beauftragt sind, und darum Fug und Recht dazu haben, verwandeltes Brod, einen verwandelten Wein, ein in den Leib und in das Blut Christi verwandeltes Brod und solchen verwandelten Wein, ein Brod und Wein, in welches durch Wort und Schrift der Leib und das Blut Christi hineingesprochen oder hineingeschrieben ist und welches daher so heißt, wie das hineingesprochene oder geschriebene Wort: der Leib und das Blut Christi, obgleich es noch Brod und Wein ist und nicht der wesentliche Leib oder das wesentliche Blut Christi selbst, oder solches darin enthalten ist.

Fug und Recht solches giltig zu thun, d. i. die Worte: Das ist mein Leib, das ist mein Blut, in Brod und Wein hinein zu schreiben oder giltig zu sprechen hat nur der Geistliche, als der von Christo beauftragte und in seinem Namen es sprechende Diener; gleichwie nur der vom Fürsten angestellte und beauftragte Beamte Fug und Recht hat, auf Papier einen Kaufbrief, eine Obligation oder Pfandurkunde giltig zu schreiben, und so das leere Papier in einen Kaufbrief, Schuldschein, oder in Papiergeld zu verwandeln. Wer es sonst thun würde, würde es mit Unrecht und ungiltig thun. So gilt es z. B. nichts, wenn der Schullehrer täglich seine Schüler Handschriften, Verträge und andere Dinge schreiben läßt, weil er nicht dazu beauftragt ist. Dagegen, wenn es der dazu bestellte Beamte thut, so haben diese Schriften

Giltigkeit. Aber auch selbst, wenn dieser es thut, aber nur Probweise, und nicht mit Ernst, nicht als Beamter und im Amte, nicht im Auftrag und in der Absicht, einen Kaufbrief, Pfandurkunde zu schreiben, so gilt es auch nicht. Daher sagt die katholische Kirche: Der Geistliche müsse bei allen kirchlichen Handlungen, besonders bei Einsegnung oder Konsekration des heiligen Abendmahles die Intention haben, solches zu thun oder das zu thun, was die Kirche thut, sonst gelte es nicht.

Dieses so consecrirte oder zu Christi Leib verwandelte Brod, dieser so consecrirte oder zu Christi Blut verwandelte Wein wird äußerlich mit dem Munde empfangen, wie der Kaufbrief, die Obligation äußerlich mit der Hand; der wahre, wesentliche Leib Christi aber, der im Himmel ist, das wahre, wesentliche Blut, das im Himmel ist, innerlich mit dem Glauben; wie das Landgut, das draußen liegt, und das Geld, das ausgeliehen ist, bei der Uebergabe von Kaufbrief und Obligation mit dem Glauben empfangen wird; nach dem Spruche: Der gesegnete Kelch, welchen wir segnen, ist der nicht die Gemeinschaft des Blutes Christi, das Brod, das wir brechen, ist es nicht die Gemeinschaft des Leibes Christi? 1. Korinth. 10, 16. Jesus gibt seinen Leib und sein Blut, das jetzt im Himmel ist, wahrhaft und wirklich und eigenthümlich, und man empfängt es so gewiß, als Jener mit dem Kaufbrief das Gut und mit der Obligation das Geld. Man empfängt daher nach reformirter Lehre nicht einen eingebildeten Leib, ein eingebildetes Blut, sondern den wahren Leib und das wahre Blut Christi, wie Jener mit dem Kaufbrief nicht ein eingebildetes Gut, mit der Obligation nicht ein eingebildetes Geld empfing; sondern ein wahres Gut und wahres Geld. Man empfängt es mit und ohne Glauben, wie Einer, der eine Obligation von hundert Gulden, oder einen Papierschein von solchem Werth empfängt, hundert Gulden hat, er mag es glauben oder nicht; nur hat derjenige, der keinen Glauben hat oder nicht glaubt, daß es hundert Gulden sind, oder der es nicht lesen kann und nicht versteht, so viel wie Nichts, er wird den Papierschein vielleicht als schlecht Papier wegwerfen, und das Geld baar und wesentlich nie erlangen noch verlangen, er hat eben so viel, wie Einer, der ein leeres Papier hat; so hat derjenige, der keinen Glauben hat oder der nicht glaubt, daß ihm der Leib und das Blut Christi mit dem gesegneten Brod und Wein gegeben wird, weiter Nichts als Brod und Wein und wird auch nie den wesentlichen Leib und das wesentliche Blut weder erlangen noch verlangen: was jedoch nur bei Juden, Türken und Heiden Anwendung finden wird, und bei solchen Christen, die ihnen wieder gleich geworden sind.

Dagegen empfängt derjenige, der den Glauben hat, d. i. bekehrt und wahrhaft glaubig ist, aber unbereitet und unwürdig hinzutritt, wie dies bei einzelnen bekehrten Korinthern der Fall war, zwar den Leib und das Blut Christi, aber zum Gericht, wie dies Paulus den glaubig gewordenen Korinthern sagt, da er spricht: „Welcher nun unwürdig von diesem Brod isset und von diesem Kelch trinket, der ist schuldig an dem Leib und Blut des Herrn. Der Mensch prüfe aber sich selbst, und also esse er von diesem Brod und trinke von diesem Kelch. Denn welcher unwürdig isset und trinket, der isset und trinket ihm selber das Gericht, damit, daß er nicht unterscheidet den Leib des Herrn. Darum sind auch so viele Schwache und Kranke unter euch und ein gut Theil schlafen, denn, so wir uns selber richteten, so würden wir nicht gerichtet. Wenn wir aber gerichtet werden, so werden wir von dem Herrn gezüchtiget, auf daß wir nicht sammt der Welt verdammet werden. 1. Kor. 11, 27—32." Es empfangt daher ein belehrter oder glaubig gewordener Christ, auch wenn er unwürdig hinzutritt, zwar den Leib und das Blut Christi, aber zum Gericht, welches Gericht doch vorerst nicht in Verdammung, sondern in einer Züchtigung zur Buße und zur Besserung besteht, damit er nicht mit der Welt verdammt werde; ähnlich wie ein Sohn, der zur Uebergabe und zur feierlichen Empfangnahme des väterlichen Vermögens ungewaschen und im Alltagskleide erschiene, zwar als Sohn das Erbe erhalten, aber auch ein Gericht, einen Verweis und eine Züchtigung sich zuziehen würde, weil er durch diese Nachlässigkeit eine Geringschätzung des so sauer erworbenen, schönen und reichen väterlichen Erbes an den Tag legen würde. Wenn daher nach reformirter Lehre der Unbelehrte Nichts als Brod und Wein empfängt, da ihm zur Aufnahme des wahren Leibes und Blutes Christi das Organ, der Glauben fehlt, und er seines Unglaubens wegen auch nicht Kind ist, so empfängt der Belehrte, der den Glauben hat, auch selbst, wenn er unwürdig hinzutritt, dennoch mit dem gesegneten oder verwandelten Brod und Wein den wahren Leib und das wahre Blut Christi, das Landgut selbst mit allen Früchten, weil er den Glauben hat und dadurch Kind und Erbe ist, aber er empfängt es zum Gericht und wird gezüchtigt.

Nach reformirter Lehre wird also Brod und Wein verwandelt, aber nicht wesentlich, es wird so verwandelt, wie Papier in einen Kaufbrief und in ein Landgut, oder wie Papier in eine Obligation und Geld, in Papiergeld. Wer nach dieser Lehre die Worte: Das ist mein Leib, das ist mein Blut buchstäblich nehmen und eine wesentliche Verwandlung bewirkend glauben wollte, der würde jenem Manne gleichen, der das Recept verschluckte, weil der Arzt ihm sagte: Das ist die Medicin, die ich ihm verschrieben habe.

Es sind nun aber alle Theile darin einig, daß man im heiligen Abendmahle den Leib und das Blut Christi empfange, den wahren Leib, nicht einen eingebildeten, der Katechismus romanus, oder der römische Katechismus, sagt selbst: Mit Nerven und Beinen — das hieße das Landgut mit Wurzeln und Steinen, wiewohl diese nichts nützen. — Sie sind Alle darin einig, daß man den am Kreuz geopferten und in der Auferstehung und im Himmel verklärten Leib, das am Kreuz vergossene und in der Auferstehung und im Himmel verklärte Blut, und nicht, wie die Jünger, einen erst zu opfernden und zu verklärenden Leib und ein solches Blut empfange, — daher die Spendeformel dies auch ausdrücken und etwas anders als bei den Jüngern lauten sollte, — ja daß man Christum empfange mit Leib und Seele, mit Gottheit und Menschheit, sammt allem Verdienst, — das Landgut, die inliegende Saat, und die daraus hervorgewachsene Frucht, den verklärten Acker mit der vollen und reifen Erndte; daß man es eigenthümlich empfange, denn was man ißt und trinkt, wird ganz und voll unser Eigenthum; darin aber sind sie uneinig:

Wie und womit man es empfange, ob in natura und mit dem Munde, als wesentlich verwandelt oder in, mit und unter Brod und Wein als wesentlich zugegen; oder ob man es vom Himmel herab mit Brod und Wein im Glauben empfange. Hierin liegen die Unterschiede. Nach reformirter Lehre liegt das Landgut draußen, der Leib und das Blut Christi ist im Himmel; nach lutherischer Lehre liegt es im Kaufbrief, der Leib und das Blut Christi ist wesentlich in Brod und Wein, nach katholischer Lehre ist selbst der Kaufbrief noch Landgut geworden, das Brod und Wein ist lauter Leib und Blut Christi. Oder nach reformirter Lehre ist das Geld ausgeliehen, nach lutherischer liegt es in der Obligation; nach katholischer ist selbst die Obligation oder das Papier in lauter Geld verwandelt. Die katholische Kirche nennt daher Brod und Wein im Abendmahl nur: Gestalten; die evangelische Kirche nennt es auch so, aber sie versteht unter den Gestalten ein wirkliches Brod, und einen wirklichen Wein, die katholische Kirche dagegen nur einen Schein von Brod und Wein als Farbe, Runde, Geschmack, kein wirkliches Brod und Wein mehr, und führt als Beleg der Möglichkeit solcher Verwandlung das Hochzeitswunder zu Kana in Galiläa an; dort aber schmeckte man kein Wasser mehr, wie hier Brod und Wein sondern lauter und den besten Wein.

Nach jeder dieser Lehren aber wird das Landgut und das Geld, der Leib und das Blut Christi zugetheilt und empfangen. Darum sollte man sich über das Wie und Womit nicht so sehr streiten. Die Reformirten und Lutherischen haben sich in neuerer Zeit vereinigt, da jeder Theil den Leib und das Blut Christi will und empfängt, den wahren Leib und das wahre Blut Christi, ob jetzt mit dem Mund oder im Glauben, ob das Landgut unmittelbar und in natura oder mit dem Kaufbrief, gleichviel, immer ist es das Landgut, das Jeder will und empfängt. — Und wenn die katholische Kirche die Schlüsse oder Consequenzen ihrer Verwandlungslehre aufgeben würde, als da sind: das Anbeten, Kniebeugen, das Umhertragen des gesegneten Brods, das Segnen und Opfern, welches Alles von Anfang nicht war und erst in spätern Jahrhunderten entstand und welches mehr zur Verherrlichung und Bereicherung der Priester als zur Verehrung und Anbetung Christi dient, so könnte auch mit ihnen eine Vereinigung zu Stande gebracht werden.

Als der Streit über das Concordat entbrannte, schrieb Henhöfer das Schriftchen:

### Die christliche Kirche
und
### Die Concordate.

Karlsruhe, 1860. Bei Friedr. Gutsch.

Henhöfer kommt nachdem er zuerst vom Glauben, Aberglauben und dem Unglauben geredet und ihr Verhältniß zu einander gezeigt, auf den Schluß, daß das Concordat dem Aberglauben gegen den Glauben auf die Füße helfe, dagegen in der katholischen Kirche selbst den Unglauben nur hervorrufen werde.

Der seit Ende der 50er Jahre mehr und mehr hervorbrechende Unglaube, die Anstrengungen der römischen Kirche wieder in den Besitz ihrer Oberherrlichkeit zu gelangen, der schwache und oft nicht lebendige Glaube der Gläubigen selbst, das Alles machte Henhöfer sehr bedenklich. Als wollte er das Geschlecht seiner Tage noch einmal vor seinem Scheiden warnen, schrieb er 1860 das Schriftchen:

## Der Kampf des Unglaubens
mit
## Aberglauben und Glauben.
### Ein Zeichen unserer Zeit.
Heidelberg 1861.
Universitätsbuchhandlung von Karl Winter.

Auch da verkündigt er wie in der ersten Schrift den Heilsweg auf's Klarste. Beide, Glaube und Aberglaube (d. h. hier der römische, gesetzliche Weg) wollen auf Christum bauen. Aber in der Art des Baues sind sie verschieden. So sagt er unter Anderm:

„Der Aberglaube will, um sein Fundament zu legen, daß zuerst alle Steine von dem Boden abgelesen und entfernt werden, worauf er sein Haus bauen, besonders wo er sein Fundament legen will; er will ferner, daß der Boden sodann schön geebnet und hergerichtet, und dort, wo er das Fundament legen will, mit Erd und Sand erhöhet werde; und jetzt auf diesen gereinigten und erhöhten Boden legt er den Grundstein. Das heißt: Der Aberglaube will, daß alle Steine der Sünden, besonders daß alle begangenen Sünden von den Herzen entfernt werden, in welche Christus gebracht werden soll; sodann, daß sie mit guten Werken erhöht und geziert werden. Das Erste geschieht durch die Beicht, durch Besserung oder durch fromme Vorsätze der Besserung und durch heilsame Bußen; das Zweite geschieht durch gute Werke, durch Beten, Opfern, Almosengeben und dergleichen. Auf diesen gereinigten und schön hergerichteten und durch Werke erhöhten Boden legt er nun Christum als Grundstein. Dies geschieht durch das h. Abendmahl und den Glauben. Jetzt ist der Grund gelegt, und nun geht es an den Aufbau oder an das neue Leben. Aber kaum hat er einige Tage daran gebaut, so kommt der

Sturmwind der Sünde und der Anfechtung und reißt den ganzen Bau nieder. Nun fängt er wieder an, liest die Steine wieder weg, ebnet und erhöht den Boden wieder, und legt den Grundstein darauf, und baut jetzt das Haus in die Höhe; aber ein neuer Sturm reißt es von Grund aus wieder nieder. So geht es fort, so daß man ewig Grund legen, und nie zu einem rechten Aufbau und festen Haus in diesem Leben kommen kann. Wo liegt der Fehler? Der Grundstein ist in die Höhe statt in die Tiefe gelegt. Das Haus ist auf Sand gebaut, Matth. 7, 26, 27. Das ist der Bau des Aberglaubens; die Werke unten, Christus oben. So bauen die meisten Menschen von einer Beicht zur andern; so bauen alle natürlichen Menschen, so lange sie nicht in der Schule des h. Geistes den rechten Bau kennen gelernt haben. So bauen die meisten Eltern den Bau in den Herzen ihrer Kinder. Bei einer Unart oder Sünde spricht die Mutter zum Kinde: Kind, wenn du böse bist, so kommst du nicht in Himmel, böse Kinder kommen in die Hölle, brave Kinder kommen in den Himmel, nur wenn du brav bist, kommst du in Himmel. Hier liest nun die Mutter die Steine der Sünde weg, ebnet und erhöht den Boden durch Bravsein, und legt nun den Himmel oben darauf. Auf Besserung und Bravsein baut sie den Himmel. Nun ist zwar wahr, daß wer böse ist, und Sünde thut, nicht in Himmel kommt; aber unwahr ist, daß wer brav ist, und Gutes thut, in Himmel kommt, Apostelg. 16, 31. Allein die Mutter weiß keinen andern Weg, darum wählt sie den des Gesetzes, der uns angeboren, der allen Menschen, der auch den Heiden angeboren ist, Röm. 2, 15, darum auch heidnische Mütter, die gebildet oder nicht ganz verwildert sind, ihre Kinder ähnlich erziehen.

Der Unglaube, so fern er noch nicht allen Glauben über Bord geworfen, stößt sich vornemlich am zweiten Artikel und der dritte ist ihm flüssiges Wasser. Seine Religion ist „Rechtthun", seine Buße „Nimmerthun." Er sieht mehr auf's Herz und die Gesinnung und sein Hauptwort ist die Liebe. Glaube und Aberglaube sind ihm Kinder, die noch durch die Ruthe sich erziehen lassen. Er ist tolerant, so lang man ihn nicht angreift, und so lang er in der Minorität ist, aber dann wird er auch „stutzig wie ein Bock."

In den Himmel nun führen drei Stiegen. Die erste ist die Buße, die zweite der Glaube, die dritte die Liebe und die Heiligung. Die kann man nicht überspringen.

Zum Glauben gehören die Sakramente; sie sind zwar nicht der Weg selbst, so daß man durch Sakramente in Himmel käme, doch sind sie nöthig, wie die Wirthshäuser links und rechts am Weg, nicht zum Zanken und Streiten, in welches man einkehren müsse, sondern zur Stärkung auf den Weg. Der Weg und das Gehen ist die Hauptsache, nicht die Wirthshäuser, obgleich sie auch nothwendig sind.

Den ersten Kampf hatte die Kirche mit dem jüdischen Aberglauben. Da schickte der Herr den heidnischen Unglauben über ihn und zerstörte ihn. Der Unglaube ist immer die Zuchtruthe Gottes, wenn der wahre Glaube verfolgt wird. Der kam aber auch über die Kirche und verfolgte sie, bis sie endlich siegreich hervorging. Aber der Friede dauerte nicht lange. Es kam der christliche Aberglaube statt dem jüdischen. (Hier wird nun das gesetzliche römische Wesen, das Alles ins Aeußerliche legt, und vor Menschen nicht zu Christo kommt, — gezeichnet.) Die Reformation hat nun die Kirche wieder auf den Glauben gestellt, wo man sie herein gelassen hat, wo sie aber unterdrückt worden ist, da ist der Unglaube gekommen, der heidnische zugleich mit dem christlichen gepaart. Es kam zur französischen Revolution; der Unglaube ging dem Aberglauben zu Leib, und hat sich an ihm blutig gerächt.

Nachdem der Unglaube gekommen, hat man ihn nicht mehr hinausgebracht. Die Großen und Vornehmen hielten es mit dem Aberglauben, weil sie dachten: der hilft uns. Sie hättens lieber mit dem Unglauben eigentlich gehalten, wenn sie die zwei schlimmen Worte nicht gefürchtet hätten: Freiheit und Gleichheit. Innerlich sind sie ungläubig und äußerlich halten sie sich zum Aberglauben.

Aber der Unglaube, das kleine Horn, will groß werden. Aus einer Kleinmacht will er eine Großmacht werden und eine neue Kirche, eine Volkskirche, gründen.

Um aber auch in evangelischen Ländern und Kirchen Eingang und Herrschaft zu erlangen, fängt er es nicht gewaltthätig an, wie beim Aberglauben, sondern geht listig darein, denn was vom Aberglauben gilt, gilt auch von seinem Bruder dem Unglauben: „Groß Macht und viel List, sein grausam Rüstung ist, auf Erd' ist nicht sein's Gleichen." Er verlangt nur freie Schriftforschung ohne Bekenntniß, da ja nur die Bibel Gottes Wort ist, Bekenntnisse aber

Menschenwerke sind; er verlangt weiter freien Gebrauch der Vernunft, um den Geist aus dem Buchstaben des Wortes herauszufinden; und endlich Berechtigung für Jeden, das, was er in h. Schrift gefunden hat, auch frei und offen zu lehren und vorzutragen. Berechtigung will er haben, nicht bloß Duldung, denn Duldung hatte bisher Jeder, selbst jeder Geistliche durfte nach seiner Ueberzeugung predigen, da man ja Niemand zwingen kann, zu predigen, was er nicht kennt und weiß, Niemand zwingen kann, galiläisch zu reden, wenn er nicht galiläisch kann, es nicht gelehret worden ist und nicht gelernt hat, und weil man bei Jedem hoffte, was heute nicht ist, kann morgen noch werden. Jetzt aber soll es anders werden, aus einer geduldeten Lehre soll eine berechtigte werden. Alle Richtungen sollen in der Kirche Freiheit und Berechtigung haben; Glauben allein, Glauben und Werke, Werke ohne Glauben, ohne bestimmten Glauben, diese drei Richtungen, und wenn sich noch eine vierte und fünfte auffinden läßt, soll auch diese Gnade erhalten. Freiheit soll sein, jede Ueberzeugung soll geehret werden. Auf jedem Weg kann der Mensch glücklich sein, und das Ziel erreichen, wenn er treu und gewissenhaft darnach lebt. Es kommt nicht auf den Glauben, sondern auf das Leben an, wenigstens nicht auf eine bestimmte Form des Glaubens, wenn man nur im Allgemeinen des Glaubens miteinander einig ist, und Jeder fromm nach seinem Glauben lebt. Dies die Sprache unserer Zeit. Es heißt: Wir glauben Alle an Einen Gott; und das ist genug; man streite sich jetzt nicht darum, ob in Gott eine oder drei Personen sind, sondern lebe darnach und fürchte und vertraue Gott.

Wir glauben Alle an Jesum Christum als den Sohn Gottes und unsern Heiland und Erlöser; und das ist genug; man streite sich jetzt nicht darum, ob er Gottes Sohn von Ewigkeit und Gott und Mensch in Einer Person ist; oder ob er Gottes Sohn in der Zeit geworden, ein Mensch mit Gott aufs innigste vereint und Gott in ihm verklärt ist. Und eben so streite man sich nicht darüber, ob er uns erlöset habe durch die Hingabe seines Leibes und Blutes als Lösegeld und Sühne für unsere Sünden, oder ob er uns erlöset habe durch sein Herabsteigen in unser Elend, und durch die Liebe, mit der er uns gesucht, und sich für uns geopfert hat, oder durch das Wort der Wahrheit, das er an das Licht gebracht und wofür er sein Leben eingesetzt habe, sondern thue nach seinem Glauben und folge ihm nach in der Liebe.

Wir glauben Alle an den h. Geist, und das ist genug; man streite sich jetzt nicht darum, ob er eine Person, ob er die dritte Person in der Gottheit oder nur eine Kraft in Gott sei, eine Kraft, die auch den Menschen zugetheilt wird, die darnach verlangen und darum beten, und die sie dann zu allem Guten treibt und stärkt.

Dies ist die Sprache dieser Richtung, und ihr Glaube ist daher nicht der Glaube der Kirche von Gott dem Vater, Sohn und h. Geist, sondern der Glaube der freien Forschung und des Fortschritts.

Diese Richtung nennt den Glauben, den Glauben der Kirche: Dogmatik und ihre Lehrsätze veraltete Formen, welche die Leute, wenigstens den gebildeten Theil der Menschen der Kirche entfremden, und die für unsere Zeit nicht mehr taugen. Man müsse sich nach der Zeit und nach der Bildung der Zeit richten, nicht die Geistlichen seien die Kirche, sondern die Gemeinden, ihrer Bildung und ihrem religiösen Bewußtsein müsse Rechnung getragen werden. In unserer Zeit lasse sich nicht predigen, was vor dreihundert Jahren gepredigt worden sei, die Welt sei immer im Fortschreiten, und lasse sich in durchlaufene Bahnen nimmer zurückführen. Lehren, wie die Kirche sie lehre von der Dreieinigkeit, von der Erbsünde, von der Gottheit Christi, von der Versöhnung und Tilgung unserer Sünden durch sein Blut, von Teufel und Hölle 2c. seien ihr Anstoß und Aergerniß, darum müssen diese Lehren oder veralteten Formen entfernt und der neuere Glauben, oder der Glauben der neueren Wissenschaft und Theologie an ihre Stelle gesetzt werden, 1. Tim. 4, 1. 2. Tim. 4. 3.

Was wird kommen, was für eine Frucht? Die Folge wird sein: Fürs erste wird es Verwirrung in der Kirche geben, keine Kirche wird mehr mit der andern einig sein, jeder Ort wird seine besondere Lehre, und seinen besonderen Glauben haben, je nach dem Glauben und Fortschritt des Predigers, und die Gemeinden werden jedem Winde der Lehre ausgesetzt sein. Wir werden wohl Kirchlein, aber keine Kirche mehr haben.

Fürs zweite werden die Kirchen leer werden, denn wenn die Geheimnisse Gottes nimmer zum Trost und zur Stärkung verkündiget werden — und wenn man es wollte, brauchte man keine besondere Berechtigung, denn dafür hat man sie — so wird das Volk wenig Zug mehr fühlen, glaubenslose Predigten zu hören. Das Gesetz, und wenn es in allen Variationen und mit allem Schmuck menschlicher Beredsamkeit gepredigt wird, weiß und kennt ja Jedermann, selbst der Dieb, darum stiehlt er bei Nacht; und Kraft zu einem neuen Leben kann es nicht geben, Gal. 3, 21. Die Kirchen werden daher je mehr und mehr leer, und vielleicht die Wirthshäuser voller werden. Zu allem dem aber wird Uneinigkeit und Streit in den Gemeinden entstehen, denn da die h. Schrift in Jedermanns Händen ist, kann man die Gemeinden nicht gleich so blind und todt machen, daß sie Alles für baare Münze annehmen, oder daß man über sie herrschen kann, wie über die Todten auf einem Kirchhof. Es wird also Widerspruch und Streit entstehen. Am meisten aber werden sich diejenigen den neuen Lehren des Unglaubens entgegensetzen, welche von der Wahrheit des Evangeliums überzeugt sind, und die Kraft desselben am Herzen erfahren haben. Es wird daher nichts als Uneinigkeit und Trennung, nichts als Parteiung und Spaltung in die Gemeinden kommen und besonders zwischen denen entstehen, die dem Fortschritt huldigen, und denen, die bei der h. Schrift und der Lehre ihrer Vorfahren und Väter, bei der Lehre der Reformatoren bleiben wollen. Dadurch werden je mehr und mehr Konventikel und Stunden entstehen, und von denen, die ein Bedürfniß haben, es in der Kirche aber nicht befriedigt finden, besucht werden; und diese Konventikel werden nicht im Einklang mit der Kirche stehen, wie es sein sollte, sondern im Widerspruch mit derselben. Daraus werden allerlei Reibungen und Klagen kommen, wovon der Staat nicht unberührt bleiben kann. Und sollten noch Bücher verändert und der Unglaube auch da eingeschmuggelt und überdies noch Gewalt angewendet werden, so kann es auch zu Separation und Austritten und großer Aufregung im Lande kommen.

Den größten Kampf aber wird es geben mit und unter der Geistlichkeit selbst. Die berechtigte Lehre wird die geduldete, die geduldete die berechtigte angreifen. Wie viel Aufreizung und welchen langen Kampf wird es da geben, bis eine Partei die andere besiegt hat oder über sie Herr wird. Denn wir haben keinen Pabst, der vom Stuhl herab einen Machtspruch thut, wobei es dann bleiben und Jeder glauben muß, was entschieden und befohlen ist. Auch die katholische Kirche wird mit in den Streit hineingezogen werden, denn so gerne sie auch die Spaltungen und Parteiungen in der evangelischen Kirche sieht, in Hoffnung der Rückkehr in eigenen Schoos; so kann sie doch dem Kampfe nicht ferne bleiben, da der Unglaube das allgemein christliche oder apostolische Glaubensbekenntniß angreift, an dem sie so festhält, als die berechtigte evangelische Kirche; ja sie kann dem Kampf um so weniger ferne bleiben, da sie den Kampf in ihren eigenen Mauern erhalten wird; denn auch bei ihr fängt man an, nimmermehr Alles dem Urtheile des Pabstes und der Kirche anheimzustellen, sondern selbst zu prüfen und seine eigenen Wege zu gehen. So wird also das ganze Land zerrissen und in diesen Streit hineingezogen werden. Und was sollte es werden, wenn bei solcher Zerrissenheit noch ein Krieg entstünde?

Er wird siegen der Unglaube zur letzten Zeit und ein Reich gründen und eine Großmacht werden, denn auch die Großen der Erde werden, bezaubert von der falsch berühmten Kunst ihrer Weisen und Wahrsager, dem Unglauben vor dem Glauben ihre Zustimmung geben, und selbst helfen den Ast absägen, auf dem sie sitzen.

Er wird siegen der Unglaube, denn das durch denselben herbeigeführte Verderben und die Noth und Armuth wird viel unzufriedene Leute machen, die alles Unheil von Fürsten und Pfaffen herleiten, und sich dann den Freiheitsaposteln und ihrem Unglauben in die Hände werfen.

Er wird siegen der Unglaube und eine Großmacht werden und ein Reich gründen, denn ihm wird viele in Schulen verführte und leichtsinnige Jugend zujauchzen, wie in Frankreich, von denen aber Viele in Gefängnissen und unter dem Fallbeil zu Verstande kamen. Viel Volks wird auch mitlaufen und wie dort zu Ephesus mitschreien: Groß ist die Diana der Epheser, ohne zu wissen, warum es sich eigentlich handelt. Schreien doch jetzt schon Viele: Wir lassen uns unsern väterlichen Glauben nicht nehmen, den wir von unsern Eltern und Voreltern und den Reformatoren empfangen haben, und stehen doch mitten im Unglauben. Andere schreien: Wir lassen uns nicht katholisch, und Andere: Wir lassen uns nicht lutherisch machen, und Keiner weiß, was katholisch oder lutherisch ist.

Er wird siegen der Unglaube und ein Reich errichten, und eine Großmacht werden, denn zu den vielen Vereinen, die jetzt schon bestehen, werden noch andere kommen, oder aus denselben hervorgehen, die alles Unheil und Verderben von den Hindernissen herleiten, die man von Seiten der Religion der Freiheit und dem Fortschritt in den Weg lege und solche Vereine werden mit aller Macht und Kraft und in männlich protestantischem Geiste solcher Volksverdummung entgegenarbeiten und sich bemühen, das Licht der Aufklärung auch in das Volk zu bringen, und seinen Geist zu heben. Bald werden aber auch diese von Andern sich überholt sehen, und als Reaktionäre verschrieen werden, die auf halbem Weg stehen bleiben, und das Volk nicht zur vollen Freiheit gelangen lassen wollen. So wirds im Fortschreiten fortgehen, bis wir zur vollen Freiheit und Gleichheit kommen, wohin auch Frankreich mit seinen Vereinen und Klubs zu seiner Zeit kam.

Und hat er einmal gesiegt der Unglaube, und eine Macht erlangt, so wird sich das Haupt schon finden, das sich zuletzt an seine Spitze stellt, das Thier aus dem Abgrund, und wird aufrichten das letzte große Reich, das antichristliche Reich. Jetzt wird erst die letzte große Noth angehen, denn nicht mehr mit Spott und Hohn, nein mit blutiger Waffe wird jetzt gekämpft werden wider Alles, was entgegensteht, oder was an Christo und am Glauben hält.

Können denn diese Zeiten nicht abgehalten werden? Aufgehalten wohl, aber nicht abgehalten, der sie gesehen hat, hat sie uns geweissaget, Matth. 24; 2. Thess. 2; 2. Petr. 2; Offenb. 13. Wie aber aufgehalten? Wem sein, der Kirche und des Staates Wohl am Herzen liegt, der ziehe die Waffenrüstung Gottes an und kämpfe den Kampf des Glaubens mit den Waffen der Gerechtigkeit zur Rechten und zur Linken. Voran die Geistlichen, die im Glauben stehen, und ihnen nach das gläubige Volk, mit ihnen auch die Hohen und Großen, denen ihr, der Kirche und des Staates Wohl am Herzen liegt. Und die Könige sollen deine Pfleger und die Fürsten deine Säugammen sein, Jes. 49, 23. Man lasse sich nur nicht bestechen durch die Schmeicheleien des Unglaubens. Wer heute Hosianna ruft, schreit morgen kreuzige ihn. Auch der unglückliche König von Frankreich mußte das erfahren. Lieber unpopulär und wahr sein, als populär und unwahr. Recht muß doch Recht bleiben, und dem werden alle frommen Herzen zufallen, Ps. 94, 15.

Wie aber sollen die Großen wehren? Mit Gewalt nicht; große Kinder, gezogen oder ungezogen, lassen sich nicht einsperren, wie kleine. Man gebe Freiheit, sorge aber gegen Mißbrauch und lenke die Freiheit in die rechte Bahn zum Guten, Gal. 5, 13.

Das erste Mittel aber zum Aufenthalt ist Rückkehr zu Gottes Wort, Rückkehr zum allgemeinen christlichen Glaubensbekenntniß und zum rechten Heilsweg. Was Aberglaube und Unglaube wirkt und gewirkt hat, haben wir im Großen und Kleinen gesehen. Man mache nur keine neue und theure Experimente. Reines Wort und kein Gemengsel von Glauben und Aberglauben, und Wandel in der Wahrheit. Der verderbte Hof von Frankreich hat viel zum Sittenverderbniß und zum Sturz des Staates beigetragen. Nach der Hof- und Kirchenuhr werden die Hausuhren gerichtet.

Das zweite Mittel wären dann gute Schulen, wo Kopf und Herz gleich ausgebildet würden. Ein verständiges und religiöses Volk ist auch ein ruhiges und gesegnetes Volk. Der Staat kümmere sich darum, wie jeder Vater, der seinen Kindern einen Lehrer oder Hofmeister giebt. Er muß hernach mit ihnen hausen und leben.

Wird dies Alles so werden? Wir bezweifeln es; darum werden auch jene letzten Zeiten kommen. Wie der Aberglaube seine Machtzeit und sein Haupt, das große Horn als Haupt hatte, so wird auch der Unglaube seine Machtzeit und sein Haupt, das kleine Horn zum Haupt bekommen, und viel Blut vergießen, so kurz seine Dauer auch sein wird.

Wer wird aber dieses Thier aus dem Abgrund zuletzt wieder einfangen? Kein Mensch auf Erden wird es vermögen, der Herr selbst, das Horn des Heils wird es thun, er wird es einfangen, und mit dem falschen Propheten, der die Zeichen vor ihm that und die Leute verführte, in den feurigen Pfuhl werfen, der mit Feuer und Schwefel brennt, Offenb. 19, 20, und wird dann sein Reich; das letzte große Friedensreich auf Erden aufrichten, das da ewiglich bleibet. Amen, es geschehe also!"

Henhöfer hat diese bedeutungsvolle Schrift in prophetischem Geiste geschrieben; fünf Jahre sind darüber und Vieles schon da von dem was er sagte. Auf dies Schriftchen hielt er besonders Etwas. Es sind eben seine Abschiedsgedanken, letzte Blicke in eine mitternächtige Zukunft. Das Schriftchen, „das Abendmahl des Herrn und sein Endzweck nebst den Unterscheidungslehren der verschiedenen Kirchen" erschien zu Karlsruhe 1862, kurz vor seinem Tode.

Seine Absicht mit all diesen Schriften war nicht sich einen Namen zu machen, dazu sind sie auch nicht angethan — er wollte sich seine Gedanken vom Herzen wegschreiben und seinen Brüdern dienen. Darum waren immer in Gedanken die Schriften schon fertig ehe sie zu Papier kamen. Er selbst dachte sehr bescheiden von ihnen. Was gut drin sei, sei nicht von ihm, das habe der Herr ihn schreiben heißen. Herzliche Bescheidenheit und Demuth zierten ihn auch da.

## Aus dem Pfarrhaus.

Wie Vielen ist's bekannt dies „Spöckemer" Pfarrhaus! Am Besten freilich den Spöckern und Staffortern selbst; aber andere Leute, weit in der Welt zerstreut, sind auch d'rin gewesen und haben's nicht vergessen. Dort steht's auf dem freien Platz mit den Bäumen, das schlicht geweißelte Haus; könnte auch ein Bauernhaus sein, denn 's ist kein neumodisch Pfarrhaus, das zu den übrigen Häusern wie eine Faust auf's Auge paßt. 'S ist nicht gut, wenn der Pfarrer und der Herr Schullehrer in einem Palast wohnen, daß man sich genirt zu ihnen zu kommen. Zum Hofthor mit der Schelle d'ran, geht's hinein bis zur überdeckten Haustreppe mit dem traulichen Gang. Ueber dem Ziehbrunnen im Hof breitet ein gewaltiger Nußbaum sich aus, der mit den Zweigen bis auf's Hausdach reicht und gar traulich die Fenster mit grünen Läden versieht. Dem Nußbaum aber war ein runder Tisch angemessen und Bänke darum, zu denen man durch eine Treppe hinaufstieg. Da saß man mitten unter's Nußbaum's Zweigen sechs Fuß von der Erde weg und hielt Pfarrconferenz, und oben hielten die Vögel im Grünen auch Conferenz und disputirten und sangen nach ihrer Weise. Denn ein Leids durfte weder ihnen noch sonst einem Thierlein im Hause geschehen. Das war Hausrecht im Pfarrhause. Hinten der Hof mit dem berühmten Hühnerstall und den Perlhühnern, die sämmtlich ihre Namen hatten wie auch die gewöhnlichen. Denn die Perlhühner waren nur der Adel unter dem andern Hühnervolk. Dort unter dem Schuppen das Pfarrcompetenzholz, an das des Nachmittags ein seltener Holzmacher mit dem Sägbock geht: der Pfarrer selbst, der sich Motion machen will, denn sonst sägt's Einer, der seine Kindtauf oder Hochzeit nicht bezahlen kann und wird ihm so leichter. Hinten der Garten mit dem

Rebgang und dem großen Wiesenplatz, wo die ehrsame Ziege grast, die des Abends wenn der Pfarrer vor der Hausthüre sitzt sich herumtummelt und an die Kleewagen der heimkehrenden Bauern sich macht und ungestraft fressen darf, wie des Pfarrers Bube sich etwa mehr erlaubt, als die andern Dorfbuben. Alles athmete in Hof und Garten eine reine unschuldige Freude an der Natur und stimmte zu dem Pfarrhern, der selbst ein Naturkind war wie wenige. Aus dem lebendigen Umgang mit der Natur stammten seine Gleichnisse, darum durfte sie ihm auch Niemand verderben. Wie kindlich konnte er im Sommer Nachmittags wohl mit der Ziege spielen, die er an den Hörnern fassend an die Scheuer trieb, die dann wieder beherzt mit vorgelegten Hörnern auf ihn zu sprang. So hatte des Nachbars Katze, „der rothe Kerl", die sich zur bestimmten Stunde vor dem Fenster einfand, ihr Gastrecht; das Ueberbleibsel des Frühstüks stand schon unten am Ofen parat. Ging er durch's Dorf hinaus zum Filial — in seiner großen Rocktasche fehlte das Welschkorn nicht, das er den Hühnern zuwarf, die ihn dann auch dankbar bis vor's Ort hinaus begleiteten. Aber seine Lieblinge waren im Hause die kleinen Hunde. Wer erinnert sich ihrer nicht? Sie durften mit ihm essen vom Teller, in seinem Bette liegen, durften auch mit auf's Filial, zur Conferenz in der Seitentasche drin und schauten oft vergnüglich aus der Mütze oder bellten, wenn Einer ihrem Pfarrer beim Kuß und Händedruck zu nahe kam. Ich konnte mir lange nicht den lieben Pfarrer ohne seine Hündchen denken. Zuletzt wurden sie alt und blind und hatten das Gnadenbrod, bis sie zum großen Leidwesen des Hauses ihrem Schicksal anheim fielen.

Im Hause ging's einfach zu; eigentliche Studierstube gab's nicht; seine große Studirstube war der Gang auf's Filial oder der Garten, oft auch der kleine Anbau in den Hof hinaus, zu dem man merkwürdiger Weise durch's Fenster hinausstieg. Wie viele fröhliche Nachmittage wurden dort draußen verbracht, wo man gedeckt vor Regen oder Sonne im Hofe saß! Dort entstanden auch manche Schriften in der Stille. Denn still ging's her im Pfarrhaus. Des Morgens früh um 6 Uhr wurde im Sommer gefrühstückt, was manchem Herrn Vicar, der sich auf der Universität auch auf's Schlafen verlegt hatte, zuerst nicht leicht ankam. Denn beim Frühstück mußte Alles sein und bei der Andacht. Der Vicar hatte seine zinnerne Kaffeeschüssel aus der er trank und in die er die dampfenden

Wecken des Dorfbäckers tunkte. Zum Andenken wurde ihm beim Abschiede die Schüssel überreicht.

Wie viele Vicare waren's doch, die unter seinem Dache wohnen durften oder wohnen mußten! Denn spottweise nannte man wohl auch sein Haus „das geistliche Zuchthaus", indem er manchen widerhaarigen jungen Herrn zur Erziehung bekam. Und doch mit wenigen Ausnahmen werden alle die Zeit segnen, die sie bei ihm sein durften. Henhöfer bedurfte um des Filials willen einen Vicar, da zwei Predigten und eine Christenlehre und viele Casualien zu halten waren. Er hielt ihn auf eigene Kosten und durfte sich selten nur einen herauswählen, und oft geschah es ihm, daß gerade dann, wenn einer „gut" d. h. zu brauchen war, ihm genommen wurde. Oft bat er um Den und Jenen, was ihm auch in Gnaden abgeschlagen ward. So mußte er's denn darauf hin ansehen, daß es so sein müsse, and viele haben bei ihm gelernt, was sie auf Universität oder im Seminar zu Heidelberg nicht gelernt hatten. Die Zahl der Vicare, die er gehabt in den Jahren 1830—1862 reicht an 25, ein reiches Feld, aber auch manch harter Boden d'rauf! Wenn er anfing zu erzählen von seinen Vicaren, ging der Stoff nicht aus, und man mußte nur die Geduld bewundern, die Alle trug and für den Herrn zu gewinnen suchte. Der Eine kam voll Unmuth und Mißtrauen zu „dem Pietistenhaupt" mit dem festen Vorsatz, „sich nicht herumbringen zu lassen"; der andere war ein Widerspruchsgeist, der gegen Alles opponirte; der andere hypochondrisch und eingebildet krank, immer doctorirend; der andere hatte eine Braut und keine Gedanken für's Pfarramt, wieder ein andrer war ein Freund von Bier und Wein, ein Andrer sprach nichts und machte immer ein brummiges Gesicht; ein andrer schlief bis in den Morgen hinein, wieder ein andrer wollte ihn nicht predigen hören; — kurz er hatte mit Manchen seine liebe Noth. Dazu brachte jeder seine eigene Weisheit mit und Henhöfer wußte nur von der Thorheit des Kreuzes. Wie treulich ging er aber nach und beredete auf dem Weg zum Filial oder auf dem Spaziergang den Text. „Was wollen Sie predigen?" frug er wohl und wie oft half er zum klaren Verständniß des Textes! Manchmal hörte er selbst dem Vicar zu in der Frühpredigt an der Sakristeithüre. Die Hauptcorrektur der eigenen Predigt empfing man in der Predigt und Christenlehre Henhöfers selbst.

Am förderndsten war's seinem Confirmandenunterricht anzuwohnen, denn da war Henhöfer voll Leben, da gestaltete sich ihm alles unmittelbar und neue lebensvolle Bilder und Gleichnisse strömten ihm unter den Kindern zu. Mancher Vicar hat dort den Confirmationsunterricht für die eigene Seele noch einmal durchgemacht. Er hatte es sehr gerne, wenn der Vicar mitging und auch noch etwas lernen wollte. Für jede Frage war er zugänglich und bereit sie zu beantworten; er hatte ein tiefes Bedürfniß sich auszutauschen, und wenn in schlaflosen Nächten oder ganz früh Morgens ein Gedanke über ein Schriftwort ihm kam, so theilte er es dem Vicar mit. Er redete nicht viel von Liebe, aber seine ganze Art umzugehen hatte etwas Väterliches und Mildes. Das gewann auch die Herzen ohne daß er absichtlich bekehren wollte. Er wußte, daß man das nicht kann. Und doch sind viele Vicare bei ihm bekehrt worden. Die andern hielten's nicht aus und zogen weiter. Wie oft ging's mit ihnen Nachmittags hinüber zum alten Bürgermeister von Stafforth, (wo Henhöfer sich auch meist nach der Predigt umkleidete) und als der entschlafen war, zum neuen! Gewiß werden jene Häuser und die Nachmittage drin den Vicaren unvergeßlich bleiben. Hatte die Gemeinde den Vicar gerne, so war's niemand lieber als Henhöfer selbst. Von Neid und Mißgunst war seine Seele frei.

Für Gäste war immer ein offenes Haus in der obern Stube; welch' ein langer Tisch war manchmal am Sonntag für die Fremden gedeckt! Da wurde Niemand abgewiesen. Sonntag Nachmittags kamen oft die Mädchen aus den Gemeinden und sangen ihm, dieweil er schlief, geistliche Lieder, die er sie gelehrt hatte, draußen unter'm Nußbaum. Obwohl selbst nicht musikalisch, liebte er den Gesang sehr. In seinem Hause war dafür ein kleines Hackbrett aus alter Zeit vorhanden, wie denn Alles den Stempel des Soliden und Alten trug.

Wer zu ihm aus der Gemeinde kam wurde freundlich empfangen, wiewohl er oft nicht sonderlich redsprächig war und in Pausen oft sagte: „So ist es." Für seine Stundenhälter hatte er bestimmte Abende, in welchen er mit ihnen ein Stück der Schrift durchging, was sie dann in den Stunden behandeln sollten. Da durfte jeder seine Meinung frei und offen sagen.

Für sich selbst lebte Henhöfer sehr mäßig; bekannt ist seine Vorliebe für's Wasser, mit dem er Alles in und außer dem Hause curirte. War er unwohl, (und er litt viel an Magen und

Unterleib), so wurde gefastet und 8—10 Schoppen Wasser getrunken. Ueberhaupt meinte er, es sei gut viel davon zu trinken; der Magen sei wie ein Topf, der müsse, wenn man was Gutes hineinthun wolle und Einem schmecken solle, sauber gespült sein, sonst verderbe alles darin; so müsse man auch den Magen wacker mit Wasser ausschwenken, dann könne es erst schmecken.

So schlicht und einfach wie beim Essen, das meist sehr schnell vor sich ging, war er auch an sich. Ich sehe ihn noch immer in dem großen stehenden Hemdkragen und dem schwarzen Halstuch, dem langen Rock mit den beiden großen Seitentaschen, nicht nach der neusten Mode und auch nicht immer auf's vortheilhafteste gemacht; den schweren groben Schuhen und der Mütze, bisweilen auch im altmodischen Hut und dem großen Regenschirm unter dem Arm, gesenkten und sinnenden Haupts in die Residenz kommen und gegen Nachmittag schon wieder voll Heimweh nach Haus eilend. Wer ihn anschaute, vermuthete kaum einen Pfarrer hinter ihm; nur wenn aus dem Gesichte voller Falten und Runzeln das Auge voll und leuchtend herausblickte, konnte man inne werden, daß man etwas mehr als einen Bauern vor sich habe. —

Er konnte im Hause sehr heiter sein und herzlich lachen über einen guten Einfall. Von finsterem, traurigen Geist war nichts bei ihm, wiewohl die schweren Stunden nicht fehlten. Wer bei ihm war, nahm den Eindruck mit: „Er war bei einem Kinde, bei einem Kinde Gottes." —

S'ist nur ein kurzer kleiner Einblick in's Haus, den ich hier gegeben; — möge er für jetzt genügen. Es leben Ihrer noch Viele die mehr sagen und sich's selbst ergänzen können; aber das Haus ist ein stilles Heiligthum, in das man nicht alle Leute hineinführen kann.

## 10. Kapitel.

### Der letzte Kampf und Sieg.

Wir stehen am Feierabendläuten für den müden Knecht. Die Engel halten schon die Seile in der Hand. Aber es läutete zuerst Innen, wie bei Simeon.

Seine letzte Schrift über Unglauben und Aberglauben läßt schon eine Sehnsucht durchblicken nach Erlösung aus allem Uebel. Er war stille geworden in den letzten Jahren, stille wie ein Wanderer wird, wenn er klopfenden Herzens dem Ziele nahe kommt; da und dort kam eine Leibesschwachheit dazu und sein altes liebes Mittel, das Wasser, wollte nicht mehr recht verfangen. Eine eigenthümliche Mahnung an ihn und die Gemeinde erging wenige Zeit vor seinem Scheiden.

Es war Sonntag; Henhöfer sollte predigen. Das Lied ging zu Ende, aber der Pfarrer erschien nicht. Zwei Kirchenältesten gingen hinein in die Sakristei und fanden ihn knieend und betend an dem alten hölzernen Tisch. Sie traten zu ihm, und bemerkten daß das Lied zu Ende ginge. „Sie sollen's noch einmal singen" sagte er, „ich kann nicht predigen." Die Vorsteher baten ihn, er solle doch predigen, der Herr werde helfen. Man sang noch einige Verse und Henhöfer ging auf die Kanzel. Aber er predigte nicht. Er sprach ein langes, tiefes Gebet, das über eine halbe Stunde dauerte, worin er seine und der Gemeinde Anliegen dem Herrn dringend vortrug, eine Art hohepriesterlichen Gebets für sich und die Seinen. Darnach ging er von der Kanzel herab.

Er selbst redete oft vom Heimgang. Wie Luther vor dem Krieg, sehnte er sich vor dem Ausbruch der letzten großen Feindschaft gegen das Evangelium in Frieden heimkehren zu dürfen. Wie manchmal seufzte er: „Ach, wenn ich nur stürbe, ehe die bösen Zeiten hereinbrechen, bin ein alter Mann, habe genug durchgemacht.“ Dies Verlangen der Seele nach der Ruhe des Volkes Gottes machte dann den alten Mann immer sehr weich, herzlich, liebreich und dankbar gegen seinen Herrn. Was ihm einen Blick in die Herrlichkeit des Reiches Gottes und in die Seligkeit der Kinder Gottes verlieh, machte ihm Freude, jedes Schriftwort, jedes Lied. „Ach, was hat mir der Herr in diesem Jahr noch Blicke geschenkt in den Reichthum und in die Tiefen und Höhen der Schrift“ sagte er in den letzten Wochen, in welchen man ihm das herzerquickende Lied abschreiben mußte:

„Wie wird uns sein, wenn endlich nach dem schweren,
Doch nach dem letzten ausgekämpften Streit,
Wir aus der Fremde in die Heimath kehren,
Und einziehn in das Thor der Ewigkeit!
Wenn wir den letzten Staub von unsern Füßen,
Den letzten Schweiß vom Angesicht gewischt,
Und in der Nähe sehen und begrüßen,
Was oft den Muth im Pilgerthal erfrischt.

Wie wird uns sein? O was kein Aug' gesehen,
Kein Ohr gehört, kein Menschensinn empfand,
Das wird uns werden, wird an uns geschehen.
Wenn wir hineinziehn in's gelobte Land.
Wohlan, den steilen Pfad hinan geklommen,
Es ist der Mühe und des Schweißes werth,
Dahin zu eilen und dorthin zu kommen,
Wo mehr, als wir versteh'n, der Herr bescheert.“

Und für dieses herrliche Ziel scheute er auch in seinen letzten Arbeitstagen nicht Mühe und Schweiß. Obwohl er schon vor dem Buß- und Bettag unwohl war, predigte er an diesem Tage doch noch so eindringlich über den unfruchtbaren Feigenbaum und Psalm 42, daß seine Zuhörer diese letzte Predigt am letzten Tag des Kirchenjahres nicht vergessen werden.

Am Donnerstag darauf kam zu seinem allgemeinen Unwohlsein noch eine Erkältung hinzu, welche er sich auf dem Wege nach Stafforth zugezogen hatte. Bald von Frostschauern geschüttelt, bald vor Fieberhitze brennend, legte er sich nieder. Die an ihm und Andern schon oft erprobte Wassercur half zwar augenblicklich, hinterließ aber eine große Schwäche. Am zweiten Tage trat heftiger Husten ein, die Krankheit hatte eine bedenkliche Wendung genommen. Der herbeigerufene Arzt erklärte die Krankheit für eine nervöse Lungenentzündung und für sehr gefährlich. Die Hausgenossen und Freunde erkannten schon am Sonntag, daß da von menschlicher Kunst und Hülfe wenig mehr zu erwarten sei. Viele Herzen und Hände in der Gemeinde und Umgegend erhoben sich zum Herrn über Leben und Tod, daß Er den theuern Mann, wo möglich, noch länger erhalten wolle. Angesichts des drohenden Todes wurde die Größe seines Verlustes noch mehr gefühlt. Zwei Tage schien der Entschlafene auch wieder in dieses Leben zurückkehren zu wollen; aber e r glaubte nicht daran, sondern bat, daß man ihn doch nicht aufhalten solle. Die Bangigkeiten und Schwächen nahmen zu. Die drei letzten Nächte waren die schwersten. Aber trotz g r o ß e r Leibesbeschwerden und oft wiederkehrender Trübungen seines Geistes lag ihm seine Gemeinde, sein Haus, das Heil der Kirche immer noch am Herzen. Gleich im Anfange der Krankheit brachen die erschütternden Bußtagsgedanken immer wieder durch alle Hemmungen seiner Leiden hindurch. Sein Geist war noch ganz im Amte. „F e i g e n b a u m" — rief er in abgebrochenen Worten, „n u r k e i n u n f r u c h t b a r e r F e i g e n b a u m, — a b h a u e n? — n e i n, n i c h t a b h a u e n." — Einmal frug er: „Hat die Gemeinde die Wahrheit?" — Ja, war die Antwort, sie hat sie, es sind lebendige Zeugen davon da. — „Nur auch bleiben in der Wahrheit — auch die Wahrheit wählen." — Vom Unterricht seiner Konfirmanden redete er öfter, besonders von dem im Unterricht zuletzt behandelten Gegenstand. — „Ach, die liebe Jugend" — seufzte er, „die Nacht kommt über sie." — Als die Bangigkeiten ihn schwerer drückten, hörte man ihn oft rufen: „Ach, wie lange, wie schwer! Ach, wenn ich nur ausruhen könnte!" — Einmal sagte er: „es wäre nicht auszuhalten, wenn keine Hoffnung wär'." — Auf die Frage, ob es in seiner Seele trotz der Finsterniß auch helle sei, lispelte er: „ja, helle." — „Kein Mensch vor Gott bestehen" — war ein anderes Wort aus dem über dieses Thema sonst so beredten Munde. — „Glaube, Glaube", sagte er oft schnell. „G l a u b e, nicht W e r k e" rief er einmal laut. „Wer nicht glaubt, versteht mich nicht" — sprach er mit Bezug auf sein letztes Schriftchen. — Als ihm seine Gattin, die nie von seinem Bette kam, wieder Arznei geben wollte, sagte er: „Glaube! das Alles kann den Glauben nicht stärken." — Als man zu einigen Umstehenden sagte: sehet, jetzt predigt er uns auch, antwortete er: „ja, ohne Worte." Dann ermahnte er auch einmal, daß sie das von ihm Gehörte auch innerlich werden lassen sollten. Oft tröstete er sich selber mit Psalm 42: „Was betrübest du dich meine Seele und bist so unruhig in mir? — Harre, harre!“ war das letzte verständliche Wort aus seinem Munde. — Am Freitag, dem großen Leidens- und Todestage seines Heilandes, am 5. Dezember, Morgens 5 Uhr, durfte der müde Knecht Gottes zur ewigen Ruhe aller Erlöseten eingehen. Am Sonn- und Auferstehungstage unseres Heilandes legten wir seinen Leib in's Grab, in freudiger Hoffnung einer seligen Auferstehung zum Leben. Er erreichte ein Alter von 73 Jahren, 4 Monaten, 24 Tagen. Wie ein guter Baum auch in seinem Alter noch grünet und blüht, fruchtbar und frisch ist bis er sich vollends auf die Erde hinlegt: so unser lieber, unvergeßlicher Vater Henhöfer noch vor wenigen Tagen grünend, blühend, fruchtbar und frisch unter uns, gebeugt vom Alter, aber doch voll göttlicher Kraft. Jetzt ist er in den obern Weinberg versetzt, wo er ewig grünt und blüht.

Du aber liebes Spöck und Staffort̄h (so fuhr der Lebenslauf fort), vergiß ja nicht das zweischneidige Wort, das der Herr durch den Mund seines entschlafenen Dieners zuletzt zu Dir geredet hat: Wo nicht, so haue ihn darnach ab! Dies Wort vergesse keines von uns. Auch heute, wo ihr euern alten Pfarrer, der 35 Jahre unter euch und an euch gearbeitet hat, zum letzten Mal auf Erden sehet, ruft's wieder: „Welcher Baum nicht gute Früchte bringt, wird abgehauen und in das Feuer geworfen“, wovor uns der Herr in Gnaden bewahre!

Wir aber wollen hier Herz und Hände zusammenschließen und flehen:

Herr, lehr mich stets mein End' bedenken
Und — wenn ich einmal sterben muß —
In Jesu Tod die Seele senken
Und ja nicht sparen meine Buß'.
Mein Gott, ich bitt durch Christi Blut:
Mach's nur mit meinem Ende gut! Amen.

Sonntag den II. Advent sollte der müde Leib zur Ruhe bestattet werden. Große Züge von schwarzgekleideten Männern und Frauen zogen durch's winterliche Feld gen Spöck. Um's Pfarrhaus stand eine große Menge Volkes; alle wollten noch einmal das geliebte Antlitz schauen und die Hand küssen, die so viele gesegnet hatte.

Da lag im hintern Stüblein, vor der kleinen Altane, auf der er so oft in den Morgenstunden saß, der liebe alte Mann und treue Knecht Gottes. Wie ein Streiter in seiner Rüstung, so lag er in seinem geistlichen Amtskleid, das letztemal seiner Gemeinde predigend mit geschlossenem Auge und geschlossenen Lippen. Eine ernste, eine überaus köstliche Predigt. Es lag ein Simeonsfriede über den nur wenig durch die schmerzliche Krankheit entstellten Zügen. Das freundliche Lächeln fehlte nicht, das immer um seinen Mund spielte, aber über den geschlossenen Augen, auf der schönen Stirne, lag ein Siegel der Herrlichkeit des Herrn, das Er ihm aufgeprägt hatte.

Der Andrang der Leute war groß und der offene Sarg mußte herausgetragen werden auf den freien Platz vor dem Pfarrhause, wo Alle ihn noch einmal im Vorüberziehen sehen konnten. Stadtpfarrer Zimmermann segnete die theure Leiche ein, der Sängerchor der Gemeinde sang darnach; die beiden Bürgermeister und zwei Kirchenälteste hoben den Sarg und unter dem Grabgeläute und dem Liede: „Christus, der ist mein Leben" ging's zur letzten Ruhestätte. Die Geistlichen der Diöcese, viele Freunde und Verwandte umstanden zunächst mit den Kirchenältesten das Grab. Dort las der obige Geistliche die Schriftstelle aus 1. Korinther 15 — und sprach in kurzen rührenden Worten seinen Dank dem theuern Entschlafenen aus, der ihm volle 23 Jahre Vater, Bruder und Freund gewesen; dankte ihm im Namen der Gemeinden und der Geistlichen, die bei ihm den Weg zum Leben gefunden, im Namen der evangelischen Kirche Badens, die in ihm eines seiner besten Glieder verloren, und schloß mit dem Danke gegen den Herrn, dessen Gnade sich an ihm verherrlicht hatte. Darauf las Pfarrer Menton, der nächste Nachbar Henhöfers das Personale, das vom Seligen bis zum Jahr 1860 selbst verfaßt war.

Es war bereits dunkel geworden, als man zur Kirche zog, um, nachdem man ein Wort an ihn und von ihm gehört, noch eines über ihn zu vernehmen. Die Kirche war gedrängt voll, nur wenige von denen die auf dem Kirchhof waren, konnten in die Kirche treten. Dort war die schlichte Kanzel, das schlichte, baufällige geweißelte Kirchlein, worin 35 Jahre lang Henhöfer gepredigt, wo so oft Ströme des Geistes über die Gemeinde ergangen waren. — Henhöfer und sein geistgetränktes Kirchlein paßten zu einander; er der unansehnliche Mann im alten Staubhemd mit dem blitzenden

Feierkleide der Kinder Gottes darunter. Nach dem Liede: „Jesus meine Zuversicht“ rc. hielt Decan Sachs von Deutschneureuth die Leichenrede mit den zu Grunde gelegten Worten, Daniel, Kapitel 7, 14. (Sie bildeten die Losung des Tages.)

In kurzen Zügen schilderte die Rede, die durchaus von inniger persönlicher Liebe zum Verstorbenen getragen war, was Henhöfer seinem Hause, seiner Gemeinde, der Kirche gewesen, wie er gestritten und gelitten um sie, und nun von ihr genommen sei. Ernst und eindringlich mahnte er die Gemeinde, die so herrlich verkündigte Gnade anzunehmen und bat die, die bisher sich abgewandt, heute zum letztenmal ihren sel. Pfarrer ans Herz sich reden zu lassen; ermahnte die Amtsbrüder zu stehn im Geiste Henhöfers, in seiner Herzensdemuth, Liebe und Weitherzigkeit bei aller Entschiedenheit, aber mahnte auch nicht zu vergessen, daß der Herr bleibe und ein ewig Königreich habe. Der Diener geht, der Herr bleibt. Er möge bleiben in dieser Gemeinde und ihr einen treuen Hirten geben nach Seinem Herzen. Das was Henhöfers innerste Triebkraft gewesen: Jesus und sein Kreuz — daran wollen wir uns halten, darauf hin die Thränen trocknen, und sprechen:

„Die wir uns allhier beisammen finden
Schlagen unsre Hände ein,
Uns auf Deine Marter zu verbinden,
Dir auf ewig treu zu sein.
Und zum Zeichen, daß dies Lobgetöne
Deinem Herzen angenehm und schöne,
Sage Amen und zugleich,
Friede, Friede sei mit euch!“ —

Das Gebet war gesprochen, der Segen gegeben, es war stille und dunkel in der Kirche. Da bat eine Stimme aus der Gemeinde: „Laßt uns noch jenen Vers singen!“

Und ohne Orgel, unterbrochen vom Schluchzen und Weinen der Gemeinde ging der Gesang des obenangeführten Verses durch das Kirchlein. — Wir hatten schon aufgehört, da sangen die draußen vor der Kirche noch wie im Echo nach: Friede, Friede sei mit Euch! —

Es war Nacht geworden, und die Lichter im Dorfe wurden angezündet. Wir fuhren noch einmal vorbei an Henhöfers Grab. Einzelne Sterne und der Mond aus den zerrissenen Wolken schauten herunter auf den still gewordenen Kirchhof und das aufgeworfene

Grab. Uns aber war's, als wollten die Sterne im milden Glanze da droben sagen:

Die Lehrer werden leuchten wie des Himmels Glanz, und die so viele zur Gerechtigkeit geführt, wie die Sterne immer und ewiglich.

Hier muß ich schließen. Das Weitere wird sich droben finden beim Wiedersehen. Von des Herrn Treue, von seines Knechtes Kämpfen, Freuden und Leiden habe ich erzählt in diesem Buch; — aber seine Fehler und Sünden? Ich habe sie verschwiegen. Aber er nicht. Darum schließe ich mit seinem Bekenntniß, womit sein selbst verfaßter Lebenslauf im Stafforther Kirchenbuch schließt: „Was soll ich nun am Schlusse sagen? Herr, ich bin zu gering aller Barmherzigkeit und Treue, die du an deinem Knechte gethan hast; sei mir gnädig, mein Gott, sei mir gnädig und tilge alle meine Sünde nach deiner großen Barmherzigkeit!" —

www.ingramcontent.com/pod-product-compliance
Lightning Source LLC
Chambersburg PA
CBHW032007110726
47901CB00004B/1000
*9783741158698*